Dominik Haubrich
Sicher unsicher

Urban Studies

Für meine Familie,
die hier und dort,
die früher und heute.

Dominik Haubrich (Dr. rer. nat.), geb. 1984, lehrt und forscht an der Universität zu Kiel. Als wissenschaftlicher Mitarbeiter in der Arbeitsgruppe Stadt- und Bevölkerungsgeographie analysiert er die Wechselwirkungen zwischen Sicherheitspolitiken und Alltagspraktiken in lateinamerikanischen Metropolen.

Dominik Haubrich

Sicher unsicher
**Eine praktikentheoretische Perspektive
auf die Un-/Sicherheiten der Mittelschicht in Brasilien**

[transcript]

Zur Erlangung des Doktorgrades der Mathematisch-Naturwissenschaftlichen Fakultät der Christian-Albrechts-Universität zu Kiel wurde die Arbeit als Dissertation mit dem Titel ›Sicheres Unsicher-Sein. Eine praktikentheoretische Perspektive auf die wechselseitige Herstellung von Un-/Sicherheiten der Mittelschicht in São Paulo, Brasilien‹ am 31.10.2014 angenommen.

Bibliografische Information der Deutschen Nationalbibliothek
Die Deutsche Nationalbibliothek verzeichnet diese Publikation in der Deutschen Nationalbibliografie; detaillierte bibliografische Daten sind im Internet über http://dnb.d-nb.de abrufbar.

© 2015 transcript Verlag, Bielefeld

Die Verwertung der Texte und Bilder ist ohne Zustimmung des Verlages urheberrechtswidrig und strafbar. Das gilt auch für Vervielfältigungen, Übersetzungen, Mikroverfilmungen und für die Verarbeitung mit elektronischen Systemen.

Umschlagkonzept: Kordula Röckenhaus, Bielefeld
Umschlagabbildung: Dominik Haubrich, Graffiti, Zentrum São Paulo, 2011
Printed in Germany
Print-ISBN 978-3-8376-3217-0
PDF-ISBN 978-3-8394-3217-4

Gedruckt auf alterungsbeständigem Papier mit chlorfrei gebleichtem Zellstoff.
Besuchen Sie uns im Internet: *http://www.transcript-verlag.de*
Bitte fordern Sie unser Gesamtverzeichnis und andere Broschüren an unter:
info@transcript-verlag.de

Inhalt

Zusammenfassung | 7

1 Un-/Sicherheiten einleiten | 13

2 Un-/Sicherheiten und Praktiken | 21
2.1 Un-/Sicherheiten | 21
2.2 Stadt, Politik, Markt und aktuelle Ansätze raumbezogener Stadt- und Sicherheitsforschung | 26
2.3 Un-/Sicherheiten verbildlichen: Was sind Un-/Sicherheiten und wie werden sie gesellschaftstheoretisch verankert? | 54
2.4 Praktiken | 68
2.5 Praktiken und die erweiterte Un-/Sicherheiten-Perspektive | 104

3 Methodisches Vorgehen | 111
3.1 Methodologischer Zugang | 111
3.2 Methodische Werkzeugkiste | 115
3.3 Methodisch im Feld | 121

4 Un-/Sicherheiten in Brasilien. Ein gesellschaftsrelevanter Zugang | 145
4.1 Gesellschaftliche Bedeutung von Un-/ Sicherheiten in Brasilien | 145
4.2 Kriminalitätsentwicklung in Brasilien: Eine ordnende Trans-/In-Formation | 149
4.3 Öffentliche Sicherheitsfürsorge in Brasilien: Struktur, Akteure und aktuelle Entwicklung | 157
4.4 Kommerzieller Sicherheitsmarkt in Brasilien | 171
4.5 Un-/Sicherheiten und die erweiterte Perspektive auf Anlass, Abstraktes und Konkretes | 176

5 Un-/Sicherheiten. Eine konkrete Betrachtung | 179
5.1 Was, wer, wie und der konkrete empirische Zugang | 179
5.2 Unsicherheiten und die ordnende Veränderung | 184
5.3 Sicherheiten und die ordnende Veränderung | 211
5.4 Un-/Sicherheiten und die ordnende Veränderung | 234
5.5 Un-/Sicherheiten offengelegt | 262

6 Un-/Sicherheiten im Alltag. Das Abstrahieren | 267
6.1 Un-/Sicherheiten und das abstrakte Was, Wer und Wie | 267
6.2 Praktiken-Ordnungen-Bündel der Un-/Sicherheiten.
Das Rekapitulieren | 271
6.3 Praktiken-Ordnungen-Bündel der Un-/Sicherheiten.
Das Abstrahieren | 302

7 Sicheres Unsicher-Sein. Das Theoretisieren | 307

8 Anstatt eines Fazits: Penelope und das Weben des sicheren Unsicher-Seins | 323

Literatur | 333
Danksagung | 375

Zusammenfassung

In lateinamerikanischen Städten lassen sich tiefgreifende Veränderungen der öffentlichen und privaten Sicherheitsfürsorge ausmachen. Sie werden begleitet von einem allgegenwärtigen gesamtgesellschaftlichen Unsicherheitsempfinden. Dabei fällt auf, dass die Gegenüberstellung erklärender Argumente der Entstehung von Unsicherheiten auf der einen Seite und von Diskursen, Politiken und Maßnahmen, die Sicherheiten herstellen, auf der anderen Seite in der bisherigen Forschung nur eingeschränkt Berücksichtigung findet. Vielmehr betont eine sozialwissenschaftliche Debatte, wie sich Unsicherheiten entweder in Informationen polizeilicher Kriminalstatistiken oder Berichten zu Homizidraten widerrspiegeln, oder wie sich Unsicherheiten aus politischen, wirtschaftlichen und gesellschaftlichen Transformationen herleiten können. Aus dieser *Perspektive* gerate die städtische Mittelschicht dabei durch Gewalt, Kriminalität, physische und soziale Unordnungsmerkmale der Stadt sowie durch eine defizitäre Situation öffentlicher Sicherheit ins Mühlrad alltäglicher Betroffenheit. Die Reaktion lasse sich in São Paulo, der Stadt der Mauern (*cidade de muros*), nicht nur an der sukzessiven physisch-räumlichen Verbarrikadierung der Häuserfronten ablesen. Hingegen finde die zivilgesellschaftliche Antwort auf Gefahren, Bedrohungen und Unsicherheiten seinen Ausdruck in einer zunehmenden Pluralisierung der Sicherheitsherstellung. Neben der andauernden Privatisierung öffentlicher Räume und neben der räumlichen Ausbreitung von Gated Communities deutet indessen auch das dynamische Wachstum des kommerziellen Sicherheitsmarktes auf die zunehmende Sicherheitssuche einer breiten städtischen Bevölkerung hin. In materieller Gestalt von automatischen Garagentoren, Gegensprechanlagen, Elektrozäunen, 24h-Alarmanlagen oder per Smartphone anwählbaren Breitband-Sicherheitskameras sind der privaten Sicherheitsfürsorge keine technischen Grenzen mehr gesetzt. Unabhängig von den in Missgunst gefallenen öffentlichen Sicherheitsakteuren oder den im Graubereich aus Irregularität und Ineffektivität agierenden privaten Sicherheitsdienstleistern wird Kontrolle, Überwachung und

Zugangsbeschränkung jedem möglich und ist jederzeit und von überall durchführbar. Indessen werden Sicherheiten und Unsicherheiten nicht nur in der südostbrasilianischen Metropole São Paulo zunehmend zum Bestandteil der Alltagsnarrativen *(fala do crimen)* oder verstärkt zu Gegenständen alltäglichen Tuns. Verhandelt als Problemlage städtischer Gesellschaften, diskutiert entlang kriminal- und sicherheitspolitischer Veränderungen und thematisiert als Kristallisationskern einer anhaltenden Kommodifizierung öffentlicher Güter, besitzt das antagonistische Begriffspaar der Sicherheiten und Unsicherheiten vielmehr eine bedeutende Stellung in einer kontextübergreifenden Diskussion der raumbezogenen Stadt- und Sicherheitsforschung. Ausgangspunkt sozialwissenschaftlicher Abhandlungen des *shifting of contemporary security* bilden dabei Fragen zu individuellen Erklärungsfaktoren des Unsicherheitsphänomens sowie zu strukturellen Produktions- und Materialisierungsprozessen der Sicherheiten in verschiedenen städtischen Alltagsbereichen. Indessen deutet eine konstruktivistisch informierte Debatte in der Diskussion unspezifischer Verunsicherungen moderner Gesellschaften darauf hin, dass das Bestreben, Sicherheit durch verschiedene Maßnahmen und Verhaltensweisen der Sicherheit und des Schutzes herzustellen, vielmehr dazu beitrage, das Unsicherheitsgefühl fortlaufend zu bestätigen. Es müsse hingegen als verkürzter Blick gewertet werden, Sicherheiten und Unsicherheiten in ihrem absoluten Sinn zu fassen, und folglich ein relationales Verständnis auf die Sicherheiten-, Gewissheiten- und Schutzsuche der Menschen entwickelt werden, das in seinem Kern die soziale Reproduktion von Angst und Furcht betont.

Die vorliegende Arbeit begreift die allgegenwärtige Präsenz des Unsicherheitsphänomens und die andauernden Prozesse der Sicherheitsherstellung deshalb nicht etwa als *zwei*, voneinander getrennte Mechanismen. Vielmehr möchte sie die beobachtete *Perspektivfalle* eines Subjekt-Objekt-Dualismus bei bisherigen Betrachtungen von Un-/Sicherheiten als Kristallisationskern sozialer Ordnung in der Form überwinden, dass Unsicherheiten und Sicherheiten als *ein* miteinander verbundenes soziales Phänomen analysiert werden. Un-/Sicherheiten schließlich als hergestellt im *körperlichen Tun* und *Sagen* zu analysieren, ist der Suche nach einem erkenntnistheoretischen Zugang auf das soziale Phänomen geschuldet, der das Ermöglichende und Beschränkende von Emotionen wie Angst und Furcht zusammendenkt. Ziel der vorliegenden Arbeit ist es daher, den wechselseitigen Herstellungsprozess von Un-/Sicherheiten sowohl theoretisch als auch empirisch nachzuzeichnen. Im Sinne eines zirkulären Forschungsprozesses werden dabei eine *anlass-bezogene*, *abstrakte* und *konkrete* Beobachtungsnotiz der Entstehung von Un-/Sicherheiten zusammengetragen, ehe die hier eingenommene praktikentheoretische Perspektive hilft, das Offene, das Geschlossene, das Kontrollierte und das Zurückgezogene im städtischen Alltag zu rekapitulieren. Im Nacherzählen der Alltagsgeschichten städtischer Mittelschichten in São Paulo lässt sich dabei ein fortlaufender, reflexiver Rückgriff und materieller Zugriff auf Diskurse und Politiken sowie auf physische Elemente und Maßnahmen der Sicherheiten und Unsicherheiten im alltäglichen Handeln erkennen. Erst durch die rückkoppelnde Verknüpfung des Tuns und Sagens mit den darin hergestellten sozialen Ordnungen und Diskursformationen zeigt sich jedoch die Bedeutungspluralität der sicherheiten-gebenden und unsicherheiten-herstellenden Bandbreite verschiedener materieller und immaterieller Vereinbarungen, Maßnahmen, Dienstleistungen und Verhaltensweisen. Schließlich wird die postulierte Perspektivfalle der Diskussion um Sicherheiten und Unsicherheiten in der Weise aufgelöst, dass der relationale Blick auf Un-/Sicherheiten um das Verstehen erweitert werden kann, wie sicheres Unsicher-Sein räumlich-situativ fortlaufend hergestellt wird.

Summary

In Latin American cities, one observes profound changes in the provision of public and private security. These changes are ubiquitously accompanied by a feeling of insecurity in urban societies. Therefore, it attracts attention that previous research hasn't made a serious point of comparing descriptive findings about the emergence of insecurities with discourses, policies and measures that propose the production of greater urban security. Rather, the social science debate emphasizes how information gathered from police crime statistics and homicide rates reflect insecurities, or how insecurities are established currently in political, economic and social transformations. From this *perspectival* point of view, the urban middle class is affected by violence, crime, physical and social incivilities in urban spaces as well as a sincere lack of public security. In São Paulo, the City of Walls (*cidade de muros*), the population's reaction to this insecurity is made evident by the continual physical barricading of house facades. Meanwhile, the social answer to danger, threat and insecurity in the city has been expressed by the proliferation of measures taken by citizens to enhance their security. Besides the ongoing privatization of public spaces and the geographical sprawl of gated communities, the dynamic growth of the commercial security market indicates an increased demand for security demonstrated by vast numbers of the urban population. Within the scope of measures taken to foster a sense of security that include the installation of automatic garage doors, interphones, electronic fences, 24-hour alarm systems, or via smartphone connected security cameras, there are no longer limits to the production of civilian security measures. Independent from the deprecated public security guards, as well the private security services that operate within the gray areas of irregularity and inefficiency, monitoring, surveillance and access control presently is possible for everyone, at any time and from anywhere.

Meanwhile, not only in the southeast Brazilian metropolis, securities and insecurities are becoming part of an everyday narrative (*fala do crimen*) or subject of daily doing. Treated as a problematic situation of urban societies, discussed in relation to recent transformation of criminal and security policies, as well as thematized as the core of an ongoing commodification process of public goods, the antagonistic conceptual pair of securities and insecurities possess a central position in the transcontextual discussion of area-based urban and security studies. Thereby, both the individual explanatory factors of insecurities and the structural process of securities' production and materialization in different urban arrays of daily life, form the starting point of social scientific scholarship that debates the shifting of contemporary security. However, it has been emphasized by a constructivistical discussion of vague uncertainties in modern societies, that the efforts to produce security by implementing different safety measures and behaviors, actually contributes to the confirmation of the feeling of insecurity itself. It had to be appraised as a limited view to grasp securities and insecurities in their absolute sense, whereas a relational understanding of humans' search for security, certainty and safety had to be developed as to emphasize the social reproduction of fear and anxiety.

Accordingly, the present work grasps the ubiquitous prevalence of the phenomena of insecurity and the ongoing process of security production not as *two* mechanisms that are separated from each other, but rather calls to overcome an observed *perspective trace* of a subject/object-dualism when reflecting in-/securities as a central question at the core of social order in a way that insecurities and securities have to be analyzed as *one* inextricably linked social phenomena. Finally, to think in-/securities as being produced in *bodily doings and sayings* is due to the search for an epistemological access that links the enablement and constraints of emotions like fear and anxiety. Therefore, the objective of the present work is to trace both empirically and theoretically the mutual production process of in-/securities in urban areas. Under the banner of a circular research process, a *socially relevant, abstract* and *concrete* note of the emergence of insecurities will be collected, before the here applied social practice's theory helps to recapitulate the openness, the closeness, the control and the retreat in urban everyday life. By retelling everyday stories of the urban middle class in São Paulo, it can be seen in an ongoing reflexive recourse and material access both to discourses and policies and to physical elements and measures of securities and insecurities in daily routine. But only by the feedback-linking of *doings* and *sayings* with therein established social order and discourse formations, it shows the plurality of meaning that a spectrum of security-performing and insecurity-producing measures, services, arrangements and behaviors possess. Finally, the postulated *perspective trap* on securities and insecurities is being overcome in a way that the relational view of in-/securities is extended by the understanding of how the *secure insecure being* is continuously produced both spatially and situationally.

1 Un-/Sicherheiten einleiten

Seit Langem ist Penelope auf Reise. Auf dieser Reise lernt sie jedoch weder exotische Orte kennen, noch erlebt sie unbekannte Momente. Vielmehr *tut* Penelope auf ihrer Reise nichts anderes als zu warten. Sie wartet auf ihren geliebten Gatten Odysseus, König von Ithaka. Das lange Warten auf Odysseus, von den Göttern zur Odyssee verdammter Held im Sieg der Griechen über die Trojaner, wird indessen zur Erkenntnisreise ihres eigenen *Ehedilemmas*. Tag für Tag webt Penelope das Leichengewand Laertes, Odysseus Vater, um es in der Nacht unentwegt wieder aufzutrennen. Mit der endlos scheinenden *Tätigkeit* vertreibt sich Penelope nicht nur die Zeit in all den Jahren des ungewissen Wartens. Vielmehr erhält sie durch das tägliche *Weben* und *Auftrennen* des Gewandes kontinuierlich die Anordnungen der Unsicherheiten aufrecht. Die hergestellten, oder von der mythologischen Figur der Penelope eigenhändig gewebten Unsicherheiten werden gespeist vom Streben nach existenzieller Sicherheit, dem Abzielen auf häuslichen Schutz und der Suche nach Gewissheit über das Schicksal ihres geliebten Gatten. Je nach ausgeführter Tätigkeit, also entweder dem Vollenden oder Initialisieren des Nicht-enden-Sollenden Gewandes, sind Streben, Abzielen und Suche verknüpft mit unterschiedlichen Handlungsfiguren und möglichen Handlungsszenarien im Palast auf Ithaka. Auf Penelopes andauernder Reise des Wartens bedeuten die integrierten Figuren und Szenarien der Weberin schließlich jedoch nicht nur, dass sich Penelope in Sicherheit wiegen kann, sondern implizieren zugleich ein kontinuierliches Unsicher-Sein.

Das Streben nach Sicherheit, das Abzielen auf Schutz und das Suchen der Gewissheit finden sich da nicht nur als dramaturgische Motive der Erzählungen des alten Griechenlands. Wie viele andere sozialwissenschaftliche Abhandlungen könnte vielmehr auch die vorliegende Arbeit die aktuelle thematische Relevanz des Strebens, Abzielens und Suchens der drei *Sicherheiten*-Elemente (vgl. Bauman 2000) betonen, indem sie auf die gegenwärtige, regionalspezifisch unabhängige Präsenz von Fragen der Sicherheiten und Unsicherheiten in DIE

ZEIT, DER SPIEGEL, WELT AM SONNTAG, FOLHA DE São PAULO oder etwa dem ESTADão hingedeutet hätte (vgl. dazu Kap. 4). Demnach füllen Themen der Sicherheit und Unsicherheit nicht nur die Schlagzeilen der Print- und audiovisuellen Medienlandschaft, sondern werden zum gegenwärtigen Inhalt einer gesamtgesellschaftlichen *fala do crimen* (vgl. Caldeira 2008b) und zum alltäglichen *Tun* und *Sagen*. Nicht nur Homer, der Dichter der Ilias und Odyssee, beschäftigt sich also mit dem antagonistischen Begriffspaar. Vielmehr werden Un-/Sicherheiten zum zentralen Topus der öffentlichen Diskussion, zum Antriebsmotor städtischer Entwicklungen und zur Basis stadtpolitischer Veränderungen. Verhandelt als konfliktive Diskursformation städtischer Gesellschaften und Räume, identifiziert als rechtliche und ideologische Legitimationsgrundlage kriminal- und sicherheitspolitischer Veränderungen sowie diskutiert als Kristallisationskern anhaltender Kommodifizierung öffentlicher Güter und Privatisierungsvehikel sind Un-/Sicherheiten damit in einem breiten diskursiven Feld verschiedener gesellschaftlicher Teilbereiche zu verorten.

Insofern Un-/Sicherheiten vielseitige und zugleich nicht eindeutig und einvernehmlich bestimmbare Begrifflichkeiten sind, werden sie eher konzeptionell unterschieden und damit nur in beschränkter Weise zusammengedacht. Die konzeptionelle Differenzierung durchzieht in verunsichernder Vielfalt nicht nur den breiten Diskurs verschiedener gesellschaftlicher Teilbereiche, sondern auch die Bandbreite der wissenschaftlichen Debatte. Das Spektrum der wissenschaftlichen Abhandlungen reicht von der psychosozialen Abgrenzung mehrdimensionaler Entstehungsfaktoren subjektiver Unsicherheiten bis hin zur raumtheoretischen Diskussion politischer, ökonomischer, rechtlicher und sozialer Materialisierung der Unsicherheit und Angst. Dabei umschließen aktuelle Ansätze raumbezogener Stadt- und Sicherheitsforschung die Diskussion der Opferwerdung, Furcht vor Kriminalität, Angst und Ängstlichkeit sowie die gesellschaftstheoretische Einordnung allgemeiner, vage bestimmter Ungewissheiten, unspezifischer Verunsicherungen und gemachter Unsicherheiten. In Abhängigkeit des zu Grunde liegenden Forschungsgegenstands, des theoretisch-konzeptionellen Rüstzeugs und des erkenntnistheoretischen Interesses der Bandbreite wissenschaftlicher Abhandlungen des sozialen Phänomens der Un-/Sicherheiten erhält die Betonung und Argumentationsrichtung der miteinander in Beziehung gesetzten Denkfiguren der Sicherheiten und Unsicherheiten unterschiedliche Gewichtung.

Die vorliegende Arbeit identifiziert in den wissenschaftlichen Abhandlungen einen verkürzten Blick auf das soziale Phänomen der Sicherheiten und Unsicherheiten. Der verkürzte Blick zeigt sich zum einen in einer getrennten, separaten und isolierten Betrachtung des sozialen Phänomens der Sicherheiten und Unsicherheiten. Zum anderen erweist sich das beobachtbare Zusammendenken hergestellter, produzierter und materialisierter Sicherheiten und Unsicherheiten, wenn es denn geschieht, nur als einseitiges In-Beziehung-setzen des antagonistischen Begriffspaars. Aus dieser erkenntnistheoretischen *Perspektivfalle* leitet sich schließlich das erkenntnisleitende Ziel der vorliegenden Arbeit ab. Danach gilt es, das soziale Phänomen der Un-/Sicherheiten in der Form nachzuzeichnen, dass ein erkenntnistheoretischer Zugang gefunden werden kann, der es möglich macht, den wechselseitigen Herstellungsprozess von Unsicherheiten und Sicherheiten im Alltag zu verstehen. Spektrum, Tragweite und Bedeutung von Un-/Sicherheiten verorten sich simultan auf den Analyseebenen der *überspannenden*, gesellschaftstheoretischen *Abstraktion*, des *kontextualisierenden*, gesellschaftsrelevanten *Anlasses* und auf dem *grundlegenden*, alltagsrelevanten *Konkreten*, wobei – so die zentrale Argumentation der vorliegenden Arbeit – deren Wechselwirkung entlang der *held-togetherness* ihrer jeweils zugehörigen Beobachtungsnotizen nachgezeichnet werden muss (vgl. Abb. 1):

Abbildung 1: Die held-togetherness der Beobachtungsnotizen

Quelle: Eigene Bearbeitung

Die erste Beobachtungsnotiz (vgl. Kap. 4) – verstanden als kontextualisierender, gesellschaftsrelevanter Anlass – artikuliert die seit Mitte der 1980er Jahre anhaltende Debatte um städtische Un-/Sicherheiten als Problemfeld lateinamerikanischer Stadt- und Sicherheitspolitik. Sie betont die Präsenz alltäglicher Gewalt und Bedrohung als eines der größten Anliegen der brasilianischen (Stadt-) Gesellschaft. Das soziale Phänomen zunehmender Un-/Sicherheiten bestimmt die Tagesordnung der Stadt- und Kriminalpolitik, füllt den Inhalt der Massenmedien und dient als Verkaufsprodukt und -argument der Sicherheitswirtschaft, die ihrerseits zu den drei Angstsäulen der Gegenwart werden (vgl. Souza 2012). Schließlich findet die Prävalenz der Un-/Sicherheiten ihren sozialräumlichen Ausdruck sowohl im öffentlichen und politischen Raum der *alphavillizierten* (vgl. Williams 2010) Phobopolis (vgl. Souza 2007) oder der *cidade de muros* (vgl. Caldeira 2008b) als auch in der dynamischen, quantitativen und qualitativen Veränderung öffentlicher und privater Sicherheitsfürsorge im breiten alltäglichen Übergangsbereich des öffentlich zugänglichen Stadtraums.

Die zweite, zweigeteilte Beobachtungsnotiz (vgl. Kap. 2.2 und 2.3) – gefasst als überspannende, gesellschaftstheoretische Abstraktion – deutet auf die fortwährende Bedeutung von Un-/Sicherheiten in einer meist kritisch orientierten, raumbezogenen sicherheits- und stadttheoretischen Debatte hin. Darin wird das begriffliche Paar der Un-/Sicherheiten mehrheitlich unter den Gesichtspunkten Raum, Politik und Wirtschaft verhandelt (vgl. Kap. 2.2). Erwähnung finden erstens ausschließende Sicherheitsmechanismen, die normbedingte Unsicherheiten *verräumlichen*, zweitens raumorientierte Regierungstendenzen, die Unsicherheiten bearbeiten und mit Sicherheiten *verwalten*, und drittens öffentliche und privatwirtschaftliche Kooperationszusammenhänge, die Unsicherheiten identifizieren und Sicherheiten *versilbern*. Erkenntnisrelevante Bedeutung erhält die Systematisierung der raumbezogenen, sicherheits- und stadttheoretischen Diskussion des konfliktiven Forschungsgegenstands, da je nach Diskussionsstrang das Vorzeichen der Abstraktionsachse der Entstehung von Sicherheiten und Unsicherheiten jeweils ausgetauscht wird.

Im Anschluss an die Betrachtung der hergestellten Unsicherheit (vgl. Giddens 1997a) werden Befindlichkeiten – und damit die erkenntnisrelevante Diskussion des allgemeinen, ungerichteten Gefühls der Angst oder der situations- und gegenstandsbezogenen Furcht – zunehmend zu allgemeinen modernisierungstheoretischen Überlegungen auf der Ebene der Gesellschaftsentwicklung (vgl. Kap. 2.3). Wie stellvertretend von Bauman (2000, 2008) diskutiert und von einer breiteren Diskussion der Risikosoziologie betont, führen das Bestreben und Handeln einzelner Akteure, dem Gefühl der Unordnung und Unsicherheiten zu begegnen – indem Versuche unternommen werden, Sicherheiten durch Verhaltensweisen, Maßnahmen und Vereinbarungen herzustellen, die wiederum von Angst permanent veranlasst werden – zur selben Zeit dazu, diese zu bestätigen und mit zu erzeugen. Unsicherheiten und Sicherheiten sind dialektisch verknüpft und werden – so die aktuelle Debatte einer *Practising emotions* (vgl. Everts & Wagner 2012) – kontinuierlich sprachlich und im Handeln hergestellt.

Die dritte Beobachtungsnotiz – gefasst als methodischer Zugang (vgl. Kap. 3) zum grundlegenden, alltagsrelevanten Konkreten (vgl. Kap. 5) – rückt schließlich das konkrete Tun und Sagen der Un-/Sicherheiten im Zusammenhang mit ihrer kontextuellen Verortung in den Mittelpunkt der empirischen Betrachtung. Anhand von Erzählungen, Berichten und Fotos wird der wechselseitige Herstellungsprozess der Un-/Sicherheiten im städtischen Alltagsbereich von Mittelschichtshaushalten in der südostbrasilianischen Kommune São Paulo nachgezeichnet. Das exemplarische Offenlegen der Reflexionen und Beobachtungen der Menschen bringt schließlich nicht nur eine Bandbreite verschiedener, alter und neuer Sicherheits- und Schutzmaßnahmen, Sicherheitsdienstleistungen, Sicherheits- und Schutzvereinbarungen oder Vermeidungsverhalten zum Ausdruck. Vielmehr sind die zwölf Alltagsgeschichten durchzogen von einer großen Vielfalt an Tätigkeiten, Aufgaben und Projekten des Austauschens, Verschließens, Kontrollierens und Vermeidens und den darin verknüpften, verketteten und verwobenen materiellen und diskursiven Ordnungs-Elementen des sozialen Wandels und der Sicherheitsschemata, der Fürsorge sowie der Sicherheit und Ordnung.

Schließlich bietet die erkenntnistheoretische Lesart der Theorie sozialer Praktiken (vgl. Schatzki 1996, 2002; Reckwitz 2002, 2003) einen perspektivischen Zugang, um die jeweilige anlass-bezogene, abstrakte und konkrete Beobachtungsnotiz nicht als voneinander getrennte Perspektiven auf das soziale Phänomen zu verstehen. Sein ontologisches Gebäude bietet die konzeptionellen Bausteine, eine methodologische Grundierung, den methodischen Leitfaden und eine erkenntnistheoretische Erweiterung, um einen relationalen Blick auf das soziale Phänomen der Un-/Sicherheiten zu entwickeln (vgl. Kap. 2.4). Nicht nur im Offenlegen, Systematisieren, Gliedern und Rekapitulieren der praktiken- und ordnungen-bezogenen Elemente der Un-/Sicherheiten im Alltag der Interviewten (vgl. Kap. 6), sondern insbesondere in der zirkulären Betrachtung der Kristallisationskerne einer sicherheits- und stadttheoretischen sowie gesellschaftstheoretischen, einer gesellschaftsrelevanten und einer grundlegend-alltagsrelevanten Perspektive auf Un-/Sicherheiten ist es schließlich möglich, sowohl die verschiedenen Argumentationslinien als auch ihre -zusammenhänge und -brüche beim Nachzeichnen der wechselseitigen Herstellung von Un-/Sicherheiten aufzuzeigen, zu diskutieren und zu abstrahieren (vgl. Kap. 7).

Gleichermaßen lässt sich das erkenntnistheoretische Nachzeichnen des sozialen Phänomens auch als Erkenntnisreise lesen, die sich aus verschiedenen Wegen zusammensetzt und die immer wieder auf Wegkreuzungen stößt oder in eine Sackgasse münden kann. Eine Reise verläuft nicht unmittelbar geradlinig. Vielmehr gestaltet sich der Reisetag mitunter im Zick-Zack-Verlauf von einem Schaufenster-Bummel zum nächsten Museumsgang. Vielleicht springt die Reise auch von einer Zeit an einem Ort in eine anders anmutende Zeit an demselben Ort. Mal scheint das Erlebte den Erwartungen entsprochen zu haben, und dann ist die Reisekasse früher als erwartet leergeräumt. Eine Reise aktiviert mitunter so viele Gefühle und Sinne, dass sie am Ende der Reise gar nicht mehr auseinandergehalten werden können. Man tut, lacht, spricht und lauscht, oder füllt den Reisetag mit dem stillen Beobachten der Anderen. Betrachtet man im Nachhinein die geschossenen Reisefotos, dann tauchen nicht nur die besuchten Sehenswürdigkeiten auf, sondern man beschreibt seinen Zuhörern vielleicht auch, wie entspannend doch die Fahrt auf das Land war oder wie nahe Freud und Leid beim Mittagsbuffet zusammenlagen. Am Ende stellt man fest, dass der Weg der Reiseerzählung völlig irrelevant ist. Mitunter zählt vielmehr was gesagt und getan wurde auf der Reise. Und wenn die Reiseerzählung nur irgendwie verständlich vorgetragen wird, dann wird aus dem Zuhörer der Reiseerzählung vielleicht schon bald ein Reisender.

Ein erster Blick zurück auf die ersten Zeilen des Reiseberichts der vorliegenden Arbeit zeichnet mitunter das Bild einer bevorstehenden, wenig geradlinigen Erkenntnisreise. Völlig unklar bleibt, von wessen Reise eigentlich die Rede ist und über welche Reise berichtet wird. So schließt eine sinnbildliche Darstellung die Reise des Autoren oder auch des Lesers der vorliegenden Arbeit ein, spricht zur gleichen Zeit über den Reisebericht und -verlauf derer, über welche die Arbeit handelt, und verknüpft womöglich die Reisenotizen aller miteinander. So wird der Reiseplan der Erkenntnisreise der wechselseitigen Herstellung von Un-/Sicherheiten indessen zeigen, dass Erzählungen der einzelnen Reisekapitel mitunter ohne bestimmte Reihenfolge auftauchen, oder gar von einer Argumentationslinie zur nächsten springen werden. Gleichzeitig wird die große Reiseerzählung aber deutlich machen, dass dies nicht etwa willkürlich passiert. Vielmehr weisen Springen, Zick-Zack oder das Nicht-Geradlinige auf das zirkuläre In-Beziehung-setzen hin, das mit den Reisegeschichten der verschiedenen Reisebeobachtungen und Reisenotizen ununterbrochen erfolgte. In der zirkulären Reiseerzählung finden nicht zuletzt verschiedene epistemologische Positionen ihren Ausdruck: die Position der Reise, der Reisenden und des Reiseerzählers. Schließlich positioniert sich jeder Reiseerzähler mit den einleitenden Zeilen seiner Reiseerzählung über die Reisenden auf deren Reise, dass das separate Berichten vom Stadtbummel, von leergeräumten Reisekassen, über das stille Beobachten der Anderen, von der entspannten Landfahrt oder über das mittägliche Leid am Buffet nicht nur einen verkürzten Blick auf die Reisenden, die Reise oder gar den Reiserzähler bedingt. Vielmehr lehren vergangene Reiseerzählungen die Zuhörer vielleicht, dass das ausbleibende In-Beziehung-setzen des Tuns und Sagens mit den Menschen, Dingen und Diskursen der Reise mitunter in einer Perspektivfalle auf das Grundlegende der Reise mündet.

Die Erkenntnisreise der vorliegenden Arbeit nimmt Abstand von getrennten, separaten und isolierten Reiseerzählungen und intendiert vielmehr das zirkuläre Nacherzählen miteinander verwobener *Praktiken-Ordnungen-Bündel* einer wenig geradlinig verlaufenden Reise der Un-/Sicherheiten. Schließlich landet die Erkenntnisreise irgendwann bei der ältesten Handwerkstechnik und somit beim

Verweben von *Praktiken*-Schussfäden und *Ordnungen*-Kettfäden zu einem *mesh of practices and arrangements* des sicheren Unsicher-Seins. Denn „[u]nter anderen Listen ersann […]" (Homer 1996, β93) Penelope auch die List des Webens. Das Miteinanderverweben verschiedener Motive, Handlungsfiguren und Handlungsszenarien führt nicht nur zum Aufrechterhalten eines labilen Zustands der Sicherheit, Gewissheit und des Schutzes. Komplementär zur epistemologischen Position der vorliegenden Arbeit versteht die Königin Ithakas den materiellen Zugriff und reflexiven Rückgriff auf die in ihrem täglichen Tun und Sagen verwobenen Handlungsfiguren und Handlungsszenarien eben auch als ersten Schritt der Erkenntnisreise eines unlösbar scheinenden Ehedilemmas.

2 Un-/Sicherheiten und Praktiken

> „Die Attentäter des 11. September wollten nicht nur möglichst viele Menschen umbringen, sondern auch das Leben der körperlich Unversehrten verändern. Das ist ihnen gelungen: Die Angst hat sich in die Gesellschaft hineingefressen, sie hat für Lähmung und Mutlosigkeit gesorgt. Die Angst ist das nachhaltigste Erbe der Terroristen, sie hat aus Amerika eine gepanzerte Nation gemacht" (Stefan Kornelius 13.11.2011).

2.1 UN-/SICHERHEITEN

Die Einleitung von Stefan Kornelius zu seinem Beitrag über die seit den Terroranschlägen des 11. Septembers 2001 voranschreitenden Absicherungsmaßnahmen auf politischer, wirtschaftlicher, kultureller und sozialer Ebene verdeutlicht eine sozialräumliche Entwicklung, die einem großen Teil der Bevölkerung heute leicht verständlich ist. In einem breiten Feld von Verunsicherung im Zeichen spätmoderner Transformationsprozesse hat sich mit der Präsenz eines neuen Bedrohungsziels islamistisch motivierter Terrorbestrebungen ein Einfallstor in die gesamtgesellschaftliche Unsicherheitswahrnehmung aufgestoßen. Die Bekämpfung und Kontrolle dieser Bedrohung hat ein weites Spektrum an Politiken freigesetzt, das seinerseits den Handlungsraum aller gesellschaftlichen Mitglieder beschränkt.

Doch wie sieht es aus, wenn man sich zwar der Panzerungsthese sozialer und insbesondere städtischer Räume bedient, aber zugleich die Bedrohung durch islamistischen Terrorismus wegdenkt? Was passiert, wenn man die mediale, politische und öffentliche Bedrohung durch Terrorismus gegen eine breitere und historisch länger währende, gesellschaftliche und insbesondere politische Debatte um Bedrohungen durch Kriminalität und Gewalt sowie der Auflösung sozialer Ordnung eintauscht? Wie lässt sich das Konstrukt terroristischer Bedrohung in einer gesellschaftlichen Debatte verorten, die thematisiert, dass der Mittelschichtshaushalt das Sicherheitsschloss installiert, das Kind in Zukunft den Schulweg ausschließlich im verspiegelten Schulbus fährt oder das Geburtstagsabendessen nur noch am vorreservierten Mittagstisch im Shoppingcenter stattfindet? Von wem oder von was geht die empfundene Bedrohung aus? Wo treffen sich Bedrohung und Raum? Wie reagiert und agiert Politik im vermeintlich bedrohten Raum? Was bildet die Schnittmenge zwischen Akteuren und Angst? Wie entstehen Un-/Sicherheiten und Angst und wie trägt die Kontrolle der Unsicherheiten durch Sicherheiten aller Art zur Herstellung von Angst bei?

Die Beantwortung eines Großteils dieser Fragen hat sich seit den Anfängen des 20. Jahrhunderts eine breite wissenschaftliche Debatte der Sicherheitsforschung zur Aufgabe gemacht (vgl. Liebl 2007; Klumpp et al. 2008 zit. nach Lange et al. 2009, S. 14; Wehrheim 2012, S. 21), die heute in unzähligen Einzel- und Subdisziplinen verortet wird, etwa den Geisteswissenschaften, der Kriminologie und der Rechtswissenschaft. Standesgemäß haben sich daraus eine Vielzahl unterschiedlicher Untersuchungsgegenstände, ein weites Spektrum theoretischen Rüstzeugs und variierende methodische Zugänge entwickelt. Das Themengebiet der Sicherheit und Unsicherheit wird darin als zentrales Schlüsselkonzept und „konstitutive[s] Symbol moderner Gesellschaft[en]" (Dinges & Sack 2000, S. 9) verhandelt. Der Politik der Inneren Sicherheit fällt hierbei die Rolle des „zentrale[n] Kern[s] von Staatlichkeit" (Lange et al. 2009, S. 357) zu. Diskussionen im Zusammenhang mit Sicherheiten betreffen dabei nicht nur einen technischen Bereich, sondern haben weitreichenden Einfluss auf rechtliche, politische, wirtschaftliche und gesellschaftliche Dimensionen. Charakteristisch für eine gesellschaftliche Debatte um Sicherheiten ist die Fokussierung auf Gewalt- und Kriminalitätssphänomene und hieraus abgeleitet auf Unsicherheitsphänomene im öffentlichen städtischen Raum, deren Aktualität sich aus gesellschafts-politischer Perspektive häufig aus Meinungsforschungen des öffentlichen Sicherheitsbewusstseins oder aus dem medialen Diskurs um Gewalt und Kriminalität ableitet (Curbert 2008, S. 184).

Innerhalb der jüngeren stadtsoziologischen Debatte um Fragen von Sicherheit und Stadt können den Werken *City of Quarz* (1994) und *Ecology of fear* (1999) von Mike Davis eine richtungsweisende Bedeutung zugesprochen werden. Davis identifiziert die Ökologie der Angst als erklärenden Mechanismus, der im Zusammenhang mit sozialräumlichen Änderungen und sozialen Konflikten innerhalb des Stadtraums Los Angeles stehe. Angst fungiere demnach als Antriebsmotor für morphologische, soziologische und politische Veränderungen, die nicht nur für das Fortress L.A. zutreffen, sondern das Stadtbild, die Organisation des städtischen Alltags und die politische Verwaltung und Steuerung rund um den Globus verändern. Aufbauend auf einem Kolloquium zur *Stadt und*

Angst widmet sich Gutiérrez (2006) der Aktualität eben jenes Antriebsmotors der Angst für Stadtentwicklung, Stadtleben und Stadtpolitik. Die wissenschaftlichen Abhandlungen systematisieren die Entwicklung wiederum nach Entstehungsgründen und Faktoren der Angst im Stadtraum sowie der politischen, ökonomischen, rechtlichen und sozialen Materialisierung von Angst im städtischen Umfeld.

Unter Rückgriff auf modernisierungstheoretische[1] Argumentationen ist jedoch darüber hinaus auf die wechselseitige Bedingung einer sowohl strukturalistischen als auch individualistischen Ebene der Angst hinzuweisen. Darin werden eine individuelle Unsicherheitswahrnehmung und eine Diskussion um die Sicherheitsproduktion im städtischen Raum jeweils für sich zum *Explanans* oder *Explanandum* der Entstehung von Un-/Sicherheiten. Unbeantwortet bleibt bei dieser, vom Autor im weiteren Verlauf aufzuzeigenden *Perspektivfalle* allerdings die Frage: Was geschieht, wenn die individuelle Reaktion auf Angst bzw. Unsicherheit in Form der Materialisierung des politisch argumentierten oder individuell empfundenen Sicherheitsbedürfnisses ihrerseits zur Entstehung von Angst und Unsicherheit beträgt? In dieser Weise macht zum Beispiel Bottom (1990, S. 20 zit. nach Oc & Tiesdall 1997, S. x) deutlich,

„if individualism really is unstoppable, the end result [...] could ultimately be a society with massive security hardware protecting individual homes, streets, and shops [...] But even if this heavy investment in defensive technology were to decrease crime rates, all the evidence suggests it would increase people's fear of crime".

Die Frage, was unsere Ängste herstellt, ist keine einfache und versteht sich eher als grundlegender Blickwinkel, um sich im Weiteren der Frage zu nähern, in welchem Verhältnis Angst und ein gegenwärtiges städtisches Leben stehen. „Die Dualität Sicherheit/Angst war schon immer verbunden mit der Stadt. [...] Die Ursprünge der Stadt – sowohl als Wirklichkeit als auch als Konzept – waren grundsätzlich gekennzeichnet in großem, aber nicht einzigem Maße vom Bedürfnis menschlicher Gruppen sich sicher zu fühlen" (Bru & Vicente 2006, S. 15). Vor diesem Hintergrund ist mit der Stadt als Konzept und Lebensraum seit Beginn ihrer Entstehung die Beziehung von Innen nach Außen verbunden, die

---

1 Die Verwendung der Begrifflichkeit der Modernisierungstheorie, die in klassischer Form die Beschreibung des Wandels traditioneller hin zu modernen Gesellschaften zum Wesensinhalt hat, ist in diesem Zusammenhang eher auf soziologische Betrachtungen im Zeichen der Globalisierung und der reflexiven Moderne zu sehen (vgl. Kap. 2.3). Eine modernisierungstheoretische Perspektive lässt sich insbesondere bei Beck (1986, 2007), Beck et al. (1996) und Bauman (2003) beobachten.

sich symbolisch und materiell in Form der Mauern manifestiert. Der innere städtische Raum charakterisiere sich epistemologisch als Ort der Ordnung, der Zivilisation und Urbanität sowie der Freiheit und bürgerlichen Rechte. Demgegenüber grenze er sich vom äußeren, nicht-städtischen Raum ab, in dem Ungewissheit, Willkür und feudale Unfreiheit herrschen. Mit heranrückender Moderne[2] werden die Vorzeichen einer geordneten, freiheitsgarantierenden, sicheren Stadt und eines von Willkür und Gesetzlosigkeit geprägten nicht-städtischen Raums allerdings vertauscht. Während dem ländlichen Raum im politisch-ideologischen Zeitgeist das romantisierende Bild des grünen, friedvollen, gesunden Lebensraums zugesprochen wird, werden in der einstigen Hochburg der Freiheit, Sicherheit und Ordnung nun Gefährlichkeit, Unsicherheit und Kontrolllosigkeit zu städtischen Attributen erhoben (vgl. Tuan 1979).

Unspezifische Verunsicherungen, Unsicherheit und Angst im modernen Großstadtleben werden häufig im Zusammenhang mit gesellschaftlichen Transformations- und Modernisierungsprozessen diskutiert. Die „Suche nach Sicherheit" (vgl. Bauman 2000), die „Bedrohung des sozialen Friedens durch externe Bedrohungen [...] die individuelle, gesellschaftliche und politische Unsicherheit" (Curbert 2008, S. 180) sowie die „hergestellte Unsicherheit" (Giddens 1997a, S. 141ff.) stehen in Verbindung mit radikalen Umbrüchen, „die uns vor eine Reihe von Herausforderungen stellen, die in der Geschichte ohne Beispiel sind" (Bauman 2008, S. 7). Der gesellschaftliche Umbruch wird dabei durch die Stichworte Pluralisierung von Lebensstilen, Individualisierung, Selbstverwirklichung und Emanzipation markiert. Gleichzeitig verdecken der „rhetorische Schleier der Globalisierung" und die eingeschränkten Erfolgsaussichten für eine nivellierte Mittelstandsgesellschaft das Ausmaß an sozialer Differenzierung (Kunz 2008, S. 292). Flexibilisierung, Deregulierung und Informalisierung sowohl der Arbeitsmärkte als auch der sozialen Austauschverhältnisse führen zur Auflösung des sozialen Zusammenhangs sowie zu einer zunehmenden Prekarität der Beschäftigungsverhältnisse und einer Polarisierung der Einkommen, die in der Ausbildung einer breiten Klasse an Wohlstandsverlierern (*working poor*) ihren Ausdruck finden. Instabile Lebensentwürfe, berufliche Karrieren und soziale Sicherheit werden begleitet von sinkenden Reallöhnen und dem Kaufkraftverlust, bedingen ihrerseits z.B. Verarmung und sozialen Abstieg und lassen das „Damoklesschwert über vielen Köpfen der Mittel- und Unterschicht schweben"

---

2   So wie im Verlauf der Arbeit vor allem über „die Vielgestaltigkeit spätkapitalistischer Kontrollformen" (vgl. Beste 1996. S. 312 zit nach Singelnstein & Stolle 2011, S. 95) gesprochen wird, werden aus ökonomischer Perspektive unter dem Begriff der Moderne Stadtentwicklungsprozesse verstanden, die mit der Industrialisierung ab Mitte des 18. Jahrhunderts in Verbindung stehen.

(Wehrheim 2012, S. 21). Produkt dieser flüchtigen Moderne ist nach Bauman (2003, S. 160) „eine ausweglose Unsicherheit [...], die alle Aspekte des individuellen Lebens durchdringt". Allgegenwärtige und zugleich unspezifische Unsicherheit und Angst weiten sich nach Schreiber (2005, S. 70) auf verschiedene Dimensionen aus und manifestieren sich als gesellschaftliches und politisches Systemrisiko sowie als eine sich verstärkende Verletzbarkeit gegenüber antizipierbaren und erlebbaren Gefährdungen (Frevel & Schulze 2012, S. 211f.). Neben Ängsten vor Umweltgefahren, biologischen Epidemien, technischen Risiken und Bedrohungen durch Terror (vgl. Beck 1986, 2007) zählen dazu auch Ängste vor Arbeitslosigkeit, sozialem Abstieg sowie vor individuellen Bedrohungen und Gefährdungen durch Formen des *personal crime* (Körperverletzung, Raub, u.a.), Eigentumskriminalität (Diebstahl, Betrug, etc.) oder Wirtschafts- und organisierter Kriminalität (vgl. Frevel 1999).

Veränderungen gelten dabei als Risiko oder Gefahr (vgl. Beck 1986, 2007), die ihrerseits die Aufrechterhaltung gewohnter gesellschaftlicher Rahmenbedingungen bedrohen. So identifizieren Breckner und Bricocoli (2007) in der wissenschaftlichen Debatte zu Fragen von Unsicherheit und Stadt eine selektive empirische Betrachtung des kausalen Zusammenhangs zwischen Großstadt, Kriminalität und Gewalt, die „nur solche gesellschaftlichen Orte als sicher erscheinen [lässt], die frei von Kriminalität und Gewalt sind. So entstand historisch aus der unreflektierten Persistenz traditioneller antiurbaner Ideologien eine Verengung des Begriffs der Sicherheit auf den Aspekt Freiheit von physischer Gewalt und Kriminalität" (Breckner & Bricocoli, S. 23). In Anlehnung an Mela (2003) und Williams (2004) erweist sich die tautologisch verengte Betrachtung von Gefahr, Bedrohung und Risiken „im gesellschaftlichen wie im individuellen Alltag häufig als Entwicklungsblockade und tendiert eher zur Reproduktion von Angst und Verunsicherung als zur Unterstützung souveräner Handlungskompetenzen in sich verändernden gesellschaftlichen Räumen" (Breckner & Bricocoli 2007, S. 23).

Die skizzierten Beobachtungen konnten holzschnittartig den Werdegang des Themas der Sicherheit und Unsicherheit insbesondere im städtischen Kontext zum zentralen Topos der öffentlichen Diskussion, zum Antriebsmotor städtischer Entwicklungen und zur Basis stadtpolitischer Veränderungen beschreiben. Verhandelt als Problemkategorie städtischer Gesellschaften, als Legitimationsgrundlage kriminal- und sicherheitspolitischer Veränderungen und als Kristallisationskern einer anhaltenden Kommodifizierung öffentlicher Güter ist eine Diskussion der Un-/Sicherheiten in einem breiten thematischen Feld festzustellen. Neben ihrer gesellschaftlichen Bedeutung soll sich die vorliegende Untersuchung daher der Verhandlung und Gewährleistung von, der Fürsorge der sowie dem Angebot von und der Nachfrage nach Sicherheit nähern, wobei deren thematische Trennung nur systematischer Natur ist und die jeweiligen Austauschbeziehungen nicht verkannt werden sollen. Die Leitfrage, wo Sicherheit wie entsteht, soll dabei helfen, Sicherheiten in den gesellschaftlichen Bereichen der Stadt, Politik und Wirtschaft aufzuspüren, den jeweiligen Mechanismus ihrer *Verräumlichung*, *Verwaltung* und *Versilberung* zu diskutieren, um sich so aus verschiedenen Perspektiven der Frage zu nähern, wie Sicherheiten unter Rückgriff auf die unterschiedlichen konzeptionellen Zugänge in der raumbezogenen Sicherheits- und Stadtforschung verstanden werden. Die systematische Vorgehensweise ist ferner strategisch motiviert. Denn mit ihrer Hilfe soll die zu Beginn der Untersuchung als These konstatierte Perspektivfalle sozialwissenschaftlicher Abhandlungen von Sicherheitsfragen, die sich zum einen mit Entstehungsmechanismen der Unsicherheiten und zum anderen mit Produktionsformen und Materialisierungsprozessen der Sicherheiten auseinandersetzen, aufgedeckt und im weiteren Verlauf eine komplementäre und integrative Perspektive der (re-)produktiven Mechanismen von Un-/Sicherheiten angeboten werden.

2.2 Stadt, Politik, Markt und aktuelle Ansätze raumbezogener Stadt- und Sicherheitsforschung

In den vergangenen Jahrzehnten haben sich Fragen der Un-/Sicherheiten und Raum, Politik sowie Wirtschaft zu einem kontrovers diskutierten Thema der sozial- und geisteswissenschaftlichen und auch speziell raumbezogenen Stadt- und Sicherheitsforschung entwickelt (vgl. Legnaro 1998; Ronnenberger et al. 1999; Beste 2000; Wehrheim 2012; Glasze et al. 2005a, 2006; Eick et al. 2007; Lauen 2011). Die Auseinandersetzungen mit Un-/Sicherheiten und Raum nehmen dabei Anstoß an spezifischen Verräumlichungen städtischer Un-/Sicherheiten (Kap. 2.2.1) bestimmter sozialer, meist öffentlicher Teilräume und den zu Grunde liegenden raumfetischistischen Zuschreibungsprozessen krimineller Räume oder gefährlicher Bevölkerungsgruppen (vgl. Belina 2000a, 2000b, 2011; Glasze et al. 2005b). Im Anschluss an die Diskussion der sich wandelnden Staatlichkeit und sich verändernder städtischer Sicherheitsarchitektur rücken des Weiteren kriminal- und sicherheitspolitische Entwicklungen in den Mittelpunkt der Betrachtung. Dabei identifiziert eine meist kritisch orientierte wissenschaftliche Reflexion in den Programmlogiken neoliberaler Regierungsweisen neue Ordnungs- und Kontrollpraktiken der Überwachung, Ausgrenzung und Zugangsbeschränkung, die eine Verwaltung von Un-/Sicherheiten (Kap. 2.2.2) im stadtregionalen Gefüge im Zusammenhang mit Partikularinteressen politischer und ökonomischer Eliten ermöglichen (vgl. Sack 2003a; Eick 2003; Eick et al. 2007; Füller & Marquardt 2008). Neben einer Kommunalisierung öffentlicher Sicherheitsfürsorge deutet die Diskussion der Versilberung von Un-/Sicherheiten (Kap. 2.2.3) schließlich auf voranschreitende Pluralisierungs- und Deregulierungsprozesse der sicherheitspolitischen Aufgabe hin. Un-/Sicherheiten werden zur Ware, die im Zusammenhang mit öffentlichen und privatwirtschaftlichen Kooperationszusammenhängen für eine Restrukturierung und/oder Schaffung unterschiedlicher personeller, organisatorischer, finanzieller und technischer Sicherheits- und Ordnungsmaßnahmen empfänglich sind (vgl. Glasze et al. 2005b; Beste 2000, 2004; Belina et al. 2012). Mit Hilfe der Systematisierungsfiguren der Verräumlichung, Verwaltung und Versilberung gilt es also im Weiteren der Frage nachzugehen, wie der Herstellungsprozess von Un-/Sicherheiten in einer raumbezogenen, stadt- und sicherheitstheoretischen Debatte thematisiert wird, in der Raum, Politik und Wirtschaft zu Kristallisationskernen der Betrachtung gesamtgesellschaftlicher Transformationen erhoben werden.

2.2.1 Die Verräumlichung von Un-/Sicherheiten

> „Was heute Routine ist, war gestern möglicherweise noch waghalsig abweichend, und was heute in vielen Bereichen der Gesellschaft konforme Lebenspraxis ist, löste gestern noch Skandal aus und konnte Schimpf und Schande einbringen, eben weil es abweichendes Verhalten war" (Bornschier 2007, S. 37).

Großstadt als Mythos des Bösen
Die Betrachtung der Großstadt als „Mythos des Bösen" (vgl. Dinges & Sack 2000) besitzt sowohl in kriminologischer als auch sozialwissenschaftlicher Perspektive bereits eine lange Tradition. Sie konzentriert, versammelt und exponiert bedrohende Kräfte und Faktoren des städtischen Gefüges und bildet den gärenden Boden für gesellschaftliche Ängste und Bedrohung (vgl. Dinges & Sack 2000). Im eingeschliffenen Alltagsverständnis verschiedener gesellschaftlicher Arenen (Politik, Wirtschaft, Wissenschaft) verschwimmen Ängste und Bedrohungen zu einer persistenten Ursache-Wirkung-Formel. In dieser Formel werden Angst, Furcht, Schrecken und Ungewissheit in der Regel nicht als entzerrte, phänomenale Kategorien betrachtet, sondern verschmelzen mit Bedrohung, Gefahr oder Risiko zu einer präpositionalen Verwandtschaft. Im Großstadtdschungel finden Angst und Furcht vor sowie Schrecken und Ungewissheit gegenüber *irgendetwas* oder *irgendwem* in den Bedrohungs- und Gefahrenszenarien der

Kriminalität und des abweichenden Verhaltens, Vagabunden und Bettelei, Banden und Prostitution sowie Verfall und Unrat ihre konzeptionellen Gegenentwürfe. Sie bilden die Projektionsfläche einer in die Schieflage geratenen städtischen Sicherheit und Ordnung (vgl. Diskussion der städtischen Ordnung und Sicherheit Kap. 6.2.2). Schließlich werden sowohl Kriminalität und abweichendes Verhalten als auch Sicherheit und Ordnung zu „gesellschaftlichen und überindividuellen Codes" (Dinges & Sack 2000, S. 24) der Urbanisierung, die im stadtsoziologischen Diskurs entlang der sozialen Katalysatoren „gefährlicher Klassen" oder „gefährlicher Jugendlicher" (Groenemeyer 2010, S. 8) verhandelt werden. Exemplarisch für diskursanalytisch informierte Studien analysiert Joachim Schlör (1994) in historischer und räumlicher Gegenüberstellung bereits Mitte der 1990er Jahre, wie und mit welchen Folgen in Paris, Berlin und London über Unsicherheit gesprochen wird, ehe Henning Schirmel (2011) zwei Jahrzehnte später „sedimentierte Unsicherheitsdiskurse" zum Analyserahmen der Dekonstruktion Berliner Großwohnsiedlungen als unsichere Orte und als Ziel von Sicherheitspolitiken erhebt.

Das Reden über und das Sedimentieren von gesellschaftlichen Unsicherheitsdiskursen entlang der Problemlagen der Massengesellschaften finden nach Krasman in modernen Großstädten ihren symptomatischen Ausdruck: Sie werden zu Orten „potenzieller, wenn nicht akuter sozialer Desintegration" (Krasman 2003, S. 24f.), in denen gefährliche Klassen verortet werden (vgl. Diskussion der Ordnung der Anderen in Kap. 6.2.2). In Abgrenzung zur sozialökologischen Stadtforschung der Chicagoer Schule rückt eine kritische Segregationsforschung damit das Phänomen neuer Ungleichheits- und Armutskonzentration in Verbindung mit räumlichen, rechtlichen und sozialen Marginalisierungs-, Polarisierungs- und Ausschlusserscheinungen in den Mittelpunkt der Arbeiten (vgl. Häußermann 2001; Wehrheim 2012). Dabei verknüpfen sie stadtsoziologische Konzepte sozialräumlicher Segregation und Ausgrenzung mit dem *new urban underclass*-Diskurs der „zweigeteilten Stadt" (vgl. Castells 1991), der „dreigeteilten Stadt" (vgl. Häußermann & Siebel 1987) oder der „viergeteilten Stadt" (vgl. Marcuse 1989).

Soziale Polarisierung, sozialräumliche Fragmentierung und dauerhafte, räumlich konzentrierte (mitunter extreme) Armut ergänzen sich in der produzierten Stadt (Wehrheim 1999c, S. 249). Die Ausbildung einer neuen Unterschicht (*new urban underclass*) – verhandelt als struktureller sowie als kultureller Ansatz (vgl. Kronauer 1997, 2002; Bourdieu 1983; Wacquant 2006) – wird dabei im Zusammenhang mit dem strukturellen Wandel und der Flexibilisierung von Arbeitsmärkten (vgl. Bauman 2003) diskutiert. Weitere konzeptionelle Anknüpfungspunkte der *new urban underclass* sind etwa die „cultural inclusion and structural exclusion" (Young 1999, S. 81), die in Verbindung mit kumulativen Diskriminierungs-, Stigmatisierungs- und ausschließenden Selbstzuschreibungsprozessen (vgl. Wehrheim 2012) und unter Berücksichtigung der Auflösung wohlfahrtsstaatlicher Fürsorge unter dem Gesichtspunkt einer „punitive[n] Ausgrenzung" (Wacquant 1997, S. 50) debattiert wird. Jedoch nicht nur das Nachzeichnen der Institutionalisierung des Ursache-Folge-Wirkungsgefüges (Häußermann & Siebel 2004, S. 153) stehen im Mittelpunkt der stadtsoziologischen Betrachtung sozialer Ausgrenzung, sondern auch die Rekonstruktion moralischer Begründung und ideologischer Legitimation diskursiver Zuschreibungsprozesse (vgl. Wehrheim 1999a).

Die Zuschreibungsprozesse von der *new urban underclass* über das kontrollpolitische Paradigma der *zero tolerance* zur gefährlichen Klasse und schließlich zum „gefährlichen Raum" (vgl. Wehrheim 1999b; Belina 2000a, 2005) folgen einer Abstraktionsachse als Grundlage aktueller „Raum- und Skalenstrategien" (vgl. Belina 2011). In Verbindung mit Bagatelldelikten, Gewaltkriminalität, Drogenhandel und Gangwesen werde die *new urban underclass* zur „Gefahr für die Menschen in den Städten" (Wehrheim 2012, S. 21). In Anlehnung an das Konzept der *criminology of the others* (vgl. Garland 2001) (vgl. Kap. 2.2.2) werde es zur trivialen Lösung einer „räumlichen und skalaren Praxis der Kriminalpolitik" (vgl. Belina 2011), dass Angehörige der unteren Schicht eines stark hierarchischen Klassenmodells häufiger straffällig werden und häufiger tatverdächtig seien als Angehörige der Mittelschicht (Frevel 1998, S. 42). Der Begriff der *underclass* als kriminelle Gruppe wandle sich zu einem ideologischen Instrument (Wehrheim 2012, S. 45) und begründe die Vorverlagerung des staatlichen Eingriffs im Allgemeinen und präventiver Sicherheitsmaßnahmen im Besonderen (Belina 1999, S. 60; 2005, S. 150f.). Die Vorverlagerung erfolge jedoch nicht in Form des fürsorglichen Kampfs gegen Armut, sondern in Form des repressiven Kampfs gegen die Armen:

„If the underclass is dangerous, a dangerous in so many different ways, it follows, that government's responsibility is to beef up the police, increase the punishments courts can demand, and create other punitive agencies that try to protect the rest of the society from the dangerous class" (Gans 1995, S. 65).

Aus einer herrschaftskritischen Perspektive diskutieren Ansätze des *labeling approach* (vgl. Peters 1996; Lamnek 2007) schließlich die Konstruktions- und Konstitutionsleistung des Etiketts eben dieser gefährlichen Klassen. Konkret werden Mechanismen der Kriminalisierung, Diskriminierung, Etikettierung und Stigmatisierung identifiziert (vgl. Belina 2005), die Arme, Obdachlose, Jugendliche, Alkohol- sowie Drogenkonsumenten zu gefährlichen und kriminellen sozialen Gruppen machen. Exemplarisch merken Blakely und Snyder (1997, S. 100) an, dass „[y]outh and crime are linked in our minds". Damit tritt neben die „verunsichernde Fremdheit" (Wehrheim 2009, S. 37) in der Simmelschen Großstadt (vgl. Simmel 1995) insbesondere auch die Begegnung mit der gefährlichen Gruppe im öffentlichen Raum, von der die Assoziation einer generellen Gefahr ausgehe (vgl. Wehrheim 2012). Vor diesem Hintergrund stellt sich für Frevel (1998, S. 50) „schichtspezifische Kriminalität" in Wirklichkeit vielmehr als „schichtspezifische Kriminalisierung" zugehöriger Mitglieder dar (vgl. auch Belina 2005, S. 150f.). Sowohl empfundene als auch objektivierbare Ängste und Verunsicherungen ständen in Konfrontation mit Kriminalität und damit gleichzeitig dem verknüpften Zuschreibungsprozess des *anti-social behaviour* (vgl. Young 1999). Das Zusammenspiel aus vermeintlich ständiger Präsenz, medialer Aufbereitung und gesellschaftlicher Popularität der Kriminalität produziere und verstärke den „Armuts-Kriminalitätskomplex" (vgl. Wehrheim 1999c), der zunehmend räumlich projiziert wird und „sich bestens als Projektionsfläche für soziale Ängste eignet" (Kunz 2008, S. 320).

Kriminalität – eine konzeptionelle Einordnung
Aus kriminologischer Perspektive ist Kriminalität im Allgemeinen die Summe der Verhaltensweisen und Handlungen, die gegen die (nationalen oder internationalen) Strafnormen verstoßen, unter Umständen von den staatlichen Organen strafrechtlich verfolgt und potentiell durch das Gesetz unter Strafe gestellt werden. Nach diesem formalstrafrechtlichen Verständnis umfasst Kriminalität damit solches Verhalten, das von der Gesellschaft als abweichend oder schwerwiegend angesehen wird (Breckner & Sessar 2003). Die Diskussion der Kriminalität als Teilmenge des abweichenden Verhaltens verlange aber gleichzeitig eine Einordnung in die dialektische Betrachtung von Konformität und Devianz und mache auf die Problematik des zu Grunde liegenden Normbegriffs aufmerksam. „Die Konzepte von Ordnung und Norm sind scharfe Messer", [die zur] „Trennung, Amputation, Beschneidung, Bereinigung und *Ausschluß* [sic! Hervorhebung im Original, D.H.][3]" (Bauman 1997, S. 116) führen. Das in der Soziologie weit verbreitete Normverständnis beruht auf Durkheims (1988) Fokussierung der Verletzung des Kollektivbewusstseins als Grundlage für abweichendes Verhalten. Gleichzeitig müssen Abweichungen nach Bornschier (2007, S. 38) dreifach un-

---

3 Kursivsetzungen, Strichpunkte, Anführungszeichen in aufgeführten Zitaten wurden entsprechend ihrer originalen Formatierung übernommen. Zur Erhöhung der Lesbarkeit wird dieses Vorgehen im Weiteren aber nicht jeweils durch den Einschub „Hervorhebung im Original, D.H" kenntlich gemacht.

terschieden werden: erstens in eine statistische Dimension als Abweichung von durchschnittlichem Verhalten der Menschen, zweitens in eine absolutistisch-normative Konzeption als allgemeingültige Abweichung von Normen und drittens in eine relativistisch-normative Konzeption als der Feststellung von Devianz über Machtverhältnisse und Aushandlungsprozesse.

Vor diesem Hintergrund lassen sich nach Oberwittler und Reinecke (2009, S. 49) zwei Richtungen bei der Betrachtung des sozialen Phänomens Kriminalität aufzeigen. Aus der Perspektive der kritischen Kriminologie (vgl. Bussmann & Kreissl 1996; Menzel & Ratzke 2003; Peters 2002b; Sessar 2008) – oder allgemein aus der Perspektive gesellschaftskritischer Ansätze (vgl. Durkheim 1988; Popitz 1968a, 1968b, 2009) – geht es zum einen um die Frage der Entstehung und Durchsetzung von Normen und der Produktion von Kriminalität durch Instanzen der sozialen Kontrolle. Wesensinhalt des konstruktivistischen Labeling-Ansatzes[4] ist die Betrachtung der Kriminalität als normale und ubiquitäre Alltagserscheinung. Kriminalität ist damit – so die kritische wissenschaftliche Auseinandersetzung – kein Merkmal von Individuen oder Gruppen, das im Prozess „der Interaktion zwischen Devianten und Nicht-Devianten" (Giddens 1995, S. 195) die Unterscheidung zwischen gutem, gesetzestreuem und bösem, kriminellem Bürger ermöglicht (vgl. Diskussion des Ungerechtigkeits-Diskurses des kleinen Bürgers Kap. 6.2.2). Die programmatischen Äußerungen kritisieren damit die „selektive Stigmatisierung bestimmter Gruppen" (Krasmann 2003, S. 53f.), in der das Etikett krimineller Handlungen im Zusammenhang mit subjektiven und kontextabhängigen Zuschreibungsprozessen hergestellt werde (vgl. Peters 1996). Zum anderen geht es aus vornehmlich sozialwissenschaftlicher und rechtswissenschaftlicher Perspektive (vgl. Karstedt 2000; Oberwittler & Höfer 2005; Oberwittler & Karstedt 2003) um die grundlegende Frage, warum Menschen Handlungen ausüben und damit gegen Strafgesetze verstoßen und „was sie und ihre Lebensumstände von gesetzestreuen Menschen" (Oberwittler & Reinecke 2009, S. 49) unterscheidet. Neben einer im kritischen Umfeld als „Pathologisierung von Kriminalität" (Krasmann 2003, S. 53f.) verhandelten *general theory of crime* (vgl. Gottfredson & Hirschi 1990) verstehen soziologische Kriminalitätstheorien Kriminalität zum anderen im Zusammenhang mit sozialer Benachteiligung oder fehlender Integration der Täter in konventionellen Gesellschaften

---

4 Entgegen der vorherrschenden wissenschaftlichen Diskussion der (deutschen) Kritischen Kriminologie geht Garland nicht von einem konstruktivistischen Kriminalitätsbegriff aus, wie dies insbesondere von Vertretern des *labeling-approachs* gefordert wird. Vielmehr orientiert er sich an der in den USA, aber auch in anderen westlichen Ländern beobachtbaren Zunahme der Kriminalitätsbelastungen ab den 1960er Jahren auf Basis der Kriminalitätshäufigkeitszahlen, die in den jeweiligen polizeilichen Kriminalstatistiken vermerkt sind (vgl. Hess 2007).

(Eltern, Schüler, Arbeitgeber) oder Subkulturen (delinquent Gleichaltrige, deviante Milieus) (vgl. Lamnek 2007). Im Zeichen des Rational-Choice-Ansatzes und ökonomischer Kriminalitätstheorien sei Kriminalität schließlich das Ergebnis einer Kosten-Nutzen-Entscheidung (Eifler 2002, S. 52ff.; Lüdemann & Ohlemacher 2002, S. 51ff.; vgl. Mehlkopf & Becker 2004).

Kritik der Kritischen Kriminalgeographie

Stadt- und sozialgeographische Relevanz erhält die Thematisierung von Kriminalität in jüngerer Zeit insbesondere in der „Kritik der Kritischen Kriminalgeographie an den essentialistischen Ansätzen der traditionellen Kriminalgeographie" (Glasze et al. 2005b, S. 41). Im Anschluss an Werlens (1995, 1997) „Regionalisierung" und unter Rückgriff auf diskursanalytische Ansätze in der Tradition Foucaults (2000) verschränken geographische Studien[5] Kriminalität und Raum textualistisch. Entlang der drei Gegenstandsbereiche der traditionellen Kriminalgeographie rekonstruieren sie Herstellungsprozesse krimineller Räume und die mit ihnen in Verbindung stehenden Machtstrukturen (vgl. Füller & Marquardt 2010).

Zum einen identifizieren Arbeiten in der Tradition einer Kritischen Kriminalgeographie eine kriminalgeographische Erfassung der räumlichen und raumzeitlichen Verteilung von Kriminalität und abweichendem Verhalten und deren raumbezogene Darstellung im *crime mapping* (Glasze et al. 2005, S. 18f.; vgl. Glasze 2007) allenfalls als eine bessere „Kriminalitätsverteilungslehre" (Schwind 2009, S. 312; vgl. auch Belina 2011, S. 130ff.). Die technische Kriminalitätskartierung, die auf Grundlage der Polizeilichen Kriminalitätsstatistik (PKS) erstellt und als statistische und graphische Aufbereitung der Sammlung zur Anzeige gebrachter formalstrafrechtlicher Verstöße verstanden wird, suggeriere die Möglichkeit, Kriminalitätsbelastungen eines Raumausschnitts objektiv darstellen zu können. Sie trifft – so die Kritik (vgl. insbesondere Belina 2011) – aber keine Aussage über das tatsächliche Gefahrenpotenzial eines bestimmten Raumausschnittes. Indem es sich dem Verhältnis von Kriminalität und Raum bediene, erreiche das *crime mapping* – als „Produkt und Mittel neoliberalen Regierens" (vgl. Belina 2009) – zum anderen, dass „falsche Abstraktionen durch die Macht der Karte" (Belina 2009, S. 192) zu gesellschaftlichen Wahrheiten gemacht werden.

---

5   Aus diskursanalytischer Perspektive thematisieren die Studien zum Beispiel das Aufkommen kommunaler Kriminalpräventionsräte (vgl. Schreiber 2005, 2007) und raumbezogener Stadt- und Sicherheitspolitiken einer neoliberalen Ära (vgl. Eick 2005; Eick et al. 2007) oder diskutieren Fragen „diskursiver Konstitutionen von Sicherheit im öffentlichen Raum" (vgl. Mattissek 2005).

Vor diesem Hintergrund verfolgen kriminologische Regionalanalysen seit den 1990er Jahren – insbesondere im europäischen Raum, aber auch in globaler Dimension – das Ziel, die räumliche Kriminalitätsverteilung auf Bezirks-, Stadtteil-, Quartiers- oder Ebene des Straßenzugs abzubilden. Neben der Darstellung objektivierbarer Kriminaldaten tritt zudem insbesondere das subjektive Sicherheitsempfinden der breiten betroffenen Bevölkerung in den Mittelpunkt der Analyse von Ursachen des lokalen Kriminalitätsaufkommens. In dieser Auffassung verschmelzen das essentialistische Raumverständnis (vgl. Rolfes 2003; Glasze et al. 2005b), die Fokussierung auf die subjektive und im Verständnis der traditionellen Kriminalgeographie damit auch kollektive Unsicherheit und die Betonung des Lokalen als kriminalitätsbelasteter *hot spot* aber auch als Ort der Problemlösung und Ursachenbekämpfung von Kriminalität schließlich zu einer neuen raumbezogenen Perspektive der Stadt- und Sicherheitspolitik (vgl. zur Kritik u.a. Rolfes 2007) (vgl. Kap. 2.2.2).

Die kriminalgeographische, technische Vermählung von Raum und Kriminalität – und in seiner ausgereiften Form von lokalem Raum und subjektiver Kriminalitätsfurcht – ebnet nach Belina (2011) konsequent den Weg, Soziales zum räumlichen Phänomen zu erheben. Indem die Frage des Zustandekommens des sozialen Phänomens der Kriminalität auf die Ermittlung ihrer raum-zeitlichen Verteilung reduziert werde (vgl. auch Belina 2008), werde die Erklärung der Kriminalität schließlich zur *Raumfrage* und Raum bzw. in der Weiterentwicklung der kriminalgeographischen These räumliche Strukturierung selbst zum Auslöser von Kriminalität. Die Logik des aufgezeigten Raumfetischismus bilde damit die Grundlage, auf der „dem physischen Raum [....] Eigenschaften und Wirkmächtigkeit auf das Soziale zugesprochen [werden], die zum einen falsch sind und zum anderen von der Erklärung sozialer Phänomene durch soziale Prozesse komplett abstrahieren" (Belina 2011, S. 131).

2.2.2 Die Verwaltung von Un-/Sicherheiten

„Die Strafjustiz befindet sich jedenfalls in der unguten Situation, der öffentlichen Ordnung (Verkehr, Drogenverbot, Zuwanderung) alle verfügbaren Mittel zu widmen und die Sicherheit der Bürger weitgehend zu vernachlässigen. [...] [Zugleich] beruht die Legitimität der Strafverfolgung aber auf der Fähigkeit, sich um die Verteidigung sowohl der Herrschaftsordnung als auch der öffentlichen Ruhe und Sicherheit verdient zu machen. Wird letztere allzu ostentativ vernachlässigt, so gerät im Zentrum staatlicher Logik etwas ins Schwanken" (Robert 2005, S. 239).

Wandel der Staatlichkeit und die politics of scales
Im Anschluss an die Diskussion der Verräumlichung von Un-/Sicherheiten mittels kriminogener raumfetischistischer Zuschreibungsprozesse konstatiert die sozialwissenschaftliche und geographische Stadtforschung seit Ende der 1990er Jahre einen Wandel von Staatlichkeit im Allgemeinen und eine veränderte Sicherheitsarchitektur im Zusammenhang mit sich verändernden kriminal- und sicherheitspolitischen Tendenzen im Besonderen (vgl. Eick et al. 2007; Glasze 2007). Mit Ablösung eines fordistischen durch ein postfordistisches, neoliberales Staatsmodell ab Mitte des 20. Jahrhunderts (vgl. Hirsch 1995, 1998; Jessop 1986, 2002, 2005; Rose 2000a) werden in den westlichen Industriestaaten wohlfahrtsstaatliche durch neoliberale, „andere Rationalitäten" (Michel 2005, S. 70) eingetauscht. Die neoliberale Transformation werde entlang der Prozesse der „Ökonomisierung des Sozialen" (vgl. Bröckling et al. 2000) nachgezeichnet, in deren Zuge der „einstige Vorsorgestaat" (Krug & Corsten 2010, S. 41) staatliche Fürsorge abgebaut (vgl. Lessenich 2003b) oder im Zeichen der Flexibilisierung, Eigentätigkeit und Selbststeuerung des neuen Geistes des „flexiblen Kapitalismus" (Lessenich 2008, S. 16) richtungsweisend reformiert wird. Ein ins Alter gekommener Wohlfahrtsstaat wandle sich zu einem „aktivierenden Staat" (vgl. Dahme et al. 2003) und redefiniere Soziales als eigenverantwortliches, selbstsorgendes sowie pro-aktives und damit vorausschauendes Handeln jedes Einzelnen „im Sinne und Dienste der Gesellschaft" (Lessenich 2008, S. 17).

Das Subjekt als „unternehmerisches Selbst" (vgl. Bröckling 2007) komplementiere damit das Verhältnis „aktivierender Staat" – „aktive Bürgergesellschaft" (Lessenich 2003a, S. 214) als Ausdruck eines neuen Sozialstaatsverständnisses[6], in dem im Anschluss an die spätfoucaultianische Machtanalyse der „Gouvernementalitäten" (vgl. Foucault 2000)[7] eine neoliberale Regierungsweise vermutet wird (vgl. Krasmann & Volkmer 2007). Anstatt der Technik des Regierens rückt der Staat als Regierungstechnik in den Fokus der Analyse des neoliberalen Staatsumbaus. Auf der Agenda der neosozialen Reform (vgl. Lessenich 2008) erscheinen die Modernisierung des Sozialstaats und die Integration und Aktivierung der vom Arbeitsmarkt Ausgeschlossenen durch *empowerment* (vgl. Grell et al. 2002). Nicht der Staat werde zum ausführenden Akteur sozialpolitischer Kataloge[8], sondern ein „Netzwerk zivilgesellschaftlicher Institutionen" (Michel 2005, S. 70). Die „Partner in einem neuen Wohlfahrtsmix" (Evers & Leggewie 1999, S. 335) bestehen dabei aus Individuen und Gruppen, Interessensverbänden, gemeinnützigen Organisationen bis hin zu staatlichen Institutionen. Schließlich komme deren lokaler Einbindung als Akteure in Stadtteile und Quartiere – auch als politische Akteure in Gestalt von Non-Profitorganisationen (Eick et al. 2004, S. 163ff.) – eine brückenbauende Schlüsselfunktion bei der Aktivierung der Bürger zu (Michel 2005, S. 70).

Aus diskurs- und hegemonietheoretischer Perspektive rückt die Berücksichtigung des Lokalen im Wandel neoliberaler Steuerungsformen zunehmend in den Fokus der wissenschaftlichen Auseinandersetzung. Diskutiert entlang der These „*Regieren durch community*" (Rose 2000a, S. 81) wird die lokale oder kommunale Ebene als zentrales *interface* unterschiedlicher Politikbereiche identifiziert (vgl. Schnur 2014), zu denen nach Heeg (2001, S. 42) auch die Sicherheitspolitik zählt. Raumorientierte Stadt- und Sicherheitspolitiken (vgl. Eick et al. 2007) basieren auf raumbezogenen *politics of scales* (vgl. Wissen et al. 2008), die sich kleinräumigen Gemeinschaften (*communities*) und sozialen Nahräumen zuwen-

---

6 Der Aktivierungs-Diskurs bedient sich dem Vokabular Fördern und Fordern aller Bürger (und damit aller Gesellschaftsmitglieder), in deren Mittelpunkt das Risiko Arbeitslosigkeit, die Erfüllung des Generationsvertrags, Lebenslanges Lernen und Wettbewerbsfähigkeit stehen. Das dabei verhandelte neue Sozialstaatsverständnis betont das Engagement des Bürgers und *instrumentalisiert* dieses zugleich zur Sicherung des Gemeinwohls (vgl. Krug & Corsten 2010).
7 Foucault (2000, S. 64) versteht unter Gouvernementalität u.a. „die Gesamtheit, gebildet aus den Institutionen, den Verfahren, Analysen und Reflexionen, den Berechnungen und den Taktiken, die es gestatten, diese recht spezifische und doch komplexe Form der Macht auszuüben, die als Hauptzielscheibe die Bevölkerung, als Hauptwissensform die politische Ökonomie und als wesentliches technisches Instrument die Sicherheitsdispositive hat."
8 Lessenich beschreibt Sozialpolitik als ambivalentes Unterfangen. Sie „ermöglicht und begrenzt, befähigt und bevormundet, sorgt und vernachlässigt. Sie eröffnet Freiheiten und schränkt Optionen ein, sie schafft mehr Gleichheit und neue Ungleichheiten, produziert mehr Sicherheit und – eben dadurch – immer neue Unsicherheiten. Sie wandelt unüberschaubare Gefährdungen in kalkulierbare Risiken – und diese im Zweifel wieder zurück in Gefahren" (Lessenich 2008, S. 10).

den. Das Lokale als kleinste räumliche Einheit eines reformierten staatlichen Ordnungsmodells werde somit zur neuen, abgrenzenden Bezugsgröße eines neoliberalen Regierens und Absicherns (vgl. Rose 2000b), das unter Rückgriff auf Regulationsmechanismen der Prävention und des Risikomanagements die „Vergemeinschaftung sozialer Kontrollprozesse" (Wurtzbacher 2008, S. 17) vorbereite und im Idealfall „Regieren *durch* Selbstführung" (Lessenich 2008, S. 83) ermögliche.

In einer umfangreichen geisteswissenschaftlichen und kriminologischen Debatte werden die Auflösung ehemaliger, fordistisch-wohlfahrtsstaatlicher Gesellschaftsformen und deren Austausch durch neue postfordistische-neoliberale Gesellschaftsformen entlang des klassischen sozialwissenschaftlichen Theoriekonzepts der sozialen Kontrolle diskutiert, inwiefern sie in kriminal- und sicherheitspolitischen Konzepten System-stabilisierend oder System-destabilisierend wirken (vgl. Singelnstein & Stolle 2011). Im Zeichen einer zunehmenden institutionellen Pluralisierung sozialer Kontrolle im Rahmen sich wandelnder Staatlichkeit fällt der kritische Blick der stadt- und sicherheitstheoretischen Debatte dabei nicht nur auf die Feststellung wachsender Unsicherheiten als Ausdruck eines übergeordneten, gesamtgesellschaftlichen Phänomens sowie auf zunehmende Polarisierung und Differenzierung gesellschaftlicher Lebens- und Wohnverhältnisse, sondern auch auf die Flexibilisierung und Ökonomisierung des Sozialen. Neben der sozialpolitischen Neu-Erfindung der *community* und der Aktivierung des unternehmerischen Selbst ist eine herrschaftskritische Perspektive darum bemüht, die Funktionsweise staatlicher Steuerung zu verstehen, unter deren zentralen Handlungsprinzipien sich zunehmend Risikomanagement und Prävention mischen (vgl. Lindenberg & Ziegler 2005).

The new culture of control: vom penal-welfarism zur neoliberalen
Sicherheits- und Kriminalpolitik
Ferner finden die „übergeordneten gesellschaftlichen Umstrukturierungen" (Schreiber 2011a, S. 39) des 20. Jahrhunderts nach Garland (2001) ihren Ausdruck im Wandel der *culture of control*, den er als Übergang einer wohlfahrtsstaatlichen Strafrechtspflege *(penal-welfarism)* zu einer neoliberalen oder auch neokonservativen Sicherheits- und Kriminalpolitik begreift (vgl. Garland 1990, 1996; Trotha 1997; Thome & Birkel 2007). Um die Beantwortung der Frage bemüht, „wie heutige Verfahren der Verbrechenskontrolle [und der Strafjustiz, D.H.] eine bestimmte Art von sozialer Ordnung in der spätmodernen Gesell-

schaft[9] reproduzieren" (Garland 2008, S. 33), analysiert Garland am Beispiel der *high crime societies* in den USA und Großbritannien im Zeitraum von 1960-1990 aus diskursanalytischer Perspektive die kulturelle Voraussetzung staatlicher Anpassungsmaßnahmen und daraus resultierender Politiken der Verbrechensbekämpfung in Form der *law-and-order*-Politik (vgl. Hall, 1978; Garland 2000, 2004). Für die Einordnung eines neuen Kontrollregimes der Kriminalpolitik bedarf es einerseits, so Garlands These, der Betrachtung der praktischen Probleme und Anpassungsmechanismen politischer Akteure und Verantwortlicher der Strafverhinderung und -verfolgung. Zur Analyse des kriminalpolitischen Wandels gilt es andererseits, die Einstellungen gegenüber alltäglichen Kriminalitätserfahrungen sowie den praktischen Umgang mit den kollektiven Erfahrungen zu berücksichtigen (vgl. Garland 2001).[10] Die Anpassungsprozesse der Zivilgesellschaft sind für ihn im Kontext einer sozialen Welt zu verstehen,

„in der hohe Kriminalitätsraten eine normale gesellschaftliche Tatsache waren. Die privaten Akteure der Zivilgesellschaft entwickelten ihre eigenen Anpassungsmaßnahmen für die um sich greifende Kriminalität, ihre eigenen Routinevorkehrungen und Sozialkontrollen, und gerade diese Anpassung (und weniger die Kriminalitätsraten als solche) sind für die politische und kulturell herausragende Rolle verantwortlich, welche die Kriminalität in den letzten Jahren eingenommen hat. Diese routinemäßigen Alltagspraktiken bilden die soziale Basis für viele der neuen politischen Strategien, die in den letzten Jahren für den Bereich der Kriminalität entwickelt wurden, und sie bestimmen die kulturellen Formationen – den crime complex –, der am Ende des 20. Jahrhunderts um die Kriminalität herum entstanden ist. Sie tragen überdies zu den sinkenden Verbrechenraten bei, wie sie für die 1990er Jahre charakteristisch waren, und zum Erfolg politischer Strategien wie der bürgerorientierten Polizeiarbeit, die auf die Unterstützung der Öffentlichkeit und die Ausbreitung von Präventions- und Kontrollgewohnheiten angewiesen sind" (Garland 2008, S. 35f).

---

9 Aufbauend auf ihren Untersuchungen im europäischen Kontext weisen Thomas Mathiesen (1995, 1999, 2000), Nils Christie (1995, 2005) und Loïc Wacquant (2000, 2001, 2002) – für Brasilien Wacquant (2012) – ebenfalls darauf hin, dass Gesellschaften im Übergang zur Spätmoderne ein ähnliches Muster der Verbrechenskontrolle und Strafjustiz nachahmen, das in den USA seinen Ursprung hat (vgl. Wacquant 1997).

10 In Anlehnung an Garlands Kontrollkulturen (2001) oder Foucaults Regierungsthese der Gouvernementalitäten weist Klimke (2008) auf die Unmöglichkeit hin, die Fülle von Daten einer empirisch orientierten soziologischen Arbeit zur Frage der Einstellungen und Umgangsweise der Bevölkerung mit Kriminalität von oben herab zu bearbeiten, sondern sieht vielmehr die Notwendigkeit eines Hinabtauchens – im Weiteren verstanden als *going native* – in unzählige Seiten transkribierten Materials.

In kritischer Auseinandersetzung mit strukturellen Einordnungen der Kontrollregime einer sich verändernden Kriminalpolitik spricht Belina[11] der gängigen Vorstellung einer *democracy-at-work*-These (vgl. Beckett 1997) wiederum seine Gültigkeit ab, „der zu Folge staatliche Kriminalpolitik eine *Reaktion* auf Verhaltensweisen ist, die von einer Mehrheit als verwerflich empfunden werden" (Belina 2011, S. 18). Im Gegensatz zur Argumentation Garlands (2001) finden die Veränderungen der US-amerikanischen Kriminalpolitik in den 1960 bis 1990er einen entgegengesetzten kausalen Ursprung. In Anlehnung an ähnliche Erkenntnisse von Chambliss (1999, S. 13ff. zit. nach Belina 2011, S. 19) gehe das *agenda setting* des Staates durch Kriminalpolitik[12] der Problemwahrnehmung der Bevölkerung voraus, die in regelmäßigen Meinungsforschungsarbeiten abgebildet wird. „Die Kriminalpolitik wäre demnach keine *Reaktion* auf die ‚Sorgen und Ängste der Bürger', sondern deren *Grund*" (Belina 2011, S. 19). In diesem Zusammenhang kommt dem Strafrecht eine repressive und ideologische Funktion zu und legitimiert ein *governing through crime* (vgl. Simon 1997, 2000; Caplow & Simon 1999; Sack 2003b; Dinges & Sack 2000). In Anlehnung an Ansätze der *moral panics* stützen sich die Instrumente der „Regierungstechnik mittels Kriminalität" (vgl. Belina 2011) auf die „Erzeugung und politische Ausbeutung von Bedrohungsdiskursen", die Sicherheit zum *Business* des Unternehmen Staats macht (Dinges & Sack 2000, S. 54f.), die „verschiedenste gesellschaftliche Risiken und Gefahren kanalisieren und bündeln lässt" und die „uniformierte Kontrollpräsenz" in öffentlichen und öffentlich zugänglichen Räumen zum vorrangigen Kontrollkonzept macht (Beste 2000, S. 301ff.). Dem Argument der Ideologienproduktion und der Instrumentalisierung (Belina 2011, S. 23) fügt Altheide entsprechend hinzu: „Directing fear in a society is tantamount to controlling that society. Every age has it fears, every ruler has his/her enemies, every sovereign place blames and every citizen learns about these as propaganda" (Altenheide 2002, S. 17).

Zusammenfassend lassen sich nach Klimke (2008, S. 13) die aufgezeigten kriminalpolitischen Tendenzen in ein *bottom-up*-Modell im Sinne einer *democracy at work* und in ein *top-down*-Modell als Führungstechnologie des *governing through crime* unterteilen. In Erwartung des Publikumsdrucks führe die spektakuläre Berichterstattung der Medien auf der einen Seite zu einem Ruf

---

11 In seinem Buch *Raum, Überwachung, Kontrolle* (2011) diskutiert Belina sein Erkenntnisinteresse ebenfalls entlang der Entwicklung der US-amerikanischen Kriminalpolitik im Zeitraum von 1960 bis 1990.
12 Das *agenda setting* findet exemplarisch seinen Ausdruck in politischen Initiativen der Kriminalpolitik oder Medienberichterstattungen über Verbrechen und Drogen (vgl. Kap. 2.2.1)

nach härteren Strafen durch die Bevölkerung und der entstehende Strafdruck seinerseits zu Strafverschärfung durch die politischen Kontrollinstanzen. Auf der anderen Seite rücke die Führungstechnologie des *governing through crime* Kriminalität beispielhaft ins Zentrum der Regierungskünste (vgl. Sack 2003a, 2003b, 2004), in welchem das kriminalpolitische Feld einen „politischen Nebenschauplatz" liefert (Klimke 2008, S. 13). Indem sie sich Strafrecht und Kriminalitätsdiskurse aktiv zu nutzen mache (Belina 2011, S. 20), den Strafrahmen erweitere und neue Straftatbestände schaffe, ziehe die Kriminalpolitik die Punitivitätsschraube fester an (vgl. Kury & Obergfell-Fuchs 2006). Nicht der Wille der Bevölkerung nach der *mão dura* (harte Hand), sondern Kriminalität mittels ihrer Instrumentalisierung erhalte nach Simon (1997) demzufolge einen konsequenten Bedeutungszuwachs in der öffentlichen Diskussion, „um von den ökonomischen und sozialen Ungleichheiten spätmodernen Lebens abzulenken" (Klimke 2008, S. 14). Die Veränderungen der Kriminalpolitik seien damit nicht entlang der veränderten Reaktion der Politik und Gesellschaft auf die reale oder wahrgenommene Bedrohung durch Kriminalität zu verstehen, als vielmehr als „ein alternatives Wirkungsmodell" (Dinges & Sack 2000, S. 49) einer aktiven staatlichen Politik und damit „*Methode* des Regierens" (Rose 2000a, S. 86) „mittels Kriminalität" (Dinges & Sack 2000, S. 49).

Kommunalisierung, Deregulierung und Pluralisierung der Sicherheitsproduktion
Anschließend an die kritische Auseinandersetzung mit einem neoliberalen Umbau des Sozialstaats deutet eine sozialwissenschaftliche und kriminologische Perspektive auf die Ablösung eines auf Integration basierenden, konstitutionell-wohlfahrtsstaatlichen Strafsystems durch eine kriminalpolitische Entwicklung der Exklusion/Inklusion bestimmter sozialer Gruppen in Verbindung mit einer olipolistisch-präventiven Sicherheitsordnung hin (vgl. Trotha 1995). In der Kriminal- und Sicherheitspolitik sind verschiedene Strömungen erkennbar, die im Anschluss an Garland (2001) auf die ambivalenten Entwicklungslogiken der *adaptive* und *punitive segregation* hinweisen. Dazu zählen zum einen die Analysen der spätmodernen Kriminalitätskontrolle oder Devianzbearbeitung einer *new penology* von Feeley und Simon (1992) – basierend auf einem „versicherungstechnischen" oder „unternehmerischen Risikomanagement" (vgl. Shearing 1997; Cremer-Schäfer & Steinert 1998; Kreissl 2000; Krasmann 2000, 2003; Peters 2002a). Zum anderen reflektiert Garland (1996, 2001) die Entwicklung entlang des Spannungsverhältnisses zwischen einer *criminology of everyday life* und einer *criminology of the other* (Garland 1996, S. 450ff.). Verortet werden die ambivalenten Entwicklungslogiken in einer generellen Tendenz der Kommunalisie-

rung, Deregulierung und Pluralisierung der Sicherheitsproduktion (vgl. Beste 2000, 2004; Schreiber 2011b; Frevel & Schulze 2012). Im Gegensatz zur kriminalpolitischen Differenzierung[13], in der meist mit einem politökonomischen Hintergrund eine stadtsoziologische und geographische Debatte um spätmoderne Kontrolltypen im Stadtraum geführt wird, werden raumbezogene und polizeipraktische Übersetzungen der Ver- und Entrechtlichungsprozesse der Un-/Sicherheiten stärker betont und entlang der Fragen des Auf- und Abbaus formalisierter und informeller sozialer Kontrolle reflektiert. In den Fokus der sozialwissenschaftlichen Auseinandersetzung mit Kommunalisierung, Deregulierung und Pluralisierung der Sicherheitsproduktion rücken dadurch kriminal- und sicherheitspolitische Strategien der Überwachung, Ausgrenzung und Zugangsbeschränkung, städtebauliche und architektonische Gestaltungsmaßnahmen sowie die Kommunalisierung sicherheitspolitischer Aufgaben (vgl. Glasze et al. 2005b; Beste 2004; Belina et al. 2012).

Formalisierung und Privatisierung sozialer Kontrolle
Dem stadtsoziologischen und sozialgeographischen Vorschlag der Systematisierung neuer Formen der Sicherheitspolitik und städtischer Sicherheitsarchitektur folgend, würden erstens Verfahren der Formalisierung sowie der Privatisierung sozialer Kontrolle zunehmend angewandt (vgl. Wehrheim 2012; Glasze 2007; Flöther 2010). Ausdruck findet dieser neue Kontrolltypus zum einen in der zunehmenden Implementierung des ordnungspolitischen Reform-/Programms des *community policing* (vgl. Skogan & Hartnett 2000; Miller & Hess 2004), dem im kontextübergreifenden Vergleich eine institutionell, inhaltlich und ordnungsstrukturell große Vielfalt nachgesagt wird. Bei der Gegenüberstellung kommunaler Kriminalpräventionskonzepte in den USA (vgl. Graham & Bennett 1995; Newman 2002; Skogan 2004), in Großbritannien (vgl. Ekblom 1995; Crawford 1997, 2000), Deutschland (vgl. Wurtzbacher 2004, 2008; Birenheide 2009; Schreiber 2007, 2011a, 2011b) sowie Lateinamerika und insbesondere in Brasilien (vgl. Müller 2010; Frühling 2009; Brit & Dantes 2009; Ferragi 2010) werden insbesondere die Intensität, Form und Struktur der Einbindung und Aktivierung der Bürger als Bestandteil der *community crime prevention* (Crawford 1998, 2007) als Unterscheidungsmerkmal deutlich. Neben Nachbarschaftszusammenschlüssen (u.a. in Verbindung mit Sicherheitsfragen) und den zivilge-

---

13 Für eine alternative Systematisierung der kriminalpolitischen Differenzierung vgl. Sack 2003 und Garland 2001.

sellschaftlich-polizeilichen Kooperationsformen (z.b. Hilfspolizei)[14] treten (in unterschiedlichen Länderkontexten) auch immer stärker unterschiedliche Formen der kommunalen Kriminalpräventionsräte (vgl. Schreiber 2007, 2011a, 2011b; Pütz et al. 2009; Schwedes 2009) „als ortsgebundenes Risikomanagement" (Schreiber 2012, S. 230) in den Vordergrund. Zum anderen wird die voranschreitende Formalisierung und Privatisierung sozialer Kontrolle vor dem Hintergrund der Zunahme von Sicherheitsdiensten im öffentlichen, halböffentlichen und privaten Raum diskutiert (vgl. Beste 2000, 2004; Eick 2003; Wehrheim 2012). Neben staatlichen Akteuren der Ordnungs- und Sicherheitsfürsorge tritt dabei insbesondere ein breites Spektrum kommerzieller und ehrenamtlicher Sicherheitsakteure in Erscheinung (vgl. Elsbergen 2004), was in einer De-facto-Privatisierung der öffentlichen Sicherheitsfürsorge resultiert (vgl. Abrahamsen & Williams 2007; Wurztbacher 2008).

Ideologische Legitimation findet die räumliche Kontrollpraxis im diskursiv hergestellten Verhältnis Kriminalität – Raum und in der argumentativen Verknüpfung von Ordnung und Sicherheit in den Thesen der *broken windows* (vgl. Wilson & Kelling 1982, 1996) und der *defensible space* (vgl. Newman 1972), deren raumfetischistischer Kern den sozialräumlichen Zustand des Quartiers sowie dessen Gemeinwesens zum Entstehungszusammenhang der Kriminalitätsbelastung und dem gesellschaftlichen Unsicherheitsgefühl erhebt (vgl. Belina 2011) (vgl. Kap. 2.2.1). Die Grundaussage der vielfach verwendeten „Metapher der *broken windows*" (Dinges & Sack 2000, S. 33) warnt davor, den physischen Verfall und die soziale Verwahrlosung – gefasst als *physical disorder* wie die namengebenden zerbrochenen Fensterscheiben sowie *social disorder* wie beispielsweise die Präsenz „zwielichtiger oder widerspenstiger Gestalten" – als sichtbare Belege für den Mangel sozialer Kontrolle zu verstehen (Wilson & Kelling 1982, S. 24f.). Von diesem Kontrollverlust gehe eine potentielle Gefahr von Ordnungsverstößen und kleineren Straftaten aus, die im Sinne der sozialökologischen Hypothese in der Tradition der *rational-choice*-Theorie zum *spiral of decay* ganzer Nachbarschaften (dazu kritisch Häfele 2006, S. 104) und im weiteren Verlauf zu schweren Gewaltdelikten führe (Wilson & Kelling 1982, S. 30)[15]. Die polizeipraktische Antwort auf diese vermeintlich bedrohliche Kausalitätsspirale sei das ordnungspolitische und polizeiliche Einschreiten auch bei strafrechtlich leichteren Normverstößen. Polizeipraktische Anwendung findet dieses Vor-

---

14 Nogola diskutiert zivilgesellschaftlich-polizeiliche Kooperationsformen unter dem Aspekt der „Mischökonomien des Polizierens" (Nogola 2001 zit. nach Klimke 2008, S. 17).

15 vgl. zur kritischen Auseinandersetzung mit den Thesen der *broken windows* unter vielen Belina 2000a, 2000b, 2005, 2011; Hess 2000; Dinges & Sack 2000

gehen seit den 1990er Jahren durch die *zero-tolerance*-Strategie des New Yorker Erfolgsduos Rudolph Guiliani/William Bratton, deren Kern seitdem globale Bekanntheit und Nachahmung genossen habe (Wacquant 2000, S. 93; Bénit-Gbaffou 2008, S. 114).

Crime prevention through environmental design
In der Systematisierung der kriminal- und sicherheitspolitischen Strategien im urbanen Raum wird zweitens auf die gegenwärtig zunehmende Umsetzung städtebaulicher und architektonischer Gestaltungsmaßnahmen im Sinne des *crime prevention through environmental design* (vgl. Jeffrey 1971) – oder *design out crime* in der europäischen Variante (vgl. Clarke 1980; Colquhoun 2004) – hingewiesen (vgl. u.a. Pütz et al. 2009). In Anlehnung an die Thesen des *defensible space* ziele diese kriminalpräventive Strategie aus stadtplanerischer und insbesondere architektonischer Perspektive durch städtebauliche, freiraumplanerische und architektonische Gestaltung des Wohnumfelds – beispielsweise in Form der Aus- und Beleuchtung von Fußgängerwegen und Aufenthaltsbereichen, der Gestaltung gut einsehbarer Räume oder durch altersspezifische Wohnraumgestaltung – auf eine Stärkung der sozialen Kontrolle und somit auf Vorbeugung von Kriminalität und Reduktion des Unsicherheitsgefühls ab.

Bilden Angsträume insbesondere in ihrer konzeptionellen Verschneidung des Nexus städtischer Raum, Geschlecht und Macht aus humangeographischer Perspektive einen zentralen Aspekt feministischer Stadtkritik (vgl. Kutschinske & Meier 2000; Ruht 2003; und zum Überblick der Angst-Raum-Debatte Wucherpfenning & Fleischmann 2008, S. 362ff.) (vgl. Kap. 2.4.2), werden stadtplanerische und bauliche Aspekte der Kriminalprävention zwischenzeitlich auch aus einer gesellschaftskritischen Perspektive im Zusammenhang mit der (Re-)Produktion einer *architectur of fear* (vgl. Ellin & Blakely 1997) oder Festungsmentalität (vgl. Flusty 1997) diskutiert. Darüber hinaus stellt eine stadtsoziologische Diskussion des letzten Unterkapitels dem positivistisch-naturalistischen politischen Diskurs um Wohnumfeldverbesserung und schöner Wohnen eine kritische Perspektive entgegen, die insbesondere auf die ausschließende Wirkung der neuen oder umgestalteten städtischen Infrastruktur und der öffentlichen Raumgestaltung gegenüber bestimmten sozialen Gruppen hinweist (vgl. Wehrheim 2012). Neben der „Aktivierungsstrategie lokalgemeinschaftlicher Selbstregulation" (Schreiber 2012, S. 230) im Sinne eines *community policing* betonen kriminalitätsvorbeugende und -bearbeitende Maßnahmen damit insbesondere räumlich-situative Strategien des Aufeinandertreffens von Täter und Tatgelegenheit in Raum und Zeit (vgl. Belina 2011).

Techniken der Überwachung, neue Sicherheitstechnologien und räumliche (Zugangs-)Kontrolle

Drittens diskutiert eine kritische Stadtsoziologie anschließend an die Debatte polizeipraktischer Strategien mit ideologischer Färbung (vgl. Diskussion der *broken windows*-Metapher) und aufbauend auf stadt- und raumplanerische Maßnahmen im Zeichen des *defensible space* die zunehmende Anwendung von Techniken der Überwachung, neuer Sicherheitstechnologien und räumlicher (Zugangs-)Kontrolle. Verortet im interdisziplinären Feld der *surveillance studies* (vgl. Lyon 2001, 2007) rückt die wissenschaftliche Debatte heute nicht mehr nur die disziplinierenden Effekte der Überwachungsmechanismen im Sinne einer foucaultschen Disziplinargesellschaft in den Mittelpunkt, sondern betrachtet insbesondere auch technologische Aspekte, rechtliche Bedenken gegenüber und gesellschaftliche Folgen von Videoüberwachung und biometrischer Datenerfassung (vgl. Zuraswki 2007a, 2011; Lyon 2006; Firmino et al. 2009). Sowohl in den Praktiken des Aufpassens, Kontrollierens und Wachens bzw. Überwachens (vgl. Kap. 6.2.1) als auch in den Praktiken des Polizierens in Gestalt der Überwachung, Kontrolle und Überprüfung sieht die kritische Stadtsoziologie nicht nur ein Merkmal der Moderne und der administrativen Expansion des Nationalstaats (vgl. Giddens 1995), sondern vermutet vielmehr einen „integrative[n] Bestandteil der Macht- und Herrschaftssicherung durch den Staat und seine Institutionen" (Zurawski 2007, S. 8). In Verbindung mit der fortschreitenden Verbreitung von Mikroelektronik und Informationstechnik, etwa in Form technischer Infrastruktur der Datenspeicherung, -verarbeitung und Kommunikationstechnologien (Lyon 2004, S. 139), entwickeln sich moderne Überwachungspraktiken zu einem vielfältigen, ortsungebundenen Einsatzmittel, das mit geringem Personalaufwand die Planung und Steuerung öffentlicher Räume ermöglicht.

Indessen weist eine kritische sozialwissenschaftliche Debatte auf den Beginn des Aufstiegs der intensiven, personenbezogenen, anlass- und verdachtsunabhängigen, technischen und dauerhaften Überwachung und Kontrolle des öffentlichen Raums seit Mitte der 1990er Jahre hin und nimmt damit Anlehnung an die Diskussion des Perspektivenwechsels von einer reaktiven, interventionsbasierten hin zur einer proaktiven, situativen Polizeiarbeit und Strafverfolgung (Töpfer 2008, S. 61ff.). Ähnlich dem Ausbau der städtischen Gas-, Wasser-, Elektrizitäts- und Telekommunikationsnetzwerke im 19. und 20. Jahrhundert wird die Expansion der Videoüberwachung im öffentlichen Raum schließlich in ihrem Aufstieg zur ubiquitären Infrastruktur (vgl. Graham 1999 zit. nach Töpfer 2008, S. 63) als infrastrukturelle Voraussetzung einer „maximalen Überwachungsgesellschaft" (vgl. Norris & Amstrong 1998) deutlich.

Dabei bestimmen zwei Aspekte die wissenschaftliche Debatte um Videoüberwachung und weitere Formen raumbezogener Kriminalpolitik: Zum einen dient Videoüberwachung als selektives Instrument der Exklusion bestimmter Personen und Gruppen aus Teilbereichen des öffentlichen Raums (vgl. Belina 2011). Die Steigerung der Aufenthaltsqualität und Standortattraktivität meist innenstadtnaher Räume – als strategische Maßnahmen spezifischer öffentlicher oder privater Interessensgruppen (vgl. Kap 2.2.3) – wird von den Autoren indessen als Verlust des öffentlichen Raums, als Angriff auf die demokratische und sozial gerechte Gesellschaftsordnung (vgl. Kammerer 2008) sowie als „Sicherstellung von Urbanität" (vgl. Marquardt & Füller 2008; Füller & Marquardt 2010) gewertet. Zum anderen beschäftigt sich die wissenschaftliche Debatte mit Fragen rechtlicher Bedingungen, kontrollpolitischer Erfolge und Misserfolge, kriminologischer Wirksamkeit und gesellschaftspolitischer Konsequenzen der Videoüberwachung (Rolfes 2007, S. 69; vgl. auch Gill & Spriggs 2005a, 2005b). Sie stellt jedoch grundsätzlich den öffentlichen Raum in den Mittelpunkt ihrer Auseinandersetzung und lässt die Betrachtung des Einsatzes von Videoüberwachung im privaten – und damit nicht privatisierten – Raum als weitläufiger Übergangszone (vgl. Wehrheim 2012) raumorientierter Sicherheitsmaßnahmen vermissen.

2.2.3 Die Versilberung von Un-/Sicherheiten

> „Sicherheit ist weltweit einer der größten Wachstumsmärkte des beginnenden 21. Jahrhunderts, und dieser Markt lebt von den Ängsten der potentiellen Käufer der Ware Sicherheit" (Wehrheim 2012, S. 32).

Reorganisation städtischer Politik
Im Anschluss an die Diskussion gesellschaftlicher Umstrukturierung und des Wandels der Staatlichkeit betont eine stadtgeographische Debatte in der Tradition der radical geography seit den 1980er Jahren den stadtpolitischen Umbau der Stadt als ehemals paternalistische Verteilungsagentur hin zum Unternehmen Stadt (vgl. Heeg 2001; Harvey 2000).

In der politik- und verwaltungswissenschaftlichen Debatte wird diese Ablösung staatlich regulierter Steuerung durch neue Formen des Regierens (vgl. Benz et al. 2007; Mayntz 2004, 2005) mit der Formel von government zu governance überschrieben (Haus 2010, S. 210) (vgl. Exkurs 2.1). In dieser Debatte identifiziert eine hegemonietheoretische Perspektive im Austausch zentralstaatlicher Institutionen und Steuerungsformen durch netzwerkförmige Kooperations- und Handlungszusammenhänge zwischen privaten, semi-öffentlichen und öffentlichen Akteuren ein marktorientiertes statt umverteilendes, ein vermittelndes statt regulierendes und damit ein ökonomisches statt sozialpolitisches Stadtmanagement (vgl. Jessop 1997b; Heeg 2001). Neben der neuen Akteurskonstellation der new urban governance – und damit insbesondere der zunehmenden Einbeziehung privatwirtschaftlicher Akteure – deute die fortwährende Betonung der lokalen Ebene (vgl. Kap 2.2.2) auf das neue Selbstverständnis der Stadt als Unternehmen hin, das außerdem von einer veränderten öffentlichen und privaten Sicherheitsfürsorge in der gegenwärtigen postmetropolis begleitet werde (vgl. Soja 2000). Nicht nur die Bereiche der Wohnungs-, Wirtschafts-, Kultur- und Sozialpolitik unterliegen den Logiken einer attraktivitätssteigernden, wettbewerbsorientierten modernen Stadtpolitik. Insbesondere auch der Politikbereich der öffentlichen Sicherheit gerate in den Fokus der Reorientierung städtischer Politik (vgl. Heeg 2001), die den gegenwärtigen städtischen Herausforderungen angesichts der Arbeitsmarkt-, Wirtschafts-, Finanz- und Haushaltskrisen mit „proaktiven Strategien der städtischen und stadtregionalen Wettbewerbsfähigkeit" (Heeg 2001, S. 41) innerhalb des internationalen Standortwettbewerbs begegne.

Exkurs 2.1: Von *government* zu *governance*
In der Politik- und Verwaltungswissenschaft wird *government* gemeinhin als staatliche Entscheidung durch die Regierung bzw. den Staat verstanden, währenddessen *governance* die Praxis des Regierens zum Ausdruck bringt. Entgegen der Perspektive der hoheitlichen Entscheidung (*government*) deutet *governance* die Kontextsteuerung und indirekte Beeinflussung verschiedener gesellschaftlicher Bereiche an und umfasst zudem die „Zusammenarbeit mit unterschiedlichen Akteuren in einem ausdifferenzierten System politischer Arenen" (Newman 2004, S. 71 zit. nach Haus 2010, S. 210). Nach Haus (2010, S. 210f.) beschreibt *governance* gegenwärtig einen normativen und konzeptionellen Leitbegriff des Regierens und der Verwaltungspolitik, der in seinem Kern den Orientierungsrahmen der Reform öffentlicher Politik und Institutionen umspannt. Durch die Kooperation mit verschiedenen gesellschaftlichen Partnern in Form „netzwerkförmiger Konstellationen" seien gegenwärtige komplexe Probleme des Politikbereichs besser zu verstehen und somit die Schaffung lösungsträchtiger Strategien erfolgversprechender, die sich ihrerseits effizienter umsetzen lassen (Haus 2010, S. 211). Neben dem Aufbau von Akteurs-Netzwerken wird die Entwicklung zudem von einer internen Differenzierung des politischen Systems begleitet, die in bestimmten Politikbereichen sogar im kooperativen Verschneiden unterschiedlicher politisch-administrativer Ebenen (Mehrebenensystemen) mündet. Neben dem ak-

> tivierenden Staat und Gewährleisterstaat versteht sich *governance* damit als „Leitbild neuer Staatlichkeit" (Haus 2010, S. 211). Im Anschluss an Mayntz (2004, S. 75) stellt Haus (2010, S. 211) heraus, dass „[d]er Argwohn, dass Machtfragen und Ungleichheitsaspekte in der Rede von Governance aus dem Fokus der Aufmerksamkeit gerade verbannt werden, indem sie sich auf die Suche nach ‚pragmatischen' Lösungen von Problemen beschränkt, die von Eliten definiert werden, [...] inzwischen auch von wichtigen Wegbereitern der Diskussion artikuliert [wird]."

Deregulierung, Pluralisierung und Kommodifizierung des Monopols der Verbrechenskontrolle

Neben der Vergemeinschaftlichung sozialer Kontrollprozesse (vgl. Wurtzbacher 2008) im Anschluss an die Regierungsthese durch *community* (vgl. Rose 2000a) tritt die Tendenz einer neuen Praxis des Regierens vor allem in Privatisierungsprozessen sozialer Kontrolle in städtischen Räumen zum Vorschein (vgl. Kap. 2.2.2). Anschließend an die Diskussion raumrelevanter Folgen der Stadtentwicklung mit den bekannten Vorzeichen neoliberaler Ökonomisierung rückt die Betrachtung der Privatisierung staatlicher Aufgaben ins Zentrum der wissenschaftlichen Debatte, die im Politikbereich der Sicherheit und vor dem Hintergrund der Diskussion des staatlichen Gewaltmonopols (vgl. Thome & Birkel 2007) von Fragen der Restrukturierung innerer Sicherheit (Krasmann 2009, S. 354) überspannt werden. Sowohl die Auflösung der Trennlinie zwischen öffentlichen und privaten Präventionspraktiken als auch die Pluralisierung des vormals nur dem Staat zufallenden Verantwortungsbereichs öffentlicher Sicherheit liefe schließlich in den Formeln Zivilgesellschaft, Kommerzialisierung und Ökonomisierung der Sicherheitsfürsorge zusammen (Garland 2008, S. 65). Dabei beleuchten die Identifikation neuer Praktiken und Techniken der Überwachung und Zugangskontrolle und die Diskussion fortwährender Aktivierung, Einbeziehung und Verpflichtung neuer Akteure der sozialen Kontrolle aus den Feldern Zivilgesellschaft, Kommunen und Unternehmen (vgl. Kap. 2.2.2) nur eine Seite der „Reorganisation der Sicherheit" (Eick 2005, S. 169).

In der sozialwissenschaftlichen Auseinandersetzung mit dem Wandel des ehemals öffentlichen Guts Sicherheit zum privaten Wirtschafts-, Expertise- aber auch Luxusgut und damit der Betrachtung der Kommodifizierungsprozesse öffentlicher Sicherheit (vgl. Abrahamsen & Williams 2007; Eppler 2002) werde das Umstülpen des Monopols der Verbrechenskontrolle im Wesentlichen entlang der Bedeutungszunahme kommerzieller Sicherheitsunternehmen einer aus ihrer „Schattenposition" (Garland 2008, S. 66) tretenden, wachsenden Sicherheitsindustrie nachgezeichnet. Neben das staatliche Angebot der Sicherheit trete das private, ergänze dieses oder neige vielmehr dazu, in bestimmten gesellschaftlichen Bereichen und damit insbesondere städtischen Teilräumen die traditionelle, staatliche Kontrollinstanz zunehmend zu usurpieren. Staat sei kein monopolistisch ausgerichteter Sicherheitsanbieter mehr, sondern trete auf als „Nachfrager auf den permanent sich ausweitenden Sicherheitsmärkten" (Beste 2009, S. 184f.). Diese augenfällige Abkehr vom staatlichen Gewaltmonopol wird zwischen kritischen und liberaltheoretischen Perspektiven mitunter sehr konträr entweder als Teilrückzug, Abzug und Auflösung oder eben nur als Beleihung, Ergänzung und Komplementär staatlicher Kontrollinstanzen aus der operationellen Sicherheitsproduktion verhandelt (Abrahamsen & Williams 2007, S. 238; vgl. auch Kunz 2008; Beste 2000, 2009; Klimke 2008). Neben diesen Diskurs rückt eine sozialwissenschaftliche und kriminologische Perspektive Fragen der Funktionsverlagerung der operationellen Sicherheit (vgl. Beste 2009) in den Mittelpunkt der Auseinandersetzungen, um sich den Entwicklungen der „Privatisierung sozialer Kontrolle" (Feltes 2009, S. 110) als „wissenschaftliche[m] Neuland" (Beste 2000, S. 314) zu nähern.

The „quiet revolution" kommerzieller Sicherheitsangebote

Ob in Reaktion auf wachsende Kriminalität oder auf eine empfundene labile Sicherheitslage (vgl. Kap 2.2.1), Kunz (2008, S. 317) konstatiert, dass „[d]er Markt privater Sicherheitsanbieter boomt". Dass dies schon seit geraumer Zeit der Fall ist, nämlich bereits seit den 1970er Jahren, identifizieren Stenning und Shearing (1980) als *quiet revolution* kommerzieller Sicherheitsangebote. Nicht nur entlang des zunehmenden Einsatzes von Söldnern in sogenannten *private military companies* an den Kriegsschauplätzen rund um den Globus (vgl. Methuen & Taylor 2002; Hall & Bierstecker 2002; Chojnacki & Branović 2007), sondern

„in the day-to-day activities of ordinary life, private security has also become ubiquitous. Less spectular than the 'return of the dogs of war', commercial private security activities, ranging from manned guarding and alarm installation to risk analysis and surveillance, have expanded at a phenomenal rate" (Arahamsen & Williams 2011, S. 19).

Entsprechend trete das dynamische Wachstum kommerziell angebotener Sicherheit sowohl im personellen Bereich als auch in Bereichen technisch-elektronischer Sicherheitslösungen zum Vorschein, die sich wiederum auf Branchen der allgemeinen Sicherheitsdienste (Geldtransport, Werkschutz, Objektschutz, Personenschutz, Detekteien), dem Sicherheitsservice (Gefahrenmeldeanlagen, Notrufzentralen) und den Sicherheitstechniken (Überwachungs- und

Alarmtechniken) verteile (vgl. Beste 2000, S. 320ff.). Versinnbildlichend prognostiziert der Jahresbericht des Unternehmens *Securitas* (2007, S. 19 zit. nach Abrahamsen & Williams 2011, S. 19), einer der *global player* der Sicherheitsindustrie und -dienstleister, dem weltweiten kommerziellen Sicherheitsmarkt einen Jahresumsatz von 139 Milliarden US$ und erwartet bis zum Jahr 2015 eine jährliche Wachstumsrate von 8% bzw. einen Gesamtumsatz von 230 Milliarden US$.[16] Dies findet nicht nur in steigenden Umsatzzahlen und Gesamtzahlen der Sicherheitsfirmen, sondern insbesondere auch im Verhältnis der Mitarbeiter privater Sicherheitsfirmen zu Polizisten, den allgemeinen Beschäftigungszahlen im Sicherheitsgewerbe und darüber hinaus in den Verkaufszahlen technisch-elektronischer Sicherheitsequipments mit Einsatz im öffentlichen sowie privaten Raum seinen Ausdruck (vgl. Kunz 2008).

McPolicing und die Kommodifizierung öffentlicher Sicherheit
Inhaltlich verbunden mit der wissenschaftlichen Reflexion über die Ausbreitung privater Sicherheitsdienste ist die Diskussion um die Gefahr, die von der Gefahrenabwehr durch Dritte und Private ausgeht. Besonderes Augenmerk innerhalb der Debatte über die Kommodifizierung des vormals öffentlichen Guts Sicherheit erhalten Fragen bezüglich der sozialstaatlichen Folgen, die sich daraus ergeben. Zum einen wird aus kriminologischer und sozialwissenschaftlicher Sicht die „stillschweigende Übertragung der hoheitlichen Berechtigung zur Gewaltausübung" (Kunz 2008, S. 318) auf Private als problematisch eingestuft. Eine stadtsoziologische Perspektive diskutiert diese Frage der „Verfügung legitimer physischer Gewalt durch die Polizei" (Beste 2000, S. 327) insbesondere mit Blick auf die Bestreifung öffentlicher und halböffentlicher Räume durch Sicherheitsagenturen und Schutzpolizeien (vgl. Eick et al. 2007; Heinrich & Lange 2009, S. 260; Lauen 2011; Wehrheim 2012). Gemäß einer Kultivierung der „Ideologie uniformierter Ordnungspräsenz" (Beste 2000, S. 327) – z.B. in Gestalt der „Schwarzen Sheriffs" (vgl. Nogala 1998) – werden in den „Krauts und Crowds" lokale Wissensträger und periphere Dienstleister eines neoliberalen Regimes erkannt (vgl. Eick 2007, aber auch Ziercke 2007). Auf Grund der eingeschränkten rechtlichen Grundlage des Einsatzes von Sicherheitsdiensten in hoheitlichen Befugnissen[17] wird die rechtsstaatliche Sicherung eines aufweichenden staatlichen Gewaltmonopols in Frage gestellt (Koltermann 2006, S. 62).

---

16 zur Übersicht der Entwicklung des kommerziellen Sicherheitssektors vgl. Abrahamsen & Williams 2011, S. 20ff.
17 Die Frage hoheitlicher Befugnisse wird thematisiert im Zusammenhang mit der Bestimmung der Hausrechtsbefugnis im *de jure* privaten Raum oder umstrittenerweise

Im Kontext der Thematisierung von Ausbildungs- und Qualifikationsstandards privater Sicherheitsanbieter sowie der Problematik des Lohn-Dumpings im Sicherheitsgewerbe (vgl. Seavey 2006; Eick 2008) rückt zum anderen die Befürchtung eingeschränkter strafrechtlicher Kontrolle bei möglicher Befugnisüberschreitung durch kommerzielle Sicherheitsagenturen in den Mittelpunkt der Diskussion (vgl. Koltermann 2006). Überspitzt karikiert Beste (2000, S. 363) die Befürchtung als *McPolicing*, das nicht darauf angelegt sei, Sicherheit sozial herzustellen, sondern ihre kommerzielle Simulation benötige. In Anlehnung an die Argumentation eines einkommensabhängigen Sicherheitsservice betont Koltermann darüber hinaus die Gefahr voranschreitender Kommerzialisierung in der Form, „daß sich nur die finanziell besser situierten Bevölkerungsteile die käuflich gewährte Sicherheit leisten können" (Koltermann 2006, S. 123f). In Abkehr vom sozialstaatlichen Prinzip öffentlicher Sicherheitsfürsorge führe die zunehmende Privatisierung sozialer Kontrolle zu einem Legitimationsdruck der staatlichen Akteure öffentlicher Sicherheits- und Ordnungsfürsorge (vgl. Abrahamsen & Williams 2007) und geht dadurch „ans Mark eines demokratischen Staates" (Eppler 2002, S. 120). Er versteht sich als Legitimationsdruck, der in einen Effektivitäts- und Verwertungsdiskurs mündet (dazu auch Feltes 2009, S. 110), und laut Koltermann (2006) zum Entzug der Bereitschaft breiter Teile der Bevölkerung führen kann, sich an der Finanzierung öffentlicher Sicherheitsfürsorge auf Steuerbasis zu beteiligen. In Anlehnung an die Argumentation der *criminology of everyday life* (vgl. Garland 1996) (vgl. Kap. 2.2.2) bringt auch Eppler die gesellschaftliche Verhandlung der Problematik, dass das Gewaltmonopol nicht einem Sicherheitsmonopol entspreche (Röder 1995, S. 365 zit. nach Beste 2000, S. 364), rhetorisch auf den Punkt: „Wenn aber die eine sich Sicherheit vor Verbrechen – etwa durch private Wächter oder in einer ‚gated community' – kaufen kann, die andere nicht, dann ist dies eine unerträgliche Ungleichheit. [...] Wer redlich seine Steuern zahlt – und seien es nur die indirekten, weil er für die Lohnsteuer zu wenig verdient –, hat er den Anspruch auf Schutz vor Kriminalität" (Eppler 2002, S. 120).

In Anschluss an die Diskussion der Aushöhlung des Gewaltmonopols in Räumen „begrenzter" (Boomgaarden 2007, S. 6) aber auch „effektiver" Staatlichkeit (Daase & Engert 2008, S. 475) markiert die zunehmende Privatisierung sozialer Kontrolle für Loader (2000) eine signifikante Verschiebung der Sicherheitsfürsorge moderner Gesellschaften:

---

diskutiert entlang der straf- und staatsrechtlichen Einstufung des Jedermannsrechts im *de facto* öffentlichen Raum (vgl. Beste 2000; Wehrheim 2012).

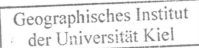

"We are living in the midst of a potentially far-reaching transformation in the means by which order and security are maintained in liberal democratic societies, one that is giving rise to the fragmentation and diversification of policing provision, and ushering in a plethora of agencies and agents, each with particular kinds of responsibility for the delivery of policing and security services and technologies. What we might call a shift from police to policing has seen the sovereign states - hitherto considered focal to both provision and accountability in this field – reconfigured as but one node of a broader, more diverse ‚network of power'" (Loader 2000, S. 323).

Im differenzierten und diversifizierten Netzwerk unterschiedlicher Machtverhältnisse tummele sich eine Vielzahl von Akteuren, „die mit Ängsten spekulieren oder aus ökonomischem Kalkül Entwicklungen wie die Privatisierung von Raum forcieren" (Wehrheim 2012, S. 32). „Daß ‚Deregulierung' und ‚Privatisierung' geeignete Formen darstellen, um den lukrativen Markt innerer Unsicherheit zu erschließen" (Beste 2000, S. 364), haben sowohl Medien und Politik, Unternehmen, Interessensgruppen und Einzelhandelsverbände, Polizeiverbände, aber auch Immobilienmakler- und entwickler, kommerzielle Sicherheitsunternehmen, Gewerkschaften der Sicherheitsdienste oder Gefängnisangestellte, Waffenlobby, Versicherungen und Großkonzerne für Städtebauprojekte (vgl. Wehrheim 2012) „frühzeitig erkannt" (Beste 2000, S. 364).

„Eigentumsrechtliche Privatisierung städtischer Räume"/
mass private property
Neben der Identifikation politischer Re- und Umstrukturierungsprozesse des Unternehmens Stadt und der Herleitung der Bedeutungszunahme unternehmerischer Akteure bei der Übernahme und Ergänzung sozialer Kontrolle betont die sozialwissenschaftliche Perspektive im Anschluss an Ansätze der *urban governance* damit im Besonderen die gemeinsame oder sich ergänzende Schnittmenge der politischen und privatwirtschaftlichen Partikularinteressen. Die Ausbreitung öffentlichen Polizierens unter marktorientierten Vorzeichen und postwohlfahrtsstaatlichen Funktionsweisen, die Etablierung öffentlich-privater Sicherheitsarrangements als Ausdruck der „Co-Produktion" innerer Sicherheit (Beste 2000, S. 350) und die Zunahme privater Sicherheitsdienste im Zusammenhang mit Kommodifizierungsprozessen staatlicher Fürsorge (vgl. Jones & Newburn 1998) steht dabei unmittelbar im Zusammenhang mit der Privatisierung städtischer Räume. Somit rückt das Wachstum privater Flächen in den Mittelpunkt kritischer Stadtforschung und wird dort unter der Formel *mass private property* (vgl. Shearing & Stenning 1981) diskutiert (vgl. Glasze et al. 2005a; Beste 2009; Feltes 2009; Lauen 2011; Wehrheim 2012). Sowohl identifiziert als

Expansion gebauter und geplanter privater Einzelhandels-, Freizeit- und Wohnflächen als auch im Besonderen diskutiert entlang der De-Facto-Privatisierung des öffentlichen Raums stehe diese Entwicklung einerseits im Zusammenhang mit einem „neoliberalen Stadtumbau" als globalem Phänomen (Samara 2010, S. 199) und trage anderseits – so die einvernehmliche These in einer kritischen politökonomischen Tradition – zur räumlichen Fragmentierung, massiven *fortication* und sozialen Polarisierung zwischen arm und reich bei (vgl. Caldeira 2008b; Wacquant 2001, 2002; Amster 2003). Gleichwohl dominieren zwei Phänomene der „eigentumsrechtlichen Privatisierung städtischer Räume" (vgl. Wehrheim 2012) die stadtgeographische Diskussion aktueller Stadtentwicklungsprozesse:

Zum einen wird die räumliche Manifestation der Privatisierungstendenzen sozialer Kontrolle als Resultat einer Zunahme öffentlich zugänglicher privater Flächen respektive halböffentlicher Räume nachgezeichnet. In dieser *Zwischenwelt* öffentlicher Begehbarkeit und privaten Grundbesitzes gilt das Hausrecht, auf dessen Grundlage Eigentümer private Kontrollinstanzen mit der Überwachung der Grundstücksflächen beauftragen (vgl. Kirsch 2003). Gleichzeitig bildet das Hausrecht aber auch die rechtlich legitimierende Basis der Zugangskontrolle für bestimmte soziale Gruppen oder Nutzungen, in denen besonders von kritischen Stimmen ausschließende Mechanismen identifiziert werden. In diesem Zusammenhang werden die Ausweitung öffentlich zugänglicher innerstädtischer Shoppingcenter (vgl. Wehrheim 2012), Zugangskontrolle von WM-Stadien und Fan-Festen in Biergärten (vgl. Eick et al. 2007; Baasch 2009; Feltes 2009), Privatisierungsprozesse öffentlich zugänglicher Aufenthaltsflächen im Zuge der Reorganisation ehemals öffentlicher Dienstleistungs- und Verwaltungsinstitutionen, Umwandlung öffentlicher Teilräume in Handels- und Dienstleistungszentren und sukzessive Ausweitung von Business Improvement Districts zunehmend zum Gegenstand von wissenschaftlichen Auseinandersetzungen (vgl. Wiezorek 2004; Pütz 2008).

Auch Fragen der Attraktivitätssteigerung des öffentlichen Raums, Revitalisierungstendenzen innerstädtischer Teilräume oder Aufenthalts- und Nutzungsverbesserung rücken in den Mittelpunkt der Interessen stadtpolitischer Planungs- und Verwaltungsprozesse jüngerer Zeit. Einhergehend mit der Verantwortungsübertragung in Richtung subkommunaler und lokaler Ebene biete das neue stadtplanerische Leitziel der Aufwertung städtischer Teilräume den fruchtbaren Nährboden dafür, dass sich zunehmend Partikularinteressen in gemeinschaftliche Steuerungs- und Regelungsfragen in Bezug auf Verwaltung, Gestaltung und Bestimmung des öffentlichen und halböffentlichen, meist innerstädtischen Raums platzieren. Eine gewisse Bedeutungsüberbetonung in der stadtgeographischen Debatte erfahren dabei Business Improvement Districts als paradigmatisches Instrument der *urban governance*, „die unter dem Leitbild der unternehmerischen Stadt derzeit weltweit an Bedeutung gewinnen" (Pütz 2008, S. 7). Besondere Relevanz in der Verhandlung öffentlicher und privater Interessen städtischer Gestaltungs- und Ordnungsfragen – wobei in einer kritischen wissenschaftlichen Auseinandersetzung insbesondere auf das ungleiche Verhältnis hingewiesen wird – erhielten zudem Kontroll- und Regulierungsaspekte im Zusammenhang mit Aufenthalts- und Nutzungsfragen. In Zugangs-, Aufenthalts- und Nutzungskontrolle werden zahlreiche ausschließende Mechanismen bestimmter Nutzungsformen und insbesondere Nutzungsgruppen identifiziert, die einer unternehmerischen Verwertungslogik der Innenstadt als Erlebnisraum sichergestellter Urbanität entsprechen (Häußermann 2008, S. 299; Marquardt & Füller 2008; Füller & Marquardt 2010).

Zum anderen wird die Privatisierungstendenz sozialer Kontrolle anhand der weltweiten Ausbreitung von geschlossenen Wohnquartieren nachvollzogen, die seit Ende der 1980er Jahre unter Verwendung des gemeinsamen Stichworts der Gated Community diskutiert werden (vgl. Blakely & Snyder 1997) und deren Entwicklung als boomendes Segment des Wohnungsmarkts gilt. Je nach konzeptionellem Hintergrund und forschungsstrategischer Zielsetzung fokussiert die wissenschaftliche Auseinandersetzung bei ihrer Suche nach Erklärungs- und Erkenntnisgewinnen über die Ausbreitung dieser physisch oder symbolisch geschlossenen Wohnform die Aspekte *gate* oder *community*. Das Begriffspaar steht dabei selbstverständlich in dialektischer Beziehung zueinander und erhält in den verschiedenen Typsierungen der Gated Communities ein unterschiedliches Gewicht (vgl. Blakey & Synder 1997; Wehrheim 2012). Der Systematisierung folgend ordnet einerseits Shearing die sicherheitsbezogenen *communities* ihrem Konzept der „kooperativen Gemeinschaft" (Shearing 1997, S. 271) zu. Als wichtiges Element eines komplexen Netzwerks des Regierens werden Vertragsgesellschaften zu Regierungstaschen innerhalb einer „feudalähnliche[n] Inselwelt der Kontrolle, in der wir von einer Vertragsgemeinschaft zur nächsten wandern" (Shearing 1997, S. 272). Gerahmt von den Konzepten Prestige, Image, Lifestyle, *community sense* und Exklusivität fokussiert ein weiterer Diskussionsstrang insbesondere das privatwirtschaftliche Angebot der Ware des Sicheren-und-in-Ruhe-Wohnens seinerseits als Argumentationsangebot für die Entstehung der geplanten, vollständig privaten Gated Communities und *gate towns*, deren Bewohner überwiegend der gehobenen Mittelschicht angehören (vgl. Wehrheim 1999c; Glasze 2003; Atkinson & Blandy 2005; Glasze et al. 2006).

Andererseits werden unter Rückgriff auf die kontraktuelle Denkfigur der Vergemeinschaftung sozialer Kontrolle die physischen und symbolischen In- und Exklusionsmechanismen räumlich ausgegrenzter und sich ausgrenzender Sicherheitsgemeinschaften betont (vgl. Zurawski 2007; Wehrheim 2012). Neoliberalismuskritische Autoren wie Davis und Krasman vermuten in dem Versuch der lokalen Bevölkerung, sich durch den vertraglichen Beitritt in eine Sicherheitsgemeinschaft den öffentlichen Raum wiederzuerobern, um so bestimmte Normalitätsstandards durchzusetzen, eine (neue) Form territorialer Kontrollausübung (vgl. Davis 1994; Krasmann 2003). Und auch mit Blick auf die Typisierung der „nachträglich abgeschotteten" (vgl. Plöger 2006) bzw. *„security zone communities"* (Blakely & Snyder 1997, S. 102ff.) ist schließlich festzustellen, dass das Konzept der Un-/Sicherheiten bei der (Re-)Konstruktion der Gated Communities als globales Phänomen immer stärker an Bedeutung gewinnt. Unter Rückgriff auf strukturelle Entwicklungen steigender Kriminalitätsraten (Janoschka & Glasze 2003, S. 12) werden Wohnpräferenzen, subjektive Unsicherheitsgefühle und Wahrnehmung bestehender Kontrollverluste der zivilgesellschaftlichen Nachfrageseite nunmehr aus einer akteurszentrierten Perspektive zu Erklärungsfaktoren der Ausbreitung abgeschlossener Wohnquartiere mit ihren baulich-technischen Zugangskontrollen wie Zäunen, Toren und Sicherheitsdiensten erhoben.

Verräumlichung, Verwaltung und Versilberung von Un-/Sicherheiten
Zusammenfassend soll die offengelegte Verhandlung verschiedener Un-/Sicherheiten in unterschiedlichen gesellschaftlichen Bereichen rekapituliert werden. Aus „didaktischen Gründen und zum Zwecke der Konturierung" (Belina 2011, S. 161) der postulierten Perspektivfalle wurde die gesellschaftliche Verhandlung der Fragen der Sicherheit und Unsicherheit gegliedert in drei Argumentationslinien, die der *Verräumlichung*, *Verwaltung* und *Versilberung* von Un-/Sicherheiten. Die Verhandlung steht im Zusammenhang mit der eingangs formulierten, thesenhaften Über-Betonung ihrer allgegenwärtigen Bedeutung und (sukzessiv zunehmenden) gesellschaftlichen Relevanz der vergangenen Jahrzehnte: Nicht nur Angst und Unsicherheiten essen Amerika auf, sondern auch „[s]ecurity has become an important priority for western democracies" (Bosch et al. 2004, S. 555). Besondere Betonung finden stadt-, politik- und verwertungsrelevante Fragestellungen im Bezug auf Un-/Sicherheiten in einer breiten geistes- und sozialwissenschaftlichen Auseinandersetzung im Allgemeinen und in einer kritischen Stadtforschung und geographischen Sicherheitsforschung im Besonderen. Dabei durchzieht ein „multiple meaning condensed within in the term security" (vgl. Zedner 2006) die verschiedenen interdisziplinär orientierten Ansätze. Entlang der Gesichtspunkte Raum, Politik und Wirtschaft wird die Verhandlung der Un-/Sicherheiten erstens als Ausdruck sozialräumlicher Entgrenzungs- oder Abgrenzungsprozesse identifiziert, die normbedingte Un-/Sicherheiten verräumlichen. Zweitens wird das Gegensatzpaar Un-/Sicherheiten

als Ergebnis politischer Verhandlungsformen oder als Inhalt städtischer Verwaltungsprozesse betrachtet, die Unsicherheiten bearbeiten und mit Sicherheiten verwalten. Drittens steht die Diskussion von Un-/Sicherheiten mit öffentlichen und privatwirtschaftlichen Kooperationszusammenhängen in Verbindung, die Un-/Sicherheiten aufzeigen und mit Sicherheits-Angeboten versilbern. In Abhängigkeit des zu Grunde liegenden Forschungsgegenstands, der theoretisch-konzeptionellen Verortung oder des erkenntnistheoretischen Interesses erhalten die Argumentationsrichtungen der hier dargestellten Forschungsliteratur der miteinander in Beziehung gesetzten Denkfiguren, Sicherheiten und Unsicherheiten unterschiedliche Gewichtungen. Je nach Diskussionsstrang wird das Vorzeichen der Entstehung von Sicherheiten und Unsicherheiten, verstanden als *Explanans* und *Explanandum*, vertauscht. Keine Beachtung oder zumindest keine tiefergehende Ausführung in der Diskussion des weiten Konzepts der Un-/Sicherheiten finden zudem die Aspekte der Befindlichkeit oder subjektiven Un-/Sicherheiten, der Betätigung und Praktiken der Un-/Sicherheiten (vgl. Zender 2006) sowie deren gesellschaftstheoretische Verortung.

2.3 UN-/SICHERHEITEN VERBILDLICHEN: WAS SIND UN-/SICHERHEITEN UND WIE WERDEN SIE GESELLSCHAFTSTHEORETISCH VERANKERT?

> „Das gesellschaftliche Leben verändert sich, wenn die Menschen hinter Mauern leben, Wachen engagieren, gepanzerte Autos fahren, Tränengas oder Pistolen herumtragen und Kampfsport betreiben. Das Problematische an diesen Verhaltensweisen ist, dass sie das Gefühl der Unordnung, das wir mit ihnen bekämpfen wollen, bestätigen und mit erzeugen" (Bauman 2008, S. 17f.).

Sicherheiten und Unsicherheiten – eine konzeptionelle Einordnung
Sicherheit und Unsicherheit sind vielseitige und zugleich nicht eindeutige und einvernehmlich bestimmte Begrifflichkeiten (vgl. Wurff 1992 zit. nach Sagel-Grande & Toornvliet 2007, S. 100), die in verunsichernder Vielfalt die wissenschaftliche Debatte durchziehen. In Anlehnung an Kuyper et al. (1995) bezeichnet das Begriffspaar Un-/Sicherheiten dabei „ein Gefühl, eine Situation, ein Ziel, ein Streben oder Ideal" (Sagel-Grande & Toornvliet 2007, S. 100) und reicht von der Opferwerdung (Viktimisierung) über die Furcht (fear) und Furcht vor Kriminalität (fear of crime), über Angst (anxiety) und Ängstlichkeit (trait anxiety) bis

hin zu allgemeinen, wage bestimmbaren Ungewissheiten gegenüber zukünftiger Chancen und Entwicklungen (vgl. Keupp 1988) (vgl. Kap 2.1). Spezifischer lassen sich Unsicherheiten in eine objektive und eine subjektive Dimension unterscheiden. Laut de Haan umfassen dabei objektive Unsicherheiten die faktische Wahrscheinlichkeit der Gefährdung, Schaden zu nehmen (Sagel-Grande & Toornvliet 2007, S. 100). Im Gegenzug dazu sind subjektive Unsicherheiten Emotionen, wobei zwischen Angst „als allgemeine[m], ungerichtete[n] Gefühl, das grundsätzlich keine bestimmte Handlung bewirkt" und der gegenstandsbezogenen Furcht, „die eine bestimmte Aktion, insbesondere das ‚fight or flight' auslöst" (Sagel-Grande & Toornvliet 2007, S. 100) unterschieden werden. Angriff oder Flucht bilden damit das typische Vermeidungsverhalten, dessen erworbene Muster ständig, prädispositional zur Verfügung stehe und immer wieder die gleiche Reaktion hervorrufe. Neben dem subjektiven Empfinden (Gefühl der Angst) werde damit auch eine kognitive Ebene (gedankliche Verarbeitung, kognitive Symptome), eine physiologische Ebene (körperliche Vorgänge, Hormonausschüttung) und motorische Ebene (motorisch-reaktives Verhalten) betont, auf denen Angst und Furcht jeweils verortet werden. Indessen lassen sich Angst und Furcht entlang des erwarteten und akuten Gefahrenpotenzials, der Genauigkeit und Fokussierung der Bedrohungsquelle, der genauen und ungenauen Beziehung zwischen Bedrohung und Furcht und dem kurzen und langen Andauern des Gefühls voneinander abgrenzen. Während Angst im Zusammenhang mit einer ständigen Wachsamkeit (Vigilanz) stehe, komme Furcht einer physiologischen Alarmreaktion gleich, die den Körper auf Kampf und Gefahr vorbereite (Becker 2011, S. 7ff.).

Seit Spielberger (1966) unterscheidet man nicht nur zwischen Angst und Furcht, sondern auch zwischen der Angst und Ängstlichkeit. Die Abgrenzbarkeit der beiden Konzepte konnte dabei von einer Vielzahl an Theorien nachgezeichnet werden (Freud 1913; Esyeneck 1992; Gray 1971). In der Diskussion um Abgrenzbarkeit von Angst und Ängstlichkeit werde Angst als Zustandsangst gefasst, „die von einer Erregung des autonomen Nervensystems begleiteten subjektiven Wahrnehmung von Gefühlen der Besorgnis und Spannung" ausgeht und in Verbindung stehe mit einem „anhaltende[n] Gefühl einer diffusen Gefahr" (Becker 2011, S. 10). Indessen sei Ängstlichkeit zu verstehen als motivationale Prädisposition, „die Personen veranlasst, eine Vielzahl von Situationen als bedrohlich zu erleben" (Becker 2011, S. 11)und auf bestimmte Situationen mit Angst zu reagieren. Im Anschluss an Ekman (1972) lässt sich betonen, dass Angst als Mittel der Kommunikation diene und aus darwinistischer Perspektive (Darwin 2009) neben Freude, Ärger, Traurigkeit, Ekel und Überraschung zu den Basisemotionen zählt (Becker 2011, S. 19).

Neben der Angst als „vererbter und erworbener [gelernter] motivationaler Präposition" (Becker 2011, S. 18) rückt die Emotionstheorie nach Lazarus (1966) emotionale Reaktion als Ergebnis der kognitiven Bewertung (appraisal) der Situativität in den Mittelpunkt der Betrachtung. Lazarus unterscheidet zwischen einer primary appraisal der situativen Befindlichkeit, einer secondary appraisal der Handlungsmöglichkeiten und schließlich der reappraisal (Becker 2011, S. 20). Nicht nur Unstimmigkeiten über die eindeutige Abgrenzung der beiden Formen subjektiver Unsicherheiten auf Grund der diskutierten Ursache-Folge-Wirkung (vgl. Sagel-Grande & Toornvliet 2007), sondern insbesondere der Widerstreit zwischen dem Postulat der Macht der Kognition über die Emotionen in der Tradition von Lazarus (1966) und Schachter (1964) und der Hypothese der affektiven Reaktion ohne kognitive Prädisposition (vgl. Zajonc 1980) bestimmten die psychologische Debatte grundlegend (Becker 2011, S. 20) (vgl. Diskussion der emotional geography in Kap. 2.3). Die wechselseitige Beeinflussung von Emotionen und Kognitionen beschreibe dabei nicht nur das Erkenntnisinteresse einer psychologischen Perspektive, die das Individuum zum Referenz- und Ausgangspunkt der Untersuchungen erhebt. Vielmehr beschäftigte sich schon die klassische Philosophie mit dem Austauschverhältnis von Befindlichkeiten – und somit auch mit der Zentrierung von Angst als Basisdimension – sowie mit mentalen Verarbeitungsprozessen und liefert damit eine Grundlage für anthropologische, kultursoziologische Erweiterungen des Forschungsgegenstands von Emotionen und kognitiven Reaktionen durch Mead (1975) und Klineberg (1940) um Kontextbezüge und kulturelle Aspekte (Becker 2011, S. 22ff.).

***Erweiterte kriminologische Perspektive auf Un-/Sicherheiten
und die verkürzte Betrachtung der Kriminalitätsfurcht***
Ehe man sich der Bedeutung von Un-/Sicherheiten für die Ordnung des Sozialen zuwendet,[18] ist die Unterscheidung zwischen Subjektivität und Objektivität von Un-/Sicherheiten aus Abgrenzungsgründen für eine spätere Diskussion weiter zu verfolgen. Wie in Kapitel 2.2.2 diskutiert, wird der Differenzierung zwischen subjektiven und objektiven Un-/Sicherheiten erwähnenswerte gesellschaftspolitische Bedeutung beigemessen (Boers & Kurz 2001, S. 125f.). Die allgegenwärtige Präsenz von Unsicherheiten als globales Phänomen unterschiedlicher Ebenen

---

18 Die Bedeutung der Un-/Sicherheiten für die Ordnung des Sozialen wird einerseits von der soziologischen Diskussion um Risiko und Bedrohung im Zusammenhang mit gesellschaftlichen Entwicklungsprozessen gerahmt und andererseits von der philosophischen Betrachtung phänomenologischer Tradition der Angst als Grundelement des Selbst fundiert (s. unten).

(Dinges & Sack 2000, S. 14) wird in verschiedenen gesellschaftlichen Bereichen betont und zunehmend als kausales Wechselverhältnis zwischen dem devianten Verhalten (Kriminalitäts- und Ordnungsfragen) und dem Wohlbefinden der Bevölkerung verhandelt (vgl. Kap. 2.2.1-2.2.3).

Die kriminologische Einstellungskategorie der Kriminalitätsfurcht erhält sowohl in der sicherheits- und kriminalpolitischen Debatte und dabei im mitunter verkürzten – so die Kritik einer breiten kriminologischen Debatte konstruktivistischer Tradition – Rückgriff auf das Expertenwissen durch Politik und privatwirtschaftliche Interessen seit den 1960er Jahren eine besondere Relevanz. Wohlbefinden, Lebensqualität, Raumwahrnehmung, Situationsbeschreibungen, Risikoerwartungen, Sicherheitsgefühle, Strafrechts- und Kriminalitätseinstellungen, Verbrechensfurcht, Opfererfahrungen und Viktimisierung lassen sich zu einem faktoriellen Survey (zur Methode vgl. Auspurg et al. 2009) zusammenfassen, der je nach Argumentationsansatz unterschiedliche Signifikanzen betont und variierende Kausalitätsbezüge herstellen kann.

Das subjektive Sicherheitsgefühl als Ergebnis eines „subjektiven Wahrnehmungs- und Bewertungsprozesses[s]" und damit als „relevante Größe individuellen Verhalten[s]" (Rölle 2010, S. 89) betont dabei nicht nur die Furcht vor Verbrechen in einem strafrechtlich-kriminalistischen Sinn. Vielmehr untersucht eine Vielzahl von soziologischen und sozial- und umweltpsychologischen Studien ein weites Spektrum an Einflussfaktoren der subjektiven Sicherheitswahrnehmung (vgl. Flade & Rölle 2004). Exemplarisch diskutieren Pfeiffer et al. (2005) das subjektive Unsicherheitsgefühl anhand der Rolle der Medienberichterstattung und machen eine Überschätzung der Kriminalitätszunahme durch die Bevölkerung sowie Kriminalitätszuschreibungsprozesse gegenüber Ausländern und Fremden deutlich. Jeschke (1994) identifiziert Sicherheitsprobleme als „Kommunikationsprobleme", die sie auf eine unterschiedliche Bewertung von gefühlter Sicherheit und Unsicherheit zwischen verschiedenen Personen einer sozialen Gruppe zurückführt. Rölle (2010) diskutiert in seiner Studie den Zusammenhang zwischen wechselseitigem Einfluss von medial und sozial verursachten Unsicherheitsgefühlen, der Nutzung audiovisueller Medien und dem interpersonalen Vertrauen sowie Vertrauen in politische Institutionen.

Studien der Mensch-Umwelt-Beziehungen hingegen betonen die integrative Diskussion subjektiver Unsicherheiten im Zusammenhang mit Kriminalitätsereignissen, der Sorge vor unmittelbarer Gefährdung, der Wahrnehmung öffentlicher Räume als bedrohlich und selbstverstärkenden Effekten von Vermeidungsverhalten (vgl. Nasar & Fisher 1993; Brantingham & Brantingham 1994; Nasar & Jones 1997). Daran anschließend bündeln sich die einzelnen Diskussionsstränge der politischen, gesellschaftlichen und ökonomischen Erklärungsfaktoren des subjektiven Unsicherheitsgefühls in kriminologischen Mehrebenenmodellen (vgl. Reuband 1992; Boers 1993; Dinges & Sack 2000; Glasauer 2005; Lüdemann 2006; Sessar 2008; Reuband 2010). Zum Verständnis des Phänomens zunehmender Un-/Sicherheiten werden Kriminalitätseinstellungen und Kriminalitätsfurcht miteinander in Verbindung gesetzt. Kriminalitätseinstellungen werden dabei als soziale Kriminalitätsfurcht in Form von Politikverdrossenheit und Institutionenvertrauen gefasst, wohingegen Kriminalitätsfurcht in Anlehnung an die sozialpsychologische Attitüdenforschung entlang der kognitiven, emotional-affektiven und konativen Einstellungskomponenten untersucht wird (vgl. Boers 1993; Mansel 2001).

Drei theoretische Perspektiven dominieren die Forschung der Kriminalitätsfurcht, die insbesondere von kriminalpolitischen Strategien unterschiedlich übersetzt und umgesetzt werden (vgl. insbesondere die Diskussion in Kap. 2.2.2). Zum einen identifiziert eine stresstheoretische *Viktimisierungsperspektive* den steigernden Effekt der Opferwerdung in kritischen Lebensereignissen auf die Kriminalitätsfurcht. In sozialpsychologischer Tradition wird die Viktimisierung dabei als subjektive Erwartungswahrscheinlichkeit der direkten (persönlichen) oder indirekten Opferwerdung verstanden (vgl. Boers 1991, 1993; Lüdemann 2006). Die Betonung der antizipierten kriminellen Gefahr und interpretativen Bewertung der kriminogenen Situation durch Personen findet in kriminalpräventiven Strategien seine Übersetzung, die auf die Reduzierung des Verhältnisses von Gelegenheit und Anreiz abzielt. Zum zweiten betont die *Soziale-Kontrolle-Perspektive* den positiven Effekt von wahrgenommener *physical* und *social incivilities* auf die Kriminalitätsfurcht (vgl. Taylor et al. 1984; Lewis und Salem 1986; Gibson et al. 2002). In der Schnittfläche des Lokalen stehen Destabilitäts- und Desorganisationsprozesse innerhalb des sozialen Nahbereichs sowohl mit dem Verlust informeller sozialer Kontrolle als auch mit der Wahrnehmung steigender Unsicherheit durch die lokale Bevölkerung im Zusammenhang. Die begriffliche Verwandtschaft zu sozialökologischen Ansätzen der *social-order-* und *disorder*-Modelle à la Wilson und Kelling liegt nach Linder (2001), Hunold (2005) und Häfele und Lüdemann (2006) bereits auf der Hand. Sie finden indessen ihren Ausdruck in den kriminalpolitischen Strategien der Rationalisierung und Exklusion (vgl. Kap. 2.2.2). Zum dritten identifiziert eine *Soziale-Probleme-Perspektive* einen senkenden Effekt der sozialen Integration auf die Kriminalitätsfurcht (vgl. Taylor et al. 1984; Gibson et al. 2002; Xu et al. 2005). In Anlehnung an das Konzept des lokalen Sozialkapitals wird das Bestehen von Vertrauen, sozialer Kohäsion und *collective efficacy* als Ausdruck der Integration einer Person in der Nachbarschaft bzw. allgemeiner als Integrativität eines nachbarschaftlichen Umfelds gewertet, was Rückschlüsse auf die praktizierte informelle soziale Kontrolle im Stadtteil und auf die subjektive Sicherheitsempfindung zulässt (Gibson et al. 2002, S. 539; Lüdemann 2006, S. 288). Die kriminalpolitische Strategie der Vergemeinschaftung sozialer Kontrollprozesse (vgl. Wurtzbacher 2008) durch die Betonung des stabilen, lokalen Zusammenhangs findet damit in der Soziale-Probleme-Perspektive ihren kriminaltheoretischen Unterbau.

Da auch „die Furcht vor Kriminalität die Lebensqualität ebenso negativ beeinträchtigen kann wie eine tatsächliche Viktimisierung" (Lüdemann 2006, S. 285), diskutiert Reuband (1992, S. 139) in seiner Studie zum steigenden Unsicherheitsgefühl der Bevölkerung des ostdeutschen Bundesgebiets nach der Wiedervereinigung, dass die Beeinträchtigung nicht nur mit der Zahl der unmittelbar von Kriminalität Betroffenen einhergeht, sondern auch von der Zunahme potentiell Bedrohter: „Wer selbst noch kein Opfer wurde, wird von anderen Personen oder durch die Medien von Opfererfahrungen hören und für sich selbst eine erhöhte Chance kalkulieren, Opfer zu werden" (Sagel-Grande & Toornvliet 2007, S. 101).

Dies ist nicht zuletzt deshalb von gesellschaftspolitischer Bedeutung, als dass das subjektive Sicherheitsgefühl weder mit einer objektiven Bedrohung (zum Beispiel durch Terror vgl. Kap. 2.1 oder polizeilich registrierte städtische Kriminalität vgl. Kap. 2.2.2) noch mit der Wahrscheinlichkeit, tatsächlich Opfer eines Gewaltdelikts zu werden, übereinstimmen muss (vgl. Boers & Kurz 2001; Reuband 2010). Im weiten Diskurs- und Politikfeld kriminologischer Regionalstudien wird das subjektive Sicherheitsgefühl als allgemeiner wahrgenommener und als erlebter „emotional-mentaler Zustand von Menschen" (Sagel-Grande & Toornvliet 2007, S. 101) verstanden. Die Diskrepanz zwischen subjektiven und objektiven Sicherheiten erhält insbesondere in Abhängigkeit involvierter Interessenslagen im öffentlichen Diskurs um städtische Unsicherheiten indessen oftmals keine Erwähnung (vgl. Kap. 2.2.2). Vielmehr werden das Sicherheitsgefühl eines Kollektivs, z.B. der städtischen Bevölkerung, und die strafrechtlichen Kategorien der Kriminalität und Straftat als aufeinander bezogene und nicht als voneinander getrennte Gegenstände betrachtet. In diesem Zusammenhang wird die Diskussion um das subjektive Sicherheitsgefühl häufig auf den kriminologischen Begriff der Kriminalitätsfurcht verkürzt, der hierbei als individuelle Beurteilung der befürchteten Beeinträchtigung der Rechtsgüter und als „Besorgnis vor der eigenen unmittelbaren Gefährdung" (Schwede 2006, S. 322) im Bezug auf Gewalt- oder Kriminalitätsereignisse verstanden wird (vgl. Bilsky 2003; Bilsky & Wetzels 1995; Skogan 1993).

In diesem Sinne finden frühere US-amerikanische Studien der Kriminologie und Viktimologie laut Groenemeyer (2009, S. 349) die Erklärung für die Verbreitung von Kriminalitätsfurcht insbesondere in den Kategorien Viktimisierung, physische und soziale *incivilities* und im Geschlecht (vgl. Kap. 2.2.1). In Anlehnung an die Diskussion aus Kapitel 2.2.2 geht mit der kategorialen Rahmung von Kriminalitätsfurcht ein Verständnis von Un-/Sicherheiten als Kriminalitätseinstellung einher, das in der Formulierung und Implementierung raumbezogener Strategien und Maßnahmen der Sicherheits- und Kriminalprävention besondere Relevanz erhält und zum „integralen Bestandteil kommunaler Kriminalprävention" (Groenemeyer 2009, S. 349) wird. Sicherheiten und Unsicherheiten werden also zum Ausdruck einer gesellschaftlichen Konstruktion, die sich aus einem einseitigen kausalen Zusammenhang speist. Entsprechend schlagen sich gesellschaftliche Veränderungen – so die konstruktivistisch-orientierte Kritik von Glasauer – in Veränderungen des Konstrukts der Un-/Sicherheiten nieder und führen in Folge zu Furcht, Risikowahrnehmung und Ängsten. Sicherheiten und Unsicherheiten seien in ihrem „absoluten Sinn" (Glasauer 2005, S. 216) nicht existent. Entsprechend gilt es, sich auf die Suche nach einem relationalen Zugang zu Fragen der Un-/Sicherheiten als gesellschaftlich verhandeltem Ordnungsproblem zu machen. Somit wird es zur Aufgabe der vorliegenden Arbeit, der Notwendigkeit einer begrifflichen Erweiterung von Un-/Sicherheiten in der Weise gerecht zu werden, als dass ein Verständnis entwickelt wird, das Furcht und Angst als zentrale, phänomenologische Kategorien bewertet, ohne die Bedeutung zu missachten, welche der Reproduktivität aus Angst und Furcht in einem vermuteten wechselseitigen Austauschverhältnis zukommt.

Hergestellte Unsicherheit und die soziale Reproduktion von Angst
Prominenz genießt die kriminologische Einstellungskategorie in ihrer kognitiven, emotional-affektiven und konativen Ausprägung nicht nur in klassischen, kriminologischen Studien zur Kriminalitätsfurcht. Vielmehr weist Groenemeyer (2009, S. 350) darauf hin, dass die Bedeutung der Furcht vor Verbrechen im Zuge der soziologischen Debatte im Feld der Gesellschaftsentwicklung zum Gegenstand allgemeiner theoretischer Überlegungen geworden ist (vgl. Deleuze 1993; Legnaro 1997, 1998; Foucault 2008; Singelnstein & Stolle 2011). Wie bereits angedeutet, wird sich diese Arbeit im weiteren Verlauf mit den strukturellen Gegebenheiten des *age of insecurity* im lateinamerikanischen Raum auseinandersetzen (vgl. Davis 2006). Diese Konstatierung ist Ausdruck einer mittlerweile mehr als 60 Jahre andauernden sozialwissenschaftlichen Debatte der gesellschaftlichen Phänomene Unsicherheiten, Furcht, Angst, Bedrohung und Gefahr, Risiko und Panik, die im Ausruf des *age of anxiety* (2011/1947) durch W.H. Auden – unweigerlich einzuordnen vor dem historischen Eindruck des Zweiten Weltkriegs – ihren historischen Anfang nahm.

Die „neue Qualität der Unsicherheiten" (Wilkson 1999, S. 445) beschäftigt seitdem eine Vielzahl soziologischer Studien, die sich aus modernisierungstheoretischer Perspektive dem Problem der Angst nähern und dieses als neues Phänomen der gegenwärtigen Moderne identifizieren. Als wichtige Vertreter dieser Perspektive sind laut Jackson & Everts (2010) dabei Anthony Giddens (1991) Überlegungen zu den existentiellen Parametern der *High Modernity*, Ulrich Becks (1986, 2007) risikosoziologische Betrachtung der Verunsicherungsmomente der Moderne und Zygmunt Baumans (1991, 1993, 1997) Reflexionen zur Diskontinuität und Ambivalenz der Postmoderne zu nennen. Vor dem Hintergrund der gegenwärtigen Verhältnisse post- oder spätmoderner Gesellschaften – also im Zusammenhang mit dem Umbau des Sozialstaats, dem Prekariat der Arbeitsverhältnisse und dem Souveränitätsverlust des Nationalstaats – weist die gesellschaftstheoretische Debatte auf die Ausbildung einer unspezifischen Verunsicherung hin.

Im Zentrum einer Zunahme existenzieller Verletzlichkeit steht für Bauman (2000) dabei der Verlust oder der Einbruch von Sicherheiten. Sicherheit[19] besteht gewöhnlich aus drei Formen: *security, certainty* und *safety*. *Security* nimmt Bezug auf den Besitz und beschreibt das Gefühl, alles was gewonnen und erworben wurde, behalten zu wollen. *Certainty* stattet den Einzelnen mit der Gewissheit, alltägliche Entscheidungen mit verlässlicher Kenntnis zu treffen, aus. *Safety* als dritte Sicherheit garantiert den Schutz des eigenen Körpers und des persönlichen Aktionsraums vor jeder Art von Gefahr (Bauman 2000, S. 30f.). Alle drei Sicherheiten sind nach Bauman die Voraussetzungen für Selbstvertrauen und Selbstsicherheit. Sie statten den Einzelnen letztlich mit der Fähigkeit aus, vernünftig handeln und denken zu können, bilden jedoch – soweit eine der Sicherheiten nicht ausreichend vorhanden ist – die Grundlage für die entsprechend gegenteiligen Effekte: Verschlossenheit, existentielles Misstrauen oder Angst. Auf Grund des unlösbaren Dilemmas der Wahl und somit auch auf Grund der mit der Wahl in Verbindung stehenden Konsequenzen, den „Wenn-dann-Erwägungen" (Giddens 1996, S. 317), denen sich jeder Handelnde aussetzen muss, attackieren Alltagsroutinen, Routineverhalten und Gewohnheiten alle drei *Sicherheits*-Elemente fortlaufend.

Dabei führen eine geschwächte *security* und *certainty* sowie eine eingeschränkte *safety* – verstanden als differenzierbare Symptome – zu einer unspezifischen Angst, die Giddens (1997a, S. 141ff.) als „hergestellte Unsicherheit" bezeichnet. „Hat [Angst] die Menschheit erst heimgesucht, dann entwickelt Angst

---

19 Bauman (2000) verwendet im englischen Original den deutschen Ausdruck *Sicherheit*, der nur entlang von drei verschiedenen, im Gesamtkonzept integrierten Formen der *Sicherheit* – gefasst als *security, certainty* und *safety* – diskutiert werden könne.

eine eigene Dynamik und folgt ihrer eigenen Entwicklungslogik" (Bauman 2008, S. 17). Das Bestreben sozialer Akteure mittels verschiedener Sicherheitsmaßnahmen (Mauerbau, Engagement von Sicherheitskräften, Verpanzerung von PKWs) das Gefühl der Unordnung oder Angst zu bekämpfen, trage zur selben Zeit auch dazu bei, diese zu bestätigen und mit zu erzeugen: „Die Angst hat sich nun in unserem Inneren festgesetzt und durchdringt unseren Alltag; sie bedarf kaum weiterer Reize von außen, denn die Handlungen, zu denen sie uns tagein, tagaus veranlasst, liefern ausreichend Motivation und Energie, damit sie sich selbst reproduziert" (Bauman 2008, S. 18). In Anschluss an Bauman (2008) betonen Jackson und Everts (2010, S. 2792), „anxiety has become a normal, everyday condition of modern society, with more and more people living in a state of constant anxiety: a ‚time of fears' which threatens our bodies, the social order, and our very survival as a species."

Angst als Grundelement des Selbst
Während einerseits die soziale Reproduktion von Angst und angstbezogenen Handlungen zum modernisierungstheoretischen Schlüsselkonzept einer sozialwissenschaftlichen Diskussion existenzieller Verletzlichkeit erhoben wird, findet Angst aus philosophischer Perspektive in der Tradition Kierkegaards und Heideggers[20] ihren existentialistischen Unterbau. Dabei ist Angst als Grundbefindlichkeit zu fassen, in der die Ganzheit des „Daseins" ausgezeichnet zu erschließen sei (Heidegger 1986, S. 184). „Das Dasein ist existenziell, d.h. von seiner Seinsweise her immer schon verfallen: es steht immer in Gefahr, sich *als Ganzes* in und an die Welt zu verlieren" (Luckner 1997, S. 81). Mit Hilfe der Systematisierung der Befindlichkeit des Sich-Ängstigens und der Grundarten des *Wovor* und des *Worum* der Angst – in Unterscheidung zur Furcht – rückt das Angstphänomen in Heideggers Analytik des Daseins als faktisch existierendes „In-der-Welt-sein" in den Mittelpunkt: „Die Angst offenbart im Dasein das *Sein* zum eigensten Seinkönnen, das heißt das *Freisein* des Sich-selbst-wählens und -ergreifens" (Heidegger 1986, S. 188).

In konzeptioneller Nähe dazu versteht Kierkegaard (1980) Angst als „fundamental mode of affective self-awareness" (Magurshak 1985, S. 170) und damit als Dreh- und Angelpunkt „upon which everything turns" (Kierkegaard

---

20 Auf dem wissenschaftlichen Parkett wird der deutsche Philosoph Martin Heidegger als zentraler Denker der Existenzphilosophie verhandelt. Sein Werk *Sein und Zeit* gilt als theoretischer Unterbau und wird zudem als Ergänzung und Erweiterung der ontologischen Arbeiten zur Frage des Seins des dänischen Philosophen Søren Kierkegaard gelesen: „Heidegger was understood to supply the ontology implicit but undeveloped in Kierkegaard's description of human rationality as a concrete, historical, and lived practice" (Huntington 1995, S. 43).

1980, S. 42). Aus psychologisch orientierter Perspektive werde Angst damit zum Selbstfindungs-Abenteuer, das „jeder Mensch auf seinem Weg der Seins-Werdung durchlaufen müsse (Kierkegaard 1980, S. 155). Dementsprechend kennzeichnet Kierkegaard Angst als „dizziness of freedom, which emerges when the spirit wants to posit the synthesis and freedom looks down into its own possibility" (Kierkegaard 1980, S. 61). Die Betrachtung des Daseins in Heideggers *Sein und Zeit* (1986/1926) findet ihr komplementäres und/oder ergänzendes Pendant in den Überlegungen zum Problem der Erbsünde in Kierkegaards *The Concept of Anxiety* (1980/1844). Neben unterschiedlichen theoretischen Basisannahmen – insbesondere bei der Frage des Verhältnisses Individuum und Glauben – verstehen beide Werke die Analyse des Angstphänomens als „essential to complete existential integrity" (Magurshak 1985, S. 172) und erheben sie zur Grundlage der Untersuchung von *human existence*.

Im Anschluss an die modernisierungstheoretischen Überlegungen zur Diskussion hergestellter Unsicherheit deuten die existentialistischen Beziehungen zwischen Angst und Furcht sowie zwischen der Existenz und Erfahrung als Selbst, deren verbindende Komponente jeweils Bedrohung ist, auf die ambivalente Natur des Phänomens hin. Angst und in Ergänzung angstbezogenes Handeln lassen sich folglich nicht ausschließlich einer individuellen, affektiv-emotionalen Ebene zuordnen, sondern bedürfen auf Grund ihrer existenzialen Bedeutung für das In-der-Welt-sein auch einer kontextuellen Betrachtung und Verortung im Sozialen. In diesem Sinne bietet Angst einen produktiven *Übergangsbereich* „to examine how individuals engage the world through their emotions" (Tran 2012, S. 10).

Emotional Geography
In jüngerer Zeit sind Emotionen und Affekte wieder aus ihrem Schattendasein getreten und werden verstärkt zum humangeographischen Forschungsgegenstand erhoben (vgl. Smith et al. 2009; Davidson & Milligan 2004; Thrift 2004). In Anlehnung an die Diskussion der *humanistic geography* der 1970er und 1980er Jahre und der *psychoanalytic geography* der 1990er Jahre feministischer und kulturtheoretischer Tradition betonen eine Vielzahl von Studien mittlerweile „affective and emotional aspects in personal and social life" (Pile 2009, S. 5). Ihre Renaissance in der sozialwissenschaftlichen Debatte erfahren Emotionen und Affekte mit den Überlegungen von Anderson und Smith (2001, S. 7) zur Frage, „[how] the human world is constructed and lived through the emotions, [because] [a]t particular times and in particular places, there are moments where lives are so explicitly lived through pain, bereavement, elation, anger, love." Im Anschluss an den Appell e*motions matter* (vgl. Spencer et al. 2012) versteht ein For-

schungsprogramm der *emotional geography* – teils in Abgrenzung, teils in Ergänzung zu einer *affective geography* (vgl. Pile 2009; Thrift 2004 und zur Kritik Curti et al. 2011) – Emotionen „as ways of knowing, being and doing in the broader sense" (Anderson & Smith 2001, S. 8) und verschiebt das Erkenntnisinteresse einer *gegenständlichen* Geographie damit in Richtung ihre stärker visuellen, textuellen und sprachlichen Forschungsbereiche. Studien in Zeichen eines *emotional turns* (vgl. Bondi et al. 2007) beschäftigen sich nicht nur mit der Frage, wie emotionale Beziehungen Gesellschaft und Raum formen, sondern rücken auch das Verstehen – gefasst als „the language of the philosophies of meaning" (Anderson & Smith 2001, S. 9) – ins Zentrum ihrer Betrachtung.

Ähnlich wie Hasse (2002) in seiner Akzentuierung „städtischer Atmosphären" als „Gefühlsräume" betont auch Thrift mit seinen Überlegungen zu den *affective cities* „die Allgegenwärtigkeit von Affekten als lebendiges Element von Städten" (Thrift 2004, S. 57), die über lange Zeit keine adäquate Relevanz in der raumbezogen Sozial- und Stadtforschung erhalten hatten. Verhandelt unter der Formel „Keine Kognition ohne Emotion" (Hasse 1999) wird schließlich aus verschiedenen Denktraditionen „die Überwindung eines (schein-)dualistischen Denkens von Emotionalität und Rationalität" (Hasse 1999, S. 66) zum Ziel der Auseinandersetzungen erhoben. Durch die Ausklammerung wesentlicher Erfahrungen der Menschen werde der sozialwissenschaftliche und insbesondere humangeographische Blick auf Gesellschaft beschränkt und bedürfe dementsprechend einer geisteswissenschaftlichen Weitung um Aspekte des Unbewussten, der Emotionen und des Begehrens (Helbrecht 2003, S. 173ff.). Der verkürzte Blick auf Emotionen in der gegenständlichen, darstellenden und abbildenden Geographie wurde seit jeher von einer breit gefassten Kritischen Geographie unterschiedlicher Traditionen aufgespürt, die eine Welt-Sicht kritisiert, „that accepts the centrality of an essentially rational, unchanging, autonomous, and emotion-free or emotionally controlled human subject" (Davidson & Smith 2009, S. 442). Das zu Grunde liegende Menschenbild kartesianischer Ausprägung verdammt in Folge ihrer konsequenten Trennung von Geist und Körper den emotionalen Aspekt in das *no-man's land* (Davidson & Smith 2009, S. 442).

Geographische Perspektive auf das no-man's land der Emotionen
In Abgrenzung zum Kartesianischen Dualismus widmen sich gegenwärtig vier Denkfiguren Kritischer Geographie – im Anschluss an die Perspektive der Frankfurter Schule Max Horkheimers (Hasse 2003, S. 15) – der Auflösung des dazwischenliegenden *no-man's land*, indem sie „thought and world, male and female, reason and emotion, and culture and nature" (Davidson & Smith 2009, S. 443f.) miteinander in Beziehung setzen. Anlehnend an die Auseinanderset-

zungen mit der Lebenswelt einer *landscape of fear* (vgl. Tuan 1979) humanistischer Färbung beschäftigen sich erstens phänomenologische Ansätze in der Tradtion Merleau-Pontys mit der „lived world perceived and produced through our emotionally laden activities" (Davidson & Smith 2009, S. 444). Anstelle des Propagierens eines neuen individualistischen Subjektivismus betonen phänomenologische Studien vielmehr das Fühlen in Form des *therapeutic touch* (vgl. Paterson 2007) als Ausdruck des In-Verbindung-Stehens des Selbst mit der Welt.

Zweitens bilden Ansätze der Psychoanalyse und Psychotherapie eine weitere theoretische Basis für den geographischen Blick auf Emotionen. Mit Hilfe der Positionierung der psychotherapeutischen Diskussion des *meaning-makings* grenzt sich Bondi (2005) von der individuellen und subjektiven Perspektive erlebter Emotionen ab und betont die Bedeutung der *affective qualities* bei der Herstellung von intersubjektiven Verbindungen durch Emotionen. Im erweiterten Verständnis der Psychoanalyse als politischem Vorhaben rückt Sibley (2003) bei der Betrachtung des „emotional lack at the heart of subjectivity" (Davidson & Smith 2009, S. 444) ebenfalls den Perspektivenmix aus Erfahrung, Theorie und Praxis in den Mittelpunkt des Verschneidens von Geographie und Psychoanalyse.

Drittens betonen geographische Überlegungen im Zeichen der *non-representational theory* die performative Bedeutung des *act of representation* und grenzen sich damit vom Zugeständnis des sprachlich Ausdrückbaren ab. Anstelle der Emotionen rückt die *representality* (vgl. Thrift 2004) der *inexpressible* (vgl. Pile 2009) Affekte in den Mittelpunkt der Betrachtung beispielsweise von Hoffnung und Hoffnungslosigkeit des Sich-Besser-Fühlens beim Musikhören einerseits (vgl. Anderson 2006), und der Diskussion der Beziehung zwischen den Affekten wie Leid und Leidenschaften und bei repräsentierenden und erzählenden Tätigkeiten andererseits (vgl. Harrison 2007).

Viertens bieten insbesondere Ansätze einer *feministic geography* eine konzeptionelle Basis für das Verständnis „emotionaler Aspekte verkörperter Erfahrungen" (Davidson & Smith 2009, S. 444), „indem das weibliche Erfahren von Raum und Orten ernst genommen wird" (Pile 2009, S. 7). Ausgehend von einer kritischen Betrachtung des *gendering of emotions* rücken Fragen spezifischer Angst und des Angsterlebens in den Mittelpunkt der Studien zur *Geography of Fear and Hope* (vgl. Lawson 2007), einer *agoraphobic* (vgl. Bankey 2004) sowie der *Fear and its Others* (vgl. Koskela 2010). Auf Grund ihrer relationalen, reflexiven und intersubjektiven Ausrichtung sowie ihrer qualitativen methodischen Fundierung bieten *emotional geographies* in Anlehnung an kritische, feministische Theorien eine fruchtbare Anschlussfähigkeit für ein Erkenntnisinteresse, das die „emotional relations that permeate geographical practices" (Davidson & Smith 2009, S. 444) betont.

Vor diesem Hintergrund spricht sich Pain im Anschluss an das Postulat *fear is back in fashion* für einen perspektivischen Zugang aus, der bei der Betrachtung der Angst im alltäglichen Leben hervorhebt, „that fear is felt, patterned and practised in everyday life" (Pain 2009, S. 466f.) (vgl. Diskussion des Verwoben-Seins von Emotionen in den *fabric of everyday life* in Kap. 7). In ihrem *model of fear* entwickelt Pain indessen die Diskussion neuer diskursiver Bedrohungen im Zeichen der Risikogesellschaft kritisch weiter und bedient sich dabei in modifizierter Form am Angstverständnis der Politischen Geographie im Sinne einer *geopolitics of fear* (vgl. Megoran 2005; Katz 2007; Sparke 2007). Indessen argumentiert Pain in Richtung einer „agenda for an emotional geopolitics of fear" (Pain 2009, S. 471ff.) und nimmt dabei Rückgriff auf die kritische Forschung zu Fragen der Kriminalitätsfurcht (vgl. Crawford 2000; Pain 2000). Zugleich bezieht sie sich auf die im Feld der *feministic geography* verortete Forderung, die „top-down-Dialektik von Diskursen/Erlebtem, die durch Globale/Lokale und Geopolitische/Alltägliche abgelenkt ist" (Pain 2009, S. 471ff.), aufzubrechen. Schließlich verortet Pain ihren perspektivischen Zugang zur Angst in der aktuellen Diskussion der Bedeutung von *emotional response* innerhalb der *emotional geography* sowie in der alternativen Berücksichtigung von Affekten in der performativen Epistemologie der *non-representational geographies* (vgl. Pain & Smith 2008).

Emotionen und die fabric of everyday life

In modifizierter Weise findet diese *agenda* Anwendung in der Diskussion der *Practice, Spatiality and Embodied Emotions* von Kirsten Simonsen (2007). Ausgehend von der Unterscheidung des expressiven, performativen Elements von Emotionen einerseits, und ihrem affektiven *space* anderseits, betont Simonsen anstatt der „active-passive duality" (Simonsen 2007, S. 177) der Emotionen und Affekte, die umkehrbare „kontextuelle, relationale und multiskalare Eigenschaft von Emotionen" (Pain 2009, S. 479). „Emotions are neither 'actions' nor 'passions' (understood as forces beyond our control that simply happen to us)—they are both at once. [...] They overlap and cross over into each other, but they never completely become the same" (Simonsen 2007, S. 177). Um die *affective experience* der alltäglichen Gefahr und Bedrohung in der Welt und der alltäglichen Angst und Furcht des In-der-Welt-seins zu verstehen, bedürfe es folglich einer Auflösung dieser Unterscheidung und eines relationalen In-Beziehung-Setzens der jeweiligen Verstehensleistungen.

Diese Auflösung wird seit jüngerer Zeit von einer humangeographischen Debatte aufgegriffen, die sich am Verständnis der *emotional geography* orientiert und dieses mit einer praktikentheoretischen Perspektive im Sinne des *Practising emotions* (Everts & Wagner 2012) befruchten möchte. Im spezifischen Feld der Angst, Furcht, Bedrohung und Gefahr lassen insbesondere die Arbeiten von Simonsen (2007), Jackson und Everts (2010) sowie Everts et al. (2011) erkennen, wie emotional-affektive Befindlichkeiten[21] explizit mit einem sozialgeographischen Blick auf das *Tun* und *Sagen* verbunden werden können: „Emotions are inseperable from other aspects of subjectivity, such as perception, speech/talk, gestures, practices and interpretations of the surrounding world" (Simonsen 2007, S. 176) und stellen entsprechend intrinsische Teilchen und Partikel von Praktiken dar (Everts & Wagner 2012, S. 174). Schon in seinen Überlegungen zur *Interpretation and the Sciences of Man* deutet Charles Taylor (1971) als einer der Vertreter einer praktikentheoretischen Perspektive bei der Betrachtung sozialer Phänomene (vgl. Kap. 2.4.2) auf die verwobenen Beziehungen von Praktiken und Emotionen hin, indem er anmerkt, „[that] actions are ordinarily characterized by the purpose sought and explained by desires, feelings, emotions" (Taylor 1971, S. 12).

Aufbauend auf der vorausgegangenen Diskussion der begrifflichen Erweiterung von Un-/Sicherheiten um die existenzialistisch-philosophische Fundierung der Angst und Furcht, gilt es im Weiteren, den perspektivischen Zugang einer Theorie sozialer Praktiken zu erarbeiten und erkenntnistheoretisch vorzubereiten. Damit wird es der vorliegenden Arbeit möglich, die erarbeiteten Konzepte der Angst und Frucht nicht nur als individuelle, phänomenologische Kategorien zu fassen, sondern vor dem Hintergrund der modernisierungstheoretischen Diskussion auch ihren reproduktiven Charakter als *social anxiety* zu verstehen. Schließlich soll eine praktische Perspektive entwickelt werden, die es ermöglicht, sich der Angst als „normalem, alltäglichen Zustand moderner Gesellschaften" (Jackson & Everts 2010, S. 2792) methodologisch-konzeptionell vor dem Hintergrund zu nähern, dass „Emotionen in das Gewebe unseres alltäglichen Lebens verwoben sind" (Davidson & Smith 2009, S. 440).

---

21 Wie emotional-affektive Befindlichkeiten im praktikentheoretischen Sprachangebot nach Theodore Schatzki (1996, 2002) als teleoaffektive Elemente eines weiter gefassten Ordnungsschemas von Sozialität verstanden werden können, vgl. Kapitel 2.4.

2.4 Praktiken

Die vorliegende Arbeit betrachtet das soziale Phänomen alltäglicher (Re-) Produktion von Un-/Sicherheiten. Aus dem Anspruch heraus einerseits eine *abstrakte* wissenschaftliche Diskussion der Herstellung von Un-/Sicherheiten (vgl. Kap. 2.2 und 2.3) zu betrachten und andererseits das *konkrete* Alltägliche empirisch orientiert zu rekonstruieren,[22] begründet sich die Suche nach einem metatheoretischen Zugang, der eine Verknüpfung dieser beiden Betrachtungsebenen zulässt und im Idealfall auflöst. Eine praktikentheoretische Perspektive wurde deshalb gewählt, da sie einen fruchtbaren Ansatz bietet, um das *Zusammenhängen* von *Anlass*, *Konkretem* und *Abstraktem* aufzuzeigen. Teleologisch ermöglicht eine *flat ontology* in der Lesart nach Schatzki (2002) schließlich das soziale Phänomen alltäglicher (Re-)Produktion von Un-/Sicherheiten auf das konkrete *Tun* und *Sagen* herunterzubrechen, mechanisch zu bearbeiten und zu ordnen und anschließend zur (Re-)Konstruktion desselben zu abstrahieren. Die Praxistheorie wird in der anschließenden Argumentation dabei als erweiterter Analyserahmen verstanden, der Soziales als „mesh of practices and orders" (Schatzki 2002, S. xii) in der Form liest, dass soziale Ordnung – in einer kulturtheoretischen Denkrichtung – im Tun und Sagen und darin hergestellten materiellen und immateriellen Ordnungen nachgezeichnet werden kann.

2.4.1 Theoriegeschichtliche Überwindung des Subjekt-Objekt-Dualismus

Handlungs- und kulturtheoretische Verschiebung
Praxistheorien ermöglichen den geschärften Blick auf das Tun – so die Argumentation praxeologischer Vertreter – indem sie soziale Praktiken zum Ausgangspunkt der Analyse des Sozialen erheben. Die Theorien sozialer Praktiken verstehen dabei nicht das Mentale, sondern das „Körperlich-Materiale" sozialer Praktiken als Ort des Sozialen und Ort des Wissens (Reckwitz 2004a, S. 306). In der Verschiebung von einer mentalistischen Perspektive hin zu einem praxeologischen Verständnis kündige sich nach Reckwitz (2004a) der dritte Bruch und damit der vorerst letzte Abschnitt der Neuentwicklung der handlungstheoretischen Tradition an. Dieser letzten Verschiebung innerhalb der Kulturtheorien gehe eine Weiterentwicklung normorientierter Handlungsmodelle durch ein wissensorientiertes Verständnis menschlichen Handelns und eine kognitiv-

---

22 Das *konkrete* soziale Phänomen wird letztlich entlang der *doings and sayings* im Zusammenhang mit alltagsrelevanter Angst und angstbezogenem Handeln diskutiert werden (vgl. Kap. 5).

symbolische Organisation von Wirklichkeit und damit dem zweiten Bruch des handlungstheoretischen Vokabulars voraus. Den ersten Bruch des handlungstheoretischen Vokabulars bilde zunächst die Erweiterung der zweck- und zielorientierten Erklärung menschlicher Handlung um die holistische Betrachtung handlungskonstitutiver Sinnelemente in Form von Normen.

Ehe sich die vorliegende Arbeit schließlich der Bestimmungsfrage sozialer Praktiken nähert, gilt es, den praxeologischen respektive praktikentheoretischen Ansatz in einem breiten Feld der Handlungstheorien zu verorten und gegenüber anderen theoretischen Zugängen abzugrenzen, die sich mit dem Explanans menschlichen Verhaltens und menschlichen Handelns sowie mit dem Explanandum sozialer Ordnung und damit dem Sozialen beschäftigen. Denn laut Reckwitz bilden Handlungstheorien keine ontologischen Wesenheiten ab, sondern sind kontingente Vokabulare. Sie konstituieren eine bestimmte Wirklichkeit durch ihre jeweilige Begriffsapparatur. Deshalb verlangen sie für das theoretische Verständnis der Sozialwelt als Handlungswelt eine historisch- und kulturspezifische Einordnung, um dem ständigen Wandel der begrifflichen Diskussion gerecht zu werden (vgl. Reckwitz 2004a, S. 303f.).

Neben deren handlungstheoretischen Basis verorten sich Handlungstheorien und – in ihrer kulturtheoretischen Verschiebung – Praxistheorien laut Moebius in einem „größeren Kontext gesellschaftstheoretischer und sozialwissenschaftlicher Theoriebildung" (Moebius 2008, S. 58). Einerseits werden sie abgesteckt von naturalistischen Ansätzen im Zeichen des französischen Materialismus, Darwinismus und Funktionalismus, Behaviorismus und der Soziobiologie. Entlang der Denkfiguren einer sinnfreien, epiphänomenalen, menschlichen (Sozial-)Welt betont diese Theorienfamilie danach den naturalistischen Blick auf Soziales. Andererseits sind Handlungs- und Praxistheorien im Anschluss an Luhmanns (1984) autopoitische kommunikative Systeme und diskursanalytische Ansätze in der Tradition Foucaults (1981) begrenzt von textualisitischen Theorien – als dem äußeren Ansatz kulturalistischer Theorien (vgl. Kap. 2.4.2). Das textualistische Theorienbündel entkoppelt indessen in seinem perspektivischen Zugang zum Sozialen den Körper vom subjektiven Geist und verortet das Sinnhafte auf der Ebene von Texten, Zeichensequenzen und Kommunikation. Durch die Abgrenzung von naturalistischen und textualistischen Perspektiven vermeiden handlungstheoretische Zugänge schließlich den verfremdeten, alltagsfernen und lebensweltentzerrten Blick auf menschliches Handeln (Reckwitz 2004a, S. 304-307).

Gemäß dem Verständnis der Sozialwelt als Handlungswelt bilden insbesondere Max Webers „handlungstheoretische Basisannahmen" (Moebius 2008, S. 58) in seinem Werk *Wirtschaft und Gesellschaft. Grundriß der verstehenden So-*

ziologie (1972/1928) die breite Grundlage für sozialwissenschaftliche Handlungs- und Praxistheorien (Reckwitz 2000a, S. 91ff.). Webers zentrales Erkenntnisinteresse ist es, soziales Handeln „deutend [zu] verstehen" und „in seinem Ablauf und seinen Wirkungen ursächlich [zu] erklären" (Weber 1972, S. 1). In seiner verstehenden Soziologie stellt Weber die drei zentralen Begrifflichkeiten Verhalten, Handeln und soziales Handeln in Beziehung, die sich entlang einer Abstraktionshierarchie anordnen und aus systematischen Gründen zu unterscheiden sind.

Verhalten als abstraktester der drei Begriffe bezieht sich auf „die Klasse aller möglichen menschlichen Aktionen […], die unterbewusst oder bewusst ablaufen können und sowohl ‚Reflexe' als auch geplante ‚Handlungen' einschließen" (Miebach 2010, S. 20). Demgegenüber grenzen sich nach Weber Handeln und Verhalten durch die Sinnhaftigkeit des Handelns in Form von Zweck und Bedeutung ab. Entsprechend ist Handeln sinnhaftes und damit spezifisches Verhalten, indem der Einzelne oder Akteur – verstanden als selbständige und vorgängige Instanz oder Autor und Urheber von Intentionalität (Hörning 2004a, S. 142) – mit dem Handeln ein Ziel oder einen Zweck anstrebt und die Handlung eine Bedeutung für den Akteur besitzt. Soziales Handeln als konkretester der Begriffe bezieht den gemeinten Sinn der Handelnden damit „auf das Verhalten anderer" (Weber 1972, S. 1) oder orientiert sich an Zwecken und Interessen, Normen und Werten sowie an Wissensordnungen und kulturellen Codes (Reckwitz 2004a, S. 306).

Vom homo oeconomicus zum homo sociologicus ...

Diskutiert entlang der zentralen Elemente des wahrnehmbaren Verhaltens und der mentalen Sinnelemente systematisieren Bürger und Gadinger (2008, S. 277) drei handlungstheoretische Idealtypen, deren Vokabular einer sukzessiven Verschiebung unterliegt (vgl. Reckwitz 2004a): Im Handlungsmodell des *homo oeconomicus* ist Handeln interessens- oder zweckgeleitetes individuelles Handeln. Kosten-Nutzen-Erwägungen sowie individuelle Motivationen und Einstellungen bilden in spezifischer soziologischer und politikwissenschaftlicher Lesart der *rational-choice*, und damit im Anschluss an die utilitaristische Sozialphilosophie und an die neoklassischen Ökonomie-Ansätze David Humes und Adam Smiths (vgl. Reckwitz 2000a, 2004a), die Grundlage für das Verständnis von Gesellschaft als Aggregat individueller Handlungsakte (vgl. Moebius 2008). Dem *homo oeconomicus* erschienen seine Handlungsziele als geordnete Hierarchie von Interessen und Präferenzen. Diese gründen auf vollständigen Informationen, ermöglichen Entscheidungen per Nutzenmaximierung und machen das Handlungsergebnis erwartbar (Reckwitz 2004a, S. 308). Entsprechend führe das individualistische Paradigma utilitaristischer Tradition kollektive Begriffe und soziale Phänomene auf individuelles Handeln zurück und verstehe Ordnung im Anschluss an Coleman als Folge ursächlich erklärter Handlungen (vgl. Reckwitz 2004a).

In der Tradition Webers wird soziales Handeln des Weiteren in vier Handlungstypen unterschieden. Dabei steht zweck- und interessengeleitetes Handeln im Mittelpunkt Webers logischen Sinnverstehens, wodurch die „rationale Evidenz" des Handelns betont wird (vgl. Miebach 2010). Wiederum besäßen emotionales und traditionelles Handeln in seiner Betrachtung aus forschungsstrategischen Gründen jedoch nur eine untergeordnete Rolle (Miebach 2010, S. 31). Der verkürzte Blick auf durch emotionale Gefühlslagen geleitetes Handeln (Beck 1997, S. 305) sowie auf „eingelebte Gewohnheiten" (Weber 1972, S. 12f.) lässt indessen die Berücksichtigung von repetitivem, von Wiederholungen geprägtem und emotionalem Handeln vermissen (vgl. Kap. 2.4.2).

Demgegenüber rückt das normorientierte Handlungsmodell des *homo sociologicus* kollektive Handlungszusammenhänge mittels „Sollens-Regeln" (Reckwitz 2004a, S. 307) – verstanden als soziale Normen, Werte und Rollenerwartungen – ins Zentrum seines Handlungsverständnisses zur Erklärung der „*Geordnetheit* des Handelns, der *kollektiven Abgestimmtheit* und der *sozialintegrativen Handlungskoordination*" (Moebius 2008, S. 59). Nicht mehr der individuelle Handlungsakt, sondern die soziale Ordnung als intersubjektive Handlungskoordination werde zum Erklärungsproblem des spezifischen Handlungsmodells in Kantianischer Denktradition (Reckwitz 2004a, S. 303ff.). Insbesondere die strukturalistische Handlungstheorie, die in der funktionalistischen Tradition Durkheims steht, versteht die konkrete Handlung als Element des sozialen Systems und interpretiert Handeln als „Anpassung an ein institutionalisiertes Rollenmuster [und als] Ausdruck internalisierter Werthaltungen" (Miebach 2010, S. 23) und damit als „Aufeinanderabgestimmtheit der Handlungen mehrerer, verschiedener Akteure, welche ,soziale Integration' ermöglicht" (Reckwitz 2004a, S. 309). Im Anschluss an die Entstehung sozialer Ordnung – von Reckwitz (2004a) diskutiert als verändertes *Explanandum* eines normorientierten Handlungsmodells – werden darüber hinaus die zweckorientierten Handlungsziele – verortet als utilitaristisches *Explanans* – eingetauscht gegen übersubjektive Handlungskriterien in Form von normativen Regeln (vgl. Reckwitz 2004a). In der traditionellen Argumentation der Vertreter des *homo sociologicus* (vgl. Parson 1949; Dahrendorf 1974; Durkheim 1988; Münch 1982) werde schließlich die kollektive Abgestimmtheit von Handlung mittels normativer Sollens-Regeln erklärbar und damit die Faktizität von Handlungskoordination verstehbar (Reckwitz 2004a, S. 310).

Demnach bilden sowohl das wahrnehmbare Verhalten als auch die „mentalen Sinnelemente, die das Zustandekommen dieses Verhalten[s] ‚erklären' sollen" (Reckwitz 2004a, S. 317), die zwei grundlegenden Kristallisationskerne, die eine Unterscheidung und Bestimmung der beiden handlungstheoretischen Modelle des *homo oeconomicus* und *homo sociologicus* ermöglichen. Bei genauerer Betrachtung greifen beide Modelle jedoch nur bestimmte Handlungsfälle auf (Hörning 2004a, S. 143). Die Denkfiguren der objektivistischen Perspektive betonen den äußerlichen, sozialen Zwang bzw. die kausal wirksamen Regeln und die davon abgeleiteten sozialen Erwartungen und Verpflichtungen. Die subjektivistische Perspektive führt Handlungserklärung jedoch auf individuelle Präferenzen und Nutzenerwägungen zurück und separiert den individuellen Handlungsakt gleichzeitig konsequent vom Sozialen. Somit wird deutlich, dass die in der soziologischen Theoriedebatte als *Subjekt-Objekt-Dualismus* verhandelte und diskutierte Differenz (Treibel 2006, S. 222; Schatzki 1996, S. 1ff.) schließlich nur auf den unterschiedlichen Ausgangsargumentationen der handlungstheoretischen Ansätze beruht (Reckwitz 2000a, S. 314f.).

Die argumentative Trennung zwischen einer zweck- und interessenorientierten Handlungserklärung utilitaristischer Tradition einerseits und eines normorientierten Handlungsmodells aufbauend auf der Kantianischen Denkfigur andererseits gründet dabei auf der gemeinsamen Abstraktionsebene „der neuzeitlichen Vertragstheorien und ihrer Frage nach den möglichen sozialen Folgen der Diversität individueller Neigungen und Interessen" (Reckwitz 2004a, S. 306). Mit unterschiedlichen Vorzeichen wird die kontraktualistische Problematik von Thomas Hobbes, in deren Kern die Frage der gesellschaftlichen Folgen aus sich gegenüberstehenden individuellen Interessen steht, zwar von beiden Denkfiguren beantwortet, lässt jedoch eine erweiterte Perspektive auf kollektive Handlungskriterien in Form von normativen und regulativen Sollens-Regeln um konstitutive Regeln vermissen (Reckwitz 2004a, S. 306).

... zur Auflösung des Subjekt-Objekt-Dualismus
In der soziologischen Theorientradition wird der Gegensatz handlungstheoretischer Ansätze in der Tradition der verstehenden Soziologie nach Weber und strukturtheoretischer Ansätze in der funktionalistischen Tradition Durkheims und später Parsons schließlich erstmals ab Mitte der 1980er Jahre vom französischen Kultursoziologen Pierre Bourdieu und dem britischen Soziologen Anthony Giddens überwunden (Moebius 2008, S. 58ff.; Beck 1997, S. 315ff., 329ff.; Treibel 2006, S. 222ff.; Schatzki 1996, S. 11ff.). In ihren Konzeptentwürfen sind sie darum bemüht, die klassische Dichotomie Subjekt-Objekt aufzulösen (Giddens 1997b, S. 52). Indem sie die beiden Perspektiven miteinander verknüpfen,

können sie sich nun – so das kulturalistische, aber auch modernisierungstheoretische Verständnis – der grundlegenden Frage nähern, nicht was soziale Totalität umfasst, sondern was soziale Akteure handlungsfähig macht (Schatzki 1996, S. 16). Die beiden Sozialtheoretiker Bourdieu und Giddens verstehen Soziales, das im handlungstheoretischen Vokabular als soziale Ordnung gefasst wird, als „emergentes Konstrukt [...], das virtuell in Gedächtnisspuren und sozialer Praxis objektiviert ist, und somit ständigen Veränderungen, Verwerfungen und Feinjustierungen unterliegt" (Krüger et al. 2005, S. 6).

Sowohl der handlungstheoretische Utilitarismus des *homo oeconomicus* als auch die holistische Formulierung des *homo sociologicus* begünstigen – so der Argwohn Bourdieus – durch ihre „Geistesanalyse" (Reckwitz 2004a, S. 319) die Erklärung der Logik der Logik und ihr misslingt dadurch die Beschreibung einer Logik der Praxis (vgl. Bourdieu 2009). Als neostrukturalistischer Vertreter basiert Bourdieus *Entwurf einer Theorie der sozialen Praxis* (2009) entsprechend auf der Kritik am Dualismus der „phänomenologisch-subjektivistischen Differenz zwischen intentionalem Bewußtsein und seiner Außenwelt" und der „strukturalistisch-objektivistischen Differenz zwischen immanenter Logik des Geistes und der äußeren Verhaltensweise" (Reckwitz 2000a, S. 356). Reckwitz bring das folgendermaßen auf den Punkt:

„Das Paradigma des ‚homo sociologicus' bleibt so die Antwort darauf schuldig, wie die vorgeblich kausal wirksamen Regeln sich mental in Dispositionen zum Handeln umsetzen, während umgekehrt das Paradigma des ‚homo oeconomicus' die Frage umgeht, in welchem übersubjektiven Sinnmuster die Interessen des vorgeblich ‚reinen, bindungs- und wurzellosen Subjekt[s]' (Bourdieu 1987, S. 86) ihren Ursprung haben" (Reckwitz 2000a, S. 317).

Dieser Argumentation folgend besteht das zentrale Forschungsfeld Giddens' *Theorie der Strukturierung* „weder in der Erfahrung des individuellen Akteurs noch in der Existenz irgendeiner gesellschaftlichen Totalität, sondern in den über Zeit und Raum geregelten gesellschaftlichen Praktiken" (Giddens 1997b, S. 52). Für Giddens stellt das Konzept der *agency* dabei den Ausweg aus der „unvereinbar erscheinenden Gegenpositionierung" einer deterministischen, strukturfunktionalisitischen und rationalistischen Konzeption dar (Krüger et al. 2005, S. 3) (vgl. Exkurs 2.2). Sowohl für Bourdieu als auch für Giddens sind Praktiken „ontologisch grundlegender" (Hörning 2004a, S. 142) als einzelne Handlungen von

Individuen. Indem sie soziale Praxis[23] nicht einfach als anderen Ausdruck für soziales Handeln verstehen, sondern zum Ort des Sozialen ihres praxistheoretischen Ansatzes erheben, schaffen sie die Grundlage, um sowohl Handlungsrationalitäten einzelner Individuen als auch übersubjektive, kollektive Handlungszusammenhänge durch eine systematische Analyse sozial strukturierter und sozial strukturierender Praktiken zu verzahnen (Brand 2011, S. 174; vgl. Reckwitz 2004a).

Exkurs 2.2: Bourdieu und Giddens: Vordenker der Praxeologie

Bourdieu und seine Theorie sozialer Praxis
Zentrales Erkenntnisinteresse Bourdieus bildet im Besonderen die Frage, „wie [...] es möglich [ist], dass in einem sozialen Feld regelmäßig auf eine bestimmte Art und Weise gehandelt wird" (Reckwitz 2000a, S. 351). Zur rekursiven Verknüpfung von Strukturen und Handeln (Brand 2011, S. 179) entwickelt Bourdieu im Rahmen seiner ethnologischen Studien der kabylischen Gesellschaft (1972), seinem „Parallelbuch" (Treibel 2006, S. 222) zum *sozialen Sinn* (1987) und seinem Hauptwerk zu den *feinen Unterschieden* (1982) sein „noch sehr strukturalistisch geprägtes" (Krüger et al. 2005, S. 7) Praxisverständnis (Hillebrandt 2009, S. 389). Praktiken reproduzieren Regelmäßigkeiten, „die in den Bedingungen enthalten sind, unter denen ihre Erzeugungsgrundlage erzeugt wurde" (Bourdieu 1987, S. 104). „Die Praxis folgt. So Bourdieu, ihrer eigenen Logik" (Brand 2011, S. 179), unterscheidet sich von der Logik der Theorie und ist im praktischen Sinn verankert, „der das Handeln in den verschiedenen sozialen Feldern eher unterbewusst, aus einem ‚Gespür' für die jeweiligen ‚Regeln des Spiels' heraus steuert" (Brand 2011, S. 179). Der praktische Sinn ist „Schaltstelle zwischen Wissen und praktischem Handeln" (Treibel 2006, S. 224) und konstituiert sich dabei in „der dynamischen Wechselwirkung zwischen den objektiven Strukturen des ‚Feldes' und dem ‚Habitus', der inkorporierten sozialen Struktur" (Brand 2011, S. 179). Damit ist für Bourdieu „[n]icht die Psyche, sondern der Körper, der die Psyche beherbergt, [der] Ort, an dem sich der Habitus manifestiert" (Hillebrandt 2009, S. 378f.).

---

23 Der *Praxisbegriff* – verstanden als *menschlich sinnliche Tätigkeit* – ist den Feuerbachthesen von Marx (1969, S. 533ff.) entlehnt. Er steht im Zusammenhang mit der Frage – von Bourdieu (2001) diskutiert als Kritik an der *scholastic fallacy* (Hillebrandt 2008, S. 38) – , „wie Erkenntnisse über die Praxis erzielt werden können, wenn auch die Produktion von wissenschaftlichen Aussagen als Praxis verstanden werden muss" (Hillebrandt 2010, S. 294). Nur mittels des In-Beziehung-Setzens von Theorie und Praxis ließen sich die Begrifflichkeiten einer Theorie der Praxis gewinnen.

Indem für Bourdieu Praxis einen praktischen Sinn voraussetzt und gleichzeitig mit einer „kulturellen Symbolisierung dieses Sinns" (Brand 2011, S. 180) verknüpft ist, erweitert er seinen praxeologischen Ansatz um eine machtanalytische Perspektive (vgl. Schwingel 2009). Diese findet Ausdruck in der Feld- und Raumtheorie mit dem Konzept des Sozialraums, den Bourdieu als Ausgangspunkt seines Verständnisses der sozialen Welt als „objektivierter Sozialität" (vgl. Hillebrandt 2008) heranzieht. Der Sozialraum ist „ein Produkt der Geschichte" (Hillebrandt 2009, S. 380) und „wird [darin] durch das relationale Gefüge sozialer Positionen und Lagen, die über eine ungleiche Ausstattung mit ökonomischen, sozialen und kulturellen Kapitalien verfügen, sowie sind durch die historische Ausdifferenzierung von *Praxisfeldern* [...] strukturiert" (Brand 2011, S. 179). Die Struktur des sozialen Raums charakterisiere sich durch soziale Ungleichheit, „die durch die symbolische Dimension der Praxis ständig reproduziert wird, indem sich soziokulturelle Praktiken der Distinktion manifestieren" (Hillebrandt 2009, S. 381). Während den unterschiedlichen Praxisfeldern jeweilige Spielregeln und unterschiedliche Kapitalausstattungen eigen sind (Fröhlich 2003, S. 118), werden soziale Felder zu Kampf- und Konkurrenzfeldern „objektivierter Kräfteverhältnisse, die allen in das Feld Eintretenden gegenüber sich als Zwang auferlegen" (Bourdieu 1985, S. 10). In der Machtanalyse Bourdieus gilt es für die am Feldspiel beteiligten Akteure das Kapital – verstanden als „Verfügungsmacht im Rahmen eines Feldes" (Bourdieu 1985, S. 10) – zu akkumulieren und die „eigene Position im Machtgefüge des Feldes zu verbessern" (Brand 2011, S. 180). Das Wissen um Einsatz, Zugangsvoraussetzungen und Beschaffenheit der Spielregeln wird durch den Habitus vermittelt und damit „durch die im Verlauf des Sozialisationsprozesses inkorporierte Struktur des Feldes und die damit geschaffenen Handlungsdispositionen" (Brand 2011, S. 180). Bourdieu beschreibt Denk-, Wahrnehmungs-, Bewertungs- und Handlungsschemata schließlich als strukturierte Dispositionen eines „komplexen Habitus" (Hillebrandt 2009, S. 377), der seinerseits „mit spezifischen Positionen im sozialen Raum verknüpft [ist]" (Brand 2011, S. 180). Der Habitus finde als passive, „inkorporierte Sozialität" (vgl. Hillebrandt 2008) nicht nur Ausdruck in körpereigenen Praktiken[24], sondern verstehe sich ebenfalls als „aktives, generierendes Prinzip, der

---

24 Mit körpereigenen Praktiken werden Bewegungs- und Ausdrucksformen beschrieben, die am Körper festgemacht werden können (Brand 2011, S. 179f.). Diese Charakteristik ordnet sich in die Kritik der praxeologischen Perspektive Bourdieus und Giddens ein, die den Körpercharakter sozialer Praktiken betonen und insbesondere die Materia-

die sozialen Praktiken hervorbringt und es den Akteuren ermöglicht, sich mit einer gewissen Selbstverständlichkeit im Feld zu bewegen" (Brand 2011, S. 180). Schließlich werde „[m]ithilfe sozialkultureller Praktiken bewertet" (Hillebrandt 2009, S. 383), welche Kapitalsorten (kulturelles, soziales, ökonomisches Kapital) für eine bestimmte Position im Feld notwendig seien (Brand 2011, S. 180), „so dass symbolisches Kapital – verstanden als symbolische Macht – entsteht" (Hillebrandt 2009, S. 383).

Giddens Strukturationstheorie
Ähnlich wie in der Sozialtheorie Bourdieus beschäftigt sich Giddens in seiner Strukturationstheorie mit der Überwindung des Dualismus *structure* und *agency* im Allgemeinen und konkret mit der Frage „nach den Bedingungen der Reproduktion und Repetivität sozialer Handlungsmuster über Raum und Zeit" (Brand 2011, S. 181) und betont damit das Konzept der Rekursivität von Struktur und Handeln. Darin wird „das Soziale auf der Ebene der durch implizites Wissen angeleiteten, körperlich verankerten *sozialen Praktiken* verortet" (Reckwitz 2007, S. 315) und die „[r]outineförmige[n] soziale[n] Praktiken" (Brand 2011, S. 181) – in Anlehnung an das Bourdieusche Verständnis des praktischen Sinns – durch das praktische Bewusstsein gelenkt. Mittels der Erweiterung des praktischen Bewusstseins um das diskursive Bewusstsein (vgl. Reckwitz 2007) „verankert Giddens soziales Handeln aber auch in einem ‚ontologischen Sicherheitsstreben', das das Handeln auf eine grundsätzliche, unbewusste Weise beeinflusst" (Brand 2011, S. 182). Unbewusst ist dabei nicht zu verwechseln mit unterbewusst als der dritten Binnenstruktur des Akteurs in der Terminologie Giddens, die „nur im Sinne einer sehr basalen, strukturbildenden Motivation handlungsanleitend [wird] (Reckwitz 2007, S. 319). Das diskursive Bewusstsein befähigt die Akteure zudem, handlungsanleitende Gründe zu benennen oder Veränderlichkeiten sozialer Praktiken zu reflektieren (Brand 2011, S. 182). Damit wird die Dezentrierung des Subjektes[25] „als Gegengift [...] der Bewußtseinsphilosophie [bei gleichzeitiger] Re-

---

lität bei der Konstitution sozialer Praktiken ausklammern. Gleichzeitig ist darauf hinzuweisen, dass Bewegungs- und Ausdrucksformen auf einen ähnlichen perspektivischen Zugang wie *doings and sayings* hinweisen.

25 „Für die Praxistheorie sind die Subjekte in allen ihren Merkmalen Produkte historisch und kulturell spezifischer Praktiken, und sie existieren nur innerhalb des Vollzugs sozialer Produkte: Ein Subjekt *ist* (im Wesentlichen) – auch in seinen ‚inneren' Vorgängen des Reflektierens, Empfindens, Erinnerns, Planens etc. – die Sequenz von Akten, in denen es in seiner Alltags- und Lebenszeit an sozialen Praktiken partizipiert" (Reckwitz 2008a, S. 125). Subjektivität wird damit zu einer „spezifische[n] Form in-

flexions- und Handlungsfähigkeit des einzelnen Subjektes" zu einer wichtigen Entwicklungsstufe der Giddensschen Strukturationstheorie (Joas 1986, S. 283).

Mit dem Konzept der Dualität der Struktur ermöglicht Giddens schließlich den Blick auf die Strukturierung und Reproduktion des Sozialen in routineförmigem sozialen Handeln, das seinerseits von Strukturen ermöglicht (*enabling*) und beschränkt (*constraining*) wird. Entgegen der modellierten Ebene der Makro-Strukturen des Gesellschaftlichen findet das Ordnungsproblem des Sozialen damit seinen Ausdruck im Problem sozialer Reproduktion und Repetivität, „das sich auf der Ebene des Akteurs als ein Problem der Sicherung von Handlungsfähigkeit abbildet" (Reckwitz 2007, S. 316). In der Dualität von Struktur und Handlung versteht Giddens Handeln nicht als „teleologische Aktivität, sondern als ein Tun auf der Grundlage eines praktischen Bewußtseins impliziten Wissens" (Reckwitz 2007, S. 316). Entsprechend ihrer rekursiven Beziehungen ermöglichen und beschränken Strukturen nicht nur das Handeln, sondern auch Handlungsformen setzen bestimmte Strukturdimensionen voraus (Brand 2011, S. 182; Reckwitz 2007, S. 316). In diesem Sinne lassen sich soziale Strukturen nach Giddens unterscheiden zwischen den beiden Strukturdimensionen sinnstiftender und normativer Regeln sowie „autoritative und allokative ‚Ressourcen', die den sozialen Akteuren die (ungleich verteilte) Macht verleihen, [um] durch ihr Handeln ‚Spuren [und Unterschiede] in der Welt zu hinterlassen'" (Brand 2011, S. 182).

Mittels einer „basale[n] Verzeitlichung der Relation zwischen Strukturen/Regeln und Handeln" (Reckwitz 2007, S. 321) wird eine Ontologie von Raum und Zeit – gefasst als konstitutives Prinzip sozialer Praktiken – maßgeblich für Giddens Theorie der Strukturierung (Giddens 1997b, S. 53). Durch die „annähernd gleiche Wiederholung von Exemplaren einer Praktik" (Reckwitz 2007, S. 321) – verstanden als temporale Sequenz oder als „Kette von Momenten des praktischen *accomplishment* in der *durée*" (Reckwitz 2007, S. 321) – und in Form einer „interpretativen Routine der Regelanwendung" (Reckwitz 2007, S. 321) wird soziale Ordnung als soziale Reproduktion bzw. als „permanenter Prozeß des Bindens von Zeit […][und Raums]" gedacht (Reckwitz 2007, S. 322). Mit der Zentrierung der Zeitlichkeit und Räumlichkeit der „menschlichen Existenz und aller soziale[n] Phänomen" (Joas 1986, S. 239) sowie der Einführung eines Machtbegriffs, der bereits mit

---

dividuellen Handelns" und zum „Produkt gesellschaftlicher Praxis/Diskursformation" (Brand 2011, S. 187).

dem Handlungsbegriff gedacht ist und sich damit vom Machtverständnis als „Gefälle interaktiver Durchsetzungsmöglichkeiten" (Joas 1986, S. 239) Bourdieus abwendet, sind schließlich die beiden anderen zentralen Merkmale der Sozialtheorie Giddens genannt (Joas 1986, S. 239).

„Existieren soziale Strukturen aber nur im Vollzug sozialer Praktiken, so impliziert dies, dass Regeln und Machtstrukturen im ‚praktischen Bewusstsein' und in körperlichen Handlungsroutinen verankert sein müssen. Die dauerhafte Institutionalisierung sozialer Strukturen setzt wiederum die Entkopplung sozialer Praktiken aus unmittelbaren Interaktionskontexten durch *time-space-distantiation*, durch das ‚Binden' von Praktiken über Raum und Zeit hinweg, voraus" (Brand 2011, S. 182).

Dies hat zur Folge, dass „[j]e komplexer soziale Beziehungen miteinander verknüpft sind, desto mehr nicht-intendierte Handlungsfolgen treten auf, die die strukturellen Rahmenbedingungen sozialen Handelns verändern" (Brand 2011, S. 182).

2.4.2 „fließend" in Richtung eines practice turns?

> „Die Praxeologie ist nicht allein eine ‚Sozialontologie', ein theoretisches Vokabular, das eine andersartige Perspektive auf die Sozialwelt liefert, sondern vor allem ein Forschungsprogramm für die materiale Analyse" (Reckwitz 2008a, S. 102).

Der dritte Bruch handlungstheoretischer Erklärungsmodelle
Abweichenden von beiden klassischen Handlungsmodellen des zweckorientierten Handelns (*homo oeconomicus*) und des normorientierten Handelns (*homo sociologicus*) bilden mentalistische, textualistische und in ihrer Weiterentwicklung praxeologische Kulturtheorien (Schatzki 2005a, S. 10f.; Reckwitz 2008b, S. 109ff.) schließlich den dritten Idealtyp handlungstheoretischer Erklärungsmodelle in der Terminologie Bürger und Gadinger (2008) oder deuten auf den dritten Bruch handlungstheoretischen Vokabulars in der Systematisierung nach Reckwitz (2004a) hin. Hierbei sind nicht individuelle Zwecke und Motive oder kollektive Normen und Zwänge, sondern kollektive Wissensordnungen, kognitiv-symbolische Ordnungen, symbolische Strukturen oder repetitive Handlungsmuster die zentralen Dimensionen der Handlungskonfiguration kulturalistischer Ansätze (vgl. Reckwitz 2007). Theoriegeschichtlich zusammenfassend lässt sich in der zweiten Hälfte des 20. Jahrhunderts damit eine fließende Strömung (Brand

2011, S. 178) praxistheoretischer Ansätze identifizieren, die „ausgehend von den entweder objektivistisch oder subjektivistisch ausgerichteten mentalistischen Theorien" (Moebius 2008, S. 60) zwar eigenständige handlungstheoretische Konzeptionen (vgl. insbesondere auch Hillebrandt 2008), aber kein „in sich abgeschlossenes" (Reckwitz 2004a, S. 317), „no[t] unified" (Schatzki 2005a, S. 11), „konsistentes Theoriegebäude" (Brand 2011, S. 178) entwickelt hat. Gleichzeitig sind praxistheoretische Ansätze in „unterschiedlichen Theorietraditionen des Strukturalismus, der Phänomenologie, der Ethnomethodologie, des Pragmatismus sowie der Wittgenstein'schen oder Heidegger'schen Philosophie" (Moebius 2008, S. 60; Reckwitz 2004a, S. 318) zu verorten.

Nach außen – und damit in Unterscheidung zum *Explanans-/Explanandum-*Verhältnis klassischer handlungstheoretischer Modelle (vgl. Kap. 2.4.1) – lassen sich kulturalistische Handlungstheorien entlang des gemeinsamen konzeptionellen Sich-Verstehens auf die Verortung kollektiver Handlungsmuster und kognitiver Wissensordnungen abgrenzen. Damit bekennen sie sich zum Zusammenhang von Wissen und Handeln bei der Betrachtung von Sozialem „jenseits einer Innen-Außen-Differenz" (Reckwitz 2004a, S. 317ff.).[26] Nach innen – und damit in meist forschungsstrategisch formulierter Verknüpfung verschiedener Ansätze des kulturtheoretischen Feldes (Mentalismus, Textualismus, Theorie sozialer Praktiken) – bestehe allerdings ein ähnlich tiefer Graben im theoretischen Verständnis dessen, was „die fraglichen Sinnsysteme und Wissensordnungen ausmachen und wie sie wirken" (Reckwitz 2003, S. 288). Denn „Praxistheorien sind Kulturtheorien, aber nicht alle Kulturtheorien sind Praxistheorien" (Reckwitz 2008a, S. 109).

Gebäude praxeologischer Kulturtheorien: Mentalismus, Textualismus und Theorie sozialer Praktiken
In Anlehnung an die Traditionen der klassischen neukantianisch-paradigmatischen Kulturtheorie nach Weber und des von der Semiologie Saussure geprägten Strukturalismus nach Lévis-Strauss sowie den phänomenologischen Ansätzen nach Husserl und Schütz versteht erstens der Mentalismus Kultur als geistig ideelles Phänomen und verortet spezifische kulturelle Symbolsysteme im menschlichen Geist, im Kopf des Handelnden und schließlich in der Innenwelt des kollektiven Geistes (Reckwitz 2003, S. 288). Eine mentalistische

---

26 Nach Schatzki teilen praxeologischen Ansätze den Glauben, „that such phenomena as knowledge, meaning, human activity, science, power, language, social institutions, and historical transformation occur within and are aspects or components of the *field of practices*", das sich als „the total nexus of interconnected human practices" verstehen lässt (Schatzki 2005a, S. 11).

Perspektive erhebt kognitiv-geistige Schemata damit zur kleinsten Einheit des Sozialen, versteht soziale Ordnung als „Klassifikations- und Repräsentationssystem [und] Weltbilder" (Reckwitz 2008a, S. 110). Schließlich geht die mentalistische Perspektive davon aus, „that mind is a substance, place or realm that houses a particular range of activities and attributes" (Schatzki 1996, S. 22).

Die Ansätze in der Tradition des Textualismus verstehen sich hingegen auf eine Analyse des Außen von Kultur und unterscheiden sich somit in ähnlich kritischer Abgrenzung wie die praxeologische Perspektive von der mentalistischen Auffassung von Kultur und Sozialem als funktionaler Repräsentation des Inneren des Mentalen. In der sozialkonstruktivistischen Perspektive des Poststrukturalismus und der radikalen Hermeneutik wird das Soziale und damit die Wissensordnung auf der Ebene von Diskursen, Texten, öffentlichen Symbolen und Kommunikation verortet (vgl. Foucault 1981; Luhmann 1984; Geertz 1973), die wiederum als sinnhafte Wissensordnungen und kulturelle Codes fungieren und „Eigenschaften des Mentalen und der Subjekte" nur noch als „spezifische kulturelle Definitionen und diskursive Codierung" (Reckwitz 2003, S. 289) erscheinen lassen.

Schließlich stehen nicht die Ebene des Mentalen oder die Ebene der Texte, Diskurse und Symbole, sondern vielmehr die Ebene sozialer Praktiken im Zentrum des Erkenntnisinteresses. Die Ebene sozialer Praktiken bildet letztlich die Grundlage, „durch die die Deutungsmuster, Sinnstrukturen, kollektiven Wissensschemata und symbolischen Machtverhältnisse erst ihre Wirkung entfalten und überhaupt bestehen können" (Moebius 2008, S. 60f.). Die Intellektualisierung des sozialen Lebens in Form von geistig-kognitiven Repräsentationsschemata oder diskursiv-sprachlichen Codes verpasse es, wie die praxeologische Kritik an der mentalistischen und textualistischen Kulturtheorien anmerkt, kollektive Wissensordnungen als ein praktisches Wissen zu fassen und damit als ein „Können, ein know-how, ein Konglomerat von Alltagstechniken, ein praktisches Verstehen im Sinne eines ‚Sich auf etwas verstehen'"(Reckwitz 2003, S. 289).

Entsprechend haben sich in jüngerer Theoriengeschichte der Soziologie und allgemein der Geisteswissenschaften zahlreiche Versuche aufgetan, die Begriffe Praxis und Praktiken theoretisch neu zu fundieren. Der Grundgedanke einer praxeologischen Perspektive ist es, „die in bestimmten Konstellationen (oder Feldern) miteinander verknüpften sozialen Praktiken" (Brand 2011, S. 178) zum *Nullpunkt* der soziologischen Theoriebildung und damit zur „Basiskategorie des ‚Sozialen'" (Brand 2011, S. 178) zu erheben. Indem eine praxistheoretische Perspektive die „Relation zwischen inkorporierter Sozialität (Akteur) und objektivierter Sozialität (Struktur, Feld) neu formuliert" (Hillebrandt 2009, S. 376), wird das „klassische Problem der Soziologie" (Hillebrandt 2009, S. 376) nicht strukturalistisch oder akteurstheoretisch überwunden, sondern „in den Mittelpunkt der Erforschung von Praktiken und Praxisformen" gestellt (Hillebrandt 2009, S. 376).²⁷ Im Gegensatz zu den Grundkonzepten des Handelns, der Kommunikation und des Systems wird der praxeologische Blick und damit die analytische Beobachtungskategorie (Beck 1997, S. 339) auf weniger deterministische und minder reduktionistische Art und Weise auf das menschliche Tun gelenkt. Mittels der Betrachtung der „konstituierten und konstituierenden", „produktiven und reproduktiven" sowie „aneignenden wie kommunikativen" (Beck 1997, S. 298) Vorzeichen wird die „Dinglichkeit des Körpers", der „repetitive Charakter", die „Geschichtlichkeit" und „Kontingenz" und die „raum-zeitliche Verbindung des sozialen Lebens" betont (Reckwitz 2004a, S. 320ff.; Moebius 2008, S. 67).

Der Ort des Sozialen ist damit weder das Aggregat individueller Handlungsketten und ihrer intendierten bzw. nicht-intendierten Folgen oder ein intersubjektiver Konsens regulativer Normen, noch das Innere des kollektiven Geistes oder das Konglomerat an Texten und Diskursen. Vielmehr werden soziale Praktiken zu dessen kleinster Analyseeinheit (vgl. Reckwitz 2004a). Indem sich soziale Praktiken nicht mehr von „Regel- und Normsystemen ableiten" (Hillebrandt 2010, S. 294), sondern sich als „[...] embodied, materially mediated arrays of humans activity centrally organized around shared practical understanding" (Schatzki 2005a, S. 11) in Ereignissen operativ aufeinander beziehen, lassen sie sich in „ihrer regelmäßigen Verkettung als Praxisformen fassen" (Hillebrandt 2010, S. 294). Damit versteht sich *soziale Praktik* als „know-how abhängige und von einem praktischen ‚Verstehen' zusammengehaltene Verhaltensroutine, deren Wissen einerseits in den Körpern der handelnden Subjekte ‚inkorporiert' ist, die andererseits regelmäßig die Form von routinisierten Beziehungen zwischen Subjekten und von ihnen ‚verwendeten' materialen Artefakten annehmen" (Reckwitz 2003, S. 289; vgl. auch Reckwitz 2008a, S. 111f.).

Demnach fasst eine praxeologische Perspektive ihr Forschungsprogramm nicht mehr als Suche nach dem „was im Bewusstsein der Akteure vorgeht" (Hörning 2004a, S. 143) und damit nach den „kognitiven Strukturen und Prozesse" (Reckwitz 2004a, S. 320) des Inneren und auch nicht nach der „Konstruktion einer ‚äußeren' Wirklichkeit", sondern vielmehr als Erkundung der sozialen Welt, die „aus sehr konkret benennbaren, einzelnen, dabei miteinander verflochtenen Praktiken (im Plural) zusammengesetzt ist" (Reckwitz 2008a, S. 112). In

---

27 Das Verständnis der relationalen Beziehungen zwischen inkorporierter und objektivierter Sozialität deutet auf die reflexive Begriffsentwicklung der Praxistheorie hin, die in der Argumentationslinie der „unauflöslichen Differenz zwischen Theorie und Praxis" (Hillebrandt 2009, S. 377) gründet.

den Praktiken des Konsumierens, Verhandelns, Regierens, Organisierens oder beispielsweise Liebens steht für eine Theorie der Praxis das ontologische Problem im Mittelpunkt der sozialwissenschaftlichen Analyse, also das Problem des Sozialen und damit der sozialen Ordnung. Es fragt im Kern danach, „wie es dazu kommt, dass in der sozialen Welt ‚Raum und Zeit gebunden werden'" (Reckwitz 2003, S. 289) und wie die zumindest relative Wiederholung und Wiederholbarkeit eines Komplexes von Handlungen, der „von verschiedenen Akteuren zu unterschiedlichen Zeitpunkten und in verschiedenen räumlichen Gegebenheiten situationsspezifisch ausgeführt wird" (Reckwitz 2000a, 542ff.), zu erklären ist: Denn „[t]he true locus of the ‚problem of order' is the problem of how the duality of structures operates in social life: of how *continuity of form* is achieved in the day-to-day conduct of social activity" (Giddens 1979, S. 216). Die Lösung des Ordnungsproblems liegt für eine praxeologische Perspektive in der Betrachtung von Handlungen nicht als „diskrete, punktuelle und individuelle Exemplare" (Reckwitz 2003, S. 289), sondern als Bestandteil einer „umfassendere[n], sozial geteilten[n] und durch [...] Wissen zusammengehaltene[n] Praktik" (Reckwitz 2003, S. 289) und damit als ein „typisiertes, routinisiertes und ‚sozial verstehbares' Bündel von Aktivitäten" (Reckwitz 2003, S. 289). Entgegen der Trennung des Routinehandelns vom zweckrationalen Handeln in der Systematisierung Webers findet in der Theorie der Praxis *Handeln* somit in *Praktiken* statt (Reckwitz 2009, S. 173).

Andreas Reckwitz, Theodore Schatzki und der verdichtete Knotenpunkt des practice turns
Zwei Autoren haben in jüngerer Zeit im Wesentlichen zur Entwicklung eines praxeologischen respektive praktikentheoretischen Vokabulars beigetragen. Dazu zählen zum einen der deutsche Soziologe Andreas Reckwitz in seiner differenzierten Konzeption einer Theorie sozialer Praktiken entlang konvergierender kulturtheoretischer Ansätze (vgl. Reckwitz 2000a), in zahlreichen Systematisierungen eines breiten praxeologischen Felds und der Einordnung in die Entwicklung des handlungstheoretischen Vokabulars (vgl. Reckwitz 2000a, 2000b, 2002, 2003, 2004a, 2004b, 2007, 2008a) sowie in seiner neueren Betrachtung der Praktik-Diskurs-Formation des *Hybriden Subjekt[s]* (2006) aus einem diskurstheoretisch informierten poststrukturalistischen Blick (vgl. Reckwitz 2008b, 2009). Zum anderen zählt dazu der US-amerikanische Sozialphilosoph Theodore Schatzki in seiner grundlegenden theoretischen Ausarbeitung sozialer Praktiken (vgl. Schatzki 1996), der Einordung des *nexus of doings and sayings* in seinem *site-ontology*-Ansatz zur Erklärung der Konstitution und des Wandels menschlicher Koexistenz (vgl. Schatzki 2002) und schließlich in der Weiterentwicklung

der Reflexionen des *practice-arrangements-bundles* zu einer Sozialtheorie in *The Timespace of Human Activity* (2010a). Beiden Autoren argumentieren im Anschluss an die soziologische Stoßrichtung der Auflösung oder vielmehr Überwindung des Dualismus von Mentalem und Strukturellem – und damit im Anschluss an die praxeologischen Vordenker Bourdieu und Giddens (vgl. Hörning 2004a, 2004b; Hillebrandt 2009; Brand 2011), aber insbesondere in unterschiedlicher Anknüpfung an die philosophischen Bezugstheorien Wittgensteins und Heideggers – richtungsgebend für einen „erkennbaren, sich verdichtenden theoretischen Knotenpunkt" (Reckwitz 2006, S. 706), an dem im breiten Feld kulturalistischer Strömungen verschiedene Ansätze zu einer Theorie der Praxis zusammenlaufen können. In zurückhaltender Form wird dabei an verschiedenen Stellen diese Weiterentwicklung zu einer praxeologischen Forschungspragmatik mit einem *practice turn* (Schatzki et al. 2005; Reckwitz 2002) angedeutet und überschrieben. Ob die Kategorisierung des *practice turn* (vgl. Reckwitz 2002; Schatzki et al. 2005) als „epistemologischer Bruch" (Bachelard 1974, S. 133 zit. nach Lahr-Kürten 2012, S. 44) und damit als Umschlagen eines „neue[n] Forschungsfokus von der Gegenstandsebene neuartiger Untersuchungsfelder auf die Ebene von Analysekategorie und Konzepten" (Bachmann-Medick 2006, S. 26) von Vertretern der praxeologischen Perspektive programmatisch verstanden werden will[28], respektive mit der inhaltlich-konzeptionellen Erweiterung und zahlenmäßig erstarkenden Rezeption des praxeologischen respektive praktikentheoretischen Vokabulars in Verbindung steht oder gar am *fruchtbaren* taxonomischen Angebot einer gezielt *flachen Ontologie* liegt, soll im Weiteren nicht vom Autor der vorliegenden Arbeit diskutiert werden, sondern wird dem soziologischen *turn-in-theory*-Streit über Dichotomien, Synthesen, Konvergenzen und Elektizismus verschiedener theoretischer Denkfiguren überlassen (zur kritischen Diskussion des *practice turn* vgl. Bongaerts 2007).

Vielmehr scheint es von Interesse, dass sich im weiten Feld handlungstheoretischer Modelle und kulturalistischer Ansätze das Angebot einer praxeologischen Forschungsperspektive aufdecken lässt, das die Verortung des Sozialen „nicht in der ‚Intersubjektivität' und nicht in der ‚Normgeleitetheit', auch nicht in der ‚Kommunikation' zu suchen" (Reckwitz 2003, S. 289) beginnt, als vielmehr den

---

28 Indessen weiß Schatzki in seinem site-ontology-Ansatz den Aufruf zu einer theory of practices eher pragmatisch einzuordnen. Im Einzelnen betont er dass „[a]n ontological account can be defended in at least three ways: through arguments againts its rivals, through demonstrations of its compatibility with the social world, and through its ability to underwrite first-rate social investigations" Schatzki. (2002, S. xvi). Darüber hinaus deutet er an, dass er seinen *site-ontology*-Ansatz den „first two justificatory strategies" (Schatzki 2002, S. xvii) zuordnet.

Blick frei hält für das Tun und Sagen, „when naming the primary generic social thing" (Schatzki 2001, S. 1 zit. nach Lahr-Kürten 2012, S. 44). Den Blick frei zu behalten gelingt der praxeologischen Forschungsperspektive, indem sie im Anschluss an die postwittgensteinische und postheideggerianische Denkschule, den „zentrale[n] strukturalistische[n] und poststrukturalistische[n] Konzepte[n] wie ‚Gesellschaft', ‚Klasse', ‚Struktur', ‚Institution'" (Jonas 2009, S. 16), aber auch Bedeutung, Lebenswelt, *events* und Handlung (vgl. Schatzki 2001, S. 1) keine Bedeutung mehr beimisst. Vielmehr bedient sich die praktikentheoretische Perspektive spezifischer Argumentationsfiguren (vgl. Jonas 2009) (zur Taxonomie der Theorie sozialer Praktiken vgl. 2.4.3), ohne dabei die handlungstheoretisch bedeutsamen Facetten wie Intentionalität, Normativität oder Schemata in Abrede zu stellen oder „grundsätzlich zu modifizieren" (Reckwitz 2003, S. 291f.).

Im Gegensatz zu verschiedenen anderen Sozialtheorien – so die Konstatierung Schatzkis (vgl. Schatzki 2002, S. xii) – gelingt es einer praxeologischen bzw. praktikentheoretischen Perspektive, soziale Ordnung ontologisch zu rekonstruieren, ohne durch die vermeintliche Simplifizierung der Modelle zur Intellektualisierung des Sozialen beizutragen. In Anbetracht des weiten Spektrums soziologischer und philosophischer Vorarbeiten einer praxeologischen Perspektive – bzw. der für die programmatische Argumentation eines *practice turn* vereinnahmten Vordenker (vgl. Hillebrandt 2008, S. 20; Bongaerts 2007) – , aber auch trotz der an Häufigkeit zunehmenden Rezeption von Vertretern einer Theorie der Praxis und auf Grund der nur bedingten Übersetzung des praxeologischen und insbesondere praktikentheoretischen Vokabulars bei gleichzeitig stark eingeschränkter Umsetzung und Übersetzung der Praktikentheorien in eine empirisch orientierte Sozialgeographie (vgl. Exkurs 2.3), gilt es jedoch der im weiteren Anschluss diskutierten (vgl. Kap. 2.4.3) Frage in aller Kürze zunächst gerecht zu werden, wie sich *soziale Praktiken* begrifflich bestimmen lassen, ehe der vorgestellte erkenntnistheoretische Zugang mit der konzeptionellen Diskussion von Un-/Sicherheiten zu einem Analyserahmen verschnitten werden kann.

Exkurs 2.3: Weiterentwicklung einer praxeologischen Analyseperspektive

Praxeologische Analyseperspektive
Im weiten interdisziplinären, kultursoziologischen und sozialphilosophischen Spektrum nehmen verschiedene Ansätze unterschiedlicher Denktraditionen eine zentrale Rolle bei der Weiterentwicklung einer praxeologischen Analyseperspektive – diskutiert als die „Praxis der Praxistheorien" (Reckwitz

2008a, S. 102) – ein. Ohne Anspruch auf Vollständigkeit lassen sich in Anlehnung an Reckwitz (2003, S. 282f; 2008, S. 98ff.) neben den angesprochenen Ausarbeitungen einer allgemeinen Sozialtheorie auf Grundlage einer praxeologischen Perspektive durch Pierre Bourdieus (1972, 1980/1987, 1982) und Anthony Giddens (1979, 1997) (vgl. Kap. 2.4.1) dabei Loïc Wacquants (2008) Weiterentwicklung des praxeologischen Ansatzes von Pierre Bourdieu und Benno Werlens (1995, 1997) akteurszentrierte Sozialgeographie alltäglicher Regionalisierung in Anknüpfung an Giddens (1997) Strukturationstheorie nennen. Im Anschluss an die hermeneutische Sozialphilosophie Wittgensteins und Heideggers zählen des Weiteren die Beiträge von Andreas Reckwitz (2000a, 2003, 2006) und Theodore Schatzki (1996, 2002, 2010a), aber auch Charles Taylors (1971, 1993a, 1993b) Reflexionen zur *engaged agency* zum Bündel praxeologischer Theorieansätze. In jüngere Zeit knüpfen die Arbeiten von Elizabeth Shove, Mika Panzer und Matt Watson (2012) zu den *Dynamics of Social Practice* sowie der Sammelband von Elizabetz Shove, Frank Trentmann und Richard Wilk zu Fragen der *Time, consumption and everyday life* (2009) an die Überlegungen zu sozialen Praktiken des Sozialphilosophen Theodore Schatzki an.

Des Weiteren bereitet Harold Garfinkel (1967) mit seinen *Studies of Ethnomethodology* einen praxeologischen Blick auf alltagsmethodisches Wissen im Zeichen der *interpretative approaches* vor. Luc Boltanski und Laurent Thévenot (1991) und Thévenot (2006) diskutieren in der Tradition einer ethnomethodologischen Sozialtheorie soziale Felder – und damit in Abgrenzung der Bourdieuschen Konzeption als „in sich abgeschlossene und abgetrennte Mikrokosmen" (Bourdieu 2001, S. 30) respektive als *régimes d'engagement*. Unter poststrukturalistischen Vorzeichen – und damit in anti-praxeologischer, weil textualistischer Tradition – geben vor allem die Arbeiten des späten Michel Foucault zur „Technologie des Selbst" (vgl. Foucault 2000) und der „Technik des Regierens" (vgl. Foucault 2006) Anstoß zur Entwicklung eines „machttheoretischen Konzepts" (Reckwitz 2003, S. 283) der Gouvernementalitäten (vgl. Bröckling et al. 2000). In Anlehnung an den *governmentality studies* kann darüber hinaus Gilles Deleuze Betrachtung des Sozialen als „räumlich-materiale[m] Zusammenhang" (Reckwitz 2003, S. 283) in seiner ‚Theorie der Materialität' (vgl. Deleuze & Guattari 1992) im Bündel der Theorien der Praktiken verortet werden. Schließlich haben „spezifischere Forschungsprogramme [der] Cultural Studies, die Artefakt-Theorien und die Theorien des Performativen Beiträge zu einer Theorie sozialer Praktiken geliefert" (Reckwitz 2003, S. 289).

Im Zeichen der post-marxistischen Cultural Studies bereitet Michel de Certeaus Betrachtung der *Kunst des Handelns* (1988) und [der] *Practice of Everyday Life* (1984) sowie Jacques Derridas (2003) poststrukturalistische Diskussion unberechenbarer, verschiebbarer und unentscheidbarer Elemente repetitiver Praktiken ein praxeologisches Vokabular vor. Im Gegenzug dazu haben die Artefakte-Theorien ihren entscheidenden Impuls durch Bruno Latours (1995, 1996) posthumanistisch orientierte Diskussion des Sozialen in seiner Akteur-Netzwerk-Theorie erhalten. Schließlich bietet die Theorie der Performativität in Verbindung mit Produktion oder dem *doing gender* von Judith Butler (1991, 1993) einen kultur- und literaturwissenschaftlich orientierten Blick auf Akte und macht damit die Unterstellung einer praxeologischen Familienähnlichkeit möglich (Reckwitz 2003, S. 282f.). Trotz der vermeintlichen Unterschiedlichkeit der vorgestellten Ansätzen einer Praxeologie als auch einer poststrukturalistischen Praxistheorie, das Reckwitz (2008b, S. 190) mit den „zwei Seiten des gleichen kulturanalytischen Analyseprojekts" überschreibt, sieht auch Moebius (2008, S. 72) das Fruchtbare darin, ihre jeweiligen „reproduktiven" oder „dynamisch-ereignishaften Bausteine" zu einer gemeinsamen Perspektive, wie sich diese etwa in pragmatischen Praxistheorien nach Hans Joas (1992) beobachten lässt, zusammenführen zu können, jedoch „ohne einen – immer unbefriedigenden – ‚Mittelweg' zu wählen" (Reckwitz 2008b, S. 190).

Rezeption der praxeologischen Theorien in der Sozial- und Kulturgeographie
Im spezifischen Feld der Sozial- und Kulturgeographie ist die praxeologische Analyseperspektive verschiedener Theorietraditionen unterschiedlich vertreten. Die Rezeption der bourdieuschen Konzepte Habitus, Kapital und Feld finden in der deutschsprachigen Geographie u.a. in den theoriegeleiteten empirischen Arbeiten von Dirksmeier 2009; Deffner 2010; Deffner & Haferburger 2012; Dörfler et al. 2003; Drilling 2004; Fleischer & Haferburger 2012; Eichholz 2012; Eichholz et al. 2013; Etzold 2011; Janoschka 2009; Lippuner 2005; Rothfuss 2006 ihre Anwendung. Demgegenüber steht in der deutschsprachigen Geographie die Rezeption der Strukturationstheorie Giddens unzertrennlich mit der Konzeption des Forschungsprogramms der akteurszentrierten Sozialgeographie alltäglicher Regionalisierung durch Werlen (1995, 1997) in Verbindung. Die nicht überschaubare Fülle an daran anschließenden Forschungsarbeiten einer sozialgeographischen Perspektive leh-

nen ihren handlungs- und praxeologischen Ansatz entsprechend sowohl an Anthony Giddens als auch am Schweizer Autoren Werlen an. In weiterer Abgrenzung der praxeologischen Konzepte Bourdieus (Habitus – Kapital – Feld) und Giddens (Regeln – Ressourcen – praktisches Bewusstsein) findet seit den 2000er Jahren die kulturtheoretisch gewendete, praxeologische Diskurs-/Praktiken-Formation nach Reckwitz (2000a, 2006) sowie der praktikentheoretische *site-ontology*-Ansatz von Schatzki (1996, 2002) in noch bescheidenem Maße Rezeption in der deutschsprachigen, geographischen Forschungsarbeit. Beispielsweise entwickeln Katzig und Popp (2011) durch ihre Diskussion der Entstehungsbedingungen sozialer Praktiken entlang der Elemente des praktischen Wissens (in Anschluss an Reckwitz 2003), entlang der subjektiven Befindlichkeit einer materiellen Umwelt (Bourdieu 2001, S. 180ff.) und entlang der Vielfältigkeit ‚sinnlich/emotionaler-motorischer Aktivitäten' einen praxeologischen Erkenntniszugang zum *wayfinding*. Darüber hinaus diskutiert Everts (2008, 2009, 2010, 2011) als einer der Vorreiter der praxeologischen Perspektive in der Geographie – im Wesentlichen in der Lesart nach Schatzki und Taylor (vgl. Everts et al. 2011) – in seinem Forschungsprogramm verschiedene Diskurslogiken und Alltagspraktiken routinemäßiger Begegnungen und die daraus resultierenden Beziehungen von Kunden in migrantengeführten Lebensmittelgeschäften. Die Verschneidung einer praxeologischen Perspektive mit Ansätzen der *emotional geography* (Everts 2012; Everts & Wagner 2012; Jackson & Everts 2010) ermöglicht es Everts (2012), schließlich unter Verwendung des Ansatzes der *pandemic anxiety* die Sekurisationstendenzen der Schweinegrippe durch die Weltgesundheitsbehörde in 2009 zu rekonstruieren.

Kultursoziologisches Forschungsfeld in der Lesart nach Theodore Schatzki
In einem fachbereichs- und länderübergreifenden Forschungsfeld sind wissenschaftliche Abhandlungen in Anknüpfung an die praktikentheoretischen Arbeiten Theodore Schatzkis immer wieder darum bemüht, das Vokabular sozialer Praktiken in empirische Anleitungen zur Rekonstruktion von bestimmten sozialen Praktiken zu übersetzen. Neben den Arbeiten von Everts (2008, 2012) zu Praktiken des Einkaufens und Praktiken der pandemischen Angst, der komparativen Betrachtung der Praktiken des *food shoppings* (Everts & Jackson 2009), der medizinanthropologischen Arbeiten von Hadolts und Lengauers (2009) und Knorr-Cetinas (2002) praktikentheoretischen Reflexion zur Wissenschaft- und Techniksoziologie zählen dazu auch die konsumforschungsorientierten Überlegungen von Shove et al. (2007) sowie

Watson und Shoves (2008) Arbeiten zur *consumption culture* und den Praktiken der Verwendung von *DIY-Items* oder der Diskussion der *Performing Academic Practice* von Bærenholdt et al. (2010).

Im Feld der Konsum- und Kulturforschung verorten sich ebenfalls Wardes (2005) Reflexionen zur Stetigkeit und zum Wandel alltäglicher Konsumpraktiken und Praktiken des Autofahrens, Shove und Pantzars (2005) Diskussion der Praktiken des *Nordic Walkings*, der Betrachtung der Praktiken der Abfallbeseitigung von Gregson et al. (2009) sowie Boecklers (2005) Praktiken des Unternehmertums in Syrien oder Berlin (vgl. Pütz 2004) sowie die Reflexion der Praktiken des *urban designs* von Brzenczek und Wiegandt (2009).

Durch ontologische Gewandtheit besticht schließlich Matthias Lahr-Kurtens (2012) Diskussion der Praktiken des Deutsch-Lernens/Lehrens im französischen Bildungssystem. In großer methodischer und inhaltlich-konzeptioneller Transparenz reflektiert er seine empirische Feldforschung und verschneidet diese unter gehaltvoller Verwendung der praktikentheoretischen Taxonomie nach Schatzki (2002) zur Rekonstruktion von Deutsch-Französisch-Praktiken-*arrangement*-Bündel. Dies gelingt ihm im Gegensatz zu vielen anderen Arbeiten, die sich nur auf Vertreter der Theorie der Praxis beziehen, jedoch das praxeologische bzw. praktikentheoretische Vokabular nicht vergleichbar ins empirische Arbeiten übersetzen. Schließlich bietet das Vorgehen Lahr-Kurtens der vorliegenden Arbeit konzeptionell sowie empirisch inspirierende Anknüpfungspunkte.

2.4.3 Was sind Praktiken?

> „,Ontologie' bedeutet Lehre vom Sein. Wird aus dem Terminus lediglich die unbestimmte Anweisung herausgehört, es komme im folgenden in irgendwelcher thematischen Weise das Sein zur Untersuchung und Sprache, dann hat das Wort als Titel seinen möglichen Dienst getan. Gilt aber Ontologie als Bezeichnung einer Disziplin, etwa einer solchen im Aufgabenbezirk der Neuscholastik oder in dem der phänomenologischen Scholastik und der von ihr bestimmten Richtungen akademischer Schulphilosophie, dann ist das Wort Ontologie als Titel dem folgenden Thema und seiner Behandlungsart unangemessen. [...] Hier sollen die Termini ‚Ontologie', ‚ontologisch' nur [...] bedeuten: ein auf Sein als solches gerichtetes Fragen und Bestimmen; welches Sein und wie, bleibt ganz unbestimmt" (Heidegger 1995, S. 1).

site ontology und eine Theorie sozialer Praktiken
In der bisherigen theoriegeschichtlichen Verortung einer Theorie der Praxis im weiten Feld handlungstheoretischer und kulturalistischer Denkrichtungen rückt die Betrachtung alltagsweltlicher sozialer Praktiken – in Anknüpfung an Charles Taylors exemplarisch benannte Praktiken des Verhandelns, Kochens, Erholens und Erziehens, aber auch Praktiken der Politik, Religion und des Kreditwesens (Schatzki 2002, S. 70) – in den Mittelpunkt einer ontologischen Entzerrung sozialer Ordnung und des Sozialen. Eine praktikentheoretische Perspektive[29] biete dabei die Möglichkeit, ein soziales Phänomen in der Form zu rekonstruieren, als dass in einer Verknüpfung der andauernden Ausgestaltung des begrifflichen *Sprachangebots* mit den empirischen *Beobachtungen* und *Gesprächen* ein grundlegendes Verständnis des *Zusammenhängens* von Forschungs*anlass,* phänomenalem *Konkreten* und Theoretisch-*Abstraktem* gewonnen werden kann. Diese methodologische Vorgehensweise, die sich in der vorliegenden Interpretation auf eine andauernde Rückkopplung aus Theorie und Empirie stützt, lässt sich in einem erweiterten Verständnis als *site-ontology* bezeichnen.

Aus humangeographischer und allgemeiner sozialwissenschaftlicher Perspektive wird Ontologie als „a foundational reality and is often referred to as the essence of an object or phenomena" (Schuurman 2009, S. 377) verstanden und somit auf Grund der aristotelischen Tradition deutlich abweichend von seiner

---

29 Der Autor der vorliegenden Arbeit identifiziert Taylor, Reckwitz und Schatzki als die derzeitigen Hauptvertreter einer praktikentheoretischen Perspektive.

zum Teil sehr konträren begrifflichen Verwendung in anderen Fachbereichen (insbesondere den Informationswissenschaften) verhandelt. In Abgrenzung zu erklärenden Theorien beschreibt eine Ontologie „basis characters, compositions, and structures. They do not specify general frameworks for explaning social phenomenal [...] though they do provide explanatory resources and can also ground general pronouncements about explanation" (Schatzki 2002, S. xvi). Ontologien fragen nach dem „what must the world be like" (Schuurman 2009, S. 377) und damit nach den Entstehungsbedingungen, Existenzzusammenhängen und Organisationsgerüsten von Grundbefindlichkeiten, Kognitionen, Wissensformen, (An-)Ordnungen oder Ausführungen des Seins. Dem empirischen Phänomen, das im Anschluss an die heideggersche Ontologie der Seinsphilosophie im weitesten Sinne diskutiert wird unter Rückgriff auf die Denkfiguren Dasein und Zeug und daran anschließend Zuhandensein, kommt dabei eine besondere Bedeutung zu. Entgegen seiner Evidenzrolle in erklärenden Theorien veranschaulicht das empirische Phänomen in der Theorie Schatzkis vielmehr

„the compatibility (or incompatibility) of the account with social life. An ontology is compatible with social life when it can describe social phenomena in its own terms. Different ontologies, however, can usually supply descriptions of the same phenomenon. Consequently, compatibility (the ability to handle particular examples) can only confer plausibility. It cannot provide evidence for or confirm or prove an ontology. This does not imply, however, that empirical illustration is an insignificant task" (Schatzki 2002, xvii).

Die Taxonomie der social practice theory

Das begriffliche Sprachangebot zur Umsetzung einer flachen Ontologie – und damit in einer Lesart des praktikentheoretischen Ansatzes nach Theodore Schatzki (1996, 2002) und unter Verwendung der Verortung der praxeologischen Perspektive im Feld der Handlungs- und Kulturtheorien durch Andreas Reckwitz (2000a, 2002, 2003) – wird im Folgenden im Wesentlichen in der praktikentheoretischen Konzeption durch Schatzki in seinen Werken *Social Practices* (1996) und *Site of the Social* (2002) angenommen (vgl. Kap. 2.4.2). Allgemein werden darin Praktiken (*practices*), (An-)Ordnungen (*arrangements* oder *orders*), soziale Ordnung, Soziales und soziale Phänomene (*social phenomena*) zu den zentralen Begriffen des praktikentheoretischen Vokabulars erhoben. Konkret stehen Praktiken und (An-)Ordnungen – und dies ist für die vorliegende Arbeit insbesondere von analytischer Bedeutung – in der Weise im Zusammenhang, dass ihre gegenseitige Verschneidung Rückschlüsse auf das soziale Phänomen respektive auf das Soziale zulässt. In dieser Weise formuliert Schatzki (2002) sein zentrales Argument in der Art, dass er menschliche Koexistenz (*human coexistence*) als Soziales oder Sozialeben oder als in der an Wittgenstein angelehnten Terminologie des „the hanging-together of human lives" (Schatzki 2011, S. 3) verhandelt. Soziales ist damit „Teil eines ständig im Fluss befindlichen *Zusammenhangs von Praktiken und materiellen Arrangements*" (Brand 2011, S. 183) und menschliches und nichtmenschliches Handeln wird darin in einem spezifischen Sinn kontextualisiert (Jonas 2009, S. 2): „The mesh of practices and orders is the *site* where social life takes place" (Schatzki 2002, S. 123). Zum Nachzeichen von *social life* und des *social phenomena* macht dies forschungspragmatisch die Beschreibung von *practice-order-complexes* notwendig, „that are at once that as part of which human coexistence occurs and that which constitutes such phenomena" (Schatzki 2002, S. 266).

Theodore Schatzki bestimmt soziale Praktiken als „Bündel von Aktivitäten" (Schatzki 2002, S. 71) und baut konzeptionell – verstanden als kreativ interpretierend (Schatzki 1996, S. 18) – auf der philosophischen Bezugstheorie im Sprachspiel von Ludwig Wittgensteins *Philosophische Untersuchungen* (1967/1953) und den Theoriebausteinen Martin Heideggers in *Sein und Zeit* (1986/1926)[30] auf sowie knüpft an die Lektüre der praktikentheoretischen Denkfigur von Charles Taylor an. Aktivitäten beschränken sich für Schatzki (2002) – und damit grenzt er sich deutlich von posthumanistischen Ansätzen der Akteur-Netzwerk-Theorie ab (Schatzki 2005a, S. 12) – nur auf menschliches (*human*) Tun. Indem jede Praktik die beiden Dimensionen der Aktivität und Organisation beinhaltet, stellt Schatzki das „Vorhandensein von nicht-menschlicher Handlungsfähigkeit" nicht in Abrede (Schatzki 2002, S. 71), sondern ordnet sie nur dem taxonomischen Baustein der sozialen Ordnung zu (vgl. Diskusssion zur Begrifflichkeit des *arrangement*) und eben nicht der sozialen Praktik. In Anlehnung an die praxistheoretischen Vordenker wie Giddens, Bourdieu und Taylor verstehen sich Praktiken als ein „organized [...] open, temporally unfolding nexus of actions" (Schatzki 2002, S. 71f.). Eine zentrale Bedeutung in der praktikentheoretischen Systematik Schatzkis spielt indessen einerseits eine aktivitätenbezogene Dimension sozialer Praktiken. Andererseits unterscheidet die Taxonomie zwischen der Steuerung (*governance*) und Organisation (*organization*) von Prak-

---

30 In seinem Sprachspielkonzept diskutiert Wittgenstein (1967/1954) die Verwendung von Sprache – auch gefasst als mit Worten operieren – am Beispiel des Einkaufens respektive Verkaufens von fünf roten Äpfeln (§1). Unter Sprachspiel versteht er dabei das Ganze also das mit der Sprache und Tätigkeiten Verwobene (§7) und betont, „dass das Sprechen der Sprache ein Teil ist einer Tätigkeit, oder einer Lebensform" (§ 23). Grundlegende Elemente von Wittgensteins Konzept seien dabei Wissen als Können und im Sprachspiel enthaltende implizite Regeln (Reckwitz 2008a, S. 98f.). Im Gegenzug analysiert Heidegger Dasein in seinem Werk *Sein und Zeit* als „praktisch agierendes und verstehendes ‚In-der-Welt-Sein'" (Reckwitz 2008a, S. 99).

tiken, denn „[t]he governing of actions and the organization of practices are two sides of a single reality and their common structuring can be approached from either direction" (Schatzki 1997, S. 300).

Aktivitätenbezogene Dimension von Praktiken: Tätigkeiten, Aufgaben, Projekte

Erstens werden Handlungen im Anschluss an die dimensionale Zweiteilung durch *bodily doings and sayings* konstituiert, die sich ihrerseits als körperlich ausgeführte Grundformen des Handelns (*basic actions*) wie etwa das Winken, Rennen, Werfen und Lenkradsteuern oder auch das Fragen, Antworten und Sprechen fassen lassen (Schatzki 2002, S. 72; 2005b, S. 56). Während Handlungen keine „diskrete[n], punktuelle[n] und individuelle[n] Exemplare" (Reckwitz 2003, S. 289) sind, sondern vielmehr als Bestand einer Praktik wirken (vgl. Kap. 2.4.2), bildet das *set* der körperlichen Taten und Äußerungen die kleinste Einheit der *aktivitätsbezogenen* Dimension einer Praktik. In argumentativer Analogie zu Reckwitz (2006, S. 37) Verständnis von Sozialem als Komplex nicht-diskursiver und diskursiver, miteinander verflochtener Praktiken sowie zur angemessenen Balance zwischen Verhalten und Diskurs in Foucaults (2008) Konzeption des sprachlichen und nicht-sprachlichen Machtregimes ordnet Schatzki (2002, S. 77) Handlungen beiden Sorten von Praktiken zu. Dabei merkt Schatzki zugleich kritisch an, dass das Diskursive im Gefolge des *linguistic turn* in der wissenschaftlichen Diskussion jüngerer Zeit eine Überbetonung erhalten habe.

Charakteristisch für die praktikentheoretische Arbeit Schatzkis ist ein hoher Systematisierungsgrad seines taxonomischen Sprachangebots. Dies findet insbesondere in der Stoßrichtung seiner *site ontology* Ausdruck. Indem *doings and sayings* in ihrer Ausführung Handlungen konstituieren, verschiedene Taten und Äußerungen aber ein und derselben Handlung zugehörig sein können[31], ist für Schatzki (1996, S. 101) eine weitere analytische Trennung der *basic actions* notwendig. Sie setzen sich beispielsweise aus den *simply actions* der Zubereitung des Abendsessens oder gesunder Mahlzeiten zusammen. Konkret unterscheidet Schatzki zwischen Aufgaben (*tasks*) – verstanden als „aggregated doings and sayings" – und Projekten (*projects*) – gefasst als „higher-order actions", die verschiedene *tasks* enthalten (Schatzki 2002, S. 73). Dieser Terminologie folgend umfassen Praktiken schließlich „a set of hierarchically organized doings/sayings, tasks, and projects" (Schatzki 2002, S. 73). Zu jeder Zeit (*durée*)

---

31 Die Zugehörigkeit verschiedener Taten und Äußerungen in einer Handlung zählt im praktikentheoretischen Vokabular Schatzkis nicht zuletzt auch für die Überschneidung von dispersen und integrativen Praktiken in bestimmten *domains of social life* (Schatzki 1996, S. 99).

werden nicht nur alle drei Handlungen unterschiedlicher Ordnung ausgeführt, sondern können auch kontextabhängig in ihrer Ordnungszugehörigkeit variieren und dabei regelmäßiger, zufälliger, seltener und neuartiger Natur sein (Schatzki 2002, S. 74).

Steuerungsbezogene Dimension von Praktiken:
Intelligibility and the being one of us

Zweitens fasst Schatzki mit der Begrifflichkeit der Verständlichkeit (*intelligibility*) – und spezifischer *action* respektive *practical intelligibility* im Unterschied zur *world intelligibility* (Schatzki 1996, S. 111ff.) – das Sinnergebende einer Handlung. *Practical intelligibility* steuert Handlung durch das Anleiten, was ein Akteur im kontinuierlichen Handlungsfluss als nächstes macht. Sie gibt vor, „*was* ein Person tut und benennt als individuelles Phänomen Ziele und Zwecke (*ends*) eines Tuns. Mit der Betonung „[w]hat makes sense to person do to" wird die praktische Verständlichkeit jedoch nicht mit Rationalität oder Normativität als „intrinsische Phänomene" gleichgesetzt (Schatzki 2005b, S. 55-58). In dieser Unterscheidung findet indessen Schatzkis (1996, S. 19-55) kulturalistische Kritik an den vorangegangenen geisteswissenschaftlichen Konzeptionen des *individuals* und der damit einhergehenden Kantianischen Trennung von *mind* und *action* sowie nachstehend von *body* ihren Ausdruck (vgl. Kap. 2.4.2). Im Gegensatz zur kantianischen Konzeption von Rationalität und Normativität versteht sich die praktische Verständlichkeit vielmehr als Bedeutung (*meaning*) von etwas, einer Tätigkeit oder einer bestimmten *condition of life*, die in ihrer Ausführung von einer Person selbst oder von Anderen verstanden wird.

Im Anschluss an Heideggers Betrachtung des In-der-Welt-seins und Wittgensteins Überlegungen zum geistigen Zustand merkt Schatzki an, dass „[t]he features of individuals that determine practical intelligibility are in fact mental conditions. The ends, projects, and tasks that a person persues, for instance, are objects of her or his desires and intentions" (Schatzki 2002, S. 75). Dabei versteht er den geistigen Zustand als *state of affairs* oder *something's being* und diskutiert ihn entlang der vier Dimensionen der Bewusstseinszustände, Emotionen und Gemütslagen, kognitiven Zustände und Handlungen, die im körperlichen Tun und Sagen ihren Ausdruck finden (Schatzki 1996, S. 22-40). Aufbauend auf Wittgensteins zentralem Element der Reaktion – verstanden als spontanes also nicht zufälliges, sondern unreflektiertes und unberücksichtigtes Verhalten – wird der Großteil der *doings and sayings* als Teil eines „person's bodily repertoire" (Schatzki 1996, S. 58; 2002, S. 76) ausgeführt. Das spontane Ausführen von Taten und Äußerungen auf Basis eines körperlichen Repertoires ist wiederum deshalb von Bedeutung, als dass die *vis-à-vis-doings* zunächst das Handeln von jemandem intelligibel machen und Intelligibilität anschließend zur verbindenden Komponente für Gemeinsamkeiten (*commonalities*) und des Einervon-uns-Seins wird (Schatzki 1996, S. 66).

Für Schatzki (1996, S. 88) wird das Sich-verstehen-auf in der Ausführung der *bodily doings and sayings* schließlich „durch [deren] Teilnahmen an sozialen Praktiken" verhandelt. Zusammenfassend stellt Schatzki heraus, dass "[a]ctivity is governed by practical intelligibility, which is itself determined by mental conditions, many of which formed during the processes of learning and being trained and instructed to carry on the practices involved" (Schatzki 2002, S. 81). Im Anschluss an die Kritik der *Körpervergessenheit* in nicht-kulturalistischen Handlungstheorien betont Reckwitz entsprechend die Körperlichkeit des Handelns, denn „[w]enn ein Mensch eine Praktik erwirbt, dann lernt er, seinen Körper auf bestimmte, regelmäßige und ‚gekonnte' Weise zu bewegen, und zu aktivieren oder besser: auf eine bestimmte Art und Weise Körper zu sein" (Reckwitz 2008a, 113f.).

Organisationsbezogene Dimension von Praktiken: Praktisches Verstehen, Regelset, Teleoaffektivitäten und grundlegendes Verstehen
Drittens tritt das Zusammenhängen und Verbunden-Sein von *doings and sayings* und damit die Frage nach der *Organisation* von Praktiken in den Mittelpunkt des praktikentheoretischen Vokabulars. Schatzki fasst Praktiken als „*organized* nexus of actions" und betont, dass „*doings and sayings,* die eine bestimmte Praktik zusammensetzen" (Schatzki 2002, S. 77), durch „einen mehrdimensionalen Komplex" (Brand 2011, S. 184) von *practical understanding, set of rules, teleoaffective structures* und – in der Erweiterung zur Konzipierung sozialer Praktiken in *Social Practices* (1996) – *general understandings* (Schatzki 2002, S. 77) miteinander verbunden sind. Die vier Elemente sind in der schatzkischen Taxonomie und damit auch für die vorliegende Arbeit von zentraler Bedeutung, da sie sozusagen den Kit des Tuns und Sagens bilden und diese gleichzeitig organisieren, und bedürfen daher aus analytischen Gründen einer weiteren Systematisierung:

Zum einen versteht Schatzki praktisches Verstehen (*practical understanding*) als Fähigkeiten (*abilities*), „that pertain to the actions composing a practice" (Schatzki 2002, S. 77). Sie setzen sich aus dem *know how to* „carry out acts of X-ing" (Schatzki 1996, S. 91) zusammen und damit aus dem praktischen Wissen etwas zu tun und zu sagen, der Fähigkeit eigenes oder anderes Tun und Sagen zu erkennen sowie der Fähigkeit, auf das erkannte Tun und Sagen zu antworten bzw. auszulösen (Schatzki 1996, 91f.). Entsprechend sind praktikenzusammensetzende *doings and sayings* entlang eines „interdependent pool of practical understanding" (Schatzki 2002, S. 78) miteinander verbunden und formen ihrerseits beteiligte Handlungen. Damit wird Handeln in Praktiken zunächst „als *wissensbasierte* Tätigkeit begriffen" (Reckwitz 2008a, S. 116) und damit „als Aktivität, in der ein praktisches Wissen, ein Können im Sinne eines *know-hows* und eines praktischen Verstehens zum Einsatz kommt" (Reckwitz 2008a, S. 116). In Abgrenzung zum praktischen Sinn im Habituskonzept von Bourdieu und zum praktischen Bewusstsein in Giddens Strukturationstheorie (vgl. Schatzki 1997) leitet das praktische Verstehen die Handlung jedoch in der Form an, „that practical intelligibility singles out" (Schatzki 2002, S. 79).

Zum anderen wird das Tun und Sagen einer Praktik durch Regeln (*set or rules*) verkettet. Diese verstehen sich als explizite Formulierungen, Prinzipien, Gebote, Vorschriften, Anzeichen, Anordnungen und Ermahnungen (Schatzki 1996, S. 92; 2007, S. 79), „that participants in the practice observe or disregard" (Schatzki 2006, S. 1864). Trivialerweise dient das Kochbuch als explizite Regel-Formulierung, die eine bestimmte Handlung wie das Kochen oder Backen spezifiziert (Schatzki 1996, S. 100). Ganz gleich wie Regelhaftes oder Normativität vorgeben können, was für Menschen sinnvoll ist zu tun, grenzt Schatzki seinen Regelbegriff vom Regelverständnis Giddens als „not explicitizations of previously unarticulated understandings" (Schatzki 2002, S. 80) ab. In Anlehnung an Wittgenstein werden sie allenfalls als „concise codifications of past regularities of action" (Schatzki 1997, S. 302) gefasst, die als Faust- oder Daumenregeln oder Eckpfeiler des sozialen Miteinanders vielmehr angeben, wie sich der zukünftige Handlungskurs gestaltet (Schatzki 1997, S. 302; 2002, S. 80; 2005b, S. 59).

Darüber hinaus sind teleoaffektive Strukturen mitunter viel bestimmender als Regeln (Schatzki 1997, S. 302; 2005b, S. 60). Schatzki versteht Teleoaffektivitäten als „a range of normativized and hierachically ordered ends, projects, and tasks, to varying degrees allied with normativized emotions and even moods" (Schatzki 2002, S. 80). Im Tun und Sagen kommt die unbegrenzte Kombination aus Zielen, Projekten, Aufgaben, Emotionen und Gemütslagen zum Ausdruck (Schatzki 1996, S. 101) und zeigt den Trägern der zusammengesetzten Praktik an, „what is signified to them to do" (Schatzki 2002, S. 80). Damit lassen sich die teleologischen und affektiven Vorzeichen der praktischen Intelligibilität eigentlich als *mental determination* lesen (Schatzki 2005b, S. 60). Die normative Beschaffenheit des dritten Organisationselements findet damit ihren Ausdruck als Verbindlichkeit (*oughtness* oder *obligatoriness*) – verstanden als die Gepflogenheit des Sollens – und Annehmbarkeit (*acceptability*) – gefasst als die Erlaubnis und das Dürfen. Nach Hadolt und Lengauer (2009, S. 147) regelt sie, „welche Tätigkeiten in einer sozialen Praktik – auch emotional – als ‚richtig' oder ‚akzeptabel' gelten können" (vgl. auch Schatzki 1996, S. 101).

Entsprechend weist jede Praktik eine Zusammenstellung aus Zielen, Projekten, Aufgaben, Emotionen und Stimmungen auf, „that participants should or may […] pursue […], carry out for the sake of the ends […], perform for the sake of those projects […] [or] enjoy" (Schatzki 2002, S. 80). In der normativen Denkfigur ist indessen das Kontroverse, Unstimmige und Konfliktive mitgedacht, die teleoaffektiven Elementen einer Praktik den Status des Verbindlichen und Annehmbaren zusprechen (Schatzki 2002, S. 82f.). Daher sind Teleoaffektivitäten nicht als Eigenschaften der in einer Praktik involvierten Akteure und damit als inkorporierte, handlungsanleitende Ressource wie etwa in der Habitusfigur bei Bourdieu zu fassen oder in den Regel-Ressourcen-Strukturen bei Giddens. Vielmehr kommen in den Teleoaffektivitäten die Attribute der *doings and sayings* und somit die Eingeschaften ihrer Praktik zum Ausdruck (Schatzki 2002, S. 80).

Schließlich versteht sich das Organisationselement des *general understanding* als ungegenständliches, grundlegendes Verstehen in Form religiöser Überzeugungen und Gemeinschaftsgefühlen (Schatzki 2002, S. 86). Das Grundlegende deutet dabei nicht die Werte und Anschauungen oder den Ethos einer Gruppe oder Gemeinschaft an, sondern findet seine verbindende Wirkung „in einigen der gleich standhaften, festgelegten Handlungen", die wiederum eine bestimmte kollektive Überzeugung zum Ausdruck bringen (Schatzki 2002, S. 86). Anlehnend an das Praktikenverständnis als organisierte, offene, sich fortlaufend entfaltende Verknüpfung von Handlungen will Schatzki das Element des *general understanding* aber nicht als überspannendes und intersubjektiv Anwendung findendes Element der Organisation verstanden wissen, sondern ordnet das grundlegende Verstehen nur zusätzlich neben anderen regelhaften und teleologischen Determinanten einer betrachteten Praktik ein (Schatzki 2002, S. 86).

Entlang der Diskussion ihrer vier Organisationselemente (praktisches Verstehen, Regelset, Teleoaffektivitäten und grundlegendes Verstehen) wird erkennbar, dass es sich bei Praktiken um ein *soziales Phänomen* handelt. Im Anschluss an Wittgensteins Denkfigur des Zusammenhangs fasst Schatzki Soziales als „pertaining to human coexistence" (Schatzki 1996, S. 13f.). *Human coexistence* versteht sich wiederum als *held-togetherness* oder als „hanging-together of entities that forms a context for each […] [and] in which each proceeds individually" (Schatzki 1996, S. 14). Das Nachzeichnen des sozialen Miteinanders (*human coexistence*) versteht sich laut Schatzki (1996) jedoch nicht nur in Gestalt zueinander in Beziehung stehender Individuen, sondern verlange – in Abgrenzung zur Theorietradition subjektivistischer und objektivistischer Vorzeichen (Schatzki 2005a, S. 14) (vgl. Kap. 2.4.1) – die Suche nach einem „medium in which lives interrelate[s]" (Schatzki 1996, S. 14). In der Positionierung sozialer

Praktiken als Ausgangspunkt der Sozialanalyse lassen sich die Aufgaben bewältigen, denn „[a] *Zusammenhang* of lives is not interrelated individuals *simpliciter*, but individuals interrelated within and through practice" (Schatzki 1996, S. 14) (vgl. Kap. 2.4.2). Entsprechend koexistiert eine in die Praktik involvierte Person nicht nur mit den anderen am Tun und Sagen Beteiligten (Schatzki 1996, S. 105), „but also eo ipso with various sets of other participants, including the collection of all participants" (Schatzki 2002, S. 87). Im Nachzeichnen der *doings and sayings* in Verkettung mit den Fähigkeiten des Verstehens, der Formulierung, der Prinzipien und Gebote, den Aufgaben, Projekten, Zielen, Emotionen und Gemütslagen sowie dem Sich-grundlegend-Verstehen auf religiöse Werte und der Gemeinschaftszugehörigkeit lassen sich die verknüpften Praktiken abstrahieren, die ihrerseits in den vier Organisationselementen zusammengefasst werden.

Die X-ings, Y-ings und Z-ings und das konkrete empirische Phänomen
Nach seiner zunächst eher stochastischen und teils vertrackten Darstellung verschiedener exemplarischer Praktiken des *X-ing, Y-ing* und *Z-ing* in seinen Überlegungen zur *Social Practices* (1996), veranschaulicht Schatzki seine Darstellung in *The Site of the Social* (2002) jedoch umso mehr mit detaillierten Ausführungen zu Praktiken der Heilkräuter-Produktion und des Wertpapierhandels. Zur Entwicklung seines praktikentheoretischen Verständnisses des Sozialen als *bundle of practices and order* tauscht Schatzki seine zum Teil sehr trivialen, aber nur bedingt erkenntnisfördernden Praktiken-Beispiele des Beschreibens, Antwortens, Grüßens und Erklärens, die er als disperse Praktiken (Schatzki 1996, S. 91) fasst, sowie Praktiken-Beispiele der Landwirtschaft, des Kochens und Wählens oder des Liebens, Hassens und Glaubens, die als integrative Praktiken (Schatzki 1996, S. 89, 98ff.) verstanden werden, gegen deutlich komplexere Praktikenfiguren ein.

Als Untersuchungsphänomen seines ontologischen Vorgehens dient zum einen die *Mount Lebanon Shaker Society* – auch bekannt als *Shaker Village* – in New Lebanon im US-amerikanischen Bundesstaat New York und dabei im Besonderen das nachzeichenbare, alternative Gesellschafts- und Wirtschaftsmodell Mitte des 19. Jahrhunderts, das nicht zuletzt auf Grund der heute noch bekannten *Shaker medical herb industry* große Bekanntheit besitzt. Nach einem explorativen Einblick in das *Shaker life* (Schatzki 2002, S. 25ff.) finden Ausführungen zum Gemeinschaftsleben, zu den Organisations- und Produktionsweisen und zu den materiellen (An-)Ordnungen des *Shaker village* bei der Entwicklung seines praktikentheoretischen Vokabulars der Praktiken, *arrangements* und des Sozialen kontinuierliche exemplarische Anwendung. Begrifflich entsprechend gerüstet zeichnet Schatzki (2002, S. 157ff.) zum anderen das Praktiken-Ordnungen-Bündel des Wertpapierhandels (*day trading*) anhand eines sich wandelnden Wettbewerbs zwischen *day traders* und *market makers* an der US-Börse Nasdaq in New York Ende der 1990er Jahre nach. In Form einer *summary fashion* führt Schatzki dann anschließend anschaulicher Weise die beiden zentralen Denkfiguren – der des *nexus of doings and sayings* und *arrangements* verschiedener praktikenrelevanter Entitäten – in der Form zusammen, als dass er einen ontologischen Blick auf die *site of social* anbietet. In ihr spielt sich nicht nur der Wettbewerb menschlicher Koexistenz ab, sondern anhand der Betrachtung des gesamten Nexus aus Praktiken und (An-)Ordnungen wird ersichtlich, dass „die gesamte Sozialität [im] gegenwärtigen Sozialleben" (Schatzki 2002, S. 173) erscheint. Den erweiterten Blick auf die *site of social* diskutiert er in seiner *daytrading*-Geschichte in Gestalt der *large-scale nexus* wie Regierungen, Zentralbanken, Finanzbranchen bis hin zum deregulierten, postfordistischen Kapitalismus. Mit der Diskussion der *large-scale nexus* bereitet er schließlich seine Argumentationsfigur der *small* und *large phenomenas* in seinen Überlegungen des *Timespace of Human activity* (2010a) vor.

Mithilfe eines dichten, mitunter an ein ethnographisch orientiertes Vorgehen erinnernden Beschreibens der Organisationselemente sozialer Praktiken sowie der zentralen Begrifflichkeiten der (An-)Ordnungen, Beziehungen, Positionen und Bedeutungen veranschaulicht Schatzki schließlich, „dass Praktiken einen essentiellen Kontext bilden, in dem soziale Ordnung hergestellt wird" (Schatzki 2002, S. xxi) und argumentiert ganz im Sinne seiner Stoßrichtung der *site ontology*, „that the site of the social life is a mesh of orders and practices" (Schatzki 2002, S. xxii). Um dem ontologischen Anspruch eines kompatiblen Argumentationsstrangs zwischen hohem theoretischen Abstraktionsniveau und konkreter empirischer Fundierung gerecht zu werden, erweitert Schatzki (2002, S. ix) seine praktikentheoretische Denkfigur entsprechend um die Funktion von Materialität für Sozialität und ergänzt damit die Dinglichkeit oder Materialität der Körper mit der Materialität der Dinge (Reckwitz 2008a, S. 114).

Ordnungstheoretische Erweiterung und die Rolle von Materialität im Sozialen
Aufbauend auf seiner praktikentheoretischen Denkfigur der sozialen Praktiken ist Schatzki somit darum bemüht, Soziales ordnungstheoretisch zu erweitern und kontexttheoretisch zu fundieren (Jonas 2009, S. 2). Dies gelinge nur, so die Argumentation Schatzkis, wenn man die Praxistheorien im Anschluss an Bourdieu, Taylor und Giddens und Dreyfus um die *theories of arrangements* – eine von ihm forschungspragmatisch geschaffene Kategorie – ergänze. So gelinge es ihm, die *site of the social* als eine „contingently and differentially evolving configura-

tion of organized activities and arrangements" (Schatzki 2002, S. xii) zu fassen. Denn das Verständnis sozialer Praktiken als Verflechtung, in denen soziale Ordnung hergestellt wird, verlangt nicht nur ein Nachzeichnen des Wie der Verflechtung, sondern auch eine detaillierte Rekonstruktion der Ordnungen (vgl. Kap. 6.2.3).

In Anlehnung an die poststrukturalistischen Konzepte der *dispositifs* (Foucault), *agencements* (Deleuze & Guattari) und *réseaux* (Latour & Callon) sowie insbesondere an *networks* und *discourses* (Latour; Callon; Laclau & Mouffe) entwickelt Schatzki (2002, S. xiii) die Begrifflichkeit des *arrangement* und integriert dadurch die Denkfigur der *configurational order* des Sozialen in seine *site ontology*. Indem er Ordnungen an sein ursprüngliches Verständnis der *held-togetherness* oder dem *hanging-together* kontextbildender (menschlicher) Entitäten anknüpft (Schatzki 1996, S. 14), die Entitäten der *people* und *humans* aber gleichzeitig um die Denkfiguren der *artifacts, organisms* und *things* erweitert (Schatzki 2002, S. 22), wird es Schatzki (2002, S. xi) schließlich möglich, die Rolle von Materialitäten im Sozialleben in seiner *site ontology* stärker zu betonen (Schatzki 2002, S. xi).[32] (An-)Ordnungen – auf Grund der von Schatzki gleichbedeutenden Verwendung von *orders* und *arrangements* im Weiteren als *Ordnungen* bezeichnet – werden entsprechend als „hanging together of things, the existence of nexus" gefasst (Schatzki 2002, S. 18), wohingegen er mit *Ordnen* das Herstellen des Zusammenhangs verschiedener Entitäten in Praktiken beschreibt (Schatzki 2002, S. 18). Genauer versteht Schatzki Ordnungen daher als

„ensembles of entities, through and amid which social life transpires – the arrangements of people, artifacts, organisms, and things that characterize human coexistence. All social life is marked by social orders. In such orders, moreover, entities relate, enjoy, meaning (and identity) and are positioned with respect to one another. All social life exhibits, as a result, relatedness, meaning, and mutual positioning" (Schatzki 2002, S. 38).

---

32 Im Gegenzug bleibt anzumerken, dass Schatzki in seinem Konzept sozialer Praktiken (Schatzki 1996) das Materielle im *Ordnen* von Sozialität nicht völlig ausgeklammert hatte. Indem er *orderings of social life* versteht als „arrangement of entities […] [und damit] arrangements of human lives and of the things with which people deal in which people and things possess these properties" (Schatzki 1996, S. 15), deutet sich bereits seine spätere Denkfigur der Artefakte an (Schatzki 2002), erhält allerdings in seinem bis dato stärker praktikenfokussierten Ordnungsverständnis des *Zusammenhangs* of lives noch eine geringere Bedeutung.

Kompensationselemente der Ordnung: entities, relations, meaning/identity und position

In verschiedenen Argumentationszusammenhängen betont Schatzki (2002, S. 19ff., 38ff., 96ff.; 2005b, S. 61ff.) die verschiedenen Kompensationselemente der *entities*, *relations*, *meaning/identity* und *position*, auf die er in seiner Systematisierung von Ordnungen als taxonomisches Vokabular zurückgreift. Zum einen fasst Schatzki (2002, S. 22) *people* oder *humans, artifcats, organisms* und *things* als Entitäten zusammen und betont damit neben „physischen Teilen der Natur" (Brand 2011, S. 183) deren soziales Vorzeichen im Konzept der *arrangements* (Schatzki 2002, S. 23). In argumentativer Nähe zur Denkfigur der Machtregime bei Deleuze und Guattari (1992) versteht Schatzki (2002, S. 22) unter Menschen lebende und empfindende Spezien, denen die Eigenschaften der Handlungs- und Geistesfähigkeit, des Selbstbewusstseins und der Geschlechtlichkeit und Identitäten zugeschrieben werden können. Artefakte verstehen sich indessen als Produkte menschlichen Tuns, wohingegen lebende Organismen als nicht-menschliche Lebensformen und Dinge als Produkte ohne menschlichen Eingriff die jeweiligen Gegenpaare der *humans* und *artifacts* bilden (Schatzki 2002, S. 22).

Zum anderen weist Schatzki auf die Bedeutung von *relations* hin, die sie bei der Konstituierung von Sozialem einnehmen. Nach Schatzki (2002, S. 97ff.) müsse man beim Ordnungs-Element der *relation* eine kausale, räumliche, intentionale und präfigurierende und damit eine ermöglichende und eine einschränkende Dimension unterscheiden. Damit macht er das Konzept der *arrangements* an seine praktikentheoretische Denkfigur der *causal chains of actions* (*causal relations*) anknüpfungsfähig, erweitert das Konzept der Etablierung von Praktiken um eine Matrix des *activity-place space* (*spatial relations*), integriert praktikenrelevante Artefakte und Organismen in die Organisation von Praktiken (*intentional relations*) und betont – in Anlehnung an Foucaults Denkfigur der Machteffekte als Kapillarsystem des Sozialen – die Ermöglichung und Beschränkung menschlichen Tuns durch verschiedene Entitäten (*relations of prefiguration*) (Schatzki 2002, S. 41ff.).

Neben der Kompensation sozialer Ordnungen entlang verschiedener menschlicher und nicht-menschlicher Entitäten sowie mehrdimensionaler sozialer Beziehungen entwickelt Schatzki (2002, S. 99) des Weiteren *meanings* und *identities* als weitere *arrangement's components*, die in Praktiken kontextualisiert sind. Gemäß dem heideggerschen Verständnis von Dasein und Zeug überschreibt Schatzki diese zweite Dimension von Ordnungen sinnbildlich mit *Being* (Schatzki 2002, S. 47ff.). Unter Bedeutung versteht Schatzki (2002, S. 47), was etwas ist, und als Identität – verstanden als *subgenus* von *meanings* – fasst er, wer oder was man oder etwas ist. In Anlehnung an die poststrukturalistischen Denkfiguren der Pluralität, Ambiguität, Mehrdeutigkeit und Wandelbarkeit macht Schatzki deutlich, „[e]very entity has meaning, that is, is something or other, although its meaning can be multiple, unstable, and constantly changing. Its meaning (and/or identity) is as much, moreover, a reflection of its relations as its relations reflect its meaning" (Schatzki 2002, S. 19). Dabei bezieht er die Besetzung und das Zusprechen von *meanings/identities* jedoch nicht nur auf Menschen – einen Aspekt, den er in der poststrukturalistischen Diskussion um Rollen und Subjektpositionen ausreichend verhandelt sieht (Schatzki 2002, S. 49ff.). Vielmehr betont er in seiner Diskussion um die Bestimmung von Ordnungen insbesondere auch die Bedeutung der *artifacts, organisms* und *things*.

Ohne den geringeren Komplexitätsgrad dieser anderen Entitäten kaschieren zu wollen, betont Schatzki (2002, S. 51ff.) – im Anschluss an poststrukturalistische Ansätze der Identität – die Relativität, gegenseitige Abhängigkeit (*bedependence*), Anordnung und Mehrdeutigkeit von Identitäten und Bedeutungen sowie Vielförmigkeit von Artefakten, Organismen und Dingen in ihrem Verhältnis zu Ordnungen. Es ist für Schatzki (2002, S. 51-54) – im Anschluss an poststrukturalistische Ansätze der Identität – von hohem Belang darauf hinzuweisen. Entsprechend der Konstatierung, „meaning derives in part from position and position derives in part form meaning" (Schatzki 2002, S. 53), ist eine Unterscheidung der beiden Elemente voneinander notwendig. Schließlich kommt der Positionierung von Entitäten innerhalb der Verbindungen zu anderen Ordnungs-Elementen eine besondere Betonung zu und macht ihre Überbetonung bei der Betrachtung von spezifischen Praktiken-Ordnungen-Bündeln sogar notwendig.

Das Zusammenhängen von Praktiken und Ordnungen:
Die Denkfigur der Praktiken-Ordnungen-Bündel
Zusammenfassend lässt sich herausstellen, „social orders are largely established in practices" (Schatzki 2002, S. 101). Die Elemente der *relations, meanings/identities* und *positions* gestalten Ordnungen und sind nicht nur verbunden mit den *doings and sayings*, die ihrerseits Praktiken zusammensetzen (Schatzki 2002, S. 101), sondern stehen auch in gegenseitigem Austauschverhältnis.

„Practices and orders also enable und contrains one another. What artifacts, organisms, things, and people qua components of arrangements do is enabled and constrained by other components and features of the arrangements into which human activity inserts them [...]. Conversely, these entities enable and constrain the activities humans perform, including what humans do with them" (Schatzki 2002, S. 117).

Die (An-)Ordnungen von Menschen, Artefakten, Organismen und Dingen bilden somit nicht nur die *site of the social*, sondern sind zunächst einmal festgeschrieben „in den verwobenen und zusammenhängenden Aktivitäten-Bündeln", die von Menschen ausgeführt werden (Schatzki 2002, S. 101).

Durch diese ordnungstheoretische Erweiterung um Materialität – und dies ist von besonderer Relevanz für die analytische Vorgehensweise der vorliegenden Arbeit – ist es möglich, im Anschluss an Wittgensteins *Zusammenhängens* soziale Praktiken auch weiterhin als *site* und damit als Aushandlungsort sozialer Ordnung zu denken, ohne dabei aus dem Blick zu verlieren, dass Praktiken ihrerseits bestimmte Ordnungen herstellen. Ordnungen haben wiederum eine konstituierende Wirkung auf das Verweben von Praktiken. Verknüpfung und gegenseitige Wirkung zwischen den verschiedenen Entitäten kommen dabei als „‚kausaler' Wirkungszusammenhang, als ‚präfigurierender', zukünftige Entwicklungspfade kanalisierender Zusammenhang, als ‚konstitutive' Voraussetzung dafür, dass bestimmte Praktiken überhaupt stattfinden können, sowie als ein für die involvierten menschlichen Akteure sinnvoller, ‚verstehbarer' Zusammenhang" (vgl. Schatzki 2010b, S. 139ff. zit. nach Brand 2011, S. 183) zum Ausdruck. Indem die Wirkungsweite der Verknüpfung von relevanten Praktiken und Ordnungen nur auf der relativen Grenzziehung des *Grenzziehers* – also des Forschers – liegt (Schatzki 2002, S. 46), wird deutlich, dass einzelne Praktiken-Ordnungen-Bündel nicht einzelne und diskrete Bestandteile der sozialen Welt sind, sondern als „*lose gekoppelte Komplexe*" (Reckwitz 2008b, S. 123) gleichzeitig als Teil weiterer Netzwerke zu fassen sind:

„Soziale Phänomene werden [damit] als Ausschnitte solcher ausgreifenden, miteinander vernetzten Gewebe von *practice-arrangements nexus* verstanden. Jedes ihrer Elemente ist dabei einem ständigen Wandel unterworfen, aus dem sich eine durch die Geschichte lokaler Verknüpfungen von sozialen und materiellen Elementen präfigurierte, aber keineswegs determinierte Entwicklung ergibt, die für die *agency* der verschiedenen Komponenten der *practice-arrangement*-Zusammenhänge hinreichende Spielräume lässt" (Brand 2011, S. 184).

Anlehnend an eben jene Argumentationsfigur der „relativen Veränderungsoffenheit der Praxis" (Reckwitz 2008a, S. 123), die im Kern die poststrukturalistischen Überlegungen zur „differenzierenden Wiederholung" (Deleuze 1992 zit. nach Moebius 2008, S. 62) aufgreift und Stabilität und Reproduktion praxeologisch denken lässt (Boeckler 2005, S. 71 zit. nach Lahr-Kürten 2012, S. 54) – versteht die vorgestellte praktikentheoretische Perspektive das Soziale entsprechend als *bundle of practices and arrangements* (vgl. Schatzki 2011).[33] Erneut soll daher betont werden, dass es eine derartige ontologische Vorgehensweise ermöglicht, das *soziale Phänomen* – in der vorliegenden Arbeit im Weiteren der wechselseitige Herstellungsprozess von Un-/Sicherheiten – nicht nur konzeptionell zu diskutieren (vgl. Kap 2.2). Vielmehr kann sie den gesellschaftsrelevanten *Anlass* in Verbindung mit konzeptionellen Verordnungen *konkret* betrachten, die empirisch orientierte Einordung des *Phänomens* (vgl. Kap. 4 und 5) unter Verwendung des taxonomischen Sprachangebots einer *site ontology* (vgl. Schatzki 2002) analytisch bearbeiten[34] und das Verständnis des *nexus* anschließend mit den *abstrakten* Beobachtungen verschneiden und schließlich theoretisieren. Mittels der Materialisierung der mit implizitem Wissen ausgestatteten Körper und der Materialisierung der Dinge im Rahmen einer praxeologischen bzw. praktikentheoretischen Rekonstruktion empirischer Phänomene ist es schließlich möglich, das Soziale in den Praktiken zu verorten, die durch ihre Reproduktivität in Raum und Zeit wiederum ihre materiale Verankerung erfahren (Reckwitz 2008a, S. 115f.).

---

33 „Diese lose Kopplung von Praktiken in Praxiskomplexen stellt eine Quelle von Agonalität [...] und von interpretativen Mehrdeutigkeiten dar" (Reckwitz 2008a, S. 124).
34 Wie angedeutet entwickelt Schatzki (2002) sein praxeologisches Vokabular anhand zweier empirischer Phänomene, denen der Natur-Heilkrautproduktion in New Lebanon und des Wertpapierhandels an der US-amerikanischen Nasdaq-Börse. Das detaillierte Nachzeichen der Organisationselemente diverser Praktiken und der Systematisierungselemente relevanter Organisationen stützt sich dabei auf eine jeweils vorangeschaltete Analyse literarischer Abhandlungen der untersuchten Phänomene in einer historischen und gegenwärtigen Perspektive (vgl. insbesondere Schatzki 2002, S. 25ff., 157ff.). Die vorliegende Arbeit wird sich ebenfalls auf Fachliteratur beziehen, die Bezug zum untersuchten sozialen Phänomen herstellt. Gleichzeitig sieht sie sich auf Grund ihres empirisch orientierten Verständnisses sozialwissenschaftlichen Arbeitens vor der Aufgabe, das anspruchsvolle praktikentheoretische Sprachangebot im Feld zu übersetzen, was in erster Linie bedeuten wird, dass die konzeptionelle Komplexität der Ontologie von Schatzki sich zumindest in einem ersten Schritt einer Reduktion unterziehen muss. Gemäß der ontologischen Stoßrichtung der vorliegenden Arbeit versteht sich die vorgestellte praktikentheoretische Perspektive als Analyserahmen (vgl. Kap. 2.5), der konzeptionelle Denkfiguren anbietet, die es im Weiteren mit der empirischen Diskussion zu verschneiden gilt. Schon Schatzki räumt alle Zweifel zur Seite, dass er mit der Praktikentheorie Sozialität als Ganzes abbilden wollte. Vielmehr versteht er seinen praktikentheoretischen Ansatz als „framework through which to investigate social domains and phenomena and to uncover their further details and complexities" (Schatzki 1996, S. 16).

2.5 Praktiken und die erweiterte Un-/Sicherheiten-Perspektive

Im Anschluss werden der *abstrakte* Zugang zum Phänomen allgegenwärtiger Un-/Sicherheiten zusammengefasst und dabei die wesentlichen Aussagen der vorangegangenen, konzeptionellen Diskussion aus einer raumbezogenen stadt- und sicherheitstheoretischen Perspektive und aus einer gesellschaftstheoretischen Perspektive erneut hervorgehoben. Durch das Verschneiden der *zweiten Beobachtungsnotiz* mit der dargestellten praktikentheoretischen Perspektive kann schließlich der Analyserahmen für die vorliegende Arbeit entwickelt werden. Fragen der Sicherheiten und Unsicherheiten haben sich in den vergangenen Jahren nicht nur zum zentralen Topus einer breiten wissenschaftlichen und öffentlich-politischen Diskussion entwickelt, sondern funktionieren auch als Antriebsmotor städtischer Entwicklung und bilden die Basis stadtpolitischer Neuorientierungen. Verhandelt als Problemkategorie städtischer Gesellschaften, als Legitimationsgrundlage kriminal- und sicherheitspolitischer Veränderungen, als Kristallisationskern einer anhaltenden Kommodifizierung öffentlicher Güter und als Privatisierungsvehikel städtischer Räume wird das konzeptionelle Begriffspaar in verschiedenen gesellschaftlichen Teilbereichen verortet. Die Auseinandersetzungen mit Un-/Sicherheiten und dem Mythos der bösen Stadt nehmen indessen Anstoß an spezifischen *Verräumlichungen* städtischer Un-/Sicherheiten bestimmter sozialer Teilräume (Kap. 2.2.1) und den hierin zu Grunde liegenden raumfetischistischen Zuschreibungsprozessen krimineller Räume oder gefährlicher Bevölkerungsgruppen als Projektionsfläche sozialer Ängste (vgl. Belina 2000a, 2000b, 2011; Glasze et al. 2005a). Im Anschluss an die Diskussionen sich verändernder Staatlichkeit und sich transformierender städtischer Sicherheitsarchitektur rücken des Weiteren sich wandelnde kriminal- und sicherheitspolitische Entwicklungen jüngerer Zeit in den Mittelpunkt der Betrachtung. Dabei identifiziert eine meist kritische wissenschaftliche Debatte in Programmlogiken neoliberaler Regierungsweisen neue Ordnungs- und Kontrollpraktiken der Überwachung, Ausgrenzung und Zugangsbeschränkung, die im Zusammenhang mit Partikularinteressen politischer und ökonomischer Eliten eine *Verwaltung* von Un-/Sicherheiten im stadtregionalen Gefüge ermöglichen (vgl. Sack 2003a; Eick 2003; Eick et al. 2007; Füller & Marquardt 2008) (Kap. 2.2.2). Neben einer Kommunalisierung öffentlicher Sicherheitsfürsorge deutet die Diskussion der *Versilberung* von Un-/Sicherheiten (Kap. 2.2.3) schließlich auf die voranschreitenden Pluralisierungs- und Deregulierungsprozesse der sicherheitspolitischen Aufgabe hin. Un-/Sicherheiten werden zur Ware, die im Zusammenhang mit öffentlichen bzw. privatwirtschaftlichen Kooperationszusammenhängen für eine

Restrukturierung und/oder Schaffung unterschiedlicher personeller, organisatorischer, finanzieller und technischer Sicherheits- und Ordnungsmaßnahmen empfänglich ist (vgl. Abrahamsen & Williams 2011; Glasze et al. 2005b; Beste 2000, 2004; Eppler 2002; Belina et al. 2012) und in ein differenzierendes Netzwerk unterschiedlicher Machtverhältnisse eingebunden ist (vgl. Loader 1997, 2000; Wehrheim 2012).

In Abhängigkeit des zu Grunde liegenden Forschungsgegenstands, des theoretisch-konzeptionellen Rüstzeugs und des erkenntnistheoretischen Interesses der aufgezeigten aktuellen Ansätze raumbezogener Stadt- und Sicherheitsforschung erhält die Betonung und Argumentationsrichtung der Denkfiguren Sicherheiten *und/oder/durch/vor/auf Grund von* Unsicherheiten eine jeweils unterschiedliche Gewichtung. Derweil wird je nach Diskussionsstrang das Vorzeichen der Abstraktionsachse der Entstehung von Sicherheiten und Unsicherheiten vertauscht. Dementsprechend findet die Betrachtung der wechselseitigen Bedingungen der Herstellungsprozesse von Sicherheiten und Unsicherheiten in der sozial- und geisteswissenschaftlichen und auch speziell raumbezogenen Stadt- und Sicherheitsforschung – im Gegensatz zur modernisierungstheoretischen Argumentation (vgl. Beck 1986, 2007; Beck et al. 1996; Bauman 2003) – nur eingeschränkt Erwähnung. Keine Beachtung oder keine tiefgreifende Ausführung finden in dieser Diskussion die Aspekte der Befindlichkeit oder subjektiven Un-/Sicherheiten, un-/sicherheitenbezogenen Verhaltens und Praktiken der Un-/Sicherheiten sowie ihrer gesellschaftstheoretischen Verortung. Da Sicherheiten und Unsicherheiten vielseitig und zugleich nicht eindeutig und einvernehmlich bestimmbare Begrifflichkeiten sind, die in verunsichernder Vielfalt die wissenschaftliche Debatte durchziehen, gilt es, das Begriffspaar konzeptionell entsprechend weiter zu differenzieren. Un-/Sicherheiten umschließen Emotionen, Situativitäten, Teleologien und grundlegendes Verstehen. Ihre Verortung reicht von der Opferwerdung, über die Furcht (vor Kriminalität), der Angst und Ängstlichkeit bis hin zu allgemeinen, vage bestimmbaren Ungewissheiten, unspezifischen Verunsicherungen und gemachten Unsicherheiten.

Die Differenzierung zwischen subjektiven und objektiven Un-/Sicherheiten besitzt vor dem Hintergrund der gesellschaftstheoretischen Kritik an neoliberalen Regierungstendenzen dabei eine besondere gesellschaftspolitische Bedeutung (vgl. Kap. 2.2.2). Dem Subjektiven als wahrgenommen oder als erlebten Sicherheitsgefühl und dem Objektiven als objektive, statistisch bestimmbare Bedrohungslage werden in Abhängigkeit von involvierten Interessenslagen in der öffentlichen Debatte um Un-/Sicherheiten eine kausale Verbindung nachgesagt. In diesem Zusammenhang wird sowohl das individuelle als auch das kollektive Sicherheitsgefühl oftmals um den argumentativen Rückgriff auf die kriminologische Einstellungskategorie der Kriminalitätsfurcht (*fear of crime*) verkürzt und es misslingt, das hergestellte Wesensmerkmal von Un-/Sicherheiten nachzuzeichnen. Jedoch finden gesellschaftliche Veränderungen auch in Veränderungen des Konstrukts von Un-/Sicherheiten ihren Ausdruck und führen in Folge zu veränderter Furcht, Risikowahrnehmung und Ängsten. Im Anschluss an die konstruktivistisch-orientierte Kritik an der verkürzten Betrachtung unserer Ängste sind Un-/Sicherheiten in ihrem absoluten Sinn nicht existent (Glasauer 2005, S. 216) und damit auch nicht ausschließlich nummerisch oder faktoriell zu fassen, etwa in kognitive, emotional-affektive und konative Ausprägungen zerlegt (vgl. Boers 1993). Vielmehr bedarf es eines relationalen Zugangs zu Fragen der Un-/Sicherheiten als gesellschaftlich verhandeltem Ordnungsproblem. Mittels einer begrifflichen Erweiterung gilt es damit, ein Verständnis von Un-/Sicherheiten zu entwickeln, das Furcht und Angst als zentrale phänomenologische Kategorien bewertet, ohne deren reproduktiven Charakter im wechselseitigen Austauschverhältnis von Un-/Sicherheiten zu missachten.

Angst und Furcht zum Gegenstand allgemein konzeptioneller Überlegungen zu erheben, hat sich insbesondere eine modernisierungstheoretische Perspektive zur Aufgabe gemacht. Eine „neue Qualität der Unsicherheiten" (Wilkson 1999, S. 445) verorten Anthony Giddens (1991) in seinen Überlegungen zu den existentiellen Parametern der High Modernity, Ulrich Beck (1996, 2007) in seiner Betrachtung der Verunsicherungsmomente der Moderne oder Zygmunt Bauman (1991, 1993, 1997) in seinen Reflexionen zur Diskontinuität und Ambivalenz der Postmoderne. Indem eine der drei Formen von Sicherheiten – gefasst als differenzierbare Symptome der *security, certainty* und *safety* – geschwächt werde, entstehe eine unspezifische Angst (vgl. Bauman 2000), die Giddens (1997a) als hergestellte Unsicherheit bezeichnet. Das Bestreben sozialer Akteure mittels verschiedener Sicherheitsmaßnahmen (Mauerbau, Engagement von Sicherheitskräften, Verpanzerung von PKWs) das Gefühl nichtbestehender Ordnung oder Ängste zu bekämpfen – so die Argumentation Baumans (2008) –, trage zur selben Zeit auch dazu bei, diese zu bestätigen oder erst zu erzeugen. Indem sich ferner Angst im Inneren der Menschen festsetzt und den Alltag durchdringt, bedarf sie keiner Reize von außerhalb, sondern werde vielmehr durch das alltägliche angstbezogene Handeln von innen her gespeist, um sich so als „normal, everyday condition of modern society" (Jackson & Everts 2010, S. 2792) zu (re-)produzieren.

Während einerseits die soziale Reproduktion von Angst und angstbezogenen Handlungen zum modernisierungstheoretischen Schlüsselkonzept einer sozialwissenschaftlichen Diskussion existenzieller Verletzlichkeit erhoben wird, findet Angst aus philosophischer Perspektive in der Tradition Kierkegaards und Heideggers ihren konzeptionellen Unterbau. Die existenzialistische Beziehung zwischen Angst bzw. Furcht und der Existenz und Erfahrung als Selbst deutet auf den ambivalenten Charakter der Phänomene Angst bzw. angstbezogenen Handelns hin. Auf Grund ihrer Bedeutung für das In-der-Welt-sein (vgl. Heidegger 1986) gilt es folglich, die Phänomene nicht ausschließlich einer individuellen, affektiv-emotionalen Ebene zuzuordnen, sondern bedarf es einer kontextuellen Betrachtung und Verortung im Sozialen. Entsprechend eignet sich Angst als produktiver Übergangsbereich „to examine how individual engage the world through their emotions" (Tran 2012, S. 10).

In der letzten Zeit sind Emotionen und Affekte aus ihrem Schattendasein getreten und verstärkt zum humangeographischen Forschungsgegenstand gemacht worden (vgl. u.a. Smith et al. 2009). Studien im Zeichen eines *emotional turns* (vgl. Bondi et. al. 2007) haben „die Überwindung eines (schein-)dualistischen Denkens von Emotionalität und Rationalität" (Hasse 1999, S. 66) zum Ziel der Auseinandersetzungen erhoben. Im breiten Spektrum unterschiedlicher Denktraditionen bietet insbesondere eine kritische feministische Theorie eine fruchtbare Anschlussfähigkeit für ein Erkenntnisinteresse, das die Emotionen und Affekte im alltäglichen Erleben betont. Aufbauend auf ihrer relationalen, reflexiven und intersubjektiven Ausrichtung sowie ihrer qualitativen methodischen Fundierung betont die *emotional geography* in ihrer Diskussion von Angst, „that fear is felt, patterned and practised in everyday life" (Pain 2009, S. 466f.). Um die *affective experience* der alltäglichen Gefahr oder Bedrohung in der Welt und die alltägliche Angst bzw. Furcht des In-der-Welt-seins zu verstehen (Simonsen 2007, S. 177), bedarf es einer Auflösung der Dualität von Emotionen und Affekten. Vor dem Hintergrund gelte es schließlich, das Kontexuelle, Relationale und Multiskalare von Emotionen in Beziehung zu setzen (Pain 2009, S. 479).

Eine humangeographische Debatte greift unlängst den spezifischen Blick auf Angst, Furcht, Bedrohung und Gefahr auf, orientiert sich am Verständnis der *emotional geography* und möchte dieses mit einer praktikentheoretischen Perspektive im Sinne des *Practising emotions* (vgl. Everts & Wagner 2012) befruchten. Unter Rückgriff auf das praktikentheoretische Sprachangebot – im Wesentlichen im Anschluss an die Taxonomie Theodore Schatzkis (1996, 2002) – lassen insbesondere die Arbeiten von Simonsen (2007), Jackson und Everts (2010) und Everts et al. (2011) erkennen, wie emotional-affektive Befindlichkeiten explizit mit einem sozialgeographischen Blick auf das Tun und Sagen verbunden werden können: „[E]motions are inseperable from other aspects of subjectivity such as perceptions, speech/talk, gestures, practices and interpretations of the surrounding world" (Simonsen 2007, S. 176) und stellen entsprechend Teil oder Teilchen dar, die den Praktiken anhaften (Everts & Wagner 2012, S.

174). Aufbauend auf der begrifflichen Erweiterung von Un-/Sicherheiten um die existenzialistisch-philosophische Fundierung der Angst und Furcht bietet die praktikentheoretische Perspektive daher die Möglichkeit, Emotional-affektives als teleoaffektive Elemente einem weiter gefassten Ordnungsschema von Sozialität zuzuordnen und dabei zu berücksichtigen, dass „[e]motions are woven into the fabric of our everyday lives" (Davidson & Smith 2009, S. 440).

Alltägliche (Re-)Produktionslogiken von Un-/Sicherheiten im Sinne einer *flat ontology* (vgl. Schatzki 2002) schließlich als soziales Phänomen zu denken, ermöglicht es, den dialektischen Herstellungsprozess auf das konkrete Tun und Sagen herunterzubrechen, mechanisch zu bearbeiten und zu ordnen sowie anschließend zur (Re-)Konstruktion desselben zu abstrahieren. Die Theorie sozialer Praktiken in der Lesart nach Reckwitz (2000a, 2003) und Schatzki (1996, 2002) wird dabei als erweiterter Analyserahmen verstanden, der Soziales als „Geflecht aus Praktiken und Ordnungen" (Schatzki 2002, S. xii) in der Form liest, dass soziale Ordnung in einer kulturalistischen Denktradition „nicht [nur] in der ‚Intersubjektivität' und nicht in der ‚Normgeleitetheit', [und] auch nicht in der ‚Kommunikation' zu suchen" [ist] (Reckwitz 2003, S. 289). Vielmehr kann das soziale Phänomen in kognitiven Wissensordnungen und repetitiven Handlungsmustern nachgezeichnet werden (vgl. Reckwitz 2004a), „when naming the primary generic social thing" (Schatzki 2005a, S. 10). Insofern sich eine praktikentheoretische Perspektive spezifischen praktiken- und ordnungen-bezogenen Argumentationsfiguren bedient, ohne dabei die handlungstheoretisch bedeutsamen Facetten wie Intentionalität, Normativität oder Schemata in Abrede zu stellen oder grundsätzlich zu modifizieren (Reckwitz 2003, S. 291f.), nähert sie sich dem Verständnis vom Sozialen über die Denkfiguren gebündelter Praktiken und Ordnungen (vgl. Schatzki 2011).

Zusammenfassend bündeln sich die aufgezeigten Argumentationslinien in der analytischen Rahmung der vorliegenden Arbeit. Die ontologische Vorgehensweise erweitert darin die Perspektive auf Un-/Sicherheiten in vierfacher Weise. Erstens setzt sie den gesellschaftsrelevanten, kontextuellen *Anlass* von Fragen der Sicherheiten und Unsicherheiten (vgl. Kap. 4) mit *abstrakten,* konzeptionellen Diskussionselementen einer raumbezogenen, stadt- und sicherheitstheoretischen Systematisierung der *Verräumlichung, Verwaltung* und *Versilberung* von Un-/Sicherheiten in Verbindung (vgl. Kap. 2.2). Zusätzlich wird die *erste Beobachtungsnotiz* mit der gesellschaftstheoretischen Kritik an einer konstruktivistischen Betrachtung von Unsicherheiten respektive der daraus abgeleiteten essentialistischen Verortung von Angst und Furcht verschnitten (vgl. Kap 2.3). Zweitens kann die praktikentheoretische Perspektive durch ihr Sprachangebot dazu beitragen, die empirisch orientierte Einordnung des *konkreten* Phänomens (vgl. Kap. 5) zunächst offenzulegen und im Anschluss daran zu bearbeiten, zu analysieren und zu rekapitulieren (Kap. 6). Drittens bietet die Theorie sozialer Praktiken nicht nur einen Zugang zur jeweiligen Beobachtungsnotiz, in denen es gilt, die Entwicklungen von Un-/Sicherheiten separat zu diskutieren. Vielmehr wird es im Verstehen des *Zusammenhängens* von *Anlass, Abstraktem* und *Konkretem* schließlich möglich, die ontologische Ordnung von Praktiken-Ordnungen-Bündeln zu abstrahieren und somit den Herstellungsprozess des sozialen Phänomens relational zu fassen und abschließend zu theoretisieren (vgl. Abb. 2) (vgl. Kap. 7). Indem ein praktikentheoretisches Vorgehen bei seiner Rekonstruktion die empirischen Phänomene Körper und Dinge als über Raum und Zeit reproduziert und damit materiell verankert (Reckwitz 2008a, S. 115f.) versteht, wird der Blick auf die Materialisierung des Sicherheitsbedürfnisses viertens um das Verständnis der Entstehung von Un-/Sicherheiten erweitert.

Abbildung 2: Analyserahmen

Quelle: Eigene Bearbeitung

3 Methodisches Vorgehen

3.1 Methodologischer Zugang

„Die Bezugspunkte für Theorie sind Texte, Texte, Texte über Texte und ein Korpus an Klassikern; ihre Orientierungspunkte sind klassische und moderne Autoren; ihre Praxis ist Lektüre und Synthese; ihr Emblem ist das Buch. Bezugspunkte für Empirie sind Wirklichkeiten, dort ‚draußen' sowie ihre internen Relationen und Dynamiken; sie erfordern schriftliche Darstellungsformen sowie methodisches und analytisches Wissen. Ihr Emblem ist eine Rhapsodie von ‚Rohdaten'" (Kalthoff 2008, S. 9).

„Today, most qualitative researchers understand that the world we study is, to a large degree, socially constructed. Grounded, nevertheless, in the very real realities of – and between – liberation and oppression, inclusion and exclusion, embrace and loss, along with everything else that makes up the world we share, qualitative researchers understand that different people experience those realities and our world differently, and, […] aim our research at gaining in-depth understandings of those experiences" (DeLyser 2010, S. 22).

Theorie und Empirie: Artefakt oder miteinander verwoben?
Innerhalb der sozialwissenschaftlichen Debatte lassen sich nicht nur konzeptionelle Dualismen zwischen perspektivischen Zugängen des Objektivismus und Subjektivismus feststellen (Kap 2.4.1), die in der handlungstheoretischen Weiterentwicklung zu einer Theorie der Praxis ihre Auflösung finden (Kap. 2.4.2). Vielmehr durchziehen die Dualismen das weite Spektrum gesellschaftswissenschaftlicher Disziplinen noch viel grundlegender. Danach lässt sich nach Kalthoff (2008, S. 8) die Teilung der Soziologie auf zwei Sphären herunterbrechen:

die der theoretischen Reflexion mit Konzepten, Modellen und Systemen und die pragmatisch-empirische Auseinandersetzung mit Daten: „Theorie und Empirie bilden ein Begriffspaar und stehen sich seit der Etablierung des Faches antithetisch gegenüber [...] [Sie] bezeichnen damit zwei weitgehend separierte soziologische Wissenspraktiken, die auf unterschiedlichen Materialien, Relevanzen, philosophischen Traditionen und Diskursen gründen" (Kalthoff 2008, S. 9). Die umrissene Feststellung eines unscharfen Dualismus zwischen theoretischen Texten und empirischer Wirklichkeit lässt sich jedoch nur in bestimmten Typen empirischer Sozialforschung erkennen und wird dem Potenzial eines weiten Felds qualitativer Sozialforschung nicht unmittelbar gerecht. Entsprechend machen Hirschauer et al. (2008, S. 7) deutlich, dass „man die ‚qualitativ' genannten Forschungsstrategien vor allem in ihrer *Verknüpfung* mit der soziologischen Theoriebildung sehen muß". Denn ein „enger Theoriebezug gehört seit jeher zu den Voraussetzungen und den Resultaten jener Forschung" (Kalthoff 2008, S. 9), die sich in ihrem Kern mit der Frage beschäftigt, „how people make sense of the world as they perceive it, even while we acknowledge our own immersion in that world" (DeLyser 2010, S. 22). *Theorie* und *Empirie* nicht separat (Bourdieu 1972, S. 228ff.), sondern *miteinander verwoben* zu denken, verlangt schließlich nach einer genaueren Bestimmung der methodologischen und methodischen Vorgehensweise. Damit wird der wissenschaftlich zweigeteilte Blick sowohl auf die konzeptionelle Grundlage als auch auf die konkrete, praktische Arbeitsweise der sozialwissenschaftlichen Diskussion gelenkt (Mattissek et al. 2013, S. 15), um die forschungsleitende Frage der qualitativen Forschung beantworten zu können, „welche Theorie(n) sie nutzt und welche empirischen Fakten sie mit welchen (theoriehaltigen) Beobachtungen generiert" (Kalthoff 2008, S. 11). Denn was für die allgemeine Diskussion der empirischen Sozialforschung zählt, ist insbesondere auch für die sich ausdifferenzierende, empirisch orientierte, raumbezogene Sozialwissenschaft der Humangeographie von Bedeutung.

Der qualitative, geographische Blick auf den bunter gewordenen Strand
Das Bunter-Werden des Strandlebens von Peter Haggett (1991) – in der humangeographischen Methodikliteratur oftmals als initiale Referenz des sozialwissenschaftlichen Untersuchungsgegenstands gewählt – machen Mattissek et al. nicht nur in der „Pluralisierung der Lebenswelten in modernen Gesellschaften" (Flick 2012, S. 22) aus, sondern insbesondere auch in einer zunehmenden Veränderung und Diversifizierung des humangeographischen, verstärkt qualitativen Blicks auf deren untersuchtes soziales Phänomen seit den 1980er Jahren (Reuber & Pfaffenbach 2005, S. 117). Dabei nimmt das soziale Phänomen je nach zu Grunde liegender Sichtweise und je nach Anwendung findenden Erhebungstechniken

unterschiedliche Formen und Ausprägungen an. Unter Berücksichtigung der wissenschaftstheoretischen Positionierung betrachten Mattissek et al. (2013, S. 16) das zu untersuchende Phänomen schließlich als „distanzielle Anordnungen von Menschen, als sozial differenzierte Lebenswelt, [...] als Handlungszusammenhang [oder] als sprachliche Formation" (Mattissek et al. 2013, S. 16).

Trotz variierender Sichtweisen auf das Phänomen, die mit einer variierenden methodischen Bearbeitung einhergehen, eint den qualitativen geographischen Blick auf den Strand eine gemeinsame erkenntnistheoretische Position, die der Annahme, dass eine reale und tatsächliche Welt existiere (Kromrey 2006, S. 24), diametral entgegensteht. Während sich der erkenntnistheoretische Realismus der Realität möglichst genau anzunähern versucht, kehrt der erkenntnistheoretische Konstruktivismus umso entscheidender vom Bestreben ab, „mit den Wahrnehmungssinnen die Realität so zu erfassen, wie sie wirklich ist" (Kromrey 2006, S. 25). Anstelle der Erklärung objektiver Wahrheiten tritt dabei das Verstehen konstruierter Wirklichkeiten in den Mittelpunkt. Indem das soziale Phänomen mit einer bestimmten Methode untersucht wird, die je nach konzeptioneller Verortung der Untersuchung variieren kann, wird es zugleich auf eine „jeweils spezifische Art und Weise" (Mattissek et al. 2013, S. 16) hergestellt. Denn „[d]ie Darstellung von Wirklichkeit ist immer zugleich eine Konstruktion von Wirklichkeit" (Matt 2007, S. 581).

Dieses konstruktivistische Verständnis des relationalen Aufeinanderbeziehens von Abstraktem und Konkretem teilt auch die vorgestellte praktikentheoretische Perspektive (vgl. Kap. 2.5) – und damit die vorliegende Arbeit. Wie angedeutet versteht die Praxeologie soziale Ordnung als „emergentes Konstrukt [...], das virtuell in Gedächtnisspuren und sozialer Praxis objektiviert ist, und somit ständigen Veränderungen, Verwerfungen und Feinjustierungen unterliegt" (Krüger et al. 2005, S. 6). Jedoch geht es in den sozialtheoretischen Denkfiguren der Praxisanalyse nicht nur um die theoretische Diskussion abstrakter Begrifflichkeiten, sondern auch ganz konkret um den Umgang mit dem Phänomen oder dem Untersuchungsgegenstand. Indem sich praktikentheoretische Ansätze als „forschungspragmatische *approaches,* Such- und Findestrategien, Rekonstruktionsformen und Herangehensweisen im Umgang mit empirischen Materialien" verstehen (Reckwitz 2008b, S. 195), charakterisieren sich nach Reckwitz die beiden Verfahren der Datenerhebung und -auswertung jeweils für sich als interpretativ-verstehende, sinnrekonstruktive qualitative Forschung.

Grundlegende Prinzipien qualitativer Forschung
Die Methodologie der vorliegenden Arbeit orientiert sich entsprechend an sozialwissenschaftlichen Forschungsansätzen, die sich auf vier theoretische Grund-

annahmen qualitativer Forschung stützen. Zum einen ist soziale Wirklichkeit das Produkt einer kollektiven Herstellung und Zuschreibung von Bedeutungen und damit Ergebnis eines beständigen, zum Teil reflektiven Konstruktionsprozesses (vgl. Berger & Luckmann 1997). Zum anderen werden objektive und sozialräumliche Strukturen durch subjektive Bedeutungszuschreibungen für die Lebenswelt des Einzelnen relevant. Darüber hinaus dient der kommunikative Charakter sozialer Wirklichkeit als Ansatzpunkt für die Rekonstruktion von Konstruktionen sozialer Wirklichkeiten (vgl. Flick et al. 2007). Damit wird in der qualitativen Forschung der zu untersuchende Gegenstand selbst zum Bezugspunkt für die Auswahl der Methoden und nicht umgekehrt (Flick et al. 2007, S. 20ff.). Neben quantitativ-analytischen Verfahren und textualistisch-analytischen Anwendungen kommt beim interpretativ-verstehenden, qualitativen Vorgehen sowohl den Aspekten der Kontextualität und Subjektivität des Forschungsgegenstands als auch der Forschenden als integrativem Bestandteil des Forschungsprozesses eine entscheidende Bedeutung zu (Reuber & Pfaffenbach 2005, S. 107). Darüber hinaus eint das breite Spektrum qualitativer Forschungsansätze nach Lamnek (2005, S. 20ff.) die vier spezifischen Forschungsprinzipien der Offenheit, Prozesshaftigkeit, Reflexivität sowie Flexibilität von Forschung, Gegenstand und Analyse (für die ausführliche Diskussion der Kennzeichen qualitativer Forschung vgl. auch Flick et al. 2010, S. 22ff.).

In der Übersetzung der grundlegenden Forschungsprinzipien in die konkrete Betrachtung von Alltagspraxen und Lebenswelten in den dialektischen Herstellungsprozessen von Un-/Sicherheiten bedarf es schließlich einer feldspezifischen und fallangemessenen Variante der empirischen Sozialforschung (Amann & Hirschauer 1997, S. 20; Lüders 2007, S. 394). Als Forschungsansatz innerhalb der qualitativen Sozialforschung stellt die Ethnomethodologie in der Tradition Garfinkels ein geeignetes Mittel des Nachvollziehens und Verstehens alltäglichen Handelns und seiner formalen Wirkungsmechanismen dar. Dies gelingt ihr, indem sie den Fokus auf die als selbstverständlich hingenommenen Praktiken und Verfahren legt und diese methodisch als alltägliche, von den Gesellschaftsmitgliedern vollzogene Handlungsleistungen sozialer Wirklichkeit versteht (Flick et al. 2007, S. 20ff.; Bergmann 2007, S. 51; Hammersley & Atkinson 2010). Die Analyse situativer Praxis und impliziten Wissens wird letztlich durch einen qualitativen Forschungsansatz ermöglicht, erfordert zugleich aber ein weites Spektrum zeitintensiver Methoden (Watson & Till 2010, S. 123).

3.2 METHODISCHE WERKZEUGKISTE

„Das Ergebnis eines qualitativ-verstehenden Forschungsprozesses ist damit, etwas zugespitzt formuliert, eine subjektive Interpretation der individuellen Weltsicht von Menschen durch die Forscher" (Mattissek et al. 2013, S. 139).[35]

Soziale Praktiken rückkoppelnd passend machen
„Soziale Praktiken im praxeologischen Sinn – seien diese intersubjektiv, interobjektiv oder selbstreferentiell – kommen nie unmittelbar vor" (Reckwitz 2008b, S. 195). Sie sind nicht unmittelbar zu *beobachten,* zu *befragen* oder zu *visualisieren* und damit umgehend zu *verstehen* und zu *erklären*. Vielmehr erfordert ihre Doppelstruktur aus materieller Anwesenheit von Körpern und Dingen bei gleichzeitiger Anwesenheit des impliziten und inkorporierten Wissens (Reckwitz 2008b, S. 196) ein methodisch komplexes *Zugänglich-Machen*. Aufbauend auf den Forschungsprinzipien der Offenheit, Prozesshaftigkeit, Reflexivität sowie Flexibilität von Forschung, Gegenstand und Analyse (vgl. Kap. 3.1) bildet ein aufeinander bezogenes, breites methodisches Spektrum der Datenerhebung – auch diskutiert als Methodenmix (Wehrhahn & Sandner Le Gall 2011, S. 22; Delyser 2010, S. 22) – im Gegensatz zu einer Einheitsmethode sowohl ein fundamentales Kennzeichen qualitativer Forschung als auch ein Mittel, um einen Zugang zu sozialen Praktiken möglich zu machen. Mittels der Verknüpfung verschiedener methodischer Vorgehensweisen im Sinne einer Methoden-Triangulation wird eine methodenspezifische Verzerrung verhindert und die so gewonnene pluralistische Teilinformationen anschließend zu einem Gesamtbild des sozialen Phänomens zusammengestellt (Kromrey 2006, S. 535f.). Zur Bearbeitung des spezifischen, sozialen Phänomens dieser Arbeit (vgl. Kap. 2.5) bieten sich in der praxeologische Debatte zwei grundlegende, methodische Vorgehensweisen an:

Zum einen ermöglicht die ethnographische teilnehmende Beobachtung die visuelle und auditive Beobachtung des unmittelbar zugänglichen Körperlich-Materialen sozialer Praktiken (vgl. Reckwitz 2008b). Zur Auflösung des Zugänglichkeitsproblems inkorporierten Wissens – gefasst als der zweiten Struktur sozialer Praktiken nach Reckwitz (2003, 2008b) – bietet sich zum anderen die

---

35 Entsprechend der zu Grunde liegenden Methodikliteratur (vgl. Reuber & Pfaffenbach 2005; Lamnek 2005; Atteslander 2006; Flick et al. 2010; Mattissek et al. 2013) wird bei der Darstellung des methodischen Vorgehens auf die Aufführung beider Geschlechtsformen verzichtet und jeweils nur die männliche Subjektform (z.B. Forscher, Beforschter, Beobachter, Teilnehmer, etc.) Anwendung finden. Dies erfolgt ausschließlich zur Erhöhung der Lesbarkeit.

Rekonstruktion des indirekten, nicht zugänglichen Impliziten anhand von qualitativen Interviews und Gesprächen an (Reckwitz 2008b, S. 195f.): „Der Forscher ist immer auf einen ‚Rückschluß' vom Expliziten aufs Implizite […] angewiesen" (Reckwitz 2008b, S. 196). Dabei gilt es zugleich zu bedenken, dass „Interviews ‚über' die Praktiken und ihr Wissen […] eben nicht die Praktiken selbst [sind]" (Reckwitz 2008b, S. 196). Vielmehr bietet die sprachliche Reflexion ein Werkzeug an, „um indirekt jene Wissensschemta zu erschließen, welche die Praktiken konstituieren" (Reckwitz 2008b, S. 197). Entsprechend besteht für eine praktikentheoretische Arbeit die Aufgabe darin, das implizite Wissensschema mit der körperlichen Ausführung rückkoppelnd und passend zu einer sozialen Praktik zusammenzusetzen.

Methodenspektrum: Teilnehmende Beobachtung, qualitative Interviews und reflexive Fotografie
Die epistemologische Ausrichtung qualitativer Forschung setzt einen engen Kontakt des Forschers mit dem Untersuchungsgegenstand voraus. Indem der Zugang zum und der Aufenthalt im Untersuchungsfeld immer nur als soziale Interaktion erfolgen kann (vgl. Lamnek 2005), kommt dem Sozialisationsprozess des Forschers dabei eine hohe Bedeutung zu (Flick 2007, S. 142ff.; Lamnek 2005, S. 194). Das angedeutete Mindestmaß an Teilnahme steht zugleich im Zusammenhang mit der Schwierigkeit, dass der Teilnehmende und Beobachtende verschiedene soziale Rollen im Teilnahme- und Beobachtungsfeld einnimmt, gleichzeitig aber die wissenschaftspragmatische Intention der Generierung von Wissen verfolgt. Das Ziel, sowohl die „Konstitution einer sozialen Wirklichkeit, die nicht diejenige des Forschers ist" (Reuber & Pfaffenbach 2005, S. 124) als auch das Handeln in unterschiedlichen sozio-kulturellen Kontexten zu verstehen, macht ein breites Methodenspektrum erforderlich. Für die Untersuchung sozialer Praktiken sind indessen vier methodische Instrumente von hohem Nutzen.

Erstens qualifiziert sich in der methodischen Werkzeugkiste qualitativer Forschung insbesondere die teilnehmende Beobachtung für diese methodische Aufgabe. Sie dient insbesondere der genaueren Kenntnisgewinnung des Alltags der sozialen Akteure. Als unstrukturierte, teilnehmende Beobachtung folgt sie keinem standardisierten Beobachtungsschema (Atteslander 2006, S. 77), gestaltet sich offen und bietet nach Reuber und Pfaffenbach (2005, S. 124) den Vorteil, auf veränderte Perspektiven im Verlauf der Untersuchung zu reagieren und Beobachtungen neu zu interpretieren. Konkret trägt sie nicht zuletzt zur Erhöhung der Sensibilität für alltägliche Lebensmuster sozialer Akteure und zur Gewinnung von Kenntnissen über Macht- und Wissensverhältnisse bei (Watson & Till 2010, S. 123). Neben Gesprächen mit Beteiligten über ihr Handeln und dem

Sammeln gehaltvoller, mitunter unterschiedlich gelagerter Informationen über Organisations- und Gestaltungselemente von Praktiken und Ordnungen, sieht eine längerfristige Teilnahme an den Alltagspraktiken in vielen verschiedenen räumlichen und zeitlichen Kontexten insbesondere vor, Vertrautheit über die alltäglichen Handlungsvollzüge zu gewinnen (Lüders 2007, S. 389ff.; Reckwitz 2008b, S. 196). Indem die Dokumentation der teilnehmenden Beobachtung in Beobachtungsprotokollen und sogenannten Feldtagebüchern erfolgt und damit diverse empirische Materialien zum Nachvollziehen des sozialen Phänomens verwendet werden, ist eine alternative und komplementäre Vergleichsmöglichkeit und qualitative Einordnung von zusätzlich gewonnenen Interview- und Bildmaterialien möglich (Willems 2007, S. 44).

Zweitens besitzen Interviewverfahren ergänzend zur sozialen Interaktion in Form der Teilnahme und Beobachtung des Untersuchungsfelds einen besonderen Stellenwert in der qualitativen Sozialforschung (vgl. Flick 2007). Das Interview bildet eine inszenierte Gesprächssituation ab, die intentional von den verschiedenen Gesprächsteilnehmern hergestellt wird, um dem Sprachspiel aus Fragen und Antworten eine Bühne zu geben. Aus erkenntnistheoretischer Perspektive formuliert, setzt sich die Befragungsmethode des Interviews zum Ziel, mittels einer thematischen Selektion des Gesprächsverlaufs (Fragen), Aussagen (Antworten) über den Wirklichkeitszugang der Fragenden und Antwortenden zu erhalten. Zur Erschließung impliziter Wissensschemata alltäglicher Praktiken und zur Rekonstruktion der Wirklichkeiten sozialer Akteure wird insbesondere in der humangeographischen, empirisch orientierten Forschung auf das qualitative Interview zurückgegriffen (vgl. Cloke 2004; DyLyser 2010; Mattissek et al. 2013). Dabei lassen sich in der methodischen Literatur unterschiedliche Systematisierungen qualitativer Interviews finden (Reuber & Pfaffenbach 2005, S. 128f.). Beispielsweise spricht Flick (1995, S. 94ff.) neben Erzählungen und Gruppenverfahren auch von Leitfaden-Interviews. Demgegenüber unterscheidet Lamnek (2005, S. 356ff.) verschiedene Formen qualitativer Interviews, wie etwa dem fokussierten Interview oder dem problemzentrierten Interview, die in Anlehnung an Hopf (2007, S. 352ff.) in der „Praxis zumeist vielfach *kombiniert*" werden (Reuber & Pfaffenbach 2005, S. 131).

Im Sinne eines *theoretical sampling* dient die Durchführung einer zahlen- und zeitmäßig begrenzten Anzahl qualitativer Interviews unterschiedlicher Typen schließlich der theoriegeleiteten, ganzheitlichen Entschlüsselung des zu untersuchenden sozialen Phänomens. Anstatt der Repräsentativität – im quantitativen Untersuchungsschema über eine möglichst große Anzahl an Gesprächen und Häufigkeitsaussagen intendiert – stützen sich qualitative Forschungsdesigns auf das Prinzip der Plausibilität (Reuber & Pfaffenbach 2005, S. 150). Daher kommen forschungspragmatisch Interviewverfahren zur Anwendung, die der Erschließung von allgemeinem, kontextuellem *Hintergrundwissen* dienen, das wiederum zur Einordnung des konkreten, praktikenrelevanten Wissens verwendet werden kann. Neben den vorgestellten Beobachtungsverfahren dienen zum einen insbesondere sogenannten Experten-Interviews, Gartenzaungesprächen oder halbstrukturierte Kurzinterviews der Generierung des kontextuellen Hintergrundwissens (Flick 2012, S. 214ff.).

Die Befragungskonzeption des episodischen Interviews bietet zum anderen die Möglichkeit, die Vorteile narrativer und leitfadenorientierter Interviews (Flick 1995, S. 124ff.) miteinander zu verbinden und zugleich den qualitativen Forschungsprinzipien wie Kommunikativität, Naturalistizität, Authentizität und Offenheit gerecht zu werden (Lamnek 2005, S. 507ff.; Reuber & Pfaffenbach 2005, S. 133ff.). Das grundlegende Konzept des episodischen Interviews (vgl. Flick 1995, 1996) geht davon aus, dass Subjekte hinsichtlich des sozialen Phänomens bzw. Untersuchungsgegenstands zwei verschiedene Wissensformen vermitteln können: Ein narrativ-episodisches Wissen in Form von Erfahrungen stützt sich auf konkrete Begebenheiten bzw. auf die Darstellung von Situationsabläufen. Semantisches Wissen als zweite Wissensform leitet sich aus den Alltagserfahrungen der Befragten ab und basiert auf den subjektiven Generalisierungen, Abstraktionen und Zusammenhangsbildungen bestimmter Begrifflichkeiten (Lamnek 2005, S. 362). Schließlich zielt das Verfahren des episodischen Interviews auf den bereichsbezogenen Vergleich bestimmter Alltagserfahrungen ab (Flick 1995, S. 124f.), indem sowohl Erzählsequenzen und die Beantwortung zielgerichteter Fragen kombiniert und hiermit beide Wissensformen systematisch miteinander in Verbindung gebracht werden (Lamnek 2005, S. 362).

Drittens bedarf es aufbauend auf Beobachtungen der körperlich-materialen Praktiken und Gesprächen über Praktiken sowie über implizite Wissensformen eines methodischen Verfahrens, das die *Verknüpfung* beider Wirklichkeitszugänge zum Alltagshandeln von Menschen ermöglicht. Aus der Perspektive eines ethnographisch orientierten empirischen Vorgehens erweisen sich autodokumentarische Methoden als sinnvoll, um im Sinne einer „Kopräsenz" (vgl. Goffmann 1971) für längere Zeit am Alltagsleben und Mitvollzug kultureller Ereignisse teilnehmen zu können (Lüders 2007, S. 392). Die Forschungstradition der *visual sociology* und ihre Nutzung von Fotografie, Film und Video bietet hierbei ein geeignetes Methodenwerkzeug zum Erkennen, Beschreiben, Portraitieren und Analysieren sozialer Phänomene (vgl. Collier & Collier 1986; Bohnsack 2007a, 2007b). Innerhalb des Methodenspektrums der visuellen Sozialforschung (Friebertshäuser et al. 2007; Bohnsack & Nentwig-Gesemann 2010) ermöglicht die reflexive Fotografie als kombiniertes Fotografie- und Interviewverfahren einen

Perspektivwechsel vom unbeeinflussten Experten (sozialer Akteur) zum außenstehenden Laien (wissenschaftlicher Beobachter) (vgl. Teckenberg 1982; Harper 2007). Die reflexive Fotografie rückt den Menschen in den Mittelpunkt des methodischen Vorgehens, indem der interviewte Alltagsexperte zunächst unabhängig vom wissenschaftlichen Beobachter subjektive Aspekte des Soziallebens zum bildlichen Ausdruck bringt: „In reflexive photography participants use photographs as symbols to illustrate the subjective meaning of the things (people, physical environments, support services, etc.) in their [...] lives" (Schulze 2007, S. 539).

In Anlehnung an Mead (1963) wird die Kamera dabei nicht nur zum Aufnahmegerät, sondern auch zum Instrument der Datensammlung, insofern sie die detaillierte Aufzeichnung von Fakten, „eine umfassendere und ganzheitliche Darstellung von Lebensstilen und -bedingungen" (Flick 2012, S. 305f.) und einen Transport von Artefakten und deren Repräsentation in Bildern ermöglicht. Die Informationen auf dem Foto werden indessen durch die reflexive Befragung der Teilnehmer zu dem fotografisch Abgebildeten zugänglich (vgl. Dirksmeier 2007, 2009; Holm 2008; Thomas 2009). Die erstellten Fotografien und ggf. angefertigten Protokolle dienen schließlich als erzählgenerierende Stimulation (Watson & Till 2010, S. 124), um den Befragten regelmäßig aufzufordern, die bildlich festgehaltene Wahrnehmung des sozialen Feldes textuell-sprachlich zu interpretieren, über Abläufe und Kontexte zusammengehöriger, konkreter Handlungssituationen zu reflektieren und sie gleichzeitig in routinisierte Handlungsabläufe einzuordnen. In der methodischen Werkzeugkiste fungiert die Datenerhebungsmethode der reflexiven Fotografie damit als Verbindung zwischen bildlich festgehaltenen, unmittelbaren Beobachtungen und reflexiv und sprachlich interpretierenden Gesprächen zwischen Beforschten und Forschern.

Viertens gilt es im Anschluss an die grundlagentheoretische Position interpretativ-verstehender Verfahren qualitativer Forschung, die mit der Denkfigur des interpretativen Paradigmas überschrieben werden kann, „die Prozesse der Interpretation, die in den jeweiligen untersuchten Interaktionen ablaufen, interpretierend (zu) rekonstruier(en)" (Matthes 1981, S. 201f. zit. nach Reuber & Pfaffenbach 2005, S. 110). Die subjektiven Positionen oder der „Blickwinkel am Alltagshandeln beteiligter Menschen" (Mattissek et al. 2013, S. 128, S. 137), die in den empirischen Verfahren der Beobachtungen und Gespräche sowohl durch die Beforschten als auch durch die Forscher zum Ausdruck kommen, sprachlich aufgezeichnet und durch Interviewtranskripte und Feldnotizen textuell festgehalten werden, bilden schließlich die Basis für deren Aufbereitung und Auswertung der spezifischen, im Forschungsprozess *produzierten* Perspektiven auf Handlungskontexte und -situationen. Die Aufbereitung qualitativer Daten erfolgt durch das Umwandeln des „Gesehenen und Gehörten in Text" (Reuber & Pfaffenbach 2005, S. 153).

Im Anschluss an Kowal und O'Connell (2007, S. 440) kennzeichnet die „Herstellung von Transkripten", die entweder semantisch-wortgetreu oder auch interpretativ-sinngemäß durchgeführt werden können, bereits die erste theoriegeladene, selektive Konstruktionen des nachzuzeichnenden sozialen Phänomens (Reuber & Pfaffenbach 2005, S. 153). Indem der Transkriptionstext – unabhängig vom verwendeten Transkriptionssystem (vgl. zum Überblick Kowal & O'Connell 2007) – die Grundlage für die anschließende Interpretation darstellt (Reuber & Pfaffenbach 2005, S. 153), wird er zur neuen und damit „einzige[n] (Version der) Realität" (Flick 1995, S. 194). Dies ist insbesondere dann von großer Bedeutung, wenn die Interpretationskette Datensammlung, -aufbereitung, und schließlich -auswertung noch zusätzlich von unterschiedlichen Sprachhintergründen des Forschenden und Beforschten geprägt ist (Reuber & Pfaffenbach 2005, S. 158).

So sorgfältig die bisherige Methodikliteratur den Forschenden auf seiner qualitativen Erkenntnisreise bis hierhin mit nützlichen Reisetipps ausstattet, so dünn wird der methodische Leitfaden jedoch bei der Bewältigung des letzten Schritts, nämlich der Auswertung. Reuber und Pfaffenbach (2005, S. 162) sprechen sogar von der *Black Box* der qualitativen Forschung. Sie unterscheiden zwischen stärker strukturierten Auswertungsverfahren – wie dem theoretischen oder thematischen Kodieren nach Glaser und Strauss (2005), Strauss (1994) und Flick (1995), der „Typenbildung" nach Kluge (1999) oder der „qualitativen Inhaltsanalyse" nach Mayring (2003) – und „intuitive[n], kreative[n], subjektive[n] […] Entdeckungsprozesse[n]" (Reuber & Pfaffenbach 2005, S. 162) – wie hermeneutischen Interpretationsverfahren. Lineare Aufbereitungs- und Auswertungsverfahren qualifizieren sich in Abhängigkeit von der methodologischen Ausrichtung der Forschung, diversen Operationalisierungsaspekten der methodischen Werkzeugkiste und der Auswahl der qualitativen Daten *im Feld* gegenüber ineinander greifenden Alternativen. Schließlich gilt es in Abhängigkeit der Fallstruktur zu unterscheiden, ob das „Aufdecken, Freilegen oder Kontextualisieren der enthaltenden Aussage" (Flick 2012, S. 387), die zumeist in einer Zunahme des Textmaterials mündet, oder etwa die Reduktion der Ursprungtexte durch Zusammenfassungen, Kategorisierung bzw. deren Kombination forschungspragmatisch zum Ziel führt. Indem sich die Suche nach dem Handlungsverstehen erkenntnistheoretisch jedoch immer einem blinden Fleck gegenüber sieht, bleibt abschließend erneut zu betonen, dass das Nachzeichnen eines sozialen Phänomens zuletzt „immer auch eine subjektive Konstruktion der [b]etrachtenden" (Mattissek et al. 2013, S. 139) Forscher bleibt. In Abhängigkeit von ihren persönlichen Voraussetzungen und Ressourcen kann das interpretative Verstehen damit immer nur das Resultat einer kontextabhängigen Wirklichkeit sein und eine „subjektiv gefärbte Re-Konstruktion der Verfasser" (Mattissek et al. 2013, S. 139) darstellen.

3.3 METHODISCH IM FELD

> „Indem die Forscher ‚ihre' Geschichten, ihre Re-Konstruktionen, darüber erzählen, wie und warum Menschen in Bezug auf ihre räumliche und soziale Umwelt handeln bzw. diese gestalten, geben sie den Lesern ein Set von Beobachtungs- und Verständniskategorien an die Hand, mit denen diese wiederum ‚ihre eigene' Welt in einer erweiterten, neuen Betrachtungsperspektive sehen und verstehen können" (Mattissek et al. 2013, S. 140).

Qualitative Beschreibung des Felds

Das Phänomen wechselseitiger Herstellungsprozesse von Un-/Sicherheiten wird in der vorliegenden Arbeit im städtischen Alltagsbereich von Mittelschichtshaushalten in der südostbrasilianischen Kommune São Paulo untersucht. Konkret bedeutet dies, dass eine Bandbreite verschiedener, neuer Sicherheits- und Schutzmaßnahmen, Sicherheitsdienstleistungen, Sicherheits- und Schutzvereinbarungen, Gefahrenabwehrmaßnahmen und Vermeidungsverhalten sowie die damit in Verbindung stehenden Fragen nach Praktiken und Ordnungen anhand von routinisierten Handlungsabläufen in unterschiedlichen Bereichen des städtischen Alltags beobachtet und herausgestellt, anschließend offengelegt und bearbeitet und letztendlich abstrahiert werden.

Sowohl in Lateinamerika allgemein als auch in Brasilien im Besonderen lassen sich in jüngerer Vergangenheit tiefgreifende Veränderungen der gesamtgesellschaftlichen Sicherheitsfürsorge ausmachen (vgl. Kap 4.4). Dabei werden die Veränderungen des kommerziellen Sicherheitsmarktes überwiegend von einem dynamischen Wachstum des Marktes für elektronische Sicherheit bestimmt. Dazu zählen Sicherheits- und Überwachungskameras, automatische Garagentore oder etwa 24-Stunden-Alarm- und Überwachungssysteme. Diese neuerliche Entwicklung der zunehmenden Ausbreitung von Sicherheitsmaßnahmen ist für den städtischen Kontext Brasiliens zum einen vor dem Hintergrund einer andauernden sozialräumlichen Fragmentierung der Stadtentwicklung zu betrachten. Zum anderen steht die andauernde Fragmentierung der Stadtentwicklung mit einer allgegenwärtigen Dominanz von Kriminalitäts- und Gewalterscheinungen als (stadt-)politischem und gesellschaftlichem Problemfeld seit den 1980er Jahren in Verbindung, zudem mit einer sozialräumlichen, teils völlig divergierenden Tendenz der Kriminalitätsbelastung und einem fortwährenden, gesamtgesellschaftlichen und damit sozialschichtsübergreifenden, allgemeinen Unsicherheitsempfinden. Des Weiteren sind die Veränderungen auf dem kommerziellen Sicherheitsmarkt in einen weitreichenden quantitativen und qualitativen Wandel der öffentlichen und privaten Sicherheitsfürsorge einzuordnen (vgl. Kap. 2.3 und Kap. 4), der insbesondere in städtischen Räumen seinen Ausdruck findet und sich wie folgt darstellt:

Auf der einen Seite führt das zunehmende Auftreten von privaten Sicherheitsakteuren als Ergänzung der öffentlichen Sicherheitsfürsorge in Form von *public-private*-Arrangements oder als deren Ersatz im öffentlichen und halböffentlichen Raum (vgl. Caldeira 2008b; Paolinelli 2007) zu einer Privatisierung öffentlicher Sicherheit und zu einem stark veränderten Verhältnis von öffentlicher und privater Sicherheit (vgl. Musumeci 1998; Soares 2003). Auf der anderen Seite wird Sicherheitsfürsorge seit den 2000er Jahren ganz wesentlich durch das bereits aufgezeigte dynamische Wachstum des weltweit fünftgrößten Sicherheitsmarktes und der Nachfrage und Implementierung von personellen und technischen Sicherheitsmaßnahmen verändert. Konzentrierte sich der kommerzielle Sicherheitsmarkt in den 1990er Jahren noch vornehmlich auf den Einsatz personeller Sicherheitskräfte in Banken und größeren Gewerbeeinheiten, so lässt sich heute die dynamische Ausbreitung von elektronischen Sicherheitselementen und -maßnahmen unterschiedlichen Grades in verschiedenen Alltagsbereichen beobachten.

Infolge technologischer Innovation werden technisch-elektronische Sicherheitsmaßnahmen in jüngerer Zeit zunehmend günstiger und dadurch einer wachsenden und sich konsolidierenden Mittelschicht als neuer Kundin leichter zugänglich. Entsprechend macht eine sozialwissenschaftliche Debatte auf diese gesamtgesellschaftliche Entwicklung aufmerksam, die für den Bereich São Paulo auf einen andauernden Prozess der *Alphavillization* städtischer Räume hindeutet (vgl. Wiliams 2010). Nicht nur in geschlossenen und frei zugänglichen Siedlungs- und Wohnbereichen[36], sondern auch in verschiedenen Arbeits-, Versorgungs- und Freizeiträumen eines breiten Alltagsbereichs erfährt das wachsende

---

36 In der sozialwissenschaftlichen Debatte der Sicherheits- und Stadtforschung wird die räumliche und funktionale Reproduktion des gesamtgesellschaftlichen Sicherheitsstrebens seit geraumer Zeit im Zusammenhang mit geschlossenen Wohnsiedlungen (*gated communites*) diskutiert (vgl. Kap 2.2.3). Gleichzeitig lässt sich eine dynamische Ausbreitung von technisch-elektronischen Sicherheitsmaßnahmen auch in frei zugänglichen Wohnbereichen der Mittelschicht des gesamten Stadtbereichs von São Paulo beobachten (vgl. Haubrich 2012a, 2012b).

Bedürfnis nach Sicherheit eine zunehmende Bedeutung. Diese allgegenwärtige Tendenz lässt zuweilen verschiedene Fragen offen: zum einen nach Auswirkungen der neuen Quantität und Dimension von Sicherheitsaspekten für die Strukturierung des Alltags – in der vorliegenden Arbeit selektiv diskutiert entlang der Alltagsgestaltung von Mittelschichtshaushalten im Südosten der Kommune São Paulo (vgl. Kap. 5) – und zum anderen nach der Entstehung, Aufrechterhaltung und Transformation von Sicherheits*praktiken* und Sicherheits*ordnungen* im städtischen Kontext.

Der Methodenmix im Feld
In Abgleich mit der forschungsleitenden Fragestellung, in welchem wechselseitigen Herstellungsverhältnis Sicherheiten und Unsicherheiten stehen – aus praktikentheoretischer Perspektive gefasst als Bündel miteinander *verwobener* Sicherheits*praktiken* und Sicherheits*ordnungen* –, orientiert sich die vorliegende Arbeit am Design ethnographischer und qualitativer Sozialforschung. Aufbauend auf den spezifischen Forschungsprinzipien Offenheit, Prozesshaftigkeit, Reflexivität sowie Flexibilität von Forschung, Gegenstand und Analyse kommt ein Methodenmix aus Beobachtungen und Gesprächen zur Anwendung. Während des dreijährigen, empirischen Forschungsprozesses haben aus dem breiten Spektrum der qualitativen methodischen Werkzeugkiste (vgl. Kap. 3.2) konkret der Feldeintritt, die teilnehmende und nichtteilnehmende Beobachtung, qualitative Interviews in Form von informellen Gesprächen, teilstrukturierte Kurzinterviews, offene und teilstrukturierte Expertengespräche sowie offene, teilstrukturierte Interviews und reflexive Fotointerviews mit Privathaushalten ebenso wie Dokumentenanalysen eine bedeutende Rolle gespielt. In welcher Form und Intensität und mit welcher forschungspragmatischen Begründung von den verschiedenen methodischen Werkzeugen qualitativen Vorzeichens während des Forschungsprozesses im Feld zur Anwendung kommen, soll im Weiteren exemplarisch dargestellt werden. Im Sinne des interpretativ-verstehenden Paradigmas wird der Forschungsprozess jedoch nicht auf das Feld reduziert, sondern gestaltet sich über den Gesamtzeitraum von vier Jahren immer *zirkulär*. Anlehnend an das Verständnis der *grounded theory* – und damit in Abgrenzung von logik-deduktiven Denkfiguren – teilt die vorliegende Arbeit den Standpunkt, „dass die Angemessenheit einer soziologischen Theorie heute nicht (mehr) von dem Prozess, in dem sie generiert wird, getrennt werden kann" (Glaser & Strauss 2005, S. 15). Es ist daher der Forscher, der, um das soziale Phänomen nachzuzeichnen, die abstrakte theoretische Diskussion auf das konkrete Beobachtete und Besprechbare herunterbrechen, es auf den empirischen Grund bearbeiten und sortieren muss und der dieses konkret Beobachtbare schließlich in einen zirkulären Forschungs-

verlauf aus *going native* und *going alien* erneut mit dem theoretisch Abstrakten in Relation setzen muss (vgl. Abb. 3).

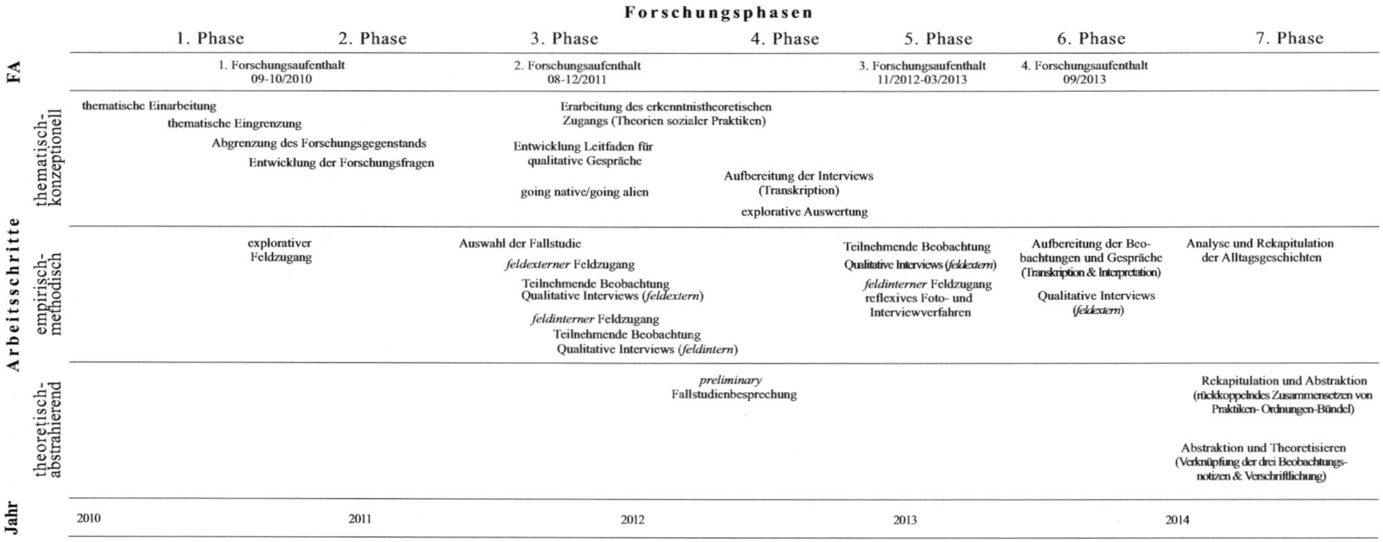

METHODISCHES VORGEHEN | 125

Forschungsphasen

FA	Arbeitsschritte	1. Phase	2. Phase	3. Phase	4. Phase	5. Phase	6. Phase	7. Phase
thematisch-konzeptionell	thematische Einarbeitung	1. Forschungsaufenthalt 09-10/2010 — thematische Eingrenzung, Abgrenzung des Forschungsgegenstands, Entwicklung der Forschungsfragen		2. Forschungsaufenthalt 08-12/2011 — Erarbeitung des erkenntnistheoretischen Zugangs (Theorien sozialer Praktiken), Entwicklung Leitfaden für qualitative Gespräche, going native/going alien	Aufbereitung der Interviews (Transkription), explorative Auswertung	3. Forschungsaufenthalt 11/2012-03/2013	4. Forschungsaufenthalt 09/2013	
empirisch-methodisch		explorativer Feldzugang		Auswahl der Fallstudie, *feldexterner* Feldzugang, Teilnehmende Beobachtung, Qualitative Interviews (*feldextern*), *feldinterner* Feldzugang, Teilnehmende Beobachtung, Qualitative Interviews (*feldintern*)	*preliminary* Fallstudienbesprechung	Teilnehmende Beobachtung, Qualitative Interviews (*feldextern*), *feldinterner* Feldzugang, reflexives Foto- und Interviewverfahren	Aufbereitung der Beobachtungen und Gespräche (Transkription & Interpretation), Qualitative Interviews (*feldextern*)	
theoretisch-abstrahierend							Analyse und Rekapitulation der Alltagsgeschichten	Rekapitulation und Abstraktion (rückkörpelndes Zusammensetzen von Praktiken-Ordnungen-Bündel), Abstraktion und Theoretisieren (Verknüpfung der Beobachtungsnotizen & Verschriftlichung)
Jahr		2010	2011	2012		2013		2014

Abbildung: 3 Phasen des zirkulären Forschungsverlaufs

Quelle: Eigene Bearbeitung

Die erste und zweite Forschungsphase: Einarbeitung und Eingrenzung
Das Forschungsvorhaben zum Nachzeichnen der dialektischen Herstellungsprozesse von Un-/Sicherheiten folgte insgesamt sieben Phasen, in denen in unterschiedlicher Form und Intensität verschiedene thematische, konzeptionell-methodologische, empirisch-methodische und schließlich theoretisierend-abstrahierende Arbeitsschritte vollzogen wurden. Den Anfang bildete 2010 die thematische Einarbeitung in Fragen der städtischen Un-/Sicherheiten sowohl im lateinamerikanischen als auch im spezifisch brasilianischen Kontext. Neben Bezügen aus der internationalen Fachliteratur ermöglichten explorative Beobachtungsstreifzüge durch die brasilianische Medienlandschaft eine erste Rahmung des Forschungsgegenstands. Ein anschließender, erster 6-wöchiger Forschungsaufenthalt (09-10/2010) setzte den explorativen Charakter der *ersten* Phase des Forschungsvorhabens fort und verfolgte das Ziel, spezifischere Kenntnisse und beobachtungs-basiertes Hintergrundwissen zum Sicherheitskontext in São Paulo zu erhalten sowie Akteure der öffentlichen Sicherheitsdebatte zu identifizieren. Neben dem Literaturstudium in diversen Fachbibliotheken vor Ort wurden erste Kontakte zum universitären Umfeld (NEVUSP, Lehrstuhl für Stadtgeographie an FFLCH/USP, UNICAMP) aufgebaut.

Zusätzlich lag der Schwerpunkt darauf, einen ersten Zugang zum institutionellen Feld der öffentlichen Sicherheitsfürsorge (Polícia Civil, Polícia Militar) und zu verschiedenen zivilgesellschaftlichen Nichtregierungsorganisationen (Instituto Sou da Paz, Viração) mit thematischen Bezügen zur Gewalt- und Kriminalitätsprävention, zu städtischen Sicherheitsprogrammen und Menschenrechtsfragen im Zusammenhang mit Polizeiorganen herzustellen. Im Sinne einer Beobachtung des visuell Zugänglichen von Praktiken (Reckwitz 2008b, S. 195) kam es zusätzlich sowohl zu ausgedehnten Beobachtungsgängen durch Wohngebiete sowie Freizeit-, Versorgungs- und Aufenthaltsräume der städtischen Mittelschicht als auch zu einem ersten Vertrautwerden mit vom Forscher im Vorhinein konstruierten, vornehmlich körperlich-materiellen Sicherheitsaspekten im Alltag. Abschließend wurden ein Online-Fragebogen zur lokalen Sicherheitsgovernance erstellt und die Anschreiben Ende Oktober 2010 in zwei Mittelschichtswohngebieten (Jardim Rizzo und Vila Gomes) im westlichen Stadtbezirk Butantã an insgesamt 769 Haushalte verteilt. Angesichts der geringen Forschungserfahrung im hiesigen Kontext galt es, das quantitative Verfahren als einen möglichen Feldzugang bzw. Kontaktaufbau zu Haushalten zu testen. Auf Grund der geringen Teilnehmerquote (N=28) wurde dieses Verfahren im weiteren Forschungsverlauf jedoch nicht weiter verfolgt. Vielmehr galt es, das Scheitern des ersten explorativen Feldzugangs als Chance für den weiteren Forschungsverlauf zu werten und die anschließenden feldinternen Zugänge zu modifizieren (vgl. Exkurs 3.2).

Aufbauend auf dem thematisch-empirischen Vorgehen explorativen Charakters im Verlauf des Jahres 2010 wurden in einer *zweiten* Phase der Forschungsgegenstand weiter eingegrenzt, die konzeptionelle Diskussion fortgeführt, erste Forschungsfragen formuliert und der erkenntnistheoretische Zugang erarbeitet. Aus dieser konzeptionellen Arbeit im Zeitraum von 12/2010 bis 07/2011 ging schließlich ein DAAD-Kurzstipendium zur Durchführung empirischer Feldforschungen im Rahmen der Promotion hervor (finanzielle Förderung des zweiten Forschungsaufenthalts 08-12/2011). Darüber hinaus konnten erste konzeptionelle Bausteine und weiterführende Forschungsfragen für einen erfolgreichen DFG-Sachmittelantrag mit dem Thema *Wechselwirkungen zwischen raumorientierten Sicherheitspolitiken und alltäglichen Sicherheitspraktiken in São Paulo, Brasilien* (DFG Projektlaufzeit 10/2012-09/2014) entwickelt werden, dessen gewährte Sachbeihilfe seit Oktober 2012 die Finanzierungsgrundlage der vorliegenden Arbeit darstellt. Im Zeitraum von 08/2012 bis 12/2012 folgte schließlich der zweite, viereinhalbmonatige Forschungsaufenthalt in São Paulo.

Die dritte Forschungsphase: feldexterner Feldzugang
Nach der bisherigen explorativen empirischen Vorgehensweise stellte sich zu Beginn der *dritten* Forschungsphase eine methodische Herausforderung, der sich ein jeder Forscher gegenübersieht – unter Umständen aber unterschiedlich intensiv reflektiert –, wenn er sich einem unbekannten oder fremden Kontext als Beobachter und damit Teilnehmer nähern möchte: How to go *native*? Der erste und gleichzeitig grundlegendste, methodische Baustein umschreibt den andauernden Austausch der Außen- durch eine Innenperspektive und bildet die ausgleichende Verschiebung des Verhältnisses zwischen beiden Sichtweisen ab. Er versteht sich als kultureller, sprachlicher, thematischer und schließlich empirischer Feldeintritt. Dabei war der Feldeintritt nicht nur in allen vier Forschungsaufenthalten von 2010-2013 von großer Bedeutung, sondern bildete in jedem Forschungsmoment ein integratives Element anderer Methoden der Beobachtungen und Gespräche und war jeweils mit ihnen verschnitten.[37] Auf Grund der sich abschnittsweise relativ schwierig gestaltenden Feldzugänge erschien es zu Beginn

---

37 Entsprechend weisen Reuber und Pfaffenbach (2005, S. 126) auf die enge Verzahnung von Beobachtungen und Gesprächen hin: „Selten werden nur Handlungen beobachtet, sondern häufig auch *verbale Äußerungen* der Beteiligten. Eine Teilnahme ganz ohne Gespräche ist sowieso nicht praktikabel, weshalb die Fähigkeit zur Kommunikation (als soziale und sprachliche Kompetenz) von großer Bedeutung auch für die Beobachtung ist."

des zweiten Forschungsaufenthalts daher sinnvoll und notwendig, den Sozialisationsprozess im Forschungsfeld auf verschiedenen Ebenen zu gestalten.

> **Exkurs 3.1: Zirkulärer Forschungsprozess: zwischen *going native* und *going alien***
> Dem Antritt des Forschungsvorhabens ging die Bearbeitung meiner Diplomarbeit (vgl. Haubrich 2009) voraus. Die vornehmlich empirisch-orientierte Untersuchung ist thematisch der Diskussion um kommunale Kriminalprävention, kriminologische Modelle der Messung von Unsicherheitswahrnehmung, städtische Sicherheitsakteure (*Seguridad Ciudadana*) und Nachbarschaftsvereinigungen im Zusammenhang mit *ex-post* Sicherheitsmaßnahmen zuzuordnen. Den regionalspezifischen Kontext der Untersuchung bildete die peruanische Hauptstadt Lima (vgl. Wehrhahn & Haubrich 2010; Haubrich & Wehrhahn 2011). Zur Durchführung der empirischen Studien in 2008 konnte ich auf fortgeschrittene Grundkenntnisse im Spanischen zurückgreifen, die sich seitdem sukzessiv verbessert haben. Bei Antritt des Forschungsvorhabens (2010) hatte ich bereits erste Aufenthaltserfahrungen im Land Brasilien, aber noch keinen Forschungskontakt mit dem brasilianischen Kontext sammeln können. Auf Grund der spanischen Vorkenntnisse war mir das Lesen von brasilianischer Fachliteratur und Nachrichten zwar möglich, der Austausch auf Portugiesisch jedoch nur sehr eingeschränkt und nur themen- und milieuspezifisch realisierbar. Seit etwa Mitte des zweiten Forschungsaufenthaltes (08-12/2011) spreche ich mir erweiterte Grundkenntnisse und eine gewisse Selbstsicherheit nicht nur im passiven Verstehen, sondern insbesondere auch im aktiven Anwenden der portugiesischen Sprache zu. Durch das verschiedene Ein- und Austauchen aus dem Kontext Brasilien (vgl. Übersicht Forschungsaufenthalte in Abb. 3) hat sich in Anlehnung an Flick (1995, S. 161) zu der ausschließlich auf Beobachtungen angewiesenen Außenperspektive durch das Kennenlernen des anfänglich noch neuen Kontinents, des Landes, des eigenen Themas sowie neuer Kontakte und der brasilianischen Sprache mehr und mehr auch eine Innenperspektive hinzugesellt. Das erkenntnistheoretische Problem des *going native* (Reuber & Pfaffenbach 2005, S. 128) ist damit unlösbar der Forschungspraxis inhärent. Entsprechend kann der konstruktivistische *blinde Fleck* des Betrachters methodisch nur durch ein offenes und reflexives Verhältnis aus Sammlung, Aufbereitung und Darstellung der Daten und methodologisch nur durch ein andauerndes, zirkuläres Wechselspiel aus *going native* und *going alien* in Gestalt der Aufbereitung, Auswertung und Abstraktion der Erkenntnisse beleuchtet werden.

Zum einen wurden aufbauend auf der zuvor geleisteten Eingrenzung des Forschungsgegenstands (bis 07/2011) – dem der alltäglichen Sicherheitspraktiken und Sicherheitsordnungen von Mittelschichtshaushalten – und basierend auf der Auswertung der sozialräumlichen Gliederung der Kommune São Paulo entlang bestimmter sozioökonomischer Daten (Flächennutzung, Wohnformen, Siedlungsentwicklung, Einkommensverteilung, Demographie, Mortalitätsverteilung) großräumige Stadtteilbegehungen in den Distrikten Tatuapé, Penha, Santana, Lapa, Butantã, Ipiranga, Jabaquara, Campo Belo und Cidade Ademar durchgeführt. Die Stadtteilbegehungen verfolgten das Ziel, neuere Tendenzen der Ausbreitung insbesondere technischer und personeller Sicherheitsmaßnahmen zu beobachten und sozialräumlich zu identifizieren sowie in informellen und teilstrukturierten Gesprächen (Gartenzaungespräche und Kurzinterviews) mit Anwohnern über Sicherheitsaspekte im Allgemeinen und über die alltäglichen Handlungskontexte mit vornehmlich lokalräumlichen Bezug im Besonderen zu sprechen.

Zum anderen wurden (Vor-)Gespräche mit öffentlichen Sicherheitsakteuren (Polícia Militar, Polícia Civil, Guarda Civil Metropolitana), mit Vertretern zivilgesellschaftlicher Organisationen in Sicherheits- und Kriminalpräventionsfragen sowie mit Nachbarschaftsvereinigungen geführt. Insgesamt wurden so im Zeitraum von Mitte August bis Ende November 2011 44 Gespräche mit einer Gesprächsdauer von 5-150 Minuten geführt und retrospektiv in Feldtagebüchern festgehalten. Die Gespräche dienten der weiteren Eingrenzung des Forschungsgegenstands, der Abgrenzung der Fallstudie und der Vorbereitung eines Leitfadens für die anschließenden, teilstrukturierten qualitativen Interviews mit Mittelschichtshaushalten. Darüber hinaus richtete sich das empirische Interesse auf kommunale Sicherheitsräte (CONSEG: Conselho de Segurança Comunitária, vgl. Kap. 4.3.3), deren Funktion seit ihrer gesetzlichen Einführung 1988 darin besteht, landesweit auf kommunaler Ebene – in größeren Metropolen auf Stadtbezirksebene – ein Diskussionsforum für Sicherheits- und Ordnungsfragen im Alltag zwischen lokaler Bevölkerung und öffentlichen Verwaltungs- und Sicherheitsakteuren zu schaffen. Die regelmäßigen, abendlichen Teilnahmen an den Versammlungen in verschiedenen Bezirken São Paulos wurden in Form von Beobachtungsprotokollen ebenfalls im Feldtagebuch aufgezeichnet und gelten sowohl der besseren Einordnung der lokalen, öffentlichen Sicherheitsdebatte als auch insbesondere dem Kontaktaufbau zu Vertretern der Militär- und Zivilpolizei und städtischen Sicherheits- und Verwaltungsbehörden, die in anschließenden Expertengesprächen mündeten.

Sowohl auf Basis der Auswertung der teilnehmenden und nichtteilnehmenden Beobachtungen, informellen Gespräche und Kurzinterviews sowie der Gespräche mit Vertretern zivilgesellschaftlicher und öffentlicher Sicherheitsfürsorge als auch in Abgleich mit der forschungsleitenden Fragestellung wurden zu Beginn des zweiten Abschnitts des zweiten Forschungsaufenthalts verschiedene Quartiere im Stadtbezirk Jabaquara im Süden der Kommune (223.780 Einwohner, vgl. IBGE 2010) als explorative Fallstudiengebiete des Forschungsvorhabens ausgewählt. Die Quartiere Vila Parque Jabaquara, Vila Mascote, Vila Santa Catarina, Jardim Oriental, Cidade Vargas und Vila Guarani sind der breiten brasilianischen Mittelschicht zuzuordnen. Die beiden administrativen Einheiten des Stadtverwaltungsbezirks (*subprefeituras*) und des Bezirks (*distritos*) sind flächengleich. Die Flächenverbindung des Bezirks Jabaquara und des Verantwortungsbereichs CONSEG Jabaquara (Polizeireviere 1ª Cia do 3° BPM/M bzw. 35° DP und 3ª Cia do 3° BPM/M bzw. 97° DP (2ª Delegacia Seccional de Polícia Civil) bilden die Grenze des Untersuchungsgebiets der explorativen Fallstudie. Die innere soziale Differenzierung des Bezirks Jabaquara gestaltet sich städtebaulich und sozioökonomisch stärker heterogen. Er entwickelte sich relativ homogen zwischen den 1940er und 1960er Jahren, charakterisiert sich heute durch eine 1- bis 3-geschossige Einfamilien- und Reihenhausbebauung und weist eine geringe Transformationsdynamik der Vertikalisierung auf (sog. *condomínios*). Darüber hinaus kann eine massive Ausweitung von Sicherheitsmaßnahmen (technisch-elektronischer Häuserschutz, Wachdienste, Patrouillen in der Nachbarschaft) beobachtet werden.

Dritte Phase: feldinterner Feldzugang
Die Auswahl und damit nicht die Anzahl der Interviewpartner bildete vor dem Hintergrund, die Bedeutung von Un-/Sicherheiten in alltäglichen Praktiken-Ordnungen-Bündeln von Mittelschichtshaushalten in São Paulo nachzeichnen zu wollen, während des gesamten Forschungsvorhabens eine der zentralen Fragen: Wie lassen sich Sicherheitspraktiken und Sicherheitsordnungen methodisch zugänglich machen, wenn sie sich doch durch eine Doppelstruktur aus materieller Anwesenheit von Körpern und Dingen bei gleichzeitiger Anwesenheit impliziten Wissens qualifizieren (vgl. Reckwitz 2008b)? Wie nähert man sich empirisch dem Alltagsbereich der Menschen, um deren vollzogene Handlungsleistungen zu verstehen (vgl. Bergmann 2007; Hammeryley & Atkinson 2010)? Wie ist die Annäherung möglich, ohne dabei den durch theoretische Vorannahmen getrübten Blick auf das soziale Phänomen empirisch in der Auswahl einer bestimmten Quantität und Qualität von bestimmten Beobachtungen und Gesprächen zu reproduzieren?

Die methodische Antwort lautet: Es ist *nicht* möglich. Gleichzeitig lautet die forschungspragmatische Aufgabe einer sich dem Design der ethnographischen und qualitativen Sozialforschung zuordnenden, sozialgeographischen Arbeit, es möglich zu machen und sich damit nicht nur der Gefahr der Perspektivfalle bewusst zu sein, sondern die Gefahr in Kauf zu nehmen und bewusst in die Falle zu treten. Indem das Nachzeichnen eines sozialen Phänomens zuletzt „immer auch eine subjektive Konstruktion der [b]etrachtenden" (Mattissek et al. 2013, S. 139) Forscher bleibt, wird die Auswahl von Gesprächspartnern auch immer zu einer strategischen Gratwanderung nicht nur zwischen theoretischem Erkenntnisinteresse, forschungsleitender Fragestellung und methodologischer Verortung werden, sondern ist insbesondere auch abhängig von der Anzahl möglicher Gesprächspartner, vom Zeitbudget und von der anvisierten Breite und Tiefe der Feldauswahl (Flick 1995, S. 89).

Die strategische Gratwanderung bestimmte in unterschiedlicher Intensität praktisch das gesamte Forschungsvorhaben und konkret insbesondere den zweiten Abschnitt des zweiten Forschungsaufenthalts: Wer ist die Mittelschicht? Was macht die Mittelschicht? Und wo, das heißt in welchem Alltagsbereich, findet das Was von wem oder was statt? Denn schließlich bedurfte es nach einem ersten Kontakt mit dem Forschungsfeld der alltäglichen Un-/Sicherheiten – verstanden als *feldexternem* Feldzugang – auch eines zweiten, feldspezifischen und fallangemessenen (Lüders 2007, S. 394) Kontaktaufbaus zu den Teilnehmern des Forschungsfelds der Sicherheitspraktiken und Sicherheitsordnungen – verstanden als *feldinternem* Feldzugang. In Rücksprache mit Wissenschaftlern der Universität São Paulo, aufbauend auf feldspezifischen Erfahrungen der ersten explorativen und teilnehmenden Feldzugänge (09-10/2010, 08-10/2011) und schließlich in forschungspragmatischer Abwägung der „persönlichen Voraussetzung und Ressourcen" (Mattissek et al. 2013, S. 139) wurde der spezifische Alltagsbereich Wohnen gewählt, um den Kontakt zwischen Beforschten und Forscher herzustellen. Nach Auswahl der Fallstudien in Gestalt der oben zitierten sechs Wohnquartiere im Bezirk Jabaquara wurden in den verschiedenen Untersuchungsgebieten Mitte Oktober insgesamt 879 zweiseitige Informationsschreiben verteilt, in denen die Anwohner über das Forschungsvorhaben informiert und zu ihrer Bereitschaft zu einer Forschungsteilnahme befragt wurden. Im Informationsschreiben wurden Emailadresse und Telefonnummer des Forschers hinterlassen. Der Rücklauf war sehr gering (2 Emails und 3 Anrufe) und machte eine Modifikation der Interviewpartnerauswahl notwendig.

Exkurs 3.2: Der Feldzugang: Gratwanderung zwischen Explorativem und Essentialismus

Vor dem Hintergrund der strategischen Gratwanderung zwischen Feldzugang zur explorativen Fallstudie und raumessentialistischer Eingrenzung des Untersuchungsgebiets kann folgende Feldnotiz (07.10.2011) exemplarisch herangezogen werden:

„Die Grundfrage bleibt auch noch in der siebten Woche [des zweiten Forschungsaufenthalts], wie ich an die Gesprächsteilnehmer für die qualitativen Interviews herankomme. Im Forschungsvorhaben geht es um die Mittelschicht, die nun mal verbarrikadiert in ihren Häusern lebt, und an diese Häuser zu kommen, ist sehr schwierig. Wenn man zum einen den *Zugang* zu den Interviewteilnehmer über die Häuser und damit den Alltagsbereich Wohnen herstellen möchte, gibt es die Möglichkeit, sich auf ein sehr kleines Gebiet zu konzentrieren [...] und dort per (Einwurf-)Schreiben zu versuchen, die „gesamt Masse" zu erreichen. Im Auswahlgebiet müssen schließlich alle Häuser abgeklappert werden, die einen Brief erhalten haben, und sie fragen, ob man ein Interview mit ihnen machen möchte. [...] [Oder man organisiert das] Verschicken eines Schreibens mit integriertem Fragebogen, was den Vorteil bringt, ein gewisses Interesse für die Studie zu wecken. [...] [Zum anderen] lässt sich die Kontaktaufnahme über die Teilnahme am Alltagsleben der Interviewten herstellen. Man kann sich in der Metro, im Kaufhaus, im Supermarkt und im Theater präsent zeigen und ein Kurzinterview (zu offenen Fragen) stellen [oder] mit einem standardisierten Fragebogen arbeiten. In beiden Situationen kann man den Personen ein kurzes Schreiben an die Hand geben mit einer Kurzinformation über die Studie oder die Personen direkt darauf ansprechen, ob sie ggf. Interesse an der Fortsetzung einer Studie hätten. Wichtig bei der Vorbereitung ist natürlich auch, dass man die jeweiligen Autorisationen [für die Durchführung des Interviews] einholen muss (Park: möglich, Metro: schwierig, Kaufhaus: schwierig, vor dem Theater: leichter möglich). Auch muss man sicherlich bemerken, dass man mit mindestens 2 Personen ein leichteres Spiel [beim Ansprechen] haben wird. [...] Anzumerken bleibt auch, dass bei beiden [methodischen Feldzugängen] zu unterschiedlichen Zeitpunkten unterschiedliche Sprachkenntnisse vorausgesetzt werden."

Anschließend an die Vorüberlegungen des Feldzugangs wurde versucht, über Postwurfsendungen Kontakt zu Anwohnern aus den Wohnquartieren aufzunehmen. Dabei wurden von 879 Briefen insgesamt 774 Briefe persönlich an frei zugänglichen Wohnhäusern im Briefkasten eingeworfen. 105 Briefe wurden Wachmännern (*guardas*) persönlich mit der Bitte überreicht, die Schreiben an die von ihnen betreuten Haushalte zu übergeben. Die Adressen der 774

Haushalte in Gestalt von Einfamilienhäusern, Doppelhäusern oder Reihenhäusern, die per Einwurf ein Informationsschreiben erhielten, wurden notiert und die von der Straße aus einsehbaren Sicherheitsartefakte in Gestalt von installierten Sicherheitsmaßnahmen wurden kartiert. Auf Grund der Modifikationen des erkenntnistheoretischen Zugangs zu Praktiken und Ordnungen der Un-/Sicherheiten im Verlauf des Forschungsprozesses wurden die beobachteten und notierten Daten aber nicht empirisch ausgewertet. Nach der Auswahl der Untersuchungsquartiere über Postwurfsendungen im Wohngebiet wurde die flächenmäßige Begrenzung der explorativen Fallstudien – umgesetzt als die forschungspragmatisch, bewusst raumessentialistische Abgrenzung des Untersuchungsgegenstands – erst nach der Verteilung der Informationsschreiben endgültig festgelegt. Demnach wurden Haushalte aus dem angrenzenden Wohnquartier Campo Belo auch nicht mehr aufgesucht, obwohl sie ursprünglich ein Informationsschreiben erhalten hatten.

Um sich beim Kontaktaufbau nicht auf das im Forschungsverlauf aufgebaute Netzwerk der lokalen Sicherheitsgovernance stützen zu müssen, sondern einen eigenen, persönlichen Zugang zu Mittelschichtshaushalten zu wählen, wurde methodisch das – durchaus naive, weil hochgradig konstruktivistische – Ziel verfolgt, den feldinternen Zugang nicht durch einen *Gatekeeper* und auch nicht durch ein Schneeballverfahren herzustellen, sondern durch die „Methode, die Auswahl den Auszuwählenden [zu] überlassen" (Reuber & Pfaffenbach 2005, S. 151). Konkret wurden die Haushalte über mehrere Wochen (Mitte Oktober bis Mitte November 2011) in der Form zu ihrer Bereitschaft (und ihrem Interesse) gefragt, dass Haushaltsvorstände persönlich an der Tür aufgesucht und referenznehmend zum Informationsschreiben über den Forschungsinhalt und in zweiter Linie über geplante Befragungsmethoden informiert wurden. Ein deutliches Misstrauen gegenüber Fremden und insbesondere gegenüber dem freien Ansprechen an der Haustür respektive Gegensprechanlage (vgl. Exkurs 3.2 und Kap. 5), geringe bis praktisch keine Erfahrungen mit qualitativen Befragungsmethoden – in Brasilien kommt vor allem ein quantitatives Befragungsverfahren in Gestalt von Fragebögen und der Gesprächsführung im öffentlichen Raum im Rahmen von Marktstudien zur Anwendung – und ein sehr enges Zeitbudget der Befragten gestalteten den Kontakt- und anschließenden Vertrauensaufbau zu Haushalten der Mittelschicht relativ schwierig und machten einen zunächst unerwartet zeitaufwendigen Feldzugang notwendig.

Exkurs 3.3: Der Feldzugang und die schwierige feldinterne/feldexterne Kontaktaufnahme

Die Kontaktaufnahme gestaltete sich zu *feldinternen* und *feldexternen* Experten als außerordentlich schwierig. (vgl. Exkurs 5.4). So findet der erschwerte Feldzugang zu feldinternen Interviewten beispielsweise in folgender Feldnotiz seinen Ausdruck:

„Die Kontaktaufnahme zu den *moradores* gestaltet sich insgesamt als schwierig, was auch eigentlich so erwartet werden muss/musste. Der größte Teil der Häuser scheint zum Zeitpunkt des Aufsuchens (Klingeln an den Häusern) in der Form verlassen, als dass die Anwohner nicht zu Hause sind. Konkret beziehe ich mich auf Erfahrungen aus dem Feld zu folgenden Zeitpunkten: 27.10.2011 (Do): 17.30-18.15h, 28.11.2011 (Fr): 11.30-12.45h, 17.30-20.00h. Man sollte – in Anlehnung an das Gespräch mit dem Wachmann Fabrício (Vila Mascote) – die Anwohner eher am Wochenende aufsuchen, weil die dann zu Hause seien und weil man sie unter der Woche am Feierabend eher gestresst als entspannt antreffe. Eigene Erfahrungen aus Türklinken-Putz-Gesprächen bringen exemplarisch immer wieder die gleichen Standardaussagen hervor: Man habe keine Zeit. Man sei nicht (an der *pesquisa*) interessiert. Man möchte nicht teilnehmen. Die *moça* (Hausangestellte) habe den Brief überreicht, >aber es wurde nicht darauf reagiert<. Der Brief sei nicht angekommen. Ob man noch einmal einen Brief da lassen könne, man würde sich dann anschließend umgehend melden. Es scheint (bzw. sollte es scheinen) wenig verwunderlich, dass die Kontaktaufnahme auf Ablehnung stößt. Deshalb muss man sich immer wieder die Frage stellen, *wer* tatsächlich Interesse hat, freiwillig an der Untersuchung teilzunehmen. Ich gehe aber davon aus, dass die schwierige Ansprechsituation in anderen Länderkontexten mitunter vergleichbar wäre und keinen großen Unterschied machen würde. Darüber hinaus ist der Erfolg des Ansprechens zuvorderst davon abhängig, ob ich es schaffe, die Empfangssituation an der Tür entsprechend zu meistern. Logischerweise ist dabei wie so häufig die Frage der Sprache die alles Entscheidende. Es ist einfach was anderes, in einem Satz Schnack-Schnack zu machen oder die Zeit zu haben, ausführlich zu kommunizieren!" (*TB*, 28.10.2011).

Basierend auf den Erfahrungen im Feld schien folgender, ressourcen- und zeitaufwendiger Feldzugang als am gangbarsten:

„Alle verschiedenen Gedanken zur Annäherung an die Anwohner mündeten in letzter Zeit eigentlich in der Erkenntnis, dass sich nur über den direkten Gesprächskontakt das substanzielle Vertrauen aufbauen lässt, das notwendig ist für ein persönliches Interview in den folgenden Tagen; d.h. selbst wenn es einen Fragebogen geben würde als Köder, vermute ich, dass es zumindest einen *face-to-face*-Kontakt benötigt, ehe sich die Anwohner auf das Interview einlassen. Interessant scheint vielleicht auch, dass so [reserviert und] misstrauisch die Personen auch zu sein scheinen, das Thema öffentliche Sicherheit als Untersuchungsinhalt für diejenigen, die sich bereit erklären an einer Untersuchung teilzunehmen, eine brisante Thematik darstellt. Mit dem Thema verbinden viele persönliche Erfahrung und die öffentliche Sicherheit scheint so brinsant, dass sich Personen vorstellen können, 40 bis 45 min – als angekündigte Gesprächszeit – über Un-/Sicherheiten in ihrem Alltag sprechen zu können. [...] [Entsprechend gilt es beim Erstkontakt den] ernsthaften Charakter der Untersuchung deutlich zu machen, um ersichtlich – und damit intuitiv – herauszufinden, ob bei der Aussicht auf das Interview (Gesprächslänge, Methodikeinsatz) immer noch Interesse besteht, daran teilzunehmen" (*TB, 03.12.2011*).

Außerdem gestaltete sich noch während des zweiten Forschungsaufenthalt auch die Kontaktaufnahme zu kommerziellen Sicherheitsdienstleistern (feldexterne Experten) ziemlich schwierig. Außer informellen Gesprächen im Rahmen des Feldzugangs und Informationsgesprächen mit Vertretern/Verkäufern von Sicherheitsequipment, konnte zu diesem Zeitpunkt noch kein formaler Interviewtermin eingerichtet werden. Diese Schwierigkeit deckte sich mit dem allgemeinen Diskurs im wissenschaftlichen Umfeld São Paulos. Aussagen und Bewertungen über das Feld der Verantwortlichen und Geschäftsinhaber privater Sicherheitsfirmen reichen von „sehr sensibel" bis hin zu „gefährlich und kriminell". Vor dem Hintergrund des Nachzeichnens von Sicherheitspraktiken und Sicherheitsordnungen galt eine bessere Einordnung privatwirtschaftlicher Sicherheitsfürsorge aber als wünschenswert, weshalb die Versuche der Kontaktaufnahme im weiteren Forschungsverlauf (insbesondere während des vierten Forschungsaufenthalts) weiter intensiviert wurden.

Dritte Phase: erste feldexterne und feldinterne Gespräche

Der dritte Abschnitt des zweiten Forschungsaufenthalts sah schließlich ein methodisch zweigleisiges Vorgehen vor. Zum einen konnten im Zeitraum von Mitte Oktober bis Mitte Dezember insgesamt 12 Expertengespräche mit Vertretern der Verwaltung auf Bezirksebene, mit Vertretern der öffentlichen Sicherheitsakteure der Polícia Militar und Polícia Civil sowie mit Vertretern der Guarda Civil Metropolitana, mit politischen Vertretern auf Bundesebene, mit einem ehemaligen Mitarbeiter des bundesstaatlichen Innenministeriums, mit technischen Leitern des städtischen Sicherheitsamts und mit Vorsitzenden und Angehörigen von Vorständen verschiedener kommunaler Sicherheitsräte (CONSEG) geführt werden. Ziel der verschiedenen Expertengespräche, die zum größten Teil auf Tonbandgeräten aufgezeichnet wurden, war ein erweitertes Verständnis der Akteursstruktur der öffentlichen Sicherheitsfürsorge, die Einordnung der aktuellen Entwicklung der kommunalen und lokalen Sicherheitspolitik sowie die Beurteilungen der Interaktion zwischen öffentlichen Sicherheitsakteuren und lokaler Bevölkerung.

Zum anderen wurde auf Basis des bisherigen Kenntnisstandes – einem Verschnitt aus fragestellungsrelevantem Erkenntnisinteresse und bis dato gesammelten empirischen Eindrücken aus durchgeführten Beobachtungen und Gesprächen – ein Leitfaden für die anschließenden qualitativen Interviews mit Haushalten der Mittelschicht konzipiert. Im Zeitraum von Mitte November bis Mitte Dezember 2011 konnten insgesamt 19 teilstrukturierte, leitfadengestützte Interviews mit Anwohnern von Mittelschichtshaushalten aus allen zitierten Fallstudiengebieten geführt werden. Die Gespräche mit einer Gesprächsdauer zwischen 20 und 180 Minuten (mehrheitlich 60-80 Minuten) wurden überwiegend auf Tonband aufgezeichnet und fanden größtenteils am Wohnort der Interviewteilnehmer statt. Konkret thematisierten die Gespräche Fragen der Wohnstandortwahl und Wohnumgebung, des Routinehandelns und des sozialen Austauschs in verschiedenen Alltagsbereichen und der privaten und öffentlichen Sicherheitsfürsorge.

Angesichts des sich durchaus kompliziert und langwierig gestalteten Feldzugangs und Auswahlvorgangs der Interviewteilnehmer, der wie zuvor beschrieben insbesondere von Misstrauen, Reserviertheit und Skepsis geprägt war, ließ sich – nicht unbedingt überraschender-, aber in jedem Fall forschungspragmatisch erfreulicherweise – mit Durchführung der Interviews ein nun umso schnellerer Vertrauensaufbau zwischen Forscher und Beforschten beobachten. Oftmals schlossen sich an die zunächst teilstrukturierten und leitfadengestützten Interviews – nicht unbedingt nur, aber bestimmt auch auf Grund des Ausschaltens des Tonbandgerätes – längere forschungsthemenspezifische wie -unspezifische Gespräche mit zum Teil viel stärker narrativen Sequenzen an. Insbesondere die vertrauensstiftende Gesprächssituation bei Kaffee und Kuchen (*tomar um cafezinho*) ermöglichte im Anschluss das gemeinsame Ansprechen, Thematisieren und Austauschen der „Blickwinkel am Alltagshandeln beteiligter Menschen" (Mattissek et al. 2013, S. 128ff.) und damit einen zusätzlichen Zugang zu semantischen und narrativ-episodischen Wissensformen als grundlegendem Konzept des episodischen Interviews (vgl. Flick 1995, 1996). Letztlich lieferte die feldinterne Bekanntschaft mit dem vertrauensstiftenden Element der methodischen Werkzeugkiste die forschungspragmatischen Begründungen, im weiteren Forschungsprozess im Feld ausgeprägter von qualitativen Verfahren ethnographischen Vorzeichens Gebrauch zu machen, um einen erweiterten Wirklichkeitszugang zum Alltagshandeln von Menschen zu ermöglichen.

Vierte Forschungsphase: Die Zirkularität aus going native und going alien
Die erste explorative Auswertung der Daten bildete schließlich einen zentralen Arbeitsschwerpunkt der *vierten* Phase des Forschungsvorhabens (01-10/2012). Sie basiert auf den subjektiven Positionen (Mattissek et al. 2013, S. 128), die in den Beobachtungen und Gesprächen sowohl durch die Beforschten als auch durch den Forscher insbesondere während des zweiten Forschungsaufenthalts zum Ausdruck kamen und die sprachlich aufgezeichnet und in Feldnotizen sowie in im Anschluss angefertigten Interviewtranskripten[38] textuell festgehalten wurden. Nach einem langen explorativen und anschließend stärker strukturierten empirischen Vorgehen des *going native* galt es, sich in Anbetracht des zu Grunde liegenden interpretativ-verstehenden Paradigmas zu diesem Zeitpunkt des Forschungsvorhabens der Zirkularität des Forschungsverlaufs zu besinnen und im Verschnitt aus empirischen und theoretischen Erkenntnisfortschritten forschungspragmatisch das *going alien* zu forcieren.

---

38 Der Autor der vorliegenden Arbeit hat das gesamte Interviewmaterial (zweiter und dritter Forschungsaufenthalt) selbstständig transkribiert. Auch wenn sich die Transkription insbesondere nach dem zweiten Forschungsaufenthalt als sehr zeitaufwendiger Arbeitsschritt (01-03/2012) gestaltete, half sie dem Autoren doch seine Sprachkenntnisse deutlich zu verbessern, was auf Grund der anschließenden, stärker ethnographisch orientierten Vorgehensweise zunehmend an Bedeutung gewann. Im Sinne des interpretativ-verstehenden *zirkulären* Vorgehens kamen im Anschluss an Kowal und O'Connell (2007) unterschiedliche Transkriptionsverfahren zur Anwendung: Feldexterne, informelle Gespräche (Kurzinterviews, Gartenzaungespräche) wurden nur selten aufgezeichnet, als vielmehr nach kurzem zeitlichen Abstand in Gedankenprotokollen paraphrasiert wiedergegeben. Die verschiedenen (Vor-)Gespräche und teilstrukturierten, in der Regel leitfadengestützten Expertengespräche wurden nur zum Teil auf Tonband aufgezeichnet und mit Ausnahme von sieben Expertengesprächen (während des zweiten Forschungsaufenthalts) nicht transkribiert, jedoch durchgehend in Gedankenprotokollen festgehalten. Die qualitativen Interviews des zweiten Forschungsaufenthalts wurden bis auf eine Ausnahme digital aufgezeichnet und in den gesetzten Grenzen der sprachlichen Möglichkeit des Autors wortgetreu transkribiert. Über die zahlreichen Gespräche mit feldinternen Interviewten während des zweiten und dritten Forschungsaufenthalts wurden nahezu ausnahmslos Gedächtnisprotokolle angefertigt. Die reflexiven Fotointerviews mit einer Auswahl von Interviewpartnern aus 2011 (dritter Forschungsaufenthalt) wurden durchgehend aufgezeichnet. Aus forschungspragmatischen Gründen und in Angleich an die andauernde Modifikation des Forschungsdesigns wurde die Transkription der Interviews in einer Kombination aus semantisch-wortgetreuem, interpretativ-sinngemäßem und interpretierendem Transkribieren (Reuber & Pfaffenbach 2005, S. 153) durchgeführt.

Zum einen wurde anknüpfend an die bis dato geführte, konzeptionelle und insbesondere länderkontextspezifische Diskussion der Un-/Sicherheitenentwicklung und aufbauend auf einer ersten explorativen Auswertung insbesondere der qualitativen Interviews eine erste, *preliminary* Fallstudienbesprechung von alltäglichen sicherheitsorientierten und sicherheitssuchenden Handlungsabläufen (Haubrich 2012a, 2012b) in der Gestalt einer „empirisch begründeten Typenbildungen" (Kluge 1999) geführt. Zum anderen galt es, in Anlehnung an eine konstruktivistisch-orientierte Kritik an der verkürzten Betrachtung verräumlichter, verwalteter und versilberter Un-/Sicherheiten einen erweiterten, relationalen Zugang zu Fragen der Un-/Sicherheiten als gesellschaftlich verhandeltem Ordnungsproblem zu entwickeln. Furcht und Angst sollen hierbei als zentrale phänomenologische Kategorien bewertet werden, ohne deren reproduktiven Charakter im wechselseitigen Austauschverhältnis von Un-/Sicherheiten zu missachten. Unter Rückgriff auf die humangeographische Debatte, die sich am Verständnis der *emotional geography* orientiert und diese mit einer praktikentheoretischen Perspektive im Sinne des *Practising emotions* befruchtet (vgl. Everts & Wagner 2012) (vgl. Kap. 2.4), wurde schließlich der zentrale erkenntnistheoretische Zugang erarbeitet, mit dem sich in der anschließenden Forschungsphase wieder dem konkreten Untersuchungsgegenstand genähert werden konnte.

Fünfte Forschungsphase: Reflexive Fotointerviewverfahren
und der plausible Wirklichkeitszugang
Die *fünfte* Phase des Forschungsvorhabens (11/2012-03/2013) beschreibt den dritten, fünf-monatigen Forschungsaufenthalt in São Paulo. Die empirischen Arbeiten im Feld standen zeitlich und inhaltlich zum einen im Zeichen des zwischenzeitlich begonnenen DFG-Forschungsprojektes zu *Wechselwirkungen zwischen raumorientierten Sicherheitspolitiken und alltäglichen Sicherheitspraktiken in São Paulo, Brasilien* (vgl. Haubrich & Wehrhahn 2012). Zum anderen konzentrierten sich die empirischen Arbeiten vor Ort auf die Wiederaufnahme des Zugangs zum lokalen Sicherheitsfeld im Allgemeinen und des Untersuchungsgebiets im Besonderen. Wie schon im zweiten Forschungsaufenthalt gestaltete sich der dritte Forschungsaufenthalt methodisch zweigleisig:

Einerseits wurden die teilnehmende Beobachtung in verschiedenen kommunalen Kriminalpräventionsräten (CONSEG) fortgesetzt und ergänzend Gespräche mit feldexternen Experten der lokalen, kommunalen und überregionalen Sicherheitsgovernance geführt. Zudem konnten zahlreiche informelle und sehr informative Gespräche mit Vertretern öffentlicher Sicherheitsorgane, Vorsitzenden der kommunalen Sicherheitsräte, Bezirkspolitikern, Sozialarbeitern, *líderes sociais,* aber auch Wissenschaftlern im Umfeld der USP und NEV-SP sowie

Passanten, die geschlossen im Wesentlichen der weiteren Gewinnung von feldexternem Hintergrundwissen dienten, realisiert werden. Daneben wurden insgesamt weitere 15 formelle, teilstrukturierte Expertengespräche mit Vertretern der Stadtverwaltung, des bundesstaatlichen Innenministeriums, kommunaler Sicherheitsräte, lokaler Sicherheitsorgane sowie kommerzieller Sicherheitsdienstleister geführt.

Andererseits galt es, erneut den feldinternen Zugang zum Forschungsgegenstand herzustellen und dem qualitativen Forschungsdesign folgend den Wirklichkeitszugang zum Alltagshandeln von Menschen unter Verwendung von ethnographisch orientieren, qualitativen Werkzeugen fortzusetzen. Im Gegensatz zum zweiten Forschungsaufenthalt lag diesem feldinternen Zugang jedoch eine erkenntnistheoretisch spezifizierte Prämisse zu Grunde, nämlich das soziale Phänomen miteinander verwobener Sicherheitspraktiken und Sicherheitsordnungen praktikentheoretisch nachzeichnen zu wollen. Konkret wurde versucht, zu den 16 Anwohnern von Mittelschichtshaushalten in allen zitierten Fallstudiengebieten Kontakt aufzunehmen, mit denen während des zweiten Forschungsaufenthalts teilstrukturierte, leitfadengestützte Interviews durchgeführt wurden. Dafür ging diesen einige Tage vor Weihnachten 2012 ein Schreiben zu, in dem der Fortgang der Untersuchung bekanntgegeben, das weitere methodische Vorgehen grob umrissen und die bevorstehende telefonische Kontaktaufnahme ab Mitte Januar 2013 angekündigt wurde. Da sich im zweiten Forschungsaufenthalt gezeigt hatte, wie schwierig der Aufbau eines vertrauensvollen Feldzugangs ist und wie sensibel drei Haushalte auf das explorative Anwenden des Foto- und Interviewverfahren reagierten, erschien es in diesem dritten Forschungsaufenthalt am sinnvollsten, wieder mit denselben Personen zusammenzuarbeiten.

Von den 16 ehemaligen Gesprächsteilnehmern waren drei Haushalte nicht mehr zu erreichen. Vier Haushalte signalisierten zwar ihre Bereitschaft und bekamen bereits eine Kamera ausgehändigt, änderten aber im weiteren Verlauf ihre Meinung oder brachen das methodische Verfahren in den folgenden zwei Monaten ab. Schließlich akzeptierten neun Haushalte die Teilnahme am Verfahren und schlossen dieses auch ab. Konkret wurden die Interviewpartner gebeten, mit einer vom Forscher gestellten Einwegkamera an mehreren frei von ihnen wählbaren Tagen Situationen, Aktivitäten und Motive (Objekte oder Dinge) fotografisch festzuhalten, von denen ein Gefühl der Sicherheit oder Unsicherheit im Alltagsbereich der Stadt São Paulo ausgehe. In einem persönlichen Gespräch wurden die methodische Aufgabe erläutert und die Teilnehmer ermutigt, die Fotokamera als ihre ständige Begleiterin in verschiedenen Alltagsbereichen zu sehen, die nur sie auf Grund ihrer Alltagsexpertise abbilden können. Die Fotoserien wurden von den Teilnehmern unterschiedlich schnell und termingetreu, aber durchgehend seriös und methodisch verwendbar erstellt.

Anschließend wurden die Gesprächsteilnehmer im Zeitraum zwischen Mitte Februar und Ende März 2013 reflexiv zu ihren Aufnahmen befragt. Ein offener Gesprächsleitfaden wurde zwar vorbereitet, letztlich dienten aber die Fotografien selbst als Stimulation für die Erzählung (Watson & Till 2010, S. 124), in der das bildlich Festgehaltene beschrieben, reflektiert und in Situationen, Abläufe und Handlungskontexte eingeordnet wurde. Im Sinne des Perspektivwechsels von – forschungspragmatisch sicherlich nicht unbeeinflussten, aber methodisch selbstbestimmten – feldinternem Experten in Gestalt des Beforschten und dem wissenschaftlichen Beobachter als außenstehendem Laien (vgl. Teckenberg 1982; Harper 2007), war das reflektierende Gespräch stark, wenn nicht ausschließlich von narrativen Sequenzen geprägt.

Während des gesamten Zeitraums im Feld zwischen Mitte Januar und Ende März 2013 wurden die neun Gesprächspartner mehrmals persönlich aufgesucht. Dies half nicht nur das notwendige Vertrauensverhältnis zu konsolidieren, vor dessen Hintergrund die Gesprächsteilnehmer zur mühevollen und zeitaufwendigen Aufgabe des kombinierten Foto- und Interviewverfahrens gebeten werden konnten. Die verschiedentlichen Besuche – in Gestalt des Sich-Wiedervorstellens, der Erklärung der Methodik, des Vorbeikommens zur Erinnerung, der Abholung der Kamera und des abschließenden Besprechens der Fotos, etc. – hatten hierbei unterschiedliche Längen (zwischen 0,5 und 5 Stunden) und reichten vom kurzen Plausch, über das Kaffeetrinken (*tomar um cafezinho*) bis zum Aufenthalt im Kreis der Familie. Während dieses gelegentlich intensiven *going native* konnte ein zusätzlicher Wirklichkeitszugang zur Innenperspektive der Anwohner gewonnen werden, der durch die Reflexion und textuellen Aufzeichnungen in Feldnotizen bei der sinn-verstehenden Auswertung der im Interview- und Fotographieverfahren konstruierten, ethnographischen Daten keine unbedeutende Rolle gespielt hat.

Die neun reflexiven Interviews wurden durchgehend aufgezeichnet und dauerten zwischen 28 und 122 Minuten; aber mehrheitlich zwischen 60 und 80 Minuten. Die Gespräche zeichneten sich nicht zuletzt durch eine große Heterogenität bezüglich der abgebildeten Situationen, Aktivitäten, Objekte und Dinge aus, aber auch bezüglich der interpretierten Auslegung der Aufgabe oder der anschließenden Bewertung der Erfahrung mit dem methodischen Werkzeug. Die Heterogenität der Gespräche ist zugleich aber nicht als Willkürlichkeit zu interpretieren, deutet sie forschungspragmatisch doch vielmehr auf den explorativen Charakter des Foto- und Interviewverfahrens hin, das als ethnographisches Werkzeug insbesondere den Beforschten zentriert, emanzipiert und konzeptionell die Reflexion der vollzogenen Handlungsleistung als Zugang zur sozialen Wirklichkeit versteht (vgl. Bergmann 2007; Hammersley & Atkinson 2010). Während des gesamten Forschungsverlaufs und im Rahmen des letzten methodischen Vorgehens im Feld hat sich nicht unbedingt eine Repräsentativität der dargestellten Fälle ergeben. Vielmehr bildet sich eine empirische Verdichtung der beobachteten und besprochenen Alltagserfahrungen im Bezug auf Un-/Sicherheitsaspekte im städtischen Alltagsbereich São Paulos heraus, die letztlich auf eine Plausibilität der empirischen Daten beim anschließenden Nachzeichnen des sozialen Phänomens schließen lässt. Sie geht mit der Erkenntnis einer, die sich sowohl bei Beforschten als auch beim Forscher am Ende des dritten Forschungsaufenthalts (März 2013) eingestellt hat. Die intensive, empirische und feldinterne, teilnehmende sowie nicht-teilnehmende reflexive Begleitung der Anwohner Jabaquaras bei ihrer Alltagsgestaltung zu Hause, beim Bäcker, im Kreise der Familie oder auf dem Weg zurück von der Arbeit über drei Jahre, sei nun ausreichend. Schließlich sei jetzt alles gesagt – und es hat sich forschungspragmatisch entsprechend eine theoretische Sättigung eingestellt – und man könne sich beim nächsten Aufeinandertreffen bei Kaffee und Kuchen durchaus über etwas anderes als Sicherheit, Wachmänner und die Probleme der öffentlichen Sicherheit – also der *temas chatos* – unterhalten.

Die sechste Forschungsphase: Aufbereitung und rückkoppelnde Einordnung
Die *sechste* und damit vorletzte Phase des Forschungsvorhabens (04-09/2013) war inhaltlich sowie zeitlich von der Aufbereitung der Gespräche und Beobachtungen des dritten Forschungsaufenthalts und von gesammelten aber liegengebliebenen textuellen und auditiven Aufzeichnungen vorheriger Forschungsphasen geprägt. Die Aufbereitung qualitativer Daten gestaltet sich als *Umwandeln* des Gesehenen und Gehörten in Text (Reuber & Pfaffenbach 2005, S. 153) und stellt zugleich immer eine theoriegeladene, selektive Konstruktion dar (Kowal & O'Connell 2007, S. 440). Damit muss das methodische Forschungsvorgehen im Feld auf Grund seines schließlich ethnographischen Zugangs zu Sicherheitspraktiken und Sicherheitsordnungen aber nur als Rekonstruktion des alltäglichen Wirklichkeitsbereichs von Menschen gelesen werden. Infolgedessen wurde aus forschungspragmatischen Gründen ein Transkriptionssystem konzipiert und angewendet, das sich der Gefahr der Perspektivfalle des ethnographischen Forschungsdesigns nicht nur bewusst ist, sondern auch in Kauf nimmt, wenn es soziale Phänomene „immer auch [als] eine subjektive Konstruktion der [b]etrachtenden" (Mattissek et al. 2013, S.139) Forscher nachzeichnet.

Folglich machte die empirische Verdichtung der beobachteten und besprochenen Alltagsgeschichten im Un-/Sicherheitsfeld und dabei insbesondere die qualitativen Daten aus dem kombinierten Fotografie- und Interviewverfahren ein semantisch-wortgetreues Transkribieren nicht mehr sinnvoll. Vielmehr begründet die qualitative Methodik das interpretativ-sinngemäße textuelle Umwandeln des Beobachteten und Gesprochenen der Beforschten in das subjektiv Konstruierte des Forschenden. Indem der Forscher bei diesem Vorgehen aus forschungspragmatischen Gründen vorsätzlich in die Falle tritt – was durchaus auf Grund einer vermutbaren methodischen Unreinlichkeit kritisiert werden kann –, muss sich auch die vorliegende Arbeit bei diesem alternativen Verfahren selbstverständlich mit der Frage konfrontieren, ob sich zur Datenaufbereitung nicht unmittelbar die Datenauswertung gesellt und beide Methoden somit bereits miteinander verwoben sind (vgl. Diskussion der *Black Box* in Kap. 3.2).

Ein abschließender, vierter Forschungsaufenthalt (09/2013) verfolgte schließlich das Ziel, bisherige Erkenntnisse zur öffentlichen und privaten bzw. privatwirtschaftlichen Sicherheitsfürsorge kontextuell einzuordnen. Hierzu wurden bestehende Kontakte aus dem wissenschaftlichen Feld der USP und NEVSP sowie dem lokalen, kommunalen und bundesstaatlichen Feld der Sicherheitsgovernance erneut bemüht, um feldexterne Expertengespräche zu führen. Konkret wurden sechs Expertengespräche geführt mit einem Vertreter der kommerziellen Sicherheitsbranche, Vertretern des Arbeitgeberverbands für elektronische Sicherheit, Experten für Sicherheitsdienstleistungen des industriellen Unternehmerverband (FIESP), einem Fachbereichsleiter für Häuserschutz- und PKW-Überwachung eines großen Versicherungsunternehmens, Vertretern des bundesstaatlichen Innenministeriums, einer ehemaligen Mitarbeiterin des städtischen Amts für öffentliche Sicherheit und einem Mitarbeiter der Abteilung für Straßenverkehrsüberwachung und -sicherung. So außerordentlich schwierig sich die Kontaktaufnahme sowohl zum kommerziellen Sicherheitssektor als auch zur bundesstaatlichen Ebene für öffentliche Sicherheit noch im zweiten und dritten Forschungsaufenthalt gestaltet hatte, so sensibel und so modifiziert galt es, die Gespräche mit dem „gefährlich und kriminellen" – so die sicherlich zu differenzierende Kritik des universitären Umfelds in São Paulo – Feld der lokalen Sicherheitsgovernance nach dessen eigenen Spielregeln zu führen. Gemäß dem Motto, je informeller der Gesprächsrahmen ist desto besser für den Gesprächsverlauf, stand eine Aufzeichnung per Tonband zum einen nie zur Debatte, sondern wurde von nachträglichen Gedankenprotokollen ersetzt. Zum anderen wurde das bis dato zusammengetragene kontextuelle Hintergrundwissen transparent dargestellt, womit sich ein Vertrauensverhältnis auf Augenhöhe herstellen ließ.

Siebte Forschungsphase: Aufbereitung, Auswertung und Abstraktion
Die *siebte* und damit letzte Phase des Forschungsvorhabens (ab 10/2013) sah nicht mehr nur die Fortführung des Umwandelns der Beobachtungen und Gespräche in Transkriptions- und Interpretationstexte vor. Nach erfolgter Datensammlung und -auswertung rückt die abschließende Forschungsphase vielmehr die Datenauswertung in den Mittelpunkt. In Anlehnung an die konstruktivistische Ausrichtung des Forschungsvorhabens und deren Übersetzung in ein qualitatives Forschungsdesign ethnographischen Charakters bot sich eine Ergänzung des bis dato stärker linear geprägten Aufbereitungs- und Auswertungsverfahrens an um einen stärker intuitiven, kreativen, subjektiven Entdeckungsprozess.

Dabei erwies sich die Kombination aus Kodierung, Typenbildung und hermeneutischer Interpretation als gangbare, ineinander greifende Vorgehensweise. Sie garantierte, dass die Heterogenität und Vielfältigkeit beobachteter und besprochener Alltagserfahrungen durch Zusammenfassungen und Kategorisierungen reduziert und heruntergebrochen werden konnte, um jedoch gleichzeitig das Aufdecken, Freilegen und Kontextualisieren (Flick 2012, S. 387) von beobachtetem Tun und reflektiertem Sagen zu ermöglichen. Im anschließenden zirkulären Interpretations- und Abstraktionsprozess galt es schließlich, das Zugänglichkeitsproblem sozialer Praktiken in der Form aufzulösen, als dass der beobachtbare, unmittelbare Zugang zum Körperlich-Materialen mit dem sprachlich reflektierten, nicht mittelbaren Zugang zum Impliziten rückgekoppelt und passend zu einer Praktik zusammengesetzt wurde (vgl. Reckwitz 2008b).

Konkret wurde die Gesamtheit an konstruierten qualitativen Daten in Gestalt des Feldzugangs, teilnehmender und nichtteilnehmender Beobachtung, qualitativer Interviews und einer Dokumentenanalyse zu einer Triangulation verschnitten und unter Rückgriff auf das praktikentheoretische Sprachangebot bearbeitet, analysiert und rekapituliert. Aus der erweiterten erkenntnistheoretischen Perspektive wurden die rekapitulierten Praktiken-Ordnungen-Bündel schließlich in die Diskussion einer *abstrakten* und *anlass*-bezogenen Beobachtungsnotiz eingeordnet. Damit gestaltet sich nicht nur der gesamte Forschungsprozess zirkulär, sondern insbesondere auch die Abstraktion des nachzuzeichnenden sozialen Phänomens als der siebten und letzten Phase des Forschungsvorhabens. Forschungspragmatisch stellt sich das Verfassen der vorliegenden Arbeit – gefasst als abschließendem Schritt des interpretativen Verstehens qualitativer Sozialforschung – selbstverständlich nur als Resultat einer kontextabhängigen Wirklichkeit und als subjektiv gefärbte Re-Konstruktion des Verfassers dar (Mattissek et al. 2013, S. 139).

4 Un-/Sicherheiten in Brasilien. Ein gesellschaftsrelevanter Zugang

4.1 GESELLSCHAFTLICHE BEDEUTUNG VON UN-/ SICHERHEITEN IN BRASILIEN

„Wenige soziale Probleme treffen so sehr den Nerv der Öffentlichkeit wie die Kriminalität und Gewalt. Kein Wunder. [Beide] beschreiben dieserart Probleme, von denen die gesamte Bevölkerung betroffen ist, unabhängig von [sozialer] Klasse, Rasse, Konfession, Geschlecht und Familienstand" (Beato 1999, S. 13).

„Sad as it is to say, violence could arguably be considered the central - if not defining - problem in contemporary Latin America as it faces the new millennium" (Davis 2006, S. 178).

„Angst, wiederkehrende Krisen der öffentlichen Sicherheit, Meutereien in Gefängnissen, Zunahme der organisierten Kriminalität, Gefühl des Misstrauens und des Scheiterns der Justiz, andauernde Landkonflikte und häusliche Gewalt [und die] Verwicklung von Jugendlichen in Verbrechen [...] umfassen das, was man heute mit der Debatte über Gewalt in Brasilien verbindet" (Lima & Liana 2008, S. 7).

Die theoriegeleitete empirische Suche nach dem Handlungsverstehen im Feld der Un-/Sicherheiten zum zentralen erkenntnistheoretischen Interesse zu erheben, verlangt nicht nur nach einer möglichst offenen Reflexion der subjektiv gefärbten Re-Konstruktion der Verfasser, sondern insbesondere auch nach einem Nachzeichnen der kontextabhängigen Wirklichkeit (Mattissek et al. 2013, S. 139). Dabei kann die kontextabhängige Wirklichkeit in den unterschiedlichen gesellschaftlichen Teilbereichen nur jeweils für sich hergestellt verstanden werden. Verhandelt als Problemkategorie städtischer Gesellschaften, als Legitimationsgrundlage kriminal- und sicherheitspolitischer Veränderungen, als Privatisierungsvehikel und Kristallisationskern einer anhaltenden Kommodifizierung öffentlicher Güter kann die Diskussion der Un-/Sicherheiten in einem breiten thematischen Feld verortet werden. Entsprechend ist die gesellschaftliche Bedeutung des andauernden Herstellungsprozesses von Un-/Sicherheiten nicht als losgelöstes, kontextentbundenes soziales Phänomen zu verstehen, sondern entlang seiner diskursiven Rahmung, Gegenstandsbezogenheit und begrifflichen Verortung gezielt zu kontextualisieren. Sie werden im Anschluss exemplarisch dargestellt und aus systematischen Gründen voneinander thematisch getrennt. Indem die vorliegende Arbeit die Erkenntnis über das kontextbezogene soziale Phänomen wiederum als kontextuelles Hintergrundwissen fasst, lässt sich schließlich ein situatives Fundament für ihr ordnungstheoretisches Verständnis anbieten.

Un-/Sicherheiten kontextualisieren: Diskursive Rahmung,
Gegenstandbezogenheit und begriffliche Verortung
Im Sommer 2012 erschüttert eine neue Gewalt- und Kriminalitätswelle den Bundesstaat São Paulo und dabei speziell die peripheren Stadtgebiete der Landeshauptstadt (Folha de São Paulo 24.11.2012). Dieser Gewalt- und Kriminalitätswelle liegt die Auseinandersetzung zwischen den bundesstaatlichen Polizeiorganen und Mitgliedern der organisierten Kriminalitätsvereinigung *Primeiro Comando da Capital* (PCC) zu Grunde. Sie findet sowohl in einer markanten Zunahme von zivilen Todesopfern durch Polizisten und ermordeten Polizeibeamten als auch in einem Anstieg versuchter Morde bzw. der zur Anzeige gebrachten Mordopfern ihren Ausdruck (vgl. SSP 2012). Die Geschehnisse in São Paulo forderten Opferzahlen, die an das Niveau von 2006 heranreichten, als der gewalttätige Konflikt terroristischen Ausmaßes zwischen den beiden Lagern das letzte Mal entfachte (vgl. Salla 2006). Die jüngste Krise der öffentlichen Sicherheit im Bundesstaat São Paulo führte einerseits zu weitreichenden personellen Veränderungen im verantwortlichen Innenministerium (Secrataria de Segurança Pública) (vgl. R7 21.11.2012) und markiert andererseits einen Bruch mit den allgemeinen Kriminalitätsentwicklungen der letzten Jahrzehnte. Neben der diskursiven Rahmung bedarf es dementsprechend sowohl einer kontextuellen Verortung der medial und statistisch erzeugten *In-Formationen* jüngerer Kriminalitätsgeschehnisse im Bundesstaat São Paulo als auch einer regionalspezifischen Einordnung in die gesamtbrasilianische Kriminalitätsentwicklung.

Die alltägliche Präsenz der Gewalt und Kriminalität wird auch Ende 2011 gegenstandsbezogen in den konkret beobachteten abendlichen Veranstaltungen des Kriminalpräventionsrates CONSEG (Conselho de Segurança Comunitária) auf stadtbezirklicher Ebene thematisiert. Im Anschluss an die Gedenkminute für eine zum Opfer gefallenen, hiesigen Militärpolizistin wird am Abend den anwesenden Militär- und Zivilpolizisten für ihre Bereitschaft gedankt, sich in den Dienst der Gesellschaft zu stellen und dabei täglichen Lebensgefahren ausgesetzt zu sein. Dieselben Polizeibeamten befinden sich jedoch wenige Momente später im Kreuzfeuer der Kritik und werden von einer Anwohnerin und langjährigen Teilnehmerin des CONSEGs aufgefordert, sich endlich dem Problem der öffentlichen Ruhestörung anzunehmen, das sich neuerdings durch die zurückkehrenden *bancadões* ergebe und der gesamten Nachbarschaft von Donnerstag bis Sonntag jeden Schlaf raube. Noch am gleichen Abend stößt das vorzeitige Sich-auf-den-Weg-Machen einer rechtschaffenden Angestellten der Banco Brasil auf allgemeines Verständnis im Wir-Ambiente der Veranstaltung. Das frühe Aufbrechen stehe im Zusammenhang mit dem Gefühl, sich beim abendlichen Durchqueren der Stadt nicht sicher zu fühlen. Ein anderes Stimmungsbild bringt schließlich eine weitere Teilnehmerin in der Äußerung zum Ausdruck, indem sie fordert, dass der CONSEG sich verändern und eher als politische Forum dienen müsse, das nicht nur Harmonie zelebriert, sondern eine *cultura de paz* konstituiert (TB, 04.11.2012).

Eine sozialwissenschaftliche Debatte hingegen diskutiert begriffsbezogen die Dominanz städtischer Gewalt- und Kriminalitätsphänomene in Brasilien entlang der Abstraktionsachsen gesellschaftlicher *Trans-Formation*, städtischer Entwicklungsprozesse und sich wandelnder Staatlichkeit. Damit steht eine kontextspezifisch Perspektive im Spannungsfeld zwischen einem Dialog des internationalen Forschungsfelds und einer Debatte, die stärker die „internen Dynamiken in Brasilien" (Soares 2007, S. 32) berücksichtigt. Konkret werden Gewalt und Kriminalität im Zusammenhang mit einem argumentativen Rückgriff auf große sozioökonomische Disparitäten und eine voranschreitende sozialräumliche Polarisierung und Fragmentierung in den Städten diskutiert und problematisiert (vgl. Coy 2006; Costa et al. 2010; Burchardt 2011). Außerdem lassen sich verwaltungsstrukturelle Probleme des Demokratisierungsprozesses seit den 1985er Jahren ebenso wie allgemeine finanzielle Engpässe der öffentlichen Hand als Erklärungsdimensionen von Gewalt und Kriminalität identifizieren. Aus globaler Perspektive stehen sich darüber hinaus staatlich (un-)kontrollierte Strukturen der organisierten Kriminalität und dabei insbesondere hoch effiziente Drogen- und Waffenhandelsströme und eine defizitäre, teils hoch ineffiziente Ausübung des nur unzureichend ausgebildeten, teils usurpierten staatlichen Gewaltmonopols gegenüber (vgl. Soares 2007; Adorno 1998b). Im Disjunktionsfeld von „Demokratie und Gewalt" (vgl. Caldeira & Holston 1999; Holsten 2008) fällt der grundlegende Blick schließlich rasch auf andauernde Menschen- und Zivilrechtsverletzungen (zur Diskussion insbesondere polizeilichen Gewalt vgl. Caldeira 1996, 2008b) sowie auf eine sozialräumlich stark variierende eingeschränkte Regierungsfähigkeit im Allgemeinen und auf justizielle Ineffektivität in der Kriminal- und Verbrechensverfolgung im Besonderen.

Schließlich findet das Phänomen der Kriminalität und Gewalt – im brasilianischen *Kontext* in der Regel bezeichnet als *criminalidade violenta* (vgl. Beato 1999) – in der Debatte grundlegender Versorgungsfragen, sozialer Mobilität oder generations-, sozial-, und kontextübergreifender, aber insbesondere auch individueller und familiärer Konflikte Verankerung (Mesquita Neto 2011, S. 106; Bacha & Schwartzmann 2011, S. 17ff.). Gemäß der strukturalistischen Denkfigur, dass das Böse aus Unheil hervorgehe, wird gewaltsame Kriminalität entsprechend makrostrukturell als Kausalität erklärt, die dem bösen und grausamen Ordnungsmix von Arbeitslosigkeit, Armut, sozialer Spaltung und Bildungsnotstand entspringe. Einhergehend mit der komplexen Gewalt- und Kriminalitätssituation insbesondere in urbanen Räumen identifiziert eine kritische Perspektive gegenwärtig eine Überforderung des Staates und zeichnet die diskursive Legitimation oder Redefinition der Ziele, Projekte, Spielregeln und involvierten Akteure der Kriminal- und Sicherheitspolitik in Brasilien nach (vgl. Soares 2003; Zaluar 2007; Alves 2009; Frühling 2009). Kristallisationskern der Debatte um Praktiken staatlicher und zivilgesellschaftlicher Gewalt bildet schließlich nicht nur das Spannungsfeld aus fragiler Regierungsfähigkeit und eingeschränktem Gewaltmonopol, sondern die Kluft zwischen „formalen, in Gesetzen verfassten Rechten den tatsächlich praktizierten [Rechten]" (Soares 2007, S. 32).

Im kurzen, explorativen, diskursgestützten, begrifflich verankerten sowie empirisch verorteten Streifzug durch den regionalen *Kontext* städtischer Gewalt und Kriminalität werden Spektrum, Tragweite und Bedeutung von Un-/Sicherheiten in den verschiedenen gesellschaftlichen Teilbereichen der Gesellschaft, Politik, Wirtschaft und Wissenschaft deutlich. Dabei werden Gewalt und Kriminalität, Gefahr und Bedrohung, subjektive Unsicherheiten, Ängste oder Furcht – je nach Betonung und Argumentationsrichtung der miteinander in Beziehung gesetzten Denkfiguren Sicherheiten und Unsicherheiten – zur Sprengkraft des politischen Systems, zu Inhalten von Massenmedien und zum Verkaufsprodukt der Sicherheitswirtschaft (vgl. Souza 2012). Diese finden sozialräumlich ihren Ausdruck im öffentlichen und politischen Raum der *alphavillizierten* (vgl. Williams 2010) „Phobopolis" (vgl. Souza 2012). Anknüpfend an den vorgestellten konzeptionellen Zugang zum *abstrakten* sozialen Phänomen und aufbauend auf dem methodologischen Zugang zum *konkreten* Forschungsgegenstand rückt schließlich der dritte Pfeiler – verstanden als Zugang zum *gesellschaftsrelevanten Anlass* der Forschungsfrage – des praktikentheoretischen

Gebäudes der vorliegenden Arbeit in den Mittelpunkt der Betrachtung. Im Verstehen des Zusammenhängens von Abstraktem, Anlass und Konkretem wird es schließlich möglich, die Entstehung von Un-/Sicherheiten, die in der kontextspezifischen Debatte seit Mitte der 1980er Jahre als gesellschaftliches und stadtpolitisches Problemfeld Lateinamerikas bezeichnet werden (vgl. Davis 2006; Peetz 2007; Lima & Liana 2008), gezielt flach-ontologisch nachzuzeichnen und verständnisorientiert zu theoretisieren.

4.2 KRIMINALITÄTSENTWICKLUNG IN BRASILIEN. EINE ORDNENDE TRANS-/IN-FORMATION

„In six years [1987-1993, D.H.] violent crime had grown by 18,4%. The kind of growth more than justifies the public's fear and feeling of insecurity" (Adorno 1998a, S. 6).

„Schau mal, aus meiner Sicht bewerte ich die Situation in Brasilien negativ. [...] Die Anzahl der Tötungsdelikte, [...], die Zahl der Autodiebstähle, und die Häuser[fronten], die alle sehr verschlossen sind, das Wachstum der condomínios und das Wachstum des kommerziellen Sicherheitsmarktes [...]. All das zeigt meiner Meinung nach das Versagen unseres Landes in der öffentlichen Sicherheit" (Int, 20.03.2013).

Ordnende In-Formation der Kriminalitätsentwicklung im brasilianischen Kontext

2010 wurden in Brasilien im vom Bundesgesundheitsministerium geführten *Sistema de Informações de Mortalidade* (SIM) insgesamt 1.136.947 Sterbefälle registriert, wovon 143.256 Menschen durch äußere Ursachen verstarben. Die Homizidrate (*taxa de mortalidade por agressões*)[39] lag im selben Jahr bei 27,8/100.000 Einwohnern und spiegelt eine Stabilisierung der Entwicklung der letzten Jahre wider. Allerdings markiert insbesondere der Vergleich mit den 1980er und 1990er Jahren einen historischen Anstieg von Gewaltkriminalität und Unsicherheit in Brasilien (vgl. Feiguin & Lima 1995; Adorno 1998a; Zaluar

---

39 In Abgleich mit der international vergleichbaren Gewaltkategorie X85 und Y09 der Weltgesundheitsorganisation wird Homizid vom brasilianischen Gesundheitsministerium gefasst als Tod durch Aggression bzw. spezifiziert als Todesurssache durch Angriffe Dritter, die irgendein Mittel benutzen, um Schaden, Verletzung oder Mord des Opfers zu bewirken (Ex16).

1999) auf ein „epidemisches Niveau" (Mesquita Neto 2011, S. 339). Kamen 1980 im gesamten Land noch 13.910 Personen unter Gewalteinfluss ums Leben, verdoppelte sich die Zahl bis 1990 auf 31.989 Morde. Im Folgejahrzehnt (1991-2000) stieg die Homizidrate in Brasilien von 20,9 Homizide/100.000 Einwohner auf 27,0 und damit um 30% an (vgl. SIM/DATASUS), ehe sie im Jahr 2003 in Brasilien mit einer Rate von 29 ihren Höchststand erreichte (vgl. Souza et al. 2012). Trotz rückläufiger Entwicklung befindet sich die Homizidrate mit ihrem Niveau von 2005 (25,8) im internationalen, aber insbesondere auch lateinamerikanischen Vergleich auf einem sehr hohen Rang (vgl. Chile: 5,9, Argentinien: 5,4 und Uruguay: 4,5, vgl. UNODC 2011). Damit verdeutlicht sie die relativ sehr hohe strukturelle Gewaltkriminalitätsbelastung für die brasilianische Gesellschaft,[40] die manche – wenig differenzierte, auf ein absolutes Raumverständnis zurückgreifende und mitunter sensationalistisch intendierte – Argumentation ermuntert, Brasilien als „eines der gefährlichsten Länder der Welt" (Ferreira 2011, S. 287) zu bezeichnen.

Zur Einordnung der gesellschaftlich-politischen Bedeutung der Gewaltkriminalität gilt es jedoch, die landesweit rückläufige Tendenz der Homizidrate nach 2003 zusätzlich nach regionalspezifischen und soziodemographischen Charakteristiken zu differenzieren. Im Vergleich der jeweiligen akkumulierten Homizidraten der fünf Großregionen stehen in 2010 das Niveau der Großregion Südosten (21,3) und Süden (23,7) dem der Bundesstaaten der Region des Nordens (35,7) und Nordostens (37,9) konträr gegenüber. Darüber hinaus lässt sich bei der nach Länderebenen differenzierten Betrachtung eine weitere räumliche Konzentration des Gewaltphänomens auf urbane Räume und dabei im Speziellen auf größere Metropolregionen feststellen (vgl. Beato 1999; Mesquita Neto 2011). So vervierfachte sich beispielsweise die Zahl der zur Anzeige gebrachten Tötungsfälle unter Gewalteinfluss in der Kommune São Paulos im Zeitraum 1980 (1480 Homizide) und 1999 (6653 Homizide), ehe die Homizidrate Anfang der 2000er schwach und nach 2005 erheblich zu sinken begann und sich aktuell auf einem Niveau von 15,1 (2010) befindet (vgl. SIM/DATASUS). Im nationalen Vergleich lässt sich das Niveau der Homizidrate São Paulo als gering einstufen und etwa mit den Landeshauptstädten Florianopolis (2007: 19,5) und Palma (2007: 13,3) vergleichen. Dahingegen weisen insbesondere die Landeshauptstädte des Nordostens (Recife: 87,5, Maceió: 97,4, Vitória: 75,4) nach wie vor ein sehr hohes Niveau auf und bestätigen damit das regionalräumliche Gefälle der Großregionen (vgl. Nóbrega Júnior 2011). Die ungleiche räumliche Verteilung

---

40 Zur Diskussion der Gemeinsamkeiten der high crime society der USA (vgl. Kap. 2.2) und der Kriminalitäts- und Unsicherheitsentwicklung im Zeichen „Angstkultur" (vgl. Glassner 2003) im brasilianischen Kontext (vgl. Pinheiro 2003, S. 11ff.).

von Tötungsfällen unter Gewalteinfluss spiegelt sich auch entlang spezifischer sozioökonomischer, ethnischer, alters- und geschlechtsspezifischer Merkmale wider (Mesquita Neto 2001, S. 340). Unter Rückgriff auf Viktimisierungsstudien ist dabei besonders auf die hohe Gewalt- und Mordvulnerabilität junger, männlicher Schwarzer hinzuweisen (vgl. Cardia 2004; Ceccato et al. 2007; Waiselfisz 2007, 2012). Jedoch nicht nur Alter, Geschlecht und Ethnie, sondern insbesondere auch sozioökonomischer Status finden ihren Ausdruck in der Statistik der „perversen und ungleichen" (Beato 1999, S. 14) Opferverteilung verschiedener Straftaten im brasilianischen Kontext.

Neben dem markanten Rückgang der in der polizeilichen Kriminalstatistik aufgeführten Tötungsdelikte unter Gewalteinfluss (*homocídios dolosos, latrocínios*) in den beiden südlichen Großregionen lässt sich um die 2000er Jahre – wiederum bezogen auf die Kommune São Paulo – eine ähnliche Entwicklung in anderen Deliktkategorien der Gewaltkriminalität beobachten, die einen generellen Einschnitt in den Verlauf städtischer Kriminalitätsbelastung aufzeigen. So verdoppelte sich die Zahl bewaffneter Eigentumsdelikte (*roubo* oder *à mão armada*) und bewaffneter Autodiebstähle (*roubo de veículos*) im Zeitraum 1995-2003 bzw. 1995-2001 und stabilisierte sich anschließend auf diesem Niveau. Gleiches gilt für die Entwicklung der Zahl unbewaffneter Autodiebstähle, deren Niveau seit den 2000er Jahren ebenfalls konstant bleibt. Dieser eher stagierenden Entwicklung steht die Zahl der zur Anzeige gebrachten Diebstähle/Einbrüche (*furtos*) gegenüber, die seit 1995 kontinuierlich ansteigt und sich in 2013 auf dem 2,5-fachen Niveau befindet. Darüber hinaus ist seit Mitte der 2000er Jahre ein rapider Anstieg von Straftaten im Zusammenhang mit Rauschmitteln zu beobachten, deren Anzahl sich seit 1995 vervierfacht hat (vgl. SSP 1995-2013). Starke Aussagekraft erhalten die In-Formation zu Verbrechen und Deliktkategorien mit oder ohne schweren Gewalteinfluss (Einbruch, Raubüberfälle auf offener Straße, Vergewaltigungen, etc.) dabei jedoch mittels der zunehmenden Etablierung von Opferbefragungen (Mesquita Neto 2011, S. 44). Im Gegensatz zum US-amerikanischen National Crime Victimization Survey oder dem British Crime Survey, die seit Mitte des 20. Jahrhunderts eine flächendeckende Erhebung ermöglichen, wurden Opferstudien im brasilianischen Kontext mit großen regionalen Unterschieden eingeführt und weiterentwickelt und stehen als flächendeckende und landesweit einheitliche Erhebung noch am Anfang (vgl. Miranda 2008).

Trotz des Rückgangs der Homizidrate auf Bundes- und Landesebene und der damit einhergehenden zunächst rückläufigen Zunahme und schließlich Stabilisierung der Kriminalitätsbelastung wird das Defizit der öffentlichen Sicherheitsfürsorge im Allgemeinen und die Präsenz alltäglicher Gewalt und Bedrohung im

Besonderen weiter als eine der größten Sorgen der brasilianischen (Stadt-) Gesellschaft genannt (vgl. Pinheiro 2003; Adorno & Lamin 2008; Caldeira 2008b, 2010). Entsprechend wird die Entwicklung der individuellen Unsicherheit zum gesellschaftlichen Problem in Brasilien nicht nur als Ausdruck der In-Formation der Kriminalitätsentwicklung diskutiert und damit in der polizeilichen Kriminalstatistik zugänglich gemacht, deren Objektivität und Aussagekraft mit Hinweisen auf subjektive Kategorien wie Anzeigeverhalten, Hell- und Dunkelziffer und statistische Deckungskraft in der sozialwissenschaftlichen Debatte zunehmend in Frage gestellt wird. Besonders Opferstudien (z.B. *pesquisa de condições de vida*) seit Ende der 1980er Jahre deuten auf die Kluft zwischen der Angaben zu polizeilich registrierten Delikte und der zunehmenden Viktimisierungsrate befragter Bürger hin (vgl. SEADE 1998). Vielmehr entstehen seit den 1990er Jahren im brasilianischen Kontext viele Studien zur Gewalt, Kriminalität und öffentlichen Sicherheit, die aus sozialwissenschaftlicher Perspektive Aspekte der Delinquenz, der Gewaltkriminalität und deren sozialräumlicher Verteilung sowie Fragen der Polizeiorgane, anderer Institutionen des Strafvollzugs und der Kriminaljustiz als Ausdruck einer gesellschaftlichen *Trans-Formation* verstehen oder sie in diese einordnen (vgl. Pinheiro et al. 1991; Adorno 1998a; Soares 2006; Lima et al. 2000).

Gewalt, Kriminalität und Unsicherheit im Kontext gesellschaftlicher Trans-Formation
Im brasilianischen Kontext rückt damit das Spannungsverhältnis zwischen Zivilgesellschaft, öffentlicher Sicherheitsfürsorge und zunehmend auch der Privatwirtschaft in den Vordergrund der wissenschaftlichen Debatte, auch wenn die systematische Betrachtung der gesellschaftlichen Teilbereiche deren Überschneidung und insbesondere deren Wechselwirkung nicht verkennen soll. Im Mittelpunkt der Diskussion des sozialen Phänomens der gesellschaftlichen Bedeutung von Un-/Sicherheiten im Zusammenhang mit Akteuren staatlicher, privatwirtschaftlicher und zivilgesellschaftlicher Sicherheitsfürsorge in verschiedenen städtischen Teilräumen stehen sowohl Fragen wie Effizienz, Effektivität und Legitimität als auch Problemstellungen wie Gewalt, Missbrauch und Korruption. Insbesondere in der politwissenschaftlichen Betrachtung der Transitionsphase (1974-1988) wird die Diskussion von Gewalt und Kriminalität ihrerseits in Fragen staatlicher *accountability* und *responsiveness* verortet sowie Fragen der Demokratisierung und der Zivil- bzw. Menschenrechte (Ahnen 2003, 2007). So betont Caldeira (2010, S. 20f.) in ihrer Diskussion dieser Entwicklung in São Paulo:

„[T]he populations' mistrust in the police as well as in the judicial system is justified. The rise of violence and mistrust [...] hasn't prevented the democratic consolidation or legitimization of citizenship or human right being inherent in it, but certainly, it had marked them crucially."

Die Diskussion von Gewalt, Kriminalität und Unsicherheit im Kontext gesellschaftlicher Trans-Formation ist dabei in drei Aspekte zu unterteilen. Erstens verlangt der Blick auf die Kriminalitätsentwicklungen jüngerer Zeit zunächst eine historische Verortung, um deren zu Grunde liegende Trans-Formation nachvollziehen zu können. Der Wandel des gesellschaftspolitischen Kontexts steht im Falle Brasiliens – aber auch in nahezu allen anderen lateinamerikanischen Staaten (vgl. Desmond & Goldstein 2010) – unweigerlich mit dem militärisch-autoritären Regime (1964-1985) und seinem schrittweisen Übergang zur Demokratie (*transição para a democracia*) im Zusammenhang. In der Diskussion der öffentlichen Sicherheit während der Militärdiktatur in Brasilien treten hierbei gravierende Menschenrechtsverletzungen und politische Repression durch Akteure oder Beauftragte der Militärregierung zutage. Neben Restriktionen der Versammlungsfreiheit und dem Parteien- und Gewerkschaftsverbot werden von 1968 bis 1972 Folterung, Entführungen und Exekutionen nicht nur gegen marginalisierte Bevölkerungsgruppen und Kriminelle diskutiert, sondern auch gegen politische Flüchtlinge und die brasilianische Elite (Mesquita Neto 2011, S. 123). Im politischen Öffnungs- und Liberalisierungsprozess (*abertura*) in Gestalt der Aufhebung der Pressezensur (1974), der erstmaligen Wahlen der Landesregierungen (1982) und der indirekten Präsidentschaftswahl (1985) wird die Verabschiedung der brasilianischen Verfassung im Jahr 1988 schließlich als Meilenstein der *consolidação democrática* (vgl. Oliveira 2001) gewertet. Im Anschluss an den andauernden politischen Druck verschiedener gesellschaftlicher Teilbereiche markiert die Verfassung einerseits den Bruch mit zwei dunklen Jahrzehnten politischer, strafrechtlicher und brutaler Repression durch Regierung, Justiz und Polizeikörper – in der sozialwissenschaftlichen Literatur insbesondere diskutiert als gesellschaftspolitische Implikation einer hohen strukturellen polizeilichen Gewalt und Korruption (Huggins 1998, S. 119ff.). Andererseits manifestiert die brasilianische *Constituição Cidadã* nicht nur den Zugang zu Grundversorgung und eine politische Kultur der gesamtgesellschaftlichen Teilhabe und Sicherung der Zivil- und Menschenrechte, sondern garantiert und gestaltet auch die Architektur der öffentlichen Sicherheitsfürsorge grundlegend neu.

Exkurs 4.1: Art. 144, Öffentliche Sicherheit, Pflicht des Staates, Recht und Verantwortung aller
Von kontextueller Relevanz sind dabei die Änderungen der Constituição Cidadã aus dem Jahr 1988 gegenüber der Verfassung von 1967 im Bereich der öffentlichen Sicherheit und öffentlichen Sicherheitsfürsorge. Neben der Ersetzung der durch die vorhergehende Diktaturhistorie besetzten Artikel der nationale Sicherheit (Segurança Nacional) durch nationale Verteidigung (Defesa Nacional) (jeweils Art. 89 und 91) wurde insbesondere der Art. 144 für Öffentliche Sicherheit (Segurança Pública) ergänzt. Darin wird öffentliche Sicherheit verfassungsrechtlich als „Pflicht des Staates, Recht und Verantwort aller" bestimmt. Drei wesentliche verfassungsrechtliche Änderungen betreffen dabei den Bereich der öffentlichen Sicherheitsfürsorge: (1) Übertragung der Zuständigkeit für die Militär- und Zivilpolizei an bundesstaatliche Regierungen, (2) Autorisierung der Kommunen zur Schaffung städtischer Sicherheitsorgane (Guardas municipais), (3) externe Kontrolle der polizeilichen Aktivität durch das öffentliche Verwaltungsorgan der Justizbehörde (Gesetz Nr. 9299/96) (Mesquita Neto 2011, S. 393) (vgl. Kap. 4.3). Entgegen des Vorschlags durch die Vorläufige Kommission der Verfassungsstudien (Comissão Provisoria de Estudos Constitucionais) (1985-1986) und den verfassungsgebenden Kongress (1987-1988) konnte eine einflussreiche Lobby des Militärs und angrenzende Interessensgruppierungen zum einen verhindern, dass dem Militär die Verantwortung und das Eingriffsrecht in Krisenphasen entzogen wurde. Zudem behielten Militärpolizisten ihren Status als Reservegarde des Militärs bei. Zum anderen konnte die Autonomie der Bundesstaaten und Kommunen in der Bestimmung der Rolle der bundesstaatlichen Polizei und der *guardas municipais* im Sinne der Lobbyisten erfolgreich beschnitten werden (Mesquita Neto 2011, S. 383). Dies ist nicht nur von Bedeutung für die militärische Bearbeitung verschiedener Krisen der öffentlichen Sicherheit, sondern auch in der Diskussion um Monopolisierung und Integration verschiedener Polizeikörper (vgl. Kap. 4.3.2).

Zudem muss der politische Öffnungs- und Liberalisierungsprozess in Beziehung gesetzt werden zur fiskalpolitischen Krise und zur wirtschaftlichen Restrukturierung der *lost decade* Brasiliens, Argentiniens und Mexikos, der rasanten Ausbreitung des gewöhnlich-alltäglichen und organisierten Verbrechens in Brasilien, Mexiko, Kolumbien und Peru (1980-2000) und zum gesamtgesellschaftlichen Problem der Armut und sozialen Ungleichheit (Mesquita Neto 2011, S. 241; Hinton 2006, S. 8f.). Vor dem Hintergrund des autoritären Erbes und der relativen Schwäche demokratischer Institutionen ist der Übergang der 1980er und 1990er Jahre nicht nur von einer exorbitanten Erhöhung des Gewalt- und Kriminalitätsniveaus markiert (vgl. Feiguin & Lima 1995; Adorno 1998a; Zaluar 1999), sondern auch vom Aufeinanderprallen verschiedener sozialer Gruppen und Interessengruppierungen, die jeweils versucht waren, die Grenzen der sozialen, wirtschaftlichen und gesellschaftlichen Ordnung zu erweitern oder zu beschränken (Kinzo 2001, S. 8). Das Spannungsverhältnis zwischen dem Erhalt des *military regimes* und der Forcierung des *democratic regimes* findet schließlich im ambivalenten Charakter einer neuen politischen Kultur seinen Ausdruck, die einerseits von einer breiten, verfassungsgemäß zugesicherten zivilgesellschaftlichen Inklusion und Partizipation, Rechtsstaatlichkeit sowie politischer Transparenz geprägt ist. Andererseits ist das neue politische Klima aber auch von Korruptionsskandalen, Menschenrechtsverletzung oder Gewaltproblemen in Institutionen und durch Akteure der öffentlichen Sicherheitsfürsorge bestimmt, zu deren Aufdeckung, Anzeige und Problematisierung nicht nur die zwischenzeitlich mobilisierte Zivilgesellschaft beitrugen, sondern auch der immer wichtiger gewordene Akteur der Medien (Kinzo 2001, S. 9, vgl. Caldeira 2008b; Pandolfi 1999). Schließlich rücken die andauernden staatlichen Praktiken der Gewaltausübung, Korruption und defizitären Sicherheitsfürsorge in den Mittelpunkt der öffentlichen Debatte um Straffreiheit (Impunität), Verantwortlichkeit (*accountability*) und Reaktionsfähigkeit (*responsiveness*), verwischen zunehmend die Unterscheidung zwischen autoritärem und demokratischem Regime im gesamtgesellschaftlichen Bewusstsein und führen so zur Schwächung oder Auslöschung der staatlichen Legitimitäten der neuen Demokratien (Mesquita Neto 2011, S. 345).

Des Weiteren rücken die Institution und Praktiken der brasilianischen Polizei ins Zentrum der gesellschaftlichen Debatte von Gewalt und Kriminalität im neuen Kontext von Demokratisierung, Etablierung einer Zivilgesellschaft, Liberalisierung und Öffnung der Wirtschaft. Verknüpft mit der Frage der *accountability* werden das Fortbestehen und die ungleiche sozialräumliche Verteilung polizeilicher Gewalt zum Kristallisationskern politischer Kontrolle (vgl. Stone 2007; Ahnen 2007; Mesquita Neto 1999b, 2011; Njaine 1997; Pinheiro et al. 1991). Die Diskussion um die Persistenz der Polizeigewalt steht im brasilianischen Kontext in jeder Hinsicht im Zusammenhang mit dem Massaker von Carandiru, das während einer Revolte in der Haftanstalt im Norden der Kommune São Paulo im Jahr 1992 insgesamt 1458 zivile Todesopfer forderte. Dem Geschehen folgten weitere Krisen der öffentliche Sicherheit der 1990er Jahre in Gestalt des Massakers von Chacina de Vigário Geral in der Kommune Rio de Janeiro (1993), dem landesweiten Streik des Bundespolizei (1994) sowie den Massakern von Corumbiara im Bundesstaat Rondônia (1995) und Eldorado dos Carajás im Bundesstaat Pará (1997) (Mesquita Neto 2011, S. 37-57). Der Konflikt zwischen Polizei und Zivilgesellschaft erreichte schließlich 1997 mit der Veröffentlichung eines Videos, das Militärpolizisten bei Exekutionen, Korruptionsmachenschaften und Raubüberfällen in der Favela Naval in Diadema im Süden der Metropolregion São Paulo überführte, seinen vorläufigen Höhepunkt. Das Jahr 1997 war zudem von einer landesweiten Krise der öffentlichen Sicherheit geprägt, die durch den zeitgleichen Streik von Zivil- und Militärpolizisten in 13 Bundesstaaten ausgelöst wurde.

Die Effekte der Persistenz polizeilicher Gewalt und der Zuspitzung von Debatten um die Krise der öffentlichen Sicherheit Ende der 1990er Jahre waren zum einen der Vertrauensverlust und die Distanzierung der Bevölkerung gegenüber Akteuren der öffentlichen Sicherheit, Justiz und des Strafvollzugs (vgl. Azevedo 2009). In Reaktion auf andauernde Menschenrechtsverletzungen schieben verschiedene soziale und politische Bewegungen progressiver Prägung zunehmend den Diskurs um die Institutionalisierung der Menschenrechte, die externe Kontrolle der Polizeiarbeit und eine Reform der öffentlichen Sicherheit an (vgl. Kap. 4.3). Zum anderen rückte eine konservativ geprägte Debatte gegen die Kritik an der Persistenz der Polizeigewalt zunehmend mit der Argumentation ins Feld, dass Menschenrechte lediglich Privilegien der *banditos* und die Verteidiger der Menschenrechte somit für die Erhöhung der Gewaltkriminalität verantwortlich seien (vgl. Caldeira 1991). Der vornehmlich polizeiliche Diskurs findet auch noch gegenwärtig breite Akzeptanz in der Gesellschaft, die ihre Rechte als rechtschaffende Bürger durch eine allgegenwärtige Impunität beschnitten sehen und spricht dabei vornehmlich Verbrechensopfer an, „deren Zahl und Mobilisierung insbesondere mit dem Anstieg der Kriminalität an Bedeutung gewinnt" (Mesquita Neto 2011, S. 62). Im öffentlichen Diskurs und insbesondere in der an Bedeutung gewinnenden medialen Debatte führen sowohl die gesellschaftlichen Relevanz von Gewalt, Kriminalität und Unsicherheit als auch die Bewusstseinsschärfung der Persistenz der polizeilichen Gewalt zur Etablierung zweier „Paralleldiskurse" (Mesquita Neto 2011, S. 62).

Für die beiden Dekaden der 1980er und 1990er Jahre weist die sozialwissenschaftliche Diskussion für den brasilianischen Kontext auf die Persistenz der Praktik polizeilicher Gewalt hin, die ihrerseits von einem Anstieg von Gewalt, Kriminalität und Unsicherheit und von der Betonung eines erhöhten Verbrechensrisikos auf Grund der Ineffizienz, Ineffektivität und eingeschränkten Legitimität der öffentlichen Sicherheitsfürsorge begleitet werden (vgl. Soares 2006). Vor dem Hintergrund der ordnenden In-Formation der Kriminalitätsentwicklung sowie der ordnenden Trans-Formationen der gesellschaftlichen Relevanz von

Unsicherheiten wird der Konflikt zwischen nicht-erfüllten Erwartungen der Zivilgesellschaft gegenüber der Fürsorge öffentlicher Sicherheit und der Ausrichtung und Umsetzung der öffentlichen Sicherheitsfürsorge im Spannungsverhältnis demokratischer und autoritärer Prägungen zum Kristallisationskern der Demokratisierung. Zwei Effekte stehen schließlich mit der institutionellen Krise der öffentlichen Sicherheit in Verbindung: Zum einen rückt eine Restrukturierung und Reform der öffentlichen Kriminal- und Sicherheitspolitik in den Mittelpunkt der Diskussion um die gesellschaftliche Trans-Formation in Brasilien (vgl. Kap. 4.3). Zum anderen betont die Debatte der gesellschaftlichen Relevanz von Gewalt, Kriminalität und Unsicherheit die Entwicklung der Privatisierung der Sicherheit seit den 1990er Jahren (vgl. Kap. 4.4). Auf diese ambivalent verlaufende Verhandlung politischer, wirtschaftlicher und zivilgesellschaftlicher Teilhabe trifft bei der Unterscheidung von privater und öffentlicher Sicherheit schließlich sinnbildlich eine begriffliche Konfusion und konstitutionelle Ambiguität. Im Übergang vom autoritären zum demokratischen Regime bleibt schließlich die Frage offen, ob Praktiken der öffentlichen Sicherheitsfürsorge hauptsächlich dem Schutz des Staates, der Regierung oder der Bürger dienen (Mesquita Neto 2011, S. 33).

4.3 ÖFFENTLICHE SICHERHEITSFÜRSORGE IN BRASILIEN: STRUKTUR, AKTEURE UND AKTUELLE ENTWICKLUNG

> „For citizens of Latin America, fear of violence is exacerbated by widespread anxiety over predatory police forces and unsponsive governments" (Hinton 2006, S. 1).

Sowohl in Lateinamerika im Allgemeinen als auch in Brasilien im Besonderen haben öffentlich-diskursive, wissenschaftstheoretisch-konzeptionelle als auch konkret empirische Gegenstände städtischer Gewalt, Kriminalität und Unsicherheit besondere Relevanz. Das Pulverfass in verschiedenen gesellschaftlichen Teilbereichen vornehmlich städtischer Räume führt zur Überforderung des Staates oder wird zum Ausdruck einer Redefinition der Ziele, Inhalte und Projekte der brasilianischen Sicherheits- und Kriminalpolitik. Im Einzelnen lassen sich die gegenwärtigen Entwicklungen sowohl entlang eines strukturellen Wandels und verschiedener akteursbezogener und handlungspolitischer Veränderungen öffentlicher Sicherheitsfürsorge nachzeichnen, als auch entlang der spezifischen historischen Verortung der Kommunalisierung öffentlicher Sicherheitsfürsorge.

4.3.1 Strukturelle Veränderungen öffentlicher Sicherheitsfürsorge

In den 1990er Jahren – also zur Zeit des rapiden Anstiegs der Kriminalitätsraten im ganzen Land und der Zuspitzung der institutionellen Krise der öffentlichen Sicherheit (vgl. Kap. 4.2) – wurde in Brasilien mit der Tradition der bundesstaatlichen Autonomie der Sicherheitsfürsorge in der Weise gebrochen, dass erstmals die Frage einer die verschiedenen föderalen Regierungsebenen übergreifenden Zusammenarbeit im Bereich der öffentlichen Sicherheit erörtert wurde (vgl. Soares 2007). Die Diskussion mündete in der Gründung des Referats für die Planung nationaler Maßnahmen der öffentlichen Sicherheit (Secretaria de Planejamento de Ações Nacionais de Segurança Pública, Seplanseg) im Jahr 1995 und dessen Umwandlung in das nationalstaatliche Referat für öffentliche Sicherheit (Secretaria Nacional de Segurança Pública, Senasp) im Jahr 1997, das dem Justizministerium (Ministério da Justiça, MJ) untergeordnet wurde. Die Einrichtung der Senasp ist nicht zuletzt als Reaktion der Nationalregierung der ersten Legislaturperiode Fernando Cardosos auf die anhaltenden Skandale und Konflikte im Zusammenhang mit bundesstaatlichen Polizeiinstitutionen (1992-1997) zu werten (vgl. Kap. 4.2), die zur Schaffung einer reformvorbereitenden Arbeitsgruppe (Grupo de Trabalho de Avaliação do Sistema de Segurança Pública) führte. Unter der Leitung des Ministers für Menschenrechte, José Gregori, wurden die damalige Situation der öffentlichen Sicherheit beurteilt und struktur- und akteursbezogene Reformmaßnahmen erörtert (Mesquita Neto 2011, S. 387).

Schließlich markiert das Jahr 2000 – also in der zweiten Legislaturperiode Fernando Cardosos – einen historischen Schritt im politischen Kampf gegen Gewalt und gegen die institutionelle Krise der öffentlichen Sicherheitsfürsorge, mit dem sich die Bundesregierung durch die Etablierung zweier Instrumente erstmalig zu Verantwortung im Bereich der öffentlichen Sicherheit bekannte. So wurde per nationalstaatlicher Gesetzgebung zum einen der Plan einer Öffentlichen Sicherheit (Plano de Segurança Pública, PNSP) geschaffen, der als nationaler Aktionsplan die beiden Handlungsleitlinien des präventiven und repressiven Vorgehens gegen Kriminalität und Gewalt formuliert. Konkret zielt er darauf ab, Kriminal-, Sicherheits- und Sozialpolitik zu integrieren, um mittels eines gemeinschaftlichen Agierens Straftaten zu reduzieren und zu unterbinden, Impunität abzubauen und das Sicherheitsgefühl der Bürger zu verbessern (vgl. Soares 2007). Mit der Schaffung des PNSP geht zum anderen die Einrichtung des Fundo Nacional de Segurança Pública (FNSP) einher, dessen Ziel die finanzielle Unterstützung von Projekten im Bereich der öffentlichen Sicherheit und Gewaltprävention wurde. Er sah die Finanzierung von Projekten vor, die grundlegenden

Handlungsleitlinien des PNSP entsprachen und die von bundesstaatlichen und kommunalen Regierungen eingereicht werden konnten. Mit der Entwicklung des PNSP wurde Anfang 1999 begonnen. Seine Fertigstellung im Juni 2000 im unmittelbaren Anschluss an die Entführung des Ônibus Nr. 174 in Rio de Janeiro, die abermals eine hitzige Debatte über die Gewalt und Kriminalität im städtischen Raum auslöste, verdeutlicht erneut den engen Zusammenhang zwischen der Krise der öffentlichen Sicherheit der 1990er Jahre und dem politischen Reformwillen.

Die Reformbereitschaft der Regierung Cardoso wurde in der ersten Legislaturperiode Luiz Lula da Silvas Anfang der 2000er Jahre fortgeführt. Zur Forcierung der bundesweit einheitlichen öffentlichen Sicherheitsfürsorge verabschiedete die Nationalregierung im Jahr 2003 das Programm Susp (Sistemas Único de Segurança Pública). Es fokussierte insbesondere die Integration der öffentlichen Sicherheitsfürsorge der föderalen, bundesstaatlichen und kommunalen Ebene, ohne jedoch die Autonomie der einzelnen Polizeiinstitutionen – beispielsweise in Gestalt der Zusammenführung der Militär- und Zivilpolizei – zu unterbinden. Dabei stehen die drei Achsen der Restrukturierung öffentlicher Institutionen, des Kampfs gegen Korruption und der Förderung von Gerechtigkeit und *cidadania* der Bürger im Mittelpunkt des Programms (vgl. Ipea 2003). In dieser neuen Auslegung öffentlicher Sicherheitsfürsorge werden Bürger zu Empfängern der Dienstleistungen der öffentlichen Sicherheit und der Aufbau einer friedvollen Beziehung zwischen den Bürgern und den Akteuren öffentlicher Sicherheitsfürsorge zum obersten Ziel (vgl. Santos et al. 2008). Die Umsetzung des Sistemas Único de Segurança Pública als Form der praktischen Entfaltung des Plano Nacional de Segurança Pública ist um die integrative Zusammenarbeit der verschiedenen dem Justiz- und Strafvollzugssystem angehörigen Institutionen bemüht. Die Integration der drei verschiedenen administrativen Ebenen kommt damit nicht ihrer Vereinigung gleich, sondern solle in praxisorientierter Weise zum Aufbau einer gemeinsamen, integrativen Handlungsstrategie der verschiedenen Organe führen (vgl. Ministro da Justiça 2013). Nicht zuletzt lässt sich die Etablierung der Susp als Reformprogramm lesen, das die Demilitarisierung, Dezentralisierung und Kommunalisierung der öffentlichen Sicherheit vorsieht und auf die Ausweitung der Autonomie von Bundesstaaten und Kommunen in der Kommunal- und Sicherheitspolitik abzielt (Mesquita Neto 2011, S. 396) (vgl. Kap. 4.3.2).

Seit 2004 lässt sich jedoch ein Rückschritt gegenüber vorhergehender Reformbewegungen der öffentlichen Sicherheitspolitik in der Form beobachten, dass die Zielsetzung der Demilitarisierung, Kommunalisierung und integrativen Zusammenarbeit verschiedener Ressorts der öffentlichen Verwaltung stärker ins

Hintertreffen geriet. Mit der Entsendung von Spezialeinheiten der Militärpolizei (*tropas do exército*) zur Kriminalitätsbekämpfung in Rio de Janeiro, zur Sicherstellung der öffentlichen Ordnung während der Welthandels- und Entwicklungskonferenz in São Paulo und zur Auflösung der Polizeistreiks in Minas Gerais und Piaui wurde der spezialisierte Militäreinsatz in der rechtlichen Grauzone des Landesinneren des Bundesstaats erprobt. Der Probelauf der Militarisierung der Sicherheitspolitik wurde schließlich noch im gleichen Jahr 2004 mit der Schaffung einer einheitlich organisierten und koordinierten, bundesweiten polizeilichen Einsatzgruppe (Força Nacional de Segurança Pública) institutionalisiert. Die Nationalgarde der öffentlichen Sicherheit besteht aus Spezialeinheiten der Bundes- und Länderpolizei und operiert im öffentlichen Ausnahmestatus an der Seite der jeweiligen bundesstaatlichen Polizeiorgane oder in aktuellen Krisen mitunter auch gegen diese. Der Militarisierungsruck in der öffentlichen Sicherheitsfürsorge erhielt 2004 insofern gesetzliche Rückendeckung, als dass es sich bei der Vorbereitung, Organisation und Ausführung von Einsätzen der Militärpolizei fortan um militärische Aktivitäten handelt, deren Strafverfolgung und Kontrolle sich der zivilen Kriminaljustiz entziehen (Mesquita Neto 2011, S. 398) (vgl. Kap. 4.2).

Entwicklung der Ausgaben für öffentliche Sicherheit
Mit der schrittweisen Restrukturierung der nationalen Kriminal- und Sicherheitspolitik – diskutiert anhand des Aufbaus und der Etablierung von Seplanseg (1995), Senasp (1997), PNSP (2000), FNSP (2000), Susp (2003), Pronasci (2007) – geht seit 1995 eine signifikante Erhöhung der Ausgaben für öffentliche Sicherheit einher. Zwischen 1995 und 2005 nimmt deren Anteil am Gesamthaushalt um 29% zu. Auch die Pro-Kopf-Ausgaben für öffentliche Sicherheit steigen im Zeitraum von 2005 bis 2010 um 66% an (vgl. FBSP 2012). Zwischen 2006 und 2008 entspricht die jährliche Zunahme des Anteils der Ausgaben für öffentliche Sicherheit an den jeweiligen Haushalten der Bundesländer 8,3% und unterscheidet sich im regionalen Vergleich erheblich. Während die Ausgaben im Norden und Nordosten stark wachsen, lässt sich die gegenteilige Entwicklung in Bundesländern des Südens und Südostens beobachten. Seit der Einführung des FNSP im Jahr 2000 nehmen Investitionen in den Polizeiappart den signifikant größten Teil der Finanzierungsposten des FNSP ein. Dies erfolgt vor dem Hintergrund des förderfähigen Handlungsfelds der Aufrüstung von Bundespolizei, *guardas municipais* und seit 2003 den Militärfeuerwehren (vgl. Costa & Grossi 2007). Dabei werden die Ressourcen aus dem FNSP seit 2003 den jeweiligen Bundesstaaten auf Grundlage eines Verteilungsschlüssels (*destinação dos recursos do FNSP*) aus Bevölkerung, Zahl der Polizeiakteure und Zahl der Homiziden

zugeteilt. Für die Jahre 2000 bis 2005 lässt sich insbesondere ein Übergewicht von Ausgaben für technische Ausstattung (86%) verschiedener Polizeiinstitutionen feststellen. Infolge unzureichender inhaltlicher Differenzierung der Handlungsziele in den verschiedenen Reformprogrammen und indifferenter politischer Absichten der Verbesserung der öffentlichen Sicherheitsfürsorge (vgl. Kap. 4.3.2) werden Ausgleichszahlungen des FNSP somit überwiegend technischen Verbesserungen der Gefahrenabwehr durch die Einsatzpolizei zugeführt (vgl. Costa & Grossi 2007).

Obwohl die Handlungsfelder thematische Schwerpunkte der Ausrichtung der Susp darstellen, fließt im genannten Zeitraum nur ein kleiner Teil der Mittel des FNSP an Einrichtungen öffentlicher Sicherheit (4%), an Aus- und Fortbildungen (3%) oder an innovative Projekte der übergreifenden, präventivorientierten Sicherheitspolitiken (vgl. Senasp, FBSP). Entgegen der progressiven Parole der Forcierung einer um Integration bemühten Kriminal-, Sicherheits- und Sozialpolitik entspricht die Konzentration der Investitionstätigkeit auf den technischen Stab der öffentlichen Sicherheitsfürsorge eher einer traditionell-konservativen Auslegung der politischen Stoßrichtung öffentlicher Sicherheit. Exemplarisch sollte daher die Entwicklungen im Anschluss an die Gewalt- und Kriminalitätswelle terroristischen Ausmaßes in São Paulo im Jahr 2006 betont werden. Im Gegensatz zum angesprochenen Krise-Reform-Verhältnis der 1990er Jahre versickerten Reformbewegungen nach dem Flächenbrand 2006 in der politischen Rhetorik der bevorstehenden National- und Bundesstaatswahlen. Neben den Versprechungen, die präventive Ausrichtung der Polizei zu forcieren, dominierten insbesondere die Ankündigungen – im Sinne des traditionell-militärischen Auftrags des Kampfes gegen die Kriminalität (*combate do crimen*) – von Investitionen in Qualifikation, Zahl und Ausrüstung des Polizeikörpers den politischen Diskurs (Mesquita Neto 2011, S. 39). Dabei wirft die Betrachtung der strukturellen Entwicklung der öffentlichen Sicherheitspolitik das Licht erneut auf die Kluft zwischen „formalen, in Gesetzen verfassten Rechten und den tatsächlich praktizierten [Rechten]" (Soares 2007, S. 32).

4.3.2 Akteursbezogene- und handlungspolitische Veränderungen der öffentlichen Sicherheitsfürsorge

In Brasilien als politischem System föderaler Prägung existieren auf unterschiedlichen administrativen Ebenen verschiedene Polizei-, Sicherheits- und Ordnungsinstitutionen. Dazu zählen die Bundespolizei (Polícia Federal, PF), die bundesstaatliche Militärpolizei (Polícia Militar, PM) und Zivilpolizei (Polícia Civil, PC) sowie die kommunalen Sicherheits- und Ordnungskräfte (Guarda Civil Municipal, GCM). Seit 1988 unterstehen PM und PC der politisch-administrativen Verwaltung der Secretaría de Segurança Pública, das auf bundesstaatlicher Ebene agiert, wohingegen die GCM der politisch-administrativen Ebene der Kommune zuzuordnen ist.

Trotz der Übertragung der Zuständigkeit für die Militär- und Zivilpolizeien an bundesstaatliche Regierungen und trotz der Autorisierung der Kommunen zur Schaffung eines Sicherheitsorgans – jeweils geregelt im zentralen Art. 144 der brasilianischen Verfassung von 1988 (vgl. Exkurs 4.1) – haben die Bundesstaaten in Gestalt der Landesregierungen auf Grund der Monopolisierung der Aufgabenbereiche der bundesstaatlichen Polizei (PM und PC) keine verfassungsrechtliche Autonomie. Dies betrifft insbesondere die Organisationsform und territoriale Definition der Polizeiorgane. Indem die Militärpolizei (PM) als Einsatzpolizei (*polícia ostensiva*) für die Aufrechterhaltung der öffentlichen Sicherheit und Ordnung und für die Kriminalitätsvermeidung zuständig ist und die Zivilpolizei (PC) als Kriminalpolizei (*polícia judicária*) mit der Verbrechensermittlung beauftragt ist, leiten sich zwei Probleme aus diesem Regime der Monopolisierung ab: Zum einen wird die Kooperation und Integration der operationalen und ermittelnden Polizeiorgane erschwert und mitunter gewollt verhindert. Die eingeschränkte Kooperations- und Integrationsfähigkeit zwischen beiden Polizeiinstitutionen nehmen negativen Einfluss auf die Effektivität und Effizienz der Kriminalitätsbearbeitung und Verbrechenskontrolle (vgl. Peetz 2007). Zum anderen geht die Autonomie der Polizeiorgane mit einer eingeschränkten Kontrollfähigkeit der Polizeiarbeit durch Regierungen und Zivilgesellschaft einher (Mesquita Neto 2011, S. 67).[41]

Der Ausdruck städtische Sicherheit (*segurança urbana*) steht des Weiteren in Verbindung mit der politischen Funktion des SMSU (Secretaría Metropolitana de Segurança Urbana), das verfassungsrechtlich auf der kommunalen Gesetzgebung basiert (Ex11; Ex21).[42] Mit der Einrichtung des Secretaria Metropolitana de Segurança Urbana (SMSU) in der Legislaturperiode der Oberbürgermeisterin Marta Suplicy (2001-2004) wurde die Herstellung städtischer Sicherheit zur Aufgabe der GCM (vgl. Ex9). Das städtische Referat für Sicherheit verfolgt das

---

41 Mit der verfassungsrechtlichen Erweiterung des Art. 144 geht laut Mesquita Neto (2011, S. 67f.) die Kontrolle der Polizeiarbeit *de jure* zwar vom Militär an ein öffentliches politisches Organ über. Sie erfolgt jedoch, ohne die Kontrolle der bundesstaatlichen Regierung oder Zivilgesellschaft *de facto* zu erhöhen. Diese Kontroll-Unterscheidung sei insbesondere Ergebnis der Verhandlungspraktik der Polizeilobby und daran anschließender Interessensvertretungen im Nationalkongress. Zudem wurde 1998 der Status der Militärpolizei als *militares do estado* verfassungsrechtlich erneut bestätigt und macht die Reform entsprechend schwierig.
42 Die Darstellungen sind bereits Teil der Ergebnisdiskussion, die aus Gesprächen mit verschiedenen Experten gewonnen werden konnten (vgl. Tab. 2 und Abb. 3).

Ziel, Politiken, Leitlinien und Programme der städtischen Sicherheit in der Kommune São Paulo zu koordinieren, zu leiten und diese in die städtischen Sozialpolitiken zu integrieren, die direkt oder indirekt mit Fragen der städtischen Sicherheit in Verbindung stehen (vgl. Portal Prefeitura São Paulo 2010). Im Sinne seiner Zuständigkeit ist das SMSU als Institution zwischen der Stadtverwaltung (*prefeitura*) und der GCM zu verorten, die ihrerseits den jeweiligen *subprefeituras* unterstehen, also den 31 Bezirksämtern innerhalb der Kommune São Paulos bzw. den restlichen acht Kommunen in der Metropolregion Grande São Paulo (Ex11; Ex32). Die politischen Implikationen der Unterscheidung zwischen bundesstaatlicher und kommunaler Sicherheitspolitik (*segurança pública* und *segurança urbana*) führen im operativen Bereich der öffentlichen Sicherheitsfürsorge (*policiamentos*) sowohl zu Aufgabenüberschneidungen, Interessenskonflikten und Rivalitäten als auch zu Aufgabenergänzungen in Form kooperativer Steuerungs- und Regelungsprozesse (Ex8; Ex17; Ex36). Die schrittweise Restrukturierung der nationalen Kriminal- und Sicherheitspolitik (vgl. Kap. 4.3.1) steht mit den quantitativen und qualitativen Veränderungen der öffentlichen Sicherheitsfürsorge jüngerer Zeit in Zusammenhang. Sowohl die Erweiterung, Zusammensetzung und Integration verschiedener Akteure der Kriminal- und Sicherheitspolitik als auch die Ausdehnung, Beschränkung und Umgestaltung ihres Aufgaben- und Funktionsbereichs definieren damit zusätzlich den aufgezeigten strukturellen Umbau einer nach Integration verschiedener administrativer Ebenen und Institutionen strebenden, nationalstaatlich koordinierten öffentlichen Sicherheitsfürsorge. Das breite Spektrum mitunter gegensätzlich verlaufender akteurs- und handlungspolitischer Veränderungen ist dabei nach einer politisch-inhaltlich, funktional-operativen und organisatorisch-operativen Dimension zu differenzieren (vgl. Tab. 1).

Tabelle 1: Sicherheitspolitische Veränderungen seit 2000

Sicherheitspolitische Veränderungen

Handlungsbereiche	politisch-inhaltlich	Ausbau von Einheiten der *polícia comunitária* Einrichtung öffentlicher Sicherheitsforen und kommunaler Kriminalpräventionsräte Integration zusätzlicher staatlicher und nicht-staatlicher Akteure in die Sicherheits- und Ordnungsherstellung Ausweitung der *law-and-order-policy* (Cidade Limpa, Lei de Antifumo, Lei Seca) Restriktive Bearbeitung von Nutzungskonflikten im öffentlichen Raum Militarisierung der Polizeiarbeit (gegenüber bestimmten Gruppen, in bestimmten Räumen)
	funktional-operativ	Ausbau der bundesstaatlichen und kommunalen polizeilichen Belegschaft (PM, PC, GCM) Infrastruktureller Ausbau (Streifenwagenflotte, Polizeiwachen) Technologisierung des operativen Bereichs (Online-Anzeigen, Integration von Einsatzplanung und Kriminalitätsdatenbanken) Aufbau von georeferenzierter Kriminalstatistik (Infocrim) und eines zentralen Einsatzkommandos (COPOM) Ausbau der Videoüberwachung im öffentlichen Raum
	organisatorisch-operativ	Institutionelle Integration der Polizeiarbeit (Gabinete de Gestão Integrada de Segurança Municipal, Fórum Metropolitano de Segurança Pública) Ressortübergreifende Nutzung von Kriminalitätsdatenbanken, Kommunikations- und Verkehrskontrollsystemen (PM/PC/GCM/CET) Professionalisierung der polizeilichen Ausbildung und Spezialisierung des Einsatzgebiets Integration der Polizeiarbeit im operativen Bereich (Operações Integradas, Operação Delegado, gemeinsame Arbeit in der polizeilichen Einsatzleitung)

Quelle: Übersetzung und Überarbeitung nach Haubrich & Wehrhahn 2015

Sicherheitspolitische Veränderungen seit den 2000er Jahren

Die *politisch-inhaltlichen* Veränderungen der gegenwärtigen Sicherheits- und Kriminalpolitik werden auf bundesstaatlicher Ebene von zwei kriminalpolitischen Leitbildern dominiert: Zum einen deuten ein erhöhtes Strafmaß in Zusammenhang mit einer drastischen Erhöhung der Gefangenenzahlen (vgl. Barros 2012) und die Ausweitung der polizeilichen Befugnisse in Verbindung mit der sukzessiven Integration anderer staatlicher und nicht-staatlicher Akteure bei der öffentlichen Sicherheits- und insbesondere Ordnungsherstellung (vgl. Paolinelli 2007) generell auf repressive Kriminalitätsbearbeitungs- und Strafverfolgungsmaßnahmen hin (vgl. Kap. 2.2.3). Diese sicherheitspolitische Ausrichtung im Sinne einer *mão dura* (vgl. Martins et al. 2011) ist darüber hinaus mit einer zunehmend am Risikomanagement orientierten Bearbeitung von Nutzungskonflikten im öffentlichen Raum durch Polizei und städtischem Ordnungsorgan in Zusammenhang zu bringen. Indessen liegen der gleichzeitigen Senkung der wohlfahrts- und sozialstaatlichen Leistungen für bestimmte soziale Gruppen sowie dem repressiven polizeilichen Vorgehen sowohl gegen bestimmte soziale Randgruppen als auch gegen Wohnbevölkerung peripherer Stadtgebiete die angesprochene Politik der eisernen Faust zu Grunde. Insbesondere der teils repressive Bearbeitungsmodus von Regel- und Ordnungsverstößen in einem bestimmen Gruppen- oder Raumzusammenhang ist in die Debatten um die Persistenz polizeilicher Gewalt militärischen Ausmaßes im Kontext von Krisen öffentlicher Sicherheit (vgl. 4.1), um die Verräumlichung von Unsicherheiten (vgl. Kap. 2.2.1) und um die Aufwertungstendenzen innerstädtischer Bereiche im Rahmen bevorstehender sportlicher Großveranstaltungen einzuordnen (vgl. Haubrich 2014).

Zum anderen stehen präventive und insbesondere partizipative sicherheitspolitische Maßnahmen mit der Wiederaufnahme eines interkommunalen Sicherheitskabinetts unter der Schirmherrschaft der Kommune São Paulo (Gabinte de Gestão Integrada) (vgl. Ex4; Mesquita Neto & Ricardo 2003) und mit dem sukzessiven Aufbau von Einheiten des *community policing* in Zusammenhang (vgl. Ex5; Ex10; Brito & Dantes 2009; Ferragi 2010). Darüber hinaus lassen die Einrichtung und Ausbreitung öffentlicher Sicherheitsforen und kommunaler Kriminalpräventionsräte (vgl. Kap. 4.3.3) sowie die Einbindung der Zivilgesellschaft in die öffentliche Sicherheitsdiskussion die verstärkte Konzentration der sicherheitspolitischen Aktivierungsstrategie erkennen (vgl. Kap. 2.2.2). Im Rahmen der Kommunalisierung der Sicherheits- und Ordnungspolitik deuten die inhaltliche Ausweitung der *law-and-order-policy* (vgl. Kap. 2.2.1), die sich für den Bundesstaat São Paulo entlang der Programme Saubere Stadt (Cidade Limpa), Nichtraucher-Gesetz (Lei de Antifumo) und Alkoholverbotsgesetz (Lei Seca) (Ex1) diskutieren lässt, auf die massiven Bemühungen kommunaler Akteure hin, öffentliche Räume vor Obdachlosigkeit, Drogenkonsum und irregulärem Straßenhandel in Form eines ordnungspolitischen Risikomanagements zu schützen (Ex11). In der lokalen und eher kritischen sozialwissenschaftlichen Debatte wird dem kriminalpräventiven Risikomanagement der GCM dabei nachgesagt, den öffentlichen Raum nur zugunsten allgemeiner Aufwertungs- und Verwertungsinteressen neoliberaler Stadtpolitiken vor gruppen- und nutzungsspezifischen Risikofaktoren zu bewahren (Vortrag und Diskussionsbeitrag während einer Veranstaltung im Club Lateinamericano) (vgl. Kap. 2.2.2).

Zudem lassen sich im Zusammenhang mit der Ausgabenerweiterung der öffentlichen Sicherheitsfürsorge (vgl. Kap. 4.3.1) im *funktional-operativen* Bereich umfangreiche Investitionen sowohl im bundesstaatlichen Polizeiwesen als auch im kommunalen Sicherheitsorgan GCM identifizieren. Neben einem sukzessiven Ausbau der bundesstaatlichen polizeilichen Belegschaft um ca. 25% seit Mitte der 1990er Jahre und dem Anstieg der Zahl städtischer Sicherheitskräfte (GCM) (vgl. SSP 2012) konzentrieren sich die Investitionen im operativen Bereich auf die Technologisierung der Polizeiarbeit (Ex12; Ex13). Neben der Einrichtung von Online-Anzeigesystemen sowie der starken Ausweitung der Streifenwagenflotte und deren technischer Ausstattung mit digitalem Funk (vgl. SSP 2012) zählt dazu insbesondere die Zentralisierung von Koordinierung und Kommunikation in der Polizeiarbeit unter dem wachsenden Einsatz von Videoüberwachung im öffentlichen Straßen- und Aufenthaltsraum (Ex9; Ex19).

In Anlehnung an das technisch-operative Vorbild aus den USA hat die Einführung der virtuellen Kriminaldatenbank Infocrim im Bundesstaat São Paulo Anfang 2000 zu weitreichenden Veränderungen des operativen Polizeibereichs geführt (Ex6; Ex31). In Verbindung mit dem zu Grunde liegenden, softwaregestützten Informationssystem kommen eine georeferenzierte Analyse von Kriminaldelikten in Abhängigkeit von Ort und Uhrzeit der Straftat sowie die verknüpfte Analyse verschiedener Kriminalevents und einzelner Täter bei der polizeilichen Einsatzplanung (PM) und bei der Verbrechensermittlungen (PC) zum Einsatz (Ex12; Ex13). Aus verwaltungstechnischer Perspektive wird dadurch die Einsatzplanung und Koordination der Polizeiarbeit auf die Basis von zur Anzeige gebrachten Straftaten gestellt (Ex30). Die Bearbeitung von Kriminalität – gewichtet nach einzelnen Deliktkategorien – wird somit zur Evaluierungsgröße einer sich anhand von Effizienz- und Effektivitätssteigerung legitimierender Polizeiarbeit. In diesem Zusammenhang wird die Sensibilisierung der Bevölkerung, jede Form von Straftat zur Anzeige zu bringen, zum zentralen Fokus der Aktivierungsstrategie im Zeichen einer präventiven kommunalen Sicherheitspolitik (vgl. Kap. 4.3.3).

Darüber hinaus deutet der Aufbau einer zentralen Polizeieinsatzzentrale (COPOM: *Commando Metropolitano*) auf zahlreiche weitere Veränderungen der öffentlichen Sicherheitsfürsorge im *organisatorisch-operativen* Bereich hin. COPOM fungiert als Kommunikationsschnittstelle zwischen Infocrim, der zentral gesteuerten Videoüberwachung bestimmter öffentlicher Räume der Metropolregion sowie den einzelnen, lokalen Polizeibezirken (Ex12). Im Zuge der Funktionserweiterung der GCM kam es im städtischen Sicherheitsamt in ähnlicher Weise zum Aufbau einer Zentrale für Videoüberwachung (*Central de Monitoramento*) (Ex9; Ex19). Die Professionalisierung der Einsatzkräfte und des Ausbildungsbereichs von PM, PC und GCM sowie die Spezialisierung der einzelnen operativen Einsatzbereiche beschreiben weitere organisatorische Restrukturierungen der öffentlichen Sicherheitsarbeit (Ex17). Sie umfassen die Schaffung neuer Handlungsfelder PM und GCM im Schulbereich oder im öffentlichen Raum. Trotz des weiterhin andauernden Diskurses über Rivalitäten sowohl zwischen den beiden bundesstaatlichen Polizeiorganen PM und PC als auch zwischen PM und GCM, die insbesondere auf die Aufgabenverschiebungen und -überlagerungen deren Einsatzbereiche zurückzuführen ist (Ex1; Ex4), dominiert die Integration der öffentlichen Sicherheitsfürsorge die sicherheitspolitische Debatte.

Im organisatorisch-operativen Bereich ist das Integrationsstreben in Gestalt des Gabinete de Gestão Integrada de Segurança Municipal und des Forúm Metropolitano de Segurança Pública zum einen auf institutionell-organisatorischer Ebene verortet. Zum anderen deuten verschiedene Einsatzplanungsprogramme in Gestalt der Operações Integradas, Operação Delegado und gemeinsamer Arbeiten in Polizeicentern – auch unter dem zunehmenden Einsatz von Sicherheitskräften des kommerziellen Sektors (Ex29; Ex35) – auf die zunehmende Integration der Polizeiarbeit im operativen Bereich hin. Darüber hinaus fördert der vermehrte Einsatz öffentlicher Videoüberwachung die Verzahnung der Arbeit verschiedener Sicherheits- und Ordnungsinstitutionen. Für die Weiterverarbeitung (z.B. Verbrechensermittlung, Einsatzplanung) stellt so beispielsweise das kommunale Straßenverkehrsordnungsamt (CET) seine Aufnahmen der Videoüberwachung der Einsatzleitung von PM und PC zur Verfügung (Ex27; Ex31; Ex39).

Im Kontext der aufgezeigten strukturellen Veränderungen einer nach Integration verschiedener administrativer Ebenen und Institutionen strebenden nationalstaatlich koordinierten Sicherheitspolitik (vgl. Kap. 4.3.1) lassen sich in jüngerer Zeit wie aufgezeigt insbesondere in der handlungspolitischen Dimension der öffentlichen Sicherheit quantitative und qualitative Veränderungen ausmachen. Differenziert nach politisch-inhaltlichen, funktional-operativen und organisatorischen Handlungsbereichen sind den Veränderungen jeweils unterschiedliche Logiken aktueller Sicherheitspolitik inhärent. Die sicherheitspolitischen Veränderungen fallen dabei sowohl dem bundesstaatlichen als auch dem kommunalen Zuständigkeitsbereich zu (vgl. Tab. 1). Es zeigt sich, dass allen drei Handlungsbereichen Konzepte und Instrumente zu Grunde liegen, die auf eine ambivalente Entwicklung der gegenwärtigen Sicherheitspolitik schließen lassen (vgl. Kap. 2.2.2). Auffallend ist, dass neben der Ausweitung technischer, finanzieller, personeller und organisatorischer Maßnahmen der Kriminalitätskontrolle und Strafrechtsverfolgung auch zunehmend die Integration staatlicher und nichtstaatlicher Akteure in die Sicherheits- und Ordnungsherstellung, in die Zusammenarbeit zwischen unterschiedlichen Polizeiressorts und in die Aktivierung von Bürgern zu zentralen Elementen der Veränderungen werden. Indem das Lokale darin als zentrales *interface* der Kriminalprävention und -bekämpfung betont wird, werden nicht nur räumlich-situative Strategien der Kontrollausübung, sondern auch Aktivierungsstrategien der lokalen Gemeinschaft zu den Stützpfeilern einer sich verändernden Kriminal- und Sicherheitspolitik. Im Anschluss an die hegemonietheoretische Berücksichtigung der lokalen Ebene im Wandel neoliberaler Steuerungsformen (vgl. Rose 2000a) rücken schließlich kommunale Kriminalpräventionsräte als spezifische Orte in den Mittelpunkt, an denen der ambivalente Charakter der Sicherheits- und Kriminalpolitik verhandelt wird (vgl. Haubrich & Wehrhahn 2015).

4.3.3 Kommunalisierung öffentlicher Sicherheitsfürsorge

Im Zusammenhang mit dem politischen Öffnungs- und Liberalisierungsprozess und seinem schrittweisen Übergang zur Demokratie (*transição para a democracia*) lassen sich insbesondere in den beiden Bundesstaaten São Paulo und Rio de Janeiro ab Mitte der 1980er Jahre zwei sicherheitspolitische Stoßrichtungen beobachten. Ihr präventiver Charakter steht dabei mit der vormaligen gesamtgesellschaftlichen Debatte in Verbindung, die das repressiv-militarisierte Modell der öffentlichen Sicherheit des *military regimes* (1964-1984) zunehmend kritisierte und verstärkt die Ausweitung der zivilgesellschaftlichen Partizipation in Fragen öffentlicher Belange einforderte (vgl. Kap. 4.3.1).

Reorganisation des Polizeiwesens: polícia comunitaria
Im Zuge der tiefgreifenden Veränderungen der öffentlichen Sicherheitsfürsorge sollte aus sicherheitspolitischer Perspektive mit der Etablierung einer „Neuen Polizei" (vgl. Caldeira 2008b) der Weg zum Rechtsstaat und zur Überwindung des militärischen Erbes aus Gewalt, Korruption und Vertrauensverlust geebnet werden. Damit rückte nicht nur der Umbau von Struktur und Akteurszusammensetzung der öffentlichen Sicherheit (vgl. Kap. 4.3.2), sondern insbesondere auch die ordnungspolitische Polizeireform – in zeitlicher und inhaltlicher Analogie zu anderen lateinamerikanischen Staaten (vgl. Dammert 2005; Frühling 2009) – auf die sicherheitspolitische Agenda Brasiliens (Mesquita Neto 2011, S. 81).[43] Im Einzelnen beinhalten die Reformen der öffentlichen Sicherheitsfürsorge eine umfassende Reorganisation des Polizeiwesens sowie eine Neuordnung interner und vor allem externer Kontrollprozesse polizeilicher Aktivitäten. Des Weiteren stehen in der Übergangsphase der *abertura* die Etablierung partizipativ-demokratischer Mechanismen in Form repräsentativer Räte und Kommissionen verschiedener Politikbereiche und die zivilgesellschaftlichen Diskussionen um Geschlechterrollen, *race*, Alter, Behinderungen und Gewalt im Fokus der Debat-

---

43 Die sicherheitspolitischen Reformen stehen im Zusammenhang mit der angesprochenen Entwicklung der Homizid- und Kriminalitätsrate, dem Vertrauensverlust und der Distanzierung der Bevölkerung gegenüber Akteuren der öffentlichen Sicherheit, Justiz und des Strafvollzugs sowie der Polizeireputation im Spannungsverhältnis der relativen Schwäche demokratischer Institutionen und der Persistenz polizeilicher Gewalt (vgl. Kap. 4.3.1 und Kap. 4.3.2).

te. Schließlich bilden sowohl die zunehmende Etablierung einer Partizipationskultur in Gefolge der Constitação Cidadã als auch die Etablierung einer neuen Polizeiphilosophie (*policia comunitaria*) die Grundlage für die politische Zielformulierung einer Annäherung der Akteure der öffentlichen Sicherheitsfürsorge an die Zivilgesellschaft auf lokaler Ebene (vgl. Mesquita Neto 2004; Loche 2011). Sie wurden in den beiden südöstlichen Bundesstaaten jedoch in unterschiedliche Instrumente und Strategien übersetzt.

In Rio de Janeiro geht der neuerliche Entwurf von öffentlicher Ordnung und Sicherheit, der maßgeblich auf einer Zusammenarbeit und Integration von Polizei und Bevölkerung beruht, auf den *plano direitor* der Militärpolizei Rio de Janeiros zurück (vgl. Mesquita Neto 1999a), der in der Legislaturperiode des Gouverneurs Leonel Brizola (1983-1986) Gültigkeit erlangte. Hierbei bildeten ein Handbuch zum *policiamento comunitário* in Herausgeberschaft der PM Rio de Janeiro und das auf Portugiesisch übersetzte Grundlagenwerk *Community policing: how to get started* von Robert Trojanowicz und Bonnie Bucqueroux (1994) die praktische und konzeptionelle Vorlage für den Aufbau von Einheiten der *polícia comunitária* ab 1993 in Rio de Janeiro und ab Mitte der 1990er Jahre im ganzen Land (vgl. Loche 2012; Mesquita Neto 2004). In São Paulo hingegen steht die politische Intention der Stärkung des Austauschverhältnisses zwischen Polizeiakteuren und Bürgern auf lokaler Ebene im Zusammenhang mit der Einrichtung von Kommunalen Kriminalpräventionsräten (*Conselhos Comunitários de Segurança*) in der Regierungszeit des Gouverneus Franco Motoro (1983-1987) (vgl. Galdeano 2009).

Zeitliche und politische Verortung der Polícia Comunitaria in São Paulo
Für den Bundesstaat São Paulo gilt es dabei, sowohl den Aufbau des Polizeiprogramms der *community policing* als auch die Etablierung kommunaler Kriminalpräventionsräte zusätzlich nach zeitlichen sowie politisch-inhaltlichen Abschnitten zu differenzieren (vgl. Galdeano 2009). Zunächst sind kommunale Kriminalpräventionsräte in die aufgezeigten gesellschaftspolitischen Veränderungen der Transformationszeit und die damit einhergehende sozialpolitische Mobilisierung gegen Krisen der öffentlichen Sicherheit einzuordnen (vgl. Kap. 4.2). Des Weiteren steht die Einrichtung von partizipativ-interaktiven Sicherheitsorganen und -foren zwischen Staat und Bevölkerung mit dem ausgeglichenen Krisen-Reform-Verhältnis der 1990er Jahre und der Einrichtung von reformvorbereitenden Arbeitsgruppen zur Restrukturierung des Polizeiwesens in Zusammenhang. Schließlich geht die Etablierung der Modelle der bürgernahen Polizei mit deren effektiver Implementierung sowohl in den Kommunen Ribeirão Preto und Bauru als auch einigen Bezirken der Stadt São Paulo einher, wo verschiedene Akteure

der öffentliche Sicherheit ab Ende der 1980er Jahre verstärkt begannen, sich im Austausch mit der Bevölkerung zu engagieren (Ex9; Ex31).

Seit deren Etablierung sehen sich die verschiedenen Programme der *community policing* jedoch unterschiedlichen politischen Vorzeichen der öffentlichen Sicherheitsfürsorge gegenüber. Auf der einen Seite kommt es neben der Einrichtung der CONSEG durch die Regierung Montoros im Jahr 1985 auch in der Legislaturperiode Covas (1995-2001) zum offenen Dialog mit Zivilgesellschaft und Wissenschaft und zur Institutionalisierung einer *policía comunitária* im Polizeisystem. Zudem zählen dazu eine stärkere interne und externe Kontrolle der Polizeiorgane (*Ouvidoria da Polícia do Estado de São Paulo*) sowie eine sukzessive Ausweitung und ressortübergreifenden Integration von Sicherheits- und Ordnungsakteuren in eine *urban security governance* (vgl. Haubrich & Wehrhahn 2012). Auf der anderen Seite prägt ein zum Teil ambivalenter Charakter die Ausrichtung der öffentlichen Sicherheitspolitik der Landesregierungen Quérreis (1987-1991), Fleurys (1991-1995) und Alckims (2001-2006, 2011-2014). Dabei deuten einerseits sowohl die zunehmende Investition in technische Ausrüstung und allgemeine polizeiliche Infrastruktur als auch die Zentralisierung und Privatisierung des Strafverfolgungssystems auf den Ausbau einer operativen Sicherheitspolitik hin. Andererseits kommt es gleichzeitig zu einer teilweise entgegengesetzten Stärkung der Demokratisierungsprozesse in der öffentlichen Sicherheitsfürsorge, der verstärkten Förderung von Programmen, zum Ausbau von Einheiten der *policía comunitária* oder zu politischen Willensbekundungen, die eine Annäherung der Polizeiinstitution an die Zivilgesellschaft intendieren.

Die lokale Ebene rückt ins Zentrum der Betrachtung angedeuteter Veränderungen der öffentlichen Sicherheitspolitik und steht damit in Verbindung mit der Diskussion der Konzeption, Einrichtung und Konsolidierung von Programmen der bürgernahen Polizei im Zeichen des Paradigmenwechsels in Richtung eines *community policing*. Neben einer Deregulierung der öffentlichen Sicherheitsfürsorge charakterisiert sich die gegenwärtige Kriminalitätskontrolle im Kontext Brasiliens ebenfalls durch eine Kommunalisierung der öffentlichen Sicherheitsproduktion. Die zunehmende Stärkung des Lokalen und die Verantwortungsübertragung auf die *community* wird damit zum Effekt der Institutionalisierung neuer Partizipations- und Polizeipraktiken in der Phase der Demokratisierung des Landes. International ist sie ferner in die Förderung kommunaler Politiken seit den 2000er Jahren durch die Vereinten Nationen oder Interamerikanische Entwicklungsbank sowie in den allgemeinen Dezentralisierungs- und Kommunalisierungsprozess von Sicherheitspolitiken in Europa und den USA einzuordnen (Mesquita Neto 2011, S. 81f.). Die Kommunalisierung der öffentlichen Sicherheitsfürsorge ist zudem Ausdruck der jüngeren adaptiven Strategie einer präventiven, kooperativen und partizipativen brasilianischen Sicherheitspolitik. Um den aufgezeigten ambivalenten Charakter gegenwärtiger Kriminalitätsbearbeitung jedoch weiter zu differenzieren – im Anschluss an Garland (2001) gefasst als *adaptive strategies* und *punitive segregation* (vgl. Kap. 2.2.2) –, verlangt es zusätzlich nach einer spezifischen Betrachtung der Pluralisierung als dem dritten Merkmal einer sich gegenwärtig verändernden Sicherheitsproduktion (vgl. Kap. 4.4).

4.4 KOMMERZIELLER SICHERHEITSMARKT IN BRASILIEN

> „To protect themselves from the crime and drug violence that had enveloped the city, Rio's affluent classes turned to private security service for themselves and their business, rode in bulletproof vehicles, and hired armed personnel to watch their gated communities" (Hinton 2006, S. 97).

Die Unternehmensvertretung für private und elektronische Sicherheit wählte in einem Artikel vom 09.08.2010 den Titel „O País dos Vigilantes" („Das Land der Wächter") und beschreibt hiermit sinnbildlich die massive Ausbreitung privater Sicherheitskräfte in Brasilien in den vergangenen drei Jahrzehnten. Dabei erreichte das Wachstum der *vigilantes* in Banken, Geschäftsbereichen, öffentlichen Institutionen sowie geschlossenen oder offenen Wohnbereichen in zeitlicher Analogie mit der institutionellen Krise der öffentlichen Sicherheit der 1980er und 1990er Jahre seinen Höhepunkt. Je nach statistischer Bezugsquelle für die Analyse des kommerziellen Sicherheitsmarktes, also entweder die des DPF und FENAVIST oder die der PNDA und IBGE,[44] verdoppelte bis hin zu versiebenfachte sich die Zahl der regulär oder irregulär Beschäftigten privater Sicherheitsdienstleister im genannten Zeitraum. Für Gesamtbrasilien lässt sich so etwa eine kontinuierliche Steigerung der registrierten kommerziellen Sicherheitskräfte von

---

44 Für die Betrachtung der Entwicklung des kommerziellen Sicherheitsmarktes dienen in Brasilien im Wesentlichen zwei Quellen als statistische Bezugsgrößen. Einerseits erfasst die Gewerkschaft für Sicherheits- und Werttransport-Unternehmen (Federação Nacional de Empresas de Segurança e Transporte de Valores) die Zahl der Beschäftigten des Sicherheitsgewerbes, die bei der Bundespolizei DPF (Departament da Polícia Federal) offiziell registriert sind. Andererseits ermöglicht die nationale Haushaltsbefragung PNAD (Pesquisa Nacional por Amostra de Domicílios) in Verbindung mit Angaben der nationalen Statistikbehörde IBGE durch die Erfragung des aktuellen Beschäftigungsverhältnisses sowohl die Erfassung der offiziell im Sicherheitsgewerbe Beschäftigen als auch die der irregulär Beschäftigten.

50.000 (1983), auf 350.000 (2000) (Hinton 2006, S. 97) und schließlich auf 557.500 Beschäftigte in 2005 beobachten (Zanetic 2009, S. 137).

Die allgegenwärtige Ausbreitung privater Sicherheitskräfte im öffentlichen, halböffentlichen und privaten Raum findet indessen im Umfang der Gesamtzahl Beschäftigten im Sicherheitsgewerbe verstärkten Ausdruck, die im Jahr 2005 erstmals 1,6 Millionen Personen überstieg. Im regionalen Kontext des Bundesstaats São Paulo waren im Jahr 1994 noch 90.000 Wachkräfte in 250 registrierten privaten Sicherheitsfirmen erwerbstätig, ehe die Zahl privater Sicherheitskräfte im Jahr 2004 auf über 326.000 ansteigt. In der Gegenüberstellung der Zahl privater Sicherheitskräfte mit der Anzahl der bundesstaatlichen Polizeikräfte der PM und PC (2004: 108.000) wird zudem das ungleiche Arbeitskräfte-Verhältnis aus *public* und *private policing* deutlich (Zanetic 2005, S. 41). Der bundesstaatliche – aber auch nationalstaatliche[45] – Verteilungsschlüssel privater vs. öffentlicher Sicherheitskräfte von nahezu 3:1 lässt die massive Ausweitung der an der öffentlichen Sicherheitsfürsorge mitwirkenden Akteure erkennen (vgl. Musumeci 1998; Soares 2003). Neben der massiven Ausweitung der personellen Sicherheitskräfte der letzten beiden Jahrzehnte des 20. Jahrhunderts charakterisiert sich das dynamische Wachstum des weltweit fünftgrößten Sicherheitsmarkts[46] seit den 2000er Jahren ganz wesentlich durch die Bedeutungszunahme anderer technischer Sicherheitsprodukte (Ex33; Ex34). Die qualitative und quantitative Verschiebung des kommerziellen Sicherheitsmarkts steht dabei mit gesetzlichen, wirtschaftlichen und technischen Entwicklungen in Zusammenhang, die ihrerseits einer Kontextualisierung bedürfen:

Gesetzliche, wirtschaftliche und technische Entwicklung des kommerziellen Sicherheitsmarkts

Zum einen lieferte die nationale Gesetzgebungen Ende 1969 erstmals die rechtliche Grundlage für den Eintritt von Sicherheitsdienstleistungen in privatwirtschaftliche Unternehmungen. Die föderale Gesetzesverordnung 1.034/69 galt dabei als Reaktion der Militärregierung auf Banküberfälle mit vermeintlich politischem Hintergrund oppositioneller Akteure und verpflichtete Finanzeinrich-

---

45 Unter Rückgriff auf Daten des Ministério da Justiça, Fórum Brasileiro de Segurança Pùblica und der Coordenadoria de Análise e Planejamento da Secretaria de Segurança Pública de São Paulo (CAP/SSP-SP) sind 2007 auf nationalstaatlicher Ebene insgesamt 528.823 öffentliche Sicherheitskräfte im Einsatz, davon 410.991 Militär- und 117.832 Zivilpolizisten (Zanetic 2010a, S. 34).

46 2009 erreichte der kommerzielle Sicherheitsmarkt in Brasilien einen Umsatz von 15 Mrd. R$ (ca. 5,85 Mrd. €, Wechselkurs vom 31.12.2009) und macht ihn so zum fünftgrößten Sicherheitsmarkt weltweit (Financial Times 08.06.2010). Der gewerbliche Sicherheitssektor erwirtschaftete im selben Jahr einen Anteil von 0,55% des BIP des Landes.

tungen dazu, von nun an ein eigenes Sicherheitssystem aufzubauen bzw. vorzuweisen. Entsprechend bot das *decreto* insbesondere Unternehmen der Gebäudereinigung und -verwaltung Anlass, ihr Angebot um private Sicherheitsdienstleistungen zu erweitern (Cubas 2005, S. 77f.). Im Anschluss an die rechtliche Initialzündung hielt die erste gesetzliche Regulierung des – vormals mitunter paramilitärisch organisierten – Sicherheitsmarkts aber mit dem folgenden dynamischen Wachstum personeller Sicherheitsdienstleistung nicht Schritt. Die steigende Nachfrage nach Sicherheitskräften durch öffentliche Einrichtungen und private Unternehmen forderte daher die stärkere Regulierung eines zunehmend deregulierten Sicherheitsmarkts. Nach den Neuerungen des gesetzlichen Rahmens in 1983 (Lei 7.102) und 1994 (Lei 8.863) ordnete die Regierung Cardosos im Jahr 1995 (Lei 9.017) die Kontrolle privater Sicherheitsdienstleistungen schließlich der Bundespolizei (DPF) zu (vgl. Coelho 2006; Caldeira 2008b, S. 196ff.). Die Regulierungswelle der 1980er und 1990er Jahre wurde nicht nur vom stetigen Markteintritt kommerzieller Sicherheitsunternehmen mit Konzentration in den wirtschaftlich stärker entwickelten Bundesstaaten des Südens und Südostens begleitet (Ex4; Ex6). Mit ihr einhergehend lassen sich vielmehr auch der sukzessive Aufbau von Nachfolge-Dienstleistungen im Bereich des Messewesens, der Beratung und Steuerung sowie der Unternehmensvertretung in Form von Gewerkschaften oder Arbeitnehmer- bzw. Arbeitgeberverbänden beobachten (Cubas 2005, S. 82).

Zum anderen war und ist die Entwicklung privater Sicherheit in Brasilien – ebenso wie in anderen Länderkontexten Lateinamerikas – von anderen Formen und Strukturen der Schutz- und Sicherheitsmaßnahmen begleitet, die sich im gesetzlichen Grau- und Dunkelbereich ansiedeln und einen unterschiedlich hohen Grad an Informalität und Irregularität aufweisen (vgl. Zanetic 2009, 2010b). Sie finden ihren Ausdruck im Angebot von Dienstleistungen durch nicht-formell berechtigte Sicherheitsunternehmen oder Scheinunternehmen (*empresas de fechada*) oder der irregulären Beschäftigung von Polizisten (*bico*) in Sicherheitsfirmen oder als Sicherheitspersonal in Unternehmen. Die illegale, aber privat getragene Sicherheit (*segurança cladestina*) umfasst zusätzlich das große Kontingent an Wachmännern (*vigias* oder *guardas*), die in unterschiedlichem Organisations- und Ausstattungsgrad den Straßenraum überwachen oder bestreifen (*vigilância*) – allerdings in der Regel ohne den Besitz einer entsprechenden gesetzlichen Autorisierung (Zanetic 2010a, S.13f.). Sowohl im privaten Wohnbereich (offene Wohnquartiere, *condomínios*) als auch im privaten und halböffentlichen Gewerbe- und Freizeitbereich birgt die Bandbreite privater Sicherheit informellen Charakters – und dabei insbesondere die irreguläre Beschäftigung von Polizisten außerhalb ihrer Dienstzeit – gleichzeitig ein hohes Konfliktpotenzial zwischen verschiedenen Akteurskonstellationen (öffentlich-öffentlich, öffentlich-privat, privat-privat). In diesen Konflikt mischen sich nicht nur die Aspekte einer allgemeinen Ursache-Folge-Diskussion informeller Wirtschaftszweige, sondern auch Fragen um Wettbewerbsverzerrung und Verdrängungseffekte auf den meist lokalen Sicherheitsmärkten (Ex28). Darüber hinaus steht das Problem informeller angebotener Sicherheitsdienstleistungen (*clandestinos*) – vor allem in Nachbarschaften der städtischen Mittelschicht (Ex3; Ex14) – im Zusammenhang mit der Skepsis an internen Kontrollmechanismen und Legitimitätsfragen der öffentlichen Sicherheit (Cubas 2005, S. 106f.) oder auch mit der Kritik an der doppelten Kommodifizierung des öffentlichen Guts Sicherheit (vgl. Zanetic 2010a).

Schließlich gilt es, den Markt für private Sicherheit weiter nach seinen jüngeren Umsatzentwicklungen zu differenzieren, die von einer qualitativen Verschiebung der angebotenen Sicherheitsprodukte begleitet werden. Im Einzelnen lässt sich seit Anfang der 2000er Jahre dabei nicht nur eine Bedeutungsverschiebung in Richtung elektronischer Sicherheitsmaßnahmen beobachten, sondern auch eine absolute Vergrößerung bei gleichzeitiger Diversifizierung der Nachfrageseite. Die Verschiebung findet im Umsatzwachstum des Sicherheitsequipments von bis zu 20% in den letzten zwei Jahrzehnten ihren Ausdruck. Durch den technischen Fortschritt werden elektronische Sicherheitstechniken nicht nur zunehmend bezahlbarer und damit einer sich mehr und mehr konsolidierenden Mittelschicht als neuem Kundenkreis zugänglich (Ex38).[47] Vielmehr findet mit der Technologisierung des Sicherheitsmarkts eine Pluralisierung der Sicherheitsproduktion statt. Dominierte bis weit in die 1990er Jahre noch das sukzessive physisch-räumliche Verbarrikadieren der Häuserfronten der *Cidade de muros* (vgl. Caldeira 2008b) – in der wissenschaftlichen Diskussion verhandelt als zivilgesellschaftliche Reaktion auf zunehmende Gewalt, Kriminalität und Unsicherheit im städtischen Raum – sind der Überwachung, Zugangskontrolle und Abschottung heute durch die technische Unterstützung keine Grenzen mehr gesetzt. In Form von automatischen Garagentoren, Elektrozäunen, Gegensprechanlagen, Bewegungsmeldern, 24h-Alarmanlagen, analogen oder per Smartphone anwählbaren Breitband-Sicherheitskameras oder GPS-Sendern im PKW ist die zivilgesellschaftliche Sicherheitsfürsorge nun unabhängig von den in Missgunst gefallenen öffentlichen Sicherheitsakteuren oder den im Graubereich aus Irregularität und Ineffektivität agierenden privaten Anbietern möglich (vgl. Cubas 2005; Zanetic 2005; Williams 2010).

---

47 Der Betrieb des Sicherheitssystems *monitoramento por Alarme* durch eine spezialisierte Sicherheitsfirma ist für einen Haushalt heute mit monatlichen Kosten von 200 R$ verbunden (Ex33; Ex37).

A securização urbana und die Alphavillisierung des städtischen Raums
Private Sicherheitsfürsorge hat sich in jüngerer Zeit entsprechend zu einem multidimensionalen Phänomen entwickelt. Gleichzeitig rückte die sozialwissenschaftliche Debatte der letzten beiden Jahrzehnte verstärkt geschlossene Siedlungskomplexe (*gated communities* oder *condomínios fechados*) in den Mittelpunkt ihrer Diskussion über die Entwicklung des kommerziellen Sicherheitsmarkts in Brasilien oder anderen Staaten Lateinamerikas (vgl. Caldeira 1996, 2008b; Kowarick 2001; Borsdorf 2002; Janoschka 2002; Coy & Pöhler 2002; Janoschka & Bordsdorf 2006). In Anbetracht der dynamischen Überbauung und dabei spezifischen Vertikalisierung der Gebäudestruktur (*prédios*) einerseits, und des ungebrochenen Trends der räumlichen Expansion von horizontalen *gated communites* andererseits – insbesondere in den brasilianischen Mittelstädten wie Campinas, Ribeirão Preto oder Ourinhos des *interiors* (Landesinnere) – besitzt der Untersuchungsfokus auf den Wohnbereich durchaus seine Berechtigung (Ex33).[48] Mit Blick auf die Kritik von Zanetic (2010a, S. 5) an der verkürzten Betrachtung des Wirkungsfelds privater Sicherheit ist zugleich auf die diversifizierende Nachfrageverteilung von kommerziellen Sicherheitsdienstleistungen hinzuweisen. Danach steht die Zunahme privatwirtschaftlicher Sicherheitsdienstleistungen nicht nur mit der allgegenwärtigen Präsenz von Gewalt, Kriminalität und Unsicherheit in der postmodernen Fobópole in Zusammenhang (vgl. Souza 2008; Aguerre 2004; Santillán 2007; Hinton 2006). Vielmehr gilt das expansive Wachstum des kommerziellen Sicherheitsmarkts außerdem als Ausdruck einer anzahl- und flächenmäßigen Zunahme der *mass private properties* (vgl. Shearing & Stenning 1981) im städtischen Raum.

Die zunehmende Bedeutung von privaten und halböffentlichen Räumen im städtischen Gefüge lässt sich dabei einerseits entlang der angesprochenen Ausbreitung von Wohntürmen oder abgesperrten Nachbarschaften der Innenstadt sowie der sub- und periurbanen Gebiete nachzeichnen. Die zwischenzeitlich standardmäßige Sicherheits-Organisation und -Verwaltung sowie die eingeschränkte oder stark reglementierte Zugangsmöglichkeit finden in den privaten Einzelhandels-, Kultur- und Freizeitflächen der alphavillizierten Metropole (vgl. Williams 2010) ihre äquivalente Übersetzung. So bieten heute sowohl die großen Shoppingcenter, Einkaufszentren, Kinosäle und Freizeitparks als auch die Quar-

---

48 So weist der Vorsitzende einer Unternehmensvertretung für elektronische Sicherheit in einem Gespräch (Ex33) auf die insgesamt 50.000 *condomínios* in der Metropolregion Grande São Paulo hin. Ca. 90% der *condomínios* seien mit elektronischem Sicherheitsequipment der 3. Generation – also Elektrozäunen, Alarmanlagen, Videokameras – ausgestattet. Entsprechend wohne etwa ein Drittel der Bevölkerung der Kommune São Paulo in Bereichen, die irgendeine kommerzielle Sicherheitsdienstleistung oder elektronische Sicherheitsmaßnahme umfassen.

tiersapotheke, das Gemeindezentrum, die Bezirksschule, das Restaurant und die Metrostation eine Form von privater – ob personeller oder technischer, ob privater oder als *privat-public* organisierter, ob regulärer und illegaler – Sicherheitsfürsorge (vgl. Kanashiro 2006, 2009; Proença et al. 2009; Firmino et al. 2009; Zanetic 2005, 2010a, 2010b). Schließlich wird deutlich, dass private Sicherheitsfürsorge nicht nur ein multidimensionales, sondern zunehmend auch ein allgegenwärtiges, einkommensunabhängiges Phänomen wird, das nicht nur in bestimmten Lebensbereichen wie dem Wohnen oder der Freizeit eine Bedeutung besitzt. Vielmehr deuten die qualitative und quantitative Veränderung des kommerziellen Sicherheitsmarkts auf eine zunehmende Durchdringung aller Lebens- und Alltagsbereiche im Sinne einer *securização urbana* hin (vgl. Melgaço 2012).

4.5 Un-/Sicherheiten und die erweiterte Perspektive auf Anlass, Abstraktes und Konkretes

> „Die Unsicherheit wird zu einer unbestreitbaren Tatsache, so greifbar, dass es keinen Platz mehr gibt für den Verdacht, so allgegenwärtig, dass niemand das Kommentieren unterlassen kann und so bedrohlich, dass dringend Maßnahmen erforderlich sind" (Santillán 2007, S. 9).

Un-/Sicherheiten haben sich in den letzten Jahrzehnten zum Schlüsselphänomen moderner Gesellschaften entwickelt und bilden eine zentrale Diskussions- und Problemkategorie für Bevölkerung und relevante Politikfelder. Verhandelt als Problemlage städtischer Gesellschaften entlang kriminal- und sicherheitspolitischer Veränderungen sowie als Kristallisationskern einer anhaltenden Kommodifizierung öffentlicher Güter genießt das Begriffspaar dabei nicht nur eine prominente Stellung in der kritischen Stadt- und Sicherheitsforschung. Vielmehr profilieren sich Un-/Sicherheiten zudem im medialen, politischen und alltäglichen Diskurs und treten in diskursiven Rahmungen, gegenstandsbezogenen Praktiken oder konkreten Verhandlungen im Alltag hervor. Ihre Existenz mutet als unbestreitbar an, ihr Effekt scheint jede und jeden zu tangieren und ihre Allgegenwärtigkeit manifestiert sich in Raum und Zeit (vgl. Santillán 2007). Un-/Sicherheiten sind in aller Munde, werden zunehmend Bestandteil alltäglichen Tuns, sind Gegenstand von ordnenden *In-Formationen* und *Trans-Formationen* oder Kristallisationskern veränderlicher Akteurs- und Strukturzusammenhänge. Spektrum, Tragweite und Bedeutung von Un-/Sicherheiten verorten sich dabei simultan auf den Analyseebenen der *überspannenden* gesellschaftstheoretischen

Abstraktion, des *kontextualisierenden,* gesellschaftsrelevanten *Anlasses* und auf dem *grundlegenden,* alltagsrelevanten *Konkreten,* wobei deren Wechselwirkungen – so die zentrale Argumentation der vorliegenden Arbeit – entlang der *heldtogetherness* ihrer jeweils zugehörigen Beobachtungsnotizen nachgezeichnet werden muss.

Die erste Beobachtungsnotiz – verstanden als kontextualisierender, gesellschaftsrelevanter Anlass – deutet auf die seit Mitte der 1980er Jahre anhaltende Debatte um städtische Un-/Sicherheiten als Problemfeld lateinamerikanischer Stadt- und Sicherheitspolitik hin und betont die Präsenz alltäglicher Gewalt und Bedrohung als eines der größten Anliegen der brasilianischen Stadt-Gesellschaft. Das soziale Phänomen wachsender Un-/Sicherheiten bestimmt dabei die Tagesordnung der Stadt- und Kriminalpolitik, füllt den Inhalt der Massenmedien und dient als Verkaufsprodukt der Sicherheitswirtschaft. Indessen werden Politik, Medien und Wirtschaft zu den drei Angstsäulen der Gegenwart (vgl. Souza 2012). Die Prävalenz der Un-/Sicherheiten findet ihren sozialräumlichen Ausdruck sowohl im öffentlichen und politischen Raum der *alphavillizierten Phobopolis* bzw. *Cidade de muros* als auch in der dynamischen Veränderung öffentlicher und privater Sicherheitsfürsorge.

Die zweite Beobachtungsnotiz – gefasst als überspannende, gesellschaftstheoretische Abstraktion – deutet indessen hin auf die fortwährende Bedeutung von Un-/Sicherheiten in einer meist kritisch orientierten geisteswissenschaftlichen Debatte. Darin wird das begriffliche Paar der Un-/Sicherheiten mehrheitlich unter den Gesichtspunkten Raum, Politik und Wirtschaft verhandelt. Erwähnung finden erstens ausschließende Sicherheitsmechanismen, die normbedingte Unsicherheiten verräumlichen, zweitens raumorientierte Regierungstendenzen, die Unsicherheiten bearbeiten und mit Sicherheiten verwalten, und drittens öffentlich und privatwirtschaftliche Kooperationszusammenhänge, die Unsicherheiten identifizieren und mit Sicherheiten versilbern. Erkenntnisrelevante Bedeutung erhält diese Beobachtung, da je nach Diskussionsstrang das Vorzeichen der Abstraktionsachse der Entstehung von Sicherheiten und Unsicherheiten – verstanden als *Explanans* und *Explanandum* – jeweils ausgetauscht wird. Im Anschluss an die Betrachtung der „hergestellten Unsicherheit" (Giddens 1997a, S. 141f.) werden Befindlichkeiten wie Angst und Furcht schließlich zum Gegenstand modernisierungstheoretischer Überlegungen. Wie exemplarisch von Bauman (2008) angedeutet, führen das Bestreben und Handeln einzelner Akteure, dem Gefühl der Unordnung und Unsicherheiten mit dem Ergreifen von Sicherheitsmaßnahmen zu begegnen, zur selben Zeit dazu, das Gefühl der Angst beständig zu bestätigen und zu erzeugen. Unsicherheiten und Sicherheiten stehen sich dialektisch gegenüber und werden – so die aktuelle Debatte einer *Practising emotions* (vgl. Everts & Wagner 2012) – kontinuierlich sprachlich und im Handeln hergestellt.

Die dritte Beobachtungsnotiz – im Anschluss aufgeführt als methodologischer Zugang zum konkreten sozialen Phänomen der dialektischen Herstellung von Un-/Sicherheiten – rückt schließlich das konkrete Tun und Sagen der Un-/Sicherheiten im Zusammenhang mit ihrer kontextuellen Verortung in den Mittelpunkt der empirischen Betrachtung. Dabei bietet das praktikentheoretische Gebäude einerseits eine konzeptionelle Erweiterung auf das Konstrukt der Un-/Sicherheiten. Andererseits dient es als taxonomisches Angebot, das hilft, Organisations- und Gestaltungselemente miteinander verwobener Sicherheitspraktiken und Sicherheitsordnungen nachzuzeichnen und die beschränkenden und ermöglichenden Mechanismen der Angst als „woven into fabric of our everyday lives" (Davidson & Smith 2009, S. 440) zu lesen. Im Verstehen des Zusammenhängens von Abstraktem, Anlass und Konkretem wird es letztlich möglich, die Entstehung von Un-/Sicherheiten gezielt flach-ontologisch zu untersuchen und verständnisorientiert zu theoretisieren.

5 Un-/Sicherheiten.
Eine konkrete Betrachtung

5.1 WAS, WER, WIE UND DER KONKRETE EMPIRISCHE ZUGANG

Bislang ist es die Intention der vorliegenden Arbeit gewesen, sich dem Untersuchungsphänomen der wechselseitigen Herstellung von Un-/Sicherheiten durch das Nachzeichnen verschiedener Beobachtungsnotizen zu nähern. Dazu zählt einerseits der *kontextualisierende, gesellschaftsrelevante Anlass* der Un-/Sicherheiten-Diskurse in Brasilien (vgl. Kap. 4). Andererseits bietet die *überspannende, gesellschaftstheoretische Abstraktion* die konzeptionelle Grundlage für die vorliegende Diskussion. Beide Beobachtungsnotizen können nicht nur die zunehmende Bedeutung von Un-/Sicherheiten in verschiedenen gesellschaftlichen Teilbereichen hervorheben. Vielmehr liefern sie auch das argumentative Gerüst der Herstellung dieser postulierten Bedeutung. Die Diskussion jener Herstellung kann jedoch nicht bei der kontextuellen und konzeptionellen Rahmung ihren Abschluss finden, liefe sie doch Gefahr den prozesshaften Charakter dieser Herstellung zu missachten. Daher ist die vorliegende Arbeit theoretisch informiert und versucht zugleich, dem Anspruch gesellschaftlicher Relevanz der Un-/Sicherheiten gerecht zu werden. Zudem betont sie auch die Notwendigkeit der empirischen Einordnung des Untersuchungsphänomens. Damit gilt es in der dritten Beobachtungsnotiz, dem *grundlegenden,* alltagsrelevanten *Konkreten* in der Weise auf die Spur zu kommen, dass das *Tun* und *Sagen* der Menschen in den Mittelpunkt der empirischen Betrachtung der Un-/Sicherheiten gestellt wird.

Den Leitfaden für das empirische Suchen, Offenlegen, analytische Aufbereiten und In-Zusammenhang-Stellen dessen, was Menschen tun und sagen, liefert die Theorie sozialer Praktiken in der Lesart nach Reckwitz (2002) und Schatzki (1996, 2002). Dabei ist der praktikentheoretische Leitfaden methodologischer, methodischer, analytischer und theoretischer Natur. Erstens leitet sich aus den konstruktivistischen Grundannahmen der Praktikentheorie ein qualitatives empirisches Vorgehen ab. Zweitens legt die Sicht auf soziale Praktiken bei der Sammlung von Tun und Sagen nicht nur den Rückgriff auf die methodischen Werkzeuge der Beobachtungen und Gespräche nahe. Vielmehr bietet sich bei der Aufbereitung des Gesammelten ein Bruch mit dem intellektualistischen Vorgehen sozialwissenschaftlicher Arbeiten insofern an, als dass die Nacherzählung der *Alltagsgeschichten* der Menschen einen unverstellten Blick auf Tun und Sagen erreichen sollte. Drittens hält die Praktikentheorie nach Schatzki ein taxonomisches Angebot bereit, das hilft, das Beobachtete und Gehörte analytisch miteinander in Verbindung zu stellen. Viertens bietet das Gebäude sozialer Praktiken schließlich den theoretischen Leitfaden an, wie das Zusammenhängen von Praktiken und Ordnungen zum Verstehen des sozialen Phänomens beitragen kann.

Entsprechend wird in der anschließenden dritten Beobachtungsnotiz das Beobachtete und Befragte in Form eines dichten Beschreibens zunächst offengelegt, um es anschließend im Sinne eines hermeneutischen Interpretationsverfahrens analytisch aufzuarbeiten. Konkret wurden dafür Beobachtungen und Gespräche zwischen 2011 und 2013 gesichtet, textuell umgewandelt, aufbereitet und interpretiert (vgl. Tab. 2). Sie setzen sich aus Teilnehmender Beobachtung (TB), offenen, unstrukturierten Gesprächen (Gsp), qualitativen Interviews (Int) und reflexiven Fotointerviews (FotoInt) zusammen. Beobachtet und befragt wurden Passanten (Pas), Bekannte (Bek), Interviewteilnehmer (IntTeil) und weitere spezifische Gruppen wie Wachmänner, *concierges* oder *líderes sociais*. Für das Interpretationsverfahren von entscheidender Bedeutung sind dabei insbesondere die zahlreichen Gespräche über das alltägliche Tun und Sagen der Befragten-Gruppe der Interviewteilnehmer.[49] Entsprechend werden alltagsrelevante Aspekte der Interviewten der reflexiven Fotointerviews im Verlauf des offenen Geschichteerzählens exemplarisch vorgestellt.

---

49 Im Forschungsverlauf unterteilt sich die Befragten-Gruppe in *feldexterne* und *feldinterne* Experten (vgl. Kap. 3.2). Zur Erschließung des kontextuellen Hintergrundwissens der Un-/Sicherheiten in Brasilien (vgl. Kap. 4) wurden daher einerseits Expertengespräche (Ex) geführt. Zur Erschließung des *konkreten,* praktikenrelevanten Wissens wurden nicht nur einordnende Gespräche mit Passanten und Bekannten des Forschungsfelds geführt. Vielmehr wurden Interviewteilnehmer in zahlreichen Gesprächen – qualitative Interviews in 2011 und insbesondere reflexive Fotointerviews in 2011 und 2013 – mitunter über die gesamte Feldforschung mehrfach aufgesucht und spielen daher eine besondere Bedeutung für den Interpretationsprozess. Konkret zählen dazu Cleonice, Santina, Felipe, Irma, Heloísa, Magliane, Douglas, Atonio, Mari Jucélia, Adriano und Verônica (vgl. Tab. 2). Diese und auch alle andere Namen von Interviewten sind anonymisiert.

Tabelle 2: Liste der Gespräche 2011-2013

Abkz[1]	Name[2]	Beschreibung[3]	Methodik[4]	Aufbereitung[5]	Datum[6]	Abkz	Name	Beschreibung	Methodik	Aufbereitung	Datum
V	Vânia	Bek, w/m,	Gsp	GP	25.10.2010	Dou	Douglas	IntTeil, m, Jab	Int, Gsp	Trans, GP	01.12.2011
C	Cauã	Bek, m, But	Gsp	GP	13.08.2011	MaJ	Mari Jucélia	IntTeil, w, Jab	Int, Gsp	Trans, GP	01.12.2011
A	Aline	Bek, w, But	Gsp	GP	14.08.2011	Ex11	C. F.	Funktionär GCM	Int	GP	02.12.2011
a	k. Name	Concierge, m, BeVI	Gsp	GP	19.09.2011	Ce	Cesar	IntTeil, m, Jab	Int, Gsp	Trans, GP	03.12.2011
H	Hector	Pas, m, Jab	Gsp	GP	19.09.2011	Re	Reginaldo	IntTeil, m, Jab	Int, Gsp	Trans, GP	03.12.2011
San	Santina	Pas, w, Jab	Gsp	GP	19.09.2011	Fel	Felipe	IntTeil, m, Jab	Int, Gsp	Trans, GP	07.12.2011
V	Vagner	Pas, m, Par	Gsp	GP	19.09.2011	Ver	Verônica	IntTeil, w, Jab	Int, Gsp	Trans, GP	07.12.2011
a*	k. Name	Pas, w, Jab	Gsp	GP	27.09.2011	Ex12	C.	Polizist, PC	Int	GP	08.12.2011
a**	k. Name	Pas, m, Jab	Gsp	GP	27.09.2011	Ex13	G.C.	Kommissar PC	Int	GP	08.12.2011
W	Wilson	Wachmann, m, Jab	Gsp	GP	27.09.2011	Ex14	L.C.	Vorsitzender Conseg	Int	GP	08.12.2011
A	Alex	Pas, m, Jab	Gsp	GP	30.09.2011	San	Santina	IntTeil, w, Jab	FotoInt	IntP, GP	09.12.2011
F	Fabricio	Pas, m, Jab	Gsp	GP	30.09.2011	Irm	Irma	IntTeil, w, Jab	Int, Gsp	Trans, GP	10.12.2011
R	Rodrigo	Pas, m, Jab	Gsp	GP	30.09.2011	Jo	Joel	IntTeil, m, Jab	Int, Gsp	IntP	10.12.2011
T	Tatiani	Sozialarbeiterin, w, Jab	Gsp	GP	30.09.2011	a	k. Name	IntTeil, m, Jab	Gsp	GP	18.11.2012
						Ex15	M.B.	Vorsitzende Conseg	Int	GP	29.11.2012
V	Valesca	Pas, w, Jab	Gsp	GP	30.09.2011	Ex16	W.S./A.M.	Conseg-Teiln, m, Jab	Int	GP	06.12.2012
Ex1	A.R.	Kommissar GCM	Int	GP	03.10.2011	Ex17	G.F.	Kommissar GCM	Int	GP	11.12.2012
San	Santina &	IntTeil, w, Jab	Gsp	GP	05.10.2011	Ex18	M.	Vorsitzender Conseg	Int	GP	12.12.2012
	Familie					Ex19	E.S.	Projektleiter CET	Int	GP	09.01.2013
R	Rita	líderes social, m, Jab	Gsp	GP	07.10.2011	Mag	Magliane	IntTeil, w, Jab	Gsp	GP	14.01.2013
L	Luan	Security, m, Jab	Gsp	GP	12.10.2011	Hel	Heloísa	IntTeil, w, Jab	Gsp	GP	14.01.2013
M	Malu	líderes social, w, Jab	Gsp	GP	12.10.2011	Ex20	L.C.	Vorsitzender Conseg	Int	GP	16.01.2013
R	Rita	líderes social, w, Jab	Gsp	GP	13.10.2011	Ex21	F.T.	Vorsitzender Conseg	Int	GP	16.01.2013
Cle	Cleonice	Pas, w, Jab	Gsp	GP	16.10.2011	Adr	Adriano &	IntTeil, m/w, Jab	Gsp	GP	17.01.2013
W	Wesley	Wachmann, w, Jab	Gsp	GP	20.10.2011		seine Frau				
Cle	Cleonice	IntTeil, w, Jab	FotoInt	IntP, GP	25.10.2011	R	Ricardo	IntTeil, m, Jab	Gsp	GP	18.01.2013
Ex2	R.G.	Geschäftsinhaberin	Int	GP	25.10.2011	Ex22	A.	Vertreterin WEG	Int	GP	19.02.2013
Ex3	M.B.	Vorsitzende Conseg	Int	GP	25.10.2011	Fel	Felipe	IntTeil, m, Jab	FotoInt	IntP, GP	20.02.2013
J	Joaquim	Pas, m, Jab	Gsp	GP	25.10.2011	Irm	Irma	IntTeil, w, Jab	FotoInt	IntP, GP	22.02.2013
M	Maicon	Pas, m, Jab	Gsp	GP	30.10.2011	Ex23	J.F.	Vertreter WEG	Int	GP	23.02.2013
E	Ester	Pas, w, Jab	Gsp	GP	02.11.2011	Ex24	E.	Vertreterin WEG	Int	GP	27.02.2013
W	William	Pas, m, Jab	Gsp	GP	02.11.2011	Ex25	C.	Vertreterin WEG	Int	GP	04.03.2013
Hel	Heloísa &	IntTeil, m/w, Jab	Gsp	GP	02.11.2011	Ex26	M.B.	Vorsitzende Conseg	Int	GP	05.03.2013
	ihr Mann					Ex27	E.	Kommissar PC	Int	GP	05.03.2013
Ex4	C.R.	Projektleiterin NGO	Int	GP	04.11.2011	Hel	Heloísa	IntTeil, w, Jab	FotoInt	IntP, GP	11.03.2013
Mag	Magliane	IntTeil, w, Jab	Int, Gsp	Trans, GP	08.11.2011	Mag	Magliane	IntTeil, w, Jab	FotoInt	IntP, GP	13.03.2013
Adr	Adriano &	IntTeil, m/w, Jab	Int, Gsp	Trans, GP	09.11.2011	Dou	Douglas	IntTeil, m, Jab	FotoInt	IntP, GP	14.03.2013
	seine Frau					Ant	Antonio	IntTeil, m, Jab	FotoInt	IntP, GP	19.03.2013
Ato	Atonio	IntTeil, m, Jab	Int, Gsp	Trans, GP	09.11.2011	MaJ	Mari Jucélia	IntTeil, w, Jab	FotoInt	IntP, GP	20.03.2013
Mi	Milton	IntTeil, m, Jab	Int, Gsp	Trans, GP	10.11.2011	Ex28	B.	Geschäftsinhaber	Int	GP	20.03.2013
Ex5	F.	Projektleiter NGO	Int	GP	10.11.2011	Adr	Adriano	IntTeil, m, Jab	FotoInt	IntP, GP	23.03.2013
Hel	Heloísa &	IntTeil, m/w, Jab	Int	Trans, GP	12.11.2011	Ex29	D.O.	Bezirksbürgermeister	Int	GP	25.03.2013
	Mann					Ver	Vera	IntTeil, w, Jab	FotoInt	IntP, GP	27.03.2013
Ex6	A.Z	Consulter	Int	GP	17.11.2011	Ex30	M.R.	Kommissarin PM	Int	GP	28.03.2013
Ex7	A.F.	Abgeordneter	Int	GP	24.11.2011	Ex31	R.	Roberto	Int	GP	28.03.2013
A	k. Name	GCM, m, Jab	Gsp	GP	25.11.2011	Ex32	A.P.	Funktionär GCM	Int	GP	05.09.2013
Ex8	E.L.	Kommissar PC	Int	GP	25.11.2011	Ex33	O.O.	Interessenvertretung	Int	GP	12.09.2013
Ex9	A.F	Kommissar GCM	Int	GP	25.11.2011	Ex34	A.C.	Geschäftsführer	Int	GP	13.09.2013
Ex10	D.O.	Offizierin PM	Int	GP	28.11.2011			Interessenvertretung			
Wi	Wilson	IntTeil, m, Jab	Int, Gsp	Trans, GP	29.11.2011	Ex35	V.A./M.M.	Innenministerium	Int	GP	16.09.2013
An	Andrew &	IntTeil, m, Jab	Int, Gsp	Trans, GP	29.11.2011	Ex36	E.S.	Projektleiter CET	Int	GP	18.09.2013
	sein Vater					Ex37	F.M.	Fernando Moreira	Int	GP	23.09.2013
Ro	Robson &	IntTeil, m/w, Jab	Int, Gsp	Trans, GP	29.11.2011	Ex38	R.C.	Projektleiter P	Int	GP	25.09.2013
	seine Frau					Ex39	E.S.	Projektleiter CET	Int	GP	25.09.2013

[1] Die Relevanz der Gespräche und Interviewteilnehmer (Befragte) sind nach Relevanz im Forschungsverlauf gekennzeichnet und geordnet. Dabei spielen Interviewte mit Abkürzungen bestehend aus drei Buchstaben im Gegensatz zu den Nacherzählten der Alltagsgeschichten die wichtigste Rolle.
[2] Zur Zitierung werden zum einen der Vorname mit Abkürzungen der feldinternen Befragten verwendet. Die Nachnamen sind anonymisiert. Befragte, deren Namen nicht bekannt sind, erhalten die Abkürzung „a" (anonym). Zum anderen werden für die feldexternen Experten nur die Initialen der Vor- und Zunamen verwendet. Die Abkürzungen Ex wird zudem chronologisch nummeriert.
[3] Die Gruppe der Befragten unterteilt sich in Passanten (Pas), Bekannte (Bek), Interviewteilnehmer (IntTeil), Experten (Ex) und zu spezifizierenden Gruppen. Ferner wird zwischen weiblichen (w) und männlichen (m) Befragten unterschieden. Die Befragungsorte wurden den Distrikten Jabaquara (Jab), Butantã (But), Bom Retiro (Bom) und Bela Vista (BeVi) zugeordnet. Die Gruppe der Experten wird auf Grund ihrer kulturellen bzw. ihres Verantwortungsbereiches in keiner bestimmten Region der Stadt verortet.
[4] Während der Feldforschung kam ein Methodenmix aus offenen, unstrukturierten Gesprächen (Gsp), teilnehmender Beobachtungen (TB), qualitativen Interviews (Int) und reflexiven Fotointerviews (FotoInt) zur Anwendung. Ergänzend zu den auf Tonband aufgezeichneten Fotointerviews wurden oftmals sehr lange, einordnende Gespräche (Gsp) geführt.
[5] Die verschiedenen Beobachtungen und Gespräche wurden zum Tonband aufgezeichnet oder wurden in Feldnotizen festgehalten. Das Umwandeln von „Gesehenem und Gehörtem im Text" (Reuber & Pfaffenbach 2005, S. 153) wurde in Gestalt von Interviewtranskripten (Trans), Gedankenprotokollen (GP), Gesprächsprotokollen (GspP) und Interpretationsprotokollen (IntP) durchgeführt. Dabei handelt es sich um verschiedene Formen der Aufbereitung für qualitativen Daten – jeweils für sich geprägt von der subjektiven Position des Autors – als Grundlage für die anschließende Analyse.
[6] Das Datum beschreibt das jeweilige Datum der Gespräche und Beobachtungen. Zur besseren Übersicht wird in der Zitation neben den Abkürzungen der Befragten oder Teilnehmende Beobachtungen (TB) auch das jeweilige Datum aufgeführt; z.B. Ver, 27.03.2013 oder TB, 04.11.2011.

Quelle: Eigene Bearbeitung

Es ist das forschungsleitende Interesse, die Bedeutung von Un-/Sicherheitsaspekten im städtischen Alltag von Mittelschichtshaushalten nachzuzeichnen. Damit stellt sich nicht nur bei den Beobachtungen und Gesprächen, sondern insbesondere auch bei der Aufbereitung, Auswertung und Darstellung die zentrale Frage, in welcher argumentativen Reihenfolge die Aspekte des alltäglichen Tuns und Sagens und der Kristallisationskern der Un-/Sicherheiten angesprochen, beobachtet und schließlich offengelegt werden sollten. So ist es durchaus möglich, mit Menschen zunächst über deren Alltag in der Stadt zu sprechen und diesen zu beobachten, um anschließend darin die Bedeutung von Aspekten der Gewalt, Kriminalität und Unsicherheit nachzuzeichnen. Auch wäre es möglich, zunächst die Bedeutung von Un-/Sicherheiten entlang der Gewalt-, Kriminalitäts- und Sicherheits-Diskurse zu verstehen und sie anschließend im alltäglichen Tun und Sagen der Menschen wiederzuerkennen. Die forschungspragmatische Antwort dieser Arbeit lautet: Es ist beides möglich. Denn im Folgenden geht es zunächst um die alltagsnahe Offenlegung der Fragen nach dem *Was* und dem *Wer oder Was:*

- *Was* machen die Menschen in ihrem Alltag und *was* machen die Un-/Sicherheiten mit dem Alltag der Menschen?
- *Wer oder was* spielt eine Rolle im alltäglichen Tun und Sagen der Menschen und in *wem oder was* findet die Relevanz von Un-/Sicherheiten ihren Ausdruck?

Beide Fragenkataloge betonen jeweils die untersuchungsrelevanten Aspekte des Alltags und der Un-/Sicherheiten. Jeweils verbindend wirkt dabei das Tun und Sagen und das Ordnende. Erst entlang der dichten Beschreibung des Was und des Wer oder des Was ist es schließlich möglich, die Suche nach dem *Wie* aufzunehmen (vgl. Kap. 6):

- *Wie* stehen un-/sicherheitenrelevantes Tun und Sagen der Menschen und die ordnenden Un-/Sicherheiten im Alltag der Menschen im Verhältnis?

Unter Rückgriff auf die beiden Denkfiguren der Praktiken und Ordnungen wird *doings* and *sayings* mit dem Ordnenden zusammengesetzt und passend gemacht. So kann anschließend das Verhältnis des Zusammenhängens von alltäglichem Tun und Sagen zum Nachzeichnen des sozialen Phänomens verwendet werden.

In der empirischen Umsetzung findet das Beobachten und Besprechen von alltäglichem Tun und Sagen in einem breiten thematischen Spektrum seinen Ausdruck. Dies zählt nicht nur für beide Werkzeuge der Beobachtung der körperlichen Ausführungen von Tätigkeiten und das Sprechen mit den Beforschten über die Bedeutung von Tun und Sagen sowie von Un-/Sicherheiten in ihrem Alltag. Diese Vielfältigkeit findet insbesondere im methodischen Vorgehen der reflexiven Fotografie ihren Ausdruck (vgl. Exkurs 5.1). Dabei werden die Beforschten nicht nur aufgefordert, sich selbst beim alltäglichen Tun und Sagen zu beobachten, sondern sprechen darüber hinaus auch reflektiv über das Beobachtete. Entsprechend wird die Relevanz und Sinnhaftigkeit der Menschen in eine große Bandbreite abgebildeter und angesprochener Themen übersetzt. Beim Offenlegen dieser Vielfalt ist es forschungspragmatisch allerdings notwendig, mit der Darstellung einer Thematik zu beginnen. Die Reihenfolge der genannten Aspekte ist dabei nicht unmittelbar Ausdruck der ihr zu Grunde liegenden Bedeutung. Erst durch Hinzunehmen der ordnungstheoretischen Figuren der Praktiken und Ordnung jedoch lässt sich die Bedeutung des Tuns und Sagens der Un-/Sicherheiten nachvollziehen. Dabei gilt es, die forschungsleitende Frage zu klären, wie Praktiken und Ordnungen in Beziehung stehen, um letztlich die wechselseitige Entstehung von Un-/Sicherheiten nachvollziehen zu können.

Exkurs 5.1: Die Interviewteilnehmer und ihre Erwartungen an die reflexive Fotografie
Die reflexive Fotografie stellt die Interviewteilnehmer[50] vor eine große methodische Aufgabe. Mit Nennung der detaillierten Aufgabenstellung – die des Abbildens von Situationen, die ein Gefühl der Sicherheit und Unsicherheit vermitteln – werden die Teilnehmer bereits zu Beginn des Verfahrens in die erste reflexive Situation versetzt. So können die Interviewten oftmals nicht einschätzen, ob das Abgebildete oder Angesprochene einen sinnvollen Beitrag für die Studie darstellt. Das Wissen um den Routinecharakter des eigenen gewöhnlichen Tagesablaufs steht im Konflikt mit der Vorstellung etwas Interessantes zur Studie beitragen zu wollen. So unterscheiden sich die Erwartungen der Interviewten an die Fotoserie mitunter erheblich. Magliane erwartet zum Beispiel, dass das fotografische Abbilden ihres Alltags lediglich Situationen zum Vorschein bringe, die nur sicheren Orten zugeordnet werden können (Mag, 14.01.2013). Sie vermeide eigentlich ausnahmslos andere Orte. Dahingegen stellt Heloísa unmissverständlich ihre Vorfreude dar, verschiedene Situationen fotografisch festzuhalten, die alle Risiko- und Gefahrensituationen ihres Alltags demonstrieren würden (Hel, 14.01.2013). Die erste Reaktion von Mari Jucélia geht in eine ähnliche Richtung. Sie macht rückblickend deutlich, dass sie all die Orte und Situationen habe zeigen können, die Einblick in die soziale Misere und Unordnung der Stadt geben (MaJ,

---

50 Im Folgenden wird aus Gründen der Lesbarkeit nicht mehr von Interviewteilnehmern (vgl. Kap. 3 und 5.1) die Rede sein, sondern nur noch von Interviewten.

20.03.2013). Bei der Darstellung der Aufgabenstellungen thematisieren Almir und seine Frau nicht unmittelbar Situationen und Kontexte, die sie mit Un-/Sicherheiten assoziieren. Nach einem kurzen Streifgang durch ihren Alltag fallen den beiden aber doch Situationen erhöhter Sicherheit ein (Adr, 17.01.2013). Felipe wiederum betont, dass ihm eine gewisse Vorstellungskraft gefehlt habe, welche Alltagssituationen abgebildet werden sollen. Im Zusammenhang mit der Aufgabenstellung geht er vielmehr darauf ein, dass das Unsicherheitsgefühl im Zusammenhang mit dem Diebstahl seines Autos vor einem Jahr stehe, also nicht aktuell sei, weshalb er bei der Aufgabenstellung an keine Unsicherheitssituation gedacht habe (Fel, 20.02.2013).

5.2 Unsicherheiten und die ordnende Veränderung

5.2.1 Die Polizei ist zwar präsent, verteilt heutzutage aber nur Strafzettel

Das Offenlegen des Tuns und Sagens mit der Thematik der öffentlichen Sicherheitsfürsorge zu beginnen, liegt auf der Hand. Dies bringt nicht nur der öffentliche Diskurs zum Ausdruck (vgl. Kap. 4.2), sondern wird auch von den Interviewten in der Darstellung ihres Alltags betont. Dabei steht die Diskussion um die Verschiebung der öffentlichen Sicherheitsfürsorge mit der ordnenden In-Formation von Gewalt, Kriminalität und Unsicherheit sowie der ordnenden Trans-Formation sozialen Miteinanders und öffentlicher Fürsorge in Verbindung (V, 30.09.2011):

„Gutes schafft Gutes und Böses schafft Böses. Gewalt schafft Gewalt" (Cle, 25.10.2011).[51]

„Die Kriminalität ist hier das wichtigste Thema, es ist ein soziales Thema. Mangelnde Bildung [...], fehlende Arbeitsmöglichkeiten" (Ro, 29.11.2011).

---

51 Alle verwendeten Zitate wurden vom Autor übersetzt. Aus Gründen der Lesbarkeit umfasst die Übersetzung der Interviewzitate auch deren sprachliche Glättung. Trotz der Streichung sprachlicher oder inhaltliche Floskeln konnte die inhaltliche Aussagekraft der einzelnen Zitate jedoch ausnahmslos erhalten bleiben.

Die Situation der öffentlichen Ordnung – nicht nur der öffentlichen Sicherheit – wird allgemein als defizitär beschrieben (V, 19.09.2011). Die Interviewten greifen bei der Darstellung des beobachteten und diskutierten Defizits insbesondere auf die argumentative Gegenüberstellung früher – heute zurück. Die Veränderlichkeit der öffentlichen Ordnung sei sowohl im persönlichen Alltagsbereich auszumachen als auch auf politischer Ebene.

Konkret habe man früher seine Sachen – das Fahrrad oder das unabgeschlossene Auto – einfach vor dem Haus abgestellt (Adr, 09.11.2011). Vielleicht habe man mal hier und da von Diebstählen gehört. Milchflaschen seien geklaut worden, um sie zu trinken und weiterzuverkaufen (Hel, 12.11.2011). Heute jedoch sei die freie Bewegung im öffentlichen Raum nicht mehr möglich (*Praktiken des Aufenthalts-im-öffentlichen-Raum*)[52]. Jedenfalls könne man nicht mehr sorgenfrei am späten Abend nach Hause kommen (MaJ, 01.12.2011):

„Nein, das waren andere Zeiten. Es kam selten vor, dass man Überfälle sah: Herr x wurde am Hauseingang überfallen. […]. Nein, das kam nicht vor. […] Es waren [eher] Kindereien" (Hel, 12.11.2011).

Über die Kindereien von damals ärgere man sich längst nicht mehr, heute müsse man sich vor den Kindern fürchten. Hier in Brasilien sei die Situation zwischenzeitlich sehr problematisch (vgl. Kap. 5.2.3). Die defizitäre öffentliche Sicherheit stehe nicht nur mit der hohen Gewalt-, Kriminalitäts- und Homizidrate in Zusammenhang, sondern auch mit Informalität und Korruption, Armut und sozialer Ungleichheit, Bildung und Gesundheit (Jo, 10.12.2011; Mag, 08.11.2011; C, 13.08.2011).

Armut, Korruption, Steuern und Praktiken öffentlicher Fürsorge
Laut Verônica und Santina könne die Regierung etwas dagegen unternehmen. Geld sei schließlich genug da. Man bezahle sehr hohe Steuern in Brasilien. Genau genommen könne eigentlich erwartet werden, dass besser für die öffentliche Sicherheit gesorgt würde. Die Ineffizienz der öffentlichen Dienstleistungen und

---

52 Die vorliegende Arbeit diskutiert Praktiken und Ordnungen der Un-/Sicherheiten, die im Offenlegen des alltäglichen Tuns und Sagens erscheinen und die rückkoppelnd abstrahiert werden. Anschließend an die dichte Beschreibung der zwölf Alltagsgeschichten in der dritten Beobachtungsnotiz, werden das Tun und Sagen nicht nur in einem analytischen Schritt zu Praktiken und Ordnungen zusammengesetzt, sondern auch der Zusammenhang aller drei verwendeter Praktiken-Figuren aufgezeigt (vgl. Kap. 6). Zur besseren Einordnung der praktikentheoretischen Bausteine werden in Kapitel 5 Narrations-Elemente bereits exemplarisch als *Praktiken, Ordnungen* und *Praktiken-Ordnungen-Bündel* benannt, ehe sie in Kapitel 6 ausführlich abstrahiert werden.

Fürsorge betreffe schließlich auch andere Bereiche. Neben der Sicherheit zähle dazu insbesondere auch das Bildungs- und Gesundheitswesen (San, 05.10.2011; R, 18.01.2013). In einem Land, in dem man 50% Steuern zahlen müsse, bleiben 50% des Einkommens übrig, um sich anschließend selbst um seine gesundheitlichen Beschwerden, die Ausbildung seiner Kinder und die Sicherheit auf der Straße kümmern zu müssen. Und dann lebe man noch nicht einmal gesund und sicher oder sei gebildet (W, 02.11.2011; An, 29.11.2011; Ver, 07.12.2011):

„Ich denke, [die Regierung] hat ihre eigenen Sicherheitskräfte, nicht wahr? [...] Wenn sie etwas brauchen, dann tun sie es. Weil das Geld ist da! Weil wir so viele Steuern zahlen. [...] Also Geld gibt es [...], so dass sie ihre eigene Sicherheit haben. [, was man an dem Streifenwagen vor dem Haus des Gouverneurs hier im Viertel sehen könne]. [...] Und wir zahlen für sie" (Ver, 27.03.2013).

So sieht auch Magliane die fehlende Sorgfalt in verschiedenen Grundversorgungsbereichen, nicht zuletzt dem der öffentlichen Sicherheit. Dies sei früher noch nicht so gewesen. Sie habe keinen Zweifel daran, dass die Zunahme der Unsicherheit heute nur eine Reflexion der Kriminalität und Gewaltentwicklung der letzten Jahrzehnte sei. Konkret seien die sozioökonomischen Gegensätze, und dabei im Speziellen die Einkommensunterschiede in der Generation ihrer Eltern noch nicht so deutlich ausgeprägt gewesen. Sie erwarte einen Abbau der sozialen Ungleichheit nicht bevor sich die brasilianische Gesellschaft schon längst hinter Mauern verschanzt habe (Mag, 08.11.2011) (*Praktiken des Verschließens*). Man habe es laut Joel mit einem strukturellen Teufelskreis zu tun. Hervorzuheben sei der allgemeine Tenor, dass die Armut das zentrale Problem der öffentlichen Sicherheit darstellt. Dieser Argumentation pflichte er bei. Es seien Armut und Arbeitslosigkeit, die schließlich verschiedene Probleme mit sich bringen. Man könne dies an der aktuellen Krise in Europa beobachten. Ähnlich komplex sei die Situation auch in Brasilien gelagert. Arbeitslosigkeit stehe im Zusammenhang mit der Frage, wie ernähre ich mich und meine Familie. Die existenzielle Frage der Armut stehe schließlich kausal mit Kriminalität in Verbindung. Gewalt ziehe wiederum mehr Armut an. Armut bedinge zugleich neue Probleme wie den verhinderten Zugang zu Bildung. Das Ineinandergreifen der Wirkungszusammenhänge mache die Lösung letztlich unmöglich (Jo, 10.12.2011):

Ausgehend von einem langen Diskurs über die *indignidade* des Alterns in Brasiliens (vgl. Exkurs 5.2) stellt Cleonice soziale Ungleichheit und Armut in den Mittelpunkt ihrer Betrachtung der öffentlichen Sicherheits- und Ordnungsprobleme:

"Wie die hohe Kriminalitätsrate zu Stande kommt? Durch Armut! Ein armes Land ist ein gewalttätiges Land! Es gibt keine reichen und gewalttätigen Länder. [Dort] muss niemand gewalttätig sein, um zu überleben. Kein Mensch muss jemanden ermorden oder jemanden ausrauben, um zu überleben. Wenn ich hier ohne Essen zurückbleibe, muss ich jemanden ausrauben, um was zwischen die Zähne zu bekommen. Der Magen wartet nicht" (Cle, 25.10.2011).

Das Land sei arm. Die Anderen seien arm. Man selbst sei arm. Alle seien arm im Viertel (V, 30.09.2011). Konkret beziehe die Mutter von Vânia eine Rente von 540 R$. Jedoch betrage alleine die Miete des Hauses 500 R$ und schließe nicht einmal die Wohnnebenkosten ein. Entsprechend könnten die *banditos* auch gar nichts holen. Fernseher, Kühlschränke und andere Elektrogeräte hätten auch die *favelados* und müssten diese entsprechend nicht im Wohnquartier rauben gehen. Auch wenn es im Quartier Vila Santa Catarina *common sense* sei, dass Ruhe, Sicherheit und Ordnung vorzuherrschen haben (a*, 27.09.2011; T, 30.09.2011), sieht das Cleonice etwas anders. Es sei ihr nicht möglich, ein Gefühl der Sicherheit in einem sozialen Umfeld zu entwickeln, das von Armut und Missstand geprägt sei. Es sei ein Teufelskreis. Die Anderen – von ihr verstanden als marginalisierte Bevölkerungsgruppen – erfahren in ihrem städtischen Alltag kontinuierlich Gewalt und Unsicherheit, vor der sie sich schützen müssen. Folglich sei es nur logisch, dass die Anderen in ähnlicher Weise Gewalt gegen andere Bürger ausüben. Im Grunde verspüre sie ein gewisses Unbehagen und Unsicherheit, wenn sie im Straßenraum Obdachlosen oder Bettlern gegenüberstehe. Gleichzeitig differenziert sie das Unsicherheitsgefühl aber in der Weise, dass sie in der Regel keine Bedrohung von einem einzelnen Obdachlosen ausgehen sehe.

Während Cleonice die Anderen eher in den Diskurs sozialer Ungerechtigkeit in Brasilien einordnet, betont Heloísa ihre eigene Betroffenheit von Gewalt, Kriminalität und Unsicherheit, die von den Anderen ausgehe (vgl. auch W, 27.09.2011; H, 19.09.2011; J, 30.10.2011). Die Anderen sind nicht mehr die moralischen Verlierer einer instabilen öffentlichen Fürsorge, sondern treten nun als Aggressoren auf, die die sichere Nachbarschaft und den regulären Alltag bedrohen. Die Anderen halten sich im öffentlichen Raum auf, betteln, konsumieren und verkaufen Drogen und lassen an jeder Straßenecke ihren Müll herumliegen. Es sei nicht nur so, dass Heloísa all das selbst nicht tue und sage. Es sei vielmehr untragbar, dass die Anderen das nicht in ihrer eigenen sondern in Heloísas Nachbarschaft machen.

Exkurs 5.2: Cleonice, die Unwürdigkeit der Altersarmut und das korrupte politische System

Cleonice wohnt in einem *prédio* im Quartier Jardim Oriental, das westlich zur Ausfallstraße Immigrantes abfällt. Das Wohnquartier ist baulich überformt und vertikalisiert. Das Wohnhochhaus ist älteren Baujahrs (ca. 1980er Jahre). Es gibt einen Portier, der den Eingangs- und Durchgangsbereich kontrolliert. Nicht nur der Fitnessraum im Eingangsbereich ist spartanisch eingerichtet, sondern auch die Wohnung von Cleonice. Sie renoviere gerade, wobei sie ihr älterer Bruder finanziell unterstütze. Im Gegensatz zu ihr habe ihr Bruder Glück gehabt, habe studiert, eine Frau einer höheren sozialen Schicht geheiratet, drei Kinder und sei 35 Jahre der gleichen Anstellung bei einer Telekommunikationsfirma nachgegangen. Er sei überall hingereist, fahre ein Luxusauto und führe ein entsprechend leichteres Leben. Im Gegenzug berichtet Cleonice über ihr schwieriges Leben. Sie habe schon alles gemacht und häufig ihre Arbeit gewechselt, um ihren Unterhalt zu verdienen – jedoch nie etwas Irreguläres oder Illegales. Sie habe sich schon immer alleine durchgeschlagen. Die längste Zeit habe sie als Fremdsprachensekretärin bei NIVEA gearbeitet, ehe sie ihre Arbeit auf Grund einer langjährigen psychischen Krankheit verlor. Die Krankheit habe in Verbindung mit dem für sie schmerzlichen Tod ihrer Eltern gestanden. Zunächst sei ihr Vater nach einer langen körperlichen Krankheit gestorben, ehe ihre Mutter eineinhalb Jahren danach ihren Depressionen erlegen sei. Die medizinische Pflege der Eltern vor ihrem Ableben habe sie ihr ganzes Vermögen gekostet. Aber die Liebe zu ihren Eltern habe sie es mit Genugtuung machen lassen. Nach dem Ableben ihrer Eltern habe sie noch weiter in deren Haus im Oberschichtsviertel Nova Cleonice gelebt. Dort sei sie selbst in eine Depression verfallen. Der dreimalige Einbruch in ihr Zuhause, wodurch sie ihre gesamten Möbel verloren habe, sei nur ein Tropfen auf den heißen Stein gewesen: erst der Tod der Eltern, dann die Krankheit, dann der Einbruch, dann der Job oder vielleicht in umgekehrter Reihenfolge.

Seit ihrer Pensionierung stehe Cleonice vor größeren finanziellen Problemen und gehöre mittlerweile einem niederen sozioökonomischen Niveau an. Sie beziehe eine Rente von 545 R$. Die Höhe ihrer Rentenbezüge reiche ihr bis zum 18. des Monats, weswegen sie ihren Bruder benötige, der die Betriebs- und Mietkosten ihres 2-Zimmer-Appartments bezahle. Alleine die Betriebskosten (*condomínios*) betragen monatlich ca. 400 R$. „Wir sind arm!" Das Haus oder die Unterkunft sei häufig die einzige Lebensgrundlage (vgl. auch Cle, 16.10.2011; M, 30.10.2011). Für Cleonice stehe die finanzielle Unterstützung durch ihren Bruder im Zusammenhang mit familiären Spannungen:

„Es ist keine Frage des Stolzes, sondern eine Frage der Würde. Man ist abhängig von Leuten, die dich lieben [...] und das schafft Probleme im familiären Zusammenhalt" (Cle, 25.10.2011).

Das Leben eines Rentners in Brasilien sei unwürdig. Man könne nicht mit Gewissheit sagen, ob man übermorgen noch immer Essen zu Hause im Schrank habe. Schließlich stehen ihre Einkommensschwierigkeiten im Zusammenhang mit der Bürokratie und der Korruption, die das politische System ihres Landes charakterisiere (vgl. auch Re, 03.12.2011). In der Metaphorik einer Pyramide beschreibt Cleonice die soziale Schieflage in Brasilien. Es sei ein Land, in dem korrupte Politiker das Schlechte vorleben und dies in die Gesellschaft hineintragen. Was man also machen dürfe? Ermorden? Rauben? Die andauernden Korruptions- und Impunitätsfälle seien eine Schandtat für die Politik und haben das Vertrauen in die politischen Köpfe über Generationen hinweg in die Brüche gehen lassen. Nur der Schlechte überlebe im politischen System – eine Bemerkung die Cleonice in scharfen und vorwurfsvollen Tönen mit Lula und der PT-Regierung in Verbindung setzt. In Zeiten ökonomischer Krisen rund um den Globus halte die Regierung eisern an ihrer Behauptung fest. Brasilien sitze nach wie vor fest im Sattel. Wenn ihre Rente aber nicht ausreiche, um Miete und Essen eines Ein-Personen-Haushaltes zu bezahlen, dann könne sie nur konstatieren, dass das Land der Zukunft nie angekommen sei.

Unordnung und die Notwendigkeit des Aufmerksam-Seins
Schließlich stehen das gravierende Sicherheits- und Sozialproblem nicht nur der Stadt São Paulo, sondern des ganzen Landes heute mit der Diskussion um defizitäre öffentliche Ordnung, Informalität, Obdachlosigkeit und Drogenkonsum in Zusammenhang (vgl. Jo, 10.12.2011; Ex20). Einerseits habe die Auflösung des Bereichs Crackolândia im innerstädtischen Bereich (Stadtteil Luz) großen Einfluss auf den Alltag der Anwohner in den Mittelschichtsquartieren genommen. Die Drogenkonsumenten und Obdachlosen seien über die ganze Stadt verteilt und man sehe und höre sie zwischenzeitlich in seinem direkten Nahbereich:

„Hier inmitten dieser Straße gibt es nachts unzählige Personen, die solche Zelte aufbauen und schlafen. Das sind alles Süchtige. [...] Es ist ganz schön bedenklich und bringt viel Gewalt mit sich. [...] Es ist kompliziert mit ihnen umzugehen. Die Leute wissen nicht damit umzugehen, weil es wirklich sehr schwierig ist, mit Personen zu hantieren, die unter Drogen stehen" (MaJ, 20.03.2013).

Andererseits habe der allgemeine Ausbau der öffentlichen Verkehrsinfrastruktur der letzten Jahre zur drastischen Verschärfung der Kriminalitäts- und Ordnungs-Situation im öffentlichen Raum geführt. Mit zunehmender Passantenfrequenz durch Busbahnhof und Metrostation sei in den 2000er Jahren Informalität und Unordnung ins Wohngebiet eingedrungen (vgl. auch R, 30.09.2011, Ex22). Nicht nur irregulärer Straßenhandel, Müll, Ungeziefer und Unrat, sondern insbesondere auch das irreguläre Angebot von Fahrdiensten an die Küste sowie Straßenprostitution dominieren seitdem den Straßenraum. Schließlich beobachte man die Ordnungswidrigkeiten der Anderen auch bei Schülern aus der Nachbarschaft, die Alkohol trinkend und Marihuana rauchend im Eingangsbereich der Schule sitzen. Selbstverständlich gehe diese allgemeine Unordnung einher mit dem Gefühl des Unwohl-Seins – und in Abstrichen auch – mit dem Unsicher-Sein (San, 09.12.2011) (*Praktiken des Rückzugs-aus-dem-öffentlichen-Raum*). Es sei schließlich die Krönung, dass all diese Gesetzesbrüche und Regelmissachtungen nicht nur in unmittelbarer Nachbarschaft zur Schule, sondern unmittelbar vor den Augen der Ordnungshüter und Polizei passieren. Was die Präsenz der Polizei denn bitteschön bringe, wenn sie nur Knöllchen für deren eigene Kommission verteile (Ver, 07.12.2011) und im Gegenzug die Ausbildung und Ausbreitung der Unordnung der Stadt nicht zu unterbinden wisse:

„Genau. Direkt vor der Polizeistation ist alles zugebaut mit Gittern, mit Müll übersät oder mit Straßenverkäufern belegt. [...] Und das ist also der Ort, an dem ich wohne: hässlich, stinkend, überfüllt mit Leuten. Ungestört von der Polizei vor Ort, macht hier in der Nachbarschaft jeder, was er will" (San, 09.12.2011).

Was die Konsequenz sei? Der von Grund auf anständige und aufrichtige Bürger sei diesen Bedingungen im Quartier einfach schutzlos ausgesetzt und müsse den Anblick der Sittenwidrigkeiten der Anderen ertragen. Schließlich bezahle man Steuern, werfe keinen Müll auf die Straße und verkaufe oder kaufe keine irregulären Produkte auf der Straße. Es falle schwer, die Situation der öffentlichen Ordnung einfach zu akzeptieren:

„So möchte ich nicht leben [...]. Für mich ist dieses Ambiente jämmerlich!" (San, 09.12.2011).

Alouise zufolge habe die Auflösung des Bereichs Crackolândia nicht nur verschiedene Wohnquartiere, sondern insbesondere auch den zentralen innerstädtischen Platz der Stadt getroffen. Dort arbeite er. Das *policiamento* reiche für die Masse an *noias* – verwendet als abfälliger Ausdruck für Drogenabhängige – nicht mehr aus. Und die Folge liege auf der Hand. Man werde häufiger überfallen. Für ihn und seine Frau wäre an einen sicheren Gang zum Mittagessen nicht mehr zu denken. Man müsse beim Überqueren der Praça da Sé nicht nur ausgesprochen aufmerksam und vorsichtig sein *(Praktik des Aufpassens)*, sondern es sei notwendig, seine Handtasche am Leib zu tragen, um die zahlreichen Taschendiebe zu umgehen.

Bestimmte, weiter entlegene Teile des Platzes vermeide man am besten oder gehe mitunter in die Metrostation, um die *praça* unterirdisch zu passieren. Konkret bewege sich Alouise auf diesem vermeintlich gefährlichen Ort sehr vorsichtig. Bevor er sein Bürogebäude verlasse, beobachte er genau alle Situationen und alle Gruppen auf dem Platz. Für das von ihm gemachte Foto sei er deswegen extra in ein Nachbargebäude in den 5. Stock gegangen, um den Platz abzubilden. Von dieser Wachturmperspektive aus habe er sich auf das Überqueren am besten vorbereiten können *(Praktiken des kontrollierten Abfahrens)*. Neben dem Aufmerksam-Sein und dem Am-Körper-Tragen-der-Handtasche trage Alouise immer noch einen Regenschirm bei sich. Es regne zwar nicht immer in São Paulo, aber zur Not könne er sich damit eben auch verteidigen:

„Man beobachtet die einzelnen Personengruppen genau, [...] trägt den Regenschirm eng am Körper, um sich verteidigen zu können. So als wäre er eine Waffe. [...] Und so beobachtet man genau, was passiert. Jeder gibt Acht. [...] Um nicht in Gefahr zu laufen, überfallen zu werden, geht meine Frau zum Beispiel nicht durch die Hintertür nach draußen auf den Platz und trägt ihre Handtasche vor sich" (Ato, 19.03.2013).

5.2.2 Die Waffe an der Schläfe und das misstrauende Vertrauen

Auch wenn Gewalt und Kriminalität schon immer ein dominantes Problem in städtischen Gesellschaften Brasiliens gewesen sei (V, 25.10.2011; a, 18.11.2012), unterliege die öffentliche Sicherheit insbesondere in den vergangenen Jahren einer tiefgreifenden Veränderung. Das Problem nehme zu. Man höre und sehe es nicht nur in den Medien. Vielmehr sei zunehmend der direkte Bekannten- und Freundeskreis betroffen (Ro, 29.11.2011; Fel, 07.12.2011) (vgl. Exkurs 5.3):

„Alle Arten von Überfällen, die ich Dir aufgezählt habe, sind meiner Familie schon widerfahren. [...] Ich denke, dass eigentlich jeder irgendeinen Überfall erzählen kann, und dies sogar unabhängig von der sozialen Schicht. Zum Beispiel ist der Arbeiter regelmäßig durch Taschendiebstahl betroffen, wenn er aus der Metro kommt und den Bus nehmen möchte. Sie greifen einfach in die Handtasche, und angekommen auf der Arbeit, ist man dann plötzlich seinen Geldbeutel los. [...] Wenn Du also nachfragst, wirst Du sehen, es gibt viele, die Dir so eine Geschichte erzählen können" (Ro, 29.11.2011).

Die persönliche Betroffenheit steht dabei mit unterschiedlichen Praktikenverknüpfungen in Zusammenhang. Dazu zählen *Praktiken-Stränge des Kontrollierens, Verschließens und Vermeidens*, in denen Aufgaben und Projekte des Umziehens und Abholens organisierend wirken:

„Es ist eher sporadisch und passiert nicht häufig. Nach unserem Einzug ins Viertel ereignete sich zum Beispiel der Überfall auf meine Tochter. Sie haben versucht, sie zu entführen. Noch am selben Tag wollte ich umziehen, von hier weggehen. Da meinte mein Mann: ‚Nein! Das war ein Einzelfall, der passiert nun mal. Von nun an wird sie nicht mehr zu Fuß nach Hause gehen. Wir werden sie von der Metro abholen" (Ilm, 10.12.2011).

„Es kam selten vor. [...] Ich hatte nie davon gehört, dass jemand in die Häuser einbricht. [...] Aber als der Kerl ins Nachbarhaus eingebrochen ist, bekamen es die Leute mit der Angst zu tun. Dann haben wir mit dem Installieren begonnen" (Ilm, 10.12.2011).

Exkurs 5.3: Heloísa und die persönliche Viktimisierung
Heloísa und ihr Mann Cordel wohnen mit ihren beiden Kindern (22 und 16 Jahre) seit 2003 in ihrem Haus, das sie unter hohem persönlichen und finanziellen Aufwand viele Jahre (seit den 1990er Jahren) vor ihrem endgültigen Auszug aus einem *prédio* renoviert und ausgebaut haben. Sie haben den Bezirk nur flüchtig und die Nachbarschaft gar nicht gekannt und fühlen sich im Nachhinein hinters Licht geführt. Warum? Weil sie dem attraktiven Immobilienangebot gefolgt seien, ohne sich der städtebaulichen Situation im Voraus bewusst zu sein. Sie wohnen in Mitten einer Favela, Vila Alba. Das zeige sich nicht nur in der Situation der öffentlichen Sicherheit, sondern demonstriere jedes Navigationsgerät, wenn man nur die Adresse eingebe. Es sei eine untragbare Situation. Sie provoziere ein Leben, das gespickt von persönlichen Viktimisierungen sei. Überfälle, Drogen, Einbrüche stehen im Zusammenhang mit den Anderen aus den umliegenden Favelas. Man höre, sehe und werde damit Zeuge dieser lokalen Bedrohung. Zudem sei die Familie in den

letzten Jahren mehrmals Opfer verschiedener Gewalttaten und vor allem von Raubüberfällen auf dem Motorrad oder vor der Garageneinfahrt geworden. Insbesondere der Gebrauch von Schusswaffen habe eine große Traumatisierung hinterlassen. Indessen betreffe die Traumatisierung Heloísa stärker als die restliche Familie:

„Alle Welt lebt in Paranoia. Nachdem sie zum Beispiel ins Haus einbrachen, hat sich das Leben der Leute schlagartig geändert. Das soll heißen, dass sich unsere Sicherheitsbemühungen verdreifacht haben" (Hel, 12.11.2011).

Man trage einen Schock aus den verschiedenen Überfallsituationen davon (vgl. auch Fel, 07.12.2011), der einen mitunter über Wochen und Monate verfolgen könne, ehe man den dauerhaften Angst-Zustand hinter sich lasse und wieder etwas ruhiger werde. Prägend seien jedoch nicht nur der Schock und die Angst, sondern insbesondere auch die zahlreichen nicht-solidarischen Situationen während eines Überfalls, die in ein allgemeines Misstrauen münden. Man erlebe regelmäßig, dass Anwohner oder Passanten nicht eingreifen, wenn sie einem Überfall beiwohnen (vgl. Ver, 27.03.2013). Niemand informiere heute mehr die Polizei oder helfe den Überfall durch sein Eingreifen abzuwenden. Was bleibe sei das Gefühl andauernder Impunität der Anderen. Man habe beim gewöhnlichen Verlassen des Hauses plötzlich eine Waffe an der Schläfe, die Polizei sei nicht präsent und falls doch, greife sie nicht ein. So etwas wie Zivilcourage gebe es schon lange nicht mehr. Am Ende sei und bleibe man das Opfer einer untragbaren Situation der öffentlichen Sicherheitsfürsoge (*Ordnungen des Ungerechtigkeits-Diskurses*). Was dahinter stehe, sei im Wesentlichen die Angst und Furcht der Menschen, sich im Fall des Überfalls auf gefährliches Terrain zu begeben. Es seien die Regeln der Straße (*Projekt des Anzeigens*). Heloísa und Cordel formulieren dies nicht als Kritik, sondern teilen vielmehr das grundlegende Verstehen auf *Praktiken des Rückzugs-aus-dem-öffentlichen-Raum* und *Praktiken des Keine-Aufmerksamkeit-auf-sich-ziehens*. Es sei schlicht und ergreifend normal, dass niemand mehr agiere (Hel, 12.11.2011).

Ungerechtigkeits-Diskurs und die Praktiken des Keine-Aufmerksamkeit-auf-sich-Ziehens
Der *Praktiken-Strang des Vermeidens* ist mit der Etablierung einer ordnenden Diskurs-Formation der Ungerechtigkeit des kleinen Bürgers verbunden (vgl. Kap. 5.2.1). Das Defizit der öffentlichen Sicherheit fessele den von Grund auf

anständigen und aufrichtigen Bürger (*pessoa de bem*) und sperrt ihn hinter Gitter, während die Anderen – die Kriminellen und *noias* – frei im öffentlichen Raum herumlaufen können (vgl. auch Mi, 10.11.2011). Exemplarisch gewinnen dabei Diskurse aus öffentlicher Sicherheit, Strafgesetzbuch, polizeilichem Vorgehen (*policiamento*), Menschenrechten und Impunität an Bedeutung. In der argumentativen Spirale kommen hierbei punitive Straf- und Kriminalitätseinstellungen zum Ausdruck. Indem die *pessoa de bem* eingesperrt sei, müsse sie sich eigentlich selbst mit Waffen und anderen Sicherheitsmaßnahmen und Schutzvorkehrungen verteidigen. Waffenbesitz sei aber verboten, wohingegen der Kleinkriminelle auf freiem Fuß bewaffnet im Straßenraum herumlaufe. Konkret begegne Verônica Überfallsereignissen vor der Schule mit großem Unverständnis und großer Wut, besonders weil es ihr persönliches Arbeitsumfeld betreffe. Schließlich sei sie selbst Mutter und sei mit Freundinnen im privaten PKW sitzend selbst schon einmal von einem Halbstarken überfallen worden, habe aber flüchten können. Am liebsten hätte sie dem Jugendlichen ihre Fahrertür in die Seite gerammt und wäre über ihn drüber gerollt (*Ungerechtigkeits-Diskurs des kleinen Bürgers*). Als Bürger sei man der Situation ausgeliefert – und dies täglich, zur gleichen Uhrzeit und am gleichen Ort:

„Aber diese Lust die Fahrertür aufzureißen, das Kind auf den Boden zu werfen und drüber zu fahren. Aber man weiß nie, wer hinter dem Kind ist. Denn sie sind nie alleine. [...] Und dann, was machst du dann? Man kann einfach nichts machen. Denn man ist täglich dort, immer zur gleichen Zeit" (Ver, 27.03.2013).

„So ist das nicht. [...] Ich gehe arbeiten, bin ehrlich und kaufe meine Sachen mit meinem eigenen Lohn. Und dann gibt es plötzlich den Schuft da draußen, der dich überfällt. Warum? Weil ihn der Gesetzgeber nicht einsperrt. Im Falle, dass einer von denen doch mal ins Gefängnis kommt, zahlt er einfach eine Kaution und kann gehen. Am Ende bringt das einen auf diese Gedanken und schafft Unsicherheit" (Mi, 10.11.2011).

Ordnungen der Impunität und Machtlosigkeit und die Praktiken des Polizierens

Die Polizei solle generell härter und repressiver gegen die Anderen vorgehen. Sie erfülle ihre Aufgabe zwar in der Weise, dass sie das Gesindel regelmäßig einsperre. Aber nach der Polizei komme die Justiz und die lasse die *banditos* umgehend wieder frei: „Die Polizei nimmt fest, aber die Justiz lässt frei" (vgl. Martins et al. 2011). Entweder seien die Gefängnisse überfüllt oder die Menschenrechte stehen im Weg, da sie immer nur die Randgruppen (*marginais*) verteidigen. Das sei nicht immer so gewesen. In der Zeit des autoritären Regimes und der Transition sei die Arbeit der Polizei nicht durch die politische Regierung und deren Menschenrechtskataloge eingeschränkt gewesen. Zudem sei das *policiamento* effektiver im Kampf gegen Kriminalität gewesen. Ein positives Relikt sei das Vorgehen der Sonderpolizeieinheit ROTA (Wi, 29.11.2011; Ro, 29.11.2011, a**, 27.09.2011):

„Als ich 25 Jahre jung war, zeigte sich die ROTA hier in São Paulo total aktiv. Hier war die Kriminalität nahezu nicht existent, dafür starben einige *banditos*. Denn die ROTA war keine Sonderpolizei, wie die BOPE in Rio de Janeiro. Sie hat getötet. Dann kam eine Regierung in São Paulo, die der ROTA verbot, so vorzugehen, wie sie das tat. Von da an, hat sich die Situation stark verschlechtert" (Hel, 12.11.2011).

Im ordnenden *Diskurs der Impunität, Machtlosigkeit* und im *Ungerechtigkeits-Diskurs des kleinen Bürgers* dominiert das Sehnen nach dem veralteten Strafgesetzbuch (*código penal*). Heute sei es jedem Verbrecher möglich, gegen Bezahlen einer Kaution binnen kurzer Zeit nach Festnahme wieder auf freien Fuß zu gelangen. Entweder es werde die Freiheit erkauft, oder die Gefängnisse seien überfüllt und zwingen den Gesetzeshüter, die Verbrecher in Freiheit zu entlassen. Der Diskurs wendet sich aber nicht nur gegen die Stigmata der Anderen und damit gegen den schwarzen Kleinverbrecher aus der Favela. Die Kritik bezieht insbesondere auch die einkommensstarke Oberschicht und die Politiker mit ein (Jo, 10.12.2011). Der Oberschicht sei es möglich, jedes Delikt mit einer kleinen Kaution oder vielmehr einem kleinen Bestechungsgeld (*propina*) so frühzeitig vergessen zu machen, dass ihn die Justiz nicht einmal zu Ohren bekomme. Entsprechend ist der Ungerechtigkeits-Diskurs des kleinen Bürgers mit ordnenden Elementen einer defizitären öffentlichen Sicherheit allgemein verknüpft, sowie der Impunität der Anderen und der Korruptionsmachenschaften der Oberen im Besonderen (vgl. auch Hel, 12.11.2011). Wenn die Polizei einschreite, dann laufe sie schließlich selbst Gefahr, ins Gefängnis zu kommen (Ex7; Ex26):

„Wenn eine Person heute einfach nur jemanden überfällt, ohne dabei ein weiteres Verbrechen zu begehen, zahlt sie eine Kaution und ist frei. [Es stehe in Verbindung mit der Politik, die einen Teil des Geldes selbst einsteckt]. Die Situation ist heikel. Heute kommt eine Person, und in vielen Fällen ist es ein Kerl, der eingesperrt wurde, frei und überfällt von neuem. [...] Bedauerlicherweise ist die Sicherheit, unsere Sicherheitspolitik sehr problematisch. Man macht um 20, 21 Uhr den Fernsehen an, schaltet auf Globo und kann es sehen, [...] unsere Sicherheit ist sehr prekär" (Mi, 10.11.2011).

Dieser argumentative Bruch verlangt nach einer Einordnung der sich auflösenden Sicherheitsordnung in ein erweitertes *Praktiken-Ordnungen-Bündel des Rückzugs*. Es zeichnen sich Forderungen nach Ausschließen, Bestrafen und Sortieren ab, die alle repressiver Natur sind. Das Engagement in den Praktiken wird in der Darstellung der Interviewten den Verantwortungsträgern des Gesetzgebers (Strafgesetzbuch) und der öffentlichen Sicherheitsfürsorge (Polizei) zugeordnet (*Praktiken des Polizierens*). Das Defizit an öffentlicher Sicherheit (*Ordnungen der öffentlichen Sicherheitsfürsorge*) sei entsprechend ein politisches Problem, dem man sich mit mehr Investitionen, dem Ausbau der Polizeipräsenz, rigiderem polizeilichem Vorgehen und einer Verschärfung des *código penal* begegnen solle (Ato, 09.11.2011). Nach Joel müsse man ja nicht gleich die Todesstrafe einführen. Aber er würde sicherlich dafür stimmen, jedem Dieb die Hand abzuhacken. Und wenn es sein müsse, müsste eben auch die zweite Hand daran glauben (Jo, 10.12.2011).

Jüngere Veränderungen des Strafgesetzbuchs betreffen insbesondere die Bewährungsstrafe. Die neue Bewährungsstrafe mache es möglich, dass die Aggressoren einer Straftat per richterlichem Beschluss sofort wieder auf freien Fuß gesetzt würden. Dabei setze Joel auf freiem Fuß sein mit Straflosigkeit gleich. Straflosigkeit münde schließlich darin, dass das Gewalt- und Kriminalitätsproblem ansteige. Straflosigkeit stehe demnach vor allem mit dem Problem der Strafmündigkeit in Verbindung – und damit den ehemaligen Kindereien. Es könne nicht sein, dass Kinder bis 18 Jahre straflos bleiben, wenn sie Straftaten begehen. Jugendliche, und noch schlimmer Kinder, begehen heute die Straftaten. Entsprechend könne man durch die Herabsetzung der Strafmündigkeit auch dem Kriminalitätsproblem entgegentreten. Als Antwort auf die allgemeine Impunität und insbesondere auf die Strafmündigkeit von Kindern und Jugendlichen fordere Joel also härtere Strafen (Jo, 10.12.2011).

Misstrauend Vertrauen und das Austauschen, Kontrollieren, Verschließen und Vermeiden

Nach William liege die Reaktion der Menschen auf die allgemeine Schwäche des Gesundheits-, Bildungs-, Sicherheits- und Justizwesens auf der Hand: Besorgtheit, Rückzug und Selbstschutz. Alle drei Reaktionen stehen schließlich mit Zweifel an und Misstrauen gegenüber allem und jedem in Verbindung (W, 02.11.2011). Das Alle und Jeder umschließt dabei die Polizei, verschiedene Sicherheitsdienstleister und – mit Einschränkungen – Sicherheitsmaßnahmen, vor allem aber Nachbarn und schließlich generell alle Mitmenschen (vgl. Exkurs 5.4).

Das Misstrauen gegenüber der Polizei findet zum in zahlreichen Nicht-Fotos der Interviewten seinen Ausdruck. Eigentlich habe Heloísa die Favela Alba in direkter Nachbarschaft fotografieren wollen, um auf die bevorstehenden Veränderungen in Zusammenhang mit dem städtebaulichen Programm Aguas Espariadas hinzuweisen (vgl. R, 07.10.2011; M, 12.10.2011). Das Programm sehe die Urbanisierung der durch Regenschauer gefährdeten Favela und damit die Entschärfung der prekären Situation der Gewalt, Kriminalität und Unsicherheit vor, die von der gefährlichen Favela Alba ausgehe (R, 13.10.2011; An, 29.11.2011). Das Foto habe sie an einer Straßenecke im Quartier schießen wollen, an der die PM neuerdings eine mobile Polizeistation (*base comunitária*) aufgestellt habe. Das Foto sei jedoch schließlich nicht entstanden, weil Heloísa nicht habe riskieren wollen, dass sie von der Polizei angesprochen und sich anschließend zum Motiv ihres Fotos hätte äußern müssen:

„Ich wollte nicht, dass [die Polizisten] mich sehen und fragen: Warum schießen Sie ein Foto? Deswegen versucht man, sie möglichst unauffällig zu passieren. Denn selbst die Polizei weiß nicht, wer gut oder wer böse ist" (Hel, 11.03.2013).

Ihre Selbstständigkeit als Schneiderin und Modeausstellerin mache es Mari Jucélia möglich, dass sie nicht nur an vielen Alltagssituationen – und damit an vielen Situationen der Gewalt und Kriminalität – im städtischen Raum teilnehme, sondern auch häufig zu Hause arbeite. Deshalb höre und sehe sie viel, was in der Nachbarschaft passiere. Es ereignen sich viele Raubüberfälle auf Anwohner oder Passanten. Schusswaffen seien immer wieder im Einsatz. Nicht zuletzt seien sie und ihre Tochter schon mehrmals Opfer von Raubüberfallen geworden – jeweils vor dem Haus. Nicht nur in ihrer Rolle der betroffenen, sondern insbesondere in der Rolle der couragierten Anwohnerin, die zu Hause sei, habe sie schon häufig die Polizei verständigt und informiert. Unter den Anwohnern sei Mari Jucélia damit aber sicherlich die einzige – zumindest eine von wenigen. Andere Nachbarn unterlassen dies aus Gründen des Misstrauens gegenüber der Polizei:

„Warum? Was die Nachbarn dann erzählen? Dann ruft man an. Und wenn der Polizist, der den Anruf entgegennimmt, selbst nur ein Kerl ist, der mit den *banditos* auf der Straße unter einer Decke steckt?" (MaJ, 20.03.2013).

Zum anderen bestehe ein allgemeines Misstrauen gegenüber den verschiedenen Sicherheitsdienstleistungen. Dazu zähle der informelle Wachdienst im Straßenraum oder der formalisierte Sicherheitsdienstleister meist in Gestalt einer lokalen

Sicherheitsfirma. Vertrauen und Misstrauen bemesse sich für die Interviewten entlang der Frage des Kennen oder Nicht-Kennen der Sicherheitskraft auf der Straße:

„Es gibt noch einen, der hier vorbeikommt. [...] Man zahlt nicht, weil man denkt, dass er etwas beschützt, nicht wahr? Man zahlt mit der Angst, dass dich der Kerl ansonsten verrät. Weil man weiß nie, mit wem man es zu tun hat" (MaJ, 20.03.2013).

Es ist nicht so, dass Mari Jucélia vorurteilsfrei dem Diskurs über Korruption der Polizei und Komplizenschaft begegnet. Man wisse nie, ob man einem Polizeibeamten der PM auf offener Straße Vertrauen schenken könne. Aber zugleich sei es nicht gesund, wenn alle Leute so skeptisch denken würden. Die Folge wäre schließlich die Auflösung eines solidarischen Bandes:

„Wenn die Leute nur noch so weit denken, werden sie zu nichts mehr Stellung nehmen [...]. Wenn man denkt, dass die Person auf der anderen Seite nur täuscht, macht man gar nichts mehr. Deswegen bevorzuge ich es, darüber nicht nachzudenken" (MaJ, 20.03.2013).

Des Weiteren schließe das Misstrauen nicht nur die Polizei oder den informellen Wachmann ein oder betone die kollektive Zuschreibung schwarz, *favelado* oder *nordestino* als gefährlich und sittenwidrig. Vielmehr betreffe es auch das Misstrauen gegenüber den eigenen Nachbarn oder Passanten im Mittelschichtsviertel. Dies könne man am Beispiel eines elektronischen Sicherheitszauns ablesen. William habe kürzlich einen elektronischen Sicherheitszaun installiert, sein Nachbar auch (*Praktiken des Sicherheitsmaßnahmen-Handhabens*). Beide Sicherheitszäune schmückten jetzt parallel die trennende Mauer der Grundstücke. Warum dem so sei? Man wisse schließlich nicht, was der Nachbar mache und wer er sei. Dies solle aber nicht etwa heißen, dass man ein schlechtes Verhältnis mit seinem Nachbarn habe. Vielmehr sei der Schritt des Selbstschutzes notwendig, weil sich nun mal jeder in sein Schneckenhäuschen zurückziehe (*Praktiken des Verbarrikadierens*) (W, 02.11.2011).

Vor Kurzem habe die Polizei einen Überfall auf einen Gaswagen in der Nachbarschaft vereiteln können. Mari Jucélia habe die Polizei verständigt. Gleichzeitig sei sie sich sicher gewesen, dass neben ihr noch zahlreiche andere Anwohner den Überfall beobachtet, aber eben nicht die Polizei verständigt hätten – es sei die Passivität und der fehlende Zusammenhalt. Entsprechend reicht es nicht aus, das Problem der Sicherheit und Ordnung entlang der Gewalt- und Kriminalitätsproblematik oder in Relation zum Defizit der öffentlichen Sicherheitsfürsorge zu diskutieren. Das lokalspezifische Defizit an öffentlicher Sicherheit und Ordnung stehe für Mari Jucélia deshalb auch insbesondere mit der *Praktik des nachbarschaftlichen Austauschs* und der *Ordnung des beschleunigten Alltags* in Verbindung (vgl. Kap. 5.4.1). Sinnbildlich hierfür beschreiben verschiedene Interviewte folgende Situation in der Nachbarschaft: Beim Nachbarn gegenüber fahre der Umzugswagen vor und stehe rückwärts geparkt in der Hofeinfahrt. Man wundere sich nicht, sondern bemerke allenfalls, dass der Nachbar anscheinend umziehe. Schließlich wisse man nichts mehr voneinander oder sehe sich im Monat allenfalls zweimal (Ro, 29.11.2011). Wenn der Nachbar am Abend schließlich nach Hause komme, sei das Geschrei groß. Die Einbrecher seien da gewesen und hätten das ganze Haus leer geräumt (MaJ, 01.12.2011)!

Schließlich gerate bei ordnenden Fragen des Misstrauens, wie zuvor angedeutet, schließlich jede und jeder unter Generalverdacht. Wenn man nicht einmal mehr seinem eigenen Schatten trauen könne (MaJ, 01.12.2011), rückten Vertrauen und Sicherheit in weite Ferne. Man könne schließlich nie wissen, ob man sich schon im nächsten Überfall befinde. Dies gelte für das Öffnen der Haustür, dem Herunterlassen des Fensters im Straßenverkehr oder eben auch für die Interviewsituation (Dou, 01.12.2011; Jo, 10.12.2011):

„Die Leute, mich eingeschlossen, sind misstrauisch, die Tür zu öffnen. Ich habe Angst, jedem die Tür zu öffnen. Die Leute haben Angst, verstehst Du? Deswegen fragt man [in der Gegensprechanlage]: Wer ist es? Warum? Weil dahinter wartet der *banditos* auf dich oder kommt eine Gruppe, und was dann? [...] Aber als ich den Brief erhielt, dachte ich, dass es schwierig für Dich wird, mit jemandem in Kontakt zu kommen. Die Personen sind misstrauisch, es gibt Misstrauen, [...] und wenn Du dann noch über Sicherheit sprichst. Die Personen werden direkt denken: Könnte es sein, dass er irgendwas in Erfahrung bringt und später an anderer Personen weitergibt?" (Ro, 29.11.2011).

So wisse Heloísa eben nicht, ob ich nur das Diktiergerät oder eben auch eine Waffe in meiner Tasche trage, während ich sie gerade in der Küche interviewe (TB, 11.03.2011):

>[53] Im Rahmen der Kontaktaufnahme in Jabaquara klingele ich an dem mit moderner Toranlage und elektronischem Sicherheitszaun verbarrikadierten Haus von Elster. Eine sympathisch anmutende Frau mittleren Alters (ca. 60 Jahre) tritt aus der Haustür und fragt rufend nach meinem Anliegen. Uns trennen nicht nur die Gitterstreben des Garagentors,

---

53 Die Formatierung > < macht deutlich, dass es sich bei der entsprechenden dichten Beschreibung um teilnehmende Beobachtung handelt.

sondern auch die Distanz von der Straße zum erhöhten Treppenansatz. Man könne von hier aus gut die Straße beobachten, meint sie später. Brüllend stelle ich mich vor, versuche den Fluglärm zu übertönen und stelle den Grund meines Kommens vor. Sie antwortet mit einem Grinsen. Ich vermute, dass sie nichts verstanden hat, denn sie schreitet mit ihrer 7-jährigen Enkelin an der Hand die Treppe herunter. Ich habe es geschafft; eine neue Interviewpartnerin, denke ich. Jedoch steuert Elster nicht auf das Eingangstor zu, sondern bleibt auf einem kleinen Mäuerchen in ihrem gepflegten Vorgarten sitzen. Sie macht mir sofort deutlich, dass sie mich nicht ins Haus lassen wird. Sie sei zu skeptisch mit Fremden und wäre daher allenfalls bereit, ein Gespräch direkt am Gartenzaun zu führen. Uns trennen jetzt nur die Gitterstreben des Garagentors. Im Verlauf des 20-minütigen Gesprächs wird die anfänglich (für mich) unnatürliche gegen eine vertrauensvolle Atmosphäre eingetauscht. Das Gespräch ist sehr informativ und handelt von Kriminalität, Zäunen und der Zukunft ihrer Enkelin. Elster betont, dass die Situation problematischer werde. Man höre, sehe und erleide das nicht nur, sondern das müsse mal gesagt werden. Als für sie alles gesagt wurde, ist das Gespräch vorbei. Das Begleiten zur Tür ist nicht mehr nötig, ich stehe nach wie vor auf der Straße< (TB, 02.11.2011).

Zusammenfassend zeigt sich, dass sich die *Ordnung der öffentlichen Sicherheitsfürsorge* aus der Perspektive der Interviewten stark verändert hat. Effekt dieser defizitären Ordnung sind das Engagement in *Praktiken des Rückzugs-aus-dem-öffentlichen-Raum* oder die Destabilisierung der *Praktiken des nachbarschaftlichen Austauschens*. Die Interviewten können sich heute nicht mehr gegen das Defizit an öffentlicher Sicherheit wehren und wissen nicht mehr auf Gewalt, Kriminalität und Unsicherheit zu reagieren. Übrig bleibe das Gefühl der Machtlosigkeit. Dabei deuten die Interviewten auf den Zusammenhang zwischen der Machtlosigkeit, dem Auseinanderrücken der Menschen und dem Keine-Aufmerksamkeit-auf-sich-ziehen-Wollen hin. Die sich auflösende Ordnung der öffentlichen Sicherheit wird damit nicht nur im Blick zurück oder in die Ferne deutlich, der auf eine vormals existierende oder idealisierte sowie raumsemantisch aufgeladene Möglichkeit aufmerksam macht, sich frei und unbekümmert im öffentlichen Raum bewegen zu können. Vielmehr findet das Defizit öffentlicher Sicherheit seinen Ausdruck ebenso im veränderten Tun und Sagen im Alltag der Menschen.

Exkurs 5.4: Mari Jucélia und das zweifelnde Vertrauen
Mari Jucélia ist geschieden und wohnt seit 15 Jahren im Quartier Cidade Vargas. Das Wohnquartier ist fast ausschließlich mit Einfamilienhäusern und Doppelhaushälften bebaut. Die bauliche Überformung beschränkt sich auf die

teils starke Parzellierung der ursprünglich sehr großen Grundstücksfläche. Das Haus von Mari Jucélia ist ein altes, nur marginal umgebautes Einfamilienhaus mit sehr tiefer Grundstücksparzelle. Im Gegensatz zu ihren Nachbarn – und damit im Gegensatz zu einem sehr großen Teil der Mittelschichtshaushalte der gesamten Stadt – wohnt sie in einem Haus, dessen Haustür komplett frei zugänglich ist. Entsprechend ist der Vorgarten nicht eingezäunt oder als Innenhof überbaut, sondern gestaltet sich als offener Bereich ohne Mäuerchen oder Mauer.

>Nach der Verteilung des Informationsschreibens in der dritten Oktoberwoche 2011 suche ich das Haus von Mari Jucélia auf und kann nicht nur das erste Mal eine Klingel direkt am Haus betätigen, sondern auch die mir antwortende Person sehen. Mari Jucélia öffnet die hölzerne Haustür, die in das Haus führt, tritt in den gemauerten Eingangsbereich, den sie als Vorratsraum benutzt, und empfängt mich durch die gläserne Hauseingangstür, die den Innen- vom Außenbereich trennt. Durch die geschlossene Tür kann ich das Anliegen meines Besuchs und damit den Inhalt meiner Studie vorstellen. Sie könne sich an mein Schreiben erinnern und wisse, wer ich sei. Ich hinterlasse meine Telefonnummer und sie verspricht – durch die geschlossene Tür – , mich in den nächsten Tagen anzurufen< (TB, Okt. 2011).

Das erste Interview findet am 01.12.2011 in einem größeren Fast-Food-Restaurant in der Nähe der Metro Jabaquara statt. Es ist ihr Wunsch, dass man sich in einem öffentlichen Raum treffe. Der Interviewzusage sei ein langer Abwägungs- und Diskussionsprozess vorausgegangen, an dem sich die gesamte Familie – also ihr Schwager und ihre Schwester sowie ihre beiden Töchter (17 und 22 Jahre), mit denen sie zusammenwohnt – rege beteiligt hätten. Es habe massiver Zweifel an der Glaubwürdigkeit der Studie bestanden. Natürlich sei es möglich, dass mit Hilfe solcher Geschichten Häuser überfallen werden. Anscheinend seien die *banditos* heute so gewieft, dass sie sich nicht mehr nur als Eletro Paulo Installateur tarnen oder als Briefträger verkleiden, sondern auch eine internationale Studie vortäuschen (vgl. auch Dou, 01.12.2011; Ro, 29.11.2011):

Mari Jucélia habe sich schließlich gegen den Protest ihrer Familie durchgesetzt. Sie habe die Verdächtigungen für zu absurd gehalten. Spätestens nachdem sie mich sah und mich passend zum Aussehen mit ausländischem Dialekt sprechen hörte, habe sie selbstbestimmt entschieden der Intervieweinladung nachzugehen (MaJ, 01.12.2011).

5.2.3 Unsicheres Stadtleben und sicheres Landleben

Exemplarisch für viele Interviewten weisen Alouise und Magliane in ihren Darstellungen des Alltags darauf hin, dass ihre Kinder heute nicht mehr auf der Straße spielen können. Das sei in ihrer eigenen Kindheit früher anders gewesen. Selbst habe man auf offener Straße gespielt. Heute hingegen spielen die Kinder im geschlossenen Haus:

„In meiner Generation hatte ich zum Beispiel die Freiheit das Haus zu verlassen, um auf der Straße mit den Kindern zu spielen. [...] Die Eingangstür stand offen. Ich ging raus und traf mich mit meiner Nachbarin zum Spielen [...]. Dazu kommt es bei meinem Sohn [heute] nicht mehr" (Mag, 08.11.2011).

Das *Projekt des Kinder-auf-der-Straße-spielen-Lassens* ist dabei in eine weitreichende Trans-Formation der *Praktiken-Stränge des Austauschens und Vermeidens* einzuordnen. So selbstverständlich wie man früher nach Anbruch der Dunkelheit noch auf der Straße gesessen sei, mit dem Nachbarn gequatscht und den Kindern beim Spielen auf der Straße zugeschaut habe (Ilm, 10.12.2011, vgl. auch Ex24), seien die Anwohner heute verbarrikadiert in ihren Häusern, schauen Fernsehen und seien überrascht, wenn man ein Kind auf der Straße spielen sehe:

„Nur den Nachbarn von oben kenne ich, [...] und mit dem Rest habe ich keinen Kontakt, nur ein Guten Tag, Guten Abend. Zufällig gehen meine Kinder mit dem Nachbarn hier in die gleiche Schule. Man hat Kinder im gleichen Alter. Die Anderen sind meist ältere Personen" (Ce, 03.12.2011).

„Früher? Genau! Als ich ein Mädchen war [*lacht*]. Wir haben Stühle auf die Straße gestellt und uns unterhalten. Die Kinder haben miteinander gespielt. Jetzt nicht mehr, nicht wahr? Heute spielen die Kinder nicht mehr auf der Straße. Es herrscht wirklich Angst. Die Sicherheit... für die Sicherheit bleiben die Leute in ihren Häusern. Für die Sicherheit schützt man sich" (Ilm, 10.12.2011).

Die *Praktiken des Verschließens* vor den Anderen decken sich mit dem nachlassenden Engagement in den *Praktiken des nachbarschaftlichen Austauschens*. Das grundlegende Verstehen der Praktikenverknüpfung teilen verschiedene Interviewte. Auf der Suche nach Kausalitäten für die Destabilisierung des *Praktiken-Ordnungen-Bündels der Offenheit* mischen sich verschiedene Aspekte. Genannt werden die Trans-Formation der öffentlichen Ordnung und Sicherheit, allgemeiner Fragen der Stadtentwicklung sowie des Lebenszyklus oder der Altersstruktur des Wohnquartiers. Sie stehen jeweils mit Aufgaben und Projekten des Zusammensitzens-auf-der-Straße, des Schwätzchens-auf-der-Straße und des zitierten Kinder-auf-der-Straße-spielen-Lassens in Verbindung.

Bruch des sicheren Ordnens im Landesinneren
In der Darstellung der Interviewten spielt die Differenz zwischen Stadt und dem Landesinneren (*interior*) eine große Rolle. Dabei stehen sich die Ordnung der gehetzten und unpersönlichen Stadt und die Ordnung des ruhigen und familiären *interiors* gegenüber. Die von den Interviewten dargestellte Ordnungs-Differenz findet in der Dichotomie des Verschlossen-Seins und Im-privaten-Raum-Seins in der Stadt und dem Offensein und dem Aufhalten im öffentlichen Raum im *interior* ihren Ausdruck:

„Schau mal, ich habe immer gedacht, dass sich die Leute hier in São Paulo verschließen. Das hat mehr oder weniger etwas mit Individualismus zu tun: Ich mag niemanden. Keiner soll sich in mein Leben einmischen. Ich weiß nicht, aber die Leute ticken so. Ich mag das nicht. Ich bemerke häufig, dass jemand, der eben aus São Paulo ist, der hier geboren ist oder der schon sein ganzes Leben hier gewohnt hat, dass der denkt. Nie zum Teufel spreche ich mit meinem Nachbarn" (MaJ, 01.12.2011).

„Ich denke, dass der Mensch eben ein Individualist ist" (Ato, 09.11.2011).

Joel stamme aus dem *interior*. Aufgewachsen sei er in einer Stadt mit 10.000 Einwohnern. Dort sei es etwas ganz anderes. Jeder Mensch kenne nicht nur jeden anderen, sondern sogar jeden Hund. Gleichzeitig könne man das eben nicht von einer Stadt mit der Größe São Paulos erwarten. Der Stadt seien gewisse Grenzen der Regierbarkeit gesteckt. Diese Grenzen finden nicht nur in der öffentlichen Sicherheit und Ordnung ihren Ausdruck, sondern auch in der Unordnung des Straßenverkehrs. Insbesondere im Umzug vom sicheren Land in die unsichere Stadt komme dieser Wandel zum Tragen:

„Damals, als ich nach São Paulo zog, konnte man nicht mehr auf der Straße spielen. Denn die Sicherheitslücke ist sehr groß. Das Verkehrsaufkommen auf der Straße ist sehr hoch" (Ato, 19.03.2013).

Die städtische Ordnung der öffentlichen Sicherheit steht jedoch nicht nur mit dem *Praktiken-Ordnungen-Bündel der Offenheit* in Verbindung. Konkret sei es die Gefährlichkeit des öffentlichen Raums, weswegen sich Verônica den Wunsch eines Chevrolets S10 niemals erfüllen könne. Ihr Wunschauto wäre eine

Steilvorlage für die Autoknacker der Stadt. Dann könne sie den S10 den *banditos* ja gleich auf dem Serviertablett liefern. Anstatt eines S10 fahre sie nur einen Kleinwagen. Darin befindet man sich zumindest nicht in Lebensgefahr (vgl. auch Fel, 20.02.2013; Ato, 09.11.2011). Das direkte Umfeld sei einfach nicht sicher genug. Zum Fahren eines S10 oder eines Motorrads müsse man schon aus der Stadt ins Landesinnere fahren. Dort könne man frei und unbekümmert fahren und am Abend sorglos zurückkommen:

„Mein Traum ist es, einen S10 zu besitzen. Wenn man sich aber einen S10 kauft, [...] bittet man darum, zu sterben, verstehst Du? Hat man dann den Mut? Nein, hat man nicht. [...] In meiner Vorstellung fährt man mit einem S10 aus und kommt nicht wieder zurück. [...] Und wenn dir Motorräder gefallen, kannst du in São Paulo nicht einfach eine Spritztour machen. [...] Es gibt viele Leute mit solchen Leidenschaften. Das sind die Leute, die aus der Stadt herausfahren müssen, aber gut gelaunt zurückkommen" (Ver, 27.03.2013).

Entsprechend stehen sich das unsichere Stadtleben und das sichere Landleben konträr gegenüber. Nicht nur die Verkettung der Praktiken des nachbarschaftlichen Austauschens mit dem Projekt des Kinder-auf-der-Straße-spielen-Lassens, sondern auch das weite Spektrum der Praktiken im Alltagsbereich der Freizeit unterstreichen diese Differenz. Zum weiten Alltagsbereich der Freizeit zählen Projekte des Autofahrens, des Wochenendausflugs oder des Besuchs der Freunde auf dem Land (*Praktiken des Privat-Werdens*). Nicht hier in der Stadt, sondern dort im Landesinneren glaube man seine Kinder beim Spielen auf der Straße in Sicherheit und könne seine Leidenschaft beim Fahren ausleben. Nicht hier in São Paulo, sondern dort irgendwo im *interior* sehe man schließlich Kinder auf der Straße spielen oder beobachte genau diese Art von Autos.

In der Darstellung des Landesinneren durch die Interviewten dominiert die positive raumsemantische Zuschreibung des sicheren, geordneten und beruhigenden Alltags – zumindest soweit die Interviewten Bezug auf ihr Engagement in Praktikenzusammenhängen nehmen, die durch positiv besetzte Teleoaffektivitäten organisiert sind. Gleichzeitig kommt es mitunter zum Bruch des sicheren, geordneten und beruhigenden Alltags des *interiors*, wenn die Interviewten über ihr Engagement in anderen Aktivitäten, Aufgaben und Projekten reflektieren, die mitunter mit anderen Ordnungs-Elementen verknüpft sind.

Konkret sehe man Irma auf dem gemachten Foto an einem frühen Sonntagmorgen mit ihrem Mann im Auto. Sie seien im Umland der Stadt unterwegs gewesen. Irma habe sich auf der Fahrt durch die grüne Landschaft glücklich gefühlt, weil sie sich schon auf ein eng befreundetes Pärchen gefreut habe, welches sie gerade abgeholt haben. Gefreut habe sie sich auch auf die bevorstehende kirchliche Veranstaltung in São Bernado, wohin sie ihr Ausflug geführt habe. Als sie am Haus ihrer Freunde in einem kleineren Städtchen der Metropolregion angekommen seien, habe sie die Straße genau beobachtet – aus Gewohnheit. Sie habe sich vergewissern wollen, dass niemand den Ankommenden auflauern wollte (*Praktik des kontrollierten Abfahrens*). Sie sei besorgt gewesen. In diesen Momenten mache man sich Sorgen um die Sicherheit. Glücklicherweise sei das befreundete Pärchen in diesem Moment mit dem Auto vorgefahren. Sie waren gerade vom Bäcker gekommen. Auf der anschließenden Autofahrt habe sich ihre Freundin über die Sorgen von Irma lustig gemacht. Das Umland sei schließlich nicht die große Stadt.

Offensichtlicher wird die Auflösung von Sicherheit und Ordnung im *interior* im Ansprechen einer zeitlich und räumlich unabhängigen traumatischen Viktimisierung und der damit in Verbindung stehenden dauerhaften Angst (vgl. Kap. 5.2.2). Konkret betont Verônica in verschiedenen Gesprächen (Ver, 07.12.2011; 27.03.2013) einen Überfall, dem sie im Jahr 2005 zum Opfer gefallen sei. Mit Freunden und Familie habe Verônica ein verlängertes Wochenende in einem Landhaus (*chácara*) verbracht. Insgesamt seien es 21 Personen – 10 Kinder und 11 Erwachsene – gewesen. Die *banditos* seien in das Haus eingedrungen und hätten die gesamte Gruppe mehr als drei Stunden festgehalten. Die Traumatisierung nehme noch heute großen Einfluss auf den Alltag von Verônica und ihrem Mann, vor allem auf ihre Freizeitgestaltung.

Überfälle, Einbrüche oder Entführungen durchdringen heute den Alltag aller. Mit Nachdruck verdeutlicht Elias die Ernsthaftigkeit und Greifbarkeit des Problems. Gewalt und Kriminalität seien ein landesweites Problem geworden, das nicht mehr vor dem Unterschied Stadt und Land haltmache. Man höre und lese nicht nur von gesprengten Bankautomaten oder Mord und Totschlag im Landesinneren. Vielmehr beobachte und erfahre man, wie Menschen selbst im entlegensten Winkel des *interiors* bereits ihre Grundstücksmauern erhöhen (*Praktiken des Verbarrikadierens*). Das Problem werde untragbar (E, 02.11.2011):

„Nein. Das ist mehr geworden. Ich denke, dass die Gewalt in den letzten Jahren zugenommen hat. Ok, heute sieht man sie im Internet, im TV. Man hört die Informationen, im Vergleich zu früher hört man viel mehr über Überfälle. Aber [die Kriminalität] hat zugenommen" (MaJ, 01.12.2011).

5.2.4 Auch wenn es gefährlich ist, kann man nicht aufhören zu leben

Zwei ordnende Diskurse stehen sich bei der Diskussion des untragbaren Defizits öffentlicher Sicherheitsfürsorge oftmals konträr gegenüber. Einerseits betonen die Interviewten die große Zufriedenheit, die vom Wohnen im Quartier ausgehe. Ordnende Aspekte wie die öffentliche Infrastruktur und der Metroanschluss, Einkaufs- und Freizeitmöglichkeiten, Ruhe in der Nachbarschaft oder der Ruhe spendende Kirchengang bieten eine hohe Lebensqualität und ermöglichen ein sicheres Wohnen. Andererseits ist die Beschreibung des ruhigen und sicheren Wohnens von einer permanenten Beunruhigung gegenüber der lokalen städtischen Unordnung durchzogen. Im Engagement der *Praktiken des Austauschens* zwischen den Nachbarn werden regelmäßig In-Formationen zur gegenwärtigen Entwicklung der Gewalt, Kriminalität und Unsicherheit kommuniziert. Die Stabilität der *Praktiken des Austauschens* werde zudem von *Praktiken des privaten Sicherns* im Feld einer sich trans-formierenden nachbarschaftlichen Sicherheitsordnung begleitet (vgl. Exkurs 5.5):

„Genau! Man erfährt von Überfällen auf der Straße. Genau wie man die Sicherheitsfirma beobachten kann, die Personen, aber auch die Schulkinder, von der Metro abholt und nach Hause bringt. Deswegen. Weil man Angst hat, dass die Kinder alleine zu Fuß nach Hause kommen und überfallen werden" (Ilm, 10.12.2011).

Die ordnende Formation der ruhigen Nachbarschaft in Verbindung mit den *Praktiken des Austauschens* werden vom *Projekt des Hinweis-Gebens* bestimmter In-Formationen zu Gewalt und Kriminalität oder zu einzelnen Events der Viktimisierung durchschnitten. Die Verschiebung des Ordnungsverhältnisses aus Ruhe und Bedrohung verläuft zuweilen sehr dynamisch und kann sich dabei durch ein – mitunter einmaliges – Viktimisierungsereignis einstellen. Die Trans-Formation der Ordnung steht zugleich mit dem Engagement der Interviewten in bestimmten *Praktiken-Zusammenhängen des Vermeidens und Verschließens* in Verbindung, die zur beständigen Genese des sich Sicher- oder Unsicher-Fühlens führen.

Konkret sei Felipe auch schon vor seiner Hofausfahrt überfallen worden. Zwei Typen hatten ihn mit einer Waffe bedroht und gezwungen, aus dem PKW zu steigen, und seien anschließend mit seinem Auto getürmt. Geschickt haben sie sich dabei jedoch nicht angestellt. Die Polizei habe den Wagen schon wenige Minuten später gefunden. Selbstverständlich sei er danach für eine Zeit lang verängstigt gewesen – nein, aufmerksamer drücke es besser aus. Man sei aufmerksamer beim Nachhause kommen oder nach Einbruch der Dunkelheit (*Praktiken des Aufpassens*). Auch habe er sich überlegt einen Rundspiegel in seiner Hofeinfahrt zu installieren. Das hatten ihm die Polizisten empfohlen, die wirklich gute Arbeit nach dem Überfall geleistet haben. Dann sei aber nicht nur das Unsicher-Sein vergangen, sondern es haben sich auch wieder all die Gedanken an den Überfall und die geschmiedeten Sicherheitspläne verabschiedet. Man kehre zurück zum Alltag, denn man könne ja nicht die ganze Zeit ängstlich durch den Alltag gehen. Man vergesse die Angst wieder. Vielleicht sei man jetzt ein bisschen aufmerksamer, aber eigentlich sei man das schon immer gewesen (Fel, 07.12.2011):

„Aber ich sage immer, dass man nicht aufhören sollte zu leben. Weil wenn die Leute beginnen, Angst zu haben [...], lebt man nicht mehr. Man hört auf zu leben. Und am Ende will ich das nicht. Ich möchte unbekümmert sein, um ins Shoppingcenter zu gehen oder um ins Restaurant zu gehen. Weil wenn nicht, mache ich nichts und bleibe zu Hause" (Adr, 09.11.2011).

Man müsse seine Angst kontrollieren und sich nicht von ihr kontrollieren lassen. Deshalb vermeide Magliane bestimmte Dinge, Orte und Aktivitäten. Entsprechend lasse sie sich von der Angst in der Form einschränken, dass sie am Abend nicht mehr ins Restaurant gehe. Aber sie vermeide es eben nicht komplett, ins Restaurant zu gehen:

„Meine Angst? Also ich kontrolliere meine Angst. Im Gegenzug lasse ich die Angst nicht mich kontrollieren oder mich in eine paranoide Person verwandeln, wo sie beginnt, mein Leben zu hemmen. Bis zu einem bestimmten Punkt, nicht wahr? Man ist schon gehemmt. Ob ich zu denen gehöre, die es vermeiden, abends zum Essengehen das Haus zu verlassen und ein Risiko eingehen? Ja, ich vermeide es, abends das Haus zu verlassen. Unglücklicherweise schränke ich mit all dieser Angst meine Freiheit ein. Ob ich das auch auf die Spitze treibe und niemals das Haus verlasse, um in einem Restaurant essen zu gehen? Nein, das mache ich nicht. Auch werde ich es nicht unterlassen, meine Tochter an einem Austauschprogramm in den USA teilnehmen zu lassen, auch wenn sie weit weg von mir ist. Nur weil ich es nicht aushalte, wegen meiner Angst? Nein" (Mag, 08.11.2011).

Schließlich sei der vereitelte Überfallversuch auf ihre Tochter der einzige Kriminalitätsvorfall gewesen, seit Irma mit ihrer Familie im Quartier wohnt. Den Effekt der sich verschiebenden Ordnung der vormals sicheren Nachbarschaft reflektiert sie beim Gehen im öffentlichen Raum. Es komme nicht zur Auflösung der Ordnung, sondern zu deren Modifikationen. Die Folge ist die Stabilisierung eines neuen *Praktiken-Ordnungen-Bündels der Offenheit*, das sich exemplarisch anhand zweier Beispiele darstellen lässt. Zum einen gehe heute niemand mehr auf der Straße – zumindest nicht mehr so wie früher. Allenfalls zum direkten Nachbarn gehe man noch zu Fuß. Zum anderen hole man die Tochter hier in São Paulo heute von der Metro ab – zumindest wenn es Nacht sei oder man die Zeit dafür habe. Alleine nach Hause gehe sie allenfalls, wenn der Bring- und Holservice sie abhole.

Am Ende ist man auf sich selbst angewiesen!
Trotz des allgemeinen Defizits an öffentlicher Sicherheitsfürsorge, trotz der persönlichen und direkten Betroffenheit macht Magliane deutlich, dass man nicht aufhören könne zu leben. Man müsse nach draußen. Irgendwann müsse man das Auto oder die Metro benutzen. Manche Gelegenheiten machen die Durchfahrt durch die Favela Alba notwendig. Das Geld müsse von der Bank abgehoben werden. Und der 24-jährigen Tochter könne nicht verwehrt werden, dass sie abends auf Konzerte gehe:

„Das sind nicht nur wir. Es betrifft alle. [...] Wenn man rausgeht, [...] keiner verlässt angstfrei das Haus. Aber man muss raus, um arbeiten zu gehen. Man muss in die Kirche, [...] in den Supermarkt. [...] Aber wenn man jetzt sagt: Ich geh in eine Bar, [...] in ein Restaurant? Nein. Nein, das macht man nicht. Warum? Die Sicherheit [...], man hat keinen Mut das Haus zu verlassen [...]. Das ist jedem bereits in den Kopf gebrannt" (Ver, 27.03.2013).

Wie man aber mit der beunruhigenden Situation des sozialen Miteinanders und der öffentlichen Fürsorge, insbesondere der öffentlichen Sicherheitsfürsorge umgehe? Die Antwort liege auf der Hand. Jeder müsse sich selbst vergewissern, absichern und schützen. Eigeninitiative sei gefragt! Sicherheit, genauso wie Bildung und Gesundheit seien die Aufgaben, die jeder Bürger alleine bewerkstelligen müsse (W, 02.11.2011). Man könne dies mit baulich-physischen, personellen und elektronisch-technischen Sicherheitsmaßnahmen erreichen (vgl. Kap. 5.3). Man merke es aber auch an sich selbst, dass man zunehmend zu Hause bleibe und den öffentlichen Raum vermeide. Folglich sei man auf sich selbst angewiesen. Ohne adäquate öffentliche Bildung müsse man privat für die Bildung seiner Kinder aufkommen. Ohne adäquates Gesundheitssystem müsse man einen privaten Gesundheitsplan machen. Und schließlich müsse man sich ohne adäquate öffentliche Sicherheit um seine eigene Sicherheit kümmern:

„Sicherheit sollten wir zwar haben, haben wir aber nicht. Wir müssen uns absichern, einbunkern, unser Grundstück mit Elektrozäunen säumen und im Haus verweilen, wo man eigentlich raus müsste, aber nicht kann" (Ver, 27.03.2013).

Denn die Politik mache nur große Versprechungen, um bei der Wahl Stimmen zu gewinnen. Nach Antritt der neuen Legislaturperiode seien die angekündigten Verbesserungsvorschläge schnell wieder vergessen und man konzentriere sich wieder aufs Ausrauben des Volks:

„Ich selbst sehe mich als äußerst frustrierte Bürgerin, extrem unzufrieden mit unserer Regierung und unseren Machthabern, äußerst traurig über unsere Einkommensverteilung, exstrem empört über die Art, wie unser Land geführt wird und zwar in allen Belangen und Bereichen. Sicherheit, Bildung, Gesundheit, Umweltschutz, alles, einfach alles. Wirklich sehr, nein, extrem unzufrieden. Ich werde wählen, weil ich verpflichtet bin zu wählen, verstehst Du? [...] Aber ich bin sehr traurig über die Situation in Brasilien. [...] Das nehme ich als Bürgerin, als Paulistana wahr, jemand der seiner Steuern zahlt und im Gegenzug nichts dafür erhält [...] und mit Angst lebt" (Mag, 08.11.2011).

Die instabile Ordnung der öffentlichen Sicherheit kommt durch einen andauernden Abwägungsprozess ins Wanken, der von den Interviewten verlangt, Angst an bestimmten Orten und in spezifischen Momenten zu überwinden und sich in räumlich-situative Kontexte der Un-/Sicherheiten zu begeben. In der sich auflösenden öffentlichen Sicherheit stabilisiert sich eine Praktikenverknüpfung, in der sich *Praktiken des Privat-Werdens* und *Praktiken des Sicherheitsmaßnahmen-Handhabens* sowie *Praktiken des Aufpassens* organisatorisch nahe stehen.

Exkurs 5.5: Irma und der ruhige und unsichere Wohnstandort
Irma wohnt mit ihrem Mann und ihren beiden erwachsenen Kindern seit 2001 in einem zweistöckigen Einfamilienhaus in Cidade Vargas. Es sei ihr erstes Haus in Jabaquara. Zuvor haben sie im Stadtbezirk Saúde in einem *prédio* gewohnt. Die heranwachsenden Kinder haben irgendwann den Wunsch geäußert, einen Hund zu haben, was den Umzug in eine *casa* begründet habe (vgl. auch Hel, 12.11.2011). Die Region Jabaquara sei ihr durch regelmäßige Kirchengänge zwar flüchtig bekannt gewesen. Ihre evangelische Gemeinde befinde sich in ihrer heutigen Nachbarschaft. Zur Zeit der Haussuche seien Irma und ihr Mann durch Zufall nach einem Gottesdienst etwas tiefer in das Wohnquartier hineingefahren und haben großen Gefallen an der Cidade Vargas gefunden. Da man sich aber bei keinem Bekannten über Jabaquara infor-

mieren konnte, habe sie schließlich eine Anwohnerin bzw. heutige Nachbarin angesprochen, um sich über die Nachbarschaft zu informieren: [54]

„Ich hatte mit der direkten Nachbarin gesprochen. Ich fragte, wie das Viertel so ist. Und sie gab mir ihre Einschätzung und wir zogen ein. Ich habe ihr geglaubt, nicht war [lacht]? Man muss ja glauben, nicht wahr?" (Ilm, 10.12.2011).

Die Nachbarin habe der Nachbarschaft eine hohe Wohnqualität bezeugt. Aber auch über die Sicherheit solle sich Irma keine Sorgen machen, habe sie damals gemeint. Schließlich würden alle Anwohner ihren PKW auf der Straße parken und von keinen Überfällen berichten. Ohne der Anwohnerin zuvor begegnet zu sein, habe Irma ausreichend Vertrauen empfunden, um ihr zu glauben. Außerdem seien zu diesem Zeitpunkt tatsächlich alle PKWs auf der Straße geparkt und die – damals noch unbesetzten – Wachhäuschen zu sehen gewesen (Ilm, 10.12.2011).

Neben der allgemein positiven Beschreibung der Wohnzufriedenheit stellt Irma insbesondere die Angst in den Mittelpunkt, die von der umliegenden Favela ausgehe. Die Angst stehe mit den guten und bösen Anderen im Zusammenhang. Die Guten arbeiten als Hausangestellte in den Wohnhäusern der Mittelschicht. Von den Hausangestellten erhalte man wiederum die In-Formationen von Drogengeschäften und Kriminalität. An kriminellen Machenschaften und Irregularitäten seien die 10% der Anderen – und damit die Bösen – beteiligt. Die In-Formationen tauschten heute die Anwohner aus und engagieren sich ihrerseits entsprechend in *Praktiken des Austauschens*. Man wisse nicht nur über die verschiedenen Vorfälle in der direkten Nachbarschaft Bescheid. Man wisse auch Bescheid, wie man auf die neue unsichere Nachbarschaft reagieren müsse. In Verbindung mit der veränderten nachbarschaftlichen Ordnung steht die Stabilisierung einer Verknüpfung von *Praktiken des Absprechens, Aufpassens,* aber auch des *Verbarrikadierens, Wachens und Überwachens* und *Sicherheitsmaßnahmen-Handhabens*.

Konkret habe das Einbruchsereignis in der Nachbarschaft von Irma zur Folge gehabt, dass die Anwohner die Wohnzufriedenheit und Sorglosigkeit einge-

---

54 Im Gegenzug zu Irma habe sich Cesar bei der Haussuche nicht an die Nachbarn, als vielmehr an den Wachmann gewendet, um sich über das Wohnumfeld zu informieren. Er habe sie nicht nur zur öffentlichen Sicherheit beraten, sondern auch über die Infrastrukturausstattung des Quartieres (Schule, Einkaufsmöglichkeiten, Polizei), die städtebauliche Gliederung (Favela im Quartier) oder die Alltagsabläufe der Nachbarn (Ankunftszeiten, Lärm in direkter Nachbarschaft) informiert (Ce, 03.12.2011).

büßt haben und jetzt aufmerksamer die Nachbarschaft beobachten (*Praktiken des Aufpassens*). Die menschenleeren Straßen und geringe Polizeipräsenz seien einfach nicht mehr tragbar gewesen. Schließlich habe man sich gemeinsam an den Tisch gesetzt und über nachbarschaftliche Sicherheitsmaßnahmen gesprochen (*Praktiken des Sicherheitsmaßnahmen-Handhabens*). Seither beschäftigen die Nachbarn einen informellen Wachmann. Zudem habe die Mehrheit der Nachbarn noch zusätzlich individuell Sicherheitskameras installiert, mit denen sie jetzt den Vorderbereich ihres Hauses beobachten können. Der nachbarschaftliche Zusammenhalt bestehe heute nicht nur auf Grund der kollektiven Betroffenheit durch das Überfallereignis, sondern insbesondere auch durch das grundlegende Verstehen auf *Projekte der nachbarschaftlichen Sicherheitsfürsoge,* die sich aus dem Bündel der Praktiken und Ordnungen der Geschlossenheit (Wachmann, Sicherheitskamera, etc.) zusammensetzen.

5.3 SICHERHEITEN UND DIE ORDNENDE VERÄNDERUNG

5.3.1 Der nachbarschaftliche Plausch und das Anheben des kleinen Mäuerchens

„Der größte Teil der Häuser stand damals offen, weil sich die Kinder vor der Tür aufhielten und spielten. Häufig hielt man sich vor seinem Haus auf, oder man ging zu einem Freund. Jedenfalls musste man nicht an der Tür klopfen, sie stand auf. Heute gibt es so was nicht mehr" (Hel, 12.11.2011).

Damals habe man mit großem Aufwand irgendwo in der Nachbarschaft einen Farbfernseher aufgetrieben und vor das Haus gestellt, so dass jeder die Fußballübertragung sehen könne – das Gleiche zum traditionellen Weihnachtsessen. Man habe mit den geparkten Autos einfach die Straße gesperrt und in deren Mitte die Tische aufgestellt. Jeder in der Nachbarschaft habe sich an der Essenszubereitung beteiligt. So sei es möglich gewesen kurzfristig und ohne große Vorbereitung ein großes Festmahl zu veranstalten. Heute? Gebe es so was nicht mehr – zumindest nicht in der Stadt (Hel, 12.11.2011, vgl. auch Adr, 09.11.2011).

Nachbarschaft sei heute nicht mehr das Gleiche wie früher. Nachbarschaftlicher Austausch sei auch nicht zu vergleichen zwischen hier in der Stadt und dort im *interior*. So wie man früher eben nur die Milchtüte vor der Haustür geklaut habe und die Nachbarn im Landesinneren noch immer zusammensitzen, sei man heute mit andauernder Gewalt, Kriminalität und Unsicherheit konfrontiert und jeder in São Paulo verbarrikadiere sich hinter seinen Mauern. Beide, der nachbarschaftliche Plausch (*bater um papo*) und das Mäuerchen vor dem Haus haben sich verändert. Das Zusammenhängen dieser Veränderung lässt sich wiederum entlang der Trans-Formation des sozialen Wandels und der öffentlichen Sicherheit nachvollziehen.

Neben der Beschleunigung, Individualisierung und Technologisierung des Alltags (vgl. Kap. 5.4.1) sowie der Verschärfung der öffentlichen Sicherheit betonen die Interviewten insbesondere das Anheben des ehemaligen Mäuerchen und das Einzäunen des Vorgartens Anfang und Ende der *Praktiken des Verbarrikadierens*. Früher habe jedes Haus ein niedriges Mäuerchen besessen. Für die Eltern habe es als Treffpunkt für den nachbarschaftlichen Plausch gedient, für die Kinder sei es ein Leichtes gewesen, über das Mäuerchen zu springen (*pular o muro*) anstatt die Eingangstür zu benutzen. Heute sei dieses kleine Mäuerchen (*o muro baixinho*) nicht nur verschwunden, sondern zunächst sukzessiv angehoben und später gegen ein Hof- und Garagentor eingetauscht worden, das sich nicht mehr mechanisch, sondern zwischenzeitlich automatisch öffnen lasse (J, 30.10.2011; E, 02.11.2011).

Dabei unterscheiden sich die Aussagen der Interviewten, wann die Ausweitung der Sicherheitsmaßnahmen begonnen hätte. Die Zeitpunkte variieren je nach persönlichem Engagement in den *Praktiken des Sicherheitsmaßnahmen-Handhabens* oder im Diskurs der veränderten Ordnung und Sicherheit. Den zeitlichen Schnittpunkt der Ausbreitung der Sicherheitsmaßnahmen und der veränderten Sicherheit und Ordnung bildet das Ende der 1990er Jahre. Seitdem höre und sehe man nicht nur verstärkt Überfälle auf Passanten und Eigentumsdelikte in der Nachbarschaft, sondern man bespreche und beobachte die Modifizierung und Implementierung von Sicherheitsmaßnahmen aller Art in der Nachbarschaft. Dazu zählen das erhöhte Mäuerchen und dessen Ersetzung durch vollautomatische Garagentore, aber auch die Installation von Sicherheitszäunen und -kameras (vgl. Kap. 5.3.3) sowie das Verbarrikadieren ganzer Häuserfronten – sowohl von Häusern (*casas*) als auch von ursprünglich frei zugänglichen Apartmenthäusern (*prédios*) (Wi, 29.11.2011; Adr, 09.11.2011; a, 19.09.2011; Ex23). Das neue Geschlossen-Sein ergibt sich aus einer Stabilisierung der *Praktiken des Verbarrikadierens* bei gleichzeitiger Destabilisierung der *Praktiken des nachbarschaftlichen Austauschens*. Das Geschlossen-Sein ist Teil des Alltags geworden (*Praktiken des Privat-Werdens*), zumindest des Alltags einer einkommensstärkeren, traditionellen Mittelschicht:

„Die Veränderung kannst Du sehen, oder? Aus flachen Mäuerchen wurden hohe Eingangstore, bei denen man aber noch erahnen konnte, was auf der Straße passierte. Und wenn man das jetzt betrachtet? Die Mehrheit der Eingangstore ist heute geschlossen. Man kann nicht nach innen und genauso wenig nach außen schauen. Es hat sich viel verändert. Früher, also in meiner Jugend, verweilte meine Mutter im Hofeingang, um mit der Nachbarin zu tratschen. Heute sehe ich sowas nicht mehr. Man fährt durch die Straßen und sieht sie nicht mehr, diese Mütter. [...] Ich weiß nicht, ob die Sicherheit der Grund dafür ist, aber das Leben heute ist ein einziges Gerenne geworden" (Adr, 09.11.2011).

Man solle sich jedoch keine Illusionen machen. Das Überspringen des Hoftors sei zwar immer noch möglich, nur machen das heute nicht mehr die Kinder als vielmehr die *banditos*. Was dann der Sinn der Installation sei, bleibt mitunter offen oder wird von Interviewten entlang der Argumente Visibilität und Schutz sowie der Zeit, einer Gefahr ausgesetzt zu sein, völlig unterschiedlich reflektiert. Dabei positionieren sich die Interviewten divergent im *Praktiken-Ordnungen-Bündel der Geschlossenheit* (vgl. MaJ, 20.03.2013; Hel, 12.11.2011).

Für die einen erhöhe das vollautomatische, geschlossene Garagentor die Gefahr eines Überfalls. Man könne nicht mehr sehen, wer einem vor der Garagenausfahrt auflauere. Auch das Öffnen des geschlossenen Garagentors benötige heute viel länger als das Aufschließen einer frei zugänglichen Haustür. Schließlich werde man am häufigsten auf der Straße überfallen und nicht im Haus (vgl. auch Adr, 09.11.2011). Mari Jucélia hat keine Gitter, keinen Elektrozaun und auch kein vollautomatisches Garagentor. Warum solle sie auch? Selbstverständlich erlebe sie immer wieder, dass jemand in ihrer Hofeinfahrt schlafe. Dazu zählen Obdachlose, Drogenkonsumenten oder andere Mittellose. Das sei für sie aber noch kein Grund zur Besorgnis oder verlange neue Gitter an ihrer Hausfront. Nur weil jemand in der Hofeinfahrt schlafe, bedeute dies nicht, dass er auch in ihr altes Haus einsteige. Entsprechend grenzt sich Mari Jucélia in ihrer Darstellung nicht nur gegenüber all den Verbarrikadierten ihrer Straße und ihrer Nachbarschaft ab, sondern auch gegenüber allen anderen in der Stadt. Sie benötige es nicht, ihr Haus zu verbarrikadieren – eben auch nicht zuletzt aus Sicherheitsgründen:

„Die Kerle, die rein wollen, brechen ein mit Gitter oder ohne Gitter. In der Zeit, in der ich hier stehen bleibe und versuche, mein Tor zu öffnen, laufe ich doch Gefahr, überfallen zu werden, nicht wahr? Nicht zuletzt deswegen haben wir nichts angebracht. Gleichzeitig gibt es viele Häuser mit Elektrozäunen, viele Häuser mit massiven Schutzvorrichtungen. Fast alle Häuser. Hier zahlen die Leute dafür, mich eingeschlossen. Ich zahle die BR, die im Viertel mit dem Auto patrouillieren. Ich zahle auch einen auf dem Fahrrad. Und ich zahle einen, der zu Fuß unterwegs ist" (MaJ, 20.03.2013).

Andere betonen Sicht- und physischen Schutz, die das vollautomatische, geschlossene Garagentor biete. Zwar sei die Sicht von innen nach außen versperrt, aber eben sei auch die Sicht von außen nach innen verdeckt. Indem man sich stärker vom Außenbereich isolieren könne, erhöhe sich die Sicherheit im Innenbereich (vgl. auch Adr, 09.11.2011):

„Meine Tür war offen. [...] Ich konnte die Straße sehen, konnte sehen, was auf der Straße passierte. [...] Es war zwar ein geschlossenes Tor, aber es war offener. Die Leute sahen, was hier drin passierte, und ich sah, was auf der Straße passierte. Nachdem was dann [in der Nachbarschaft] passiert war, tauschte ich das Tor aus, um mich etwas zu isolieren" (Ilm, 10.12.2011).

Auch das neue Haus von Heloísa und ihrem Mann ist im Vergleich zu den Einfamilienhäusern der direkten Nachbarn baulich stark überformt. In jahrelanger, schrittweiser Reform haben sie den Ausbau des Hauses vornehmlich in Eigenarbeit ausgeführt. In diesem Rahmen sei der Vorhof des Hauses um eine gemauerte Garage erweitert worden. Sie diene einerseits als Parkplatz für die drei PKWs der Familien. Aus Sicherheitsgründen sei es unmöglich, dieses Auto auf der Straße abzustellen. Andererseits diene die Garage als Zugang des Hauses, das man im 1. OG betritt. Der eigentlichen Idee des Ausbaus der Garagen, mit der eine Terrasse geschaffen wurde, konnte man aber nie gerecht werden. Denn aus Sicherheitsgründen könne an einen unbekümmerten Aufenthalt am Abend auf der Terrasse nicht mehr gedacht werden. Vielmehr diene die Terrasse als Aussichtsplattform, um die Abfahrt und Ankunft der Familie und ihrer Gäste zu beobachten. Gleichzeitig verliert das Fußgängertor an der Vorderseite des Hauses seine Bedeutung. Das unangemeldete Ankommen, Klingeln an der Tür und mündliche Identifizieren an der Gegensprechanlage wird ersetzt durch die *Praktiken des kontrollierten Abfahrens* als Bestandteil des *Praktiken-Strangs des Kontrollierens* (vgl. Kap. 5.3.3). Im Rahmen der Umbaumaßnahmen habe man ein Garagentor angebracht, das die Einfahrt anfänglich noch nicht komplett verschloss. Mit abnehmender Stabilisierung der Ordnung der öffentlichen Sicherheit, aber insbesondere auch in Folge direkter Viktimisierung durch einen Einbruch in die Garage Ende 2012, habe man schließlich das Garagentor komplett verbarrikadiert. Nun könne man allenfalls ein Stück Papier unter der Garage durchschieben, diese aber nicht mehr mit einem Eisenbolzen öffnen. Mit jedem Schritt des Verbarrikadierens werde es immer sicherer (Hel, 11.03.2013). Im nachbarschaftlichen Gefüge werden Offenheit und Austausch durch Geschlossenheit, Kontrolle und Rückzug ersetzt.

Das Verbarrikadieren und die Projekte der Renovierung und Wertsteigerung

Die *Praktiken des Verbarrikadierens* stehen allerdings nicht ausschließlich in Verbindung mit einer veränderten Ordnung der Kriminalität, Gewalt und Unsicherheit, sondern setzen sich zudem auch aus Projekten der Renovierung und Wertsteigerung zusammen (F, 30.09.2011; Ver, 07.12.2011):

„Als ich eingezogen bin, habe ich [das Tor] installiert. Aber ich habe es wegen des Komforts installiert, also um es einfach öffnen und schließen zu können, wenn man nach Hause kommt, nicht wahr? Es ist ein automatisches Garagentor. Niemals hätte ich daran gedacht, dass ich mich vor Überfällen abschotte. Aber nachdem sich der Überfall ereignet hatte, war der Zeitpunkt gekommen, das Tor erneut auszutauschen [und noch mehr zu schließen]. Eben als Maßnahme, um das Haus ein bisschen abzuschotten" (Ilm, 10.12.2011).

Entsprechend gehe für viele Interviewte der Hauskauf und der anschließende Umzug ins Eigenheim mit einer umfassenden Hausrenovierung einher. Neben der Umgestaltung des Innenhofs (Bau eines Grill- und Aufenthaltsbereichs) und der Neuorganisation des Hausinnenbereichs stehen die Investitionen oftmals mit einer Renovierung des Hauseingangsbereichs in Gestalt des Ersetzens des alten, niedrigen und mechanischen Garagentors durch ein neues, hohes und vollautomatisches in Verbindung (*Projekt der Renovierung und Wertsteigerung*). Mitunter werden im Zuge des Renovierens des Hauses auch elektronische Sicherheitsmaßnahmen in Gestalt von Elektrozäunen, Sicherheitskameras, Bewegungsmeldern oder Alarmanlagen installiert. Laut Cesar säumen die Sicherheitskameras seit etwa 5-10 Jahren verstärkt die Häuserfronten der Nachbarschaft (vgl. auch Dou, 01.12.2011; Ex18). Das wundere ihn nicht. Man könne Sicherheitsausstattung zwischenzeitlich sogar im Schreibwarenfachgeschäft um die Ecke kaufen (Ce, 03.12.2011). Die Entwicklung beschränke sich aber bei weitem nicht nur auf das Wohnquartier oder weite Teile der Stadt. Diese Entwicklung betreffe auch Banken, Privatschulen, Restaurants, Krankenhäuser und sogar Kirchen im gesamten Land. „Brasilien bewege sich darauf zu, ein *país blindado* zu werden" (Mag, 08.11.2011).

„Also das Schreibwarengeschäft hat einen Bereich für Schreibwaren und einen für Elektrotechnik. Und im Elektronik-Bereich bieten sie so was an. Im Schreibwarengeschäft haben sie begonnen, Kunden mit elektronischen Geräten, Türsensoren und so was abzufertigen. In gewisser Weise zählt das zur Sicherheit, oder nicht?" (Ce, 03.12.2011).

„Leute, das ist zu viel, oder? Aber davon gibt es haufenweise. Die Leute haben so viel Angst. Hier hat jeder Angst, wenn er kein Gitter vor der Tür hat" (MaJ, 20.03.2013).

5.3.2 Der Wachmann und die unsichere Sicherheit für Arme

Mari Jucélia sehe die Entwicklung des *país blindado* selbstverständlich kritisch. Es sei nicht nur so, dass man trotz der horrenden Steuergelder keine oder nur eine ungenügende öffentliche Sicherheitsfürsorge in Brasilien antreffe (*Ordnungen des politischen Systems*) oder nicht wisse, mit wem man es bei all den privaten und öffentlichen Sicherheitskräften zu tun habe (vgl. auch Dou, 01.12.2011). Vielmehr sehe sie der Ausbreitung privater Sicherheit generell mit Unmut entgegen. Die Installation von elektronischen Sicherheitszäunen und automatischen Toranlagen stehe im starken Kontrast zu ihrem Haus. Es sei immerhin offen und frei zugänglich. Entsprechend engagiere sich Mari Jucélia nicht in den *Praktiken des Verbarrikadierens*. Auch wenn sie wie viele andere Furcht und Angst habe und selbst schon Opfer bewaffneter Raubüberfälle gewesen sei, und auch wenn sie sicherlich wisse, wie man Sicherheitsmaßnahmen bediene und Sicherheitsdienstleistungen in Anspruch nehme, fehle ihr anscheinend der brasilianische Sicherheitswahn:

„Wenn ich das Geld hätte, würde ich ein Sicherheitsgeschäft eröffnen, das spezialisiert ist auf Häuserschutz oder PKW-Verpanzerung. Meiner Meinung nach ist das der Markt, der ist in den letzten 10 Jahren am Stärksten gewachsen" (Mag, 08.11.2011).

Exemplarisch für den Sicherheitswahn stehe eine Kirche in direkter Nachbarschaft. An ihr sei einige Wochen nach einem Überfall ein elektronischer Sicherheitszaun installiert worden. Mari Jucélia habe die Kirche fotografiert, um zu zeigen, für wie absurd sie es erachte, dass eine Kirche als Ort der Offenheit und Religiosität nicht nur von einer hohen Mauer, sondern auch von einem *cerca elétrica* umzäunt sei. Es überschreite eindeutig die Grenzen des Möglichen. Aber das Verpanzern (*blindagem*) mache eben auch nicht bei der Kirche halt. Es seien mehr als nur die Mauern, die Gitter und Stacheldrahtzäune. Sie höre nicht nur immer häufiger von Maßnahmen und Dienstleistungen aller Art, sondern beobachte sie selbstverständlich auch. Der Markt für Sicherheit scheine sich zu differenzieren und dabei stetig zu wachsen. An einen Alltag ohne Sicherheitskraft im Eingang sei heute schlicht und ergreifend nicht mehr zu denken:

„Es ist nahezu unmöglich, in ein Restaurant zu gehen, wo es keinen Sicherheitsdienst im Eingangsbereich gibt. Heute ist es normal, dass man irgendwo hineingeht und dich irgendjemand von der Sicherheit an der Tür erwartet. [...] Heute haben praktisch alle Restaurants eine Sicherheitskraft, an jedem Ort, das kann man sehen" (MaJ, 20.03.2013).

Entsprechend zeigt sich die große Bandbreite an Maßnahmen und Dienstleistungen der Sicherheit. Neben technisch-elektronischen und physisch-baulichen Maßnahmen umschließt sie nicht zuletzt personelle und organisatorische Formen der Sicherheitsfürsorge (*Praktiken des Wachens und Überwachens*). Letztere variieren je nach Einkommensniveau der nachfragenden Haushalte bezüglich der Formalisierung des angebotenen Sicherheitsservices (Registrierung vs. Informalität), der Diversifizierung der Sicherheits-, Kontroll- und Überwachungsfunktion (umfangreiches Sicherheitsschemata vs. Straßenwacht), Technisierung der Sicherheitsdienstleistung (Kommunikations- und Überwachungstechniken vs. Straßenwacht per Sicht und mit Pfeife) sowie des personellen Umfangs angebotener Überwachungsdienste (lokale bis überregionale Sicherheitsfirma vs. informelle Selbstständigkeit) (W, 27.09.2011; L, 12.10.2011; W, 20.10.2011; W, 02.11.2011).

Dabei ist der Wachmann auf der Straße eine Figur, die von den Interviewten völlig ambivalent dargestellt wird. Entweder könne sich beim *guarda* niemand so richtig sicher fühlen oder man sei sehr froh, den Wachmann Nilton von 6.30 Uhr bis 19.00 Uhr an der Straßenecke vor der eigenen Haustür zu wähnen (Hel, 02.11.2011). Entweder wolle jedermann tunlichst vermeiden, in Erfahrung zu bringen, was der Wachmann eigentlich wirklich mache, wenn die gesamte Familie tagsüber außer Haus sei. Oder man sei dankbar zu wissen, dass Wachmann Wilson nicht nur die Post der Anwohner entgegen nehme (Ilm, 10.12.2011), sondern Nilton auch das Garagentor schließe, wenn man mal wieder vergessen habe zu verriegeln (Hel, 14.01.2013). Entweder wisse keiner, wo der *vigilante* (Wachmann) her sei, oder man habe bereits die Familie des Wachmanns Fabrício aus dem Nordosten kennengelernt (Ato, 09.11.2011). Und ob der *guarda* (Wachmann) mit den Anderen gemeinsame Sache mache, munkle die Nachbarschaft nur. Im Gegenzug hierzu wisse man, dass Nilton einen „Direktdraht" zur Polizei habe und zudem sämtliche Telefonnummern der Hausangestellten aus der direkten Nachbarschaft. Die Figur des informellen Wachmanns variiert zwischen den Attributen gut und sicher sowie böse und unsicher. Auffallend ist dabei, dass die Interviewten dem Wachmann – verstanden als ordnendes oder unordnendes Element der Nachbarschaft – die Bedeutung zuschreiben, ein Bestandteil der sicheren Nachbarschaft zu sein (*Projekt der nachbarschaftlichen Sicherheitsfürsorge*). Andererseits ist die Bedeutung des Wachmanns in *Praktiken des Wachens und Überwachens* und in einem erweiterten Zusammenhang in *Praktiken des Kontrollierens* eingeschrieben.

Ein guter und sicherer Wachmann qualifiziert sich dadurch, dass er seiner Aufgabe des Überwachens der Nachbarschaft gewissenhaft nachgehe und für die Sicherheit des direkten Straßenabschnitts der Anwohner Sorge trage. Zudem sei er mit den öffentlichen Sicherheitsakteuren (PM und GCM) vernetzt (A, 25.11.2011), übernehme viele zusätzliche Aufgaben des Alltags (Post- und Paketannahme, Schneiden von Pflanzen im öffentlichen Raum) und helfe so, die Nachbarschaft zu beschützen. Konkret betont Heloísa, dass der Wachmann Nilton immer da sei – zumindest immer dann, wenn sie ihn benötige. Sogar Teile ihrer Fotos habe er für Heloísa geschossen. Ihr sei es zu gefährlich gewesen den Busch zu fotografieren, wo die *noias* ihre Drogen versteckten. Aber Nilton habe sogar damit begonnen, den Busch zurückzuschneiden. Was wäre sie nur ohne ihren Nilton. Normalerweise warte er immer an der gleichen Ecke. Das gelte insbesondere dann, wenn die Anwohner am Morgen ihre Häuser verlassen. Er halte das Handy für mögliche Notrufe bereit. Die Nummer der Polizei sei dabei schon gewählt. Dasselbe mache auch Heloísa von ihrer Aussichtsplattform aus – der Terrasse des Hauses. Wenn jemand aus der Familie oder Freunde das Haus verließen, beobachte sie die Ausfahrt mit dem Finger auf der Wähltaste (*Praktiken des kontrollierten Abfahrens*) (vgl. Kap. 5.3.2). Manchmal tausche sie in diesem Moment mit Nilton zusichernde Blicke. Er halte bewusst Abstand zu den jeweiligen Garagen, um im Falle eines Überfalls nicht involviert zu sein und besser reagieren zu können. Anrufen könne auch Heloísas Hausangestellte (*empregada*). Man habe sich mit der Nachbarin abgesprochen, dass beide Hausangestellten zur selben Zeit am Nachmittag die Häuser verlassen (*Praktiken der Absprechens*). Nilton warte dann immer schon auf der Straße (Hel, 11.03.2013). Der gute Wachmann mache die Nachbarschaft nicht nur sicherer, sondern er sei dabei auch noch hilfreich.

Ein böser und unsicherer Wachmann sei hingegen nur dazu da, die Anwohner monatlich abzukassieren, ohne jedoch seiner Tätigkeit als Wachmann adäquat nachzugehen. Er schlafe nur in seinem Wachhäuschen und sei nie an Ort und Stelle, wenn man ihn bei der nächtlichen Einfahrt in die Garage benötige. Gleichzeitig sei er der erste, der sich verdrücke, wenn sich ein Einbrecher nähere – klar, er trage ja auch keine Waffe bei sich. Mitunter stecke er mit den Kriminellen unter einer Decke und gebe Informationen weiter, wenn Anwohner verreist seien. Der informelle Wachmann sei die unsichere Sicherheit für die Armen. Man zahle nicht für die Sicherheit durch den Wachmann, sondern für die Sicherheit vor dem Wachmann (vgl. auch Ver, 27.03.2013).

„Nein, eine private Sicherheitskraft zu haben, ist gefährlich. Sie schaut zwar auf dein Haus, aber eben auch auf den Einbrecher. […] Diese Wachmänner auf der Straße geben dir keine Sicherheit" (Mi, 10.11.2011).

„Und wenn man nicht zahlt, wartet [der Wachmann], bis [die Leute] das Haus verlassen. [...] Und dann brechen die Kerle ein" (Ver, 27.03.2013).

„Man kann nicht einmal den Wachmännern vertrauen. Denn sie kennen die Abläufe: [Der Anwohner] verlässt das Haus zu dieser Uhrzeit, kommt dann und dann nach Hause, kommt allein. Es ist jemand zu Besuch, oder ist niemand zu Hause. Vielleicht kennt der *dono da favela* [Boss in der Favela] sogar die Mitarbeiter [der Sicherheitsfirma]. [...] Man weiß es nicht, weil man die Wachmänner nicht kennt. Man weißt nicht, was besser ist und was nicht" (Ro, 29.11.2011).

Es sei ein korruptes System, an dem man sich beteilige – oder eben beteiligen müsse (Ro, 29.11.2011). Exemplarisch gelte auch das Beispiel der Parkwächter auf offener Straße. Wenn man irgendwo in der Stadt keinen privaten und bewachten Parkplatz mehr finde (*Praktiken des Privat-Werdens*), sei der informelle Parkwächter mit großer Wahrscheinlichkeit nicht weit entfernt. Und auch wenn er für das von ihm überwachte Parken in übertriebener Weise 50 R$ verlange, müsse man bezahlen. Andernfalls laufe man Gefahr, dass man den PKW zertrümmert vorfinde. Wenn man aber nach der Musikshow zu seinem Auto zurückkehre und nur noch die leere Parklücke vorfinde, dann wisse der Parkwächter natürlich auch von nichts. Mit dem Wachmann sei es nicht anders. Er komme einfach jeden Monat vorbei, gebe sein kleine Quittung ab und fordere jeden Anwohner auf, seine 50 R$ zu bezahlen. So sehe Verônica auch keinen Unterschied zwischen einem verkleideten und einem seriösen Wachmann. Schließlich könne jeder mit der Pfeife hantieren und sich als *guarda da noite* präsentieren (Ver, 27.03.2013). Der böse Wachmann – oder eben der Parkwächter – sei nicht nur völlig nutzlos, sondern mache die Nachbarschaft unsicher.

Mari Jucélia übersetzt die Unterscheidung des guten/hilfreichen und bösen/nutzlosen Wachmanns mit passender und unpassender Sicherheit (vgl. Exkurs 5.6). Für sie tauchen Maßnahmen und Dienstleister der Sicherheit immer häufiger in ihrem Alltag auf. Dazu zählen etwa Sicherheitskräfte und Sicherheitskameras in der Metro, der überwachte Parkplatz oder der Handtaschenhalter im Restaurant. Dazu zählen auch der elektronische Sicherheitszaun in der Kirche oder der Hol- und Bringservice des lokalen Sicherheitsservices auf dem späten Nachhauseweg. Zusätzlich zum formalisierten Sicherheitsdienst beispielsweise des BR Vargas mit monatlichen Kosten von 150 R$ hüte ein informeller Wachdienst bereits seit 6 Jahren tagsüber die Straße. Zudem patrouilliere ein anderer Wachdienst nachts auf dem Motorrad in der gesamten Nachbarschaft und kündige mit der Trillerpfeife nicht nur den Kunden, sondern auch den *banditos* seine Anwesenheit an. Wie viele andere auch, beteilige sich Mari Jucélia an den Kosten der privaten Sicherheit. Dies mache sie aus strategischen und persönlichen Gründen. Einerseits sei es aus strategischen Sicherheitsgründen zu empfehlen, den lokalen Sicherheitsdienst oder Wachmann lieber zu bezahlen. Man wisse schließlich nie, auf welcher Seite er stehe. Andererseits vermeide sie aus persönlichen Sicherheitsgründen nach 22 Uhr den kurzen Weg von der Metro alleine zu Fuß nach Hause. Das gelte insbesondere auch für ihre Tochter. Man wisse schließlich nie, was in der Nacht auf einen lauere (MaJ, 20.03.2013).

„Im Viertel, wo ich zuvor wohnte, gab es nur einen Wachmann auf der Straße, den man in Wirklichkeit nur bezahlte, dass er dein Haus bei den Kerlen nicht anschwärzte. Man zahlt mehr dafür, dass sie keine Informationen weitergeben" (Ato, 09.11.2011).

„Man zahlt des Zahlens wegen, weil wenn man nicht zahlt, wird es noch gefährlicher" (Ver, 07.12.2011).

Exkurs 5.6: Santina und die unfreiwillige/freiwillige Sicherheit der BR Vargas
Santina benötige für sich und ihre 4-köpfige Familie keinen privaten Sicherheitsdienst. Auch wenn man die Plakette der Sicherheitsfirma an ihre Hauswand ohne ihr Einverständnis genietet habe. Sie bezahle nicht – ganz nach ihrem Willen. Nur weil sich ihr Wohnquartier Cidade Vargas durch vielschichtige Ordnungsprobleme und ein großes Defizit an öffentlicher Sicherheit auszeichne, müsse man sich nicht gleich gegenüber jeder Form von Sicherheit öffnen. Und schon zwei Mal nicht gegenüber der BR Vargas. Alle stecken unter einer Decke. Wer alle seien? Das seien das lokale Sicherheitsunternehmen, der Nachbarschaftsclub (Amigos da Cidade Vargas) und die hiesige Politik. Sie geben vor, für das Wohl der lokalen Bevölkerung zu arbeiten und zu kämpfen. Aber wo bleibe die Lebensqualität, die Organisation oder Sicherheit, die man aus anderen erstrebenswerten Wohnvierteln wie dem Beispiel Higienópolis kenne:

„In Ermangelung einer vorbereiteten Polizei im Viertel hat sich die BR Vargas gegründet, die aus ‚Polizisten' besteht, die Waffen tragen und die einen nicht legalen Sicherheitsdienst anbieten. Ich weiß nicht, bis zu welchem Punkt man das wirklich Sicherheit nennen kann" (San, 09.12.2011).

Anhand des Sicherheitsunternehmens BR Vargas lasse sich exemplarisch die Entstehung, Organisation und Funktionsweise kleiner, lokaler Sicherheitsdienstleister in der ganzen Stadt diskutieren: Der lokale, private Sicherheitsdienst sei von einem ehemaligen Polizisten aus dem Wohnviertel gegründet worden. Auf Grundlage der Hintergrundinformationen zu aktuellen Kriminalitätsbelastungen im Wohnviertel und persönlichen Kenntnissen lokaler Polizisten sei es ihm möglich gewesen, eine Gruppe von Polizisten der PM außerhalb ihres Dienstes (*horário de foga*) – und damit irregulär (vgl. Diskussion über *bicos*, Kap. 4.4) – als Sicherheitskräfte zu gewinnen. Mit der Beschäftigung von Polizisten gingen zahlreiche Synergien einher. Sie seien gut ausgebildet, besonders im Vergleich zu den informellen Wachmännern. Sie seien nach gesetzlicher Vorschrift regelmäßig vom Dienst befreit (alle 36 Stunden). Schließlich seien sie berechtigt, eine Waffe zu tragen – ein Aspekt, der in der Gegenüberstellung von Wachmännern und Sicherheitskräften von Interviewten regelmäßig als Manko des einfachen Wachmanns in der Straße ausgelegt wird. Personell gut ausgestattet haben die Firmengründer eine PKW-Flotte aufgebaut, Kunden von Mittelschichtshaushalten an den Türen angesprochen, Plaketten mit dem Firmenlogo verteilt und mit dem Angebot verschiedener Sicherheitsdienstleistungen begonnen. Im Wohnquartier Cidade Vargas und Vila Guarani haben dazu anfänglich noch *monitoramento* (Patrouillieren am Tag und in der Nacht in Verbindung mit einem Kommunikationssystem) oder die Begleitung beim kontrollierten Aus- und Einfahren (Abschirmen der Hofeinfahrt) gezählt. Aus Kapazitätsproblemen und wegen verschiedener Beschwerden habe sich das Dienstleistungsangebot schließlich auf den Hol- und Bring-Service verlagert. Kunden können nun den Fahrdienst in Anspruch nehmen, um insbesondere abends und nachts nicht alleine zu Fuß durchs Quartier gehen zu müssen (Ex28).

Auch der lokale Kommunalpräventionsrat (CONSEG) sei damals bei der Gründung involviert gewesen (Ex15; San, 19.09.2011). Die Häufung der Beschwerden, Bedrohungen und Überfälle in den Momenten der Ein- und Ausfahrt – im CONSEG vorgetragen von einem kleinen Teil der Anwohner – haben den damals noch im Dienst befindlichen Polizisten aufmerksam werden lassen. Er habe die Notwendigkeit erkannt und sei den dienstlich schwierigen Weg gegangen, den Sicherheitsdienst für das Wohl der lokalen Bevölkerung anzubieten. Zwar sei dies ohne Unterstützung seines damaligen Vorgesetzten in der Polizei passiert (Ex3; Ex28), jedoch habe er insbesondere auf politische Unterstützung von zentralen Personen des *urban security governance*-Feldes bauen können. Dazu haben neben der zahlungskräftigen, im lokalen Kriminalpräventionsrat vertretenen Bevölkerung (und heutige Kundin der Sicherheitsdienstleistung) die aktuelle Vorsitzende des lokalen Kriminalpräventionsrates und lokal verankerte Politiker hohen Ranges gezählt (San, 19.09.2011). Daher reduziere sich das Angebot der Sicherheitsdienstleistung im Bezirk Jabaquara räumlich und ökonomisch auf die Wohnbevölkerung der beiden Mittelschichtswohnviertel Cidade Vargas und Vila Guarani (vgl. auch Ex2). Nicht hinter jeder Plakette des Sicherheitsunternehmens steht dabei auch tatsächlich eine Nachfrage der betreffenden Anwohner. Viele Interviewten seien der BR Vargas gegenüber kritisch eingestellt, haben ihr Vertrauen und Legitimität entzogen und den Dienst gekündigt (vgl. auch MaJ, 20.03.2013). Die Skepsis gegenüber dem lokalen Sicherheitsdienst reicht schließlich soweit, dass Joaquim die Zunahme der Überfälle seit Mitte der 2000er Jahre mit dem Bestehen des Sicherheitsdienstes in Verbindung bringt (J, 30.10.2011). Das Credo „lieber zahlen, als überfallen zu werden" zähle eben nicht nur für den informellen Wachmann, sondern auch für den formalisierten Sicherheitsdienst (San, 09.12.2011).

5.3.3 Die Abfahrt und der kurze Blick auf die Straße

Sein erstes Foto habe Felipe von einer Person gemacht, die gerade in den PKW steigt und aus der Garage fährt. Was das Besondere am Foto sei? Es sei ein spontanes Foto gewesen, um die unsichere Hausausfahrt exemplarisch darzustellen:

„Man sieht eine Person, die angehalten hat, aber das Tor ist geschlossen. [...] Er wartet in der Dämmerung, um mit dem PKW hineinzufahren. Ich habe die Aufnahme gemacht, weil ich sah, dass der Typ schon eine Weile stehen geblieben war. Ich fuhr vorbei und sah, dass das Tor noch immer geschlossen war, und er es öffnete, um ins *condomíno* zu fahren" (Fel, 20.02.2013).

Es sei gefährlich oder erhöhe das Überfallrisiko, vor dem Garagentor warten zu müssen. Felipe habe die Situation der Toreinfahrt in das *condomínio* häufig beobachtet. Ohne die Regeln des Sicherheitsschematas des *condomínios* zu kennen, widerspricht es seinem praktischen Verstehen der *Praktiken des kontrollierten Abfahrens*, wie lange das Garagentor aufgestanden habe, nachdem die Person in die Garage gefahren sei. Er denke, dass das Garagentor beim Verlassen der Ausfahrt sofort wieder geschlossen werden solle:

„[Das offene Garagentor] stellt so eine Situation dar [...] Es ist riskant [...] und kann Probleme mit sich bringen" (Fel, 20.02.2013).

„Es gibt diese Art von Überfallen, die typisch ist. Man steht mit seinem Auto vor einem Haus oder hat seitlich geparkt, während man auf jemanden wartet. Dort schnappen sie dich dann, nehmen dein Auto mit, demontieren die Autoteile, verkaufen sie und nutzen das Geld für Drogen, nicht wahr? Es gibt auch andere Arten von Überfällen. Wenn man morgens sein Haus verlässt, um arbeiten zu gehen, brechen sie ein und räumen dein Haus leer" (Ro, 29.11.2011).

Sobald die Abfahrt ihres Mannes oder ihrer Kinder bevorstehe, stelle sich Heloísa auf den Terrassenvorsprung und beobachte den einsehbaren Teil des Straßenabschnitts. Manchmal müsse sie sich dafür sogar auf die Zehenspitzen stellen. Sie blicke in Richtung Nilton, dem Wachmann, der schon an der gegenüberliegenden Straßenecke warte. Dem Kontrollblick folge ein Bestätigungsruf, dass der Abfahrende nun den Öffnungsmechanismus des Garagentors betätigen könne. Jedes Familienmitglied habe es im Gefühl, wie lange das Garagentor zum Öffnen brauche. Es werde nicht abgewartet bis es vollständig hochgefahren sei, sondern die zügige Abfahrt erfolge, sobald der Spalt die Durchfahrt erlaube. Entsprechend könne man die Garage während der Abfahrt schon wieder schließen. Schließlich verringere man somit die Zeit, in der jemand ins Haus eindringen könne. Während Heloísa die Abfahrt von ihrer Aussichtsplattform aus beobachte, halte sie den Finger ununterbrochen auf dem grünen Anrufzeichen gedrückt. Die Nummer der Polizei, die 190, sei für den Fall der Fälle bereits gewählt. Erst wenn der zügigen Abfahrt ein letzter Kontrollanruf ihres Mannes am Ende der Straße folge, gehe Heloísa beruhigt dem Tagesablauf nach.

Der Ablauf bei der Ankunft sei vergleichbar. Der Einfahrt in die Garage gehe ein Kontrollanruf voraus. Oder man schicke zuvor eine Textnachricht. Dabei werde der Sohn gebeten auf die Terrasse zu eilen, um sich zu vergewissern, dass keine *noias* auf der Straße herumirren oder etwas Verdächtiges – eine Person oder gar ein abgestellter PKW – vor dem Haus lauere. Man schaue, um Gewissheit zu haben (*Praktiken des Kontrollierens*). Dies erfolge in der Regel unter Protest, weil der Sohn seine Spielkonsole nur ungern aus der Hand gebe und sich nur schleppend von seinen Computerspielen wegbegebe. Wenn die Einfahrt durch eine vermeintlich unsichere, weil unübersichtliche Situation vor dem Haus gefährdet sei, werden die *Praktiken des kontrollierten Abfahrens* um die *Projekte des Hinweisgebens* und *des Umwegfahrens* erweitert. In diesem Fall fahre Heloísa in der Regel zum nächstgelegenen Bäcker und kaufe noch etwas ein (Hel, 11.03.2013; vgl. auch Mag, 13.03.2013):

„Ständig beobachte ich alles, beim Abfahren und beim Ankommen, um zu schauen, ob ein PKW geparkt ist oder mir eine Person auflauert, so was eben. Ich pflege es nicht direkt ins Haus zu gehen, sondern erst eine Runde [im Auto um den Block] zu machen" (Adr, 23.03.2013).

>Der Situation der Abfahrt kann ich in verschiedenen Interviewsituationen beiwohnen. So begleitet Isabella – die 17-jährige Tochter Heloísas – ihren Freund und seine kleine Schwester an einem Nachmittag bis an den Treppenabsatz, wo sie ihn verabschiedet. Anschließend eilt sie zum Terrassenvorsprung, um von dort den Straßenbereich vor dem Haus zu beobachten. Sie nimmt eine angespannte Körperhaltung ein und stellt sich in unregelmäßigen Abständen auf die Zehenspitzen, um die Hausfront noch besser in den Blick zu bekommen, wo der PKW ihres Freundes geparkt ist. Wie schon in der Erzählung über einen Vorfall in 2011 angedeutet, verlässt der Freund durch das elektronische Garagentor den Hausbereich und steigt eilig in den PKW. Erst nach erfolgtem, bestätigendem Zunicken durch Isabella, dass die Straße frei sei – von *noias*, wie sie mir später erklärt – fährt er schließlich zügig davon< (TB 11.03.2013).

In ähnlicher Weise bereite sich auch Santina auf das Verlassen des Hauses vor. Der erhöhte Treppenabsatz sowie die Terrasse machen es ihr möglich, dass sie die gesamte Umgebung des Hauseingangs beobachten (*visualizar*) könne. Dort verharre sie etwa 3-5 Minuten. Es sei so ihre Gewohnheit (vgl. auch Adr, 23.03.2013). Schon seit 20 Jahren werfe sie einen kurzen Blick (*dar uma olhadinha*) auf die Straße bevor sie aus dem Haus gehe. In Analogie zu Heloísa begebe auch sie sich auf die Terrasse, wenn jemand aus ihrer Familie das Haus verlasse oder nach Hause komme. Im Unterschied zu Heloísa reduzieren sich jedoch die *Praktiken des kontrollierten Abfahrens* auf das Beobachten der direkten Umgebung. Ihm folge das ruhige Verlassen des Hauses. Entweder sie gehe zu Fuß zu ihrem PKW oder zur 200 Meter entfernten Metrostation. Die Garage sei mit allerhand Gerümpel zugestellt und die Metro sei ihr das liebste Verkehrsmittel auf dem Weg zur Arbeit (San, 09.12.2011; vgl. auch Ato, 09.11.2011).

Das erweiterte, kontrollierte Abfahren und der passende/nicht passende circuito de segurança
Nicht nur das Abfahren und Nachhause-Kommen, sondern auch die Tätigkeiten, Aufgaben und *Projekte des Müll-Runterbringens*, des *Vorhof-Reinigens* und *des Kinder-auf-der-Straße-spielen-Lassens* wiederholen sich fortlaufend im Alltag der Interviewten und spielen eine wesentliche Rolle in der Darstellung ihrer Alltagsbereiche des Wohnens. In unterschiedlicher Form etabliert sich darin ein Bündel aus Praktiken und Ordnungen unterschiedlicher Organisations- und

Kompensationselemente. Zu diesen zählen *Praktiken des Absprechens, des Sicherheitsmaßnahmen-Handhabens* und des *Wachen/Überwachens*. Auch umschließt es die Bedeutungszunahme von bestimmten *Ordnungen der Sicherheit und Ordnung* wie jener der gefährlichen Anderen und des bösen Wachmanns oder die der Inklusion bestimmter Sicherheitsmaßnahmen. Die unterschiedlichen Bündel aus Praktiken und Ordnungen weisen einen hohen Grad an Stabilität auf und organisieren sich entlang eines stabilen Regelsets (Uhrzeiten, Ablaufprotokolle) und der Betonung der teleoaffektiven Strukturen des Angespannt-Seins und Angst-Habens. Das einzelne Tun und Sagen wird damit nicht mehr zum individuellen Event, sondern etabliert sich im gemeinsamen Engagement in *Praktiken des Kontrollierens* und in der Betonung erlebter Angst. Dabei ist von besonderer Bedeutung, dass sich nicht alle Akteure gleichzeitig in *Praktiken des Kontrollierens* engagieren. Das jeweilige Engagement steht nicht zuletzt mit der Bedeutung integrierter Ordnungs-Elemente in der praktiken-relevanten Ordnung (Tag/Nacht oder *noias*/Passanten) in Verbindung (vgl. Kap. 6.2). So fühle sich der Sohn von Heloísa nur angehalten die Aus- und Einfahrt zu beobachten, wenn es spät sei oder es die Gefährlichkeit der Situation seiner Meinung nach verlange. Ihre Tochter stehe eigentlich generell auf der Terrasse, um die Aus- und Einfahrt zu kontrollieren. Entsprechend organisiere ein unterschiedliches grundlegendes Verstehen die *Praktiken des kontrollierten Abfahrens,* die nur in einer bestimmten Praktiken-Ordnungs-Konstellation eine Stabilität aufweisen:

„Wir gehen auf den Balkon, also Mama und Papa. Weil, wenn ich sage: Ich komme an, dann wird mein Sohn antworten: Bitte? Mein Videogame unterbreche ich jetzt nicht! Verstehst Du, Dominik?" (Hel, 11.03.2013).

Auch für Magliane stellt sich die Toreinfahrt als Situation erhöhter Anspannung und manchmal als unsicher dar – zumindest in reflexiver Beschreibung der gewöhnlichen Abfahrt von zu Hause. Wenn sie das Haus mit dem PKW verlasse, betätige sie das elektronische Garagentor. Sie passiere es aber nicht, bevor sie den Außenbereich auf der TV-Kamera beobachtet habe. Um die Bedeutung dieses täglichen Unsicher-Seins zu betonen, habe sie die Garagenausfahrt gleich auf dem ersten Foto festgehalten (Mag, 13.03.2013):

>Nach einem langen Gespräch, in der ich Magliane die Fotokamera vorbeibringe und die Aufgabenstellung nenne, verabschieden wir uns und sie begleitet mich nach draußen. Beim Durchschreiten der überdachten Garageneinfahrt (Vorhof) huscht Maglianes Blick flüchtig auf den TV, der in der Garage montiert ist. Der Bildschirm zeigt vier einzelne Kameraausschnitte, u.a. den Straßenabschnitt vor ihrem Haus. Sie wirkt ziemlich ent-

spannt beim Öffnen der kleinen Tür des Garagentors. Sie schaut sich nicht außergewöhnlich um oder zeigt andere Bewegungen der Anspannung. Ohne sich explizit vergewissert zu haben, öffnet sie die Fußgängertür der Garage und lässt mich nach draußen. Alleine wäre ich wohl genauso nach draußen gegangen, nur hätte ich wahrscheinlich den TV-Bildschirm neben dem Elektromotor der Garage nicht gesehen oder ihm keine Beachtung geschenkt< (TB, 14.01.2013).

Die verschiedenen technisch-elektronischen Sicherheitsmaßnahmen sind stark in die *Praktiken des kontrollierten Abfahrens* involviert. Zum Sicherheitsschemata (*circuito de segurança*) zählen in der Regel eine Vielzahl von technischen Installationen wie Sicherheitskameras, Elektrozäune oder Alarmanlagen. Durch die sukzessive Veränderung der Organisation der Praktiken werden die darin integrierten Ordnungs-Elemente fortlaufend geändert und erhalten unterschiedliche Bedeutungszuschreibungen. Das Wohnzimmer, der Hauseingangsbereich oder etwa die Garage werden dabei zu Orten, an denen sich in Verbindung mit dem Im-privaten-Raum-Sein oder dem Abfahren und Ankommen ein bestimmtes Bündel an Sicherheitspraktiken und Sicherheitsordnungen stabilisiert.

Heloísa selbst habe keine Sicherheitskamera installiert, dafür aber ihr Nachbar. Man könne die komplette Ausstattung an seinem Haus bewundern – Kamera, Elektrozaun und vor allem die nervtötende Alarmanlage. Er habe einen TV-Bildschirm an der Garagendecke direkt über seiner Windschutzscheibe montiert. Vor jeder Ausfahrt studiere er genau den Straßenabschnitt vor seiner Tür. Ausfahren würde er zudem sehr gern. Es sei ja alles kontrolliert und überwacht – auch von weit entfernt schlage die Anlage schließlich Alarm und er könne seine Kameras per Mobilfunkgerät ansteuern. Was er jedoch bei seinen Ausfahrten aufs Land vergesse mitzunehmen, sei die Ruhestörung, die sein *circuito de segurança* immer wieder verursache – damit müsse man sich aber von Nahem arrangieren. In dem Haus von Heloísas Nachbar sei schon drei Mal eingebrochen worden. Außerdem führe das verdrahtete Haus zu Ärgernissen und Unannehmlichkeiten mit den Nachbarn. Von all diesen Maßnahmen gehe sicherlich kein Gefühl der Sicherheit aus – ganz im Gegenteil (Hel, 11.03.2013).

Wie Heloísa betonen auch viele andere Interviewpartner, dass die Sicherheitsmaßnahmen oftmals nur Unheil bringen. Entweder sie lenken die Aufmerksamkeit der *banditos* auf das Eigentum, das sich – ob nun vorhanden oder nicht – vermeintlich hinter der verdrahteten Hausfront befinde. Oder die elektronisch-technischen Sicherheitsmaßnahmen machen durch das dauerhafte Ertönen der Alarmsirene, die von jeder Katze ausgelöst werde, die gesamte Nachbarschaft verrückt. Das hartnäckige Bellen der Hunde sei schon genug. Außerdem werden die Sicherheitskameras regelmäßig geklaut. Entsprechend seien sie nur bedingt nützlich, stellen Objekte der Begierde für Diebe dar und stören alle. Was dann noch der Sinn der Sicherheitskameras sei, werde für Almir schließlich zur rhetorischen Frage. Die Antwort ist aber eindeutig: Die Nachbarschaft engagiert sich nicht in den *Praktiken des Sicherheitsmaßnahmen-Handhabens*:

„Weil, dieser Alarm bringt gar nichts. Er funktioniert nicht und läutet ständig. Er hat irgendwas gemacht, dass der Alarm auf seinem Handy läutet. [...] Aber dieser verdammte Mist klappt nicht" (Hel, 11.03.2013).

„Es sind alle Häuser. Es gibt Häuser, die sind wie eine Festung, [...] Hier unten gibt es zum Beispiel ein Haus, da sage ich immer: Leute, die Kerle müssen denken, dass dort ein Millionär wohnt" (MaJ, 20.03.2013).

„Ich habe das nicht angebracht. Und wenn Du mich fragen würdest, ob ich vorhabe, etwas zu installieren, würde ich verneinen. Weil all meine Freunde [...] selbst mein Bruder pflegen zu sagen, dass dieses Zeug nur die Diebe anzieht. Der Kerl wird nur denken, dass das Ding einen Wert hat" (Adr, 09.11.2011).

Im Gegenzug habe Irma Sicherheitskameras in ihrem Eingangs- und sogar Hinterhofbereich installiert. Nach dem Diebstahl der Sicherheitskamera auf der Straßenseite (vgl. auch Ver, 07.12.2011) habe sie mit ihrem Mann entschieden (vgl. Kap. 5.3.4), gleich mehrere Kameras anzubringen. Jedoch schalte sie das TV nicht immer ein, um die Sicherheitskameras anzusteuern. Hauptsächlich in den Abend- und Nachtstunden und beim Nachhause-Kommen sei die Kamera aber schon sehr praktisch. Zusätzlich werden die Kameras genutzt, wenn sie zusammen mit ihrem Mann – und manchmal sogar mit ihren Kindern – für einige Tage das Haus verlasse und man über das Internet Zugang zu den Kameras habe. Meistens fahre man an den Strand und könne dabei den gesamten Hausbereich überblicken. Das Ansteuern der Sicherheitskameras über das Internet erfolge aus Sicherheits- und nicht etwa aus Kontrollgründen. Dafür gebe es ja immerhin noch die Nachbarn. Früher habe Irma bei der Nachbarin angerufen, wenn sie verreist sei. Das mache sie selbstverständlich auch heute noch. Aber man müsse die Nachbarin eben nicht mehr ständig damit belästigen, nach dem Rechten zu schauen (Ilm, 22.02.2013; vgl. auch Dou, 01.12.2011).

Im Gegensatz zum Negativbeispiel ihres Nachbarn beschreibt Heloísa den *circuito de segurança* im Elternhaus von Lucas, einem Freund ihres Sohnes, ausschließlich positiv. Er wohne mit seinen Eltern in Santo Andrew, wo die Grundstückspreise deutlich billiger seien. Entsprechend sei das Grundstück verhältnismäßig großflächig. Rund um das Grundstück sei ein Elektrozaun installiert.

Gleichzeitig sei ein Kamerasystem angebracht worden, das über das TV in der Küche angesteuert werde und kontinuierlich die verschiedenen Kameraeinstellungen abrufe. Bevor Lucas auf die Straße gehe, blicke er kurz auf den Kameraausschnitt, um zu schauen, ob alles in Ordnung sei. Das Haus vermittle Heloísa nicht zuletzt deswegen eine gewisse Sicherheit, weil es sehr hoch gebaut sei und keinen Blick von außen zulasse. Die unterschiedliche Bewertung der Sicherheitsmaßnahmen im Haus des Nachbarn und in dem von Lucas erklärt sich Heloísa in der Weise, dass sie dem Nachbarn eine unreflektierte Neurose zuspreche. Im Gegensatz dazu sei die Familie von Lucas völlig reflektiert und unängstlich und gebe zugleich in Situationen erhöhter Gefahr ausreichend Acht (*Praktiken des Aufpassens*). Man könne nicht einfach unverantwortlich mit der öffentlichen Sicherheit umgehen. Jeder habe auf sich selbst zu achten und man müsse durch sein eigenes Verhalten zur Sicherheit aller beitragen.

„Aber es ist interessant. Weil man eine Kamera an seinem Haus anbringt; als Hilfe, um zu sehen oder um festzustellen, wer ins Haus möchte. Gleichzeitig vermittelt dir das Kamerasystem da draußen, also sowohl im öffentlichen Raum als auch in Banken, kein Gefühl der Sicherheit" (Dou, 01.12.2011).

Während sich die Interviewpartner in unterschiedlicher Weise in dem *Praktiken-Ordnungen-Bündel der Kontrolle* positionieren, wirken unterschiedliche Ordnungs-Elemente in den *Praktiken des Sicherheitsmaßnahmen-Handhabens* stabilisierend. Dabei lässt sich im Falle Heloísa die ambivalente Bedeutung von Sicherheitsmaßnahmen exemplarisch nachvollziehen: Zum einen charakterisiert sich ihr Verhältnis mit dem angrenzenden Nachbarn als rein funktional und durch soziale Distanz. Man habe keinen persönlichen Austausch und teile allenfalls ein kollektives Regelverständnis des nachbarschaftlichen Zusammenlebens. Im Gegensatz zu Heloísa engagiert sich der Nachbar aber nicht in *Praktiken des Wachens und Überwachens* und *des Aufpassens* oder in *Praktiken des Keine-Aufmerksamkeit-auf-sich-Ziehens* und in *Praktiken des Absprechens*. Vielmehr vertraue er nur seinen technisch-elektronischen Anlagen, verbarrikadiere und verdrahte sein Haus und sei zudem auch noch von einer Angstneurose geprägt. Entsprechend teilt Heloísa sein praktisches Verstehen der *Praktiken des kontrollierten Abfahrens* nicht und sein *circuito de segurança* – zumindest die technisch-elektronischen Maßnahmen – wird von ihr als unnütz und unsicher bewertet. Zum anderen erhalten die installierten Sicherheitsmaßnahmen im Elternhaus von Lucas eine positive Bedeutung. Heloísa teilt dabei nicht nur die soziale Nähe mit einem Freund ihres Sohns, sondern insbesondere auch das grundlegende Verstehen der eigenverantwortlichen Sicherheitsfürsorge. Jeder müsse nun mal auf sich selbst achten. Gleichermaßen engagieren sich eine Vielzahl von Interviewten in den *Projekten des Keine-Gelegenheit-macht-keine-Diebe* und *des Hinweis-Gebens*. Darin werden Artefakte elektronischer Sicherheit positiv aufgeladen. Sie helfen, potenzielle Ungewissheiten des Alltags zu durchleuchten und damit die Unsicherheiten abzubauen:

„So läuft die Sache nicht. Man muss auf sich selbst aufpassen. [...] Man wird niemandem vertrauen, der noch immer raubt" (Hel, 11.03.2013).

„Man kommt um 20, 21 Uhr nach Hause, und dann ist es schon dunkel, nicht wahr? Immer wenn ich ankomme, beobachte ich, ob es ein Problem gibt, fahre erst danach ins Tor [...] und versuche, das Tor so schnell wie möglich zu schließen. [...] Heutzutage versuche ich, die riskanten Gelegenheiten zu minimieren" (Fel, 20.02.2013).

5.3.4 Die Reichen zahlen, also gibt es alles.

In Alouises Häuserblock laufe der Wachmann tags wie nachts Streife. Er patrolliere auf einem Motorrad in der Nachbarschaft, um zu schauen, ob alles in Ordnung sei. Er frage nur eine sehr einfache Sicherheitsdienstleistung im Vergleich zu dem nach, was man in den reichen Oberschichtsvierteln beobachten könne. Die Dienstleistung umfasse keine Sicherheitskamera oder andere hochwertige Sicherheitsinstallationen. Das Streifefahren werde von einer lokalen Sicherheitsfirma angeboten. Selbst sei Alouise bei der Nachfrage nach dem privaten Sicherheitsangebot nicht initiativ geworden. Vielmehr habe ihn ein Freund aus der Kirchengemeinde angesprochen. Dem Freund gehöre die Sicherheitsfirma. Er sei übrigens auch für die Videoüberwachung des Innenbereichs der Kirche verantwortlich, die Alouise mit seiner Familie regelmäßig aufsucht.

„Aber es ist ein Freund. Wenn der nicht wäre, hätte ich [die Dienstleistung] nicht nachgefragt" (Ato, 19.03.2013).

„Also ich werde mal sehen. Das Haus hat einen Alarm installiert, ich weiß, aber ich habe noch nicht genau nachgeschaut. Ein Alarmsystem müsste es geben. Aber ich weiß noch nicht, wie es funktioniert. Ich hatte [...] mich schon unterhalten; habe einige Freunde, die eine Sicherheitsfirma haben. Ich werde wohl mit ihnen sprechen und schauen, ob sie sowas für sinnvoll halten" (Wi, 29.11.2011).

Ohne den persönlichen Kontakt hätte Alouise die Sicherheitsdienstleistung wohl nicht nachgefragt. Es seien die Kosten der Dienstleistung, die er als zu hoch erachte. Obwohl Alouise Videoüberwachung in vielen Alltagsbereichen als positiv erachte (*Praktiken des privaten Sicherns*), sehe er für seinen persönlichen Wohnbereich keinen Bedarf für die Installation. Im Zusammenhang mit einer trans-formierenden Situation der öffentlichen Sicherheit müsse auch er selbstverständlich über Sicherheitsalternativen nachdenken. Schließlich prophezeie die öffentliche Sicherheitsfürsorge aktuell nichts Gutes (Ato, 19.03.2013). Denn was er letztlich nur tun könne, sei sich selbst zu sichern, zu vergewissern und zu schützen. Als Mittelschichtsangehöriger stehe man schließlich im Fokus einer bestimmten Deliktkategorie, der der Eigentums- und Eigenheimdelikte (*crimen patrimonial*). Die Antwort, die für Robson wie für so viele andere bleibe, sei Eigentums- und Eigenheimsicherheit (*segurança patrimonial*):

„Aufpassen. Das hängt davon ab, wie man sich bedrängt fühlt. Aber, wessen Aufmerksamkeit zieht unsere soziale Schicht beispielsweise auf sich? Die Aufmerksamkeit der Diebe, die ins Haus einbrechen möchten, oder der Kerle, die den PKW rauben möchten. Was kann man dagegen machen? Die Kerle beobachten die Häuser, die einen Elektrozaun haben, oder die, die eine Kamera im Eingangsbereich haben, um herauszufinden, wo sie einbrechen möchten" (Ro, 29.11.2011).

Neben seinem Engagement in *Praktiken des Keine-Aufmerksamkeit-auf-sich-Ziehens, Privat-Werdens* und des *Aufpassens* deutet Alouise auch insbesondere auf die *Praktiken des Sicherheitsmaßnahmen-Handhabens* hin. Der nächste Schritt der eigenverantwortlichen Sicherheitsfürsorge sei für Alouise schließlich, mehr private Sicherheitsdienstleistungen nachzufragen oder vielleicht sogar elektronisch-technische Sicherheitsmaßnahmen. Man fühle sich dadurch eben doch sicherer (Ato, 19.03.2013).

Eine Steigerung des Sicherheitsgefühls erreiche man schließlich, wenn viel Geld im Spiel sei. Die Reichen können sich alles leisten. Die arme Arbeiterschicht nicht (Mi, 10.11.2011; vgl. Kap. 5.3.2). Damit spricht Heloísa die Integration von verschiedenen personellen und elektronisch-technischen Sicherheitsmaßnahmen im Alltag an. Heloísas Tochter Isabella sei zum Beispiel 2012 auf eine prestigeträchtige Privatschule gewechselt. Es sei die beste und eben auch die teuerste der Stadt. Nur mit einem Stipendium könne die Familie für die hohen monatlichen Beiträge der Schule aufkommen, die normalerweise nur von Kindern aus Haushalten der obersten Einkommensschicht aufgesucht werde. Die Privatschule weise ein komplexes Sicherheitssystem auf, das neben den – für Privatschulen gewöhnlichen (Ver, 27.03.2013) – Sicherheitskräften im Eingangsbereich und in der Auf- und Vorfahrt auch noch in zivil gekleidete, ständig Streife gehende Sicherheitskräfte auf der Straße umfasse. Diese Maßnahmen und

Dienstleistungen der Sicherheit können sich eben nur die Reichen leisten. Neben der Sicherheit dienen sie dem Prestige der Schule und treffen auf allgemeine Zustimmung unter den Eltern. Dadurch seien Mütter wie Heloísa, Mari Jucélia oder Magliane eben sorgloser (*Praktiken des privaten Sicherns*) (vgl. auch MaJ, 01.12.2011):

„Die Reichen zahlen, also gibt es alles. [...] Ich war einmal ziemlich unbesorgt, weißt Du?" (Hel, 11.03.2013).

„Nein, ich glaube die Grenze ist das Finanzielle. Schließlich muss man die Kosten abstottern" (Ato, 19.03.2013).

Entsprechend sei es ein finanzielles Argument, weswegen Alouise noch keine weiteren elektronisch-technischen Sicherheitsmaßnahmen installiert oder andere kommerzielle Sicherheitsdienstleistungen nachgefragt habe. Früher habe er sich die Nachfrage nach Sicherheitsdienstleistungen nicht vorstellen können. Die positive Erfahrung mit dem patrouillierenden Wachmann und die zunehmend defizitäre Situation der öffentlichen Sicherheit seien für den Wandel seiner Einstellung verantwortlich. Heute kaufe schließlich jeder immer mehr Sicherheit (vgl. auch Mag, 13.03.2013).

„Ich denke, die Tendenz ist es mehr Sicherheitskräfte einzustellen. In der Straße haben sie einen Wachmann. [...] Aber das sind Leute, die kommen und bieten an aufzupassen, während sie einfach auf ihrem Stuhl sitzen und beobachten. Ich zahle diesen Kerl nicht. Aber die Tendenz ist es, dass man immer mehr in Sicherheit investiert" (Ato, 19.03.2013).

Durch die Etablierung eines stabilen *Praktiken-Ordnungen-Bündels der Geschlossenheit* schließt sich somit der Reproduktionskreis der Un-/Sicherheiten in der Weise, dass *Praktiken des Verschließens* den Interviewten zunehmend verständlicher erscheinen. Verständlicher sei es auch Verônica und ihrem Mann erschienen, im Anschluss an ein Einbruchsereignis in der direkten Nachbarschaft im Jahr 2011 einen Stacheldrahtzaun zu installieren. Der Installation sei die Diskussion über die Installation von Sicherheitskameras gefolgt. Jedoch sei die Installation eines Kamerasystems mit einer größeren Investition verbunden. Sie sei schließlich vom prioritären Kauf eines Vans für ihr Transportunternehmen aufgehalten worden. Man könne die Kamera zwar in Etappen finanzieren, man müsse das jedoch noch einmal überlegen. Generell könne Verônica die Sinnhaftigkeit einer Kamera im Eingangsbereich nicht eindeutig klären. Zwar helfe sie sicherlich die *banditos* im Nachhinein zu überführen, da die Polizei die Gesichter erkennen könne. Jedoch wisse jeder, dass die Justiz die Kriminellen umgehend wieder auf freien Fuß setze (*Ungerechtigkeits-Diskurs des kleinen Bürgers*). Dennoch plane Verônica die Anschaffung einer Sicherheitskamera – zumindest im Eingangsbereich. Beim Abfahren und Nachhause-Kommen werde sie sicherlich etwas helfen (Ver, 27.03.2013).

Das Abwägen *Wenn ich zahle, dann hab ich alles* (*Pago? Então tenho tudo*) findet auch in Alouises Erzählung zum Parken im öffentlichen oder privaten Raum statt (vgl. Exkurs 5.7). Das täglich rotierende Fahrverbot (*rodizio*) verpflichte ihn einmal pro Woche, mit der Metro zur Arbeit zu fahren. An diesem Tag müsse er entscheiden, ob er den PKW bei der Metrostation auf der Straße oder auf einem privaten Parkplatz abstelle. Als Angehöriger der Mittelschicht habe er die finanziellen Mittel dazu. Er müsse aber deutlich mehr bezahlen. Bisher sei er in seiner Kosten-Nutzen-Abwägung noch nicht soweit fortgeschritten, dass er den Wagen auf einem privaten Parkplatz abstelle. Gleichzeitig könne er aufbauend auf seiner persönlichen Einschätzung der kommenden Entwicklung der öffentlichen Sicherheit nicht garantieren, dass er in Zukunft nicht dazu gezwungen wäre, genau dies zu tun:

„Ich weiß, dass mich diese Tendenz [...] den Wagen in einem Parkhaus abstellen lässt, obwohl ich weiß, dass ich dafür unsinnig viel zahle" (Ato, 19.03.2013).

Aus den *Praktiken des Aufpassens* leiten sich schließlich verschiedene *Praktiken des privaten Sicherns* und *des Privat-Werdens* ab, die sich aus zahlreichen Tätigkeiten, Aufgaben und Projekten zusammensetzen: Man installiere etwa eine Sicherheitskamera. Wenn jemand Fremdes an der Tür stehe, betätige Robson nicht einmal die Gegensprechanlage. Oder man schließe eine Versicherung für den PKW ab. Im Falle eines Überfalls lasse Magliane die *banditos* den Wagen einfach mitnehmen. Man schließe eine Diebstahlversicherung für das Haus ab. Wenn man beim Verlassen des Hauses überfallen werde, lasse Heloísa die Einbrecher einfach den TV mitnehmen. Sie sollen nehmen, was sie wollen! Man habe ja schließlich dafür bezahlt, dass man es sich nehmen lassen könne (Ro, 29.11.2011; Mag, 13.03.2013; Hel, 11.03.2013):

„Ich zahle schon die Versicherung. Und jetzt soll ich der Versicherungsgesellschaft noch mehr zahlen, nur um ohne das Risiko zu leben, dass sie meinen Wagen mitnehmen? Für mich ist das ein Absurdum! Ich wohne in einem Land, das verlangt, dass ich so was mache. [...] Ich zahle eine Diebstahlversicherung, und trotzdem muss ich meinen PKW in dem [gesicherten] Parkhaus abstellen? Nein, ich lasse ihn auf der Straße. Denn ich zahle immer noch die Versicherung, dass sie mir das Geld für das Auto zurückgeben, wenn sie ihn klauen" (Mag, 13.03.2013).

Exkurs 5.7: Alouise und der gefährliche Tag
Alouise lasse seinen PKW nur ungern im öffentlichen Straßenraum stehen. Auch wenn er nur kurz zu Hause vorbeifahre, um eine Kleinigkeit abzulegen, parke er seinen PKW im durch das vollautomatische Garagentor komplett verschlossenen Vorderhof seines Reihenhauses. Parken finde im geschlossenen und zugangskontrollierten Raum statt, zumindest wenn immer es möglich sei und Sinn mache. So fahre er mit seiner Frau und seinen beiden Töchtern (4 und 7 Jahre) meist samstags zum Apartmenthochhaus (*prédio*) seiner Cousine, wo sie gewöhnlich den ganzen Tag verbringen. Parken würde er regelmäßig auf dem Parkplatz in direkter Nachbarschaft zum *prédios*. Selbstverständlich sei auch dieser privat, geschlossen und zugangsbeschränkt. Man husche nur kurz über die Straße, betrete das *prédio* und verbringe dort im Gemeinschaftsraum (*salão de festa*) den restlichen Nachmittag. Nur selten komme öffentlich, offen und frei zugänglich in seinem Alltag vor – jedenfalls nicht beim Parken. Eine Ausnahme sei dienstags. Hier wiederholt sich die Verknüpfung von Parken und Freizeit im privaten, geschlossenen und zugangskontrollierten Raum nicht (*Praktiken des Privat-Werdens*). Dienstags sei es Alouise mit seinem PKW-Kennzeichen untersagt in die Innenstadt zu fahren. Stattdessen müsse er die Metro nehmen, um zur Arbeit zu kommen. Um zur Metrostation zu gelangen, nehme er den PKW und stehe somit wöchentlich vor der Frage, ob er im öffentlichen Straßenraum oder auf dem privaten Parkplatz parken solle. Der öffentliche Straßenraum sei zwar umsonst, berge aber die Ungewissheit, von Einbruch und Diebstahl betroffen zu sein. Die Gewissheit vor Einbruch und Diebstahl beschützt zu sein, koste ihn hingegen 25 R$ – also die Tagesgebühr des privaten Parkplatzes (vgl. auch Mag, 13.03.2013):

„Jedes Mal, wenn ich den PKW auf der Straße lasse und arbeiten gehe, bin ich nicht sicher, ob ich meinen Wagen abends dort wiederfinde. Deswegen versuche ich, meinen PKW jeden Dienstag an einer anderen Stelle zu parken. Denn hier in der Region gibt es noch immer wenige Parkplätze, und die sind darüber hinaus ziemlich teuer. 24, 25 Reais kosten die am Tag. Deswegen mache ich am Ende eine kleine Runde und parke den Wagen jeden Dienstag an einer anderen Stelle, so dass die Leute meinen PKW nicht markieren können" (Ato, 19.03.2013).

Das Abstellen des PKWs im öffentlichen Raum stehe mit der Ungewissheit und Unsicherheit im Zusammenhang, Opfer eines möglichen Diebstahls zu werden. Das Abwägen „*Pago? Então tenho tudo*" hat daher nicht nur eine räumlich-situative Dimension, sondern auch eine finanziell-planerische. Das Parken im öffentlichen Raum habe nicht zuletzt Auswirkungen auf die Höhe des Versicherungsbeitrags. Er müsse angeben, wie häufig in der Woche sein PKW im öffentlichen Raum stehe. Effekt des stabilen, intelligibel-rationalen Verhältnisses aus räumlich-situativem und finanziell-planerischem Abwägen ist das wiederholende Engagement im *Projekt des privaten Parkens*. Die *Praktiken des Privat-Werdens* stehen ihrerseits mit der Beschleunigung des Alltags im Zusammenhang und führen zu einer Stabilisierung des *Praktiken-Ordnungen-Bündels der Kontrolle*:

„Jedes Mal, wenn ich zu Hause den PKW abstelle, schließe ich auch das Garagentor. Auch wenn ich wieder direkt herausfahre. […] Dienstags bleibt der PKW dann den ganzen Tag dort. Wenn wir in die Kirche gehen, stelle ich ihn zwei Stunden vor die Kirche. Aber dort ist er direkt vor der Tür, wo ihn alle sehen können, nicht wahr? Dort schaut einer nach dem anderen" (Ato, 19.03.2013).

5.4 Un-/Sicherheiten und die ordnende Veränderung

5.4.1 Der beschleunigte Alltag und der straffe Zeitplan des Sicher-Seins

Schließlich stellen die Interviewten die Ordnung des Alltags mit dem sozialen Austausch in Zusammenhang. Sowohl das Alltagsleben als auch das soziale Miteinander seien dabei, sich zu verändern. Nachbarschaft und ihre natürliche Interaktion seien nicht mehr dieselben, die sie früher einmal gewesen seien. Gleichzeitig sei die veränderte Interaktion heute aber auch eine Folge der zunehmenden Eile und des Gerennes der Leute (*correiria*), die heute den städtischen Alltag prägen.

>Insgesamt gestalten sich die Interviews mit Heloísa nicht gerade einfach. Es ist 10 Uhr morgens. Sie sei erst vor wenigen Minuten vom Einkauf nach Hause gekommen. Das ist nicht schwer zu erkennen. Der Eingangsbereich und große Teile der Küche sind übersät mit Plastiktüten. Ich helfe ihr beim Hereintragen der Einkäufe, helfe beim Verstauen und

versuche, den Küchentisch von den Tüten zu befreien, um eine formale Interviewsituation vorzubereiten. Ich lege demonstrativ die entwickelten Fotos und das Aufnahmegerät auf den Tisch. Ohne großen Erfolg. Sie macht sich direkt an das Einräumen der Lebensmittel, an die Vorbereitung des Mittagessens und bietet mir gleichzeitig einen ersten Snack an. Alles gleichzeitig. Dabei spult sie in nervtötender Redundanz ihren Zeitplan ab, der morgens um 5:30 Uhr beginne und ihr keine Luft zum Atmen gebe. Sie müsse kochen, einkaufen, putzen und sich um ihre (erwachsenen) Kinder kümmern. Sie habe einfach zu viel zu tun. Ob ich zum Essen bleibe? Sie wartet erst keine Antwort ab. Ich könne mich ja entscheiden. Nur wenn ich zum Mittagessen bleibe, würde sie mir Fragen beantworten. Ob ich Pute oder Schwein bevorzuge? Matias [ihr Sohn] sei noch nicht aufgestanden. Ihrer Mutter gehe es etwas besser. Ob ich Mayonnaise zu meinem Appetizer-Sandwich bevorzuge? Sie habe unheimlich viel zu tun. Für nichts habe sie Zeit, auch für mein Interview nicht, schließlich müsse sie kochen. Ich überzeuge sie, sich zu mir an den Tisch zu setzen. In Ermangelung einer formalen Gesprächssituation habe ich mein Sandwich aufgegessen. Ob ich noch eines wolle? Ich verneine. Das Interview beginnt. Nach wenigen Minuten springt sie auf. Jetzt müsse sie den Salat vorbereiten. Es ist 10:40 Uhr. Salat waschend steht sie an der Spüle und springt zurück zu ihren Themen: Beschwerden über die Zeitnot, die Gefährlichkeit ihres Quartiers, der Stolz auf ihre strebsame und erfolgreiche Tochter, der Ärger über ihren wenig engagierten, aber wenigstens hungrigen Sohn, die berufliche Situation ihres Mannes und ihre Einsamkeit. Ich kann sie nicht mehr davon überzeugen, zum Tisch zurückzukehren, gebe den formalen Gesprächsrahmen auf, schnappe mir das Diktiergerät und stelle mich neben sie. Sie sei Hausfrau. Sie sei halbtags beschäftigt. Renne nur von A nach B. Und das in dieser unsicheren Stadt. So wie sie in diesem unsicheren Kontext funktionieren müsse, muss das Interview eben ein bisschen anders funktionieren< (TB, 11.03.2013).

Die Eile und das Gerenne im Alltag Heloísas treffen auch für die Stadt São Paulo zu. Der Rhythmus der Stadt (*tônica da cidade*) sei heute von Stress und Hektik geprägt. Keiner habe mehr Zeit für niemanden und nirgendwo gebe es noch Raum zum Verweilen. Das schließe einerseits die sozialen Kontakte in der Familie und in der direkten Nachbarschaft sowie insbesondere den regelmäßigen Austausch mit Freunden und Bekannten mit ein. Dies beschreibe andererseits aber auch die Entwicklung der Straßenecken und Mäuerchen in der Nachbarschaft, an denen spontane Kontakte möglich wären. Dieser öffentliche Straßenraum stehe schlicht und ergreifend nicht mehr zur Verfügung.

Insbesondere Irma betont immer wieder die *correria* während des Alltags. Ihre Selbstständigkeit als Transport- und Fahrservice (*Escolar*) von Schulkindern hochpreisiger Schulen sowie geistig- und körperbehinderter Kinder sei ein 24/7-Job. Ein Großteil ihrer Familie sei im Unternehmen beschäftigt, auch ihr

Mann. Auch wenn man viele Pausen habe, sei man eigentlich ununterbrochen im Einsatz. Entspannung gebe es selten: Schließlich sei die Arbeit ihre Hauptbeschäftigung und es bleibe nur wenig Zeit für Freizeit (vgl. Exkurs 5.8; Jo, 10.12.2011; Ex25):

„Wir gehen immer nur samstags. Das ist der einzige Tag, an dem wir Zeit haben. Du hast gesehen, dass meine Zeit ziemlich knapp ist. Mein Leben ist immer auf Trapp. Wir wollen nun mal alles erledigen" (Ver, 27.03.2013).

Ähnliches berichtet Robson. Als Arzt sei er gezwungen, zurzeit an sechs verschiedenen Arbeitsplätzen zu arbeiten. Damit verbringe man nicht nur automatisch einen Großteil des Alltags außer Haus, sondern habe natürlich auch Schwierigkeiten, einen Interviewtermin zu vereinbaren (Ro, 29.11.2011). Für Verônica sei keine Zeit übrig gewesen, um Fotos von einem freien Tag zu schießen. Um etwas Freizeit zu haben, vermeide man an manchen Samstagen die Familienzusammenkünfte. Ihr Haus sei schon während der Woche die Zentrale der Familie. Stattdessen verbringe sie samstags nur Zeit mit ihrem Mann zu Hause oder gehe mit ihm ins Shoppingcenter Interlagos:

„Im Shoppingcenter. Dort sind wir Mittagessen gegangen und wollten zumindest ein Foto schießen, das aus der Routine sticht, aus dem Alltag. Weil unser Tag besteht nur aus arbeiten, arbeiten, die ganze Woche lang" (Ver, 27.03.2013).

Bei den verschiedenen Sonderfahrten am Wochenende – für Sportclubs, Anwohner aus der Nachbarschaft oder für Schwerbehinderte – seien keine anderen Familienmitglieder im Einsatz. Somit müsse entweder Verônica oder ihr Mann fahren. Dies bedeute im Umkehrschluss, dass die *correiria* nur an wenigen Tagen im Monat und dann schließlich in den Schulferien angehalten werde. An diesen freien Tagen fahren sie häufig ins Landhaus (*interior*), wo eine Freundin wohne, oder verbringen die Ferien schon seit Jahren in einer privaten Ferienanalage in Minas Gerais.

>Es ist sehr schwierig, Verônica anzutreffen. Schon bei meinem ersten Klingelversuch treffe ich nur ihren Sohn Samuel an. Er empfängt mich freundlich und distanziert von der erhöhten Terrasse aus. Seine Mutter sei nicht da. Ich müsse anrufen. Viele Anrufe bleiben unbeantwortet. Verschiedene Terminvorschläge werden verschoben. Nur mein mehrmaliges Insistieren verschafft mir schließlich kurz vor meiner Abreise 2011 die Möglichkeit, Verônica zu einem ersten Gespräch aufsuchen zu dürfen. Ich könne kommen – morgen zwischen 9:30 Uhr und 10:30 Uhr. Mehr Zeit habe sie nicht. Beim ersten, aber auch bei al-

len weiteren Zusammentreffen empfängt sie mich auf dem Sprung, ohne dabei jedoch kurz angebunden zu sein. Detaillierte Ausführungen über den vergangenen oder geplanten nächsten Aufgabenpunkt des Tages bilden grundsätzlich den Inhalt der Gespräche. Dabei strahlt Verônica eine totale Gelassenheit aus. Sie wisse, dass sie um 10:35 Uhr wieder Richtung Privatschule müsse, die zweite Tour des Tages. Davor sei sie mit ihrem Enkel im Park gewesen. Sie walke. Zwei weitere Touren stünden noch am Nachmittag an, ehe sie dann nach 19:30 Uhr Feierabend habe. Ihr Schwager komme gleich, also genau um 11:05 Uhr, von der morgendlichen Tour zurück. Jemand müsse die Reparatur eines Vans und die Vorauszahlung eines Parkplatz-Wärters in die Wege leiten, ruft sie noch ihrem Mann hinterher, ehe er das Haus verlässt. Während das Interview zum wiederholten Male von einem Telefonat – mit wechselnd beruflichen und familiären Themen – unterbrochen wird, bittet sie ihre Hausangestellte (*domestica*), mir einen *cafezito* anzubieten. Verônica ist Geschäftsfrau – und das sieben Tage die Woche. Sie und ihr Mann arbeiten sieben Tage die Woche – noch bis zu den Schulferien. Dann fahren sie entweder auf ein Landhaus im *interior* oder auf eine private Hotelanlage in Minas Gerais. Schließlich beginnt das Buhlen bei meinem dritten Forschungsaufenthalt 2013 von neuem. Während alle anderen Interviewten schon lange ihre Fotokameras mit sich herumtragen, versuche ich noch immer, Verônica am Telefon zu erreichen. Der 14-tägige Karnevalsurlaub habe im Weg gestanden. Schließlich klappt es – drei Tage vor meiner Abreise. Ich könne kommen. Morgen zwischen 9:30 Uhr und 10:30 Uhr. Mehr Zeit habe sie nicht< (TB, 26.03.2013).

Unablässig betonen die Interviewten die wiederkehrende Routine ihres Alltags (vgl. Exkurs 5.1). Er sei im Wesentlichen vom Arbeitsleben und dem Durchqueren der Stadt geprägt. Daneben gebe es wenig Zeit für Familie und Freizeit. Die wenige Freizeit verbringe man entweder im privaten Kreise seiner Familie oder im privaten Raum der Shoppingcenter, der Gastronomie oder in privaten Freizeitanlagen (*Praktiken des Privat-Werdens*).

Für Joel steht die Beschleunigung des Alltags außerdem mit dem Problem des Anzeigeverhaltens in Zusammenhang (*Projekt des Anzeigens*). Man arbeite, habe Verpflichtungen und natürlich Familie. Da bleibe am Ende nicht mehr nur keine Zeit für Freizeit, sondern selbstverständlich auch nicht dafür, sich vier Stunden auf ein Polizeikommissariat (*delegacia*) zu setzen und den vorgestrigen Überfall einer Passantin zur Anzeige zu bringen. Damit möchte er nicht nur – wie das jeder berechtigterweise tue – die Polizeiarbeit und insbesondere ihren Umgang mit dem Bürger (*atendimento*) kritisieren. Vielmehr verstehe er es als Selbstkritik (*autocrítica*) an der Zivilgesellschaft. Denn was sei die Konsequenz, wenn man keine Anzeige bei der Polizei erstatten gehe? Es sei wie bei einem guten Angestellten. Wenn er immer nur genügsam vor sich hinarbeiten und nie eine Lohnerhöhung einfordern würde, dann würde sich der Chef auch nicht rühren.

Schließlich sei die Polizei auf Hinweise und Informationen angewiesen, um sich auf deren Grundlage um die Kriminalität kümmern zu können. Aber nein! Es versickere alles im Zeitmangel der Leute (Jo, 10.12.2011).

„Ganz bestimmt ist es so. Ich selbst ging zu Lixo [Eigenname], meinem Polizisten und sagte: Hör mal, sie sind eingebrochen, ich habe den Wagen so stehen gelassen, wie er war. Dann sagte er: Na ja, es sind die *noias*. Fräulein, Sie müssen zur Polizeiwache gehen und Anzeige erstatten, einfach nur eine Anzeige! Weil wenn die Polizei das Auto findet... Aber, sie werden gar nichts finden. Warum soll ich Zeit verschwenden, warum soll ich einen ganzen Tag auf der Polizeiwache zubringen, um Anzeige zu erstatten. Deswegen sage immer, dort gehe ich nicht hin" (Ver, 07.12.2011).

Die Bewertung eines Handtaschenraubs oder eines Überfalls auf offener Straße basiert also auch auf der zeitlichen Beschleunigung des Alltags. Ein derartiges Bagatelldelikt produziere häufig keine Angst oder traumatische Folgeerscheinungen. Auch der materielle Verlust stehe bei der Bewertung des Delikts nicht an erster Stelle. Es sei vielmehr der Unmut (*molestia*) über die organisatorischen Schritte, die dem Diebstahl folgen, den die Interviewten immer wieder betonen. Man müsse bei der Versicherung anrufen. Oder noch schlimmer, zuvor die Anzeige bei der Polizei (PC) erstatten (*boletím de ocorrência*). Im günstigsten Fall müsse man nur seine Kreditkarte sperren, aber in jedem Fall den Personalausweis neu beantragen. Es sei schrecklich. Man verliere mitunter eine ganze Woche (MaJ, 01.12.2011).

Nicht erstattete Anzeigen durch die Bevölkerung stehen in Verbindung mit der Polizeiarbeit (*Praktiken des Polizierens*). Durch aktuelle akteurs- und handlungspolitische Veränderungen der öffentlichen Sicherheitsfürsorge (vgl. Kap. 4.3.2) ist die Anzeigenerstattung statistische Grundlage für die Einsatzplanung der Streifenwägen und die für die Bevölkerung wahrnehmbare Präsenz der Polizei (vgl. Kap. 5.2.1). Damit hat das *Projekt des Anzeigens* einen direkten Effekt auf die öffentliche Sicherheitsfürsorge im Lokalen – genauer dem jeweiligen Verantwortungsbereich der Einsatzpolizei. Das Erstatten oder eben Nicht-Erstatten einer Anzeige ist dabei nicht nur Ausdruck eines zunehmend beschleunigten Alltags. Vielmehr steht sie im Zusammenhang mit den organisierenden Elementen des Misstrauens, der Angst und der Rache, die in den *Praktiken des Wachens und Überwachens* zum Ausdruck kommen (Ro, 29.11.2011; Hel, 12.11.2011; MaJ, 01.12.2011; Dou, 01.12.2011).

Exkurs 5.8: Verônica und die straffe Arbeitszeit
Verônica betreibt mit ihrem Mann einen Transport- und Fahrservice. Neben dem Schultransport von Kindern – ausschließlich von Privatschulen und damit von Familien höherer Einkommensschichten aus den umliegenden Quartieren – fahre sie auch körperlich und geistig behinderte Kinder zu verschiedenen Einrichtungen und Aktivitäten. Mittlerweile habe sie eine große Flotte von insgesamt 15 Vans. Das ganze Viertel kenne sie. Es sei ein Familienunternehmen. Die meisten Angestellten seien Familienangehörige. Es sei eine schöne, aber eben auch eine harte Arbeit. Man arbeite sieben Tage die Woche. Entsprechend sehe man auf den Fotos auch nur Situationen abgebildet, die sie beim Arbeiten zeigen. Viel Freizeit bleibe nicht übrig. Und mit der wenigen Freizeit gelte es, richtig zu wirtschaften. Man nutze die freien Tage entweder für Entspannung zu Hause, für den Gang ins Shoppingcenter oder für die Flucht aus der Stadt. Auch werde man nicht richtig reich mit dem Beruf. Verônica habe sich zwar den Umzug aus einem kleineren Apartment in einem *prédio* in direkter Nachbarschaft in ein Reihenhaus leisten können. Jedoch setze der Hauskauf und jede weitere Finanzierungsentscheidung ein knapp bemessenes Wirtschaften ihrer finanziellen Ressourcen voraus. Im Zuge der Renovierungsarbeiten habe man nicht nur den Innenbereich des Hauses zum Teil komplett neugestaltet, sondern etwa auch das elektronische Garagentor angebracht. Vandalismus und Diebstahl auf dem gesicherten Parkplatz des vormaligen *prédios* im Mittelschichtsviertel Vila Mascote seien Motive gewesen, in ein eigenes Haus zu ziehen. Darüber hinaus gehe jedem Neukauf eines weiteren Vans, der Installation der Sicherheitskameras im Eingangsbereich oder der Entscheidung für den alljährlichen Urlaub in einer privaten, hochpreisigen Hotelanlage in Minas Gerais ein langer finanzieller Abwägungsprozess voraus (vgl. Kap. 5.3.4). Verônica arbeite nur mit Kunden der oberen Mittelschicht zusammen. Es sei nicht die superreiche Oberschicht, aber es seien eben Kinder aus einkommensstarken Familien. Typischerweise bewohnen die Familien Quartiere wie Vila Mascote, Campo Belo, Aeroporto und selbstredend nicht die Peripherie. Heute wohnen 90% ihrer Kunden in *prédios*. Entsprechend werden die Kinder morgens von den Hausangestellten auf die Straße gebracht. Mit jedem Kunden sei ein minutenexakter Abhol- und Abgabezeitpunkt vereinbart. Es sei ein schnelllebiges Geschäft. Entsprechend sei es relativ ungewöhnlich, dass man die Eltern zu Gesicht bekomme. Sie arbeiten nicht nur genauso viel wie Verônica und ihr Mann, sondern sie halten sich eben nur noch im privaten, geschlossenen Raum auf.

5.4.2 Der Kindergeburtstag und die Leichtigkeit des Alltags

Exkurs 5.9: Felipe und das sichere Private
Der private Raum hat eine besondere Bedeutung sowohl im Austauschverhältnis zwischen Felipe und mir, als auch in Felipes Erzählung des alltäglichen Tuns und Sagens. Trotz des ursprünglichen Ansprechens an seiner Haustür im Oktober 2011 findet bis auf das abschließende Fotointerview jedes Gespräch – und damit im Unterschied zur Mehrzahl der Gespräche mit anderen Interviewten – in seinen Büroräumen im Dienstleistungs- und Oberschichtsviertel Berrini statt. Dort arbeite er als Ingenieur für eine Rohstofffirma. Der Eintritt in das Bürogebäude im hochpreisigen CBD in direkter Nachbarschaft zur Schnellstraße Marginal umfasst das mir zwischenzeitlich gewohnte, private Sicherheitsprotokoll. Ich weise mich aus und erwarte stehend den Rückruf der Sekretärin aus dem 13. Stock, die meinen Termin bestätigen soll. Oder ich warte im architektonisch aufwendig gestalteten Eingangsportal auf die Rückkehr meines Gesprächspartners. In den verschiedenen Aufeinandertreffen wirkt Felipe jeweils sehr entspannt und relaxt. Man sei unter sich. Und er sei in seiner Welt.

Felipe betont immer wieder die privaten räumlichen Konstellationen, in denen sich sein Privat- und Berufsleben abspiele. Er habe wenig Kontakt mit der Welt da draußen. Allenfalls in seiner direkten Nachbarschaft. Er lebe mit seiner Frau und seinen beiden vier und sieben Jahre alten Kindern in einem Einfamilienhaus in dem hochpreisigen, baulich stark überformten und vertikalisierten Wohnquartier der oberen Mittelschicht – Vila Mascote. Ob im Bürogebäude in Berrini, auf dem Kindergeburtstag in einem privaten Club, in der geschlossenen Gastronomie oder während des sonntäglichen Besuchs im Shoppingcenter halte sich Felipe alleine oder zusammen mit seiner Familie eigentlich immer im privaten Raum auf. Im Gegensatz zu den zahlreichen Aufeinandertreffen zuvor muss der Termin für das Fotointerview mit Felipe zwei Mal verschoben werden. Terminlich passend sei er gerade von den Ferien im Nordosten zurückgekehrt. Er habe für 14 Tage Urlaub gemacht. Eine Woche sei er mit seiner Familie in einer Hotelanlage in Fortaleza gewesen. Sie seien schon mehrmals dort gewesen. Es sei einfach gemütlich und praktisch, wenn sich die Kinder in der geschlossenen Hotelanlage frei bewegen können. Als Eltern könne man dann immer so gut entspannen und die Freizeit genießen.

Der Kindergeburtstag seines Sohnes habe in einem privaten Kinderclub stattgefunden. Die Veranstaltung werde im Voraus gebucht. Es handle sich um einen Club, der sich auf Kindergeburtstage spezialisiert habe. Felipe sei schon häufig im Club gewesen. Man ginge einfach vorbei und mache einen Termin aus. Insgesamt habe er schon drei Kindergeburtstage seiner Tochter und zwei seines Sohnes im Kinderclub gefeiert. Andere Male sei er mit seiner Familie auf Kindergeburtstagen von Freunden oder Bekannten gewesen. Man kenne sich mittlerweile ziemlich gut. Man lade die Freunde seiner Kinder und ihre Eltern ein. Im Gegenzug sei man regelmäßig auf den anderen Kindergeburtstagen eingeladen. Die Besitzer des Kinderclubs kenne er auch – sogar persönlich. Entsprechend stressfrei und entspannt sei nicht nur die Organisation, sondern das ganze Event. Auf dem Foto könne man die eingeladenen Gäste sehen. Im Innenbereich des Clubs stehen die Freunde, Verwandten und Eltern der befreundeten Kinder. Es werde sich um alles gekümmert. Es gebe einen Animateur für die Kinder, sogar einen Fotografen, der auch Teile der Fotos von Felipe geschossen habe. Normalerweise werde ein großes Buffet oder ein Grillfest (*churrasco*) organisiert. Es gebe Bier für die Eltern und Cola für die Kinder. Neben den normalen Sorgen, die man mit Kleinkindern allgemein habe, sei der Club ein Ort, an dem man sich entspannt aufhalten könne. Es ließe sich schließlich ein ganzes Paket verschiedener Dienstleistungen buchen. Abgesehen von dem Essen und Trinken, den Spielanimateuren, dem Fotografen und der Musik sei selbst der Parkservice (VIP-Parking) im Angebot mit inbegriffen. Es sei einfach entspannend, praktisch und sicher:

„Man kommt an, es gibt Essen, ein angenehmes Ambiente. [...] Das ist immer das gleiche Schema" (Fel, 20.02.2013).

„Und was passiert dann? Für uns war der Club richtig sicher. Man kommt mit dem Auto an, man fährt PKW sogar [in den Club], parkt, öffnet die Tür und schon springen die Kinder und verschwinden irgendwo da drin" (Hel, 12.11.2011).

„Das sind die Dinge, die einem Sicherheit geben [...], also den Familien, eigentlichen allen [...] und man ist entspannt" (Fel, 20.02.2013).

Der Kindergeburtstag im privat gemieteten Club spiegele für Felipe exemplarisch die allgemeine Tendenz wider, dass Menschen heute eher geschlossene und vermeintlich sichere Räume aufsuchen. Der Kinderclub ist einer dieser geschlossenen und sicheren Räume. Der Kinderclub könne mit anderen privaten Räumen wie dem Shoppingcenter, dem Sportclub oder der Hotelanlage verglichen werden. Das Besondere an diesen Räumen sei eben ihr geschlossener Charakter. Das Ambiente, das Essen und Trinken, der Parkplatz, das Sport- und Spielzeug und das Animateur-Personal bieten den Kindern die Möglichkeit, frei und unbekümmert zu spielen (vgl. Exkurs 5.9):

„Man ist unterwegs mit seinen Freunden, inmitten seiner Freunde. Das gibt dir Sicherheit und tut den Leuten gut. [...] All das hilft dabei, dich gut zu fühlen, sicher und dich gemütlich in der Umgebung zu fühlen" (Fel, 20.02.2013).

„Am Ende fühlt man sich dort sorgenfrei" (Hel, 12.11.2011).

Damit verknüpfen sich *Praktiken des Privat-Werdens* – hier explizit anhand des *Projektes des Kindergeburtstags* – und die Ordnung des geschlossenen Raums – hier die der privaten Räume des Kinderclubs oder des Shoppingcenters (vgl. Exkurs 5.9). Die stabilisierenden Merkmale der Praktiken-Ordnungen-Bündel sind sowohl Gemütlichkeit, Bequemlichkeit und Ruhe als auch Bewegungsfreiheit und Sicherheit, die jeweils eine zentrale oder ergänzende Bedeutung in der Darstellung der Interviewten einnehmen. Demnach habe sich auch das Shoppingcenter als Motiv für die Fotos angeboten. Es bilde eine ähnliche Situation des Sicher-Seins ab. Entsprechend gelte das geschlossene Ambiente für Felipe als Sicherheitsfaktor. Es stehe mit der Präsenz von und dem Schutz durch private Sicherheitskräfte in Verbindung. Gleichzeitig dürfe man selbstverständlich keine 100-prozentige Sicherheit erwarten. Gelegenheitsdiebstahl gebe es schließlich überall (Fel, 20.02.2013).

Für Magliane spiele die Sicherheit nicht nur eine ergänzende, sondern vielmehr die zentrale Rolle in ihrer Freizeitgestaltung. Deshalb suche sie an einem Samstagabend regelmäßig das Shoppingcenter in Morumbi auf. Dort lasse sich beides antreffen – erhöhte Sicherheit und die bequemen Vorzüge eines überdachten Einkaufens, Essens und Trinkens:

„Es ist ein Moment der Erholung. Da fühle ich mich sicher, weil ich in einem geschlossenen Ambiente bin, das überwacht ist [...] und in gewisser Weise auswählend" (Mag, 13.03.2013).

„Das geschlossene Ambiente ist theoretisch sicher. Es gibt Sicherheitskräfte. Man sorgt sich bereits um die Sicherheit, es gibt Sicherheitsfirmen, es gibt Wachpersonal in den Geschäften. [...] Dann gibt es mehr Menschen. [...] Es ist eher so, dass es seltener vorkommt, dass man solche Arten von Überfällen antrifft. Logischerweise kann es sie aber geben" (Fel, 20.02.2013).

Das Gemütliche an den Praktiken des Privat-Werdens

Exemplarisch kann die Verknüpfung der Gemütlichkeit und des privaten Raums anhand des sicheren Wohnens, der bequemen Gastronomie und des sorgenfreien Urlaub-Machens diskutiert werden. Erstens sei Irma mit ihrem Mann auf Grund des Hundewunsches der Kinder in eine *casa* gezogen (vgl. Exkurs 5.5). Dennoch bevorzuge sie das Wohnen in einem *apartamento*. Es sei nicht nur sicherer, in einem Apartmenthochhaus zu wohnen, dort falle auch weniger Arbeit an als in einer *casa*. Die verschiedenen Dienstleistungen in einem *prédio* umschließen den *porteiro*, den Gemeinschaftsraum, den Swimmingpool, die *segurança*, die Reinigungskraft, den Gärtner und vieles mehr. Alle zusammen machen das Leben in einer Wohnung sicherer und unabhängiger. Die Entscheidung sei getroffen. Sobald ihre zwischenzeitlich erwachsenen Kinder das Haus verlassen hätten, werde sich Irma direkt um den Umzug in ein *apartamento* kümmern (Ilm, 10.12.2011).

Zweitens deutet Verônica auf den positiven Zusammenhang zwischen privaten Räumen und dem sicheren Unabhängig-Sein hin. Beides finde sie in einer mittlerweile gut bekannten, privaten Hotelanlage. Seit mehreren Jahren fahre sie mit ihrem Mann in das 1000 Kilometer entfernt gelegene Minas Gerais, um immer wieder den gleichen Ort aufzusuchen. Dort gebe es keine Sicherheitsprobleme. Es sei eine touristische Stadt, die sich Probleme solcher Art nicht leisten könne. Das Hotelressort habe sogar Thermalbäder – insgesamt neun Becken. Es sei herrlich und sehr gemütlich. Man könne die ganze Nacht im Pool stehen. Verônica und ihr Mann hätten schon viele Freundschaften geschlossen. Wer dort hingehe? Es seien nur gut betuchte Gäste. Verônica bemerke das hohe soziale Niveau der anderen Hotelgäste – und eben nicht nur das ökonomische. Die reichen Menschen seien sympathisch und freundlich. Verônica und ihr Mann fühlen sich dort sehr wohl. Und wenn man schon einen perfekten Ort kennengelernt habe, mache es schließlich Sinn, immer wieder dorthin zurückzukehren (Ver, 07.12.2011).

Drittens bestätigt auch Douglas die enge Verknüpfung zwischen Geschlossenheit und dem privaten Raum. Tätigkeiten, Aufgaben und Projekte im Arbeits- und Freizeitumfeld werden im privaten Raum ausgeführt. Jedoch werden nicht nur Sicherheit und Ordnung zu Eigenschaften der *Praktiken des privaten Raums* erhoben. Vielmehr schließt die Privatheit auch das Unter-sich-Sein ein. Man zahle Geld und könne damit vermeiden, auf Leute zu treffen, die betrunken seien oder einen schief anschauen. Auch vermeide man damit eine schlechte Qualität des Essens und Trinkens, die in anderen, eben nicht privaten gastronomischen Orten angeboten werden:

„Nein, nein. Das sind etwas teurere Lokalitäten. Weil wenn sie sehr preiswert wären, würde man entweder nur Betrunkene antreffen, oder Leute, die dich so anschauen, als würde hier was passieren. Dann ist das Essen schlecht, die Getränke sind schlecht. [...] Deswegen gehen wir da nicht hin. Wir gehen in andere, interessante Örtlichkeiten" (Dou, 01.12.2011).

Unterschiedliche Sicherheitsmaßnahmen sind für den privaten Raum elementar, damit die Interviewten ihm Gemütlichkeit und Leichtigkeit zuschreiben. Sie tragen dazu bei, dass sich diejenigen Zusammenhänge aus *Praktiken des Privat-Werdens* und *Ordnungen der Sicherheitsschematas* stabilisieren, die Leichtigkeit und Im-privaten-Raum-Sein in der Weise positiv konnotieren, dass das Geschlossen-Sein und Sicher-Sein semantisch aufgeladen und Praktiken-bezogen verknüpft werden. So stellt Douglas etwa heraus, dass er sich sowohl zu Hause als auch in seiner Kanzlei sicher und wohl fühle. Übersichtlichkeit, Ordnung, Sauberkeit und Komfort seien die ordnenden Attribute seines Arbeitsplatzes. Die ordnenden Elemente der Sicherheitskameras, des Elektrozauns, des kommerziellen Sicherheitsdiensts bilden ein stabiles Bündel mit den *Praktiken des Privat-Werdens* und *Praktiken des Kontrollierens*. In Kap. 6 werden solche ordnenden Elemente auch als Fäden und Fasern des Ordnungen-Strangs der Sicherheitsmaßnahmen bezeichnet.

Der Arbeitsplatz sei da, wo Douglas sich sicher und wohl fühle (*sentir-se bem*). Zugleich stehe der Arbeitsplatz repräsentativ für Übersichtlichkeit, Ordnung, Sauberkeit und Komfort und damit für Attribute, die nicht nur seine eigene Wohnung charakterisieren, sondern in jeder Wohnung, auf jeder Straße und auf jedem öffentlichen Platz existieren sollten und müssten – *ordem, limpeza* und *organização* allerorts! Mittels des Engagements in den *Praktiken des Privat-Werdens* teilt Douglas das grundlegende Verstehen in eine funktionierende Ordnung und Sicherheit, die mit einer intakten, privaten wie öffentlichen Ordnung verknüpft ist.

„Dort fühle ich mich wohl. Dort gibt es den notwendigen Komfort. [...] Dort gibt es nicht so viele Leute. Es ist alles ordentlich, wie es eben sein sollte" (Dou, 14.03.2013).

Als Negativbeispiel dient ihm zugleich die ungenügende Pflege des öffentlichen Gutes. Rhetorisch stellt Douglas die Frage, was die Folge unzureichender Pflege sei. Beobachten und erleben könne man dies schließlich in einem öffentlichen Park, der exemplarisch für die Situation im Quartier Vila Guarani stehe. Der Park ermögliche lediglich die Benutzung von falsch orientierten Menschen (*pessoas mais intensionadas*). Sie verstecken Hehlerware oder sich selbst, um anschließend Passanten oder zum Stehen gekommene Autofahrer zu überfallen. Zudem erleichtere der Park nicht nur den Drogen oder Alkoholkonsum in der Öffentlichkeit, sondern sei auch ein Aufenthalts- und Rückzugsort für Stricher, Immigranten, Obdachlose oder minderjährige Straftäter. Die Elemente der defizitären Ordnung der Stadt – diskutiert als *social incivilities* – stehen für Douglas mit der Teilnahme an *Praktiken des Rückzugs-aus-dem-öffentlichen-Raum* im Zusammenhang. Das Verweilen im öffentlichen Raum sei heute problematisch geworden:

„Deswegen ist es für mich eine kritische Situation. [...] Und in der Nacht wird es sogar zu einem richtigen Problem" (Dou, 14.03.2013).

Die Interviewten nennen zahlreiche Orte und Momente der Unordnung. Auf Grund darin integrierter unordnender Elemente rufen diese Orte ungewisse und unsichere Gefühle hervor. Dazu zählen die Metro, das Kilo-Restaurant in der Mittagspause, Krankenhäuser und Gesundheitsposten, aber auch Shoppingcenter und Schulen. Am Sonntagabend habe Felipe mit seinen beiden Kindern eine Kleinigkeit auf dem Rückweg vom Flughafen essen wollen. Sie haben seine Frau abgesetzt, die auf eine Geschäftsreise geflogen sei. Das Familienrestaurant (*lanchonete*) im Quartier sei überfüllt gewesen, weswegen er zuerst den PKW bei sich zu Hause geparkt habe, um dann eher untypisch eine kleine Bar um die Ecke zu Fuß aufzusuchen. Felipe und seine Kinder haben sich auf die offene Terrasse gesetzt. Als er seine Kinder auf offener Terrasse und ungeschützt vor der Straße da so sitzen gesehen habe, seien ihm die Nachrichten von spontanen Massenüberfällen (*arrastões*) in Erinnerung gekommen, von denen man sich zu jener Zeit in São Paulo viel erzählte. Daraufhin habe er schnell seinen Sitzplatz gewechselt und sich zwischen seine Kinder und die Straße gesetzt. Anschließend habe er die Getränke und das Essen bestellt und der Gedanke sei wieder aus seinem Kopf verschwunden, was ihn den restlichen Abend mit seinen Kindern genießen ließ. Auch wenn es sonst keine Probleme im Restaurant gegeben und er im Nachhinein keine Folgen aus den Überlegungen gezogen habe, kehre er heute nicht mehr in das Restaurant zurück. Das Essen schmecke in der bekannten *lanchonete* einfach deutlich besser (Fel, 20.02.2013).

So wie Alouise und Irma das Shoppingcenter aufsuchen, Douglas gastronomische Einrichtungen außerhalb der Stadt frequentiere und Felipe abwechselnd die Bäckerei (*paderia*) in seinem Wohnquartier und das Shoppingcenter außerhalb des Bezirks besuche, stehe Freizeit für Santina mit dem Verlassen des eigenen Wohnviertels in Verbindung. Es sei das Unordentliche, Ungeplante und schließlich das nicht adäquate Missachten der Regeln des gesellschaftlichen Miteinanders, was sie störe. So gehe Santina mit ihrer Familie am Wochenende gewöhnlich in die Stadtteile Higienópolis, Moema und Ibirapuerra – jeweils Stadtteile der gehobenen Mittel- oder Oberschicht. Dort könne man verschiedene Restaurants mit landestypischen Gerichten finden. Manchmal verabrede man sich auch zum Frühstück in einer *paderia* vor Ort. Viele ihrer Freunde wohnen in Higienópolis:

„[Meine Bekannten und Freunde in solchen Wohnvierteln] erledigen alles zu Fuß und fühlen sich super gut. Higienópolis ist ein Viertel, in dem es sich sehr gut wohnen lässt. Obwohl es auch dort Überfälle gibt. Aber es ist anders. Man hat mehr Sicherheit beim Überqueren der Straße, beim Wohnen, beim Hineingehen und Verlassen des Hauses. Es ist sauberer. Es gibt nicht so viel Unwürdiges auf der Straße […], auch nicht so viel Lärm. [Hier] ist es der Mangel an Organisation und Ordnung. [Dort] gibt es Leute, die aufpassen" (San, 09.12.2011).

Nicht nur in Oberschichtsvierteln der Stadt, auch im *interior*, der Küste oder sogar im Ausland seien Freizeit ohne Einschränkung möglich und private Räume vorzufinden (A, 14.08.2011; Hel, 12.11.2011; Ro, 29.11.2011). Entweder man sei auf ein Landhaus im *interior* bei Freunden eingeladen, fahre in die Zweitwohnung nach Guarujá an der Küste oder pflege Reisen an weiter entfernte Ziele (USA, Portugal) (vgl. Exkurs 5.10).

Exkurs 5.10: Eigene Forscherposition bei der Positionierung der Interviewten innerhalb der Ordnung der öffentlichen Sicherheit
Die Interviewten positionieren sich in einer gelebten und idealisierten Ordnung öffentlicher Sicherheit vornehmlich zeitbezogen oder raumsemantisch. Dabei greifen sie nicht nur auf die zeitliche Differenzierung früher-heute zurück. Vielmehr wird auch bei der Einordnung der öffentlichen Sicherheitsfürsorge die Unterscheidung von *interior* und Ausland gegenüber der Stadt São Paulo betont. Angesichts der verwendeten Raumsemantik durch die Interviewten erhält die Reflexion meiner eigenen Forschungsposition deshalb erneut Bedeutung. In zahlreichen Interviews ist nicht nur die Vorstellung von öffentlicher Sicherheit im weit entfernten Europa und dabei insbesondere in Deutschland von großer Relevanz, sondern auch der argumentative Rückgriff auf das medial transportierte Bild der ausländischen Sicherheitsfürsorge oder auf die eigene Erfahrung mit der dortigen Situation. Vorstellungen, Bilder und Erfahrungen repräsentieren das abstrakte Gegenteil zur brasilianischen Situation. Dort in Europa seien die Straßen sauber, ordentlich und sicher, während

sie sich hier in Brasilien verschmutzt, unordentlich und unsicher zeigen. In diesen dichotomen Moment der stabilen bzw. instabilen öffentlichen Sicherheit lassen sich zugleich viele Argumente integrieren. Dazu zählen die öffentliche Sicherheitsfürsorge, Straßen- und Infrastrukturausbau, Loyalität, Impunität, Korruption und staatliche Legitimität. Indem sich viele Interviewte allgemein in der Kritik dieser Aspekte engagieren, teilen sie ein ähnliches, grundlegendes Verstehen der *Praktiken der öffentlichen Sicherheitsfürsorge*, die in einer instabilen *Ordnung der Sicherheit und Ordnung* ihren Ausdruck finden. Die Polizei in Brasilien arbeite nicht so effektiv und effizient wie jene in den USA. Die Menschen in São Paulo achten nicht so sehr aufeinander wie in Deutschland. Und die technische Ausstattung der brasilianischen Sicherheitskörper sei nicht so ausgereift wie etwa die in Europa. Dabei ist die Positionierung der eigenen Person in der defizitären öffentlichen Sicherheitsfürsorge, Impunität und Ungerechtigkeit mit dem intensiven Engagement in die *Praktiken des privaten Sicherns* verknüpft. Klar gebe es dort im Ausland keine Mauern und Wachmänner, es funktioniere ja auch alles. Da hier in Brasilien nichts funktioniere, müsse man sich eben um seine eigene Sicherheit kümmern.

Exemplarisch weist Magliane auf diesen Gegensatz zwischen Brasilien und anderswo hin. Außerhalb sei alles besser. Damit meine sie verschiedene Aspekte des täglichen Lebens und schließe die öffentliche Sicherheit mit ein. So sei ihre Tochter Mitte 2011 von einem einjährigen Austauschprogramm in den USA zurückgekommen. Ihrer Tochter habe es gut getan, in den USA zu sein. Dort sei der Alltag einfach leichter.

> Sie erzählt die Geschichte mit einem mütterlichen Stolz und lässt erkennen, dass sie denselben Plan auch für ihren jüngeren Sohn habe. Die Gespräche rund um das Ausland oder die Austauschprogramme der Kinder werden immer wieder der *door-opener* in den verschiedenen Aufeinandertreffen zwischen Magliane und mir. Das gilt auch für die Zusammenkünfte mit Irma, Heloísa oder Douglas. Dominierend ist dabei nicht nur das Interesse für die Sprache oder die anderen kulturellen Erfahrungen. Es geht in der Argumentation immer wieder darum, dem brasilianischen Kontext den Rücken zukehren zu wollen. Die Kinder sollen es besser haben als die Erwachsenen. Zudem sollte jemand wie ich von dort am besten nach Brasilien ziehen. Wenn viele wie ich hier wohnten, ginge es Brasilien morgen besser< (TB, 14.01.2013).

Auch wenn das eigene Tun und Sagen in der Interviewsituation reflektiert wird, darf nicht außer Acht gelassen werden, dass der Rückgriff auf die Argumentationskette der instabilen öffentlichen Sicherheit und Ordnung in Brasilien nicht nur raumsemantisch aufgeladen ist. Vielmehr sollte in Anbetracht der Dichotomie der Interviewsituation Brasilianer-Deutscher nicht unerwähnt bleiben, dass meine eigene Person – als Referenz auf die Ordnung der Anderen – immer wieder zur Betonung der Argumentation hat führen können.

5.4.3 Die Freude am Fahren und die gefährlichen Geister auf der Straße

Der dominante Diskurs der „gefährlichen Geister auf der Straße" wird besonders bei der Betrachtung der Aktivität des Autofahrens relevant.[55] Nicht nur ein Großteil der Paulistanos (Bewohner der Stadt São Paulos) im Allgemeinen, sondern auch der mehrheitliche Anteil der Interviewten im Besonderen bevorzuge den PKW gegenüber den öffentlichen Verkehrsmitteln. Die Folge? Es gebe immer mehr PKW auf den Straßen der Stadt. In den Narrativen spielten dabei nicht nur die Verschlechterung der Verkehrssituation in São Paulo der letzten 10 Jahre, sondern insbesondere auch die nicht ordnenden Elemente auf den Straßen eine wichtige Rolle. Seit Mitte der 2000er Jahre konzentriert sich der Diskurs der Ordnungs-Elemente auf die Überfallgefahr durch Motorradfahrer (*motoqueiros*), Passanten und Bettelnde (*abordagem*) und Drogenkonsumenten (*usário de drogas*). Exemplarisch für den Diskurs habe Mari Jucélia einen Mann in Tatuapé fotografieren wollen, der eine bestimmte Straßenkreuzung kontrolliert (*dono de ponto*). Seit Jahren schare er an der gleichen Straßenecke eine Gruppe von 10 Kleinkindern um sich herum. Sie seien nicht seine. Vielmehr scheuche der *dono* die Kinder bei roter Ampel zwischen die PKWs, um Geld zu erbetteln. Man könne ähnliche Situationen in der ganzen Stadt beobachten.

---

55 Es ist schnell ersichtlich, dass das Offenlegen der zwölf Alltagsgeschichten in São Paulo nur eine begrenzte Auswahl an Praktiken-Ordnungen-Bündeln herausstellt oder anlehnend an die Fragestellung herausstellen möchte. So ließe sich bei der Betrachtung eines anderen sozialen Phänomens selbstverständlich auch von den *Praktiken des Autofahrens* oder *des Essen-Gehens* sprechen, oder etwa auch von *Praktiken der Freizeit* oder *des Wohnens* (vgl. Diskussion der Grenzziehung vgl. Kap. 2.4). Es bleibt jedoch anzumerken, dass die Praktiken solcher Gestalt mitunter aktivitäten- und organisationsbezogen komplexer sind als die diskutieren *Praktikenstränge des Austauschens, Kontrollierens, Verschließens und Vermeidens*. Vor diesem Hintergrund greift Schatzki (1996) auf die Unterscheidung zwischen dispersen und integrativen Praktiken zurück. Entsprechend wären *Praktiken des Autofahrens* oder *Praktiken der Freizeit* in der ontologischen Lesart des sozialen Phänomens der vorliegenden Arbeit als disperse Praktiken zu verstehen, die in den integrativen Praktiken der Un-/Sicherheiten mit eingeschlossen sind.

Auf dem Weg zur Arbeit sei Heloísa in jüngerer Zeit verschiedentlich mit einer ähnlichen Gefahrensituation konfrontiert worden. Sie habe einen großen Schrecken davongetragen. Der Verkehr sei zum Erliegen gekommen und sie habe den Wagen hinter einem LKW stoppen müssen. In diesem Moment habe sie im Rückspiegel beobachtet, wie ein Motorrad mit hoher Geschwindigkeit auf sie zugefahren sei. Der Motorradfahrer habe keinen Abstand gehalten, obwohl es auf der Spur ausreichend Platz gegeben habe. Sie sei sich sicher gewesen, dass man sie überfallen wolle: „Ich dachte, jetzt bin ich dran" (Hel, 11.03.2013). Letztendlich sei der Motorradfahrer aber nur einem anderen PKW ausgewichen und an ihr vorbeigefahren. Der Schrecken, den sie davon getragen habe, könne auf das allgegenwärtige Gefühl der Anspannung zurückgeführt werden, das der Straßenverkehr auslöse (vgl. auch A, 14.08.2011):

„Weil man verlässt hier bereits das Haus mit dieser Anspannung und beobachtet [...] Jedem auf der Straße geht es so. Es ist kompliziert" (Hel, 11.03.2013).

So habe etwa Douglas ein Foto von einem *motoqueiro* im Straßenverkehr schießen wollen, um das Ordnungs-Problem darzustellen. Gleichzeitig habe er vermeiden wollen, mit dem Fotoschießen die Aufmerksamkeit auf sich zu ziehen oder den Motorradfahrer zu provozieren. Die *motoqueiros* verursachen im Straßenverkehr Misstrauen (*reseio*). Schließlich stünden sie heute in Verbindung mit der höchsten Anzahl von Überfällen (vgl. auch An, 29.11.2011):

„Eine Sache, die mich wirklich total belästigt, sind diese Motorradfahrer, die zu zweit [auf dem Motorrad] sitzen, beide mit Helm. [...] Sie halten an der Seite deines Autos und machen dich, der du nur im Auto sitzt, vulnerabel. Für mich sind sie der Inbegriff von Risiko" (Dou, 14.03.2013).

Auch Alouise oder etwa Almir berichten von dem teleoaffektiven Wechselspiel der Sicherheit und Unsicherheit im Straßenverkehr (vgl. auch A, 14.08.2011). Ob auf dem Weg zur Arbeit, zum Vorbereitungskurs (*cursinho*) oder zum Supermarkt durchfahre man regelmäßig verschiedene sichere und unsichere zeitlich-räumliche Kontexte. Exemplarisch diskutiert Almir auf zwei seiner Fotos zwei unterschiedliche Sicherheitsmomente (*momentos*), die sich regelmäßig am selben Ort beobachten lassen. Abgebildet ist die Brückenunterführung einer Ausfallstraße am westlichen Rand des Bezirks Jabaquaras. Sie ist zugeparkt mit Taxis. Die Brückenunterführung diene den Taxifahrern als Aufenthalts- und Pausenort, da sie am nahe gelegenen Flughafen Congonhas nicht halten können.

Es sei deren Anwesenheit, die die Brückenunterführung in einen sicheren Ort verwandle:

„In der Washington Luis kann man die Leute sehen, die von Crackolândia gekommen sind und jetzt hier ihren Platz gefunden haben. Dabei denke ich mir: Naja, eigentlich komplett sicher. Die Kerle rauchen Crack und die Taxifahrer sind auch da, eben viele Leute. Nur dann fährst du etwas später vorbei, und in der Dunkelheit sind nur noch die Kerle da. Deswegen habe ich gesagt, davon werde ich ein paar Fotos schießen. Das ist interessant" (Adr, 23.03.2013).

Da der Flugbetrieb nachts eingestellt ist und der Flughafen schließt, könne man am selben Ort am späten Nachmittag schließlich keine Taxis mehr, dafür aber eine Vielzahl von Drogenkonsumenten beobachten. Unter Drogenkonsumenten verstehe er im Wesentlichen Leute, die Crack rauchen. Der Ort verwandle sich in einen ungeordneten Ort. Dabei steht der Drogenkonsum – in argumentativer Verknüpfung mit der Obdachlosigkeit – repräsentativ für die allgemeine Unordnung in der Stadt. Im Zuge der stadt- und sicherheitspolitisch intendierten Zerschlagung und Auflösung von Crackolândia im Stadtzentrum rahmt dabei insbesondere der Diskurs über die Ausbildung der unzähligen kleinen Minicrackolândias in den verschiedensten Teilen der Stadt die narrative Betonung sich verändernder Ordnung ein (vgl. Kap. 5.4.1):

„Der Ort ist voller Leute. Die Personen kommen auch aus dem Bereich Crackolândia. [...] Man sieht diese Barracken, und all das Zeug, und dann stellt man sich gleich vor, [...] häufig sind das Dächer und die Personen wohnen da drin [*lacht*]. Entsprechend weiß so ein Kerl nicht, wo er wohnt und geht eben dort hin, um sich vor dem Regen zu schützen. [...] Nachts ist es mehr oder weniger gefährlich im Verkehr zum Stehen zu kommen, aber am Tag ist es unbedenklich" (Adr, 23.03.2013).

In der Erzählung von Almir ist nicht mehr die Rede von einem sicheren Ort, aber eben auch nicht von einem unsicheren Ort. Die Brückenunterführungen, von denen man auf der täglichen Fahrt durch São Paulo zahlreiche durchquere, werden vielmehr zu einem ungeordneten Ort. Der ungeordnete Ort ist für die Interviewten insbesondere dann von Bedeutung, wenn das Autofahren unterbrochen werde und man zum Stehen komme (*o trânsito fica parado*). Besonders nach Hereinbrechen der Dunkelheit oder bei hohem Verkehrsaufkommen nutzen die Anderen die Gelegenheit des stockenden und stauenden Verkehrs aus, um die Autofahrer zu überfallen und dann ins Gebüsch, in den Grünstreifen oder die umliegenden Gebäude zu flüchten. Im Gegenzug sei man von der Fahrbahnbegrenzung und von der PKW-Schlange eingekesselt, die jeden Autofahrer angreifbar mache. Die Polizei habe schließlich keine Chance, die Diebe zu stellen, und man selbst habe im Falle eines Überfalls keine Fluchtmöglichkeit.

„Der Verkehr stellt so eine Situation dar, in der dir dein eigener Wagen die Grenzen aufzeigt. [...] Wenn man überfallen wird und jemand vor deinem Fenster steht [...], weißt du nicht, wohin du verschwinden sollst. Du bist eingekesselt, und die Polizei ist dort drüben [in ihrem Wachhäuschen] eingesperrt. Und im Falle eines Überfalls kann sich der Kerl auch noch völlig frei zwischen den PKWs bewegen" (San, 09.12.2011).

„Ich habe dieses Foto geschossen, weil ich an dieser Stelle schon mal überfallen wurde. Das ist eine Abfahrt der 23 de Maio. [...] Wenn der Verkehr zum Stehen kommt, warten die Kerle für gewöhnlich hier. Wie du siehst, kann man in der Abfahrt nirgendwohin flüchten. [...] Damals kamen sie und haben einen *arrastão* [Massenüberfall] veranstaltet" (Adr, 23.03.2013).

Die trans-formierende Sicherheit und Ordnung steht schließlich mit dem *Praktiken-Strang der Vermeidung* und den es zusammensetzenden *Projekten des Fenster-Hochkurbelns, Umweg-Fahrens, Abstand-Haltens oder Schneller-Fahrens* in Verbindung. Darüber hinaus sind diese Projekte mit den *Praktiken des Aufpassens* und *Praktiken des Keine-Aufmerksamkeit-auf-sich-Ziehens* verkettet. Alouise wisse jedoch selbstverständlich, was man in São Paulo tags wie nachts an der Ampel stehend tun sollte. Jeder wisse es. Schließlich sei die Ampel nicht nur für Leute und Kinder, die Geld oder Sachmittel erbetteln, sondern insbesondere auch für nächtliche Überfälle bekannt – man fahre am besten über die rote Ampel (vgl. Exkurs 5.11 und Mag, 13.03.2013).

„An einer Ampel zum Stehen kommen? In den frühen Morgenstunden, niemand auf der Straße? Da läufst du Gefahr, überfallen zu werden" (Ato, 19.03.2013).

Konkret studiere Andrew Kunst-Design in der privaten Hochschule McKenzie im zentralen Bereich der Stadt (Higienópolis). Dorthin fahre er nur selten mit dem PKW. Er selbst habe kein eigenes Auto und könne den PKW seiner Mutter nur selten benutzen. Entsprechend nutze er den öffentlichen Personennahverkehr, in der Regel die Metro. Die Metrostationen Jabaquara und Cleonice könne er nur mit dem Stadtbus erreichen. Dafür gibt es zwei Routen: eine schnellere oder eine sichere Route. Normalerweise laufe er zur Bushaltestelle auf der Hauptverkehrsstraße Avenida Vila Santa Catarina – dem Nebenzentrum des westlichen Teils von Jabaquara. Entlang vieler Häuserblocks konzentrieren sich auf der Straße nicht nur der große Supermarkt Extra, sondern auch Banken, Schreibwaren- und Textilgeschäfte sowie zahlreiche weitere Einzelhandelseinrichtungen, die alle Leute im Viertel nutzen. Es sei immer jemand auf der Straße. Auch beobachte man eine höhere Konzentration an Polizisten, die dort patrouillieren. Entsprechend könne Andrew auch noch nach 23 Uhr problemlos vom Unterricht zurückkommen und über die Hauptstraße (*avenida*) nach Hause gehen. Wenn er es eilig habe, nehme er auch schon mal die Bushaltestelle in der Rua Alba. Sie liege 50 Meter von seiner Haustür entfernt. Die Busroute führe deutlich schneller durch die Wohngebiete Jabaquara und Aeropuerto zur Metro. Aber auf dieser Route müsse man durch das Nadelöhr der Favela Alba fahren. Die sei gefährlich, meine nicht nur Andrew, sondern auch insbesondere sein Vater.

„Genau. Es ist besser bis zur Avenida zu gehen, und den Bus an einer Haltestelle zu nehmen, wo ein bisschen mehr los ist. Weil der Bereich hier unterhalb ist ein bisschen gefährlicher, nicht wahr? Dort gibt es einige *communidades*. Na ja, um das zu vermeiden, gehst du ein bisschen früher aus dem Haus und nimmst Umstände auf dich, die etwas mehr garantieren, also Sicherheit. Weil heutzutage [...] ist es ziemlich gefährlich. São Paulo, Rio, etc. Deswegen nimmt man den etwas längeren Weg auf sich" (An, 29.11.2011).

Exkurs 5.11: Douglas und die räumlich-situative Ordnung des Alltags
Douglas habe einen genauen Zeitplan und ein ebenso detailreiches, räumliches Bild von seiner Woche im Kopf. Eigentlich gestalte sich sein gesamter Alltag nach einer festen Raum- und Zeitabfolge. Zu jedem Zeitpunkt wisse er, was er wo wie tun könne und damit gleichzeitig wo er wann was nicht tun solle. Das beziehe sich nicht nur auf das Verweilen in seinem Einfamilienhaus, dem Aufenthalt in seiner Rechtsanwaltskanzlei oder dem abendlichen Treffen in geschlossenen gastronomischen Einrichtungen (*Praktiken des Privat-Werdens*). Vielmehr beziehe sich das auch auf die Wege zwischen den einzelnen privaten Räumen oder dem Verweilen im öffentlichen Raum:

>Nach langen Ausführungen über seine Büroankunfts- und Abfahrtszeit, der detaillierten Erklärung des Sicherheitsprotokolls bei der Ankunft in seinem Haus sowie der ebenso detailreichen zeitlichen Gegenüberstellung von früherer und heutiger Freizeitgestaltung schnappt sich Douglas schließlich einen Stift und bittet um eine unbeschriebene Rückseite meiner Notizzettel. Es sei ganz einfach, mir São Paulo zu erklären. São Paulo sei groß, laut und anstrengend. Das möge er nicht. São Paulo sei zugleich nur gefährlich, wenn man mit groß, laut und anstrengend nicht umzugehen wisse. Das wisse er aber. Umgehen heiße räumliches und zeitliches Umgehen, Umfahren, Umschiffen.

Dann komme man nicht in Schwierigkeiten. Insbesondere wenn die Leute sich abends bzw. nachts zum Tanzen und Trinken treffen. Das Umgehen zeichnet er mit gekonnten Strichen auf einer *mind map* ein. Dort sei das Zentrum Pinheiros, Vila Madalena. Von der Haustür zur Restauranttür benötige er 90 Minuten. Einen Parkplatz zu finden, sei schwierig und weiter zeitaufwendig. Dann müsse man die informellen Parkwächter in der Straße bezahlen. Dann seien die Bars randvoll, eine Reservierung unmöglich. Auf der Straße gebe es schnell Streit (*briga*) und der Rückweg in der Nacht sei nicht ungefährlich. Er zeichnet Symbole für Verkehr, Menschenansammlung und *briga* ein. Dann streicht er das Zentrum der Vergnügung mit allen Komponenten durch und stellt die rhetorische Frage: Warum das Ganze? Warum solle er nicht einen privaten Club aufsuchen, der 30 Kilometer entfernt liege. Er benötige dieselbe Fahrzeit. Vor Ort erwarte ihn ein privater, überwachter Parkplatz. Die Musik sei gut und der Tisch automatisch vorreserviert. Eine optimale Gelegenheit für einen entspannten Samstagabend< (TB, 01.12.2011).

Das Umgehen sei schließlich in allen Alltagsbereichen möglich. Laut Douglas bedarf es nur vorausschauenden Denkens. Das grundlegende Verstehen, das in *Praktiken des Vermeidens* zum Ausdruck kommt, ist zugleich mit dem *Praktiken-Strang des Kontrollierens* und den darin enthaltenen *Praktiken des Privat-Werdens* verknüpft.

Felipe sei sich dessen bewusst, dass nicht nur ein Großteil der Bewohner in der angrenzenden Favela Alba, sondern auch die Mehrheit der Motorradfahrer auf der Marginal grundanständige und aufrichtige Bürger seien, die wie auch er nur ihren Beruf ausüben (vgl. Exkurs 5.5). Man dürfe in keinem Fall verallgemeinern. Die tägliche Teilnahme im Verkehrsgeschehen zeige aber immer wieder, dass man angesprochen werde – und das durch Motorradfahrer. Das Verkehrsgeschehen mache es jedoch nicht mehr möglich, rechtzeitig zu reagieren. Man sei dem möglichen Überfall ausgeliefert. Die Situation mit den *motorqueiros* habe exemplarischen Charakter und stehe eher für den gewöhnlichen räumlich-situativen Kontext im Straßenverkehr. Zu den *Praktiken des Aufpassens* mischen sich insbesondere auch *Praktiken des Absprechens*. Felipe höre es im Rundfunk und Fernsehen oder bespreche es mit Arbeitskollegen und Freunden. Es handle sich um bestimmte Orte und Momente, in denen man aufmerksamer sein müsse. Das grundlegende Verstehen der *Praktiken des Aufpassens* organisiert zugleich den *Praktiken-Strang des Vermeidens*. Schließlich stehen *Praktiken des Vermeidens* und ordnende räumlich-situative Elemente auf der Fahrt oder im Straßenverkehr im engen Austauschverhältnis (Fel, 20.02.2013).

5.4.4 Kann ich erklären, warum ich mich sicher fühle?

Schließlich spricht Magliane das enge Austauschverhältnis von ordnenden Elementen der Kontrolle und der Überwachung in den *Praktiken des Aufenthalts-im-öffentlichen-Raum* an. Das Joggen auf der Straße im Nachbarviertel sei eine Freizeitaktivität, die sie eigentlich sorgenfrei ausführe. Es seien unterbewusste Mechanismen, die ihr das Gefühl der Sicherheit im öffentlichen – und damit im nicht überwachten, nichtgeschlossenen – Raum vermitteln. Man beobachte hier und dort einen Wachmann an der Straßenecke. Es vermittle ihr das Gefühl des Ruhig-Seins zu können. In Verbindung mit der offenen, sauberen und verkehrsberuhigten Straße und in Begleitung von anderen Passanten fühle sie sich sicher. Magliane differenziert dabei nicht zwischen gutem und schlechtem Wachmann (vgl. Kap. 5.3.2). Der Wachmann oder auch die Sicherheitsinstallationen haben begleitende und spezifisch beruhigende Bedeutung in der Ordnung der anderen Nachbarschaft, in der Maglianc joggen gehe. Gleichzeitig gehe von einem Wachmann in der eigenen Nachbarschaft kein Vertrauen aus. Er sei schlichtweg nutzlos und trage nicht zu ihrem Sicherheitsgefühl in der Nachbarschaft bei.

Die deutliche Differenzierung zwischen dem Sicher-Sein und Unsicher-Sein findet nicht nur in der Freizeit von Magliane ihren Ausdruck, sondern durchzieht vielmehr den Alltag vieler Interviewten (vgl. Exkurs 5.12). Exemplarisch können hierfür auch die Darstellungen von Irma herangezogen werden. Zum einen freue sie sich auf die Tochter, die sie regelmäßig zum familieninternen Manikürestudio begleite. Auch das Mittagessen anlässlich ihres Geburtstags bilde mittlerweile eine schöne Tradition in ihrer Ehe. Alljährlich führe sie ihr Mann in eines der drei Lieblingsrestaurants aus. Mit Vorfreude fahre sie zu Kirchenveranstaltungen, in denen Irma nicht nur viele Freunde wiedersehe, sondern auch in einen spirituellen Zustand der Sorglosigkeit eintrete. Schließlich sei der Aufenthalt zu Hause von Entspannung und Gemütlichkeit bestimmt. Freude über die jeweiligen Orte und Momente gehen mit einem guten Gefühl und einem dauerhaften Gefühl der Sicherheit einher.

„Ich habe bemerkt, dass ich viel mehr Vertrauen hatte. […] In den […] Situationen war ich ziemlich glücklich. Ich mochte die einzelnen Situationen, […] mir ging es gut. […] In allen Fotos war ich ziemlich sorgenfrei" (Ilm, 22.02.2013).

Zum anderen gelte die Bank als Ort der Unübersichtlichkeit und des Risikos, Opfer eines Überfalls zu werden. Das *Projekt des Geld-Abhebens* rufe dementsprechend Emotionen der Bedrohung und Angst hervor. Das räumlich-situative Unsicher-Sein gründet auf einem hohen Niveau an Anspannung und Angst, auf einem bestimmten Regelset aus Zeitabläufen oder Regeln der Straße sowie auf der Fähigkeit, durch den Straßenwechsel oder das Umwege-Fahren auf die instabile Sicherheits-Ordnung zu reagieren. Nicht nur das Geldabheben, sondern insbesondere auch der Nachhause-Gang von der Bank und das Zur-Bank-Gehen – als das *Projekt des Bankgangs* zusammengefasst – rufen ein unsicheres Gefühl hervor, das sich aus der Vorstellung eines möglichen Überfalls speise (vgl. auch MaJ, 20.03.2013).

Exkurs 5.12: Almir und das unsichere Sicher-Sein
Almir sei keine überängstliche oder gar neurotische Person. Als Almir sich als unängstlich bezeichnet, grinst seine Frau Elena. Sie scheint es nicht ganz so zu sehen. Zumindest sei es heute nicht mehr so, meint Almir dann. Nach dem vereitelten Überfall in der *zona norte* und nach dem Umzug aus dem siebten Stock des *prédios* in das kleine Reihenhaus in Jabaquara, wo er mit seiner Frau und seiner erwachsenen Tochter wohne, habe er zwar eine ganze Weile gegen die Schreckhaftigkeit und Schlaflosigkeit gekämpft. Auch habe er gemerkt, dass er auf das Gefühl der Unsicherheit irgendwie reagiert und sich dadurch anders im öffentlichen Raum bewegt habe. Aber schließlich sei die Angst schnell verschwunden.

Er sei schon immer auch nach Anbruch der Dunkelheit von der Bushaltestelle zu Fuß zurückgegangen. Er kenne schließlich jeden Weg. Darüber hinaus liebe er es, mit offenem Fenster durch den Straßenverkehr zu fahren. Mit Frischluft könne man die Autofahrt einfach besser genießen. Sorgenfrei fahre er auch unter der Woche aus der Hofausfahrt. Es seien in den Morgenstunden schließlich genug Nachbarn auf dem Weg zu ihrer Arbeit. Und er beschwere sich auch nicht, wenn der Wachmann, den er bezahle, nicht unmittelbar seinen Straßenabschnitt einsehen könne. Selbstverständlich verlange das nachbarschaftliche Miteinander das Bezahlen des monatlichen Beitrags (*quota*) für den Wachmann.

Zugleich macht Almir deutlich, dass Dunkelheit der größte einschränkende Faktor in seinem Alltag sei. In der Nacht könne man bekanntermaßen nicht mehr allen Aktivitäten problemfrei nachgehen, wie das etwa am helllichten Tag möglich sei und mache bestimmte Vorsichtsmaßnahmen notwendig (*Praktiken des Vermeidens* und *des Verschließens*). Zudem biete sich nicht gerade jede Straßenecke oder jedes Wohnquartier an, um unbekümmert an der Ampel oder im stockenden Verkehr zum Stehen zu kommen. Eigentlich gebe ihm nur das Vorbeifahren an der Hauptwache der ROTA das Gefühl absoluter Sicherheit. Darüber hinaus höre man von und beobachte man immer wieder

> dunkle Gestalten, die sich vor seiner Ausfahrt aufhalten. Daher sei ihm die Benutzung des Türspions oder die Extrarunde um den Block zur Gewohnheit geworden. Daher empfinde er den Wachmann, den gesicherten Parkplatz an der Arbeitsstelle oder den Türsteher in der Abendschule als Bereicherung. Im Gegenzug dazu gebe es unzählige Momente im städtischen Alltag, in denen man sich allein oder mit Sicherheitskräften umso genauer umschauen müsse.

Für Magliane ist der Gang zur Bank mit Anspannung, Stress und Angst verbunden. Jede Assoziation mit Bargeld im nicht gesicherten Bereich – also das Abheben von Geld in der Bank, der Geldtransporter vor dem Supermarkt oder die Einzahlung der Gasrechnung im Lotto-Fachgeschäft – erweckt in ihr einen Zustand totaler Angst und Panik. Selbst wenn Magliane spontan zur Bank gehen und nur Geld abheben müsse, habe sie seit jeher erst ihre Kinder nach Hause gefahren. Sie sei sich durchaus darüber im Klaren, dass Banken in Brasilien wegen gesetzlicher Vorschriften extrem beschützt und bewacht seien. Die Drehtür, der Magnetdetektor, die schwer bewaffnete Sicherheitskraft im Eingang und all die Sicherheitshinweise machen einen Überfall eigentlich unmöglich. Trotzdem fühle sie sich in Banken allgemein sehr unsicher. Warum sie sich unsicher fühle? Man höre und sehe einfach zu viele Vorfälle, die sich in Banken ereignen (vgl. auch A, 30.09.2011). Zudem sei ein Freund vor vielen Jahren in einer Bank einst Opfer eines Raubüberfalls geworden. Einen großen Geldbeutel tragend sei er auf dem Parkplatz der Bank überfallen und dabei ermordet worden (Deliktkategorie des *latrocínio*). Die Ermordung habe ein großes Trauma bei Magliane und der gesamten Familie hinterlassen. In Verbindung mit Erzählungen und Beobachtungen von Überfällen auf Banken sei sie heute nicht mehr imstande, angstfrei in eine Bank zu gehen. Bei genauer Betrachtung der fotografierten Bank bemerkt Magliane zusätzlich, dass sie gewöhnlich nicht nur Banken, sondern so weit wie möglich auch die Nähe von Geldtransportern vermeide. Sie bereiten ihr einfach zu viele Sorgen:

„Wenn so ein Geldtransporter vor dem Supermarkt hält, gehe ich da nicht hinein. Ich gehe weg, komme später wieder, und hoffe, dass der Transporter mittlerweile von dort verschwunden ist. Und erst dann gehe ich in den Laden" (Mag, 13.03.2013).

Das dynamische Wechselspiel des Sicher- und Unsicher-Seins
In der Diskussion alltäglicher Aktivitäten deuten die Interviewten immer wieder auf räumlich-zeitliche Veränderungen des Sich-sicher-Fühlens und Sich-unsicher-Fühlens hin. Diese Veränderungen sind in die kontinuierliche Stabili-

sierung und Destabilisierung von Praktiken-Ordnungen-Bündeln eingebunden. Das Bündel setzt sich dabei wiederum aus der kontextspezifischen An-Ordnung der Unordnung und einer weiten Praktikenverknüpfung zusammen, die auf verschiedene Arten und unterschiedlich stark teleoaffektiv aufgeladen ist. Entsprechend organisieren Emotionen wie Freude und Vorfreude, Sorglosigkeit und Entspannung kontextrelevante Praktiken mit unterschiedlich sicherem oder unsicherem Vorzeichen. Der Gang zur Maniküre oder der Kindergeburtstag im privaten Raum repräsentieren zwei Projekte, die positiv mit dem Sicher-Sein aufgeladen sind, wohingegen der Gang zur Bank eine Beunruhigung auslöst. Konkret übersetzt Irma die positive und negative Bedeutung des Praktiken-Ordnungen-Bündels in Mögen und Nicht-mögen bestimmter Aktivitäten und Situationen in ihrem Alltag. Bei der Betrachtung ihres Sicher- und Unsicher-Seins auf Grundlage des reflexiven Interviews deutet sie darauf hin, dass sie sich in einem Großteil der reflektierten Situationen ruhig und gelassen gefühlt habe:

„Es gab noch viel mehr Situationen, in denen ich mich sorgenfrei fühlte, in denen ich mich gut und nicht gestresst fühlte. [...] Vielleicht erinnerte ich mich in stressigen Momenten nicht an die Aufgabe. [...] Aber es gab sie einfach nicht. Da begann ich zu merken, dass ich mich mehrheitlich behaglich, mich gut fühlte. Und in diesen Momenten habe ich mich an die Fotos erinnert. Im Prinzip waren es diese Momente, die ich festhalten wollte" (Ilm, 22.02.2013).

Im Gegensatz zu Irma lasse sich für Magliane das Wechselspiel aus Sicher-Sein und Unsicher-Sein nicht nur während des Joggens in der anderen oder eben eigenen Nachbarschaft oder dem Geldabheben in der gefährlichen oder ungefährlichen Bank beobachten. Für Magliane seien diese „Aufs und Abs" vielmehr Bestandteil ihres gesamten Alltags. Dieser umfasse schließlich viele räumlich-situative Kontexte. Magliane spricht vom sicher-unsicheren Draußen-Sein und der „vergeblichen Suche nach der 100-prozentigen-Sicherheit" (Mag, 08.11.2011).

„Die Unsicherheit bringt mich in Situationen, die ich nicht auswählen kann, und in denen ich handeln muss. [...] Das war eigentlich das, was mich übermannt. [...] Die Situation zwingt mich zum Handeln und auch den Ort, an dem ich handeln muss, kann ich mir nicht aussuchen. Ich kann nicht nur nicht auswählen, nicht zu handeln, sondern ich kann mir auch nicht den Ort aussuchen" (Mag, 13.03.2013).

Es wäre natürlich nicht möglich, sich die Zeit zu nehmen und das Gefühl zu messen. Aber sie fühle sich eigentlich mehrheitlich unsicher. In den Bereichen der Bank oder an ihrem Arbeitsplatz, also Orte, an denen sie sich routinemäßig aufhält, gebe es zwar verschiedene Sicherheitsmaßnahmen oder einen Sicherheitsservice. Dieser sei jedoch nicht effektiv und produziere in ihr kein Gefühl der Sicherheit. Weder bei all den Maßnahmen und Instrumenten noch bei den verschiedenen Tätigkeiten, Aufgaben und Projekten des Absicherns und Schützens empfinde sie absolute Sicherheit. Nur in der Kirche kenne Magliane 100-prozentige Sicherheit außerhalb ihres Hauses (vgl. Exkurs 5.13) (Mag, 13.03.2013).

Auch Verônica verweist auf den abrupten Wechsel zwischen relativem Sicherheitsgefühl und einer allgegenwärtigen Angst in ihrem Alltag. Sorglosigkeit einerseits sowie die Angst und Furcht anderseits springen zwischen dem Schutzschild des Schulvans und der Schutzlosigkeit im privaten PKW – gefasst als Ausgeliefert-Sein. Zwar habe Verônica im stockenden Verkehr vor der Schule schon mehrere Überfälle beobachtet und miterleben müssen. Ein *bandito* habe einen PKW überfallen, der sich direkt vor ihr in der Autoschlange befunden habe. Aber ihr und den Kindern im Schulvan sei nichts passiert. Verônica denke, dass es mit der Tatsache in Verbindung stehe, dass *banditos* eben auch selbst Kindern hätten. Entsprechend könnten sie auch nicht wissen, ob sich nicht vielleicht ihre eigenen Töchter und Söhne im Schulbus befänden. Darüber hinaus wisse jeder, dass ein Schulbus nun mal mit Kleinkindern beladen sei. Außer ein paar Buntstiften und ihren Schulranzen tragen sie keine Wertgegenstände mit sich. *Banditos* lassen sich demzufolge nicht mit Schulbussen wie Verônicas Schulvan ein und respektieren diesen komplett.

Damit sei es nicht ein Sammelsurium aus Sicherheits- und Schutzmaßnahmen im Van, das ihr ein Gefühl von Sicherheit und Sorglosigkeit vermittle. Vielmehr sei es die Zugehörigkeit zum System des Schulbusses (*Escolar*) – verstanden als das Im-Schulbus-Sitzen – , weshalb sich Verônica in diesem Moment sicher fühle. So sicher sie sich auch im Schulbus fühle, so abrupt ginge das Sicherheitsgefühl auch wieder verloren. Schon das Verlassen des Hauses mit einem normalen PKW provoziere ein Gefühl der Beunruhigung. Man sei sofort gefährdet.

„Meine Arbeit selbst gibt mir eine gewisse Sicherheit vor Überfällen und diesen Dingen, [...] weil man ohne Wertgegenstände unterwegs ist. Das einzige Wertvolle, das man mit sich herumträgt, ist das eigene Leben. Weil der Dieb kommt nun mal, um auszurauben. Und die Kinder haben nichts zum Ausrauben. [...] Sie haben einen kleinen Schulranzen, Stifte, Kullis und Hefte. Solche Sachen wird der Kerl nicht ausrauben. Entsprechend wird sich der Typ hier nicht zeigen. Jedoch ist es etwas völlig anderes, wenn man mit dem Auto ausfährt. Dann ist man auch nur die Mutter, die ihren Sohn abholt und große Gefahr läuft, überfallen zu werden" (Ver, 27.03.2013).

„Warum man dann gleich mehr aufpasst? [...] Weil es nun mal gefährlich ist, hier mit dem PKW herumzufahren. Wenn ich mit dem PKW ausfahre, fühle ich mich gleich unsicher. Total unsicher. Mit dem Schulvan fühle ich mich sicher, jedenfalls sicherer als mit dem Auto" (Ver, 27.03.2013).

Ausdruck findet dieser abrupte Wechsel von Sicherheiten und Unsicherheiten exemplarisch am Beispiel der Mutter im Auto vor ihr, die ihr Kind mit dem PKW von der Schule abhole und überfallen werde. Der Unterschied zwischen Überfall und Nicht-Überfall sei das gelb-schwarze Schild mit dem Schriftzug *Escolar* (Schule), das die Heckscheibe des Schulvans säume. In der Verknüpfung des Schulbus-Fahrens und des Verstehens darauf, dass der Schulbus unantastbar ist, stabilisiert sich ein räumlich-situatives *Praktiken-Ordnungen-Bündel des Sicher-Seins*. Daher nehme ihr Mann den Schulvan etwa auch um zum Supermarkt oder zur Kirche zu fahren. Auch Verônica habe schon mehrmals den Van genommen, um sich tagsüber motorisiert zu bewegen:[56]

„Das schließt meinen Mann mit ein. Wenn er zum Supermarkt fährt, [...] oder zur Kirche, fährt er mit dem Schulvan. Deswegen sagen meine Kinder: Papa, fahr mit dem Auto! Aber er nimmt den Van. Den ganzen Tag sitzt er im Van. [...] Auch ich habe Angst, mit dem PKW zu fahren" (Ver, 27.03.2013).

Mit dem Van zu fahren, mache für Verônica und ihren Mann also durchaus Sinn: Beide fühlten sich sicherer, wenn sie im Van sitzen. Zumal suggeriere es, dass man arbeite. Dieser Gedanke stelle sich aber nicht ein, wenn man nur in seinem PKW sitze. Das Fahren des Vans ist mit dem Sicher-Sein verknüpft. Das Unsicher-Sein steht wiederum mit dem Fahren des PKWs in Verbindung. Danach ist die Verknüpfung aus Praktiken und Ordnungen des Sicher-Seins in der Form stabil, dass sie einerseits aus den Aktivitäten, Aufgaben und Projekten des Arbeitens und aus der mit der Arbeit verbundenen positiven Konnotation zusammengesetzt ist. Andererseits sorgen auch die ordnenden Elemente des Schulvans und die darin beförderten Kinder für die Stabilisierung dieses *Praktiken-Ordnungen-Bündels*. Der räumlich-zeitliche Wechsel vom Arbeiten zur Freizeit bringt die

---

56 Sowohl die Kirche als auch der Supermarkt stehen in der Darstellung Veras exemplarisch für Pflicht-Orte. Trotz der allgegenwärtigen Angst müssen sie weiter aufgesucht werden (vgl. Kap. 5.2.4). Wiederum repräsentieren das Restaurant oder das Kino Orte der Freizeit, die man auf Grund der Angst vermeide aufzusuchen (vgl. Kap. 5.4.1).

Stabilität der Verknüpfung zugleich ins Wanken. Dabei wird das Ordnungs-Element des Schulbusses gegen einen normalen PKW eingetauscht – einen PKW, der in der Un-Ordnung öffentlicher Sicherheit laut individueller Beobachtung, eigener Viktimisierung und öffentlichen Diskurses gewöhnlich überfallen wird. Außerdem folgen auf das Arbeiten Tätigkeiten, Aufgaben und Projekte der Freizeit oder der Erledigung. Diese finden normalerweise jedoch nur im Geschlossenen (etwa Shoppingcenter) oder Kontrollierten (eigenes Haus) statt. Der weite Freizeitbereich ist schließlich mit *Praktiken des Privat-Werdens*, *Praktiken des Kontrollierens* und *Praktiken des Vermeidens und Verschließens* verknüpft.

Schließlich gehe analog zur Beschilderung des Schulvans für Verônica eine relative Sicherheit von den Plaketten der informellen und formalisierten Sicherheitsfirmen aus, die in der ganzen Stadt an die Hauswand genietet seien (vgl. Exkurs 5.6). Die *Projekte der Beschilderung des Schulvans* und die *Praktiken des Wachens und Überwachens* unterscheiden sich dabei jedoch anhand ihrer Organisationselemente. Nicht mehr das grundlegende Verstehen auf das Fahren eines Schulbusses halte die *banditos* davon ab, Verônica und die beförderten Schulkinder zu überfallen. Vielmehr haben Plaketten mit den Firmenlogos „Vigilancia Particular", „BR Vargas" oder „Haganá" die Funktion, dass sie (*os caras*) wüssten, dass man dieses Hauses nicht ausrauben dürfe. Es gehöre schließlich zum Wachmann-Netz.

Exkurs 5.13: Magliane und die ordnende Religiosität
Die vier-köpfige Familie Kobayashi sei Anfang 2012 in ihr neues Eigenheim gezogen. Der Umzug sei auf den vormaligen Wohnstandort und seine periphere Lage zurückzuführen. Die jetzige Adresse befinde sich in direkter Nachbarschaft zur Metrostation Cleonice (ca. 800 Meter). Die kurze Entfernung solle es ihren beiden Kindern möglich machen, in Zukunft etwas eigenständiger zu sein und zu Fuß zur Metro gehen zu können (Mag, 13.03.2013) (*Praktiken des Aufenthalts-im-öffentlichen-Raum*). Gleichzeitig habe man mit dem Hauskauf die Wohnfläche vergrößern können, weswegen ihre Mutter heute mit der Familie zusammenleben könne (vgl. auch Jo, 10.12.2011). Es sei ein Wunder gewesen, das man ihrer Familie geschenkt habe. Religiosität und Glaube spielen eine große Rolle im Leben und Alltag von Magliane und ihrer Familie. Nur etwas Göttliches habe es Magliane möglich gemacht, das Haus zu finden. Religiosität sei ein ordnungsgebendes Element ihres Alltags – insbesondere ihres Soziallebens. Vor dem Hintergrund der andauernden Diskussion über die Komplexität und das Defizit öffentlicher Sicherheit in Brasilien und dabei speziell São Paulos betont Magliane redundant die Bedeutung von

Religion. Sie öffne ihr eine andere Ebene, um die Gedanken an die nicht lös- und stemmbaren Probleme und Überforderungen der Sicherheit zu überwinden:

„Schau mal, die Kontrolle meiner Angst stützt sich eigentlich im Wesentlichen auf meinen Glauben. Wie ich das kontrollieren kann? Ja, mit den Maßnahmen habe ich zwar ein besseres Gefühl, aber eben keinen totalen Schutz, verstehst Du? Jedoch denke ich nicht: Hier bin ich sicher. Aber es ist eben auch nicht so, wie ich immer sage, dass ich 100-prozentig angreifbar bin. Wenn es eine Sicherheitsskala von 0 bis 10 gibt, denke ich, dass [die Sicherheitsmaßnahmen] eine 3 ausmachen. Der Zaun ist eine 3, das automatische Garagentor weitere zwei Pünktchen. Also von 0 bis 10, sind wir bei einer 5, nicht wahr? Und das ist besser als 0, verstehst Du? Und es ist nicht so, dass ich denke, dass es mein Leben retten wird. Wie ich aber die 10 erreiche? Da muss man alle Politiker in Brasilien umbringen. Oder all das Geld nehmen, das wir verdienen, und es nicht in die Taschen von 10 Leuten stecken, sondern in die von 10 Millionen Personen. Wer weiß, ob wir irgendwann die 10 erreichen. Dominik, die 10 gibt es nur mit Gott, nur mit Jesus! Dort erreiche ich die 10, aber hier auf dieser Welt gibt es das nicht. Nein, die 10 gibt es nicht!" (Mag, 08.11.2011).

Dem grundlegenden Verstehen auf die *Praktiken der Religiosität,* deren ordnendes Organisationselement das Emotionale bildet, steht die rationale Einschätzung von Maglianes Mann entgegen, der nach Beendigung des Interviews (Mag, 08.11.2011) ins Wohnzimmer der Familie dazu stößt. Im Gegensatz zu seiner Frau stellt er die positive Entwicklung von Gewalt, Kriminalität und Unsicherheit heraus. Die Trans-Formation sei von der In-Formation über spürbare Abnahmen der Homizidrate der letzten Jahre bestimmt (vgl. Kap. 4.2). Die positive Entwicklung der Homizide habe für ihn in der Diskussion von Unsicherheit die größte Bedeutung. Schließlich sei von den Bedrohungen durch Mord und Totschlag in der Vergangenheit die größte Beunruhigung ausgegangen. Er erfahre zugleich keine Einschränkungen durch Raub (*roubos*) und Diebstahl (*furtos),* sondern sehe es vielmehr als die Pflicht der Bürger, sich den Gefahren auf der Straße zu stellen.

5.5 Un-/Sicherheiten offengelegt

Zu Beginn der Darstellung der konkreten Betrachtung wurde gefragt, wo und wie man das Offenlegen des Tuns und Sagens der Menschen beginnen solle. Nach zwölf exemplarischen Alltagsgeschichten der Interviewten und der Besprechung einer Vielzahl von ordnenden Wer und Was der Un-/Sicherheiten stellt sich am Ende des empirischen Suchens nun abschließend die Frage, wie man das Offenlegen der erfahrungsbasierten Beobachtungen und Beschreibungen nun schließen soll. Als Antwort auf die schließende Frage soll zunächst eine exemplarische Zusammenfassung der Erzählungen der Interviewten dienen. Darin stellen sich Un-/Sicherheiten im Alltag und der Alltag in Un-/Sicherheiten als ein von zahlreichen Verbindungen, Verknüpfungen und Zusammenhängen durchzogenes Diskussionsfeld dar, das sich nicht nur in den Gegenüberstellungen des früher-heute und hier-dort greifen und abgrenzen lässt.

Das Feld umfasst einerseits den kollektiven *Diskurs der Ungerechtigkeit des kleinen Bürgers*, die Impunitäts-Debatte und die Schwächen des Bildungs-, Gesundheits- und Justizwesens. Andererseits wird es konstituiert aus erhöhten Mauern, dem unnützen Wachmann, den beschilderten Vans oder der Waffe an der Schläfe. In der Thematisierung bedeutungsvoller Aspekte im Alltag der Interviewten spielen dabei der beschleunigte Alltag oder der Fokus des Alltagsgeschehens auf geschlossene, private Räume – in Gestalt von Shoppingcentern oder dem Sportclub der Banco Brasil – genauso eine Rolle wie der Sicherheitsdienst beim täglichen Gang zur Metro, die per Onlinezugriff anwählbare Sicherheitskamera oder das Mobilfunktelefon für den Kontrollanruf nach der Abfahrt aus dem automatischen Garagentor. Nicht nur die vielen besprochenen und gehörten Debatten über strukturelle Trans-Formationen und In-Formationen, sondern insbesondere auch die Dinge, die getan und beobachtet werden, finden im sich verändernden Alltag ihren kontinuierlichen Ausdruck.

Die Veränderungen ergeben sich in verschiedenen Alltagsbereichen des Wohnens, der Arbeit und der Freizeit. In einer Vielzahl alltagsrelevanter Aktivitäten – zusammengefasst als das Tun und Sagen oder das konkrete Was – erhalten Dinge und Gegenstände, aber auch soziale Formationen und Diskurse – verstanden als das konkrete Was oder Wer – eine bestimmte Bedeutung. In einer nahezu unüberschaubaren Vielfalt umschließen die Bedeutungsbezüge der Dinge, Gegenstände, Formationen und Diskurse die Attribute des Passenden/Unpassenden, des Ordentlichen/Unordentlichen, des Bekannten/Unbekannten, des Eigenen/Anderen, des Guten/Schlechten oder des Nützlichen/Nutzlosen. Diese gegensätzlichen Attributpaare werden in ganz unterschiedlichen Geschichten verarbeitet und mit persönlichen Erfahrungen der Interviewten verbunden.

Was früher noch die Organisation des Alltags der Interviewten beschrieb, scheint heute irritierend und unordnend zu wirken. Dabei betonen die Interviewten eine große Bandbreite an sich verändernden Reaktionen, Gewohnheiten oder Verhaltensweisen. Deren Entwicklung könne man nicht an den Häuserfronten in der Nachbarschaft, der verdrahteten Kirche, dem Sicherheitspersonal in gastronomischen Einrichtungen oder der persönlichen Betroffenheit von Gewalt, Kriminalität und Unsicherheit ablesen. Diese Entwicklung basiere auch auf Korruption, dem politischen System, sozialer Ungleichheit, Obdachlosigkeit und Drogen sowie einer veränderten Solidarität. Man müsse sich doch nur einmal die Militärdiktatur in Erinnerungen rufen und die öffentliche Sicherheit von damals vergleichen. Der Vergleich lasse sich leicht auf die erlebbare und beobachtbare Gegenüberstellung Ordnungen und Sauberkeit vs. Drogenkonsum und Ungeziefer reduzieren. Was früher das Mäuerchen und die Straßenecke für den nachbarschaftlichen Austausch gewesen seien, sei heute das Reich der *banditos* und der Anderen – der Rückzug aus dem öffentlichen Straßenraum liege für die Interviewten entsprechend auf der Hand.

Die Folge sei offensichtlich. Heute stehen nicht nur keine Milchflaschen oder Fahrräder mehr vor der Tür, sondern auch keine Nachbarin. Ausschlaggebend sei die Angst, vielleicht auch die *correiria* der Stadt. Sicher sei nur, dass der Gegensatz von früher und heute im Vergleich der Situationen hier in der Stadt zum Landesinneren offensichtlich sei. Im *interior* könne man die freie Ausfahrt mit dem schicken PKW und das *churrasco* (Grillen) unter freiem Himmel immerhin sorgenfreier erleben, als es heute in der „bösen" Stadt möglich sei. Man denke nur an ein entspanntes Wochenende mit den erwachsenen Kindern im Haus am Strand. Im Gegenzug sei die Sicherheit natürlich nur relativer Natur. Die gesprengten Bankautomaten seien auch dort zu beobachten. Das Polizeisystem sei dort genauso korrupt. Cracolândia werde auch dort schon längst gesichtet und das traumatische Überfallereignis habe sich immerhin während des Ferienaufenthalts mit Freunden in der *chácara* (Landhaus) im Landesinneren ereignet. Entsprechend habe man auch dort keine 100-prozentige Sicherheit, da helfe nur noch der Glaube an Gott.

Nicht nur Sicherheit und Glauben, sondern insbesondere Sicherheit und Bildung, aber eben auch die Gesundheit seien eng miteinander verknüpft. Entsprechend sei das Problem der *segurança pública* eben auch nicht auf die *banditos* und *noias* zu reduzieren. Wenn die Schüler schon ungeahndet Marihuana rauchend vor der Schule sitzen oder wenn zwischenzeitlich niemand mehr eingreife, wenn man am helllichten Tag im Straßenverkehr Zeuge eines Überfalls werde, dann stecke das Problem heute schließlich überall. Noch deutlicher werde es im länderübergreifenden Vergleich: Armut sei in den USA und Europa nicht existent. Korruption? Nicht existent. Sicherheitsprobleme? Ebenso nicht existent. Damit seien es eben nicht nur die Anderen und *banditos*, die den untragbaren Zustand der öffentlichen Sicherheit herbeiführen. Hier in Brasilien wandern die Steuern einfach nur in die Tasche der Politik. Politiker und Reiche seien schließlich keinen Deut besser. Warum man dann noch anzeige solle, wenn man bei der Aktion nur Zeit und mitunter noch mehr Geld verliere. Umso verständlicher erscheine es, wenn sich die Menschen zurückzögen. Man mache es schließlich auch selbst. Was könne man auch sonst tun? Man erhöhe das Mäuerchen zur Mauer. Man tausche die Mauer gegen ein Garagentor aus. Man überbaue die ganze Einfahrt. Man installiere die Sicherheitskamera auf der Einfahrt und an der Hausfront. Nicht nur der Straßenraum werde vermieden, sondern auch der Kontakt zu Menschen im Allgemeinen und der Kontakt sowie der regelmäßige Austausch mit dem direkten Nachbarn.

Auch wenn es den Nachbarn vor der Tür und die offene Tür natürlich früher gegeben habe und beide nach wie vor im *interior* zu beobachten seien, habe sich der Austausch hier und heute in der Stadt entscheidend verändert. Anstatt einfach mit dem Nachbarn zu plaudern, spreche man sich in Sicherheitsfragen mit dem nützlichen Wachmann oder dem Nachbarn ab. Nach erfolgtem Anruf verlassen beide *domestica* die Haushalte. Das sei sicherer. Sicherer sei auch vor jeder Abfahrt einen Blick auf die Straße zu werfen. Wissen könne man schließlich nie, wer oder was auf der Straße aufwarte. Dafür sei der in der Garage installierte Bildschirm relativ praktisch. Ein rascher Blick durch die Eingangskamera sei zur Gewohnheit geworden. Für gewöhnlich raube der *cerca elétrica* (Elektrozaun), die Sicherheitskamera und vor allem die Alarmanlage durch das nervtötende Ertönen der gesamten Nachbarschaft nicht nur den Schlaf, sondern sie ziehe mitunter die Aufmerksamkeit der *banditos* auf die Besitztümer des Hauses. Dabei sei man so arm und habe auch nicht mehr TV-Geräte und Kühlschränke als die Anderen in den Favelas. Folglich müsse man an vielen Orten und in vielen Momenten aufmerksam sein. Da biete es sich an, das Fenster an der Kreuzung hochzukurbeln, den Schulvan für die Bank-Erledigungen zu nehmen oder den Regenschirm beim Gang zum Mittagessen bei sich zu tragen. In São Paulo regne es zwar nicht immer, aber für den Fall der Fälle ließe sich seine Funktion erweitern.

Das exemplarische Offenlegen der Beobachtungen und Reflexion der Menschen liefert eine Bandbreite an spezifischen Beschreibungen des alltäglichen Tuns und Sagens (Was), das in ein ordnendes Gerüst aus sich wandelnden In-Formationen, sozialen Trans-Formationen und der Neuartigkeit oder Ablösung von Dingen (Wer oder Was) eingebunden ist. Die Ordnung scheint im Wandel begriffen. Sinnhaftes wird neu formuliert oder neu gesetzt. Funktionen werden erweitert wie eingeschränkt. Zugleich ist die Beschreibung des Wandels von der erfahrungsbasierten Lesart der Menschen dominiert, was das Wer oder Was jeweils im Vergleich zum Blick zurück bedeutet, aber auch in Abgrenzung zum Blick nach anderswo, in Unterscheidung zum Akzeptablen und im Angleich an das persönliche Erfahren. Die Vielfältigkeit der Bedeutungen spiegelt sich jedoch nicht nur in der Vielschichtigkeit der Alltagsgeschichten wider. Dieser Vielfältigkeit ist vielmehr ein Differential der von den Interviewten zugeschrieben Attribute inhärent, das sich je nach beobachtetem oder beschriebenem Tun und Sagen mitunter stark unterscheidet. Diese Mehrdeutigkeit verlangt nach einem *abstrahierenden* Entkoppeln des Tuns und Sagens sowie der im Zusammenhang stehenden Dinge und Formationen von der alltagsweltlichen Darstellung der Interviewten, um sich deren Verknüpfung – also der Frage nach dem Wie – nähern zu können (vgl. Kap. 6).

6 Un-/Sicherheiten im Alltag. Das Abstrahieren

6.1 UN-/SICHERHEITEN UND DAS ABSTRAKTE WAS, WER UND WIE

Ziel der Darstellungen in Kapitel 5 ist das alltagsnahe Offenlegen und analytische Aufbereiten des Tuns und Sagens der Interviewten. Auf der empirischen Suche nach dem abstrakten Herstellungsprozess von Un-/Sicherheiten wird eine große Bandbreite abgebildeter und angesprochener Themen deutlich. Für das Aufdecken des Themenspektrums und für das Zerlegen des Beobachteten und Besprochenen sind dabei vier methodische Werkzeuge miteinander verschnitten. Dazu zählen das direkte und indirekte Nacherzählen alltäglichen Tuns und Sagens der Interviewten, das Wiedergeben der Beobachtungen dessen, was sowohl Beforschte als auch Forscher getan und gesagt haben, und schließlich das Gliedern des Gesammelten. Indem die Beobachtungen und Gespräche gesichtet, textuell umgewandelt, aufbereitet und schließlich interpretiert werden, ermöglicht die dritte Beobachtungsnotiz somit einen *konkreten* Zugang zum sozialen Phänomen des sicheren Unsicher-Seins. Mittels der Bereitstellung der beiden Denkfiguren der Praktiken und Ordnungen hilft der praktikentheoretische Leitfaden derweil nicht nur beim *abstrakten* Gliedern des *konkreten Was* und *Wer oder Was* der untersuchungsrelevanten Aspekte des Alltags und der Un-/Sicherheiten (vgl. Kap. 6.2.1-6.2.2). Vielmehr liefert er zudem die theoretische Grundlage, Praktiken und Ordnungen in der Gestalt in Zusammenhang zu stellen, dass sich im Verschneiden von *konkreter, gesellschaftsrelevanter* und *abstrakter* Beobachtungsnotiz das *Wie* der Entstehung des sozialen Phänomens nachzeichnen lässt (vgl. Kap. 6.2.3).

Doch ehe man sich mit dem Wie (Praktiken-Ordnungen-Bündel) des sicheren Unsicher-Seins beschäftigen und sich damit dem Theoretisieren des sozialen Phänomens widmen kann (vgl. Kap. 7), gilt es zunächst, das Was (Praktiken) und Wer oder Was (Ordnungen) der Un-/Sicherheiten zu berücksichtigen. Dabei können Praktiken und Ordnungen nicht einfach nur wiedergegeben oder im Anschluss an das konkrete Beobachten und Besprechen zusammengefasst werden. Aus methodologischen Gründen gilt es, das empirische Suchen zudem analytisch aufzudecken. Wie schon bei der Auswahl und beim Besprechen der zwölf Alltagsgeschichten der Interviewten (vgl. Kap. 5.2-5.4) ersichtlich wird, kann das analytische Aufdecken jedoch nur exemplarisch erfolgen. Forschungspragmatisch und zur Komplexitätsreduzierung ist zudem eine anschließende zusammenfassende Darstellung erforderlich. Drei zentrale Aspekte des zu Grunde liegenden ontologischen Vokabulars der Theorie sozialer Praktiken stehen mit dieser Vorgehensweise in Verbindung:

Erstens sind *soziale Praktiken* als Ort des Sozialen nicht unmittelbar materiell oder sprachlich zugänglich. Weder Beforschte noch Forschende können Praktiken auf direktem Weg beobachten oder besprechen. Vielmehr reduzieren sich der beobachtbar-materielle Zugriff und der argumentativ-reflexive Rückgriff auf die aktivitätsbezogene Dimension der Praktiken – also auf das Tun und Sagen. In der Ausführung des körperlichen Tuns und Sagens konstituieren sich nach Schatzki (2002) Handlungen, die ihrerseits nach sprachlichen und körperlichen Tätigkeiten und Aktivitäten oder Aufgaben und Projekten hierarchisch geordnet sind. Dadurch reduziert sich die Betrachtung nicht auf das *Explanans* der zweck- und zielorientierten Handlungserklärung, sondern integriert implizite, praktikenbezogene Steuerungs- und Organisationselemente. Indem die Steuerung und Organisation wiederum erst in der Ausführung der Praktiken zum Ausdruck kommen, lassen sich Praktiken erst rückkoppelnd aus impliziter Wissensordnung und körperlicher Performanz im hermeneutischen Interpretationsverfahren zusammensetzen.

Zweitens sind *Ordnungen* weder *ex-ante* existent, noch formen sie ein festes Gerüst oder einen starren Containerraum als den ordnenden Rahmen für menschliches Handeln. Auch wenn sich die Ordnung und die Un-Ordnung im beobachtbar-materiellen Zugriff und im argumentativ-reflexiven Rückgriff sowohl für Beforschte und als auch für Forschende als kausales *Explanandum* bzw. als konstitutive Kategorie der Handlungserklärung zu eignen scheinen, läuft auch dieser eingleisige Zugang zur Ordnung des Tuns und Sagens Gefahr, dem Subjekt-Objekt-Dualismus zum Opfer zu fallen (Kap. 2.4.1). Indem die praktikentheoretische Ontologie Praktiken als Verflechtungen versteht, werden Ordnungen deshalb konsequenterweise in sozialen Praktiken hergestellt. Dies bedeutet nicht, dass materielle Elemente oder soziale Ordnungszusammenhänge von Interviewten womöglich nicht als Unterbau, Mauerwerk oder Oberbau für deren Suchen nach den Gründen des Tuns und Sagens genannt werden. Vielmehr bedeutet das reflexive Sprechen der Interviewten über das alltägliche Tun und Sagen insbesondere, dass sie nur durch den andauernden Rückgriff zur Ordnung das Warum ihres zweck- und eben auch normorientierten Handelns bestimmen können. Methodologisch erhält die materielle wie auch soziale Ordnung durch das Werden in Praktiken erst ihre – handlungsermöglichende oder handlungseinschränkende – Bedeutung. Entsprechend können die Bedeutungen von Ordnungen auch nicht ohne die Sinn-gebenden und zusammensetzenden Elemente der Praktiken nachvollzogen werden, die ihrerseits erst in deren körperlich-materieller Ausführung zum Ausdruck kommen.

Drittens wird damit deutlich, dass die beiden Denkfiguren der *Praktiken* und *Ordnungen* nicht nur das methodologische, methodische, analytische und theoretische Grundgerüst des Gebäudes der Sozialität darstellen. Vielmehr wird auch offensichtlich, dass deren Behandlung als vermeintlich getrennte theoretische Figuren – wie es in der anschließenden Zusammenstellung aus forschungspragmatischen Gründen praktiziert wird – nur analytischer Natur sein kann. Das Aufzeigen von *human coexistence*, also vom Sozialen an sich, ist nur möglich, indem Praktiken und Ordnungen als miteinander verwobenes Bündel von Praktiken und Ordnungen betrachtet werden. Schließlich diskutiert die Theorie der sozialen Praktiken die Verknüpfung und gegenseitige Wirkung von Praktiken und Ordnungen als kausale, intentionale, präfigurierende und konstituierende Verbindungen, die im Anschluss als analytische Schablone für das Nachzeichen der Praktiken-Ordnungen-Bündel verwendet werden können (vgl. Exkurs 6.1).

Exkurs 6.1: Fasern, Fäden und Stränge der Praktiken und Ordnungen
Die anschließende Darstellung verfolgt das Ziel, die dichte Beschreibung der zwölf Alltagsgeschichten in Kapitel 5 zu systematisieren. Die Systematisierung gestaltet sich dabei als Rekapitulieren der praktikentheoretischen Bausteine *Praktiken, Ordnungen* und *Praktiken-Ordnungen-Bündel*. Um die Systematisierung der drei Bausteine, die aus analytischen Gründen in getrennten Unterkapiteln erfolgt (Kap. 6.2.1-6.2.2), anschaulicher zu gestalten, werde ich zudem das taxonomische Sprachangebot der Praktikentheorie um bildhafte Denkfiguren erweitern. Die Denkfiguren entnehme ich der Technik des Webens. Die hierarchische Gliederung von Textilien in *Fasern, Fäden* und *Stränge* sowie die *Verknüpfung* und das *Verweben* von Fäden und Strängen zu *Tüchern* und *Gewebe* sind dabei zunächst beim *Abstrahieren* von Praktiken, Ordnungen und Praktiken-Ordnungen-Bündeln der Un-/Sicherheiten im Alltag von Bedeutung (Kap. 6) und anschließend beim *Theoretisieren* des sicheren Unsicher-Seins (Kap. 7).

Beim Abstrahieren von *Praktiken* werde ich mich auf folgende Bausteine der praktikentheoretischen Taxonomie beziehen und mit der Terminologie des Webens verknüpfen: Praktiken setzen sich aus Tätigkeiten, Aufgaben und Projekten zusammen. Die hierarchische Ordnung der aktivitätenbezogenen Dimension der Praktiken findet in der Denkfigur der *Praktiken-Fasern* ihren Ausdruck. Der hierarchischen Systematisierung folgend sind verschiedene Praktiken-Fasern in insgesamt zwölf *Praktiken-Fäden* verkettet und jeweils drei *Praktiken-Fäden* in vier übergeordneten *Praktiken-Strängen* verknüpft. Zudem verstehen sich Praktiken als organisierter *nexus* aus *bodily doings and sayings*. Danach werden Praktiken durch das praktische Verstehen, das Regelset, den teleoaffektiven Strukturen und einem grundlegenden Verstehen zusammengesetzt. Die organisationsbezogene Dimension kommt damit in Praktiken-Fasern, Praktiken-Fäden und Praktiken-Strängen zum Ausdruck. Beim Abstrahieren von *Ordnungen* spielen die praktikentheoretischen Bausteine der Entitäten und Bedeutungen eine besondere Rolle. Entitäten werden gefasst als ordnende Elemente menschlichen, dinglichen oder diskursiven Charakters. In Analogie zur Verwendung der Web-Terminologie bei der Analyse von Praktiken werden Ordnungen beispielsweise in Gestalt von diskursiven Formationen, materiellen Ordnungs-Elementen oder sozialen An-Ordnungen in einem Systematisierungsgerüst aus *Ordnungen-Strängen, -Fäden* und *-Fasern* zusammengefasst. Relevant bei der Analyse des weiten Ordnungen-Spektrums werden schließlich die vielseitigen Bedeutungen spielen, die ordnende Elemente haben und welche ihnen zugesprochen werden.

Das Abstrahieren von *Praktiken-Ordnungen-Bündeln* bedient sich schließlich der zuvor entwickelten Systematik der Praktiken- und Ordnungen-Matrizen. Durch das Diskutieren verschiedener Verknüpfungsformen zeigt sich im abschließenden Abstraktionsschritt, wie Praktiken-Stränge und Ordnungen-Stränge in Beziehung stehen und wie sie vier vermeintlich stabile Verbindungen ausbilden. Die Gliederung der Praktiken und Ordnungen (vgl. Kap. 6.2.1 und 6.2.2) in jeweils vier Stränge zu je drei Fäden ist nicht nur analytisch intendiert. Vielmehr zeigt das Vorgehen die Grenzen, aber insbesondere auch die Möglichkeiten der Anwendungfindenden Praktikentheorie auf. Die durch relative Grenzziehung des forschenden Grenzziehers bestimmten Praktiken-Ordnungen-Bündel sind nicht als getrennte, separate und isolierte Bestandteile der sozialen Welt zu fassen, sondern stellen als lose gekoppelte Komplexe gleichzeitig immer Teile weiterer Zusammenhänge, Netzwerke oder Plenen dar (vgl. Schatzki 2014, vgl. Kap. 2.4). Entsprechend macht es nicht nur keinen Sinn, die in den Praktiken- und Ordnungen-Strängen und

-Fäden bestimmten Fasern – also der niedrigsten der drei Ordnungsebenen der verwendeten Systematisierungsfigur – zu quantifizieren. Schließlich kann jede Faser je nach Fragestellung oder untersuchtem sozialen Phänomen auch immer zugleich Faden oder Strang sein, der sich seinerseits aus vielzähligen Fäden und Fasern zusammensetzt. Zudem macht es keinen Sinn, die besprech- und beobachtbare Vielfalt des Tuns und Sagens sowie darin eingebetteter Anordnungen unbearbeitet aufrecht zu erhalten. Folglich bedarf es in den vorliegenden Abstraktionsschritten einer Komplexitätsreduktion des Spektrums der zwölf Alltagsgeschichten, zu deren Übersichtlichkeit die Gliederung in 4 x 3 Praktiken und Ordnungen beitragen soll.

6.2 Praktiken-Ordnungen-Bündel der Un-/Sicherheiten. Das Rekapitulieren

6.2.1 Die vier Praktiken-Stränge und das abstrakte Was der Un-/Sicherheiten

Interviewte können das eigene Tun und Sagen sowie das der anderen besprechen und beobachten (vgl. Hitchings 2012). Das Reflektieren dessen, was getan und gesagt wurde, zeigt sich in den zwölf exemplarischen Geschichten aus dem Alltag in São Paulo (vgl. Kap. 5.2-5.4). Die Tätigkeiten des Aus-dem-Haus-Gehens, Tür-Öffnens, Auf-den-Bus-Wartens, Anrufens oder Wachmann-Bezahlens sind zugleich Bestandteile von Aufgaben und Projekten des Auf-das-Landhaus-Fahrens, Umziehens, Kinder-auf-der-Straße-spielen-Lassens, Öffentlichen-Raum-Vermeidens, Urlaub-Machens, Essen-Gehens, Auf-der-Straße-Zusammensitzens oder des Kindergeburtstag-Feierns. Durch ihr Offenlegen lässt sich dabei die aktivitätenbezogene Dimension von Praktiken rekapitulieren. In der Bandbreite alltäglicher Tätigkeiten, Aufgaben und Praktiken wird das vielfältige Spektrum deutlich, wie eine Sicherheitskamera zu benutzen ist, wo es das Auto am sichersten zu parken gilt, welche Zeitabläufe beim nachbarschaftlichen Austausch bestehen, welchen Zweck die Bezahlung des Sicherheitsunternehmens hat, wie sich die Interviewten in der Metro fühlen oder welche Relevanz Religion im sozialen Austausch besitzt. Entsprechend gilt es nicht nur die aktivitätenbezogenen Elemente der Praktiken zu identifizieren, als vielmehr auch die organisationsbezogene Dimension der Praktiken analytisch zusammenzuführen, die durch die vier praktikenrelevanten Organisationselemente – verstanden als die Eigenschaften der Praktiken, nicht etwa als die Eigenschaften der Menschen

– ihren Ausdruck finden. Erst durch die Verknüpfung der aktivitäten- und organisationsbezogenen Dimension wird die rückkoppelnde *Zusammensetzung* der Praktiken und damit das Nachzeichnen des abstrakten *Was* der Un-/Sicherheiten möglich.

Nach Sichtung, Umwandlung und Aufbereitung des Tuns und Sagens der Interviewten kommt nicht nur die inhaltliche Vielfältigkeit der untersuchungsrelevanten, alltäglichen Praktiken des sicheren Unsicher-Seins zum Ausdruck. Vielmehr zeigt sich eine andauernd auflösende und zugleich wiederkehrende Verknüpfung sowohl der aktivitäten- als auch der organisationsbezogenen Elemente der Praktiken. Um der Vielfalt bei gleichzeitiger Wandelbarkeit der Praktiken gerecht zu werden, ist es somit notwendig, die abstrahierende Darstellung des *Was* der Un-/Sicherheiten aus systematischen Gründen zu gliedern. Dazu lässt sich auf die gliedernden Figuren der *Praktiken-Stränge*, *-Fäden* und *-Fasern* zurückgreifen. In den zwölf Alltagsgeschichten der Mittelschichtshaushalte lassen sich dabei insgesamt vier *Praktiken-Stränge* nachzeichnen, die sich ihrerseits aus drei *Praktiken-Fäden* zusammensetzen (vgl. Tab. 3):

Tabelle 3: Praktiken-Gliederung

Praktiken-Stränge	Praktiken-Fäden
Praktiken des Austauschens	Praktiken des Aufenthalts-im-öffentlichen-Raum Praktiken des Absprechens Praktiken des nachbarschaftlichen Austauschens
Praktiken des Kontrollierens	Praktiken des Aufpassens Praktiken des kontrollierten Abfahrens Praktiken des Wachens und Überwachens
Praktiken des Verschließens	Praktiken des privaten Sicherns Praktiken des Verbarrikadierens Praktiken des Sicherheitsmaßnahmen-Handhabens
Praktiken des Vermeidens	Praktiken des Privat-Werdens Praktiken des Rückzugs-aus-dem-öffentlichen-Raum Praktiken des Keine-Aufmerksamkeit-auf-sich-Ziehens

Quelle: Eigene Bearbeitung

Praktiken des Austauschens

Im *Praktiken-Strang des Austauschens* sind die *Praktiken-Fäden des Aufenthalts-im-öffentlichen Raum, des Absprechens* und *des nachbarschaftlichen Austauschens* verknüpft. Im Folgenden werden die einzelnen Fäden näher beleuchtet und die sie konstituierenden Fasern aufgezeigt. Da die Trennung der einzelnen Fäden analytischer Natur ist, kommt es immer wieder zu Verbindungen eines Fadens mit anderen Fäden oder gar Strängen, was durch Verweise deutlich gemacht wird.

Einerseits werden die *Praktiken des Aufenthalts-im-öffentlichen-Raum* in Projekten, Aufgaben und Tätigkeiten des Gassi-Gehens im nahegelegenen Park, des Joggens in der angrenzenden Nachbarschaft, des Abholens der Tochter vom Busbahnhof oder des Gehens zur Metrostation ausgeführt. Dazu zählen auch größere Projekte wie die Erledigung von Bankgeschäften oder das abendliche Ausgehen in privaten gastronomischen Einrichtungen. Andererseits kommt der Praktiken-Faden in Projekten des Schwätzchens-auf-dem-Hausmäuerchen, des einstigen Zusammensitzens-mit-den-Nachbarn-auf-der-Straße oder des Kinder-auf-der-Straße-spielen-Lassens zum Ausdruck (vgl. Praktiken des nachbarschaftlichen Austauschens). Die verschiedenen Tätigkeiten und Projekte des Sich-im-Raum-Bewegens und -Aufhaltens, aber auch die Praktiken-Fasern des Sich-gegenüber-Anderen-Öffnens und des Auf-Fremde-Zugehens sind dabei ihrerseits von teleoaffektiven Strukturen der Sorgenfreiheit und der Unbekümmertheit geprägt. Zugleich organisieren praktisches Wissen im Umgang mit Situationen der öffentlichen Sicherheit oder auch Kenntnisse bestimmter Raum- und Zeitordnungen auf dem abendlichen Nachhauseweg von der Metro den Praktiken-Faden des Aufenthalts-im-öffentlichen-Raum.

Die *Praktiken des Absprechens* setzen sich andererseits vornehmlich aus den Projekten des Austauschens von Informationen zusammen. Der Informationsaustausch beinhaltet dabei sowohl Themen des Drogenhandels und -konsums in der Nachbarschaft als auch Fragen der Gewalt und Kriminalität. Tätigkeiten und Aufgaben des Informationsaustauschs umfassen zudem die nachbarschaftliche Diskussion möglicher Reaktionen auf die unsichere Nachbarschaft in Gestalt der kollektiven Beschäftigung eines Wachmanns (vgl. Projekt der nachbarschaftlichen Sicherheitsfürsorge), der nachbarschaftlichen Vereinbarung über das zeitgleiche Aufbrechen der Hausangestellten oder eigeninitiativ durch das Anbringen und Durchführen von Sicherheitsmaßnahmen (vgl. Praktiken des Verschließens). Ein stabiles Projekt der Praktiken des Absprechens beschreibt darüber hinaus das Hinweisgeben. Durch die Tätigkeit des Radio-Hörens auf der Autofahrt, vor allem aber auch im Fernsehen oder in den regelmäßigen Unterhaltungen mit Arbeitskollegen werden Hinweise zu verschiedenen gefährlichen Orten der Stadt oder zu bestimmten Fahrrouten und zur Umfahrung der Kriminalitätsschwerpunkte ausgetauscht. Durch die Tatsache, dass sich Interviewte nur eingeschränkt in den Praktiken des Absprechens engagieren, kommen einerseits Fragen der Angst und Sorge zum Ausdruck. Als Folge stabilisieren sich Praktiken des Sicherheitsmaßnahmen-Handhabens. Andererseits steht die Stabilität von Projekten des Absprechens mit einem vorherrschenden Regelverständnis gegenüber dem offenen nachbarschaftlichen Umgang im Zusammenhang. Das Regelset wird im grundlegenden Verstehen auf der normativen Unterscheidung zwischen ordnenden und unordnenden Elementen des öffentlichen Raums deutlich (vgl. Ordnungen der Sicherheit und Ordnung).

Schließlich finden die *Praktiken des nachbarschaftlichen Austauschens* ihren Ausdruck im Reden auf der Mauer, dem Zusammensitzen auf der Straße – auch noch nach Anbruch der Dunkelheit – oder dem regelmäßigen Telefonieren bei Abwesenheit eines Nachbarn. In enger Verknüpfung mit den Praktiken des Aufenthalts-im-öffentlichen-Raum umschließen den Praktiken-Faden Tätigkeiten und Aufgaben des Sich-Unterhaltens, Sich-Austauschens und Zusammensitzens der Erwachsenen und insbesondere auch das Zusammenspielen der Kinder der Nachbarschaft. Damit wirken nicht nur die Aufgaben und Projekte des nachbarschaftlichen Absicherns stabilisierend, sondern auch der Praktiken-Faden des nachbarschaftlichen Austauschens. Das grundlegende Verstehen auf die Praktiken des nachbarschaftlichen Austauschens umschließt dabei die Offenheit zwischen den Nachbarn oder die Offenheit der Menschen im öffentlichen Raum. Die Offenheit ist hierbei positiv konnotiert. Teleoaffektivitäten des Sich-gut-Fühlens, des Entspannt-Seins und der Sorglosigkeit kommen zum Ausdruck und verbinden sich mit Ordnungen des Sicherheitsschematas oder den Tätigkeiten des Frische-Luft-Atmens oder des Fahrens mit geöffneter Fensterscheibe. Neben diesem grundlegenden Verstehen der Offenheit organisiert jedoch auch das grundlegende Verstehen gegenüber dem Verschlossen-Sein den Praktiken-Faden des nachbarschaftlichen Austauschens. Das Verschlossen-Sein ist hierbei mit dem Gefühl der Sicherheit und Gemütlichkeit verknüpft. Das Projekt des nachbarschaftlichen Absicherns findet zudem im grundlegenden Verstehen auf die Notwendigkeit präventiver Sicherheits- und Schutzvorkehrungen bzw. der Dominanz der ordnenden persönlichen Viktimisierung seinen Ausdruck.

Praktiken des Kontrollierens

Der *Praktiken-Strang des Kontrollierens* bildet eine Verknüpfung aus den *Praktiken-Fäden* des *Aufpassens, des kontrollierten Abfahrens* und des *Wachens und Überwachens*. Zum einen werden die *Praktiken des Aufpassens* in den Tätigkeiten des Gangs zum Mittagessen, auf der Fahrt in der Metro und in Gestalt des

Projekts des Geld-Abhebens oder des Bankgangs körperlich ausgeführt. Das praktische Verstehen des Aufmerksam-Seins, des Vorsichtig-Seins und des Aufpassens bildet ein wesentliches organisierendes Element des Praktiken-Fadens. Darüber hinaus kommen allgemeine Fähigkeiten zum Ausdruck, wie etwa die Straßenseite im Falle eines Bedrohungsgefühls gewechselt oder wie ein gefährlicher Ort umfahren werden kann (vgl. Praktiken des Vermeidens). Schließlich zeigt sich darin ein praktisches Verstehen, selbst bei Sonnenschein präventiv einen Regenschirm mit sich zu führen und die Handtasche beim Überqueren des Platzes eng am Körper zu tragen. Eine stabile Verknüpfung der Praktiken des Aufpassens mit den Praktiken des Verschließens und Vermeidens findet dabei nicht nur in gemeinsamen Teleoaffektivitäten des Angespannt-Seins oder der Sorge ihren Ausdruck. Vielmehr sind auch die Emotionen der Bedrohung, Angst und mitunter Panik Eigenschaften des Praktiken-Fadens.

Zum anderen entpuppen sich die *Praktiken des kontrollierten Abfahrens* in den Aktivitäten des Nach-Hause-Kommens, des Ankommens oder des Mit-dem-PKW-Abfahrens aus der Garage. Dieser Praktiken-Faden setzt sich aus Tätigkeiten der Bedienung technischer Apparaturen (Garagentor, Sicherheitskamera), der Kommunikation mit Familienangehörigen in Gestalt von Kontrollanrufen oder dem Austauschen eines Kontrollblicks mit dem Wachmann und dem anschließenden selbstständigen Abfahren zusammen. Zu der Tätigkeitsspanne dieses Fadens zählen zudem der Blick durch den Türspion sowie die Extrarunde um den Block in Verbindung mit einem Kontrollanruf (vgl. Praktiken des Absprechens). Insbesondere in den Praktiken des kontrollierten Abfahrens wird das praktische Verstehen des automatischen Schließablaufs des Garagentors, des raschen Abfahrens oder der Durchführung von Kontrollanrufen mit dem Mobilfunkgerät ersichtlich. Gleichzeitig schlägt sich die Gewissheit nieder, dass man von Nachbarn umgeben ist, die notfalls aushelfen könnten (vgl. Praktiken des nachbarschaftlichen Absicherns). Die Gewissheit ist zugleich mit einem engen Regelset an Zeitabläufen verknüpft und macht die teleologische Bedeutung des Praktiken-Fadens deutlich. Die Gewissheit zu haben, vor der Bedrohung durch Andere, *noias* und *banditos,* beschützt zu sein oder eigenverantwortlich für seine Sicherheit zu sorgen, wird damit zur prägenden Zielformulierung der Praktiken des kontrollierten Abfahrens.

Mitunter finden materielle Ordnungen in den Praktiken des kontrollierten Abfahrens auch keine Anwendung, sondern das Tätigkeitsspektrum reduziert sich auf den geübten Streifblick von der Terrasse aus. Entsprechend bilden sich im Praktiken-Faden unterschiedlich konnotierte Teleoaffektivitäten aus. Einerseits stellen das Angespannt-Sein und Angst-Haben Eigenschaften des kontrollierten Abfahrens dar. Dies steht insbesondere mit der Präsenz der unordnenden

Elemente der Anderen, *noias* und *banditos*, im unmittelbaren Straßenraum der eigenen Nachbarschaft im Zusammenhang. Andererseits finden im Praktiken-Faden des kontrollierten Abfahrens die positiv aufgeladenen Emotionen des Sich-sicher-Fühlens, Sich-wohl-Fühlens oder des Ruhig-Seins ihren Ausdruck. In ihrer Verknüpfung mit Praktiken des nachbarschaftlichen Austauschens und den Praktiken des Wachens und Überwachens manifestiert sich zudem das grundlegende Verstehen auf Ordnung, Sauberkeit und Komfort des sozialen Miteinanders. Dieses grundlegende Verstehen betrifft dabei sowohl den öffentlichen Raum als auch den privaten Wohnraum.

Schließlich kristallisiert sich im Praktiken-Strang des Kontrollierens der *Praktiken-Faden des Wachens und Überwachens* heraus. Dieser besteht einerseits aus den organisierenden Projekten der Beschäftigung des Wachmanns und des Sicherheitsdienst-Einsetzens. Aktivitätsbezogen liegen dem Projekt Aufgaben und Tätigkeiten zu Grunde, die beispielsweise das Bestellen der Dienstleistung oder die Einstellung eines informellen Wachdienstes umfassen. Die Informationssammlung, das Einholen von Angeboten oder die nachbarschaftliche Diskussion über die gemeinsame Einrichtung eines Wach-Arrangements sind indessen nicht nur durch teleologische Formulierungen einer verbesserten nachbarschaftlichen Sicherheit organisiert, sondern insbesondere durch die affektiven Strukturen des Zweifels, der Schutzlosigkeit und des Angespannt-Seins. Damit ist den Interviewten das Engagement in die Praktiken des Wachens und Überwachens zuweilen nicht verständlich. Die Unverständlichkeit ist auf einen teleologischen Abwägungsprozess über die Beteiligung an der Wachmann-Gebühr (*quota*) oder über die Beauftragung des Wachdienstes zurückzuführen. Je nach unterschiedlicher teleoaffektiver Struktur der Praktiken-Fasern wird dem ordnenden Effekt des Sicherheitsdienstleisters oder des Wachmanns eine unterschiedliche Bedeutung beigemessen (vgl. Kap. 6.2.2).

Andererseits setzen sich die Praktiken des Wachens und Überwachens aus den ausführenden Projekten des Wachmanns- und des Sicherheitsdienst-Einsetzens zusammen. Diese Projekte sind mit verschiedenen Aufgaben des Wachmanns oder des Sicherheitsdienstleisters verknüpft, wie der gewissenhaften und sorgfältigen Arbeit, der Vernetzung mit öffentlichen Sicherheitsakteuren, der Post- und Paketannahme und dem Schneiden von Pflanzen im öffentlichen Raum. Auch die Projekte und Aufgaben des Müll-Herunterbringens, des Vorhof-Reinigens oder des Kinder-auf der-Straße-spielen-Lassens zählen zu diesem Tätigkeiten-Spektrum. Die positiv konnotierten Teleoaffektivitäten des Sicher-Seins und des Ruhig-Seins stehen hierbei mit dem grundlegenden Verstehen auf die ordnenden Elemente der Sauberkeit, Verkehrsberuhigung, der Nachbarschaft und der Ruhe (vgl. *Praktiken des nachbarschaftlichen Austauschens)* und einem dominanten Regelset aus genauen Uhrzeiten und dem Ablaufprotokoll einzelner Tätigkeiten in Verbindung. Die Varietät der Teleoaffektivitäten der Praktiken des Wachens und Überwachens bedingt eine breite Vielfalt an Bedeutungen des Wachmanns und des Sicherheitsdienstes (vgl. Kap. 6.2.3). Die Mehrdeutigkeit gründet auf dem grundlegenden Verstehen des Misstrauens, das in den Praktiken des Wachens und Überwachens zum Ausdruck kommt. Im grundlegenden Verstehen des Miss- bzw. Vertrauens dominiert schließlich der Zwiespalt zwischen den Diskursen „Zahle lieber, sonst wirst du überfallen" und der Beteiligung am Monatsbeitrag als Solidaritätsakt.

Praktiken des Verschließens

Der *Praktiken-Strang* des *Verschließens* besteht aus den *Praktiken des privaten Sicherns, Praktiken des Verbarrikadierens* und den *Praktiken des Sicherheitsmaßnahmen-Handhabens*. Der *Praktiken-Faden* des *privaten Sicherns* umschließt die übergeordneten Projekte der baulich-physischen, personellen und elektronisch-technischen Sicherheitsmaßnahmen. Aktivitätsbezogen umfassen sie Projekte und Aufgaben präventiver Schutzvorkehrungen wie das Tragen einer Waffe, das Abholen der Tochter von der Metro und die Eigentums- und Eigenheimsicherheit. Dabei stellt sich insbesondere das grundlegende Verstehen der eigenverantwortlichen Sicherheit als dominantes Organisationselement dieses Praktiken-Fadens heraus. Sich eigenverantwortlich um seine Sicherheit zu kümmern erscheint den Interviewten nicht nur als adäquat, sondern vielmehr als sinnvoll. Das Sinnvolle findet dabei im praktischen Verstehen der Schutz- und Sicherheitsmaßnahmen seinen Ausdruck und stabilisiert sich, indem diese Maßnahme als passend und für die eigene Sicherheit hilfreich beschrieben werden (vgl. Kap. 6.2.2).

Neben den Tätigkeiten und Aktivitäten präventiver Schutzvorkehrungen setzen sich Praktiken des privaten Sicherns insbesondere aus den Projekten und Aufgaben des Umziehens, des Renovierens und des Sich-Versicherns zusammen. Zu den Versicherungen zählen die PKW-Versicherung und die Hausrats- und Diebstahlversicherung. Neben den affektiven Strukturen der Sorge und des Bekümmert-Seins, organisieren teleologische Kosten-Nutzen-Abwägungen das Projekt-Bündel. Zudem ist der Praktiken-Faden mit den sich auflösenden Projekten des Anzeigens verbunden. Die Destabilisierung dieser Praktiken-Faser lassen sich auch mit den mit Mühen und Stress konnotierten Aktivitäten des Wartens auf der *delegacia* (Polizeiwache), dem Ausfüllen des Anzeigeformblatts, der Benachrichtigung der Versicherung oder dem Sperren-Lassen der Kreditkarte beobachten. Entsprechend finden im Praktiken-Faden des privaten Sicherns nicht nur Affektivitäten der Angst und Sorge ihren Ausdruck, sondern vielmehr der

Unmut über die die Anzeige begleitenden organisatorischen unabdingbaren Tätigkeiten. Das grundlegende Verstehen des Misstrauens gegenüber allen und jedem schlägt sich ebenfalls in diesem Praktiken-Faden nieder und lässt so die organisatorische Nähe zu Praktiken des Wachens und Überwachens erkennen.

Des Weiteren sind dem Praktiken-Strang des Verschließens die *Praktiken des Verbarrikadierens* eigen. Sie setzen sich aus Projekten des Anhebens des ehemaligen Mäuerchens oder dem Installieren von Sicherheitsmaßnahmen zusammen. Dazu zählen insbesondere Sicherheitsmaßnahmen wie Elektrozäune, Alarmanlagen oder Sicherheitskameras (vgl. Praktiken des Sicherheitsmaßnahmen-Handhabens). Dem Praktiken-Faden liegt also das praktische Verstehen des Installierens und Handhabens verschiedener Sicherheitsdispositive zu Grunde. Gleichzeitig lässt er die Kenntnis über Sicherheitsdienste und dem Nachfragen der Dienstleistungen erkennen. Auch die Projekte der Renovierung und der Wertsteigerung sind Teil der Praktiken des Verbarrikadierens. Mit dem Ziel des Hauskaufs und Umziehens gehen die verschiedenen Aufgaben und Tätigkeiten der Umgestaltung des Innenhofs, des Baus eines Grill- und Aufenthaltsbereichs und der Neuorganisation des Eingangsbereichs ebenso einher wie die Ersetzung des Garagentors oder die Installation anderer Sicherheitsmaßnahmen. Hierbei nehmen unterschiedliche Elemente organisierenden Charakter bei der Stabilisierung der Praktiken des Verbarrikadierens ein. Neben den allgemein existenten Teleoaffektivitäten der Angst, Furcht und Betroffenheit kommen im spezifischen Projekt des Renovierens und der Wertsteigerung zudem das praktische Verstehen der Nutzung der überbauten Terrasse, des neu installierten Garagentors oder des Kamerasystems zum Ausdruck. Den Praktiken des Verbarrikadierens heftet daher ein unterschiedlich konnotiertes grundlegendes Verstehen an. Einerseits zeigt sich ein allgemeiner Konsens gegenüber der Erhöhung der eigenen Sicherheit – spezifisch der Eigentumssicherheit. Andererseits ist das ausbleibende Engagement der Interviewten in dem Praktiken-Faden auf eine divergierende Disposition gegenüber dem brasilianischen Sicherheitswahn zurückzuführen. Die Differenz der organisierenden Elemente führt daher zu unterschiedlichen Bedeutungszuschreibungen der in den Praktiken hergestellten Ordnungen (vgl. Kap. 6.2.2).

Aufbauend auf den Praktiken des Verbarrikadierens kristallisiert sich schließlich der *Praktiken-Faden des Sicherheitsmaßnahmen-Handhabens* heraus. Darin sind die Projekte der Erhöhung des ehemaligen Mäuerchens, der Installation von Sicherheitsmaßnahmen oder des allgemeinen Verdrahtens des Hauses integriert. Erneut ist die Verständlichkeit des Praktiken-Fadens von der differierenden, normativ-rationalen Bedeutungszuschreibung der hilfreichen/nutzlosen oder passenden/unpassenden Sicherheitskameras oder Garagentore abhängig, die ihrerseits erst in der Ausführung der Praktiken des Sicherheitsmaßnahmen-Handhabens zum Ausdruck kommt (vgl. Kap. 6.2.2). Praktiken-organisierend wirkt zusätzlich das grundlegende Verstehen des Sicherheitswahns oder der kollektiven Angst, in dem sich die Interviewten unterschiedlich positionieren.

Praktiken des Vermeidens
Schließlich setzt sich der vierte *Praktiken-Strang des Vermeidens* aus den *Praktiken des Privat-Werdens, Praktiken des Rückzugs-aus-dem-öffentlichen-Raum* und den *Praktiken des Keine-Aufmerksamkeit-auf-sich-Ziehens* zusammen. Die *Praktiken des Privat-Werdens* umfassen ein breites Spektrum an Projekten, Aufgaben und Aktivitäten im weiten Alltagsbereich der Freizeit. Dazu zählen das Urlaub-Machen in der privaten Hotelanlage oder der Wochenendaufenthalt im privaten Landhaus im *interior*. In diesen Projekten kommt nicht nur das praktische Verstehen zum Ausdruck, alle und jeden gut zu kennen. Vielmehr dominieren insbesondere die teleoaffektiven Organisationselemente der Sorgenfreiheit, Gemütlichkeit. Aktivitätsbezogen zeigen sich des Weiteren Projekte des Essen-Gehens, ins Shoppingcenter-Gehens, Freunde auf Freizeitveranstaltungen-Wiedersehens, zur Kirche- und zur Maniküre-Gehens und des Kindergeburtstag-Feierns.

Neben zahlreichen positiv konnotierten Aktivitäten des Essens, Bedientwerdens, des Unter-sich-Seins, in Ruhe-Seins dominieren die Aktivitäten des Aufenthalts im geschlossen Raum die Projekte dieses Praktiken-Fadens. In den Alltagsgeschichten der Maniküre, des Essen-Gehens und des Kindergeburtstags kommen demnach teleologische Elemente zum Ausdruck, um durch das Bezahlen und Reservieren von Privatheit nicht nur unter sich sein zu können, sondern auch ein bestimmtes Klientel zu vermeiden. Das Teleologische wird hierbei vom Affektiven des Stressfreien, Entspannten, Sicheren, Freien, Unbekümmerten und Sorglosen begleitet. Organisierend wirkt also auch das grundlegende Verstehen auf eine generelle Sicherheit und eine Geordnetheit, die nicht nur im privaten, sondern auch im öffentlichen Raum gelten sollte. Auf diese Weise stabilisiert sich ein grundlegendes Verstehen auf das Essen-Gehen und Urlaub-Machen im sicheren, kostenpflichtigen, privaten Raum. Die Bedeutung des kostenpflichtigen und sicheren Privaten steht zugleich dem kostenfreien und unsicheren Öffentlichen entgegen (vgl. Kap. 6.2.2). Ein besonders dominantes Projekt in den Praktiken des Privat-Werdens ist das Parken auf dem privaten Parkplatz. Im Projekt des privaten Parkens werden verschiedene ordnende Elemente wie der Wachmann oder der Sicherheitszaun hergestellt, die das Eigentum schützen sollen. Entsprechend kommen die teleologischen Strukturen der Kosten-Nutzen-

Abwägung zum Ausdruck. Das Parken im privaten Raum erscheint den Interviewten verständlich, sobald die räumlich-situative Ordnung das Gefühl des Beschützt-Seins zum Ausdruck bringt. Zugleich rücken neben das Teleologische auch das Affektive des Sich-wohl-Fühlens und der Sorglosigkeit. Die Sorglosigkeit ist praktiken-organisatorisch eng mit dem praktischen Verstehen verknüpft, sein Eigentum in einem beschützten Zustand zu wähnen. Damit liegt den Praktiken des Privat-Werdens ein breites praktisches Verstehen zu Grunde, zu jeder Zeit, an jedem Ort und in jeder Situation zu wissen, was zu tun ist.

Der zweite Faden des Strangs, *die Praktiken des Rückzugs-aus-dem-öffentlichen-Raum*, ergibt sich gewissermaßen aus den Praktiken des Privat-Werdens. Er setzt sich aus den Projekten des Umwegs oder des Wechsels der Bushaltestelle zusammen. Zudem liegen den Praktiken des Rückzugs-aus-dem-öffentlichen-Raum die Aufgaben und Aktivitäten zu Grunde, rasch zu gehen, auf der Straße nicht zu verweilen oder mitunter komplett zu vermeiden, aus dem Haus zu gehen. Im Praktiken-Faden kommen insbesondere die teleoaffektiven Strukturen des Besorgt-Seins, Unwohl-Seins und des Unsicher-Fühlens zum Ausdruck. Die Elemente sind teilweise auch mit Teleologien und Affektivitäten aus anderen Praktiken-Strängen verknüpft, in denen sich das normativ-rational Nutzlose, Unpassende oder Böse der ordnenden Elemente niederschlägt.

Zuletzt bestehen die *Praktiken des Keine-Aufmerksamkeit-auf-sich-Ziehens* aus zahlreichen Projekten, Aufgaben und Tätigkeiten. Im Einzelnen zählen dazu die Projekte der Keine-Gelegenheit-den-Dieben in organisatorischer Nähe zu den Projekten des Keine-Wertgegenstände-am-Körper-Tragens oder des Kein-Luxus-Auto-Fahrens. Sie finden ihrer aktivitätenbezogenen Anwendungen in Aufgaben und Tätigkeiten des Verdeckens, des raschen Schließens des Garagentors, des Nichts-auf-der-Straße-herumstehen-Lassens, des Fenster-Hochkurbelns, des Mit-Abstand-Fahrens, des Radio-Mitnehmens aus dem geparkten Fahrzeug oder des Vermeidens des Fotografierens bestimmter Situationen und Räume. Insbesondere während alltäglicher Erledigungen werden die Praktiken des Vermeidens bestimmter Räume besonders deutlich. Dies äußert sich auch in den organisatorischen Aktivitäten des Kinder-nach-Hause-Bringens, des strategischen Parkens oder des Aufsuchens bestimmter Banken. Entsprechend zeigt sich in den Praktiken des Keine-Aufmerksamkeit-auf-sich-Ziehens ein dominantes praktisches Wissen über Wegrouten, Zeitfenster und Abläufe alltäglicher Aktivitäten. Die Elemente sind zugleich Ausdruck eines festen Regelsets, das den Praktiken-Faden organisiert. Zu den Praktiken des Keine-Aufmerksamkeit-auf-sich-Ziehens zählt schließlich auch das Projekt der Beschilderung des Schulvans oder der Hausfront. In Abhängigkeit der hergestellten Ordnung in Gestalt der Schilder für Schulbusse bzw. des lokalen Sicherheitsunternehmens entpuppen sich die teleoaffektiven Strukturen des Praktiken-Fadens unterschiedlich. Einerseits lässt sich ein relativ stabiles Sicherheitsgefühl im Projekt der Beschilderung erkennen. Andererseits findet das auflösende Engagement im Projekt der Beschilderung im Gefühl der Schutzlosigkeit, des Ausgeliefert-Seins und der Angst seinen Ausdruck.

Das Rekapitulieren der vier Praktiken-Stränge der Un-/Sicherheiten
Unter Rückgriff auf das taxonomische Sprachangebot der flachen Ontologie nach Schatzki (2002) lässt sich in der vorangegangenen Darstellung ein breites Spektrum an Praktiken identifizieren, in denen das besprochene und beobachtete Tun und Sagen eingebunden ist. Mit stärkerem Bezug zur flachen Ontologie nach Schatzki können die zwölf Alltagsgeschichten aus Kapitel 5 in der Form offengelegt werden, dass die ineinandergreifenden Tätigkeiten, Aufgaben und Projekte in einen gliedernden Zusammenhang gestellt und das inhärente, steuernde grundlegende und praktische Verstehen, das Regelset und Teleoaffektive rekonstruiert werden können. Außerdem ist es möglich, über die Verknüpfung der aktivitätenbezogenen Dimension mit organisationsbezogenen Elementen die *bodily doings and sayings* rückkoppelnd zu Praktiken zusammenzusetzen. Zur Betrachtung des Was der Un-/Sicherheiten ist es nun also möglich, eine praktikenorganisatorische Nähe und Verdichtung von vier Praktiken-Strängen zu entwickeln, die sich jeweils aus vier Praktiken-Fäden zusammensetzen und ihrerseits je nach Gliederungsschritt in weitere, vielzählige Praktiken-Fasern zerlegt werden können. Die *Praktiken*-Matrix setzt sich zusammen aus vier *Praktiken-Strängen* zu je drei *Praktiken-Fäden* (vgl. Tab. 3).

In der Abstraktion und Systematisierung der Praktiken werden immer wieder Ordnungszusammenhänge sichtbar, die in der Ausführung der Praktiken nicht nur von materiellem Belang sind. Vielmehr zeigen sich ordnende Elemente in Gestalt sozialer Anordnungen, die in argumentativen Zusammenhang mit verschiedenen Praktiken gebracht werden. In Analogie der analytischen Darstellungen des abstrakten Was der Un-/Sicherheiten bedarf es entsprechend dem Rekapitulieren des Zusammenhangs des abstrakten Wer und Was der Un-/Sicherheiten. Durch ihre analytisch intendierte Zerlegung gilt es, beide Ordnungsprinzipien in der Form aufzulösen, dass deren Zusammenhang und Verknüpfung zum Vorschein kommt (vgl. Kap. 6.2.3).

6.2.2 Die vier Ordnungen-Stränge und das abstrakte Wer oder Was der Un-/Sicherheiten

Aus praktikentheoretischer Perspektive beschreiben *Ordnungen* das Arrangement von materiellen und immateriellen Entitäten, die im Alltagsleben von Bedeutung sind und in sinngebender Relation zueinander stehen (Schatzki 2002, S. 38). Diese zunächst abstrakt anmutenden materiellen und immateriellen Entitäten in Gestalt von Menschen, Artefakten, Organismen und Dingen werden ähnlich dem praktikenrelevanten Tun und Sagen von den Interviewten in der Darstellung und Ausführung ihrer Alltagsgeschichte besprochen und beobachtet. Dinge und Themen wie der Straßenverkehr, das *policiamento*, die Homizidrate und Ungerechtigkeit, aber auch Artefakte und *humans* wie der Elektrozaun, das verbarrikadierte *prédio*, die Anderen oder der Wachmann sind dabei Bestandteile von sozialen Anordnungen des Bildungs-, Gesundheits-, Sicherheits- und Justizwesens oder bilden materielle Ordnungs-Elemente eines veränderten Sicherheitsschematas. Durch das Offenlegen lassen sich dabei der beobachtbarmaterielle Handgriff und argumentativ-reflexive Rückgriff auf diverse Ordnungszusammenhänge rekapitulieren. In zu erwartender Steigerung zur diskutierten Vielfalt der Praktiken wird indessen die Diversität materieller und sozialer Anordnungen deutlich werden. Im Offenlegen, Systematisieren und Rekapitulieren der Ordnungszusammenhänge wird sich zeigen, dass der Vielfalt an beobachtbar-materiellen Zugriffen oder argumentativ-reflexiven Rückgriffen auf ein Sortiment physischer Ordnungs-Elemente, aber auch auf komplexe Plenen sozialer An-Ordnungen sowie auf ein Spektrum diskursiver Formationen keine Grenzen gesetzt sind. Im Anschluss an das dehnbare Herleiten des Arrangement-Begriffs bei Schatzki (vgl. Kap. 2.4) bedient sich das Rekapitulieren der Ordnungen auch diversen ordnungs-synomen Figuren. Jedoch erfolgt dies nicht etwa unreflektiert oder aus Gründen der Ungeordnetheit. Vielmehr hilft es doch den Blick auf die Bandbreite sich stabilisierender und destabilisierender Ordnungen zu schärfen, die erst im Hergestellt-Werden in Praktiken Hinweise auf ermöglichende und einschränkende Bedeutungen geben können.

Indem Ordnungen aber keine vor-handlungs-existenten Eigenschaften besitzen und keine starren, nicht veränderlichen und rahmenden Strukturen bilden, sondern immer erst in jeweiligen Praktiken hergestellt werden (Schatzki 2002, S. 101), ist die deskriptive Darstellung der beobachteten oder von den Interviewten reflektierten An-Ordnungen nur von beschränktem Erkenntnisgewinn. Denn der Wachmann ist beispielsweise böse, aber zugleich sinnvoll. Die Anderen sind bedrohlich, aber auch moralische Verlierer. Und das Justizwesen ist heute nutzlos und war früher effizient. Entsprechend bedarf es der Rekonstruktion und des analytischen Zusammenführens der jeweils zu Grunde liegenden Bedeutungen sozialer und materieller Ordnungen, um deren ermöglichenden und einschränkenden Charakter zum Nachzeichnen des sozialen Phänomens zu rekapitulieren. In Analogie zur Darstellung der Praktiken der Un-/Sicherheiten wird das Rekapitulieren des abstrakten Wer oder Was der Un-/Sicherheiten ebenfalls der gliedernden Figuren von vier *Ordnungen-Stränge* und jeweils drei *Ordnungen-Fäden* und ihren zugehörigen *Ordnungen-Fasern* folgen (vgl. Tab. 4).

Tabelle 4: Ordnungen-Gliederung

Ordnungen-Stränge	Ordnungen-Fäden
Ordnungen des sozialen Wandels	Ordnungen der Armut, Arbeitslosigkeit und sozialen Ungleichheit Ordnungen der Solidarität, sozialen Ungerechtigkeit und Unwürdigkeit Ordnungen des sozialen Miteinanders, sozialen Austauschs und der Beschleunigung des Alltags
Ordnungen der Fürsorge	Ordnungen des Bildungs-, Gesundheits-, Sicherheits- und Justizwesens Ordnungen des politischen Systems Ordnungen der öffentlichen Sicherheitsfürsorge
Ordnungen des Sicherheitsschematas	Ordnungen der Mauern, Garagentore, Elektrozäune und Sicherheitskameras Ordnungen des Wachmanns Ordnungen des kommerziellen Sicherheitsdienstes
Ordnungen der Sicherheit und Ordnung	Ordnungen der Gewalt, Kriminalität und Viktimisierung Ordnungen der Impunität, Machtlosigkeit und des Ungerechtigkeits-Diskurses des kleinen Bürgers Ordnungen der Stadt

Quelle: Eigene Bearbeitung

Ordnungen des sozialen Wandels

Der *Ordnungen-Strang des sozialen Wandels* setzt sich aus den *Ordnungen-Fäden der Armut, Arbeitslosigkeit und sozialen Ungleichheit, der Solidarität, sozialen Ungerechtigkeit und Unwürdigkeit, des sozialen Miteinanders, sozialen Austauschs und der Beschleunigung des Alltags* zusammen. Der *Ordnungen-Faden der Armut, Arbeitslosigkeit und sozialen Ungleichheit* versteht sich als soziale Anordnung, auf die die Interviewten reflexiv zurückgreifen. In den Gesprächen findet der Faden einerseits seine Übersetzung in der Ordnungen-Faser der Anderen, *noias* und *banditos*. Zugleich mischt sich unter den Ungerechtigkeits-Diskurs der *pessoa de bem* auch ein Solidaritätsdiskurs für die einkommensbezogen unteren Haushalte der Gesellschaft. Andererseits leitet sich aus dem Ungerechtigkeits-Diskurs auch die persönliche Betroffenheit ab. Armut und Arbeitslosigkeit, aber auch soziale Ungleichheit im öffentlichen Raum sind tagesaktuelle Gesprächsthemen. Nicht nur die soziale und physische Degradierung auf der Straße, sondern auch die Betroffenheit pensionierter Personen formt ein argumentatives Spannungsverhältnis, das zu lösen niemand im Stande ist. Insbesondere die zeitliche Dimension weist dem Ordnungen-Faden seine Bedeutung zu: Früher ist der soziale Unterschied noch nicht so umfangreich gewesen und hat in der zeitlichen Gegenüberstellung früher-heute zugenommen. Auch der vergleichende Blick ins Ausland weist den ordnenden Elementen Armut, Arbeitslosigkeit und soziale Ungleichheit eine entsprechend größere Relevanz zu.

Im allgemeinen Diskurs über die sozioökonomische Entwicklung der letzten Jahrzehnte kommt des Weiteren der zweite *Ordnungen-Faden der Solidarität, sozialen Ungerechtigkeit und Unwürdigkeit* zum Ausdruck. Die Ordnungen-Fasern der Anderen gelten als moralische Verlierer. Dabei wird das Argument, die Anderen seien moralische Verlierer, nicht nur argumentativ konstituiert, sondern darüber hinaus auch im alltäglichen, materiellen Zugriff hergestellt. Unterstützung erhält die Relevanz des Ungerechtigkeits-Diskurses schließlich durch die Betonung der Unwürdigkeit des Lebens im Alter. Es stabilisiert sich ein raumsemantisch-positionsbezogenes Verhältnis aus Brasilien/Ausland und eigen/fremd. Damit wird es den Interviewten möglich, sich in der sozialen Ordnung von Solidarität, sozialer Ungerechtigkeit und Unwürdigkeit zu positionieren.

Schließlich stellt der argumentativ zusammengefasste, relativ breit gestreute *Ordnungen-Faden des sozialen Miteinanders, des sozialen Austauschs und der Beschleunigung des Alltags* eine Verknüpfung sozialer Anordnungen dar, deren reflexive Betonung mitunter durch den materiellen Zugriff hergestellt wird. Die Veränderungen formen sich einerseits in den Ordnungen-Fasern des zeitlichen und körperlichen Stresses, der Hektik, der Individualisierung und des Gerennes (*correiria*). Zusätzlich wird die Relevanz der ordnenden Fasern des sozialen Miteinanders an der materiellen Bedeutungsverlagerung von Nachbarn, aber auch der Technologisierung im Alltag deutlich. Das Stadtleben ist nicht nur vom Gerenne oder Unpersönlichen geprägt. Vielmehr ist das Austauschverhältnis der Nachbarn in einem starken Wandel begriffen. Sowohl die soziale als auch die materielle Veränderung des Ordnungen-Fadens deuten auf eine Trans-Formation des sozialen Miteinanders hin. In der Bedeutungszuschreibung der ordnenden Fäden und Fasern dominiert das Verhältnis aus positionsbezogenen Attributen und der raumsemantischen Einordnung: Die Stadt als Unbekannte und Fremde und das *interior* als Bekanntes und Eigenes. In der zeitlichen Gegenüberstellung von früher und heute wird die Stadt-Land-Differenz zusätzlich deutlich.

Ordnungen der Fürsorge

Der *Ordnungen-Strang der Fürsorge* besteht aus den *Ordnungen-Fäden des Bildungs-, Gesundheits-, Sicherheits-* und *Justizwesens, des politischen Systems* sowie der *öffentlichen Sicherheitsfürsorge*. Die *Ordnungen des Bildungs-, Gesundheits-, Sicherheits- und Justizwesens* stellen einen komplexen Ordnungen-Faden sozialen Charakters dar. Die Fadenstruktur wird nicht nur in den Praktiken des öffentlichen Sicherns oder Polizierens hergestellt, sondern insbesondere auch durch die Diskurse über das öffentliche Sicherheitsdefizit oder über allgemeine Mängel der Grundversorgung. Im Einzelnen setzt sich das Praktiken-Diskurs-Verhältnis des Bildungs-, Gesundheits-, Sicherheits- und Justizwesens aus den Ordnungen-Fasern *policiamento*, Strafgesetzbuch und Gesetzes- und Ordnungshüter zusammen. Sowohl dem Bildungs- und Gesundheitswesen als auch dem Sicherheits- und Justizwesen kommen eine normativ-rationale Bedeutung des Nicht-Adäquaten oder Unpassenden zu. Dabei betont insbesondere der raumsemantische Rückgriff auf die nicht-adäquate Situation in Brasilien die Ineffizienz des Polizeiwesens. Zusätzlich zur raumsemantischen Einordnung und Differenzierung (Brasilien/Ausland, Stadt/*interior*) wird im reflexiv-argumentativen Rückgriff vornehmlich auch die zeitliche und positionsbezogene Gegenüberstellung des früher/heute und eigen/fremd herangezogen, um die sich verändernde Ordnung der Fürsorge zu betonen. Dabei rücken die Bedeutungen der Zeitgebundenheit und Normativität-Rationalität ordnungs-kompensatorisch eng aneinander. Gleichermaßen wie früher das *policiamento* und Strafgesetzbuch noch hilfreich erschienen, sind Menschenrechte heute unpassend und lassen die Betroffenheit des Einzelnen steigen.

Der zweite *Ordnungen-Faden des politischen Systems* besteht aus den Ordnungen-Fasern der Steuern, Informalität und Korruption. Im gegenwärtigen Diskurs über das politische System werden die hohen Steuerlasten in Brasilien, korrupte Polizisten und Angehörige der Oberschicht (Reiche) mit einer informellen Fürsorge öffentlicher Sicherheit verknüpft. Insbesondere normativ-rationale Bedeutungen des Ungerechten und des Sittenwidrigen der Ordnungen des politischen Systems stehen in argumentativer Nähe zur maroden Bildung, der fehlenden Gesundheitsversorgung und defizitären öffentlichen Sicherheit, die das politische System verantwortet. Im Spektrum der Bedeutungspluralität des Gerechten/Ungerechten, Korrupten/Unbescholtenen, aber auch des Eigenen/Fremden und Armen/Reichen manifestiert sich die Ambiguität des Sicheren/Unsicheren (vgl. Kap. 6.2.3).

Schließlich gehen die *Ordnungen der öffentlichen Sicherheitsfürsorge* aus dem Diskurs über die Situation der öffentlichen Sicherheit und Ordnung hervor. Insbesondere wird die Situation der Unordnung im Vergleich hier und anderswo (dort) konstituiert. Der hilfreiche und passende Ordnungen-Faden in anderen räumlichen Kontexten wird dabei als soziale Anordnung im diskursiven Rückgriff hergestellt. Gleichzeitig formen auch materielle Ordnungen-Fasern die instabile Ordnung der Fürsorge. Dazu zählen technische Sicherheitskräfte, Spezialeinheiten der Polizei (ROTA) oder der schulische Ordnungshüter in nachbarschaftlicher Nähe. Deutlich wird die Unordnung zudem in der politischen Entscheidung, Crackolândia aufzulösen. Auslöser für die Entscheidung ist die augenfällige Präsenz der materiellen Ordnungen-Fasern der Anderen und dabei insbesondere der Drogenkonsumenten und der Obdachlosen. Argumentativ wird die Relevanz des instabilen Ordnungen-Fadens durch die unordnende Faser der menschenleeren Straße unterstützt. Die Diskussion betont dabei nicht nur die Notwendigkeit stärkerer Investitionen in den Polizeiapparat, des Ausbaus der Polizeipräsenz, eines rigideren polizeilichen Vorgehens und der Verschärfung des *código penals* (Strafgesetzbuch) (vgl. Ordnungen des Bildungs-, Gesundheits-, Sicherheits- und Justizwesens). Die Diskussion betont auch die Diskrepanz öffentlicher Sicherheitsfürsorge, die durch unterschiedliche öffentliche Sicherheitsakteure – namentlich ROTA vs. PM/PC, PM vs. GCM (bewaffnet/unbewaffnet) hervorgebracht wird.

In Verknüpfung mit dem Ordnungen-Strang der Sicherheit und Ordnung kommen dem *policiamento*, dem technischen Sicherheitsequipment der Polizei, aber auch den schulischen Ordnungshütern, unterschiedliche Bedeutungen zu. Sie gelten als ungenügend oder unpassend und werden insbesondere hier in Brasilien und nicht dort im Ausland als nutzlos und unpraktisch bezeichnet. Zudem akzentuiert die Diskrepanz zwischen Stadt/*interior* die Bedeutungszuweisung einer gefährlichen, unpraktischen und nicht adäquaten Ordnung der öffentlichen Sicherheitsfürsorge. Damit schlagen sich im Charakterisieren des Ordnungen-Fadens sowohl normativ-rationale als auch raumsemantische und zeitliche Bedeutungspluralitäten nieder. Nutzloses wird zu Unpassendem und Unpassendes wird zu Ineffizientem. Indem die Bedeutungszuweisungen des Effizienten bestimmter materieller Ordnungen (vgl. Ordnungen des Sicherheitsschematas) mit ordentlich, praktisch, schützend und vertrauenserweckend gleichgesetzt werden, erfahren materielle und soziale Ordnungen des Nutzlosen, Unpassenden und Ineffizienten auch eine Bedeutungszuschreibung des Unordnenden, Unpraktischen, Unbeschützten und Nicht-Vertrauenserweckenden.

Ordnungen des Sicherheitsschematas
Der dritte Strang dieser Systematisierung, der *Ordnungen-Strang des Sicherheitsschematas*, besteht aus den *Ordnungen-Fäden der Mauern, Garagentore, Elektrozäune und Sicherheitskameras, des Wachmanns* und *des kommerziellen*

Sicherheitsdienstes. Der *Ordnungen-Faden* der *Mauern, Garagentore, Elektrozäune und Sicherheitskameras* ist von einem breiten Diskurs über Nutzen, Notwendigkeit oder Handhabung geprägt. Charakteristisch ist zudem die materielle Vielfalt dieser Ordnungen-Faser. Die materielle Vielfalt besteht sowohl aus physisch-baulichen als auch aus elektronischen Sicherheitsmaßnahmen. Dazu zählen im Einzelnen Mauern und ihre sukzessive Erhöhung, der Stacheldraht oder die vollständig überdachte Hofeinfahrt. Zum anderen zählen auch automatische Garagentore, Sicherheitskameras, Elektrozäune, Sicherheits- und Bewegungsmelder oder Alarmanlagen dazu. Die Ordnungen-Fasern sind mitunter noch feingliedriger und verknüpfen andere elektronische Artefakte wie das Mobilfunkgerät oder einen Tablet-Computer in das ordnende Sicherheitsschemata. Es zeigt sich, dass die materielle Vielfalt der Sicherheitsdispositive mit der Bedeutungspluralität der Ordnungen-Fäden einhergeht. Je nach herstellender Praktik oder je nach konstituierendem Diskurs wirken die Ordnungen-Fäden beschützend oder nicht beschützend, kontrolliert oder unkontrolliert, praktisch oder unpraktisch, beruhigend oder beunruhigend oder passend oder unpassend. Damit beschränkt sich die Ambiguität der Bedeutung der physisch-baulichen und technisch-elektronischen Sicherheitsmaßnahmen auf normativ-rationale und positionsbezogene Dimensionen.

Diskursiv eingeordnet werden die verschiedenen Ordnungen-Fasern in die Debatte über zunehmend verbarrikadierten Häuserfronten und *prédios*. Darüber hinaus dominiert die Betonung der Präsenz des *circuito des segurança* in Shoppingcentern oder modernen Hotelanlagen. Nicht nur der private Raum, sondern insbesondere auch der geschlossene und kontrollierte Raum nimmt in der Darstellung der Interviewten an Bedeutung zu. Besonders die Verknüpfung von Sicherheits-Artefakten unterschiedlicher Dimension lässt sich heute zunehmend beobachten. Die zunehmende Präsenz von Ordnungs-Elementen betont entsprechend die zeitbezogene Bedeutung der Ordnungen-Fäden des Sicherheitsschematas. Gleichzeitig stehen die Attributverhältnisse früher/heute und offen/geschlossen im Zusammenhang mit deren Bedeutungszuschreibung. Über die argumentative Einordnung der präsenten, ordnenden Sicherheits-Artefakte in den Alltag deuten sich zudem eine Verbindung von Geschlossenheit und Sicher-Sein an, das um das normativ-rationale Argument des Praktischen, Adäquaten und Passenden erweitert wird. Einen Überbau erhält die enge Verknüpfung aus normativ-relationalem Argument mit der zeitgebundenen Dimension durch deren raumsemantische Bedeutungszuschreibung. Das Passende, Adäquate und Praktische wird gleichgesetzt mit dem Dortigen, dem *interior* oder dem Ausland und steht damit in Konkurrenz zur Situation hier, der Stadt oder Brasilien. Über die positionsbezogenen Attribute des Beschützt-Seins, des Vertraut-Werdens und des Bekannten ist es den Interviewten schließlich möglich, sich in den ordnenden Elementen zu positionieren.

Der zweite *Ordnungen-Faden des Wachmanns* ist ein ordnendes Element, das eng mit dem kommerziellen Sicherheitsdienst verknüpft ist. Charakterisieren lässt sich der Wachmann mittels der geringen Gebühren und Informalität der Wachtätigkeit sowie der geringen Technisierung der Überwachungsdienstleistung. Der Ordnungen-Faden des Wachmanns ist weitestgehend mit dem Misstrauensdiskurs gegenüber dem Wachmann verbunden. Das nichtbestehende Recht des Tragens einer Waffe, dem gemeinsamen Sache-Machen mit den Anderen, *noias* oder *banditos*, sowie die Beurteilung der ungenügenden Arbeit des Wachmanns bilden dabei die Kristallisationskerne der negativ konnotierten Bedeutung der materiellen Ordnung. Die Bedeutung wird in den verschieden Praktiken hergestellt, die die Entität des Wachmanns integrieren (vgl. Praktiken des Wachen und Überwachens). Dem Bedeutungsspektrum liegt eine starke Pluralität zu Grunde. Sie reicht von nutzlos, nicht vertrauenserweckend, unpraktisch, böse und sittenwidrig bis hin zu beruhigend, passend, gut und adäquat. Neben den normativ-rationalen Bedeutungszuschreibungen sind die Teile der positiv konnotierten Bedeutungszuschreibungen hauptsächlich mit der positionsbezogenen Dimension verkettet. Die Zuschreibung des Eigenen oder Beschützten geht dabei mit der offenen Positionierung der Interviewten gegenüber dem Ordnungen-Faden des Wachmanns einher. Die Positionierung steht zudem meist mit einem positiv konnotierten persönlichen Kontakt zu einem Freund in Verbindung, der verknüpft ist mit anderen Ordnungen-Fäden des Sicherheitsschematas.

Des Weiteren charakterisiert sich der Ordnungen-Strang des Sicherheitsschematas durch die Kommerzialisierung der Wachdienst-Tätigkeit. Der *Ordnungen-Faden des kommerziellen Sicherheitsdienstes* ist in ein breites Spektrum an privatwirtschaftlichen Sicherheitsleistungen in öffentlichen, halböffentlichen und privaten Räumen eingeordnet. Darin überschneiden sich ordnende, materielle Elemente der kommerziellen Sicherheitsdienste mitunter in der Bandbreite der physisch-materiellen Ordnungen-Fäden der Mauer und Garagentore, Elektrozäune und Sicherheitskameras. Die Überschneidung der Ordnungen-Fäden steht nicht zuletzt mit der zunehmenden Technisierung der kommerziellen Sicherheitsdienste im Zusammenhang. Zu den ordnenden Fasern der kommerziellen Sicherheitsdienste zählen registrierte Sicherheitskräfte, der Hol- und Bring-Service durch lokale Sicherheitsfirmen oder die Kombination von Alarm-, Patrouillier- und Überwachungsservice. Insbesondere diese letzte, multifunktionale Ordnungen-Faser verknüpft den Sicherheitsservice zusätzlich mit elektronisch-technischen Artefakten der Kommunikation und Überwachung.

Die Darstellung des zunehmenden materiellen Zugriffs auf Sicherheitsmaßnahmen und Sicherheitspersonal ist schließlich auch auf den argumentativen Rückgriff und auf die Betonung der Ausbreitung von privaten und insbesondere auch geschlossenen, verbarrikadierten Bereichen zurückzuführen. Dazu zählen private Wohnbereiche wie *prédios* oder Einfamilienhäuser oberer Einkommensschichten genauso wie auch Supermärkte, Krankenhäuser, gastronomische Einrichtungen, Musik- und Sportclubs oder Banken und Dienstleistungszentren. Dabei charakterisieren sich sowohl die privaten als auch gewerblichen Einrichtungen durch ihre zusätzliche Integration von Dienstleistungen aller Art. Neben den Sicherheitsdienst-Tätigkeiten durch die kommerziellen Sicherheitsdienstleister sind hier auch Gärtner-Tätigkeiten, das VIP-Parking, Getränke- und Essenangebote oder Animateure für Kinder zu nennen (vgl. Praktiken des Privat-Werdens). Insbesondere in den Praktiken des privaten Sicherns und Praktiken des Privat-werdens spielen die Ordnungen der kommerziellen Sicherheitsdienste in privaten, geschlossenen Räumen eine zunehmende Rolle. Entsprechend sind die Bedeutungen des Ordnungen-Fadens normativ-rationaler und positionsbezogener Natur. Darüber hinaus steht das Geschlossene mit dem Beschützten, Privaten und Kontrollierten in Verbindung. Es wird zudem mit dem Hilfreichen, Beruhigenden und Praktischen gleichgesetzt. Die Attribute stehen sowohl in enger Verflechtung untereinander, als auch mit dem Merkmal des Sicher-Seins. In abschließender raumsemantischer Einordnung der Ordnungen der kommerziellen Sicherheitsdienste als brasilianisches Phänomen erfolgt schließlich eine eindeutige Abgrenzung gegenüber anderen Länderkontexten. Entsprechend einfach fällt es den Interviewten in diesem engen, positiv konnotierten Bedeutungsspektrum des Ordnungen-Fadens sich als eigen und integriert zu positionieren.

Ordnungen der Sicherheit und Ordnung

Schließlich setzt sich der vierte *Ordnungen-Strang der Sicherheit und Ordnung* aus den *Ordnungen-Fäden der Gewalt, Kriminalität und Viktimisierung, der Impunität, Machtlosigkeit und des Ungerechtigkeits-Diskurses des kleinen Bürgers* sowie der *Ordnungen der Stadt* zusammen. Zunächst erweist sich der *Ordnungen-Faden der Gewalt, Kriminalität und Viktimisierung* als komplexe Verknüpfung aus materiellen Anordnungen sowie Diskursen und In-Formationen. Die heterogene Prägung der Ordnungen-Fasern der In-Formation über die Kriminalitätsentwicklung spiegelt den stark differenzierten Diskurs über das Defizit und die Komplexität der öffentlichen Sicherheit wider. Dieser besteht aus den Diskurselementen Raubüberfällen, Entführungen und Homiziden. Die Diskurselemente umschließen aber auch Überfälle, Eigentumsdelikte jeglicher Art und verschiedene Formen von Drogenkriminalität. Insgesamt bestehen unterschiedliche

Aussagen zur Kriminalitätsbelastung. Die subjektiven Einschätzungen divergieren zwischen einer starken Verschärfung des Sicherheits- und Ordnungsproblems und einer Verbesserung weil qualitativen Veränderung der Kriminalitätsbelastung.

Den einzelnen ordnenden Elementen der In-Formation Gewalt, Kriminalität und Viktimisierung werden sowohl raumsemantische und zeitliche, als auch normativ-rationale und positionsbezogene Bedeutungszusammenhänge zugewiesen. In der Gegenüberstellung früher/heute und häufig/selten erhält der Diskurs eine jeweils unterschiedliche Tragweite. Neben einer Zuweisung des Nicht-Integrierten und Nicht-Betroffenen im allgemeinen Diskurs der Sicherheit und Ordnung rücken in der Darstellung persönlicher Vorfälle aber insbesondere das Gefährliche und Unsichere in den Mittelpunkt. Durch die eigene Betroffenheit und die der Familie und Freunde positionieren sich die Interviewten in den Ordnungen-Fäden der Gewalt, Kriminalität und Viktimisierung. In Verknüpfung mit den Ordnungen-Fasern der Familien und bestimmter traumatischer Events nimmt die Bedeutung des Gefährlichen zu. Der positionsbezogenen Betroffenheit durch Gewalt- und Kriminalitätsdelikte – und dabei insbesondere die Betroffenheit durch Eigentums- und Eigenheimdelikte – wird durch die Abgrenzung des Eigenen vom Fremden und Anderen eine größere Bedeutung zugesprochen. Dies erfolgt häufig dann, wenn sich die Interviewten im Ordnungen-Faden als Mittelschichtsangehörige positionieren. Die Grundlage für die eigene Positionierung meist als Betroffene stellt dabei der In-Formationsaustausch zu Gewalt, Kriminalität und Viktimisierung mit Freunden, Bekannten oder das Radio und TV dar (vgl. Praktiken des Austauschens).

In den Ordnungen-Fasern der Anderen, *noias* und *banditos*, sind nicht nur argumentativ-reflexive Diskurselemente der Bedrohung und Angst verknüpft, sondern auch materielle Elemente der Ordnung und Sicherheit. Andere, *noias* und *banditos*, werden darin als Aggressoren der Gewalt, Kriminalität und Viktimisierung und als Unruhe- und Unordnungsstifter der Stadt verhandelt. Zunehmend werden weitere Entitäten wie Kinder mit den Ordnungen-Fasern der Anderen, *noias* und *banditos*, verknüpft. Entsprechend äußert sich die Bedrohung der öffentlichen Sicherheit heute auch durch Kindereien und Delikte durch Halbstarke. Die Ordnungen-Fasern der Anderen, *noias* und *banditos*, erweisen sich als böse, sittenwidrig, korrupt und gefährlich. Angesicht der Dominanz der normativ-rationalen Bedeutungszuweisungen findet die Positionierung der Interviewten in einer scharfen Abgrenzung gegenüber den Anderen ihren Ausdruck. Schließlich wird die normativ-rationale Zuschreibung mittels der Integration der Kinder bzw. Kindereien in den Ordnungen-Faden der Gewalt, Kriminalität und Viktimisierung um einen zeitgebundenen Vergleich des Früher-Heute erweitert.

Der zweite *Ordnungen-Faden* der *Impunität, Machtlosigkeit und des Ungerechtigkeits-Diskurses des kleinen Bürgers* wird nicht aus ordnenden Fasern der sozialen Ordnung der Polizei und Justiz, den Menschenrechten oder dem Ungerechtigkeits-Diskurs des rechtschaffenden Bürgers (*pessoa de bem*) (vgl. Ordnungen der Fürsorge) zusammengesetzt. Vielmehr umschließen die Fäden auch materielle Ordnungen der Gefängnisse, der Anderen, *noias* und *banditos*, sowie der Kinder. Impunität findet dabei im ungleichen Polizei- und Justizverständnis zwischen politischen Akteuren und dem betroffenen kleinen Bürger ihren Ausdruck. Der Ungerechtigkeits-Diskurs betont dabei mehrheitlich Andere oder Kinder als Ordnungen-Fasern, von denen Bedrohungen ausgehen. Während die *pessoa de bem* eingesperrt ist, laufen die Anderen freien Fußes auf der Straße. In dieser Argumentation werden den Anderen, *noias* und *banditos* bzw. den Kindern sowie Kindereien Attribute der Bedrohung und Gefährlichkeit zugwiesen. Der Einzelne, die *pessoa de bem* oder der Rechtschaffende sind hierbei von der Impunität der Anderen und der Machtlosigkeit gegenüber den instabilen Ordnungen der Sicherheit und Ordnung betroffen. Dabei macht der Ungerechtigkeits-Diskurs besonders die Opferposition der Interviewten deutlich. In ihm werden das Betroffene, das Ungerechte und das Geschlossene hergestellt. Damit dominiert eine Verknüpfung von Normativ-Rationalem und Positionsbezogenheit die Bedeutungszuschreibung der Ordnungen-Fäden der Sicherheit und Ordnungen. Effekt der einseitigen Bedeutungsdominanz ist daher eine Abgrenzung der guten und passenden sozialen Ordnungs-Elemente gegenüber den bösen, unpassenden, materiellen Ordnungs-Elementen.

Ähnlich den ordnenden Elementen der Gewalt, Kriminalität und Viktimisierung gestaltet sich der dritte *Faden der Ordnungen der Stadt* vergleichsweise vielfältig. Konstituierend wirken dabei die Ordnungen-Fasern der Favelas, Obdachlosigkeit, Drogen und der Anderen. Die einzelnen Ordnungs-Elemente werden dabei diskursiv als soziale Ordnung verhandelt und im materiellen Rückgriff in verschiedenen Praktiken hergestellt. Der Diskurs über Ordnungen und Stadt deutet auf städtische Fragen der Unordnung und Informalität hin. Im Einzelnen findet das Defizit der öffentlichen Ordnung seinen Ausdruck in den dunklen Gestalten auf der Straße. Die Anderen differenzieren sich nach den gefährlichen *noias* und *banditos*, den sittenwidrigen *favelados*, aber auch Drogen- und Alkoholkonsumenten, Strichern, Immigranten, Obdachlosen und minderjährigen Straftätern (*pessoas mais intensionadas*). Aber auch irregulärer Straßenhandel, Müll, Ungeziefer und Unrat charakterisieren die Unordnung der Stadt. Gerade der Vergleich mit anderen Länderkontexten zeigt das Defizit der öffentlichen Ordnung in Brasilien besonders deutlich.

Der Faden der Ordnungen der Stadt ist geprägt von normativ-rational konnotierten Bedeutungen. Dazu zählen das Nicht-Kontrollierte, das Unordentliche, das Sittenwidrige, das Gefährliche, das Stressige, das Korrupte und das Verschmutzte. Die Bedeutungsdominanz der öffentlichen Ordnung manifestiert sich insbesondere durch die raumsemantische und zeitbezogene Abgrenzung. Die Wandelbarkeit der Situation der öffentlichen Ordnung (soziale An-Ordnung) sowie die Einschränkung durch bestimmte Ordnungen-Fasern (materielle Ordnungen) wird über den normativpositiv konnotierten Rückgriff auf das Frühere, aber auch auf die aktuelle, neue Präsenz im Heute hergestellt. Sie äußert sich auch im Vergleich mit dem hier/dort, im Stadt-Land-Gegensatz und in der Gegenüberstellung der brasilianischen Situation mit dem Ausland.

Den Faden dominieren die Ordnungen-Fasern der Anderen, *noias* und *banditos*. Die ordnenden Elemente dieser Fasern sind etwa der Alkohol- und Marihuanakonsum durch *noias* oder durch Schüler aus der Nachbarschaft, die Debatte über die Auflösung Crackolândias sowie die Debatte über Straßenprostitution. Sie treten als unordnendes Element der *motoqueiros* im Straßenverkehr oder als *dono da favela* auf und lassen in Kombination mit der Verschlechterung der Verkehrssituation das Überfallrisiko im Straßenverkehr ansteigen. Gleichzeitig wird im Diskursbereich des Verkehrs auch der Ausbau der Verkehrsinfrastruktur thematisiert. Durch die Errichtung der Metro- und Bushaltestelle im Quartier hat sich die öffentliche Ordnung in der Weise geändert, dass nicht nur Andere, *noias* und *banditos* angelockt werden, sondern die erhöhte Passantenfrequenz und Menschenansammlungen eine neue Unübersichtlichkeit im öffentlichen Raum bedingen. Hierbei vermischen sich beide Ordnungen-Fasern zu einem Bedrohungsdiskurs der gefährlichen Anderen und der korrupten Oberschicht. Schließlich zeigt sich im Diskurs der Anderen eine Ambiguität in den rational-normativen und positionsbezogenen Bedeutungszuschreibungen. Einerseits dominiert das Merkmal der Sittenwidrigkeit, der Bedrohung, der Fremdheit, des Gefährlichen, des Bösen und des Unordentlichen. Andererseits kristallisiert sich nicht nur der Ungerechtigkeits-Diskurs der *pessoa de bem* heraus, sondern werden zudem auch Ungerechtigkeiten betont – verhandelt als strukturelle Gewalt –, die den Anderen zukommen. Erst durch das Hinzunehmen des Ordnungen-Fadens des Verkehrs wird die Bedeutungszuschreibung der Anderen um die zeitliche Dimension erweitert. Früher ist die Verkehrssituation nicht nur ordentlicher gewesen, sondern die ehemalige Ordnung der Stadt war nicht von der heutigen Bedrohung durch dunkle Gestalten im öffentlichen Raum durchzogen.

Das Rekapitulieren der vier Ordnungen-Stränge der Un-/Sicherheiten

Durch das Abstrahieren des offengelegten Tuns und Sagens der zwölf Alltagsgeschichten in São Paulo lassen sich entlang deren aktivitäts- und steuerungsbezogenen Dimensionen nicht nur Praktiken des Austauschens, Kontrollierens, Verschließens und Vermeidens rückkoppelnd identifizieren. Vielmehr zeigt sich in den Praktiken-Strängen und deren zusammensetzenden Praktiken-Fäden und -Fasern eine Vielzahl von Ordnungszusammenhängen auf, auf die Interviewten im Besprechen und Beobachten ihres Alltags zugleich materiell zugreifen als auch argumentativ zurückgreifen. Die jeweiligen Ordnungszusammenhänge bestehen nicht nur als diskursive Elemente sozialer Anordnungen und physischkörperlicher Elemente materieller Ordnungen. Vielmehr sind die ordnenden Elemente mit verschiedenen Praktiken verknüpft bzw. werden in ihnen hergestellt.

Beim Rekapitulieren des abstrakten Wer oder Was der Un-/Sicherheiten zeigt sich dabei nicht nur eine Vielfalt ordnender Elemente diskursiver und materieller Beschaffenheit, sondern eine große Diversität ihrer jeweiligen Bedeutungen. Die Bedeutungspluralität der Ordnungen-Stränge, -Fäden und -Fasern lässt sich dabei nach raumsemantischen, zeitlichen-, normativ-rationalen und positionsbezogenen Dimensionen unterteilen (vgl. Tab. 5). Indem Praktiken und Ordnungen nur in der analytischen Gliederung – und damit aus forschungspragmatischen Gründen – als voneinander getrennte, einzelne Elemente sozialer Ordnung identifiziert werden können, zum Nachzeichnen des sozialen Phänomens aber nur das Rekapitulieren des Zusammenhängens und Miteinanderverknüpft-Seins von Praktiken und Ordnungen zum Erkenntnisgewinn führt, gilt es anschließend, das abstrakte Wie der Un-/Sicherheiten aufzudecken (vgl. Kap. 6.2.3).

Tabelle 5: Bedeutungspluralität von Ordnungen-Strängen, -Fäden und -Fasern

Bedeutungs-Dimension	Bedeutungs-Attribute
raumsemantisch	Brasilien/Ausland Stadt/*interior* hier/dort
zeitlich	früher/heute häufig/selten präsent/abwesend
normativ-rational	hilfreich/nutzlos, ordentlich/unordentlich, gut/böse, passend/unpassend praktisch/unpraktisch, sittenwidrig/rechtmäßig, entspannt/stressig adäquat/nicht adäquat, korrupt/unbescholten, sauber/verschmutzt
positionsbezogen	eigen/fremd, offen/geschlossen, betroffen/nicht betroffen arm/reich, privat/öffentlich, beschützt/unbeschützt bekannt/unbekannt, vertrauenserweckend/nicht vertrauenserweckend

Quelle: Eigene Bearbeitung

6.2.3 Die vier Praktiken-Ordnungen-Bündel und das abstrakte Wie der Un-/Sicherheiten

Nach erfolgtem Aufbereiten, Gliedern und rückkoppelnden Zusammensetzen des körperlichen Tuns und Sagens einerseits und der argumentativ und materiell verknüpften Elemente andererseits konnten die zwölf Alltagsgeschichten aus São Paulo analytisch in jeweilige Praktiken- und Ordnungen-Matrizen zerlegt werden. Dabei zeigt sich, dass weder Praktiken noch Ordnungen im Besprochenen und Beobachteten separat oder gar isoliert auftreten. Vielmehr deuten sich beim Rekapitulieren des abstrakten Was der Un-/Sicherheiten zahlreiche ordnende Elemente an, die mit den aktivitäten- und steuerungsbezogenen Dimensionen der Praktiken verknüpft sind. In umgekehrtem Vorzeichen lässt sich das Gleiche auch für das abstrakte Wer oder Was der Un-/Sicherheiten in der Form beobachten, dass Bedeutung und Beziehung von Ordnungen grundsätzlich im Zusammenhang mit Tätigkeiten, Aufgaben und Projekten stehen. Denn der Wachmann ist nicht per se vorhanden, sondern Bestandteil der Praktiken des Wachen und Überwachens. Zugleich besteht kein Projekt des Informationsaustauschs als Bestandteil der Praktiken des Absprechens ohne die Ordnungen-Faser der In-Formation zu Kriminalität, Überfällen und Einbrüchen als Integral der Ordnungen der Gewalt, Kriminalität und Viktimisierung. Zur Vorbereitung des letztlichen Verschneidens der konkreten, gesellschaftlichen und abstrakten Beobachtungsnotiz und dem damit einhergehenden Theoretisieren des sozialen

Phänomens sicheren Unsicher-Seins bedarf es deshalb eines abschließenden Zusammenführens der Verknüpfungen und Zusammenhänge zwischen Praktiken und Ordnungen und damit dem Rekapitulieren des *Wie* der Un-/Sicherheiten. Im Anschluss an das bisherige, analytische Vorgehen und die Systematisierung beider praktikentheoretischer Figuren in Stränge, Fäden und Fasern lassen sich die Verknüpfungen und Zusammenhänge der Praktiken und Ordnungen schließlich in vier *Praktiken-Ordnungen-Bündel* zusammenführen.

Im Sinne eines zirkulären Forschungsprozesses stützt sich das Sortieren, Bearbeiten und Analysieren des empirischen Materials sowohl auf ein deduktives als auch auf ein induktives Vorgehen beim Erkenntnisgewinn (vgl. Kap. 3.2). Die anschließenden, exemplarischen Darstellungen miteinander verketteter Praktiken und Ordnungen entstammen einem Protokoll der zwölf Alltagsgeschichten (POB). Darin wird das thematische Sortieren der konkreten Beobachtungen und Gespräche zum alltäglichen Tun und Sagen der Interviewten (vgl. Kap. 5) erneut kodifiziert und reflexiv in Stränge, Fäden und Fasern der Praktiken und Ordnungen verknüpft. Praktiken und Ordnungen werden für den abschließenden analytischen Schritt in zweidimensionalen Wortketten verknüpft. Die Zeilenangaben (z.B. POB_Z 34-36) machen indessen die zitierte Wortkette deutlich. Erst entlang des Herausarbeitens der Organisationskomponente des abstrakten Was (vgl. Kap. 6.2.1) und der Ordnungs-Elemente des abstrakten Wer oder Was (vgl. Kap. 6.2.2) lassen sich die Verbindungsglieder des konkreten Wie (vgl. Kap. 6.2.3) herausarbeiten und die einzelnen Bausteine zu miteinander verwobenen Praktiken und darin sich konstituierenden Ordnungen zusammensetzen.

Praktiken-Ordnungen-Bündel der Offenheit
Wie in Kapitel 6.2.2 dargestellt, umfassen die Praktiken des Austauschens zahlreiche Projekte und Aufgaben des Kinder-auf-der-Straße-spielen-Lassens oder Schwätzchen-auf-der-Straßen-Haltens. Innerhalb der einzelnen Praktiken werden zahlreiche Ordnungen-Fäden hervorgebracht, denen pluralistische raumsemantische und zeitliche Bedeutungen zugewiesen werden (POB_Z 34-36). Damit lassen sich einerseits enge, meist ursächliche Verbindungen zwischen Praktiken-Strängen des Austauschens und Ordnungen des sozialen Wandels beobachten (POB_Z 47-50, 62, 65). Dies wird auch bei der spezifischeren Betrachtung der Praktiken-Fäden des Absprechens deutlich. Zum einen sind die Praktiken des Absprechens ursächlich verbunden mit Ordnungen-Fäden des sozialen Miteinanders, sozialen Austauschens und der Beschleunigung des Alltags. Zum anderen sind die Praktiken des Absprechens über ein weiter gefasstes Praktiken-Ordnungen-Bündel mit Projekten der nachbarschaftlichen Sicherheitsfürsorge verknüpft. Durch das Hervorbringen und Konstituieren von Praktiken des Auf-

passens werden Ordnungen der öffentlichen Sicherheitsfürsorge ursächlich erzeugt. Die Ordnungen-Fäden der öffentlichen Sicherheitsfürsorge wirken ihrerseits einschränkend auf die allgemeinen Praktiken des Austauschens in Gestalt der Praktiken-Fäden des Aufenthalts-im-öffentlichen-Raum oder des Kinder-auf-der-Straße-spielen-Lassens. Zugleich wirken die hervorgebrachten Ordnungen ermöglichend für die Praktiken des nachbarschaftlichen Austauschens in Gestalt der Projekte der nachbarschaftlichen Sicherheitsfürsorge.

Zudem wird die enge Verknüpfung zwischen Praktiken des Austauschens und Ordnungen des sozialen Wandels anhand der Ordnung des beschleunigten, individualisierten und technisierten Alltags deutlich. Die Ordnung geht aus der Veränderlichkeit der Praktiken des Austauschens hervor. Das sich so stabilisierende *Praktiken-Ordnungen-Bündel der Offenheit* betont die positionsbezogenen Bedeutungen des Geschlossen-Seins, des Privat-Werdens oder des Vertraut-Seins. Zugleich ist der beschleunigte Alltag ursächlich verbunden mit den Ordnungen-Fäden der Gewalt, Kriminalität und Viktimisierung, die ihrerseits auf die Praktiken-Fäden des Verbarrikadierens ermöglichend wirken. In den Praktiken-Fäden des Verbarrikadierens werden zugleich Ordnungen der Mauern, Garagentore, Elektrozäune und Sicherheitskameras hervorgebracht. Die Ordnungen-Faser der hohen Mauer oder der verschlossenen Hausfront steht zudem in ermöglichender und einschränkender Verbindung zu Praktiken des nachbarschaftlichen Austauschens (POB_Z 48-50).

Andererseits wirkt insbesondere der Ordnungen-Strang der Sicherheit und Ordnungen einschränkend auf die Praktiken des Austauschens. Die stark verdichtete und gebündelte Verbindung zwischen den verknüpften Praktiken des Sicherheitsmaßnahmen-Handhabens oder des Verbarrikadierens und den Ordnungen-Fäden der Mauern, Garagentore, Elektrozäune und Sicherheitskameras, aber auch der Gewalt, Kriminalität und Viktimisierung wirken einschränkend auf die Praktiken des nachbarschaftlichen Austauschens, die ihrerseits ursächlich mit einem veränderten Faden der Ordnungen der Stadt einhergehen (POB_Z 51). Besonders deutlich wird die Verknüpfung der Praktiken des Austauschens mit anderen Praktiken- und Ordnungen-Strängen auch anhand des Ordnungszusammenhangs der Sicherheit und Ordnung. In den zweckgerichteten Verknüpfungen von Praktiken des Wachens und Überwachens und Praktiken des kontrollierten Abfahrens können zum einen zweckorientierte Verbindungen zu Praktiken des Absprechens beobachtet werden. Zum anderen stabilisieren sich in der Verbindung von Praktiken-Fäden des Wachens und Überwachens und kontrollierten Abfahrens mit Ordnungen-Fäden des Wachmanns zudem normativ-rationale Bedeutungspluralitäten des Hilfreichen und Nutzlosen oder des Passenden und Unpassenden (POB_Z 57-58).

Praktiken-Ordnungen-Bündel der Geschlossenheit

In zahlreichen Alltagsgeschichten wird die enge Verknüpfung zwischen Praktiken des Verschließens und Ordnungen des Sicherheitsschematas deutlich. Die Verknüpfung der beiden Stränge ist hauptsächlich ursächlicher Natur und umfasst zumeist eine große Bandbreite der Ordnungen-Fäden des Wachmanns oder des kommerziellen Sicherheitsdienstes einerseits. Andererseits umschließt es die materiellen Ordnungen-Fasern der Mauern, Garagentore, Elektrozäune und Sicherheitskameras. Nicht nur zwischen den Praktiken des privaten Sicherns und den darin hergestellten Ordnungen des Wachmanns und des kommerziellen Sicherheitsdienstes besteht eine akzentuierte, zweckgerichtete Verbindung (POB_Z 64). Vielmehr werden ordnende Elemente wie Mauern, Garagentore, Elektrozäune und Sicherheitskameras ursächlich in Praktiken des Sicherheitsmaßnahmen-Handhabens hergestellt, die ihrerseits allgemeine Praktiken des Verbarrikadierens ermöglichen (POB_Z 50).

Das sich dadurch stabilisierende *Praktiken-Ordnungen-Bündel der Geschlossenheit* betont dabei die raumsemantische und zeitliche Bedeutungspluralitäten Stadt/*interior* und früher/heute. Dies wird in der ursächlichen Wechselbeziehung des Praktiken-Faden des Verbarrikadierens und der materiellen Ordnungen der Mauern und Garagentore deutlich. Zum einen dominieren Bedeutungen konstituierter Ordnungs-Elemente des heutigen Geschlossen-Seins in der Stadt. Darin stehen Praktiken des Verbarrikadierens nicht nur mit Ordnungen-Fäden des Wachmanns oder der Mauern, Garagentore, Elektrozäune und Sicherheitskameras im Zusammenhang. Insbesondere ermöglicht der Ordnungen-Strang der Sicherheit und Ordnung die zweckgerichteten Verknüpfungen der Praktiken des privaten Sicherns und des Verbarrikadierens. Zum anderen schränken die stabilen Ordnungen-Fäden der Mauern, Garagentore, Elektrozäune und Sicherheitskameras die Praktiken des nachbarschaftlichen Austauschens ein und konstituieren die Bedeutungsdominanz des früheren Offen-Seins im *interior* (POB_Z 49-55, Z 62).

Die Ordnungen des Sicherheitsschematas sind nicht nur mit sich stabilisierenden Praktiken des Sicherheitsmaßnahmen-Handhabens verknüpft, sondern auch mit den Praktiken-Fäden des privaten Sicherns und des Wachens und Überwachens. Aus dieser engen zweckgerichteten Verbindung der beiden Praktiken-Stränge des Verschließens und Kontrollierens gehen normativ-rationale und positionsbezogene Bedeutungspluralitäten der Ordnungen-Fäden des Wachmanns oder des kommerziellen Sicherheitsdiensts hervor. Zum einen konstituiert die Praktiken-Verknüpfung den hilfreichen, praktischen und unbescholtenen Wachmann und Sicherheitsdienst. Der Wachmann ist seinerseits eingebunden in die Praktiken-Fäden des Absprechens oder des nachbarschaftlichen

Austauschens. Zum anderen stehen die Praktiken des Verbarrikadierens ursächlich in Verbindung mit den nutzlosen, unpraktischen und korrupten Ordnungs-Elementen des Wachmanns und Sicherheitsdiensts. Insbesondere die damit einhergehende Bedeutungsdominanz des Betroffenen, Unbeschützten und Unbekannten im Praktiken-Ordnungen-Bündel der Geschlossenheit ermöglicht die Stabilisierung der Praktiken des Verbarrikadierens und deren ursächliche Verknüpfung mit Praktiken des Sicherheitsmaßnahmen-Handhabens (POB_Z 55-59, 60-64).

Praktiken-Ordnungen-Bündel der Kontrolle

In zahlreichen Alltagsgeschichten kann eine sehr enge, ursächliche Verbindung zwischen den Praktiken des Vermeidens und dem Ordnungen-Strang der Sicherheit und Ordnung beobachtet werden. Es stabilisiert sich ein *Praktiken-Ordnungen-Bündel der Kontrolle*. Darin besitzen sowohl die Ordnungen-Fäden der Gewalt, Kriminalität und Viktimisierung als auch der Ordnungen der Stadt nicht nur eine große Tragweite (POB_Z 16). Vielmehr wird deren ursächliche Verbindung in der Regel in der Form deutlich, dass beide Ordnungen-Fäden jeweils stark verdichtet den Ordnungen-Strang zusammensetzen (POB_Z 16). Analog stehen Praktiken des Rückzugs-aus-dem-öffentlichen-Raum zweckgerichtet mit Praktiken des Keine-Aufmerksamkeit-auf-sich-Ziehens, den Praktiken des Privat-Werdens und mit dem Praktiken-Strang des Verschließens in Beziehung (POB_Z 18). Die Verknüpfung der Praktiken des Vermeidens steht im Zusammenhang mit den Ordnungen-Fäden der Gewalt, Kriminalität und Viktimisierung sowie der Ordnungen der Stadt. Darüber hinaus bilden sie auch eine ursächliche Verbindung mit den Ordnungen-Fäden der Impunität, Machtlosigkeit und des Ungerechtigkeits-Diskurses. Die in den Praktiken des Vermeidens hergestellten unterschiedlichen Ordnungen-Fäden bringen dabei ähnliche Bedeutungszuschreibungen des Betroffenen, Gefährlichen, Sittenwidrigen und Unbeschützten zum Ausdruck (POB_Z 20-21, 32).

Insbesondere anhand des ordnenden Elements der Viktimisierung werden die auflösende Wirkung der Praktiken des Austauschens und zugleich die ermöglichende Verbindung für Praktiken des Rückzugs-aus-dem-öffentlichen-Raum und für Praktiken des Privat-Werdens deutlich (POB_Z 42). Die Alltagsgeschichten der Interviewten machen die große Bedeutung des Ordnungen-Strangs der Sicherheit und Ordnung im Allgemeinen und der Ordnungen-Fäden der Gewalt, Kriminalität und Viktimisierung ebenso wie der Ordnungen der Stadt im Besonderen deutlich. Damit lässt sich jedoch nicht nur eine enge Verknüpfung des Ordnungen-Strangs mit Praktiken des Vermeidens beobachten, die ihrerseits mit der Stabilisierung eines Praktiken-Ordnungen-Bündels der Geschlossenheit einhergeht (vgl. POB, Z 42, 85). Vielmehr steht der Ordnungen-Strang der Sicherheit und Ordnung ermöglichend und einschränkend mit den Praktiken des Austauschens (POB, Z 40-41, 49-51) und den Praktiken des Verschließens im Zusammenhang (POB, Z 21, 49-52). Innerhalb des Praktiken-Strangs des Vermeidens besitzen die Praktiken des Privat-Werdens eine große Tragweite. Diese stehen ursächlich mit Ordnungen der Sicherheit und Ordnungen sowie mit Praktiken-Fäden des nachbarschaftlichen Austauschens und den darin integrierten Projekten des Kinder-auf-der-Straße-spielen-lassens in Verbindung. In dieser Verknüpfung aus Praktiken des Vermeidens und Austauschens werden besonders die Ordnungen-Fäden des sozialen Miteinanders, sozialen Austauschs und der Beschleunigung des Alltags hervorgebracht. Der Ordnungen-Faden der Impunität, Machtlosigkeit und des Ungerechtigkeits-Diskurses ist schließlich ursächlich mit dem Ordnungen-Strang der Fürsorge und dabei speziell den Ordnungen-Fäden des Bildungs-, Gesundheits-, Sicherheits-und Justizwesens und des politischen Systems verknüpft (POB_Z 25).

Praktiken-Ordnungen-Bündel des Rückzugs
Wie in Kapitel 6.2.2 deutlich geworden ist, zeigt sich schließlich eine enge ursächliche Verknüpfung zwischen Ordnungen der öffentlichen Sicherheit und Ordnung und den Ordnungen der Fürsorge (POB_Z 4-5, 9, 14, 25, 72, 74, 80 und insbesondere 16). Diese enge Verknüpfung führt ihrerseits zur Stabilisierung des *Praktiken-Ordnungen-Bündels des Rückzugs*. Hierbei stützt sich die Stabilität der Verknüpfung auf ursächliche Verbindungen. Sowohl die Ordnungen-Fäden des Bildungs-, Gesundheits-, Sicherheits- und Justizwesens als auch der Gewalt, Kriminalität und Viktimisierung bedingen sich gegenseitig ursächlich (POB_Z 1-2). Der Ordnungen-Strang der Fürsorge ist nicht nur eng mit seinen hierarchisch untergeordneten Ordnungen-Fäden verknüpft. Vielmehr stehen die Ordnungen-Fäden des Bildungs-, Gesundheits-, Sicherheits- und Justizwesens, aber auch des politischen Systems und der öffentlichen Sicherheitsfürsorge in einem engen Austauschverhältnis. Insbesondere im reflexiv-argumentativen Rückgriff auf die sozialen Ordnungs-Elemente wird der ursächliche Zusammenhang deutlich, worin deren Zusammensetzung zu einem Ordnungen-Strang der Fürsorge begründet liegt (POB_Z 4-7).

Die enge Verknüpfung des Ordnungen-Strangs der Fürsorge mit dem der Sicherheit und Ordnung findet zudem seinen Ausdruck in der stabilen Verbindung zwischen Praktiken der Fürsorge und Praktiken des Kontrollierens (POB_Z 17). Der instabile Ordnungen-Faden der öffentlichen Sicherheitsfürsorge steht dabei nicht nur im ursächlichen Zusammenhang mit der erhöhten Relevanz der Ordnungen-Fäden der Gewalt, Kriminalität und Viktimisierung. Vielmehr ermöglicht der Ordnungen-Strang die Praktiken des Aufpassens, die ihrerseits zweckgerichtet mit den Praktiken des kontrollierten Abfahrens verbunden sind (POB_Z 17). In einem anderen argumentativen Zusammenhang sind die Praktiken des Aufpassens schließlich ursächlich mit dem Ordnungen-Faden der öffentlichen Sicherheitsfürsorge verknüpft, der sich seinerseits aus den Ordnungen-Fasern abwesender Polizei oder Passanten auf der Straße zusammensetzt. Entsprechend rücken neben die Praktiken des Aufpassens vor allem auch die Praktiken des nachbarschaftlichen Austauschens in Gestalt des Projektes der nachbarschaftlichen Sicherheitsfürsorge ursächlich in den Mittelpunkt. Das Projekt der nachbarschaftlichen Sicherheitsfürsorge bringt wiederum Praktiken des Wachens und Überwachens hervor. Schließlich sind die darin hergestellten Ordnungen-Fäden des hilfreichen und passenden Wachmanns Bestandteil eines breiter gefassten Ordnungen-Strangs der Sicherheitsschemata (POB_Z 48).

Das Rekapitulieren der vier Praktiken-Ordnungen-Bündel der Un-/Sicherheiten

Die Verknüpfungen der dargestellten Praktiken-Ordnungen-Bündel der Un-/Sicherheiten setzen sich aus einschränkend/ermöglichenden, hervorbringend/auflösenden und ursächlich/zweckgerichteten Verbindungen zusammen. Je nach betrachtetem Praktiken-Ordnungen-Bündel lassen sich unterschiedliche Verbindungskombinationen identifizieren, die zur Stabilisierung und Destabilisierung einzelner Praktiken und Ordnungen beitragen. Zugleich zeigt sich, dass eine mannigfache Kombinationsmöglichkeit von Praktiken- und Ordnungen-Strängen, Fäden und Fasern nachgezeichnet werden kann. Die systematisierende Zusammenstellung der Praktiken-Ordnungen-Bündel aus den hierarchisch übergeordneten Strängen der Praktiken und Ordnungen ist dabei jedoch nicht nur schematisch-analytischer Natur oder dient der vereinfachten Darstellung der Verkettung von praktikenrelevanten Organisations- und ordnungsrelevanten Kompensationselementen. Vielmehr zeigt sich eine Stabilisierung miteinander verdichteter und verketteter Praktiken und Ordnungen in vier großen *Praktiken-Ordnungen*-Bündel. *Abstrakt* zählen dazu das *Praktiken-Ordnungen-Bündel der Offenheit, Geschlossenheit, Kontrolle* und *des Rückzugs* (vgl. Abb. 4).

Abbildung 4: Praktiken-Ordnungen-Bündel der Un-/Sicherheiten

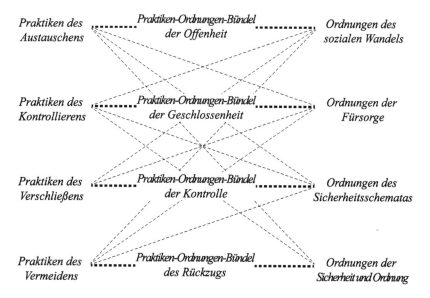

Quelle: Eigene Bearbeitung

Es zeigt sich, dass Praktiken-Ordnungen-Bündel nicht nur einseitig miteinander verbunden sind, sondern die beiden Konzeptbausteine der Praktiken und Ordnungen insbesondere die Wechselseitigkeit des Stabilisierens und Destabilisierens des sozialen Phänomens mitdenken. Entsprechend ist darauf hinzuweisen, dass Ordnungen zunächst durch Praktiken hergestellt werden und damit ursächlich, zweckgerichtet und nutzenorientiert sowie hervorbringend miteinander verbunden sind. Jedoch werden Praktiken auch durch Ordnungen eingeschränkt, ermöglicht oder lösen sich in ihnen auf. Entlang des Rekapitulierens der ursächlichen, zweckgerichteten/nutzenorientierten und hervorbringenden Verbindung zwischen Praktiken und Ordnungen einerseits und entlang der einschränkenden, ermöglichenden und auflösenden Verbindung zwischen Ordnungen und Praktiken andererseits zeigt sich schließlich der andauernde, verändernde Effekt von Praktiken und Ordnungen, der zur permanenten Stabilisierung und Destabilisierung bestimmter Praktiken-Ordnungen-Bündel führt.

6.3 Praktiken-Ordnungen-Bündel der Un-/Sicherheiten. Das Abstrahieren

Das Rekapitulieren des *Was* und des *Wer* oder *Was* der Un-/Sicherheiten ermöglicht zunächst eine Systematisierung der aus analytischen Gründen getrennten Stränge, Fäden und Fasern der Praktiken und Ordnungen. Es zeigt sich einerseits, wie sich die jeweiligen, im Untersuchungsvorhaben als zentral identifizierten Praktiken- und Ordnungen-Stränge aufbauen und welche organisierenden und gestaltenden Elemente den zusammenhängenden Kitt bilden. Zentrale Bedeutung bei dieser Vorgehensweise hat die erkenntnistheoretische Aufgabe, Praktiken nicht nur in der abstrakten Diskussion der konzeptionellen Bausteine, sondern vor allem auch in der konkreten empirischen Arbeit zum Nullpunkt der Sozialanalyse zu machen. Nur im Verständnis der Stabilisierung einzelner Praktiken über Raum und Zeit ist es möglich, die Etablierung bestimmter in Zusammenhang stehender Ordnungen nachzuzeichnen. Dabei setzen sich Praktiken und Ordnungen in Gestalt von Praktiken-Ordnungen-Bündeln zusammen, deren Stabilisierung und Destabilisierung entlang von sechs verschiedenen Verbindungen nachzuzeichnen ist. Im konkreten Fall der Arbeit ließ sich die Verdichtung von vier, überwiegend stabilen Praktiken-Ordnungen-Bündel deutlich machen. Dazu zählen die Praktiken-Ordnungen-Bündel der Offenheit, der Geschlossenheit, der Kontrolle und des Rückzugs.

Im weiteren konkreten, empirischen, aber auch abstrakten, konzeptionellen Vorgehen zeigt sich andererseits, dass sich die Praktiken-Ordnungen-Bündel eben gerade nicht aus einer spezifischen Kombination aus Praktiken- und Ordnungen-Strängen konstituieren. Selbst auf der höchsten Abstraktionsebene, die in der Untersuchung Anwendung findet, lassen sich in einem Praktiken-Ordnungen-Bündel eine beobachtbar-materielle und eine reflexiv-argumentative Verknüpfung zwischen allen vier verschiedenen Strängen nachzeichnen. Sofern die jeweiligen Stränge weitergehend in die sie konstituierenden Fäden oder Fasern zerlegt werden, wird eine vielschichtige, multilokale und dynamisch veränderliche Verkettung einzelner Organisations- und Gestaltungs-Elemente deutlich. Exemplarisch ist somit der Ordnungen-Faden der öffentlichen Sicherheitsfürsorge nicht bloß mit den Ordnungen der Fürsorge verknüpft, die ihrerseits durch den Strang der Praktiken des Kontrollierens hergestellt werden. In der Verknüpfung mit dem Ordnungen-Faden des politischen Systems und dessen ordnenden Fasern der Steuern, Informalität und Korruption ist die Ordnung der öffentlichen Sicherheitsfürsorge vor allem auch mit Praktiken des Vermeidens und mit Praktiken des Verschließens verbunden.

Entsprechend findet die prozessuale Aufgabe des Nachzeichnens des sozialen Phänomens darin seine Übersetzung, dass die theoretische Diskussion nicht nur auf das konkret Beobachtbare und Besprechbare heruntergebrochen, sondern auch auf dem empirischen Grund bearbeitet und sortiert wird, ehe sie dem anschließenden Abstraktionsprozess unterliegen kann. Konkret stellen sich die Praktiken und Ordnungen im zirkulären Forschungsprozess in der Form dar, dass sie in Gestalt der jeweils hierarchisch systematisierten und analytisch sortierten Stränge, Fäden und Fasern eine lange Verkettung folgenden, exemplarischen Ausmaßes bilden:

Praktik x ist zweckgerichtet gegenüber Ordnung X. Ordnung X ist ursächlich für die Ordnungen-Fäden X_1 und X_2, genauso wie für die Ordnungen-Fäden Y_1 und Y_2. Die Ordnungen-Fasern Y^*_a und Y^*_b bringen den Ordnungen-Faden Y_1 hervor, der in Verknüpfung mit der Praktik y die Ordnung Y stabilisiert. Die Ordnung Y wirkt wiederum einschränkend auf die Praktik z. Die eingeschränkte Praktik z führt ihrerseits zur Auflösung der Ordnung Z. Die sich auflösende Ordnung Z ermöglicht schließlich die Etablierung einer bestimmten Praktik y.

Es zeigt sich eine andauernde Stabilisierung und Destabilisierung bestimmter Praktiken-Ordnungen-Bündel. Dabei lassen sich Praktiken-Ordnungen-Bündel in verdichteter oder weniger verdichteter Form beobachten. Verdichtet meint dabei jedoch nicht die Anzahl möglicher in das Bündel integrierter Praktiken und Ordnungen, als vielmehr die Stabilität bzw. Labilität ihrer jeweils zu Grunde liegenden Verbindungen. So lassen sich einerseits Praktiken-Ordnungen-Bündel beobachten, die nur einzelne Fäden oder Fasern verschiedener Praktiken und Ordnungen in Zusammenhang stellen und lose Verknüpfung bilden. Weiter lassen sich Praktiken-Ordnungen-Bündel identifizieren, die aufwendige Verkettungen von Strängen, Fäden und Fasern verschiedener Praktiken und Ordnungen bilden.

Kapitel 6 konnte zeigen, dass sich das konkrete Tun und Sagen bearbeiten und sortieren lässt. Für den anschließenden Abstraktionsschritt lassen sich die zwölf Alltagsgeschichten – wie zuvor exemplarisch dargestellt – zudem in Gestalt miteinander in Verbindung stehender Wortketten abbilden. Die Zwei-Dimensionalität der Abbildung des alltäglichen Tuns und Sagens ist dabei dem empirischen Arbeiten geschuldet, das in der konkreten Beobachtungsnotiz immer nur eine sequentielle Abfolge bestimmter argumentativ-reflexiver und beobachtbar-materieller Ordnungs-Elemente abbilden lässt, die ihrerseits nur in Praktiken etabliert und konstituiert werden können. Im zirkulären Forschungsprozess schließt sich damit an die Sortierung, Systematisierung und Analyse der Organisations- und Gestaltungselemente eine Abstraktion deren Verbindungen an. Konkret bilden die Stränge, Fäden und Fasern der Praktiken und Ordnungen Verkettungen und Verknüpfungen (vgl. Kap. 6.2.3). Die Darstellung von Wortketten argumentativ-reflexiver und materiell-beobachtbarer Praktiken- und Ordnungen-Fäden hilft schließlich, den jeweiligen Zusammenhang der einzelnen Konzeptbausteine – in Gestalt der sechs erwähnten Verbindungen – zunächst aufzudecken, ehe man deren Verknüpfung abstrahieren kann. Exemplarisch lassen sich die Alltagsgeschichten etwa in Gestalt der folgenden drei Wortketten exemplarisch darstellen:

Ordnungen der öffentlichen Sicherheitsfürsorge x {ursächlich} Ordnungen der Gewalt, Kriminalität und Viktimisierung x {einschränkend} Ordnungen des sozialen Miteinanders, sozialen Austausches und der Beschleunigung des Alltags x {einschränkend} Praktiken des nachbarschaftlichen Austausches x {hervorbringend} Ordnungen der Stadt x {ursächlich} Ordnungen der Gewalt, Kriminalität und Viktimisierung x {ablösend} Praktiken des nachbarschaftlichen Austausches {zweckgerichtet} Praktiken des Verbarrikadierens (POB_Z 1-8).

Ordnungen der öffentlichen Sicherheitsfürsorge x {einschränkend} Praktiken des Aufenthalts-im-öffentlichen-Raum/Praktiken des nachbarschaftlichen Austausches x {hervorbringend} Praktiken des privaten Sicherns x {ursächlich} Ordnungen des Bildungs-, Gesundheits-, Sicherheits- und Justizwesens x {ermöglichend} Praktiken des Rückzugs-aus-dem-öffentlichen Raum x {zweckgerichtet} Praktiken des Privat-Werdens x {ursächlich} Praktiken des Sicherheitsmaßnahmen-Handhabens (POB_Z 44-46).

Ordnungen der öffentlichen Sicherheitsfürsorge x {zweckgerichtet} Praktiken des öffentlichen Sicherns[57] x {zweckorientiert} Ordnungen der öffentlichen Sicherheitsfürsorge x {ursächlich} Ordnungen der Stadt {zweckorientiert} Praktiken des privaten Sicherns (POB_Z 73).

Anhand der drei Beispiele der Praktiken- und Ordnungen-Ketten zeigt sich nicht nur die Vielfalt der zu Grunde liegenden Verbindungen, sondern auch das Miteinander-verwoben-Sein (vgl. Kap. 7). Jeweils mit dem gleichen Ordnungen-Faden der Ordnungen der öffentlichen Sicherheitsfürsorge startend lässt sich die

---

57 Wie auch schon bei den Praktiken des Wohnens, Arbeitens oder Freizeit-Habens eines – in der Untersuchung gefasst als – weiten Alltagsbereichs, liegen auch die Praktiken des öffentlichen Sicherns außerhalb des fragestellungsrelevanten Erkenntnisinteresses und werden daher an anderer Stelle zum Nachzeichnen des sozialen Phänomens des wechselseitigen Herstellungsprozess von Un-/Sicherheiten integriert (vgl. Haubrich & Wehrhahn 2014). Dies gilt selbstverständlich auch für Praktiken der Gemütlichkeit oder Religiösität (vgl. Exkurs 5.13).

Verbindung der Ordnungen mit völlig unterschiedlichen Fäden und Strängen der Praktiken und Ordnungen erkennen. Der exemplarische Charakter soll dabei deutlich machen, dass dies für jede der in der Untersuchung systematisch zusammengefassten Praktiken- und Ordnungen-Stränge und -Fäden möglich wäre. Sinnbildlich sind mit jeder Praktik und jeder Ordnung immer eine Vielzahl von anderen Praktiken und Ordnungen verknüpft. Die Verknüpfungen bestehen mitunter aus losen Praktiken-Ordnungen-Bündeln größerer Labilität. Mitunter setzen sich Praktiken und Ordnungen aber auch zu stabilen Praktiken-Ordnungen-Bündel zusammen, deren Stabilität auf die gegenseitige Verbindung von Praktiken mit Ordnungen, aber auch von Ordnungen mit Praktiken beruht.

Verlässt man die Darstellungsform sortierter und systematisierter Praktiken- und Ordnungsbausteine in Gestalt zweidimensionaler Wortketten, ließe sich die Verwobenheit solcher stabiler oder labiler Praktiken-Ordnungen-Bündel besser im Dreidimensionalen deutlich machen. So wäre es etwa denkbar, den Ordnungen-Faden öffentlicher Sicherheitsfürsorge aus der Wortkette der zwölf Alltagsgeschichten zu lösen und aus ihr herauszuziehen und nach oben zu ziehen. Wie ein zäher Kaugummi zwischen Daumen und Zeigefinger zöge man aus dem konkreten Tun und Sagen der dritten, empirischen Beobachtungsnotiz all die abstrakten Was und Wer mit nach oben, die mit dem Ordnungen-Faden verbunden sind. Erst die Labilität oder Stabilität der Verbindungen entscheidet, wie weit sich das Praktiken-Ordnungen-Bündel alias zähem Kaugummi nach oben ziehen ließe, ehe seine Textur in einzelne Fäden und Fasern der petrochemischen Kaumasse aufgespalten würde und etwa Gefahr liefe, zu reißen.

In der Weise, wie sich das Gedankenspiel mit einem exemplarischen Praktiken-Ordnungen-Bündel durchführen lässt, kann es ebenso auf die vier Praktiken- und Ordnungen-Stränge übertragen und selbstverständlich auch mit Hilfe der jeweils drei zugehörigen Fäden der Praktiken und Ordnung durchgeführt werden. Schnell wird ersichtlich, dass sich aus den aus Systematisierungszwecken zusammengefassten Wortketten des konkreten Tuns und Sagens schnell ein undurchsichtiges Gewebe unterschiedlicher Stränge-, Fäden- und Faser-Verknüpfungen weiterdenken ließe. Entscheidend dabei ist, dass die Verknüpfung einzelner Stränge, Fäden und Fasern der Praktiken mit ihrem jeweiligen Ordnungen-Pendant mitunter zu einem breiten Spektrum wandelbarer Bedeutungen führt, die im konkreten Tun und Sagen hergestellt werden. Mit dem Bild eines Kindes im Kopf, das beim Spielen den Kaugummi durch zu festes Ziehen Gefahr läuft, die Kaumasse zu zerreißen, gilt es im abschließenden Schritt, die Tragweite eben dieser Bandbreite pluralistischer Bedeutungen des Sicheren und Unsicheren in den Mittelpunkt zu stellen, um die *Stabilität und Labilität* des

Praktiken-Ordnungen-Bündels des sichern Unsicher-Seins alias des zähen und reißenden Kaugummis *abstrakt* nachzeichnen zu können (vgl. Kap. 6.3).

7 Sicheres Unsicher-Sein. Das Theoretisieren

> „I have always been fascinated by the law of reversed effort. Sometimes I call it the "backwards law." You try to stay on the surface of the water, you sink; but when you try to sink you float. When you hold your breath you lose it – which immediately calls to mind an ancient and much neglected saying, "Whosoever would save his soul shall lose it." [...] [The book] is written in the conviction that no theme could be more appropriate in a time when human life seems to be so peculiarly insecure and uncertain. It maintains that insecurity is the result of trying to be secure, and that, contrariwise, salvation and sanity consist in the most radical recognition that we have no way of saving ourselves" (Watts 1951, Preface).

Im Zusammensetzen des abstrakten Was und Wer/Was der Un-/Sicherheiten zeigen sich unterschiedliche einschränkende und ermöglichende Beziehungen der Praktiken und Ordnungen (vgl. Kap. 6). Sie helfen nicht nur, das offengelegte Tun und Sagen und die darin im Zusammenhang stehenden materielldiskursiven, ordnenden Elemente zu rekapitulieren, sondern insbesondere die Verknüpfungen der jeweiligen aktivitäts- und organisationsbezogenen Elemente und ordnungs- und gestaltungsbezogenen Komponenten nachzuvollziehen. Diese wiederum liefern Rückschlüsse auf die Entstehungsbedingungen der Un-/Sicherheiten in den zwölf Alltagsgeschichten aus São Paulo. Entsprechend nahe liegt die Verlockung, dass aus dem *konkreten,* weil empirischen qualitativen Zugang zum untersuchten sozialen Phänomen bereits der Erkenntnisgewinn generiert werden könnte. Diese Vorgehensweise wäre jedoch verkürzt und liefe Gefahr, dem Subjekt-Objekt-Dualismus zum Opfer zu fallen (vgl. Kap 2.4.1).

Zum Theoretisieren des sozialen Phänomens wechselseitiger Herstellung von Un-/Sicherheiten bedarf es daher vielmehr eines holistisch informierten Vorgehens (vgl. Kap. 2.5), das seinen Zugang zum sozialen Phänomen nicht nur auf das Rekapitulieren des konkret Beobachteten und Besprochenen – verstanden als der dritten empirisch-qualitativen Beobachtungsnotiz (vgl. Kap. 2.4) – beschränkt. Vielmehr verlangt das Theoretisieren nach dem Verschneiden der Praktiken-Ordnungen-Bündel der Offenheit, Geschlossenheit und Kontrolle und des Rückzugs – als dem vorläufigen analytischen Ergebnis der dritten Beobachtungsnotiz (vgl. Kap. 6) – mit den Ergebnissen der ersten und zweiten Beobachtungsnotiz des sozialen Phänomens. Auch der der gesellschaftliche Wandel, sowie die Verräumlichung, Verwaltung und Versilberung von Un-/Sicherheiten müssen miteinbezogen werden. Eine raumbezogene stadt- und sicherheitstheoretische Perspektive hilft dabei, das soziale Phänomen in der zweiten Beobachtungsnotiz zu abstrahieren (vgl. Kap. 2.2). Der *abstrakte* Zugang der zweiten Beobachtungsnotiz wird wiederum durch das gesellschaftstheoretische Rekapitulieren wechselseitiger Herstellungsprozesse der Un-/Sicherheiten in Form des Abstrahierens gesellschaftlicher Umbrüche (*reorganization*) sowie dem Einbruch von Schutz (*safety*), Sicherheit (*security*) und Gewissheit (*certainty*) erweitert (vgl. Kap. 2.3) (vgl. Abb. 5). Schließlich verbirgt sich hinter der ersten Beobachtungsnotiz der gesellschaftsrelevante *Anlass* von Un-/Sicherheiten. Dabei bietet die Systematisierung der In-Formationen und Trans-Formationen des Diskurs- und Distinktionsfelds der Gewalt, Kriminalität und Unsicherheit einen kontextualisierenden Zugang zum sicheren Unsicher-Sein.

Entsprechend gliedert sich das Nachzeichnen des sozialen Phänomens eines wechselseitigen Herstellungsprozesses der Un-/Sicherheiten in die drei Analyseebenen der *überspannenden* gesellschaftstheoretischen *Abstraktion,* des *kontextualisierenden* gesellschaftsrelevanten *Anlasses* und des *grundlegenden* alltagsrelevanten *Konkreten.* Den einzelnen Beobachtungsnotizen liegen in der Systematisierung, Analyse und Diskussion ihrer erkenntnisleitenden Perspektiven und Argumentationen indessen jeweils die Fragen nach dem Was oder dem Wer oder Was der Un-/Sicherheiten und dem Wie ihrer Entstehung zu Grunde. Im Sinne der Theorie sozialer Praktiken – der erkenntnisleitenden Basis dieser Arbeit – ist es daher nicht nur notwendig, auch die Kristallisationskerne einer sicherheits-, stadt- sowie gesellschaftstheoretischen Perspektive auf einen gesellschafts- und alltagsrelevanten Zugang zu Un-/Sicherheiten mit dem taxonomischen Sprachangebot der Theorie sozialer Praktiken zu beschreiben. Anschließend bedarf es eines In-Zusammenhang-Stellens dieser Kristallisationspunkte mit den identifizierten abstrakten, anlass-bezogenen und konkreten Praktiken und Ordnungen der Un-/Sicherheiten (vgl. Abb. 5).

Abbildung 5: Abstrakte, anlass-bezogene und konkrete Praktiken und Ordnungen der Un-/Sicherheiten

Anlass	Abstrakt			Konkret
gesellschaftsrelevante Perspektive	raumbezogene stadt- und sicherheitstheoretische Perspektive	gesellschaftstheoretische Perspektive		empirisch-qualitative Perspektive
Trans-Formation der Kriminalität, Gewalt und Unsicherheit	gesellschaftliche Transformation	*reorganization*		Austausch
Kommodifizierung	Versilberung der Un-/Sicherheiten	*safety*		Geschlossenheit
Restrukturierung der öffentlichen Sicherheit	Verwaltung der Un-/Sicherheiten	*security*		Kontrolle
In-Formation der Kriminalität, Gewalt und Unsicherheit	Verräumlichung der Un-/Sicherheiten	*certainty*		Rückzug
Erste Beobachtungsnotiz	**Zweite Beobachtungsnotiz**			**Dritte Beobachtungsnotiz**

Quelle: Eigene Bearbeitung

Die drei Beobachtungsnotizen der Un-/Sicherheiten

In der ersten Beobachtungsnotiz ist die praktiken- und ordnungen-bezogene Zusammensetzung der Un-/Sicherheiten entlang der *kontextualisierenden,* gesellschaftsrelevanten Debatte nachzuvollziehen. Darin werden die zurückliegende Entwicklung der Situation öffentlicher Sicherheit diskursiv gerahmt, die gegenstandsbezogene Verhandlung der Präsenz der Gewalt und Kriminalität im städtischen Alltag und Raum aufgezeigt, und die Dominanz des städtischen Gewalt- und Kriminalitätsphänomens in Brasilien im argumentativen Rückgriff auf gesellschaftliche, wirtschaftliche, rechtliche und politische Entwicklungen aufgezeigt. Zum einen wird die sozialwissenschaftliche Diskussion von der Einordnung der In-Formationen der Kriminalitätsentwicklung im brasilianischen Kontext im Allgemeinen bestimmt und von der Diskussion der regionalspezifischen und soziodemographischen Verteilung, der Differenzierung verschiedener Deliktkategorien, der gesamtgesellschaftlichen Bedeutung der Gewaltkriminalität für brasilianische Stadt-Gesellschaften und der Einordnung der zunehmenden Viktimisierung im Besonderen.

Zum anderen wird das gesellschaftliche Phänomen der Gewalt, Kriminalität und Unsicherheit im Kontext gesellschaftlicher Trans-Formationen verhandelt. Im weiten Diskursfeld ist das Spannungsverhältnis zwischen Zivilgesellschaft, öffentlicher Sicherheitsfürsorge und privatwirtschaftlichen Akteuren von Bedeutung. Darin wirken nicht nur Diskursformationen der Ineffizienz, Ineffektivität und eingeschränkten Legitimität einer defizitären öffentlichen Sicherheitsfürsorge ordnend. Die gesellschaftliche Bedeutung der Un-/Sicherheiten wird zudem in Zusammenhang gestellt mit Menschenrechtsverletzung und politischer Repression zur Zeit des autoritären Regimes, mit Korruption und irregulären Machenschaften des politischen Systems und mit einem gesamtgesellschaftlichen Problem der Armut und sozialen Ungleichheit. Die Diskursformationen betonen zugleich einen allgemeinen Ungerechtigkeits-Diskurs des kleinen Bürgers, der einerseits machtlos der Impunität der Straftaten durch Mittellose, organisierte Kriminalität und dem politischen System ausgesetzt ist. Andererseits ist er betroffen von der Persistenz der Polizeigewalt und von alltäglichen Kriminalitätsereignissen in Verbindung mit den Krisen der öffentlichen Sicherheit seit den 1990er Jahren und entzieht dem öffentlichen Sicherheitsakteur zunehmend sein Vertrauen.

Darüber hinaus ordnet die kontextuelle Betrachtung des konfliktiven Spannungsfelds der öffentlichen Sicherheit dem gegenwärtigen Wandel und Reformprozess der brasilianischen Sicherheits- und Kriminalpolitik eine gesellschaftsrelevante Bedeutung zu. Neben der Diskussion der inhaltlichen, verwaltungstechnischen und finanziellen Restrukturierungen der öffentlichen Sicherheitsfürsorge seit der Transitionszeit stehen seit den 2000er Jahren politisch-inhaltliche, funktional-operative und organisatorisch-operative Veränderungen der Sicherheitspolitik im Fokus der Betrachtung. Im Einzelnen zeigen sich die quantitativen und qualitativen Ausweitungen technischer, finanzieller, personeller und organisatorischer Maßnahmen der Kriminalitätskontrolle und Strafrechtsverfolgung. Zudem werden die Integration staatlicher und nicht-staatlicher Akteure in die gegenwärtige Sicherheits- und Ordnungsherstellung, die Zusammenarbeit zwischen unterschiedlichen Polizeiressorts und die Einrichtung und Aktivierung der Bürger zu zentralen, ordnenden Elementen der Veränderung.

Des Weiteren ist die Diskursformation des massiven Wachstums des kommerziellen Sicherheitsmarkts bei der kontextuellen Betrachtung der Herstellung von Un-/Sicherheiten bestimmend. Die Ausbreitung lässt sich entlang der allgegenwärtigen Ausbreitung privater Sicherheitskräfte im öffentlichen, halböffentlichen und privaten Raum differenzieren. Neben der zunehmenden Verschiebung der Verhältnisse zwischen öffentlichen und privaten Sicherheitskräften kommt es in jüngerer Zeit zudem zum massiven Umsatzwachstum im Marktsegment der elektronischen und technischen Sicherheitsmaßnahmen. Technologisierung des Sicherheitsmarkts, Deregulierung der Sicherheitsproduktion, eine sukzessiv räumliche Zugangskontrolle städtischer Räume und die physische Verbarrikadierung der Häuserfronten und Wohnviertel ordnen die zunehmende Durchdringung der Un-/Sicherheiten in verschiedenen Lebens- und Alltagsbereichen.

Schließlich ermöglicht die erste, gesellschaftsrelevante Beobachtungsnotiz eine kontextuelle Systematisierung der weitreichenden Veränderungen der In-Formationen und Trans-Formationen eines breiten Diskursfelds der Phänomene der Kriminalität, Gewalt und Unsicherheit im städtischen Alltag, der strukturellen und akteursbezogenen Veränderungen der öffentlichen Sicherheitsfürsorge sowie des dynamischen Wandels des kommerziellen Sicherheitsmarkts. In praktikentheoretischer Lesart bietet sich damit ein kontextueller Zugang sowohl zu diskursiven als auch zu materiellen Ordnungs-Elementen und Bedeutungszusammenhängen der Un-/Sicherheiten an. Gleichzeitig reduziert sich die gesellschaftsrelevante Perspektive jedoch auf die Diskussion allgemeiner Praktiken des Polizierens oder der Beteiligung der Zivilbevölkerung in kommunalen Kriminalpräventionsräten, sowie dem Nachzeichnen der allgemeinen Nachfragestrukturen einkommensstarker Bevölkerungsschichten auf dem weltweit fünftgrößten Sicherheitsmarkt. Bei der anlass-bezogenen Betrachtung der Un-/Sicherheiten lässt der gesellschaftsrelevante Zugang jedoch eine Verknüpfung der ordnungs-bezogenen Diskussion mit einer praktiken-relevanten Betrachtung vermissen.

In der zweiten Beobachtungsnotiz werden das *Was* und *Wer/Was* der Un-/Sicherheiten entlang der raumbezogenen, stadt- und sicherheitstheoretischen Debatte der andauernden gesellschaftlichen Bedeutung von Un-/Sicherheiten nachvollzogen. Gerahmt von gesellschaftlichen Umbrüchen und sozialen Trans-Formationen, stadt- und kriminalpolitischen Reorganisationen sowie der wirtschaftlichen Restrukturierungen eines zunehmend deregulierten und pluralisierten Sicherheitsmarkts wird das Begriffspaar der Un-/Sicherheiten mehrheitlich entlang der Diskursformationen des sozialen Wandels im Allgemeinen und entlang der Kristallisationskerne Raum, Politik und Wirtschaft im Besonderen verhandelt. Zum einen stellt die sozialwissenschaftliche Debatte eine ausweglose Unsicherheit (vgl. Bauman 2003) in den Zusammenhang mit Pluralisierung, Individualisierung, Selbstverwirklichung und Emanzipation. Die zunehmende Flexibilisierung, Deregulierung und Informalisierung sozialer und ökonomischer Beziehungsverhältnisse schafft zudem einen Ordnungszusammenhang gesellschaftlicher und politischer Systemrisiken, deren Effekt eine strukturelle Verletzlichkeit gegenüber antizipierbaren und erlebbaren Gefahren wird (vgl. Frevel und Schulze 2012).

Zum anderen deutet eine meist kritisch orientierte gesellschaftliche Debatte auf kriminalisierende, diskriminierende, etikettierende und stigmatisierende Sicherheitsmechanismen, -instrumente und -politiken der Marginalisierung und des Ausschlusses hin, die normbedingte, interessensgeleitete, kontrollpolitische oder strafrechtlich ausgewiesene Unsicherheiten in städtischen Räumen herstellen. Die Auseinandersetzungen einer Kritischen Kriminalgeographie mit Un-/Sicherheiten und Stadt nehmen Anstoß an spezifischen Verräumlichungen von Un-/Sicherheiten-Diskursformationen bestimmter sozialer, meist öffentlicher

Teilräume. Zudem betonen sie die zu Grunde liegenden raumfetischistischen Zuschreibungsprozesse krimineller Räume oder gefährlicher Bevölkerungsgruppen wie Andere, Obdachlose, Jugendliche, Alkohol- und Drogenkonsumenten (vgl. Belina 2011) sowie der kriminalgeographisch-technischen Vermählung von Raum und subjektiver Kriminalitätsfurcht *(fear of crime)*. Im Mythos der bösen, großen Stadt (vgl. Dinges & Sack 2000) verschwimmen Ängste und Bedrohungen zu einer persistenten Ursache-Wirkungs-Formel. Dabei bilden Bedrohungs- und Gefährdungsszenarien der Kriminalität und abweichendes Verhalten, Vagabunden und Bettelei, Banden und Prostitution, Verfall und Unrat eine diskursive, aber insbesondere auch materielle Projektionsfläche einer in Schieflage geratenen Ordnung städtischer Sicherheit und Ordnung.

Darüber hinaus rücken im Anschluss an die Diskussion sich wandelnder Staatlichkeit in Gestalt der *politics of scales* (vgl. Wissen et al. 2008) und des Abbaus eines einstigen Vorsorgesstaats (vgl. Krug & Corsten 2010) im Allgemeinen und einer sich verändernden physisch-personellen, aber auch inhaltlich-organisatorischen Sicherheitsarchitektur im Besonderen zunehmend kriminal- und sicherheitspolitische Entwicklungen einer neuen *culture of control* (vgl. Garland 2001) jüngerer Zeit in den Mittelpunkt der Betrachtung. Dabei identifiziert eine sozialwissenschaftliche Debatte in Programmlogiken neoliberaler, raumorientierter Regierungsweisen einerseits ein *governing through crime* (vgl. Simon 2000). Andererseits erkennt sie im Übergang einer fürsorglichen hin zu einer präventiv-abschreckenden Kriminal- und Sicherheitspolitik (vgl. Thome & Birkel 2007) neue Ordnungs- und Kontrollpraktiken der Überwachung, Ausgrenzung und Zugangsbeschränkung sowie der Kommunalisierung sicherheitspolitischer Aufgaben. Im Zusammenhang mit Partikularinteressen politischer und ökonomischer Eliten ermöglicht die Formalisierung und Privatisierung sozialer Kontrolle die Umsetzung städtebaulicher und architektonischer Gestaltungsmaßnahmen in Gestalt der *crime prevention through environmental design* (vgl. Jeffrey 1971) sowie die zunehmende Implementierung von Techniken der Überwachung, neue Sicherheitstechnologien und räumliche Zugangskontrolle eine *Verwaltung* von Un-/Sicherheiten.

Zudem deutet die Diskussion der *Versilberung* von Un-/Sicherheiten auf voranschreitende Pluralisierungs- und Deregulierungsprozesse der sicherheitspolitischen Aufgabe hin. Anlehnend an die ordnende Systematisierung des stadtpolitischen Umbaus des Unternehmens Stadt (vgl. Harvey 2000), der Regierungsthese durch *community* (vgl. Rose 2000a), einen gegenwärtigen Legitimationsdruck des staatlichen Anbieters für öffentliche Sicherheit sowie anhaltenden Privatisierungstendenzen staatlicher Aufgaben rücken das *McPolicing* (vgl. Beste 2000) und die Kommodifizierung öffentlicher Sicherheit ins Zentrum der Betrachtung.

Un-/Sicherheiten werden zur Ware und führen in öffentlichen oder privatwirtschaftlichen Kooperationen zu einer Restrukturierung personeller, organisatorischer, finanzieller und technischer Sicherheits- und Ordnungsmaßnahmen. Gleichzeitig findet die eigentumsrechtliche Privatisierung städtischer Räume (vgl. Wehrheim 2012) in Gestalt von zugangskontrollierten, halböffentlichen Räumen, *mass private properties* (vgl. Shearing & Stenning 1981) oder von privaten, geplanten und gesicherten Gated Communites ihren spezifischen und ordnenden, materiellen Ausdruck.

Schließlich bietet die raumbezogene, stadt- und sicherheitspolitische Perspektive der gesellschaftlichen Trans-Formation einerseits, und der Verräumlichung, Verwaltung und Versilberung von Un-/Sicherheiten andererseits einen systematischen Blick auf gesellschaftsrelevante Themen der Sicherheit und Unsicherheit und verhandelt räumlich produzierte Kategorien gesellschaftlicher Ungleichheiten als Kristallisationskern einer anhaltenden Kommodifizierung öffentlicher Güter. Der praktikentheoretische Blick auf die *abstrakte* Systematisierung des sozialen Phänomens gewährt dabei einen perspektivischen Zugang auf Herstellung, (Re-)Produktionen oder das Machen von Sicherheiten und Unsicherheit in Raum, Politik und Wirtschaft. Nicht nur der andauernde, körperliche Zugriff und diskursive Rückgriff auf ordnende Elemente der Un-/Sicherheiten kommt in der *überspannenden* Analyseebene zum Ausdruck. Vielmehr lässt sich die Herstellung materieller Ordnungszusammenhänge und semantischer Diskursformationen auch in zahlreichen Praktikenverknüpfungen der Un-/Sicherheiten nachvollziehen. Allerdings geht die jeweilige Betonung der Argumentationsrichtung, wie die Denkfiguren Sicherheiten und Unsicherheiten in Beziehung stehen, über das Nachzeichnen einer einseitigen, einfachen kausalen Verbindung der Praktiken-Ordnungen-Bündel – verstanden als dem abstrakten *Wie* – des sozialen Wandels, sowie der Verräumlichung, Verwaltung und Versilberung von Un-/Sicherheiten nicht hinaus.

Entsprechend erweitert die zweite Beobachtungsnotiz der Un-/Sicherheiten ihren perspektivischen Zugang auf das soziale Phänomen in der Form, dass sie die Entstehung von Sicherheiten – gefasst als Sicherheiten-herstellende Tätigkeiten, Aufgaben und Projekte – und Unsicherheiten – verstanden entlang ihrer existenzialistischen Grundierung der Befindlichkeiten oder Emotionen der Angst und Furcht – nicht als voneinander getrennte Mechanismen versteht. Hierbei stützt sich die Perspektive einerseits auf die kritische Betrachtung der Verhandlung des globalen Unsicherheitsphänomens als kausalem Wechselverhältnis devianten Verhaltens und dem Wohlbefinden der Bevölkerung – mitunter verkürzt gefasst in der kriminologischen Einstellungskategorie der Kriminalitätsfurcht. Andererseits lehnt diese konstruktivistisch-orientierte Perspektive eine Betrachtung ab, die Un-/Sicherheiten als im absoluten Sinn existent begreift, und plädiert stattdessen für ein Verständnis von Un-/Sicherheiten als gesellschaftlich verhandeltem Ordnungsproblem. Zum Nachzeichnen hergestellter Unsicherheit (vgl. Giddens 1997a) intendiert eine modernisierungstheoretische Perspektive hingegen die Betrachtung der Diskontinuität und Ambivalenzen der Postmoderne (vgl. Bauman 1991, 1993, 1997) mittels eines relationalen Zugangs, eines Sich-aufeinander-Beziehens und damit eines praktiken-ordnungs-bezogenen Zusammensetzens der Sicherheiten-Elemente der *safety, security* und *certainty* (vgl. Bauman 2000).

Im Verständnis der (Re-)Produktivität von Angst kommt es zur Auflösung von Selbstvertrauen und Selbstsicherheit, wenn eines der drei Sicherheiten-Elemente entweder nicht mehr vollständig vorhanden oder im Begriff seiner Auflösung ist. Effekte des Sicherheiten-Einbruchs sind Verschlossenheit, existentielles Misstrauen oder Angst: Zum einen ist die Ausbildung einer unspezifischen Verunsicherung mit dem Umbau des Sozialstaates, dem Prekariat der Arbeits- und Sozialverhältnisse und dem Souveränitätsverlust des Staates (*reorganisation*) verbunden. Zum anderen betont das Sicherheiten-Element der *security* die Sicherheit der Besitzverhältnisse des Einzelnen und beschreibt das Gefühl, alles was gewonnen wurde, behalten zu wollen. Darüber hinaus stattet *certainty* den Einzelnen mit der Gewissheit aus, alltägliche Entscheidungen mit verlässlicher Kenntnis zu treffen. Des Weiteren garantiert *safety* den Schutz des eigenen Körpers und des persönlichen Aktionsraums vor jeder Art von Gefahr.

Schließlich werde es zum Effekt des Sicherheiten-, Gewissheiten- und Schutz-Suchenden Tuns und Sagens durch den materiellen Zugriff und diskursiven Rückgriff auf Sicherheiten-, Gewissheiten- und Schutz-Gebende Menschen, Artefakte und diskursive Formationen das Gefühl der Unordnung oder Angst zu bekämpfen, dass das allgemeine Gefühl der Unordnung, Angst und unspezifischen Verunsicherungen im Gegenzug bestätigt und fortwährend im Alltag hergestellt wird. Der gesellschaftstheoretische Blick auf die Diskontinuitäten der Postmoderne einerseits, und auf die Sicherheiten-Elemente der *security, certainty* und *safety* andererseits und erweitert damit die abstrakte Perspektive um das Verständnis von Un-/Sicherheiten als soziales Konstrukt und damit als gesellschaftliches Ordnungsproblem. In praktikentheoretischer Lesart gewähren der relationale Blick auf das soziale Phänomen und die perspektivische Erweiterung auf teleoaffektive Strukturen der Angst, Furcht und Vertrauen nicht nur einen abstrakten Zugang zur aktivitäten- und organisations-bezogenen Dimension des Tuns und Sagens bei gleichzeitiger Diskussion der ordnenden Elemente der Un-/Sicherheiten. Vielmehr deutet die Analyseebene auch auf die wechselseitige Verknüpfung von Praktiken und Ordnungen des sicheren Unsicher-Seins hin.

Allerdings lässt die Andeutung der Praktiken-Ordnungen-Bündel der *reorganization*, aber auch der *security*, *certainty* und *saftety* das Abstrahieren des konkreten Wie nach wie vor vermissen.

Hier setzt schließlich die dritte Beobachtungsnotiz an, die die praktiken- und ordnungen-bezogene Zusammensetzung der Un-/Sicherheiten nachvollzogen entlang der Diskussion des *grundlegenden*, alltagsrelevanten *Konkreten* nachvollzieht. Im Anschluss an die Grundprinzipien einer empirischen qualitativen Sozialforschung konstruktivistischen Vorzeichens ist es der dritten Beobachtungsnotiz nicht nur möglich – aufbauend auf dem praktiken- und ordnungsrelevanten Erkenntnisgewinn der ersten beiden Beobachtungsnotizen – in den zwölf Alltagsgeschichten São Paulos das Tun und Sagen sowie die darin verknüpften Menschen, Sachen und Diskurse der Un-/Sicherheiten offenzulegen. Vielmehr erlaubt der Rückgriff auf die praktikentheoretische Taxonomie das analytische Aufbereiten des Besprochenen und Beobachteten und die rückkoppelnde Zusammensetzung zu Praktiken und Ordnungen der Un-/Sicherheiten. Indem das Besprechen und Beobachten in Praktiken-Stränge des Austauschens, Verschließens, Kontrollierens und Vermeidens und in Ordnungen-Stränge des sozialen Wandels, des Sicherheitsschematas, der Fürsorge und der Sicherheit und Ordnung rekapituliert werden können, wird ein abstrakter Zugang zum konkreten Was und Wer oder Was der Unsicherheiten hergestellt. Schließlich ermöglicht die Verknüpfung der un-/sicherheiten-relevanten Aktivitäten, Aufgaben und Projekte mit praktiken-beschränkenden oder praktiken-ermöglichenden menschlichen, sachlichen, lebenden oder dinglichen Entitäten einerseits die schematische Systematisierung von Praktiken und Ordnungen in einer Matrix zusammenhängender Praktiken-Ordnungen-Bündel der Sicherheiten und Unsicherheiten. Insofern der praktikentheoretische Leitfaden Soziales als *mesh of practices and arrangements* (vgl. Schatzki 2002) liest, ermöglicht die dritte Beobachtungsnotiz andererseits auch das Rekapitulieren der Art und Weise der Verknüpfungen, Verbindungen und Verkettungen beider Konzeptbausteine.

Im Offenlegen, Systematisieren, Gliedern und Rekapitulieren der Kristallisationskerne der jeweiligen gesellschaftsrelevanten, stadt- und sicherheitsbezogenen und gesellschaftstheoretischen sowie empirisch-qualitativen Beobachtungsnotizen können nicht nur das praktikenrelevante Was oder das ordnungsbezogene Wer oder Was der Un-/Sicherheiten in unterschiedlicher Intensität abgebildet werden. Die Perspektiven auf den *Anlass* sowie das *Abstrakte* und *Konkrete* bieten in verschiedenen Argumentationen zudem die Möglichkeit, Praktiken und Ordnungen der Herstellung von Un-/Sicherheiten entlang der zu Grunde liegenden Verbindungen nachzuzeichnen. Im spezifischen Rekapitulieren der Bündel der Aktivitäten, Aufgaben und Projekte einerseits sowie der rahmenden, integrierten oder konstituierten, materiellen und diskursiven Ordnungen und Formationen andererseits, zeigt sich jedoch eine verkürzte Betonung der einseitigen Kausalität zwischen verknüpften Praktiken und Ordnungen. Insbesondere die dritte Beobachtungsnotiz deutet im Rekapitulieren des Spektrums der Verknüpfungsarten aber auf eine andauernde, wechselseitige Verbindung von praktiken- und ordnungs-bezogenen Elementen der Un-/Sicherheiten hin. Indem die flache Ontologie der Theorie sozialer Praktiken einen perspektivischen Zugang zum Konkreten, zum Anlass und zum Abstrakten bereitstellt, ist es abschließend nicht nur möglich die Wechselseitigkeit der Praktiken und Ordnungen in Verknüpfung mit den jeweiligen Praktiken- und Ordnungs-Argumentationsfiguren nachzuvollziehen. Vielmehr wird es mit Blick auf die Erkenntnisse aller drei Beobachtungsnotizen zwingend notwendig, das soziale Phänomen der wechselseitigen Herstellung von Un-/Sicherheiten praktikentheoretisch zu sich stabilisierenden und destabilisierenden *Praktiken-Ordnungen-Bündel* zusammenzusetzen und den Blick für das wechselseitige Moment der Un-/Sicherheiten freizulegen (Abb. 6).

Abbildung 6: Praktikentheoretische Perspektive auf das sichere Unsicher-Sein

Zugang zum Anlass, zum Abstrakten und zum Konkreten

	Anlass	Abstrakt			Konkret
	gesellschaftsrelevante Perspektive	raumbezogene stadt- und sicherheitstheoretische Perspektive	gesellschaftstheoretische Perspektive		empirisch-qualitative Perspektive
	Trans-Formation der Kriminalität, Gewalt und Unsicherheit	gesellschaftliche Transformation		*reorganization*	Austausch
	Kommodifizierung	Versilberung der Un-/Sicherheiten		*safety*	Geschlossenheit
	Restrukturierung der öffentlichen Sicherheit	Verwaltung der Un-/Sicherheiten		*security*	Kontrolle
	In-Formation der Kriminalität, Gewalt und Unsicherheit	Verräumlichung der Un-/Sicherheiten		*certainty*	Rückzug
	Erste Beobachtungsnotiz	Zweite Beobachtungsnotiz			Dritte Beobachtungsnotiz

Praktikentheoretische Perspektive auf die drei Beobachtungsnotizen

Quelle: Eigene Bearbeitung

Räumlich-situativer Fächer des sicheren Unsicher-Seins
Praktiken konstituieren bestimmte Ordnungen und Ordnungen sind zugleich verknüpft mit bestimmten Praktiken. Praktiken der Sicherheit und Ordnungen der Unsicherheit stehen beispielsweise im einschränkenden und ermöglichenden Zusammenhang. Ordnungen der Unsicherheit sind allerdings nicht unmittelbar mit Praktiken der Unsicherheit gleichzusetzen. Das Gleiche trifft auch für die Verknüpfung der Praktiken der Sicherheit und Ordnungen der Sicherheit zu (vgl. Kap. 6.3). Die Zuordnung praktiken- oder ordnungen-relevanter Sicherheiten und Unsicherheiten erfolgt dabei nicht etwa willkürlich oder unsystematisch – wie das berechtigterweise durch die mannigfache Nennung der Un-/Sicherheiten als vermeintlich synonyme Begrifflichkeit im Verlauf der Arbeit möglicherweise schon den Anschein haben konnte. Indem Praktiken-Stränge des Austauschens, Verschließens, Kontrollierens und Vermeidens (vgl. Kap. 6.2.2) und Ordnungen-Stränge des sozialen Wandels und des Sicherheitsschematas, der Fürsorge und Ordnung und Sicherheit (vgl. Kap. 6.2.3) entweder als Praktiken und Ordnungen der Sicherheit oder der Unsicherheit überschrieben sind, wird nicht nur der konstruktive Charakter des Gegenbegriff-Paars der Un-/Sicherheiten betont (vgl. Kap. 2.3). Vielmehr wird unterstrichen – und in Kapitel 6.2.3 ausführlich diskutiert –, dass Praktiken und Ordnungen nicht als separate Bestandteile von Sozialität gelesen werden können, sondern in Gestalt von Praktiken-Ordnungen-Bündeln grundsätzlich miteinander verknüpft und verwoben sind und damit in einem jeweils unterschiedlichen organisations- und bedeutungsbezogenen Zusammenhang aus Sicherheiten und Unsicherheiten stehen.

Der unterschiedliche organisations- und bedeutungsbezogene Zusammenhang miteinander verwobener Aktivitäten, Projekte und Aufgaben sowie materieller Elemente und diskursiver Formationen der Sicherheit oder Unsicherheit stellt sich als räumlich-situative Verhandlung – gefasst als der *site of the social* oder dem räumlich-situativen Fach (vgl. Kap. 8) – wirksamer Praktiken-Ordnungen-Bündel der Un-/Sicherheiten dar. Die *site* oder das Jetzt-Werden der sozialen Ordnung zeigt sich als immerzu labil. Die Labilität der jetztgewordenen *site* der Un-/Sicherheiten ist dabei auf die Ambiguität, Pluralität, Wandelbarkeit und Vielförmigkeit von Ordnungen zurückzuführen, die ihrerseits durch die Diversität der Zugriffe und Rückgriffe materieller und diskursiver Ordnungen in unterschiedlichen Praktiken-Strängen, -Fäden und -Fasern entstehen. Exemplarisch gilt der Wachmann entweder als böse, unpraktisch und gefährlich, aber auch als hilfreich, passend und gut. Die unterschiedliche Bedeutung ordnender Elemente wird entsprechend so hergestellt, je nachdem in welcher Praktik das Element integriert ist bzw. in welcher diskursiven Formation es zum Ausdruck kommt. Je nachdem in welchen Praktiken Obdachlosigkeit integriert ist, werden dem materiellen und diskursiven Ordnungs-Element entweder die Bedeutungen des Ungerechten oder Nicht-Integrierten, oder die des Betroffenen und Beunruhigenden zugeschrieben. Weiterführen ließe sich die Darstellung natürlich auch für Sicherheitskameras, Andere, dem *policiamento* und allen anderen Ordnungen-Strängen, -Fäden und -Fasern der zwölf Alltagsgeschichten aus São Paulo (vgl. Kap. 6.2.2).

Die Stabilität und Labilität der Praktiken-Ordnungen-Bündel liegt damit im räumlich-situativen Differential der Bedeutungszuschreibung der Ordnungs-Elemente begründet, die durch das Verwoben-Werden mit Praktiken zu materiellen oder diskursiven An-Ordnungen werden. Im räumlich-situativen Jetzt-Werden sozialer Ordnungen – also dem Durchfahren der Unterführung am Morgen, dem Warten im Auto vor dem Haus der Freundin, dem Gang zur Maniküre, dem Parken des Autos in der Nachbarschaft oder dem Abendessen im privaten Musikclub – sind fortlaufend raumsemantische, zeitgebundene, normativ-rationale und positionsbezogene Bedeutungspluralitäten eingelassen. Die ordnenden Bedeutungspluralitäten sind zugleich mit unterschiedlichen Praktiken verknüpft bzw. werden in diesen hergestellt. Dabei kommen in ordnungenkonstituierenden Praktiken-Strängen, -Fäden und -Fasern fortlaufend unterschiedliche teleoaffektive Organisationselemente zum Ausdruck. Die emotionalen Eigenschaften der Praktiken-Bandbreite – und nicht etwa die Eigenschaften der in den Praktiken engagierten Menschen – reichen von Sorgenfreiheit, Unbekümmertheit, Freude und Entspannung bis hin zur Anspannung.

Es zeigt sich schließlich, dass Menschen nicht nur über sicher und unsicher sprechen, sondern sehr viel präziser etwa die sorgenfreie Praktik des Privat-Werdens in Verknüpfung mit dem Geschlossenen oder dem hilfreichen Wachmann besprechen und beobachten können. Nicht das Besprechen und Beobachten des sicheren Restaurants oder unsicheren Parkens im öffentlichen Straßenraum gibt Rückschlüsse über den Entstehungszusammenhang des Sicheren und Unsicheren, als vielmehr ihr rückkoppelndes Zusammensetzen in Praktiken des Vermeidens mit den Ordnungen der Sicherheit und Ordnung oder der Verknüpfung der Praktiken-Bündel des Verschließens mit ordnenden Elementen des Sicherheitsschematas. Im argumentativen Rückgriff und materiellen Zugriff auf alltägliches Tun und Sagen wird das wechselseitige Un-/Sicher-Sein nicht etwa im Beobachtbaren und Besprechbaren von Sicherheiten und Unsicherheiten hergestellt. Vielmehr wird es rückkoppelnd aus dem Angespannten und Ängstlichen zusammengesetzt, das in Praktiken des kontrollierten Abfahrens zum Ausdruck kommt oder in Verknüpfung mit dem Präsenten und Beunruhigenden hergestellt wird, dessen Bedeutung den ordnenden Elementen der Anderen, *noias* und *banditos* zugeschrieben wird. Das rückkoppelnde Zusammensetzen des Präsenten und Beunruhigenden mit dem Ängstlichen und Angespannten zum Konstrukt der Un-/Sicherheiten stellt sich für die Interviewten in den *konkreten* Alltagsgeschichten dar, bildet sich im gesellschaftsrelevanten Diskurs als *Anlass* ab und wird in der raumbezogenen Stadt- und Sicherheitsforschung sowie der gesellschaftstheoretischen Diskussion der (Re-)Produktion von Angst im *Abstrakten* nachgezeichnet. In den drei Beobachtungsnotizen lässt sich schließlich eine normativ-rationale, konzeptionell-diskursive und theoretisch-existenzialistische Kausalität von Un-/Sicherheiten jeweils in entgegengesetzten Argumentationsrichtungen unterschiedlicher Vorzeichen identifizieren. Sicherheiten und Unsicherheiten werden dabei zweifelsohne in einen aktivitätenbezogenen-alltagsrelevanten, kontextuell-gesellschaftsrelevanten, raumbezogen-konzeptionellen und gesellschaftstheoretischen Zusammenhang gestellt. Gleichzeitig wird der einseitige Argumentationscharakter aber dennoch als verkürzte Betrachtung der wechselseitigen Herstellung des Sicheren und Unsicheren bewertet.

An dieser Stelle muss auf die vom Autor als Perspektivfalle identifizierte verkürzte Betrachtung der Un-/Sicherheiten hingewiesen werden. Nur durch die Verknüpfung des normativ-relational-reflexiven Tuns und Sagens der Menschen mit der gesellschaftsrelevanten Kontextualisierung, dem systematisierenden, raumbezogenen, wissenschaftlichen Diskurs unterschiedlicher konzeptioneller Couleurs und der gesellschaftstheoretischen Debatte existentialistischen Vorzeichens ist es schließlich möglich, die fragestellungsrelevanten Kristallisationspunkte eines gegenwärtigen gesellschaftlichen Umbruchs eben nicht als voneinander getrennte, soziale Konstrukte zu verstehen. Vielmehr müssen diese sozialen Konstrukte der Sicherheit und Unsicherheit als *abstrakt, anlass*-bezogen und *konkret* miteinander verbunden betrachtet werden, um deren jeweilige, miteinander verwobene Herstellung – verstanden als räumlich-situativer Fächer des sicheren Unsicher-Seins – nachvollziehen zu können. Der flach-ontologische Leitfaden der Theorie sozialer Praktiken bietet schließlich eine Möglichkeit an, die drei aufgezeigten Beobachtungsnotizen miteinander zu verschneiden und die Verwobenheit des sicheren Unsicher-Seins im Alltag zu verstehen.

Demnach gibt es keine öffentliche Sicherheitsfürsorge per se, ohne dass die ordnenden Elemente der Fürsorge in Praktiken des Polizierens hergestellt werden. Es gibt auch keine In-Formation zur Kriminalitätsentwicklung und Homizidrate ohne die Praktiken des Austauschens oder die Projekte des Hinweis-Gebens. Schließlich gibt es auch keine ordnenden Wachmänner oder Elektrozäune in den Nachbarschaften der brasilianischen Mittelschicht, ohne die Stabilität darin verknüpfter Praktiken des Wachens und Überwachens oder Praktiken des Sicherheitsmaßnahmen-Handhabens. Aber gleichzeitig gibt es auch keine

Praktiken der Sicherheitsfürsorge ohne ordnende Fürsorge-Elemente wie Ordnungshüter oder Einsatzwägen hiesiger Polizeireviere. Es gibt keine Projekte des Hinweis-Gebens oder des Informations-Austauschens ohne argumentative An-Ordnungen wie den aktuellen Informationen zur Gewalt, Unsicherheit und Viktimisierung. Der Umkehrschluss ist nicht nur für das exemplarische Praktiken-Ordnungen-Bündel der Kontrolle zu treffen, sondern auch für alle anderen miteinander in Verknüpfung stehenden praktiken- und ordnungen-bezogenen Komponenten des sozialen Phänomens – wie in ausreichender Ausführung in Kapitel 6 aufgezeigt wurde.

Die Darstellung des Zusammenhängens von Tun und Sagen in den zwölf Alltagsgeschichten zeigt die andauernde Verknüpfung der fragestellungsrelevanten Praktiken und Ordnungen nicht nur in den Kombinationen Praktiken x Praktiken und Ordnungen x Ordnungen, sondern insbesondere auch Praktiken x Ordnungen und Ordnungen x Praktiken. Damit wäre es irreführend, Praktiken losgelöst von den in ihnen hergestellten und sie ermöglichenden bzw. einschränkenden Ordnungen zu betrachten und zu diskutieren. Materielle und diskursive Ordnungszusammenhänge liegen nicht voneinander getrennt, sondern müssen grundsätzlich als miteinander verkettet gedacht werden. Das Verwoben-Sein von Strängen, Fäden und Fasern der Praktiken und Ordnungen zu Praktiken-Ordnungen-Bündeln macht daher deutlich, dass in entscheidender Abkehr von der Systematisierung in Kapitel 6.2 weder die Vielfalt sozialer Praktiken noch eine miteinander verknüpfte Gesamtheit materieller Ordnungen und diskursiver Formationen einem skalierten Ordnungsprinzip von Sozialität unterliegt. Vielmehr sind Praktiken und Ordnungen sowie deren Verknüpfung als Kontinuum stabiler und labiler Praktiken-Ordnungen-Bündel zu denken. Von Bedeutung ist dabei, dass im Kontinuum aus sich stabilisierenden und destabilisierenden Praktiken-Ordnungen-Bündeln unterschiedliche Bedeutungen und Positionen eingelassen sind. Dieses Plenum aus Ambiguität schafft wiederum einen dauerhaften Bruch der sicherheits- und unsicherheits-stiftenden Bedeutungen der er-griffenen ordnenden Elemente. Durch die andauernde Materialisierung der Sicherheiten – verstanden als der Ordnung-Werdung materieller Ordnungszusammenhänge und reflexiver Diskursformationen der Un-/Sicherheiten – werden Unsicherheiten schließlich fortlaufend stabilisiert. Im Gleichschritt wird die kontinuierliche Stabilisierung von Sicherheiten zum Effekt der fortwährenden Materialisierung von Unsicherheiten. Im kontinuierlichen Miteinander-verwoben-Sein der Praktiken und Ordnungen der Un-/Sicherheiten wird schließlich der konstituierende und zugleich konstituierte Charakter räumlich-situativer Fächer des sicheren Unsicher-Seins deutlich.

Materiell und argumentativ übersetzt wird diese Ambivalenz sich stabilisierender und destabilisierender Praktiken-Ordnungen-Bündel des sicheren Unsicher-Seins in der wechselseitigen Betonung sicherer und unsicherer Orte sowie sicherer und unsicherer Momente. Sowohl im beobachtbaren Körperlich-Materiellen als auch im Besprechen des reflektierten Diskurses springt die Bedeutungszuschreibung der darin hergestellten Praktiken-Ordnungen-Bündel fortlaufend zwischen den beiden konstruierten Gegenpolen des Begriffspaars hin und her. Geometrisch abgebildet ließe sich eine Zick-Zack-Linie in einem Un-/Sicherheiten-Diagramm aufzeichnen. Die Stärke der Linie würde verdeutlichen, dass der wechselseitige Verlauf des Sicheren und Unsicheren sich nicht räumlich, sondern auch zeitlich gestaltet. Dabei werden die gesellschaftstheoretischen, abstrakten Attribute sicher/unsicher, gewiss/ungewiss und beschützt/unbeschützt zu dominanten Elementen des breiten Spektrums an Praktiken und den darin hergestellten Ordnungen der Sicherheit und Unsicherheit, die in den Alltagsgeschichten der Interviewten verwoben sind.

Mittels des materiellen Zugriffs einerseits, aber insbesondere im diskursiven Rückgriff auf raumbezogene, ordnende Formationselemente gesellschaftlicher Trans-Formation sowie der Verräumlichung, Verwaltung und Versilberung von Un-/Sicherheiten (vgl. Kap. 2.2) andererseits ist es den Interviewten in der dritten Beobachtungsnotiz möglich, beobachtete und gesprochene Un-/Sicherheiten-Aspekte des Alltags zu reflektieren: Der Arbeitsplatz ist sicher, der Weg dorthin aber unsicher. Der öffentliche Park war früher unsicher. Der Wachmann macht den Park heute sicher. Das nächtliche Warten auf den Bus ist unsicher. Die Schar an Mitwartenden lässt das Warten aber sicher erscheinen. Die Nachbarschaft ist sicher, in der Nacht aber nicht mehr. Das *policiamento* machte die Straßen früher sicher, und schafft das heute nur noch mit Videoüberwachung. Das Autofahren gestaltet sich sicher, das Durchfahren einer Unterführung macht es aber unsicher. Vom Ordnungs-Diskurs über die nahe gelegene Favela geht ein Gefühl der Unsicherheit aus. Wer am hellichten Tag dann doch mal versehentlich mit dem PKW in der Favela landet, fühlt sich dann doch nicht mehr so unsicher. Das Parken im überwachten Parkplatz ist sicher, der unkontrollierte Fußgängerweg zur Arbeit nicht mehr. Entsprechend werden verschiedene sichere Orte und Momente unsicher gemacht und gleichzeitig verschiedene unsichere Orte und Momente sicher.

Praktiken und Ordnungen stehen dabei in einem andauernden Austauschverhältnis, das den räumlich-situativen Fächer immer wieder von Neuem als sicher und unsicher definiert. Dieses Austauschverhältnis ist in das alltägliche Wechselspiel zwischen sicheren und unsicheren Orten und Momenten eingelassen. Je nach dominierender bzw. stabiler Praktik im praktiken-relevanten – da bedeutungsgeladenem – Ordnungs-Zusammenhang und je nach stabilisierendem Ordnungsverständnis in Relation zum ausgeführten Tun und Sagen kommt eine unterschiedliche Befindlichkeit gegenüber Orten und Momenten des Alltags zum Ausdruck. Neben das Situative rückt das Räumliche. Beiden Dimensionen konstituieren ein Praktiken-Ordnungen-Bündel des Sicher-Seins oder Unsicher-Seins. Das soziale Phänomen eines gegenseitigen Herstellungsprozesses von Un-/Sicherheiten ist in das jeweilige Praktiken-Ordnungen-Bündel eingebunden. Das Gewebe aus Praktiken-Ordnungen-Bündel – verstanden als dem *mesh of practices and arrangements* (vgl. Schatzki 2002) – wird dabei durch das kontinuierlich-veränderliche Verwoben-Werden in der verständlichen, normativ-rationalen Begründetheit alltäglichen Tuns und Sagens fortlaufend stabilisiert und destabilisiert. Darüber hinaus wird die Verknüpfung der Praktiken- und Ordnungen-Stränge, -Fäden und -Fasern der Un-/Sicherheiten fortwährend durch den ununterbrochen-wechselnden Zuschreibungsprozess multipler, ambiger und vielfältiger Bedeutungen und Beziehungen der darin hergestellten Ordnungen als Träger der Praktiken gewoben und aufgetrennt.

8 Anstatt eines Fazits: Penelope und das Weben des sicheren Unsicher-Seins

„From which it seems to follow that the business of thinking is like a veil of Penelope: it undoes every morning what it had finished the night before" (Arendt 1971, S. 425).

„Weben ist in der Geschichte eine der ältesten Handwerkstechniken, mit der textile Arbeiten wie Stoffe, Teppiche und Decken erzeugt werden. Beim Weben entsteht durch regelmäßiges Verkreuzen von vertikalen und horizontalen Fäden ein flächiges Gebilde. Durch Verwenden verschiedenfarbiger Fäden und durch individuelle Webregeln entstehen spezielle Muster und Farbläufe" (Joiner & Rücker 2012, S. 78).

Erreicht hat die vorliegende Arbeit in den zurückliegenden Kapiteln 1-7 einiges. Zumindest dann, wenn das erkenntnisleitende Erreichen nicht darin besteht, Erklärungsfaktoren zu nennen, die die wechselseitige Herstellung von Un-/Sicherheiten erörtern. Denn erwähnt, herangezogen oder ausreichend abgegrenzt wurden weder *Explanans* noch *Explanandum* von Un-/Sicherheiten. Vielmehr ist aus der kritischen Reflexion eines argumentativen Rückgriffs und materiellen Zugriffs auf dieses Erklärungsverhältnis eine Erkenntnisreise entstanden, die sich gegen die Trennung, Separierung und Entkopplung zweier sozialer Phänomene wendet – das der Sicherheit und Unsicherheit. Die Erkenntnisreise hat sich dabei einer gesellschaftstheoretischen Perspektive zugewandt, die das Getrennte zu verbinden versucht, das Separate zu verknüpfen intendiert und das Entkoppelte miteinander verketten möchte. Anknüpfend an die konstruktivistische Kritik früherer Konzepte der Sicherheit und Unsicherheit, aufbauend auf der modernisierungstheoretisch informierten, relationalen Perspektive auf die Reproduktion von Angst und anlehnend an die erkenntnisleitende Position der Verwobenheit von Emotionalem und Affektivem in den *fabric of everyday life* hat die Erkenntnisreise einen Weg eingeschlagen, der durch die relationale Perspektive der Praktikentheorie richtungsweisend geführt wurde.

In der Theorie sozialer Praktiken bilden Praktiken und Ordnungen die zentralen ontologischen Bausteine. Beide Bausteine setzen sich nicht nur aus Strängen, Fäden und Fasern des Tuns und Sagens sowie aus materiellen und immateriellen Entitäten zusammen. Vielmehr stehen Praktiken und Ordnungen auch im ermöglichenden und einschränkenden Zusammenhang und sind entlang verschiedener Verbindungen eng miteinander verknüpft, verkettet und verwoben. Indem sich der Fokus in der bisherigen Arbeit zunächst auf das Was und Wer oder Was der Un-/Sicherheiten legte, ehe sich dem Wie der Un-/Sicherheiten – also dem Rekapitulieren der Arten und Weisen der Verbindungen zwischen Praktiken und Ordnungen – gewidmet wurde, blieb die sukzessive Erweiterung des taxonomischen Sprachangebots der Praktikentheorie um Denkfiguren der Stränge, Fäden und Fasern, aber auch um Verknüpfungen, Fächer und Gewebe bisher noch weitgehend unreflektiert.

Fasern, Fäden und Stränge stehen seit der Frühzeit unmittelbar mit der ältesten Handwerkstechnik der Weberei und damit der Herstellung von Geweben, Stoffen, Tüchern oder Teppichen in Verbindung. Trotz der Mechanisierung der Textilproduktion seit der Frühindustrialisierung in der ersten Hälfte des 19. Jahrhunderts – also der Weiterentwicklung von Hand- und später Gewichtswebstühlen hin zu Hochleistungswebmaschinen – hat sich an den Grundprinzipien des Webens seit jeher nichts geändert: Aus Schafswolle, Pflanzenfasern oder Kunstfasern werden Fäden gewonnen, die auf Spulen oder in Strängen aufgewickelt der Weiterverarbeitung dienen. Die Fäden gliedern sich in zwei Fadensysteme – dem Längs- oder Kettfaden und dem Eintrags- oder Schussfaden (vgl. Abb. 7). Der Kettfaden wird parallel zur Webkante um den Kett- oder Tuchbaum geschärt und durch Verknoten oder Gewichte vorgespannt. Der Schussfaden ist nur auf einem Webschiffchen aufgewickelt, welches dem Transportieren des Schussfadens parallel zur Webbreite dient. Durch das Heben und Senken der Kettfäden entstehen dynamische Webfächer. Der Schussfaden wird in das Webfach eingelegt und durch die Kettfäden geschossen. Nach jedem Schusseintrag wird das Fach geschlossen und geöffnet. Dieser Vorgang wird in jeweils entgegengesetzter Schussrichtung fortlaufend wiederholt und führt zur Verkreuzung (Bindung) der unter- und übereinander liegenden Fadensysteme. Durch das regelmäßige Verkreuzen der Kett- und Schussfäden entsteht schließlich ein Gewebe. Je nach Webregel, Anordnung der Kettfäden oder Stärke und Färbung der verwendeten Fadensysteme kommt es zu unterschiedlichen Bindungen des Flächengebildes und zu speziellen Mustern und Farbverläufen des Gewebes.

Abb. 7: Die Fadensysteme der Kett- und Schussfäden[58]

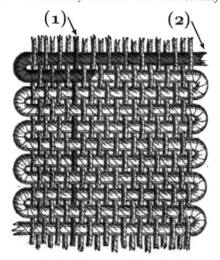

Zum einen erscheint die Figur des Webens durchaus hilfreich dabei, das Zusammensetzen, Verknüpfen und Verketten von Praktiken und Ordnungen bildlich zu denken. Ordnungen lassen sich dabei als Kettfäden verstehen, die nicht ex ante vorgespannt sind und dadurch Handlungen strukturieren. Außerdem erscheinen Ordnungen so als lose materielle und immaterielle Ordnungen-Stränge, -Fäden und -Fasern, die zwar um soziale Kett- und Tuchbäume geschärt sind, die jedoch ohne deren Verkreuzungen in Gestalt materieller Zugriffe und diskursiver Rückgriffe keine soziale Bindung besitzen. Auf der Suche nach dem Nullpunkt der Sozialanalyse wird der Blick hingegen auf Praktiken gerichtet, die sich als Schussfäden lesen lassen. Erst durch das Einlegen der *Praktiken-Schussfäden* in das durch Ordnungen-Kettfäden-Senkung und -Hebung entstehende Webfach werden *Ordnungen-Kettfäden* verkreuzt und damit gebunden. Anschließend an Schatzkis Lesart sozialer Ordnung als *mesh of practices and arrangements* führt schließlich das kontinuierliche Verweben von Praktiken-Schussfäden und Ordnungen-Kettfäden zur Bindung der Fadensysteme in einem Gewebe aus Praktiken und Ordnungen. Je nach Schussfaden-organisierenden Webfähigkeiten, Webregeln oder Webteleoaffektivitäten und je nach materiellen und immateriellen Anordnungen und Eigenschaften der Ordnungs-Kettfäden entsteht somit

---

58 In der Abbildung der Fadensysteme ist der Kettfaden (1) in hellgrau und der Schussfaden (2) in dunkelgrau abgebildet. Quelle:
http://upload.wikimedia.org/wikipedia/commons/0/0b/Kette_und_Schu%C3%9F_nu m_col.png Abrufdatum:20.06.2014

unterschiedliche Muster und Farbverläufe des Gewebes sozialer Ordnung (vgl. Abb. 8).

Abb. 8: Soziale Ordnung weben[59]

Denkt man zum anderen die Figur des Miteinander-Verwebens einzelner Stränge, Fäden und Fasern zu einem Gewebe, einem Tuch oder gar einem Teppich weiter, stellt sich umgehend die Frage, wie Austausch, Wandel und Veränderung in einem Geflecht sich zunehmend bindender und verfestigender Kett- und Schussfäden gedacht werden können. Übertragen auf die Diskussion der theoriegeschichtlichen Herleitung der Praktikentheorie läuft die Figur des gebundenen und hergestellten Gewebes daher Gefahr, in den Subjekt-Objekt-Dualismus zu verfallen oder der Kritik an handlungs-präexistenten Erklärungsfiguren nicht Stand halten zu können (vgl. Kap. 2.4). Schließlich konnte die Diskussion der Praktiken-Ordnungen-Bündel des sicheren Unsicher-Seins (Kap. 7) aber hinreichend zeigen, dass der erneuernde, reproduzierende und wiederherstellende Charakter nicht etwa in der Stabilität, wohl aber in der Labilität miteinander verwobener Praktiken und Ordnungen liegt. Durch das räumlich-situative Zusammensetzen oder – anknüpfend an die vorangestellte Überlegung des Webens – durch das in räumlich-situativen Fächern Verwoben-Sein werden Praktiken-Ordnungen-Bündel nicht nur fortlaufend stabilisiert, sondern auch immerzu

---

59 Quelle: Ines Seidel: „Beenden einer Geschichte".

destabilisiert. Aus der Perspektive des Webens gesprochen wird soziale Ordnung durch das Verweben des Tuns und Sagens mit den ordnenden Elementen zwar fortan hergestellt. Gleichzeitig kann das Gewebe sozialer Ordnung jedoch immer nur im Jetzt-Werden entstehen, ehe es sich umgehend wieder destabilisiert und auflöst.

Wie also weiter verfahren mit einem vermeintlich stabil zusammengesetzten, gebundenen Tuch-Gewebe, denkt sich auch Penelope im alten Griechenland. Die Königin Ithakas steckt in der ungewissen Klemme ihres tragischen *Ehedilemmas* und wartet. Schon seit Jahren wartet sie auf ihren Ehemann und König, Odysseus. Odysseus muss nach der Geburt ihres gemeinsamen Sohnes Telemachos mit den Spartanern gegen Troja in den Krieg ziehen. Der Ausgang des Kriegs ist hinlänglich bekannt. Odysseus' Kriegslist des hölzernen Pferds führt nach langer Belagerung der Hauptstadt zum ruhmreichen Sieg der Griechen über die Trojaner. Allerdings muss Odysseus auf seiner Rückfahrt vor dem zürnenden Meeresgott Poseidon teuer bezahlen, der die Blendung seines Sohnes Polyphem rächt. Seine Rückfahrt wird zu einer jahrelangen Irrfahrt durch das Mittelmeer. Erst nach vielen, endlos scheinenden Abenteuern wie der Schlacht der Kikonen, der Höhle der Kyklopen, dem Jahr auf Aiaia oder der überwundenden Gefahr der Sirenen, findet die Odyssee mit Hilfe der Phaiaken ihr vorläufiges Ende.

Die glückliche Heimkehr des gepeinigten Odysseus kennt der Leser wohl genau, die Götter geben ihr erst spät ihren Segen, aber für Penelope, die wartenden Gattin in der Heimat, bleibt sie bis zum Ende *ungewiss*. Ist ihr Mann noch am Leben oder tot? Ist sie noch verheiratet oder bereits verwitwet? Diese Fragen durchziehen die Entscheidungsfindung ihres Ehedilemmas, ob sie wieder heiraten oder die Wiederkehr ihres geliebten Odysseus erwarten solle. Penelope ist von vielen Seiten in Bedrängnis. Denn mit Telemachos Heranwachsen endet das sichernde Eheversprechen zwischen Odysseus und seiner Gattin Penelope:

> „Frau, ich vermute nicht, die schöngeharnischten Griechen
> Werden alle gesund und wohl von Ilion kehren;
> Denn, wie man sagt, sind auch die Troer streitbare Männer,
> Mit Wurfspießen geübt und geübt, den Bogen zu spannen
> Und schnellfüßige Rosse der Schlacht zu lenken, die immer
> Hurtig den großen Kampf des blutigen Krieges entscheiden.
> Darum weiß ich nicht, ob Gott von Troja mich heimführt
> Oder mich dort abfordert. Du sorg hier fleißig für alle!
> Pfleg auch meinen Vater und meine Mutter im Hause,
> So wie bisher, ja noch sorgfältiger, wann ich entfernt bin.
> Siehst du aber den Sohn im ersten Barte der Jugend,

Magst Du das Haus verlassen und, wem du willst, dich vermählen"
(Homer 1996, σ258-269).

Drei Verflechtungen aus Handlungsfiguren und -szenen machen das Eheversprechen für Penelope während der langen Jahren des Wartens zum Bedrängnis: Nicht nur die 108 Freier, die seit Jahren frevelhaft das göttliche Gebot der Gastfreundschaft überstrapazieren und am Hofe des Odysseus verweilend um die Hand der schönen Witwe Penelope anhalten, sondern auch ihr Vater und Bruder drängen auf die Wiederheirat. Auch der zum Mann werdende Telemachos tritt immer selbstbestimmter und forscher vor seiner Mutter auf und bringt seinen Status als neuer Hausherr zunehmend in der Form zum Ausdruck, dass sich ein baldiges Ende Penelopes Leben in Wohlstand und Sicherheit aufdrängt. Und schließlich sind es die sehnsüchtigen Gefühle für ihren Gatten, über den Penelope seit Jahren von Reisenden nur Geschichten einer bevorstehenden Heimkehr erfährt, die sie in kontinuierlicher Ungewissheit halten (vgl. Abb. 8). Im unlösbaren Dilemma der Wahl und mit der Wahl in Verbindung stehenden Konsequenzen, den „Wenn-dann-Erwägungen" (Giddens 1996, S. 317), vor der sich die Handelnde befindet (vgl. Kap. 2.3), entsinnt Penelope verschiedene Strategien des hinhaltenden Taktierens gegenüber den Freiern, aber auch gegenüber sich selbst. Allen voran spielt darin die Webelist (Stockem 1950, S. 43ff.) die zentrale Rolle in Penelopes Hinhalten der zentralen Entscheidung ihres Ehedilemmas. Homer weist der List des Webens und Auflösens sogar die namengebende Bedeutung der Penelope zu. Neben zahlreichen, anderen etymologischen Interpretationsmöglichkeiten setzt sich der altgriechische Name Πηνελόπεια (Penelopea) aus zwei Wortsilben zusammen πήνη (Spinnhaar, Einschlagfaden, Gewebe) und λέπω (auftrennen, abschälen, abreißen) (Liddle & Scott 1968, S. 1040 und S. 1401, Gemoll 2006, S. 498 und S. 645):

„Unter anderen Listen ersann sie endlich auch diese:
Trüglich zettelte sie in ihrer Kammer ein feines
Übergroßes Geweb und sprach zu unsrer Versammlung:
Jünglinge, die ihr mich liebt nach dem Tode des edlen Odysseus,
Dringt auf meine Vermählung nicht eher, bis ich den Mantel
Fertig gewirkt (damit nicht umsonst das Garn mir verderbe!),
Welcher dem Helden Laertes zum Leichengewand bestimmt ist,
Wann ihn die finstre Stunde mit Todesschlummer umschattet:
Daß nicht irgend im Lande mich eine Achaierin tadle,
Läg er uneingekleidet, der einst so vieles beherrschte!
Also sprach sie mit List und bewegte die Herzen der Edlen.

> Und nun webete sie des Tages am großen Gewebe;
> Aber des Nachts dann trennte sie's auf beim Scheine der Fackeln.
> Also täuschte sie uns drei Jahr und betrog die Achaier.
> Als nun das vierte Jahr im Geleite des Horen herankam
> Und mit dem wechselnden Mond viel Tage waren verschwunden,
> Da verkündet' uns eine der Weiber das schlaue Geheimnis
> Und wir fanden sie selbst bei der Trennung des schönen Gewebes"
> (Homer 199, β93-110).

Indem sie tagsüber das Totentuch ihres Schwiegervaters fertigt, kommt sie nicht nur ihren familiären Pflichten als Noch-Ehegattin nach. Vielmehr vertröstet sie die buhlenden Freier damit, dass sie ihre Entscheidung über ein zukünftiges Eheversprechen mit dem angesehenen Eurymachos oder dem friedfertigen Amphinomos nicht nur aufschieben muss, sondern eben auch nicht aufheben möchte. So sieht Wilamowitz Penelope einerseits „nicht ohne berechnende Koketterie den lüsternen Freiern kostbare Geschenke abluchsen" (Wilamowitz zit. n. Kroll 1937, S. 475). Indem sie nachts wiederum das Totentuch des Laertes auftrennt, hält sie die familiären Pflichten als Witwe, Mutter und Hausherrin aufrecht. Zudem vertröstet sie sich selbst, dass sie ihre Entscheidung über das vergangene Eheversprechen mit ihrem geliebten Gatten Odysseus nicht aufschieben kann und auch nicht aufheben möchte. Entsprechend deutlich wird andererseits das Bild der Penelope gezeichnet, die als treue und liebende Frau sehnsüchtig um ihren Gatten trauert.

Abb. 9: Das Ehedilemma[60]

Im Handlungs-Plot der Weblist verwebt Penelope nicht nur verschiedene Praktiken- und Ordnungen-Zusammenhänge ambivalenter Bedeutungen, sondern gleichzeitig auch ihre eigene, ordnungsgebende Geschichte. Das *Praktiken-Ordnungen-Bündel des gewebten Gewands* sichert Penelope eine potenzielle Heirat mit einem Freier und schützt sie so vor der existenziellen Unsicherheit, mit der sie sich nach dem Verlust des Status der Hausherrin an ihren Sohn konfrontiert sieht. Das fertiggestellte Gewand erlöst Penelope jedoch nicht von der Ungewissheit, ob ihr geliebter Gatte noch am Leben ist und ob er irgendwann den Weg zurück findet. Auf der einen Seite schützt das *Praktiken-Ordnungen-Bündel des aufgelösten Gewands* Penelope vor der Heirat mit einem Freier, den sie nicht liebt. Das nicht-gewebte Gewand fordert von Penelope auch keine finale Position in der tragischen Frage, ob ihr Gatte eines Tages die Rückkehr nach Ithaka schafft. Gleichzeitig bietet ihr das Praktiken-Ordnungen-Bündel aber keine Sicherheit, ob sie ohne die Lösung ihres Ehedilemmas noch weiter von ihrem Sohn Telemachos am Hof geduldet wird.

---

60 Pintoriccio (* um 1454 in Perugia; † 11. Dezember 1513 in Siena; eigentlich Bernardino di Betto di Biagio), Penelope mit den Freiern, um 1509. Fresko, abgenommen und auf Leinwand aufgezogen, 125.5 x 152 cm, National Gallery, London. Ursprünglich eines aus der Serie dreier Fresken im Palazzo del Magnifico, Siena. Die beiden anderen stammen von Luca Signorelli.

In der Weblist stellt Penelope fortlaufend her, und demontiert zugleich. Effekt des kontinuierlichen Webens und Auflösens ist ein fortwährender labiler Zustand aus existenzieller Sicherheit und familiärem Rückhalt, begleitet von Trauer und Zurückgezogenheit. Dadurch webt Penelope in Homers Odyssee ihre eigene, von Un-/Sicherheiten erfüllte Erkenntnisreise zur Lösung des Ehedilemmas, die der Un-/Sicherheiten erfüllten Heimreise des Odysseus komplementär entspricht. Durch den räumlich-situativen Austausch sich stabilisierender und destabilisierender Praktiken-Ordnungen-Bündel des gewebten und aufgelösten Gewands wird die soziale Ordnung einer sichernden Unsicherheit hergestellt, oder im Falle Penelope aufrecht erhalten. Schließlich steht die sichernde Unsicherheit der wartenden Penelope der unsicheren Sicherheit gegenüber, in der sich der suchende Odysseus, geführt von der göttlichen Hand der Athena, auf seiner Rückkreise nach Ithaka wähnt.

Das Nachzeichnen des Verwoben-Seins von Praktiken-Ordnungen-Bündeln der sichernden Unsicherheit und unsicheren Sicherheit bildet auch das Ziel der Erkenntisreise der vorliegenden Arbeit. Was bisher erreicht wurde, ist jedoch erst der Anfang einer weiteren Erkenntnisreise: eine Reise, deren Weg die perspektivische Erweiterung des Blicks auf Soziales beschreibt. Das soziale Phänomen wird darin nicht etwa als etwas Feststehendes betrachtet, sondern als etwas Dynamisches, und zugleich als etwas in sich Verkettetes, Verknüpftes und Verwobenes. Eine Erkenntnisreise mit dynamisch-relationalem Blick ist durchaus nichts Neues. Das erkenntnistheoretische Vorgehen findet beispielsweise bei der kulturtheoretischen Betrachtung gesellschaftlicher Missstände und deren Produktion im Raum Berücksichtigung. Wie auch im Fall anderer kulturtheoretischer Denkfiguren – etwa bei Habitus, Diskursen oder Regel-Ressourcen-Verhältnissen – läuft eine Erkenntnisreise entlang miteinander verwobener Praktiken und Ordnungen aber Gefahr, den relational-dynamischen Blick mit der Zeit nicht nur einzubüßen, sondern gegen einen starren Blick auf vermeintlich einseitig bedingte und unveränderte Phänomene einzutauschen.

Irgendwann wären schließlich die Schuss- und Kettfäden miteinander verwoben und das Gewebe mit bestimmten Farbmustern hergestellt. Das Gewebe wäre fertig. Seine Struktur, ob weich oder hart, ob einladend oder ausladend, ob gemütlich oder ungemütlich, würde fortan das Darauf-Sitzen, das Damit-Schmücken oder Damit-Verdecken bestimmen. Das Gewebe aus Tun und Sagen in Verknüpfung mit materiellen und immateriellen Elementen bestünde nunmehr aus einem starren Zusammenhang. Dabei wären Veränderungen und Abwandlungen des Praktiken-Ordnungen-Bündels allenfalls als natürlicher Verfall des Stoffgewebes und damit als exogenes Auflösen der Textilien-Stränge, -Fäden, und -Fasern zu denken. Mit der erkenntnisleitenden Schwierigkeit des Fertig-

Werdens beschäftigt sich auch Penelope in ihrem *Ehedilemma* auf der Insel Ithaka. So schützt sie ihre Weblist vor der sich aufdrängenden Entscheidungsfindung. Durch das tägliche Weben und nächtliche Auftrennen des Leichentuchs des Laertes stabilisiert und destabilisiert sich die soziale Ordnung in ihrem Wirkungsbereich des Schlafgemachs fortlaufend. Die labile Ordnung schwankt unablässig – zumindest so lange, bis Penelope von ihren in Ungnade gefallenen Mägden verraten wird – zwischen dem Aufrechterhalten ihres existenziellen Sicherheitsanspruchs, der einerseits zweifelsohne eine baldige Heirat mit einem der buhlenden Freier notwendig macht. Andererseits wird die labile Ordnung vom intendierten Aufrechterhalten der Hoffnung bestimmt, ob ihr geliebter Gatte Odysseus noch am Leben ist und seine Heimkehr – wie durch göttlich-träumerische Eingebung und weltlich-erzählte Kundgebung angedeutet – in naher Zukunft bevorsteht.

Das soziale Phänomen zunehmender, gesellschaftlicher Unsicherheit in Begleitung zunehmender gesellschaftlicher Sicherheit nicht entlang objektiver oder subjektiver Erklärungsfaktoren zu betrachten oder durch das Heranziehen und Abgrenzen des *Explanans* und *Explanandum* der Sicherheiten und Unsicherheiten zu diskutieren, sondern vielmehr als miteinander verwobenes Bündel der Praktiken-Ordnungen-Bündel der Un-/Sicherheiten zu denken, versteht sich schließlich nicht als Ergebnis oder als erreichtes Ziel der Erkenntnisreise. Der relationale Blick auf Penelope und das Weben des sicheren Unsicher-Seins versteht sich als Anfang weiterer, noch bevorstehender Erkenntnisreisen einer praktikentheoretischen Ontologie gewebter Un-/Sicherheiten. In dieser als gezielt flach-ontologisch zu konzipierenden Vorgehensweise ließen sich die *räumlich-situativen Fächer des sicheren Unsicher-Seins* zugleich als konzeptioneller Baustein, methodologische Perspektive, methodischer Leitfaden und erkenntnistheoretische Erweiterung verstehen. Schließlich ermöglichen sie, alltägliche (Re-)Produktionslogiken von Un-/Sicherheiten als soziales Phänomen zu denken, auf das konkrete Tun und Sagen herunterzubrechen, mechanisch zu bearbeiten und zu ordnen, um es anschließend zu seiner (Re-)Konstruktion abstrahieren zu können.

Literatur

Abrahamsen, R. & M.C. Williams (2007): Securing the City: Private Security Companies and Non-State Authority in Global Governance. In: International Relations 21 (2), S. 237-253.

Abrahamsen, R. & M.C. Williams (2011): Security Beyond the State. Private Security in International Politics. Cambridge.

Adorno, S. & C. Lamin (2008): Medo, violência e insegurança. In: Sérgio, R. & L. Paula (Hg.): Segurança pública e violência. O Estado está cumprindo seu papel? São Paulo, S. 151-171.

Adorno, S. (1998a): O gerenciamento público da violência urbana: a justiça em ação. In: Pinheiro, P. (Hg.): São Paulo sem medo. Um diagnóstico da violência urbana. Rio de Janeiro, S. 227-246.

Adorno, S. (1998b): Violence, security and public perceptions in Brazil. Paper presented to XXI International Congress of Latin American Studies Association – LASA98, Chicago (USA), 26-28 September 1998, São Paulo. NEV/USP, S. 1-13.

Aguerre, P. (2004): Segregação socioespacial e violência na cidade de São Paulo. Referências para a formulação de políticas públicas. In: São Paulo em Perspectiva 18 (4), S. 93-102.

Ahnen, R. (2003): Between Tyranny of the Majority and Liberty: The Persistence of Human Rights and Violations under Democracy in Brazil. In: Bulletin of Latin American Research 22 (3), S. 319-339.

Ahnen, R. (2007): The Politics of Police Violence in Democratic Brazil. In: Latin American Politics and Society 49 (1), S. 141-164.

Altheide, D. (2002): Creating fear: news and the constructions of crisis. New York.

Alves, R. (2009): Toyotismo e neoliberalismo: novas formas de controle para uma sociedad-empresa. In: Firmino, R., Bruno, F. & M. Kanashiro (Hg.): Vigilância, Segurança e Controle Social na América Latina. Curitiba, S. 277-299.

Amann, K. & S. Hirschauer (1997): Die Befremdung der eigenen Kultur. In: Hirschauer, S. & K. Amann (Hg.): Die Befremdung der eigenen Kultur: zur ethnographischen Herausforderung soziologischer Empirie. Frankfurt am Main, S. 7-52.

Amster, R. (2003): Patterns of Exclusion: Sanitizing Space, Criminalizing Homelessness. In: Social Justice 30 (1), S. 195-221.

Anderson, B. (2006): Becoming and being hopeful: towards a theory of affect. In: Environment and Planning D: Society and Space 24 (5), S. 733-752.

Anderson, K. & S. Smith (2001): Editorial: Emotional Geographies. In: Transactions of the Institute of British Geographers 26 (1), S. 7-10.

Arendt, H. (1971): Thinking and Moral Considerations. In: Social Research 38 (3), S. 417-446.

Atkinson, R. & S. M. Blandy (2005): Introduction: International Perspectives on the New Enclavism and the Rise of Gated Communities. In: Housing Studies 20 (2), S. 177-186.

Atteslander, P. (2006): Methoden der empirischen Sozialforschung. Berlin.

Auden, W.H. (2011)[1947]: The age of anxiety: A Baroque Eclogue. Princeton, Woodstock.

Auspurg, K., Hinz, T. & S. Liebig (2009): Komplexität von Vignetten, Lerneffekte und Plausibilität im faktoriellen Survey. In: Methoden, Daten, Analyse 3 (1), S. 59-96.

Azevedo, R. (2009): Justicia Penal y Seguridad Pública en Brasil: causas y consecuencias de la demanda punitiva. In: Revista Brasileña de Seguridad Pública 3 (4), S. 94-113.

Baasch, S. (2009): Herstellung von Sicherheit und Produktion von Kontrollräumen im Kontext von Großevents: Die Fußball-Weltmeisterschaft 2006 in Hamburg. Hamburg. [Abrufbar unter: http://ediss.sub.uni-hamburg.de/volltexte/2009/4023/pdf/Dissertation_Baasch.pdf. Abrufdatum: 03.02.2010].

Bacha, E. & S. Schwartzman (2011): Introdução. In: Bacha, E. & S. Schwartzman (Hg.): Brasil: a nove agenda social. Rio de Janeiro, S. 1-20.

Bachelard, G. (1974): Epistemologie: ausgewählte Texte. Frankfurt am Main.

Bachmann-Medick, D. (2006): Cultural Turns. Neuorientierungen in den Kulturwissenschaften. Reinbek bei Hamburg.

Bærenholdt, J., Gregson, N., Everts, J., Granås, B. & L. Ruth (2010): Performing Academic Practice: Using the Master Class to Build Postgraduate Discursive Competences. In: Journal of Geography in Higher Education 34 (2), S. 283-298.

Bankey, R. (2004): The agoraphobic condition. In: Cultural Geographies 11 (3), S. 347-355.

Barros, R. (2012): A Reinvenção da Prisão: a expansão prisional no Estado de São Paulo e as conseqüências do encarceramento massivo (1985-2010). Marília. [Abrufbar unter: http://www.gecap.direitorp.usp.br/files/Tese_-_Reinveno_da_priso.pdf. Abrufdatum: 10.04.2012].

Bauman, Z. (1991): Modernity and ambivalence. Cambridge.

Bauman, Z. (1993): Modernity and the Holocaust. Ithaca.

Bauman, Z. (1997): Flaneure, Spieler und Touristen: Essays zu postmodernen Lebensformen. Hamburg.

Bauman, Z. (2000): Die Krise der Politik: Fluch und Chance einer neuen Öffentlichkeit. Hamburg.

Bauman, Z. (2003): Flüchtige Moderne. Frankfurt am Main.

Bauman, Z. (2008): Flüchtige Zeiten: Leben in der Ungewissheit. Hamburg.

Beato, C. (1999): Políticas públicas de segurança e a questão policial. In: São Paulo em Perspectiva 13 (4), S. 13-27.

Beck, U., Giddens, A. & S. Lash (1996): Reflexive Modernisierung: eine Kontroverse. Frankfurt am Main.

Beck, S. (1997): Umgang mit Technik: kulturelle Praxen und kulturwissenschaftliche Forschungskonzepte. Berlin.

Beck, U. (1986) Risikogesellschaft: auf dem Weg in eine andere Moderne. Frankfurt am Main.

Beck, U. (2008): Weltrisikogesellschaft: auf der Suche nach der verlorenen Sicherheit. Frankfurt am Main.

Becker, E. (2011): Angst. München.

Beckett, K. (1997): Making crime pay: law and order in contemporary American politics. New York, Oxford.

Belina, B. (1999): „Kriminelle Räume" – zur Produktion räumlicher Ideologie. In: Geographica Helvetica 54 (1), S. 59-66.

Belina, B. (2000a): „Kriminalität" und „Raum". Zur Kritik der Kriminalgeographie und zur Produktion des Raums. In: Kriminologisches Journal 32 (2), S. 129-147.

Belina, B. (2000b): Kriminelle Räume: Funktion und ideologische Legitimierung von Betretungsverboten. Kassel.

Belina, B. (2005): Räumliche Strategien kommunaler Kriminalpolitik in Ideologie und Praxis. In: Glasze, G., Pütz, R. & M. Rolfes (Hg.): Diskurs – Stadt – Kriminalität: städtische (Un-)Sicherheiten aus der Perspektive von Stadtforschung und kritischer Kriminalgeographie. Bielefeld, S. 137-166.

Belina, B. (2008): Die kapitalistische Produktion des Raums: zwischen Mobilität und Fixierung. In: Krumbein, W., Frieling, H.-D. v., Kröcher, U. & D. Sträter (Hg): Kritische Regionalwissenschaft. Gesellschaft, Politik, Raum. Münster, S. 70-86.

Belina, B. (2009): Kriminalitätskartierung – Produkt und Mittel neoliberalen Regierens, oder: Wenn falsche Abstraktionen durch die Macht der Karte praktisch wahr gemacht werden. In: Geographische Zeitschrift 9 (4), S. 192-212.

Belina, B. (2011)[2006]: Raum, Überwachung, Kontrolle: Vom staatlichen Zugriff auf städtische Bevölkerung. Münster.

Belina, B., Kreissl, R., Kretschmann, A. & L. Ostermeier (2012)(Hg.): Kritische Kriminologie und Sicherheit, Staat und Gouvernementalität. Kriminologisches Journal 10 (Beiheft 3-9). Wiesbaden.

Bénit-Gbaffou, C. (2008): Community Policing and Disputed Norms for Local Social Control in Post-Apartheid Johannesburg. In: Journal of Southern African Studies 34 (1), S. 93-109.

Benz, A., Lütz, S., Schimank, U. & G. Simonis (2007): Einleitung. In: Benz, A.; Lütz, S., Schimank, U. & G. Simonis (Hg.): Handbuch der Governance: theoretische Grundlagen und empirische Anwendungsfelder. Wiesbaden, S. 9-25.

Berger, P. & T. Luckmann (1997)[1966]: Die gesellschaftliche Konstruktion der Wirklichkeit: eine Theorie der Wissenssoziologie. Frankfurt am Main.

Bergmann, J. (2007): Harold Garfinkel und Harvey Sacks. In: Flick, U., Kardorff, E. & I. Steinke (Hg.): Qualitative Forschung: ein Handbuch. Reinbek bei Hamburg, S. 51-62.

Beste, H. (2000): Morphologie der Macht: urbane „Sicherheit" und die Profitorientierung sozialer Kontrolle. Opladen.

Beste, H. (2004): The City of "New Surveillance". In: Elsbergen, G. v. (Hg.): Wachen, kontrollieren, patrouillieren: Kustodialisierung der Inneren Sicherheit. Wiesbaden, S. 155-176.

Beste, H. (2009): Zur Privatisierung verloren geglaubter Sicherheit in der Kontrollgesellschaft. In: Lange, H.-J., Ohly, H. & J. Reichertz (Hg.): Auf der Suche nach neuer Sicherheit: Fakten, Theorien und Folgen. Wiesbaden, S. 183-202.

Bilsky, W. & P. Wetzels (1995): Le bien-être, le sentiment de sécurité personnelle et la peur du crime – Un cadre commun de référence. In: Revue canadienne de criminology et de justice pénale 37 (2), S. 299-238.

Bilsky, W. (2003): Fear of crime, personal safety and well-being: a common frame of reference. In: Vanderhallen, M., Vervaeke, G., van Koppen, P.J. & J. Goethals (Hg.): Much ado about crime. Brüssel, S. 37-55.

Birenheide, A. (2009): Private Initiativen für mehr Sicherheit als Form lokaler Vergesellschaftung am Beispiel der Bürgerinitiative „Mehr Sicherheit in Großhansdorf" e.V. Hamburg. Hamburg. [Abrufbar unter: http://ediss.sub.uni-hamburg.de/volltexte/2010/4423/pdf/Dissertation_Birenheide_Almut_091028.pd f. Abrufdatum: 10.04.2013].

Blakely, E. & M. Snyder (1997): Fortress America: gated communities in the United States. Washington.

Boers, K. & P. Kurz (2001): Kriminalitätsfurcht ohne Ende? In: Albrecht, G., Backes, O. & W. Kühnel (Hg.): Gewaltkriminalität zwischen Mythos und Realität. Frankfurt am Main, S. 123-144.

Boers, K. (1991): Kriminalitätsfurcht. Über den Entstehungszusammenhang und die Folgen eines sozialen Problems. Pfaffenweiler.

Boers, K. (1993): Kriminalitätsfurcht. Ein Beitrag zum Verständnis eines sozialen Problems. In: Monatsschrift für Kriminologie und Strafrechtsreform 76 (2), S. 65-82.

Bohnsack, R. & I. Nentwig-Gesemann (2010)(Hg.): Dokumentarische Evaluationsforschung: theoretische Grundlagen und Beispiele aus der Praxis. Opladen, Farmington Hills.

Bohnsack, R. (2007a): Qualitative Verfahren der Bildinterpretation und dokumentarische Methode. In: Bohnsack, R. (Hg.): Rekonstruktive Sozialforschung: Einführung in qualitative Methoden. Opladen, Farmington Hills, S. 155-171.

Bohnsack, R. (2007b): Zum Verhältnis von Bild- und Textinterpretation in der qualitativen Sozialforschung. In: Friebertshäuser, B., Felden, H. v. & B. Schäffer (Hg.): Bild und Text – Methoden und Methodologien visueller Sozialforschung in der Erziehungswissenschaft. Opladen, Farmington Hills, S. 21-46.

Boltanski, L. & L. Thévenot (1991): De la justification: les économies de la grandeur. Paris.

Bondi, L., Davidson, J. & M. Smith (2007): Introduction: Geography's "Emotional Turn". In: Davidson, J., Bondi, L. & M. Smith (Hg.): Emotional Geographies. Hampshire, S. 1-16.

Bondi, L. (2005): Making connections and thinking through emotions: between geography and psychotherapy. In: Transaction of the Institute of British Geographers 30 (4), S. 433-448.

Bongaerts, G. (2007): Soziale Praxis und Verhalten – Überlegungen zum Practice Turn in Social Theory. In: Zeitschrift für Soziologie 36 (4), S. 246-260.

Boomgaarden, G. (2007): Governance in Räumen begrenzter Staatlichkeit aus außenpolitischer Sicht. In: SFB-Governance Lecture Series, Nr. 2, DFG Sonderforschungsbereich 700, Berlin. [Abrufbar unter: https://www.deutsche-digitale-bibliothek.de/binary/A7MUJIQMOQETSJNKDDCWCA6SBHL6F4NE/full/1.pdf. Abrufdatum: 01.11.2013].

Bornschier, V. (2007): Konflikt, Gewalt, Kriminalität und abweichendes Verhalten: Ursachen, Zeit- und Gesellschaftsvergleiche. Berlin, Zürich.

Borsdorf, A. (2002): Vor verschlossenen Türen – Wie neu sind die Tore und Mauern in lateinamerikanischen Städten? In: Geographica Helvetica 57 (4), S. 238-244.

Bosch, J., Farràs, J., Martin, M., Sabaté, J. & D. Torrente (2004): Estado, mercado y seguridad ciudadana. Análisis de la articulación entre la seguridad pública y privada en Espana. In: Revista Internacional de Sociología 39 (3), S. 107-137.

Bourdieu, P. (2009)[1972]: Entwurf einer Theorie der Praxis: auf der ethnologischen Grundlage der kabylischen Gesellschaft. Frankfurt am Main.

Bourdieu, P. (1982): Die feinen Unterschiede: Kritik der gesellschaftlichen Urteilskraft. Frankfurt am Main.

Bourdieu, P. (1983): Ökonomisches Kapital, kulturelles Kapital, soziales Kapital. In: Kreckel, R. (Hg.): Soziale Ungleichheiten. Göttingen, S. 183-198.

Bourdieu, P. (1985): Sozialer Raum und Klassen. Leçon sur la leçon. Zwei Vorlesungen. Frankfurt am Main.

Bourdieu, P. (1987)[1980]: Sozialer Sinn: Kritik der theoretischen Vernunft. Frankfurt am Main.

Bourdieu, P. (2001): Meditationen: zur Kritik der scholastischen Vernunft. Frankfurt am Main.

Brand, K.-W. (2011): Umweltsoziologie und der praxistheoretische Zugang. In: Groß, M. (Hg.): Handbuch Umweltsoziologie. Wiesbaden, S. 173-198.

Brantingham, P. & P. Brantingham (1993): Nodes, Paths and Edges. Considerations on the Complexity of Crime and the Physical Environment. In: Journal of Environmental Psychology 13 (1), S. 3-28.

Breckner, I. & K. Sessar (2003): Unsicherheiten in der Stadt und Kriminalitätsfurcht. Ein Gespräch. In: Roscher, V. (Hg.): Stadt mit Sicherheit. Zwischen Unsicherheit, Kriminalstatistik und Law-and-order-Politik. Stuttgart, S. 185-194.

Breckner, I. & M. Bricocoli (2007): Un-Sicherheiten in urbanen Räumen: Wirklichkeiten und Handlungsstrategien in europäischen Großstädten. In: Sessar,

K., Stangl, W. & R. v. Swaaningen (Hg.): Großstadtängste – Anxious Cities. Untersuchungen zu Unsicherheitsgefühlen in europäischen Kommunen. Wien, S. 21-43.

Brito, C. & G. Dantas (2009): Benign urban surveillance, observation and community policing in Brazil. In: Firmino, R., Bruno, F. & M. Kanashiro (Hg.): Vigilância, Segurança e Controle Social na América Latina. Curitiba, S. 192-218.

Bröckling, U. (2007): Das unternehmerische Selbst: Soziologie einer Subjektivierungsform. Frankfurt am Main.

Bröckling, U., Krasmann, S. & T. Lemke (2000)(Hg.): Gouvernementalität der Gegenwart: Studien zur Ökonomisierung des Sozialen. Frankfurt am Main.

Bru, J. & J. Vicente (2006): Ponencia y relatoría. ¿Que produce miedo en la ciudad? In: Gutiérrez, O. (Hg.): La ciudad y el miedo. VII Coloquio de Geografía Urbana. Girona, S. 15-28.

Brzenczek, K. & C.-C. Wiegandt (2009): Pecularities in the visual appearance of German cities – About locally specific routines and practices in urban design related governance. In: Erdkunde 63 (3), S. 245-255.

Burchardt, H.-J. (2011): Unsicherheit und Sicherheitspolitik in Lateinamerika – eine Einführung. In: Burchardt, H.-J. (Hg.): Lateinamerika: Ein (un)sicherer Kontinent? Baden-Baden, S. 9-16.

Bürger, C. & F. Gadinger (2008): Praktisch gedacht! Praxistheoretischer Konstruktivismus in den Internationalen Beziehungen. In: Zeitschrift für Internationale Beziehungen 15 (2), S. 273-302.

Bussmann, K.-D. & R. Kreissl (1996)(Hg.): Kritische Kriminologie in der Diskussion: Theorien, Analysen, Positionen. Opladen.

Butler, J. (1991): Das Unbehagen der Geschlechter. Frankfurt am Main.

Butler, J. (1993): Bodies that matter: on the discursive limits of "sex". New York.

Caldeira, T. & J. Holston (1999): Democracy and Violence in Brazil. In: Comparative Studies in Society and History 41 (4), S. 691-729.

Caldeira, T. (1991): Direitos humanos ou "privilégios de bandidos"? In: Novos Estudos 30, S. 162-174.

Caldeira, T. (1996): Building up walls: the new pattern of spatial segregation in São Paulo. In: International Social Science Journal 48 (147), S. 55-66.

Caldeira, T. (2008a): From modernism to neoliberalism in São Paulo: reconfiguring the city and its citizens. In: Huyssen, A. (Hg.): Other cities, other worlds: urban imaginaries in a globalizing age. Durham, S. 51-78.

Caldeira, T. (2008b)[2000]: Cidade de muros. Crime, segregação e cidadania em São Paulo. São Paulo.

Caldeira, T. (2010): Espacio, segregación y arte urbano en el Brasil. Buenos Aires, Madrid, Barcelona.

Caplow, T. & J. Simon (1999): Understanding Prison Policy and Population Trends. In: Tonry, M. & J. Petersilia (Hg.): Prison. A Review of Research. In: Crime and Justice 26, S. 63-120.

Cardia, N. (2004): Violação de direitos e Violência: Relações entre qualidade de vida urbana, exposição à violencia e capital social. In: Ribeiro, L. (Hg.): Metrópoles: Entre a coesão, a cooperação e o conflito. São Paulo, S. 325-356.

Castells, M. (1991): Die zweigeteilte Stadt – Arm und Reich in den Städten Lateinamerikas, der USA und Europas. In: Schabert, T. (Hg.): Die Welt der Stadt. München, Zürich. S. 199-216.

Ceccato, V., Haining, R. & T. Kahn (2007): The geography of homicide in São Paulo, Brazil. In: Environment and Planning A 39 (7), S. 1632-1653.

Certeau, M. (1984): The practice of everyday life. Berkeley.

Certeau, M. (1988)[1980]: Die Kunst des Handelns. Berlin.

Chojnacki, S. & Ž. Branovíc (2007): Privatisierung von Sicherheit? Formen von Sicherheits-Governance in Räumen mit begrenzter Staatlichkeit. In: Sicherheit und Frieden 25 (4), S. 163-170.

Christie, N. (1995): Kriminalitätskontrolle als Industrie: auf dem Weg zu Gulags westlicher Art. Pfaffenweiler.

Christie, N. (2005): Wieviel Kriminalität braucht die Gesellschaft? München.

Clarke, R. (1980): Designing Out Crime. London.

Cloke, P. J. (2004): Practising human geography. London, Thousand Oaks.

Coelho, F. (2006): Análise da política institucional de segurança privada. Um estudo comparado. Belo Horizonte.

Collier, J. & M. Collier (1986): Visual anthropology: photography as a research method. Albaquergue.

Colquhoun, I. (2004): Design Out Crime: Creating Safe and Sustainable Communities. In: Crime Prevention and Community Safety: An International Journal 6, S. 57-70.

Costa, A. & B. Grossi (2007): Relações intergovernamentais e segurança pública: uma análise do fundo nacional de segurança pública. In: Revista Brasileira de Segurança Pública 1 (1), S. 6-20.

Costa, S., Kohlhepp, G., Nitschack, H. & H. Sangmeister (2010)(Hg.): Brasilien heute. Geographischer Raum, Politik, Wirtschaft, Kultur. Frankfurt am Main.

Coy, M. &. M. Pöhler (2002): Condomínios fechados und die Fragmentierung der brasilianischen Stadt. Typen, Akteure, Folgewirkungen. In: Geographica Helvetica 57 (4), S. 264-277.

Coy, M. (2006): Gated communities and urban fragmentation in Latin America: the Brazilian experience. In: GeoJournal 66 (1/2), S. 121-132.

Crawford, A. (1997): The Local Governance of Crime: Appeals to Community and Partnerships. Oxford.

Crawford, A. (1998): Crime Prevention and Community Safety: Politics, Policies and Practices. Harlow, Longman.

Crawford, A. (2000): Situational Crime Prevention, Urban Governance and Trust Relations. In: Hirsch, V., Garland, D. & A. Wakefield (Hg.): Ethical and Social Perspectives on Situational Crime Prevention. Oxford, S. 193-213.

Crawford, A. (2006): Crime Prevention and Community Safety. In: Maguire, M., Morgan, R. & R. Reiner (Hg.): The Oxford Handbook of Criminology. Oxford, S. 866-909.

Crawford, N. (2000): The passion of world politics: propositions on emotion and emotional relationships. In: International Security 24 (4), S. 116-156.

Cremer-Schäfer, H. & H. Steinert (1998): Straflust und Repression: zur Kritik der populistischen Kriminologie. Münster.

Cubas, V. (2005): Segurança privada: a expansão dos serviços de proteção e vigilância em São Paulo. São Paulo.

Curbert, J. (2008): Otra seguridad es posible. In: Teixeira, S., Subirats, J. & I. Blanco (Hg.): Respuestas locales a inseguridades globales. Innovación y cambios en Brasil y España. Barcelona, S. 179-284.

Curti, G., Aitken, S., Bosco, F. & D. Goerisch (2011): For not limiting emotional and affectual geographies: a collective critique of Steve Pile's 'Emotions and affect in recent human geography'. In: Transactions of the Institute of British Geographers 36 (4), S. 590-594.

Daase, C. & S. Engert (2008): Global Security Governance: Kritische Anmerkungen. In: Politische Vierteljahresschrift 41, S. 475-498.

Dahme, H.-J., Otto, H.-U., Trube, A. & N. Wohlfahrt (2003): Soziale Arbeit für den aktivierenden Staat. Opladen.

Dahrendorf, R. (1974)[1958]: Homo sociologicus: ein Versuch zur Geschichte, Bedeutung und Kritik der Kategorie der sozialen Rolle. Opladen.

Dammert, L. (2005): Reforma policial y participación militar en el combate a la delincuencia. Análisis y desafíos para América Latin. In: Revista Fuerza Armadas y Sociedad 19 (1), S. 133-152.

Darwin, C. (2009)[1872]. The expression of the emotions in man and animals. London.

Davidson, J. & C. Milligan (2004): Embodying emotion sensing space: introducing emotional geographies. In: Social & Cultural Geography 5 (4), S. 523-532.

Davidson, J. & M. Smith (2009): Emotional Geographies. In: Kitchin, R. & N. Thrift (Hg.): International Encyclopedia of Human Geography. Oxford, S. 440-445.

Davis, D. (2006): The Age of Insecurity: Violence and Social Disorder in the New Latin America. In: Latin American Research Review 41 (1), S. 178-197.

Davis, M. (1994)[1990]: City of Quartz: Ausgrabungen der Zukunft in Los Angeles und neuere Aufsätze. Berlin.

Davis, M. (1999): Ecology of fear: Los Angeles and the imagination of disaster. New York.

De Berg, H. (2005): Freuds Psychoanalyse in der Literatur- und Kulturwissenschaft: eine Einführung. Tübingen, Basel.

Deffner, V. & C. Haferburg (2012): Raum, Stadt und Machtverhältnisse. Humangeographische Auseinandersetzungen mit Bourdieu. In: Geographische Zeitschrift 100 (3), S. 164-180.

Deffner, V. (2010): Habitus der Scham: die soziale Grammatik ungleicher Raumproduktion. Eine sozialgeographische Untersuchung der Alltagswelt Favela in Salvador da Bahia (Brasilien). Passau.

Deleuze, G. & F. Guattari (1992)[1980]: Tausend Plateaus. Kapitalismus und Schizophrenie. Berlin.

Deleuze, G. (1993): Kontrolle und Werden. In: Deleuze, G. (Hg.): Unterhandlungen 1972-1990. Frankfurt am Main, S. 243-253.

DeLyser, D. (2010): Openings: Introduction. In: DeLyser, D., Herbert, S., Aitken, S., Crang, S. & L. McDowell (Hg.): The SAGE Handbook of Qualitative Geography. Los Angeles, London, New Delhi, Singapore, Washington DC, S. 21-24.

Derrida, J. (2003): Eine gewisse unmögliche Möglichkeit, vom Ereignis zu sprechen. Berlin.

Desmond, E. & D. Goldstein (2010): Violent Pluralism. Understanding the New Democracies in Latin America. In: Desmond, E. & D. Goldstein (Hg.): Violent democracies in Latin America. Durham, S. 1-34.

Dinges, M. & F. Sack (2000): Unsichere Großstädte? In: Dinges, M. & F. Sack (Hg.): Unsichere Großstädte? Vom Mittelalter bis zur Postmodernen. Konstanz, S. 9-66.

Dirksmeier, P. (2007): Der husserlsche Bildbegriff als theoretische Grundlage der reflexiven Fotografie: Ein Beitrag zur visuellen Methodologie in der Humangeografie. In: Social Geography 2, S. 1-10.

Dirksmeier, P. (2009): Urbanität als Habitus: zur Sozialgeographie städtischen Lebens auf dem Land. Bielefeld.

Dörfler, T., Graefe, O. & D. Müller-Mahn (2003): Habitus und Feld. Anregungen für eine Neuorientierung der geographischen Entwicklungsforschung auf der Grundlage von Bourdieus „Theorie der Praxis". In: Geographica Helvetica 58 (1), S. 11-23.

Drilling, M. (2004): Young Urban Poor: Abstiegsprozesse in den Zentren der Sozialstaaten. Wiesbaden.

Durkheim, É. (1988)[1893]: Über soziale Arbeitsteilung. Studie über die Organisation höherer Gesellschaften. Frankfurt am Main.

Eichholz, M. (2012): Regimes and niches of the water supply governance in La Paz, Bolivia. In: Kieler Geographische Schriften 123, S. 211-236.

Eichholz, M., Van Assche, K., Hornidge, A. & L. Oberkircher (2013): Trading Capitals? – Bourdieu, Land and Water in rural Uzbekistan. In: Journal of Environmental Planning and Management 56 (6), S. 868-892.

Eick, V., Grell, B., Mayer, M. & J. Sambale (2004): Nonprofit-Organisationen und die Transformation lokaler Beschäftigungspolitik. Münster.

Eick, V., Sambale, J. & E. Töpfer (2007)(Hg.): Kontrollierte Urbanität. Zur Neoliberalisierung städtischer Sicherheitspolitik. Bielefeld.

Eick, V. (2003): „Und das ist auch gut so..." Polizieren im Berlin des 21. Jahrhunderts. In: Nissen, S. (Hg.): Kriminalität und Sicherheitspolitik. Analysen aus London, Paris, Berlin und New York. Opladen, S. 67-88.

Eick, V. (2005): Neoliberaler Truppenaufmarsch? Nonprofits als Sicherheitsdienst in „benachteiligten" Quartieren. In: Glasze, G., Pütz, R. & M. Rolfes (Hg.): Diskurs – Stadt – Kriminalität: städtische (Un-)Sicherheiten aus der Perspektive von Stadtforschung und kritischer Kriminalgeographie. Bielefeld, S. 167-202.

Eick, V. (2007): „Krauts und Crowds": Bericht vom Rand der neoliberalen Dienstleistungsperipherie. In: Eick, V., Sambale, J. & E. Töpfer (Hg.): Kontrollierte Urbanität: zur Neoliberalisierung städtischer Sicherheitspolitik. Bielefeld, S. 55-82.

Eick, V. (2008): Werden und Wachsen kommerzieller Sicherheitsdienste. In: Dimmel, N. & J. Schmee (Hg.): Die Gewalt des neoliberalen Staates: vom fordistischen Wohlfahrtsstaat zum repressiven Überwachungsstaat. Wien, S. 356-386.

Eifler, S. (2002): Kriminalsoziologie. Bielefeld.

Ekblom, P. (1995): Urban crime prevention. Development of policy and practice in England. In: Miyazawa, K. & S. Miyazawa (Hg.): Crime Prevention in the Urban Community. Deventer, Boston, S. 99-116.

Ekman, P. (1972): Universals and cultural differences in facial expressions of emotion. In: Cole, J. (Hg.): Nebraska symposium on motivation. Lincoln, S. 207-283.

Ellin, N. & E.J. Blakely (1997)(Hg.): Architecture of fear. New York.

Elsbergen, G. v. (2004)(Hg.): Wachen, kontrollieren, patrouillieren: Kustodialisierung der Inneren Sicherheit. Wiesbaden.

Eppler, E. (2002): Vom Gewaltmonopol zum Gewaltmarkt? Die Privatisierung und Kommerzialisierung der Gewalt. Frankfurt am Main.

Esyeneck, M. W. (1992): Anxiety. The cognitive perspective. Hove.

Etzold, B. (2011): Alltägliche Raumaneignungen und die Regulation öffentlicher Räume in Dhaka, Tagung „Geographien der (feinen) Unterschiede. Bourdieus Beitrag für eine relationale Humangeographie". Bonn, 4.-5.11.2011.

Evers, A. & C. Leggewie (1999): Der ermunternde Staat. Vom aktiven Staat zur aktivierenden Politik. In: Gewerkschaftliche Monatshefte 50 (6), S. 331-340.

Everts, J. & L. Wagner (2012): Guest Editorial: Practising emotions. In: Emotion, Space and Society 5 (3), S. 174-176.

Everts, J. & P. Jackson (2009): Modernisation and the practices of contemporary food shopping. In: Environment and Planning D: Society and Space 27 (5), S. 917-935.

Everts, J., Lahr-Kurten, M. & M. Watson (2011): Practice Matters! Geographical inquiry and theories of practice. In: Erdkunde 65 (4), S. 323-334.

Everts, J. (2008): Konsum und Multikulturalität im Stadtteil: eine sozialgeographische Analyse migrantengeführter Lebensmittelgeschäfte. Bielefeld.

Everts, J. (2009): Soziale Praktiken im multikulturellen Alltag. Bedeutungen migrantengeführter Lebensmittelgeschäfte. In: Berichte zur deutschen Landeskunde 83 (3), S. 281-296.

Everts, J. (2010): Consuming and living the corner shop: belonging, remembering, socialising. In: Social & Cultural Geography 11 (8), S. 847-863.

Everts, J. (2011): Ethnische Ökonomie im Kleinen. Bedeutungen des migrantengeführten Lebensmitteleinzelhandels in Deutschland. In: Popp, H. (Hg.): Migration und Integration in Deutschland. Beiträge zur Unterrichtsarbeit im Fach Geographie. Bayreuth, S. 57-73.

Everts, J. (2012): Announcing Swine Flu and the Interpretation of Pandemic Anxiety. In: Antipode 45 (4), S. 809-825.

FBSP (2012): Fórum Brasileiro de Segurança Pública [Abrufbar unter: http://www.forumseguranca.org.br/. Abrufdatum: 10.05.2013].

Feeley, M. & J. Simon (1992): The New Penology. Notes on the Emerging Strategy of Corrections and its Implications. In: Criminology 30 (4), S. 449-474.

Feiguin, D. & R. Lima (1995): Tempo de violência: medo e insegurança em São Paulo. In: São Paulo em Perspectiva 9 (2), S. 73-80.

Feltes, T. (2009): Akteure der Inneren Sicherheit: Vom Öffentlichen zum Privaten. In: Lange, H.-J., Ohly, H. & J. Reichertz (Hg.): Auf der Suche nach neuer Sicherheit: Fakten, Theorien und Folgen. Wiesbaden, S. 105-114.

Ferragi, C.A. (2010): Koban and the Institutionalization of Community Policing in São Paulo. In: The Journal of Social Science 70, S. 25-51.

Ferreira, S. (2011): Segurança pública nas grandes cidades. In: Bacha, E. & S. Schwartzman (Hg.): Brasil: a nove agenda social. Rio de Janeiro, S. 287-318.

Firmino, R., Bruno, F. & M. Kanashiro (2009)(Hg.): Vigilância, Segurança e Controle Social na América Latina. Curitiba.

Flade, A. & D. Rölle (2004): Theorie und Modelle zur Erklärung von Unsicherheitsgefühlen im öffentlichen Raum. Darmstadt.

Fleischer, M. & C. Haferburg (2012): „Die Instrumente der Erkenntnis gegen sich selbst richten" – eine Interpretation der Analyse des geographischen Feldes mit Bourdieu. In: Berichte zur deutschen Landeskunde 86 (4), S. 411-418.

Flick, U., Kardorff, E. & I. Steinke (2007)(Hg.): Qualitative Forschung: ein Handbuch. Reinbek bei Hamburg.

Flick, U., Kardorff, E. & I. Steinke (2010)(Hg.): Qualitative Forschung: ein Handbuch. Reinbek bei Hamburg.

Flick, U. (1995): Qualitative Forschung: Theorie, Methoden, Anwendungen in Psychologie und Sozialwissenschaften. Reinbek bei Hamburg.

Flick, U. (1996): Psychologie des technisierten Alltags: soziale Konstruktion und Repräsentation technischen Wandels in verschiedenen kulturellen Kontexten. Opladen.

Flick, U. (2004): Triangulation: eine Einführung. Wiesbaden.

Flick, U. (2007)[1995]: Qualitative Sozialforschung: eine Einführung. Reinbek bei Hamburg.

Flick, U. (2012)[1995]: Qualitative Sozialforschung: eine Einführung. Reinbek bei Hamburg.

Flöther, C. (2010): Überwachtes Wohnen: Überwachungsmaßnahmen im Wohnumfeld am Beispiel Bremen/Osterholz-Tenever. Münster.

Flusty, S. (1997): Building Paranoia. In: Ellin, N. & E. Blakely (Hg.): Architecture of fear. New York, S. 47-60.

Folha de São Paulo (24.11.2012): CNN repercute onda de violência em São Paulo. São Paulo. [Abrufbar unter: http://www1.folha.uol.com.br/cotidiano/2012/11/1190721-cnn-repercute-onda-de-violencia-em-sao-paulo.shtml. Abrufdatum: 10.04.2012].

Foucault, M. (1981)[1969]: Archäologie des Wissens. Frankfurt am Main.

Foucault, M. (2000)[1978]: Die Gouvernementalität. In: Bröckling, U., Krasmann, S. & T. Lemke (Hg.): Gouvernementalität der Gegenwart: Studien zur Ökonomisierung des Sozialen. Frankfurt am Main, S. 41-67.

Foucault, M. (2006)[1984]: Der Gebrauch der Lüste. Sexualität und Wahrheit. Frankfurt am Main.

Foucault, M. (2008)[1976]: Überwachen und Strafen: die Geburt des Gefängnisses. Frankfurt am Main.

Freud, S. (1913): Über die Berechtigung von Neurasthenie einen bestimmten Symptomenkomplex als „Angstneurose" abzutrennen. In: Internationale Zeitschrift für Ärztliche Psychoanalyse 1 (4), S. 359-362.

Frevel, B. & V. Schulze (2012): Kooperative Sicherheitspolitik: Safety and Security Governance in Zeiten sich wandelnder Sicherheitskultur. In: Daase, C., Offermann, P. & V. Rauer (Hg.): Sicherheitskultur: soziale und politische Praktiken der Gefahrenabwehr. Frankfurt am Main, S. 205-225.

Frevel, B. (1998): Politik und Gesellschaft. Ein einführendes Studienbuch. Baden-Baden.

Frevel, B. (1999): Kriminalität: Gefährdung der Inneren Sicherheit? Opladen.

Friebertshäuser, B., Felden, H. v. & B. Schäffer (2007)(Hg.): Bild und Text: Methoden und Methodologien visueller Sozialforschung in der Erziehungswissenschaft. Opladen, Farmington Hills.

Fröhlich, G. (2003): Kontrolle durch Konkurrenz und Kritik? Das ‚wissenschaftliche Feld' bei Pierre Bourdieu. In: Rehbein, B., Saalmann, G. & H. Schwengel (Hg.): Pierre Bourdieus Theorie des Sozialen: Probleme und Perspektiven. Konstanz, S. 117-129.

Frühling, H. (2009): Research on Latin American police: where do we go from here? In: Police Practice and Research 10 (5), S. 465-481.

Füller, H. & N. Marquardt (2008): Mit Sicherheit zuhause. Master Planned Communities als Technologie der Exklusion und sozialen Kontrolle. In: Klimke, D. (Hg.): Exklusion in der Marktgesellschaft. Wiesbaden, S. 154-157.

Füller, H. & N. Marquardt (2010): Sicherstellung von Urbanität: innerstädtische Restrukturierung und soziale Kontrolle in Downtown Los Angeles. Münster.

Fundação Sistema Estadual de Análise de Dados (SEADE)(1998): Pequisa de condições de vida na Regiao Metropolitana de São Paulo. São Paulo

Galdeano, A.P. (2009): Para falar em Nome da Segurança: o que pensam, querem e fazem os representantes dos Conselhos Comunitários de Segurança. Campinas.

Gans, H.J. (1995): The war against the poor: the underclass and antipoverty policy. New York.

Garfinkel, H. (1967): Studies in ethnomethodology. Cambridge.

Garland, D. (1990): Punishment and Modern Society. A Study in Social Theory. Chicago, Oxford.

Garland, D. (1996): The Limits of the Sovereign State. Strategies of Crime Control in Contemporary Society. In: British Journal of Criminology 36 (4), S. 445-471.

Garland, D. (1997): "Governmentality" and the Problem of Crime. Foucault, Criminology, Sociology. In: Theoretical Criminology 1 (2), S. 173-214.

Garland, D. (2000): The Culture of High Crime Societies. In: British Journal of Criminology 40 (3), S. 347-375.

Garland, D. (2001): The Culture of Control. Crime and Social Order in Contemporary Society. Oxford.

Garland, D. (2004): Die Kultur der „High Crime Society". Voraussetzungen einer neuen Politik von „Law and Order". In: Oberwittler, D. & S. Karstedt (Hg.): Soziologie der Kriminalität. Wiesbaden, S. 36-68.

Garland, D. (2008): Kultur der Kontrolle: Verbrechensbekämpfung und soziale Ordnung in der Gegenwart. Frankfurt am Main, New York.

Geertz, C. (1973): Thick description: Toward an interpretive theory of culture. In: Geertz, C. (Hg.): The Interpretation of Cultures. Selected essays. New York, S. 3-30.

Gemoll, W. (2006): Griechisch-deutsches Schul- und Handwörterbuch. München.

Gibson, C., Zhoa, J., Lovrich, N. & M. Gaffney (2002): Social integration, individual perceptions of collective efficacy, and fear of crime in three cities. In: Justice Quarterly 19 (3), S. 537-564.

Giddens, A. (1979): Central problems in social theory: action, structure and contradiction in social analysis. London, Basingstoke.

Giddens, A. (1991): Modernity and self-identity: self and society in the late modern age. Cambridge.

Giddens, A. (1995)[1993]: Soziologie. Graz, Wien.

Giddens, A. (1996)[1994]: Risiko, Vertrauen und Reflexivität. In: Beck, U., Giddens, A. & L. Scott (Hg.): Reflexive Modernisierung: eine Kontroverse. Frankfurt am Main, S. 316-337.

Giddens, A. (1997a)[1994]: Jenseits von Links und Rechts: die Zukunft radikaler Demokratie. Frankfurt am Main.

Giddens, A. (1997b)[1984]: Die Konstitution der Gesellschaft: Grundzüge einer Theorie der Strukturierung. Mit einer Einführung von Hans Joas. Frankfurt am Main.

Gill, M. & A. Spriggs (2005a): Assessing the impact of CCTV. Home Office Research Study. London. [Abrufbar unter: https://www.cctvusergroup.com/downloads/file/Martin%20gill.pdf. Abrufdatum: 10.02.2010].

Gill, M. & A. Spriggs (2005b): Control room operation. Findings from control room observations, London (Home Office Online Report 14/05). [Abrufbar unter: http://webarchive.nationalarchives.gov.uk/+/rds.homeoffice.gov.uk/rds/pdfs0 5/rdsolr1405.pdf. Abrufdatum: 10.02.2010].

Girling, E.; Loader, I. & R. Sparks (2000): Crime and social change in Middle England: questions of order in an English town. London.

Glasauer, H. (2005): Stadt und Unsicherheit. Entschlüsselungsversuche eines vertrauten Themas in stets neuen Facetten. In: Glasze, G.; Pütz, R. & M. Rolfes (Hg.): Diskurs – Stadt – Kriminalität: städtische (Un-)Sicherheiten aus der Perspektive von Stadtforschung und kritischer Kriminalgeographie. Bielefeld, S. 203-222.

Glaser, B. & A. Strauss (2005)[1967]: Grounded Theory: Strategien qualitativer Forschung. Bern.

Glassner, B. (2003)[1999]: Cultura do medo. Por que tememos cada vez mais o que deveríamos temer cada vez menos. São Paulo.

Glasze, G., Pütz, R. & M. Rolfes (2005a)(Hg.): Diskurs – Stadt – Kriminalität: städtische (Un-)Sicherheiten aus der Perspektive von Stadtforschung und kritischer Kriminalgeographie. Bielefeld.

Glasze, G., Pütz, R. & M. Rolfes (2005b): Die Verräumlichung von (Un-)Sicherheit, Kriminalität und Sicherheitspolitiken – Herausforderungen einer Kritischen Kriminalgeographie. In: Glasze, G., Pütz, R. & M. Rolfes (Hg.): Diskurs – Stadt – Kriminalität: städtische (Un-)Sicherheiten aus der Perspektive von Stadtforschung und kritischer Kriminalgeographie. Bielefeld, S. 13-58.

Glasze, G., Webster, C. & K. Frantz (2006)(Hg.): Private cities: global and local perspectives. London, New York.

Glasze, G. (2001): Privatisierung öffentlicher Räume? Einkaufszentren, Business Improvement Districts und geschlossene Wohnkomplexe. In: Berichte zur deutschen Landeskunde 75 (2/3), S. 160-177.

Glasze, G. (2003): Die fragmentierte Stadt: Ursachen und Folgen bewachter Wohnkomplexe im Libanon. Opladen.

Glasze, G. (2007): (Un-)Sicherheit und städtische Räume. In: Gebhardt, H., Glaser, R., Radtke, U & P. Reuber (Hg.): Geographie. Physische Geographie und Humangeographie. München, S. 880-889.

Goffman, E. (1971): Verhalten in sozialen Situationen: Strukturen und Regeln der Interaktion im öffentlichen Raum. Gütersloh.

Gottfredson, M. & T. Hirschi (1990): General Theory of Crime. Stanford.

Graham, J. & T. Bennett (1995): Crime prevention strategies in Europe and North America. Helsinki.

Gray, J. (1971): The psychology of fear and stress. Cambridge. New York, Melbourne.

Gregson, N., Metcalfe, A. & L. Crewe (2009): Practices of object maintenance and repair. In: Journal of Consumer Culture 9 (2), S. 248-272.

Grell, B., Sambale, J. & V. Eick (2002): Workfare zwischen Arbeitsmarkt und Lebenstilregulierung. Beschäftigungsorientierte Sozialpolitik im deutsch-amerikanischen Vergleich. In: Prokla: Zeitschrift für kritische Sozialwissenschaften 32 (4), S. 557-576.

Groenemeyer, A. (2009): Wissenschaft und Innere Sicherheit In: Lange, H.-J., Ohly, H. & J. Reichertz (Hg.): Fakten, Theorien und Folgen. Wiesbaden, S. 348-353.

Groenemeyer, A. (2010): Wege der Sicherheitsgesellschaft. Transformation der Konstruktion und Regulierung innerer Unsicherheit. In: Groenemeyer, A. (Hg.): Wege der Sicherheitsgesellschaft. Gesellschaftliche Transformationen der Konstruktion und Regulierung innerer Unsicherheiten. Wiesbaden, S. 7-19.

Gutiérrez. O. (2006)(Hg.): La ciudad y el miedo. VII Coloquio de Geografía Urbana. Girona.

Hadolt, B. & M. Lengauer (2009): Genetische Beratung in der Praxis. Herausforderungen bei präsymptomatischer Gendiagnostik am Beispiel Österreichs. Frankfurt am Main.

Häfele, J. & C. Lüdemann (2006): „Incivilities" und Kriminalitätsfurcht im urbanen Raum. Eine Untersuchung durch Befragung und Beobachtung. In: Kriminologisches Journal 38 (4), S. 273-291.

Häfele, J. (2006): „Incivilities", Kriminalität und Kriminalpolitik. Aktuelle Tendenzen und Forschungsergebnisse. In: Neue Kriminalpolitik 18 (3), S. 104-108.

Haggett, P. (1991)[1972]: Geographie: eine moderne Synthese. Stuttgart.

Hall, R. & T. Bierstecker (2002)(Hg.): The Emergence of Private Authority in Global Governance. Cambridge.

Hall, S., Critcher, C., Jefferson, T., Clarke, J. & B. Roberts (1978): Policing the Crisis. Mugging, the State and Law and Order. London, Basingtoke.

Hammersley, M. & P. Atkinson (2010): Ethnography. Principles in practice. London, New York.

Harper, D. (2007): Fotografien als sozialwissenschaftliche Daten. In: Flick, U., Kardorff, E. und I. Steinke (Hg.): Qualitative Forschung: ein Handbuch. Reinbek bei Hamburg, S. 402-416.

Harrison, P. (2007): "How shall I say it ... ?" Relating the nonrelational. In: Environment and Planning A 39 (3), S. 590-608.

Harvey, D. (1989): From managerialism to entrepreneurialism: the transformation in urban governance in late capitalism. In: Geografiska Annaler B 71 (1), S. 3-17.

Hasse, J. (1999): Das Vergessen der menschlichen Gefühle in der Anthropogeographie. In: Geographische Zeitschrift 87 (2), S. 63-83.

Hasse, J. (2002): Zum Verhältnis von Stadt und Atmosphäre. Wo sind die Räume der Urbanität? In: Hasse, J. (Hg.): Subjektivität in der Stadtforschung. Frankfurt am Main, S. 19-40.

Hasse, J. (2003): Die Frage nach den Menschenbildern – eine anthropologische Perspektive. In: Hasse, J. & I. Helbrecht (Hg.): Menschenbilder in der Humangeographie. Oldenburg, S. 11-31.

Haubrich, D. & R. Wehrhahn (2011): Die Rolle lokaler Akteure für die Unsicherheitswahrnehmung in Lima. In: GEO-ÖKO 32 (1/2), S. 69-85.

Haubrich, D. & R. Wehrhahn (2012): Urban security governance in São Paulo – a multilevel analysis of informal structures and agencies. Vortragspaper auf dem 32nd International Geographical Congress „Down to Earth". Köln, 26.-30.08.2012.

Haubrich, D. (2009): Einflussnahme lokaler Akteure auf die Unsicherheitswahrnehmung – das Fallbeispiel eines Wohnquartiers in Lima (Peru) (unveröffentlichte Diplomarbeit erstellt an der Christian-Albrechts-Universität zu Kiel).

Haubrich, D. (2012a): Everyday security-oriented safety-seeking practices and their spatial manifestation in São Paulo. A discussion of a current case study's preliminary results. In: Sandner Le Gall, V. & R. Wehrhahn (Hg.): Geographies of Inequality in Latin America. Kiel, S. 315-327.

Haubrich, D. (2012b): Entendiendo prácticas de seguridad en las actividades cotidianas. El caso de São Paulo. In: Royé, D., Aldrey Vázquez, J., Pazos Otón,

M., Piñei Mantiñán, M. & M. Valcárcel Díaz (Hg.): Repuestas de la Geografía Ibérica a la crisis actual. Santiago de Compostela, S. 629-641.

Haubrich, D. (2014): Fußball-WM 2014: Für wen und mit welchen Spielregeln? In: Geographische Rundschau 66 (5), S. 54-57.

Haubrich, D. & R. Wehrhahn (2015): Urban crime prevention and the logics of public security policies in Brazil – A relational perspective on the local fields of negotiation. In: DIE ERDE 146 (1), S. 21-33.

Haus, M. (2010): Von government zu governance? In: Olk, T., Klein, A. & B. Hartnuß (Hg.): Engagementpolitik. Die Entwicklung der Zivilgesellschaft als politische Aufgabe. Wiesbaden, S. 210-232.

Häußermann, H. & W. Siebel (1987): Neue Urbanität. Frankfurt am Main.

Häußermann, H. & W. Siebel (2004): Stadtsoziologie: eine Einführung. Frankfurt am Main.

Häußermann, H. (2001): Marginalisierung als Folge sozialräumlichen Wandels in der Großstadt. In: Gesemann, F. (Hg.): Migration und Integration in Berlin: wissenschaftliche Analysen und politische Perspektiven. Opladen, S. 63-85.

Häußermann, H. (2008): Stadtpolitik. Frankfurt am Main.

Heeg, S. (2001): Unternehmen Stadt zwischen neuen Governanceformen und Sicherheitspolitik. Vom Ende der Stadt als staatlicher Veranstaltung. In: spw: Zeitschrift für Sozialistische Politik 118, S. 41-44.

Heidegger, M. (1986)[1926]: Sein und Zeit. Tübingen.

Heidegger, M. (1995)[1982]: Gesamtausgabe. II. Abteilung: Vorlesungen. Bd. 63. Frühe Freiburger Vorlesungen Sommersemester 1923. Frankfurt am Main.

Heinrich, S. & H.-J. Lange (2009): Erweiterung des Sicherheitsbegriffs. In: Lange, H.-J., Ohly, H. & J. Reichertz (Hg.): Auf der Suche nach neuer Sicherheit: Fakten, Theorien und Folgen. Wiesbaden, S. 253-270.

Helbrecht, I. (2003): Humangeographie und die Humanities – Unterwegs zur Geographie des Menschen. In: Hasse, J. & I. Helbrecht (Hg.): Menschenbilder in der Humangeographie. Oldenburg, S. 169-179.

Hemmings, C. (2005): Invoking affect: cultural theory and the ontological turn. In: Cultural Studies 19 (5), S. 548-567.

Hess, H. (2000): Neue Sicherheitspolitik in New York City. In: Dinges, M. & F. Sack (Hg.): Unsichere Großstädte? Vom Mittelalter bis zur Postmodernen. Konstanz, S. 355-380.

Hess, H. (2007): Einleitung. David Garlands 'Culture of Control' und die deutsche Kritische Kriminalgeographie. In: Kriminologisches Journal 39 (9. Beiheft), S. 6-22.

Hillebrandt, F. (2008): Praktiken des Tauschens. Zur Soziologie symbolischer Formen der Reziprozität. Wiesbaden.

Hillebrandt, F. (2009): Praxistheorie. In: Kneer, G. & M. Schroer (Hg.): Handbuch soziologische Theorien. Wiesbaden, S. 372-394.

Hillebrandt, F. (2010): Sozialität als Praxis. Konturen eines Theorieprogramms. In: Albert, G., Greshoff, R. & R. Schützeichel (Hg.): Dimensionen und Konzeptionen von Sozialität. Wiesbaden, S. 293-307.

Hinton, M. (2006): The state on the streets. Police and politics in Argentina and Brazil. Boulder.

Hirsch, J. (1995): Der nationale Wettbewerbsstaat. Staat, Demokratie und Politik im globalen Kapitalismus. Berlin, Amsterdam.

Hirsch, J. (1998): Vom Sicherheits- zum nationalen Wettbewerbsstaat. Berlin.

Hirschauer, S., Kalthoff, H. & G. Lindemann (2008): Vorwort. In: Hirschauer, S., Kalthoff, H. & G. Lindemann (Hg.): Theoretische Empirie: zur Relevanz qualitativer Forschung. Frankfurt am Main, S. 7-8.

Hitchings, R. (2012): People can talk about their practices. In: Area 44 (1), S. 61-67.

Hockey, J., Bridget, P. & D. Silbey (2007): Environments of Memory: Home Space, Later Life and Grief. In: Davidson, J., Bondi, L. & M. Smith (Hg.): Emotional Geographies. Hampshire, Burlington, S. 135-146.

Holm, G. (2008): Photography as a Performance. In: Forum Qualitative Sozialforschung / Forum: Qualitative Social Research 9 (2), Art. 38 [Abrufbar unter: http://nbn-resolving.de/urn:nbn:de:0114-fqs0802380. Abrufdatum: 01.03.2012].

Holston, J. (2008): Insurgent Citizenship. Disjunctions of Democracy and Modernity of Brazil. Princeton.

Homer (1996): Ilias. Odyssee. In der Übersetzung von Johann Heinrich Voß. Düsseldorf, Zürich.

Hopf, C. (2007): Qualitative Interviews – ein Überblick. In: Flick, U., Kardorff, E. & I. Steinke (Hg.): Qualitative Forschung: ein Handbuch. Reinbek bei Hamburg, S. 349-360.

Hörning, K.-H. (2004a): Handlung. In: Jaeger, F. & B. Liebsch (Hg.): Handbuch der Kulturwissenschaften. Grundlagen und Schlüsselbegriffe. Stuttgart, S. 139-151.

Hörning, K.-H. (2004b): Soziale Praxis zwischen Beharrung und Neuschaffung. Ein Erkenntnis- und Theorieproblem. In: Hörning, K.-H. & J. Reuter (Hg.): Doing Culture. Neue Positionen zum Verhältnis von Kultur und sozialer Praxis. Bielefeld, S. 19-39.

Huggins, M. K. (1998): Political policing. The United States and Latin America. Durham, London.

Hunold, D. (2005): Subjektive Sicherheit und Etablierte-Außenseiter-Beziehungen in heterogen strukturierten Stadtvierteln. In: Glasze, G., Pütz, R. & M. Rolfes (Hg.): Diskurs – Stadt – Kriminalität: städtische (Un-) Sicherheiten aus der Perspektive von Stadtforschung und kritischer Kriminalgeographie. Bielefeld, S. 285-320.

Huntington, P. (1995): Heidegger's Reading of Kierkegaard Revisited: From Ontological Abstraction to Ethical Concretion. In: Matuštík, M. & M. Westphal (Hg.): Kierkegaard in Post/Modernity. Bloomington, Indianapolis, S. 43-65.

Instituto de Pesquisa Econômica Aplicada (Ipea)(2013): Políticas Sociais – acompanhamento e análise n° 7. Brasilia.

Jackson, P. & J. Everts (2010): Anxiety as social practice. In: Environment and Planning A 42 (11), S. 2791-2806.

Janoschka, M & A. Borsdorf (2006): *Condominios fechados* and *Barrios privados*: the rise of private residential neighborhoods in Latin America. In: Glasze, G., Webster, C. & K. Frantz (Hg.): Private cities. Global and local perspectives. London, New York, S. 92-108.

Janoschka, M. & G. Glasze (2003): Urbanizaciones cerradas: un modelo analítico. In: Ciudades 59, S. 9-20.

Janoschka, M. (2002): Wohlstand hinter Mauern. Private Urbanisierung in Buenos Aires. Wien.

Janoschka, M. (2009): Konstruktion europäischer Identitäten in räumlich-politischen Konflikten. Stuttgart.

Jeffrey, R. (1971): Crime prevention through environmental design. Beverly Hills.

Jeschke, C. (1994): Persönliche Sicherheit – eine verhaltensrelevante Mobilitätsbedingung. In: Flade, A. (Hg.): Mobilitätsverhalten. Weinheim, S. 139-146.

Jessop, B. (1986): Der Wohlfahrtsstaat im Übergang vom Fordismus zum Postfordismus. In: Prokla 16 (4), S. 4-33.

Jessop, B. (1997a): The Entrepreneurial City. Reimaging localities, redesigning economic governance or restructuring capital? In: Jewson, N. & S. MacGregor (Hg.): Realising cities. New Spatial Divisions and Social Transformation. London, S. 28-41.

Jessop, B. (1997b): Die Zukunft des Nationalstaats – Erosion oder Reorganisation? Grundsätzliche Überlegungen zu Westeuropa. In: Becker, S., Sablowski, T. & W. Schumm (Hg.): Jenseits der Nationalökonomie? Weltwirtschaft und

Nationalstaat zwischen Globalisierung und Regionalisierung. Hamburg, S. 50-95.

Jessop, B. (2002): Liberalism, Neoliberalism, and Urban Governance: A State-Theoretical Perspective. In: Antipode 34 (3), S. 452-472.

Jessop, B. (2005): The Future of the Capitalist State. Cambridge, Malden.

Joas, H. (1986): Giddens' Theorie der Strukturbildung. Einführende Bemerkungen zu einer soziologischen Transformation der Praxisphilosophie. In: Zeitschrift für Soziologie 15 (4), S. 247-345.

Joas, H. (1992): Die Kreativität des Handelns. Frankfurt am Main.

Joiner, N. & D. Rücker (2012): Filzen, wickeln, nähen, weben. Kunterbunte Ideenkiste für Kinder von 3-8 Jahren. Münster.

Jonas, M. (2009): The social site approach versus the approach of discourse/practice formations. Wien. [Abrufbar unter: http://nbnresolving.de/urn:nbn:de:0168-ssoar-216070. Abrufdatum: 20.05.2012].

Jones, T. & T. Newburn (1998): Private security and public policing. Oxford.

Jones, T. & T. Newburn (2002): The transformation of policing? Understanding current trends in policing systems. In: British Journal of Criminology 42 (1), S. 129-146.

Kalthoff, H. (2008): Einleitung: Zur Dialektik von qualitativer Forschung und soziologischer Theorienbildung. In: Hirschauer, S., Kalthoff, H. & G. Lindemann (Hg.): Theoretische Empirie: zur Relevanz qualitativer Forschung. Frankfurt am Main, S. 8-32.

Kammerer, D. (2008): Bilder der Überwachung. Frankfurt am Main.

Kanashiro, M. (2006): Sorria, você está sendo filmado: as câmeras de monitoramento para segurança em São Paulo. Campinas. [Abrufbar unter: https://cteme.files.wordpress.com/2009/06/kanashiro_2006_sorria_mestradoi fch-unicamp.pdf. Abrufdatum: 10.02.2010].

Kanashiro, M. (2009): Os olhos que atravessam a cidade e deslocam os sentidos. In: Firmino, R., Bruno, F. & M. Kanashiro (Hg.): Vigilância, Segurança e Controle Social na América Latina. Curitiba, S. 112-133.

Karstedt, S. (2000): Standortproblem: Kriminalsoziologie in Deutschland. In: Soziologische Revue 23 (2), S. 141-151.

Katz, C. (2007): Banal terrorism: spatial fetishism and everyday insecurity. In: Greogry, D. & A. Pred (Hg.): Violent geographies: fear, terror, political violence. London, S. 347-361.

Kazig, R. & M. Popp (2011): Unterwegs in fremden Umgebungen. Ein praxeologischer Zugang zum „wayfinding" von Fußgängern. In: Raumforschung und Raumordnung 69 (1), S. 3-15.

Kazig, R. & P. Weichhart (2009): Die Neuthematisierung der Materialität in der Humangeographie. In: Berichte zur deutschen Landeskunde 83 (2), S. 109-128.

Keupp, H. (1988): Riskante Chancen. Das Subjekt zwischen Psychokultur und Selbstorganisation. Heidelberg.

Kierkegaard, S. (1980)[1844]: The Concept of Anxiety. A simple Psychologically orienting deliberation on the dogmatic issue of hereditary sin. Princeton.

Kinzo, M. (2001): A Democratização Brasileira: Um balanço do processo político desde a transição. In: São Paulo Em Perspectiva 15 (4), S. 3-12.

Kirsch, B. (2003): Private Sicherheitsdienste im öffentlichen Raum. Formen und Folgen der Zusammenarbeit mit der Polizei in Berlin und Frankfurt am Main. Wiesbaden.

Klimke, D. (2008): Wach- & Schließgesellschaft Deutschland: Sicherheitsmentalitäten in der Spätmoderne. Wiesbaden.

Klineberg, O. (1940): Social psychology. New York.

Kluge, S. (1999): Empirisch begründete Typenbildung. Zur Konstruktion von Typen und Typologien in der qualitativen Sozialforschung. Opladen.

Knorr-Cetina, K. (2002)[1981]: Die Fabrikation von Erkenntnis: zur Anthropologie der Naturwissenschaft. Frankfurt am Main.

Koltermann, L. (2006): Police Private Partnership. Tönning, Lübeck, Marburg.

Kornelius, S. (2011): Angst essen Amerika auf. In: Süddeutsche.de, 13.09.2011. [Abrufbar unter: http://www.sueddeutsche.de/politik/zehn-jahr-angst-essen-amerika-auf-1.1141313. Abrufdatum: 10.07.2013].

Koskela, H. (2010): Fear and its Others. In: Smith, S., Pain, R., Marsden, S. & J. Jones (Hg.): Handbook of Social Geography. London, Thousand Oaks, New Delhi, Singapore, S. 389-407.

Kowal, S. & C. O'Connell (2007): Zur Transkription von Gesprächen. In: Flick, U., Kardorff, E. & I. Steinke (Hg.): Qualitative Forschung: ein Handbuch. Reinbek bei Hamburg, S. 437-447.

Kowarick, L. (2001): Viver em Risco: sobre a vulnerabilidade no Brasil urbano. In: Novo Estudos CEBRAP 63, S. 9-30.

Krasmann, S. & M. Volkmer (2007)(Hg.): Michel Foucaults „Geschichte der Gouvernementalität" in den Sozialwissenschaften: internationale Beiträge. Bielefeld.

Krasmann, S. (2000): Kriminologie der Unternehmer-Gesellschaft. In: Dinges, M. & F. Sack (Hg.): Unsichere Großstädte? Vom Mittelalter bis zur Postmoderne. Konstanz, S. 291-311.

Krasmann, S. (2003): Die Kriminalität der Gesellschaft: zur Gouvernementalität der Gegenwart. Konstanz.

Krasmann, S. (2009): Wissenschaft und Innere Sicherheit In: Lange, H.-J., Ohly, H. & J. Reichertz (Hg.): Auf der Suche nach neuer Sicherheit: Fakten, Theorien und Folgen. Wiesbaden, S. 354-356.

Kreissl, R. (2000): Soziale Kontrolle, Kriminalität und abweichendes Verhalten in zeitgenössischen Gesellschaften. Einige Überlegungen in gesellschaftstheoretischer Absicht. In: Peters, H. (Hg.): Soziale Kontrolle: zum Problem der Nonkonformität in der Gesellschaft. Opladen, S. 19-42.

Kroll, W. (1937)(Hg.): Pauly Real-Encyclopädie der Classischen Altertumswissenschaft. Stuttgart.

Kromrey, H. (2006): Empirische Sozialforschung. Modelle und Methoden der standardisierten Datenerhebung und Datenauswertung. Stuttgart.

Kronauer, M. (1997): „Soziale Ausgrenzung" und „Underclass": Über neue Formen der gesellschaftlichen Spaltung. In: Leviathan 25 (1), S. 28-49.

Kronauer, M. (2002): Exklusion – Die Gefährdung des Sozialen im hoch entwickelten Kapitalismus. Frankfurt am Main.

Krug, M. & M. Corsten (2010): Sind Nicht-Engagierte nicht eigensinnig? In: Pilch-Ortega, A., Feblinger, A., Milkula, R. & E. Rudolf (Hg.): Macht – Eigensinn – Engagement: Lernprozesse gesellschaftlicher Teilhabe. Bielefeld, S. 41-62.

Krüger, O.; Nijhawan, M. & S. Eftychia (2005): „Ritual" und „Agency". Legitimation und Reflexivität ritueller Handlungsmacht. Diskussionsbeiträge des SFB 619 "Ritualdynamik", Nr. 14, Heidelberg.

Kunz, K.-L. (2008): Kriminologie. Eine Grundlegung. Bern.

Kury, H. & J. Obergfell-Fuchs (2006): Zur Punitivität in Deutschland. In: Kury, H. (Hg.): Härtere Strafen – weniger Kriminalität? Zur Verschärfung der Sanktionseinstellung. In: Zeitschrift für soziale Probleme und soziale Kontrolle 17 (2), S. 119-154.

Kutschinske, K. & V. Meier (2000): "...sich diesen Raum zu nehmen und sich freizulaufen..." Angst-Räume als Ausdruck von Geschlechterkonstruktionen. In: Geographica Helvetica 55 (2), S. 138-145.

Lahr-Kurten, M. (2012): Deutsch sprechen in Frankreich. Praktiken der Förderung der deutschen Sprache im französischen Bildungssystem. Bielefeld.

Lamnek, S. (2005)[1995]: Qualitative Sozialforschung. Weinheim, Basel.

Lamnek, S. (2007): Theorie des abweichenden Verhaltens: eine Einführung für Soziologen, Psychologen, Juristen, Journalisten und Sozialarbeiter. Paderborn.

Lange, H.-J., Ohly, H. & J. Reichertz (2009)(Hg.): Auf der Suche nach neuer Sicherheit: Fakten, Theorien und Folgen. Wiesbaden.

Latour, B. (1995): Wir sind nie modern gewesen: Versuch einer symmetrischen Anthropologie. Berlin.
Latour, B. (1996): On Actor-Network Theory: A Few Clarifications. In: Soziale Welt 47 (4), S. 369-381.
Lauen, G. (2011): Stadt und Kontrolle. Der Diskurs um Sicherheit und Sauberkeit in den Innenstädten. Bielefeld.
Lawson, V. (2007): Introduction: Geographies of Fear and Hope. In: Annals of the Association of American Geographers 97 (2), S. 335-337.
Lazarus, R.S. (1966): Psychological stress and the coping process. New York.
Legnaro, A. (1997): Konturen der Sicherheitsgesellschaft: Eine polemischfuturologische Skizze. In: Leviathan 25 (2), S. 271-284.
Legnaro, A. (1998): Die Stadt, der Müll und das Fremde – plurale Sicherheit, die Politik des Urbanen und die Steuerung der Subjekte. In: Kriminalistisches Journal 30 (4), S. 262-283.
Lessenich, S. (2003a): Der Arme in der Aktivgesellschaft – zum sozialen Sinn des ‚Förderns und Forderns'. In: WSI-Mitteilungen 56 (4), S. 214-220. [Abrufbar unter: http://www.boeckler.de/wsimit_2003_04_lessenich.pdf. Abrufdatum: 10.10.2014].
Lessenich, S. (2003b): Schluss: Wohlfahrtsstaatliche Semantiken – Politik im Wohlfahrtsstaat. In: Lessenich, S. (Hg.): Wohlfahrtsstaatliche Grundbegriffe. Historische und aktuelle Diskurse. Frankfurt am Main, New York, S. 419-426.
Lessenich, S. (2008): Die Neuerfindung des Sozialen. Der Sozialstaat im flexiblen Kapitalismus. Bielefeld.
Lewis, D. & G. Salem (1986): Fear of crime: Incivility and the production of a social problem. New Brunswick, Oxford.
Liddle, H. & R. Scott (1968)[1843]: A Greek-English Lexicon. Oxford.
Liebl, K. (2007)(Hg.): Kriminologie im 21. Jahrhundert. Wiesbaden.
Lima, R. & P. Liana (2008)[2006]: Introdução. In: Lima, R. & P. Liana (Hg.): Segurança pública e violência. O estado está cumprindo seu papel? São Paulo, S. 7-13.
Lima, R., Misse, M. & A.P. Miranda (2000): Violência, criminalidade, segurança pública e justiça criminal no Brasil: uma bibliográfia. In: Revista Brasileira de Informação Bibliográfica em Ciências Socias 50, S. 45-123.
Lindenberg, M. & H. Ziegler (2005): Prävention. In: Kessl, F., Reutlinger, C., Maurer, S. & O. Frey (Hg.): Handbuch Sozialraum. Wiesbaden, S. 611-627.
Lippuner, R. (2005): Reflexive Sozialgeographie. Bourdieus Theorie der Praxis als Grundlage für sozial- und kulturgeographisches Arbeiten nach dem *cultural turn*. In: Geographische Zeitschrift 93 (3), S. 135-147.

Loader, I. (1997): Private security and the demand for protection in contemporary Britain. In: Policing and Society 7 (3), S. 143-162.
Loader, I. (2000): Plural Policing and Democratic Governance. In: Social and Legal Studies 9 (3), S. 323-345.
Loche, A. (2012): Segurança e controle social: uma análise do policiamento comunitário. São Paulo. [Abrufbar unter: http://www.teses.usp.br/teses/disponiveis/8/8132/tde-08112012-171148/publico/2012_AdrianaAlvesLoche_VCorr.pdf. Abrufdatum: 10.04.2013].
Luckner, A. (1997): Martin Heidegger: „Sein und Zeit": ein einführender Kommentar. Paderborn, München, Wien, Zürich.
Lüdemann, C. & T. Ohlemacher (2002): Soziologie der Kriminalität. Theoretische und empirische Perspektiven. Weinheim, München.
Lüdemann, C. (2006): Kriminalitätsfurcht im urbanen Raum. Eine Mehrebenenanalyse zu individuellen und sozialräumlichen Determinanten verschiedener Dimensionen von Kriminalitätsfurcht. In: Kölner Zeitschrift für Soziologie und Sozialpsychologie 58 (2), S. 285-306.
Lüders, C. (2007): Beobachten im Feld der Ethnographie. In: Flick, U., Kardorff, E. & I. Steinke. (Hg.): Qualitative Forschung: ein Handbuch. Reinbek bei Hamburg, S. 384-401.
Luhmann, N. (1984): Soziale Systeme. Grundriß einer allgemeinen Theorie. Frankfurt am Main.
Lyon, D. (2001): Surveillance society: monitoring everyday life. Buckingham, Philadelphia.
Lyon, D. (2004): Globalizing Surveillance. Comparative and Sociological Perspectives. In: International Sociology 19 (2), S. 135-149.
Lyon, D. (2006): Theorizing surveillance: the panopticon and beyond. Cullompton, Portland.
Lyon, D. (2007): Surveillance studies: an overview. Cambridge, Malden.
Magurshak, D. (1985): The Concept of Anxiety: The Keystone of the Kierkegaard-Heidegger Relationship. In: Perkins, R. (Hg.): International Kierkegaard Commentary: The Concept of Anxiety. Macon, S. 167-195.
Mansel, J. (2001): Kriminalberichterstattung und Anzeigeverhalten – Informelle Kontrollstrategien gegenüber kriminalisierbarem Verhalten Jugendlicher. In: Albrecht, G., Backes, O. & W. Kühnel (Hg.): Gewaltkriminalität zwischen Mythos und Realität. Baden-Baden, S. 301-325.
Marcuse, P. (1989): 'Dual city': A muddy metaphore for a quartered city. In: International Journal of Urban and Regional Research 13 (4), S. 697-708.

Marquardt, N. & H. Füller (2008): Die Sicherstellung von Urbanität. Ambivalente Effekte von BIDs auf soziale Kontrolle in Los Angeles. In: Pütz, R. (Hg.): Business Improvement Districts. Ein neues Governance-Modell aus Perspektive von Praxis und Stadtforschung. Passau, S. 119-138.

Martins, H., Versiani, D. & E. Batitucci (2011): A polícia prende, a Justiça solta. In: Revista Brasileira de Segurança Pública 8 (2/3), S. 106-121.

Marx, K. (1969): Thesen über Feuerbach. In: MEW 3. Berlin, S. 5-7.

Mathiesen, T. (1995): Das Recht in der Gesellschaft: eine Einführung in die Rechtssoziologie. Münster.

Mathiesen, T. (1999): On globalisation of control: towards an integrated surveillance system in Europe. London, Statewatch.

Mathiesen, T. (2000): Prison on trail: A Critical Assessment. Cappelen.

Matt, E. (2007): Darstellung qualitativer Forschung. In: Flick, U., Karsdorff, E. & I. Steinke (Hg.): Qualitative Forschung: ein Handbuch. Reinbek bei Hamburg, S. 578-587.

Matthes, J. (1981)[1973]: Einführung in das Studium der Soziologie. Opladen.

Mattissek, A. (2005): Diskursive Konstitution von Sicherheit im öffentlichen Raum am Beispiel Frankfurt am Main. In: Glasze, G., Pütz, R. & M. Rolfes (Hg.): Diskurs – Stadt – Kriminalität: städtische (Un-)Sicherheiten aus der Perspektive von Stadtforschung und kritischer Kriminalgeographie. Bielefeld, S. 105-136.

Mattissek, A., Pfaffenbach, C. & P. Reuber (2013): Methoden der empirischen Humangeographie. Braunschweig.

Mayntz, R. (2004): Governance im modernen Staat. In: Benz, A. (Hg.): Governance – Regieren in komplexen Regelsystemen: eine Einführung. Wiesbaden, S. 65-76.

Mayntz, R. (2005): Governance Theory als fortentwickelte Steuerungstheorie? In: Schuppert, G. (Hg.): Governance-Forschung: Vergewisserung über Stand und Entwicklungslinien. Baden-Baden, S. 11-20.

Mayring, P. (2003): Qualitative Inhaltsanalyse: Grundlagen und Techniken. Weinheim, Basel.

Mead, M. (1963): Anthropology and the Camera. In: Morgan, W. (Hg.): Encyclopedia of Photography, New York, S. 163-184.

Mead, M. (1975): Review of Darwin and facial expression. In: Journal of communication 25 (1), S. 209-213.

Megoran, N. (2005): The critical geopolitics of danger in Uzbekistan and Kyrgystan. In: Environmental and Planning D: Society and Space 23 (4), S. 555-580.

Mehlkopf, G. & R. Becker (2004): Soziale Schichtung und Delinquenz. Eine empirische Anwendung eines Rational Choice Ansatzes mit Hilfe von Querschnittsdaten des ALLBUS 1990 und 2000. In: Kölner Zeitschrift für Soziologie und Sozialphsychologie 56 (1), S. 95-126.

Mela, A. (2003)(Hg.): La città ansiogena. Le cronache e i luoghi dell'insicurezza urbana a Torino. Napoli.

Melgaço, L (2012): Securização urbana: da psicoesfera do medo à tecnoesfera da segurança. Campinas. [Abrufbar unter: http://www.teses.usp.br/teses/disponiveis/8/8136/tde-04022011-105832/publico/2010_LucasMelgaco.pdf. Abrufdatum: 11.11.2012].

Menzel, B. & K. Ratzke (2003)(Hg.): Grenzenlose Konstruktivität? Standortbestimmung und Zukunftsperspektiven konstruktivistischer Theorien abweichenden Verhaltens. Opladen.

Mesquita Neto, P. & C. Ricardo (2003): O Forúm metropolitano de segurança pública e a ampliação do debate sobre a violência em São Paulo. In: Lusotopie 2003, S. 365-382.

Mesquita Neto, P. (1999a): Policiamento comunitário: a experiência de São Paulo. In: Revista do Instituto Brasileiro de Ciências Criminais 25, S. 281-292.

Mesquita Neto, P. (1999b): Violência policial no Brasil: abordagens teóricas e prácticas de controle. In: Pandolfi, D.; Murilo, J.; Piquet, L. & M. Grynszpan (Hg.): Cidadania, Justiça e violência. Rio de Janeiro, S. 129-148.

Mesquita Neto, P. (2001): Crime, violência e incerteza política no Brasil. In: Hofmeister, W. (Hg.): A Violência no Cotidiano. São Paulo, S. 9-42.

Mesquita Neto, P. (2004): La polícia comunitária em São Paulo: problemas de implementación y concolidación. In: Frühling, H. (Hg.): Calles Más Seguras: Estudios de policía comunitária em América Latina. Washington DC, S. 109-137.

Mesquita Neto, P. (2011): Ensaios sobre Segurança Cidadã. São Paulo.

Methuen, B. & I. Taylor (2002): The return of the dogs of war? The privatisation of security in Africa. In: Hall, R. & T. Bierstecker (Hg.): The Emergence of Private Authority in Global Governance. Cambridge, S. 183-200.

Michel, B. (2005): Stadt und Gouvernementalität. Münster.

Miebach, B. (2010): Soziologische Handlungstheorien. Eine Einführung. Wiesbaden.

Miller, L. & K. Hess (2004): Community Policing. Partnerships for Problem Solving. Belmont.

Ministro da Justiça (2013): Segurança Pública.

[Abrufbar unter: http://portal.mj.gov.br/main.asp?view={E63568CC-BF70-4C41-A8A5-1CA6FBC5290C}&BrowserType=IE&LangID=pt-br. Abrufdatum: 10.05.2013]

Miranda, A. (2008): As pesquisas de vitimização e a formulação de políticas públicas de segurança. [Abrufbar unter: http://www.proppi.uff.br/ineac/curso/nufep/artigos/palestrantes/1/01.pdf Abrufdatum: 24.05.2013].

Moebius, S. (2008): Handlung und Praxis. Konturen einer poststrukturalistischen Praxistheorie. In: Moebius, S. & A. Reckwitz (Hg.): Poststrukturalistische Sozialwissenschaft. Frankfurt am Main, S. 58-74.

Müller, M.-M. (2010): Community Policing in Latin America: Lessons from Mexico City. In: European Review of Latin American and Caribbean Studies 88, S. 21-37.

Münch, R. (1982): Theorie des Handelns. Zur Rekonstruktion der Beiträge von Talcott Parsons, Emile Durkheim und Max Weber. Frankfurt am Main.

Musumeci, L. (1998): Serviços privados de vigilância e guarda no Brasil. Um estudo a partir de informações da PNAD 1985/95. Rio de Janeiro, Brasília. [Abrufbar unter: http://www.ipea.gov.br/portal/images/stories/PDFs/TDs/td_0560.pdf. Abrufdatum: 31.03.2011].

Nasar, J. & B. Fisher (1993): ‚Hot Spots' of Fear and Crime. A Multi-Method Investigation. In: Journal of Environmental Psychology 13 (3), S. 187-206.

Nasar, J. & K. Jones (1997): Landscapes of Fear and Stress. In: Environment & Behavior 29 (3), S. 291-323.

Newman, O. (1972): Defensible space; crime prevention through urban design. New York.

Newman, T. (2002): Atlantic crossings. ‚Policy transfer' and crime control in the USA and Britain. In: Punishment & Society 4 (2), S. 165-194.

Njaine, K., Souza, E., Minayo, M. & S. Assis (1997): A produção da (des)informação sobre violência: análise de uma prática discriminatória. In: Cadernos de Saúde Pública 13 (3), S. 405-414.

Nóbrega Júnior, J. (2010): Os homicídios no Brasil, no Nordeste e em Pernambuco: dinâmica, relações de causalidade e políticas públicas. Recife. [Abrufbar unter: http://repositorio.ufpe.br/xmlui/bitstream/handle/123456789/1558/arquivo665_1.pdf?sequence=1&isAllowed=y. Abrufdatum: 15.04.2013].

Nogala, D. (1998): Sicherheit verkaufen. Selbstdarstellung und marktstrategische Positionierung kommerzieller ‚Sicherheitsproduzenten'. In: Hitzler, R. & H. Peters (Hg.): Inszenierung: innere Sicherheit. Opladen, S. 131-154.

Norris, C. & G. Armstrong (1998): Smile you're on camera. In: Bürgerrechte & Polizei 61 (3), S. 30-40.

Oberwittler, D. & J. Reinecke (2008): Kriminalität. In: Lange, H.-J., Ohly, H. & J. Reichertz (Hg.): Auf der Suche nach neuer Sicherheit: Fakten, Theorien und Folgen. Wiesbaden, S. 49-62.

Oberwittler, D. & S. Höfer (2005): Crime and Justice in Germany. An Analysis of Recent Trends and Research. In: European Journal of Criminology 2 (4), S. 465-508.

Oberwittler, D. & S. Karstedt (2003)(Hg.): Soziologie der Kriminalität. In: Kölner Zeitschrift für Soziologie und Sozialpsychologie. Sonderheft 43. Wiesbaden.

Oc, T. & S. Tiesdall (1997): Preface. In: Oc, T. & S. Tiesdall (Hg.): Safer City Centres - reviving the public realm. London, S. ix-xii.

Oliveira, L. (2000): Rumos da democratização brasileira: A consolidação de um modelo majoraitário de democracia. In: Revista de Sociologia e Política 15, S. 11-29.

Pain, R. & S. J. Smith (2008): Fear: critical geopolitics and everyday life. Aldershot.

Pain, R. (2000): Place, social relations and the fear of crime: a review. In: Progress in Human Geography 24 (3), S. 365-388.

Pain, R. (2009): Globalized fear? Towards an emotional geopolitics. In: Progress in Human Geography 33 (4), S. 466-486.

Pandolfi, D. (1999): Percepção dos direitos e participação social. In: Pandolfi, D.; Murilo, J.; Piquet, L. & M. Grynszpan (Hg.): Cidadania, justiça e violência. Rio de Janeiro, S. 45-58.

Paolinelli, G. (2007): Política de segurança pública: o direito à intimidade na Era da videovigilância. In: Revista Brasileira de Segurança Pública 1 (2), S. 82-93.

Parsons, T. (1949): The structure of social action: a study of social theory with special reference to a group of recent European writers. Glencoe, Illionois.

Paterson, M. (2007): Affecting Touch: Towards a 'Felt' Phenomenology of Therapeutic Touch. In: Davidson, J., Bondi, L. & M. Smith (Hg.): Emotional Geographies. Hampshire, Burlington, S. 161-175.

Peetz, P. (2007): Innere Sicherheit in Lateinamerika. Probleme und Perspektiven. In: GIGA Focus 7, S. 1-8.

Peters, H. (1996): Als Partisanenwissenschaft ausgedient, als Theorie aber nicht sterblich: Der labeling approach. In: Kriminologisches Journal 28 (2), S. 107-115.

Peters, H. (2002a): Soziale Probleme und soziale Kontrolle. Wiesbaden.

Peters, H. (2002b): Zur Lage der Soziologie sozialer Probleme, abweichenden Verhaltens und sozialer Kontrolle. In: Forum der Deutschen Gesellschaft für Soziologie 2002 (3), S. 37-42.

Pfeiffer, C., Windzio, M. & M. Kleinmann (2005): Die Medien, das Böse und wir. Zu den Auswirkungen der Mediennutzung auf Kriminalitätswahrnehmung, Strafbedürfnisse und Kriminalpolitik. In: Monatsschrift für Kriminologie und Strafrechtsform 87 (6), S. 415-435.

Pile, S. (2009): Emotions and affect in recent human geography. In: Transactions of the Institute of British Geographers 35 (1), S. 5-20.

Pinheiro, P. (2003): Medo em todo lugar e em lugar nenhum. In: Glassner, B. (2003)[1999]: Cultura do medo. Por que tememos cada vez mais o que deveríamos temer cada vez menos. São Paulo, S. 11-18.

Pinheiro, P., Izumino, E. & M. Fernandes (1991): Violência fatal: conflito policiais em São Paulo (81-89). In: Revista USP 03-05/1991, S. 95-112.

Plöger, J. (2006): Die nachträglich abgeschotteten Nachbarschaften in Lima (Peru). Eine Analyse sozialräumlicher Kontrollmaßnahmen im Kontext zunehmender Unsicherheiten. Kiel.

Popitz, H. (1968a): Über die Präventivwirkung des Nichtwissens: Dunkelziffer, Norm und Strafe. Tübingen.

Popitz, H. (1968b): Prozesse der Machtbildung. Tübingen.

Popitz, H. (2009)[1986]: Phänomene der Macht. Tübingen.

Proença, D., Muniz, J. & P. Poncioni (2009): Da governança de polícia à governança policial: controlar para saber; saber para governar. In: Revista Brasileira de Segurança Pública 3 (5), S. 14-50.

Pütz, R. (2004): Transkulturalität als Praxis: Unternehmer türkischer Herkunft in Berlin. Bielefeld.

Pütz, R. (2008): Business Improvement Districts als neues Modell subkommunaler Governance: Internationalisierungsprozesse und Forschungsfragen. In: Pütz, R. (Hg.): Business Improvement Districts. Ein neues Governance-Modell aus Perspektive von Praxis und Stadtforschung. Passau, S. 7-20.

Pütz, R., Schreiber, V. & C. Schwedes (2009): Wohnungswirtschaft und Sicherheitsproduktion. In: Heeg, S. & R. Pütz (Hg.): Wohnungs- und Büroimmobilienmärkte unter Stress: Deregulierung, Privatisierung und Ökonomisierung. Frankfurt am Main, S. 67-88.

R7 (21.11.2012): Secretário de Segurança Pública de SP deixa o cargo após mais de 300 mortos. São Paulo.

Reckwitz, A. (2000a): Die Transformation der Kulturtheorien. Zur Entwicklung eines Theorieprogramms. Weilerswist.

Reckwitz, A. (2000b): Der Status des ‚Mentalen' in kulturtheoretischen Handlungserklärungen. Zum Problem der Relation von Verhalten und Wissen nach Stephen Turner und Theodore Schatzki. In: Zeitschrift für Soziologie 28 (3), S. 167-185.

Reckwitz, A. (2002): Toward a Theory of Social Practices: A Development in Culturalist Theorizing. In: European Journal of Social Theory 5 (2), S. 243-263.

Reckwitz, A. (2003): Grundelemente einer Theorie sozialer Praktiken. Eine sozialtheoretische Perspektive. In: Zeitschrift für Soziologie 32 (4), S. 282-301.

Reckwitz, A. (2004a): Die Entwicklung des Vokabulars der Handlungstheorien: Von den zweck- und normorientierten Modellen zu den Kultur- und Praxistheorien. In: Gabriel, M. (Hg.): Paradigmen der akteurszentrierten Soziologie. Wiesbaden, S. 303-328.

Reckwitz, A. (2004b): Die Reproduktion und die Subversion sozialer Praktiken. Zugleich ein Kommentar zu Pierre Bourdieu und Judith Butler. In: Hörning, K.-H. & J. Reuter (Hg.): Doing Culture. Zum Begriff der Praxis in der gegenwärtigen soziologischen Theorie. Bielefeld, S. 40-53.

Reckwitz, A. (2006): Die Transformation der Kulturtheorien. Zur Entwicklung eines Theorieprogramms. Mit einem Nachwort zur Studienausgabe 2006: Aktuelle Tendenzen der Kulturtheorien. Weilerswist.

Reckwitz, A. (2007): Anthony Giddens. In: Kaesler, D. (Hg.): Klassiker der Soziologie Band II. Von Talcott Parsons bis Anthony Giddens. München, S. 311-337.

Reckwitz, A. (2008a): Grundelemente einer Theorie der Praktiken. In: Reckwitz, A. (Hg.): Unscharfe Grenzen: Perspektiven der Kultursoziologie. Bielefeld, S. 97-130.

Reckwitz, A. (2008b): Praktiken und Diskurse. Eine sozialtheoretische und methodologische Relation. In: Kalthoff, H., Hirschauer, S. & G. Lindenauer (Hg.): Theoretische Empirie: zur Relevanz qualitativer Forschung. Frankfurt am Main, S. 188-209.

Reckwitz, A. (2009): Praktiken der Reflexivität: Eine kulturtheoretische Perspektive auf hochmodernes Handeln. In: Böhle, F. & M. Weihrich (Hg.): Handeln unter Unsicherheit. Wiesbaden, S. 169-182.

Reuband, K.-H. (1992): Kriminalitätsfurcht in Ost- und Westdeutschland: zur Bedeutung psychologischer Einflußfaktoren. In: Soziale Probleme 3 (1), S. 211-219.

Reuband, K.-H. (2010): Subjektives Kriminalitätserleben im Kontext gesellschaftlicher Transformation. Kriminalitätsfurcht der Ostdeutschen im kollektiven Verlauf und individueller Erinnerung. In: Groenemeyer, A. (Hg.):

Wege der Sicherheitsgesellschaft. Gesellschaftliche Transformationen der Konstruktion und Regulierung innerer Unsicherheiten. Wiesbaden, S. 112-162.

Reuber, P. & C. Pfaffenbach (2005): Methoden der empirischen Humangeographie: Beobachtungen und Befragung. Braunschweig.

Reuter, J. (2004): Postkoloniales Doing Culture. Oder: Kultur als translokale Praxis. In: Hörning, K.-H. & J. Reuter (Hg.): Doing Culture. Neue Positionen zum Verhältnis von Kultur und sozialer Praxis. Bielefeld, S. 239-255.

Robert, P. (2005)[1999]: Bürger, Kriminalität und Staat. Wiesbaden.

Rolfes, M. (2003): Sicherheit und Kriminalität in deutschen Städten. Über die Schwierigkeiten, ein soziales Phänomen räumlich zu fixieren. In: Berichte zur deutschen Landeskunde 77 (4), S. 329-348.

Rolfes, M. (2007): Konstruktion und Konstrukteure sicherer und unsicherer Räume. In: Zurawski, N. (Hg.): Surveillance Studies. Perspektiven eines Forschungsfeldes. Opladen, S. 67-84.

Rölle, D. (2010): Unsicherheitsgefühle, Mediennutzung und Vertrauen in Institutionen. In: Groenemeyer, A. (Hg.): Wege der Sicherheitsgesellschaft. Gesellschaftliche Transformationen der Konstruktion und Regulierung innerer Unsicherheiten. Wiesbaden, S. 89-111.

Ronnenberger, K., Lanz, S. & W. Jahn (1999): Die Stadt als Beute. Bonn.

Rose, N. & P. Miller (1992): Political Power beyond the State: Problematics of Government. In: The British Journal of Sociology 43 (2), S. 173-205.

Rose, N. (2000a): Tod des Sozialen? Eine Neubestimmung der Grenzen des Regierens. In: Bröckling, U., Krasmann, S. & T. Lemke (Hg.): Gouvernementalität der Gegenwart. Studien zur Ökonomisierung des Sozialen. Frankfurt am Main, S. 72-109.

Rose, N. (2000b): Governing cities, governing citizens. In: Isin, E. (Hg.): Democracy, Citizenship and the Global City. London, New York, S. 95-109.

Rothfuß, E. (2006): Hirtenhabitus, ethnotouristisches Feld und kulturelles Kapitel – Zur Anwendung der „Theorie der Praxis" (BOURDIEU) im Entwicklungskontext: Himba-Rindernomaden in Namibia unter dem Einfluss des Tourismus. In: Geographice Helvetica 61 (1), S. 32-40.

Ruhne, R. (2003): Raum Macht Gesellschaft. Zur Soziologie eines Wirkungsgefüges am Beispiel von (Un)Sicherheiten im öffentlichen Raum. Opladen.

Sack, F. (2003a): Von der Nachfrage- zur Angebotspolitik auf dem Feld der Inneren Sicherheit. In: Dahme, H.-J., Otto, H.-U., Trube, A. & N. Wohlfahrt (Hg.): Soziale Arbeit für den aktivierenden Staat. Opladen, S. 249-276.

Sack, F. (2003b): Governing through crime? In: Busch, F. & H. J. Wätjen (Hg.): Oldenburger Universitätsreden Nr. 147. Oldenburg, S. 7-38.

Sack, F. (2004): Wie die Kriminalpolitik dem Staat hilft. Governing through Crime als neue politische Strategie. In: Lautmann, R., Klimke, D. & F. Sack (Hg.): Punitivität. 8. Beiheft zum Kriminologischen Journal. Weinheim, S. 30-50.

Sagel-Grande, I. & L. Toornvliet (2006): Über Unsicherheiten, Unsicherheitsgefühle und Wege zu ihrer Prävention – ein Bericht aus Amsterdam. In: Sessar, K. (Hg.): Großstadtängste: Untersuchungen zu Unsicherheitsgefühlen und Sicherheitspolitiken in europäischen Kommunen. Wien, S. 99-126.

Salla, F. (2006): A crise na segurança pública no Brasil. In: Tópicos 45 (3), S. 24-25.

Samara, T. R. (2010): Policing Development: Urban Renewal as Neo-liberal Security Strategy. In: Urban Studies 47 (1), S. 197-214.

Santillán, A. (2007): Introducción. In: Santillán, A.; Ponton, J. & D. Pontón (Hg.): Ciudad Seguro. Debates sobre seguridad ciudadana. Quito, S. 9-26.

Santos, A., Nascimento, E., Oliveira, F., Santos, G. & V. Lacerda (2008): Políticas públicas locais - Sistema Único de Segurança. [Abrufbar unter: http://www.administradores.com.br/producao-academica/politicas-publicas-locais-sistema-unico-de-seguranca-publica-susp/1209/download/. Abrufdatum: 10.04.2013].

Schachter, S. (1964): The interaction of cognitive and physiological determinants of emotional state. In: Berkowitz, L. (Hg.): Advances in Experimental Social Psychology 1, S. 49-80.

Schatzki, T., Knorr-Cetina, K. & E. v. Savigny (2005)[2001](Hg.): The Practice Turn in Contemporary Theory. London, New York.

Schatzki, T. (1996): Social Practices. A Wittgensteinian Approach to Human Activity and the Social. Cambridge, New York, Melbourne, Madrid, Cape Town, Singapore, São Paulo.

Schatzki, T. (1997): Practices and Actions: A Wittgensteinian Critique of Bourdieu and Giddens. In: Philosophy of the Social Sciences 27 (3), S. 283-308.

Schatzki, T. (2002): The Site of the Social. A Philosophical Account of the Constitution of Social Life and Change. Pennsylvania.

Schatzki, T. (2005a)[2001]: Introduction. Practice Theory. In: Schatzki, T., Knorr-Cetina, K. & E. v. Savigny (Hg.): The Practice Turn in Contemporary Theory. London, New York, S. 10-23.

Schatzki, T. (2005b)[2001]: Practice mind-ed orders. In: Schatzki, T., Knorr-Cetina, K. & E. v. Savigny (Hg.): The Practice Turn in Contemporary Theory. London, New York, S. 50-63.

Schatzki, T. (2006): The time of activity. In: Continental Philosophy Review 39 (2), S. 155-182.

Schatzki, T. (2010a): The Timespace of Human Activity. On Performance, Society, and History as Indeterminate Teleological Events. Lanham, Boudler, New York, Toronto, Plymouth.

Schatzki, T. (2010b): Materiality and Social Life. In: Nature and Culture 5 (2), S. 123-149.

Schatzki, T. (2011): Where the Action Is (On Large Social Phenomena Such as Sociotechical Regimes). Working Paper 1, November 2011. [Abrufbar unter: http://www.sprg.ac.uk/uploads/schatzki-wp1.pdf. Abrufdatum: 10.06.2012].

Schatzki, T. (2014): Practice Theory as Flat Ontology. In: Schäfer, H. (Hg.): Praxisthcoric. Ein soziologisches Forschungsprogramm. Bielefeld (im Erscheinen).

Schirmel, H. (2011): Sedimentierte Unsicherheitsdiskurse: die diskursive Konstitution von Berliner Großwohnsiedlungen als unsichere Orte und Ziel von Sicherheitspolitiken. Erlangen.

Schlör, J. (1994): Über die Rede von Unsicherheit und ihre Gefahren. Nachrichten aus vergangenen und gegenwärtigen Großstadtnächten. In: Stadtbauwelt 122, S. 1339-1345.

Schnur, O. (2014): Quartiersforschung im Überblick: Konzepte, Definitionen und aktuelle Perspektiven. In: Schnur, O. (Hg.): Quartiersforschung. Zwischen Theorie und Praxis. Wiesbaden, S. 21-56.

Schreiber, V. (2005): Regionalisierung von Unsicherheit in der Kommunalen Kriminalprävention. In: Glasze, G., Pütz, R. & M. Rolfes (Hg.): Diskurs – Stadt – Kriminalität: städtische (Un-)Sicherheiten aus der Perspektive von Stadtforschung und kritischer Kriminalgeographie. Bielefeld, S. 59-104.

Schreiber, V. (2007): Lokale Präventionsgremien in Deutschland. Frankfurt am Main. [Abrufbar unter: https://www.uni-frankfurt.de/47267666/FH-2.pdf. Abrufdatum: 14.04.2013].

Schreiber, V. (2011a): Kommunale Kriminalprävention: Zwischen Mythos, Fürsorge und neoliberaler Steuerung. In: forum kriminalprävention 1/2011, S. 38-44.

Schreiber, V. (2011b): Fraktale Sicherheiten. Eine Kritik der kommunalen Kriminalprävention. Bielefeld.

Schreiber, V. (2012): Das Quartier als Therapie. Die kommunale Kriminalprävention und ihre Vervielfältigung städtischer Räume. In: Geographische Zeitschrift 100 (4), S. 228-246.

Schulze, S. (2007): The usefulness of reflexive photography for qualitative research: a case study in higher education. In: South African Journal of Higher Education 21 (5), S. 536-553.

Schuurman, N. (2009): Spatial Ontologies. In: Kitchin, R. & N. Thrift (Hg.): International Encyclopedia of Human Geography. Amsterdam, S. 377-383.

Schwedes, C. (2009): Präventionsarbeit an Schulen in Deutschland. Handlungsfelder und räumliche Implikationen. Frankfurt am Main. [Abrufbar unter: https://www.uni-frankfurt.de/47267743/FH-4.pdf. Abrufdatum: 14.04.2013].

Schwind, H.-D. (2010): Kriminologie: eine praxisorientierte Einführung mit Beispielen. Heidelberg.

Schwingel, M. (2009)[1995]: Pierre Bourdieu. Zur Einführung. Hamburg.

Seavey, F. (2006): Globalizing Labor in Response to a Globalized Security Industry, Berlin. [Abrufbar unter: www.policingcrowds.org/uploads/media/Fred-Seavey-Globalizing-Labor.pdf. Abrufdatum: 10.01.2013].

Sessar, K. (2008)(Hg.): Herrschaft und Verbrechen: Kontrolle der Gesellschaft durch Kriminalisierung und Exklusion. Berlin.

Shearing, C. (1997): Gewalt und die neue Kunst des Regierens und Herrschens. Privatisierung und ihre Implikationen. In: Trotha, T. v. (Hg.): Soziologie der Gewalt. Sonderheft 37/1997. Kölner Zeitschrift für Soziologie und Sozialpsychologie. Opladen, S. 263-278.

Shearing, C. & P. Stenning (1981): Modern Private Security: Its Growth and Implications. In: M. Tonry & N. Morris (Hg.): Crime and Justice: An Annual Review of Research. Chicago, S. 193-246.

Shove, E. & M. Pantzar (2005): Consumers, Producers and Practices: Understanding the invention and reinvention of Nordic walking. In: Journal of Consumer Culture 5 (1), S. 43-64.

Shove, E., Pantzar, M. & M. Watson (2012): The dynamics of social practice: everyday life and how it changes. London.

Shove, E., Trentmann, F. & R. Wilk (2009)(Hg.): Time, consumption and everyday life: practice, materiality and culture. Oxford.

Shove, E., Watson, M., Hand, M. & J. Ingram (2007): The design of everyday life. Oxford.

Sibley, D. (2003): Geography and psychoanalysis: Tension and possibilities. In: Social & Cultural Geography 4 (3), S. 391-399.

Siebel, W. (1997): Armut oder Ausgrenzung? In: Leviathan 25, S. 67-76.

SIM/DATASUS: Sistema Único de Segurança. [Abrufbar unter: http://www.administradores.com.br/producao-academica/politicas-publicas-locais-sistema-unico-de-seguranca-publica-susp/1209/download/. Abrufdatum 10.05.2013].

Simmel, G. (1995)[1903]: Die Großstädte und das Geistesleben. In: Simmel, G. (Hg.): Aufsätze und Abhandlungen 1901-1908. Gesamtausgabe Band 7. Frankfurt am Main, S. 116-131.

Simon, J. (1997): Governing Through Crime. In: Fisher, G. & L. Friedmann (Hg.): The Crime Conundrum: Essays on Criminal Justice. New York, S. 171-189.

Simon, J. (2000): Miami: Governing the City Through Crime. In: Polèse, M. & R. Stren (Hg.): The social sustainability of cities: diversity and the management of change. Toronto, Buffalo, London, S. 98-112.

Simonsen, K. (2007): Practice, Spatiality and Embodied Emotions: An Outline of a Geography of Practice. In: Human Affairs 17 (2), S. 168-181.

Singelnstein, T. & P. Stolle (2011)[2008]: Die Sicherheitsgesellschaft. Soziale Kontrolle im 21. Jahrhundert. Wiesbaden.

Skogan, W.G. & S.M. Hartnett (2000): Community policing, Chicago style. New York, Oxford.

Skogan, W.G. (1993): The Various Meaning of Fear. In: Bilsky, W., Pfeiffer, C. & P. Wetzels (Hg.): Fear of Crime and Criminal Victimization. Stuttgart, S. 131-140.

Skogan, W. G. (2004): Community Policing. Can it work? Belmont.

Smith, M., Davidson, J., Cameron, L. & L. Bondi (2009): Geography and Emotion – Emerging Constellations. In: Smith, M., Davidson, J., Cameron, L. & L. Bondi (Hg.): Emotion, Place and Culture. Farinham, Burlington, S. 1-18.

Soares, L. (2003): Novas políticas de segurança pública. In: Estudos Avançados 17 (47), S. 75-96.

Soares, L. (2006): Segurança pública: presente e futuro. In: Estudos Avançados 20 (56), S. 91-106.

Soares, L. (2007): The National Public Security Policy: Background, dilemmas and perspectives. In: Estudos avançados 21 (61), S. 77-97.

Soja, E. (2000): Postmetropolis: critical studies of cities and regions. Oxford, Malden.

Souza, E., Gomes, R., Silva, J., Correira, B. & M. Silva (2012): Morbimortalidade de homens jovens brasileiros por agressão: expressão dos diferenciais de gênero. In: Revista Ciência & Saúde Coletiva 17 (12), S. 3243-3248.

Souza, M. (2008): Fobópole. O medo generalizado e a militarização da questão urbana. Rio de Janeiro.

Souza, M. (2012): „Phobopolis": Gewalt, Angst und soziopolitische Fragmentierung des städtischen Raums von Rio de Janeiro, Brasilien. In: Geographische Zeitschrift 100 (1), S. 34-50.

Sparke, M. (2007): Geopolitical fears, Geoeconomic Hopes and the Responsibilities of Geography. In: Annals of the Association of American Geographers 97 (2), S. 338-349.
Spencer, D., Walby, K. & A. Hunt (2012): Emotions Matter: a relational approach to emotions. Toronto.
Spielberger, C.D. (1966): Anxiety and behavior. New York.
SSP (2012): Secretaria de Segurança Pública do Estado de São Paulo e Justiça Criminal. Dados estatísticos do Estado de São Paulo. [Abrufbar unter: http://www.ssp.sp.gov.br/novaestatistica/Pesquisa.aspx. Abrufdatum: 10.05.2013].
Stenning, P. & C. Shearing (1980): The Quiet Revolution: The Nature, Development and General Legal Implications of Private Security in Canada. In: Criminal Law Quarterly 22, S. 220-248.
Stockem, B. (1950): Die Gestalt der Penelope in der Odyssee. Köln.
Stone, C. (2007): Tracing police accountability in theory and practice. From Philadelphia to Abuja and São Paulo. In: Theoretical Criminology 11 (2), S. 245-259.
Strauss, A.L. (1994): Grundlagen qualitativer Sozialforschung: Datenanalyse und Theoriebildung in der empirischen soziologischen Forschung. München.
Taylor, C. (1971): Interpretation and the Sciences of Man. In: Review of Metaphysics 25 (1), S. 3-51.
Taylor, C. (1993a): Engaged Agency and Background in Heidegger. In: Guignon, C. (Hg.): The Cambridge Companion to Heidegger. New York, S. 317-336.
Taylor, C. (1993b): To follow a rule. In: Taylor, C. (Hg.): Philosophical Arguments. Cambridge, S. 165-180.
Taylor, R., Gottfredson, S. & S. Brower (1984): Block Crime and Fear: Defensible Space, Local Social Ties, and Territorial Functioning. In: Journal of Research in Crime and Delinquency 21 (4), S. 303-331.
Teckenberg, W. (1982): Bildwirklichkeit und soziale Wirklichkeit. Der Einsatz von Fotos in der Soziologie. In: Soziale Welt: Zeitschrift für sozialwissenschaftliche Forschung und Praxis 33 (2), S. 169-207.
Thévenot, L. (2006): L'action au pluriel – Sociologie des régimes d'engagement. Paris.
Thomas, M.E. (2009): Auto-Photography. In: Kitchin, R. & N. Thrift (Hg.): International Encyclopedia of Human Geography. Amsterdam, S. 244-251.
Thome, H. & C. Birkel (2007): Sozialer Wandel und Gewaltkriminalität. Deutschland, England und Schweden im Vergleich, 1950 bis 2000. Wiesbaden.

Thrift, N. (2004): Intensities of feeling: Towards a spatial politics of affect. In: Geografiska Annaler, Series B, Human Geography 86 (1), S. 57-78.

Thrift, N. (2009): Understanding the Affective Spaces of Political Performances. In: Smith, M., Davidson, J., Cameron, L. & L. Bondi (Hg.): Emotion, Place and Culture. Farnham, S. 79-96.

Töpfer, E. (2008): Videoüberwachung in Europa: Entwicklung, Perspektiven und Probleme. In: Kreowski, H.-J. (Hg.): Informatik und Gesellschaft. Verflechtungen und Perspektiven. Berlin, Münster, S. 61-82.

Tran, A. (2012): A life of worry: the cultural politics and phenomenology of anxiety in Ho Chi Minh City, Vietnam. San Diego.

Treibel, A. (2006). Lektion IX. Kultur, Ökonomie, Politik und der Habitus der Menschen (Bourdieu). In: Treibel, A. (Hg.): Einführung in soziologische Theorien der Gegenwart. Wiesbaden, S. 219-244.

Trojanowicz, R. & B. Bucqueroux (1994): Community policing: how to get started. Cincinnati.

Trotha, T. v. (1995): Staatliches Gewaltmonopol und Privatisierung. Notizen über gesamtstaatliche Ordnungsformen der Gewalt. In: Sack, F., Voß, M., Frehsee, D., Funk, A. & H. Reinke (Hg.): Privatisierung staatlicher Kontrolle. Befunde, Konzepte, Tendenzen. Baden-Baden, S. 14-37.

Trotha, T. v. (1997)(Hg.): Soziologie der Gewalt. Sonderheft 37/1997 der Kölner Zeitschrift für Soziologie und Sozialpsychologie. Opladen.

Tuan, Y.F. (2006): Landscapes of fear. Oxford.

UNODC (2011): Global Study on Homicide. Wien, New York.

Wacquant, L. (1997): Vom wohltätigen Staat zum strafenden Staat: über den politischen Umgang mit dem Elend in Amerika. In: Leviathan 25 (1), S. 50-66.

Wacquant, L. (2000): The New 'Peculiar Institution': On the prison as Surrogate Ghetto. In: Theoretical Criminology 4 (3), S. 377-389.

Wacquant, L. (2001): The Penalisation of Poverty and the rise of Neo-liberalism. In: European Journal on Criminal Policy and Research 9 (4), S. 401-412.

Wacquant, L. (2002): Toward a Dictatorship Over the Poor? Notes on the Penalization of Poverty in Brazil. In: Punishment and Society 5 (2), S. 197-205.

Wacquant, L. (2006): Entzivilisieren und Dämonisieren. Die soziale und symbolische Transformation des schwarzen Ghettos. In: Wacquant, L. (Hg.): Das Janusgesicht des Ghettos und andere Essays. Basel, Boston, Berlin, S. 61-84.

Wacquant, L. (2008): Urban Outcasts: A Comparative Sociology of Advanced Marginality. Cambridge.

Wacquant, L. (2012): A tempestade global da lei e ordem: sobre punição e neoliberalismo. In: Revista de Sociologia e Política 20 (41), S. 7-21.

Waiselfisz, J. (2007): Mapa das Mortes por Violência. In: Revista de Estudos Avançados da USP, Dossiê Crime Organizado 21 (61), S. 119-138.

Waiselfisz, J. (2012): A cor dos homicídios no Brasil. Brasília. [Abrufbar unter: http://www.mapadaviolencia.org.br/pdf2012/mapa2012_cor.pdf. Abrufdatum: 10.05.2013].

Warde, A. (2005): Consumption and Theories of Practice. In: Journal of Consumer Culture 5 (2), S. 131-153.

Watson, A. & K. Till (2010): Ethnography and Paricipant Observations. In: DeLyser, D., Herbert, S., Aitken, S., Crang, S. & L. McDowell (Hg.): The SAGE Handbook of Qualitative Geography. Los Angeles, London, New Delhi, Singapore, Washington DC, S. 121-137.

Watson, M. & E. Shove (2008): Product, Competence, Project and Practice: DIY and the dynamics of craft consumption. In: Journal of Consumer Culture 8 (1), S. 69-89.

Watts, A. (1951): The Wisdom of Insecurity: A Message for an Age of Anxiety. New York.

Weber, M. (1972): Wirtschaft und Gesellschaft: Grundriß der verstehenden Soziologie. Tübingen.

Wehrhahn, R. & D. Haubrich (2010): Megastädte im globalen Süden. Dynamik und Komplexität megaurbaner Räume mit Beispielen in Lima und Guangzhou. In: Geographische Rundschau 62 (10), S. 30-37.

Wehrhahn, R. & V. Sandner Le Gall (2011): Bevölkerungsgeographie. Darmstadt.

Wehrheim, J. (1999a): „Gefährliche Klassen" – „gefährliche Orte". Die Stadt als Kriegsschauplatz. In: analyse & kritik 422/1999, S. 18-19.

Wehrheim, J. (1999b): Von Urban Underclass zu Zero Tolerance. Über Armut und Polizei in US-amerikanischen Städten. In: Forum Wissenschaft 2, S. 6-11.

Wehrheim, J. (1999c): Gated Communities – Sicherheit und Separation in den USA. In: RaumPlanung 87, S. 248-253.

Wehrheim, J. (2009): Der Fremde und die Ordnung der Räume. Opladen, Farmington Hills.

Wehrheim, J. (2012)[2002]: Die überwachte Stadt: Sicherheit, Segregation und Ausgrenzung. Opladen.

Werlen, B. (1995): Sozialgeographie alltäglicher Regionalisierung. Zur Ontologie von Gesellschaft und Raum. Stuttgart.

Werlen, B. (1997): Sozialgeographie alltäglicher Regionalisierungen. Globalisierung, Region und Regionalisierung. Stuttgart.

Wiezorek, E. (2004): Business Improvement Districts: Revitalisierung von Geschäftszentren durch Anwendung des nordamerikanischen Modells in Deutschland. Berlin.
Wilkson, I. (1999): Where is the Novelty in our Current 'Age of Anxiety'? In: European Journal of Social Theory 2 (4), S. 445-467.
Willems, H. (2007): Erving Goffmans Forschungsstil. In: Flick, U., Kardorff, E. & I. Steinke (Hg.): Qualitative Forschung: ein Handbuch. Reinbek bei Hamburg, S. 42-51.
Williams, R. (2004): The Anxious City – English urbanism in the late Twentieth century. London, New York.
Williams, R. (2010): Architecture and economies of violence. São Paulo as Case Study. In: Lindner, C. (Hg.): Globalization, violence, and the visual culture of cities. London, S. 17-31.
Wilson, J. & G. Kelling (1982): Broken Windows. The Police and Neighborhood Safety. In: The Atlantic Monthly 249 (3), S. 29-38.
Wilson, J. & G. Kelling (1996): Polizei und Nachbarschaftssicherheit. Zerbrochene Fensterscheiben. In: Kriminologisches Journal 28 (2), S. 116-137.
Windzio, M. & M. Kleimann (2006): Die kriminelle Gesellschaft als mediale Konstruktion? Mediennutzung, Kriminalitätswahrnehmung und Einstellung zum Strafen. In: Soziale Welt 57 (2), S. 193-215.
Windzio, M., Simonsen, J., Pfeiffer, C. & M. Kleimann (2007): Kriminalitätswahrnehmung und Punitivität in der Bevölkerung – Welche Rolle spielen die Massenmedien? Ergebnisse der Befragungen zu Kriminalitätswahrnehmung und Strafeinstellungen 2004 und 2006. Hannover.
Wissen, M., Röttger, B. & S. Heeg (2008): Politics of Scale. Räume der Globalisierung und Perspektiven emanzipatorischer Politik. Münster.
Wittgenstein, L. (1967)[1953]: Philosophische Untersuchungen. Frankfurt am Main.
Wucherpfenning, C. & K. Fleischmann (2008): Feministische Geographien und geographische Geschlechterforschung im deutschsprachigen Raum. In: ACME: An International E-Journal for Critical Geographies 7 (3), S. 350-376.
Wutzbacher, J. (2004): Sicherheit durch Gemeinschaft? Bürgerschaftliches Engagement für öffentliche Sicherheit. Opladen.
Wurtzbacher, J. (2008): Urbane Sicherheit und Partizipation. Stellenwert und Funktion bürgerschaftlicher Beteiligung an kommunaler Kriminalprävention. Wiesbaden.
Xu, Y., Fiedler, M. & K.-H. Flaming (2005): Discovering the Impact of Community Policing: The Broken Windows Thesis, Collective Efficacy, and Citi-

zens' Judgement. In: Journal of Research in Crime and Delinquency 42 (2), S. 147-186.

Young, J. (1999): The exclusive society: social exclusion, crime and difference in late modernity. London, Thousand Oaks, New Delhi.

Zajonc, R.B. (1980): Feeling and Thinking. Preferences Need No Interferences. In: American Psychologist 35 (2), S. 151-175.

Zaluar, A (1999): Um debate disperso: violência e crime no Brasil da redemocratização. In: São Paulo em Perspectiva 13 (3), S. 3-17.

Zalular, A. (2007): Democratização inacabada: fracasso da segurança pública. In: Estudos Avançados 21 (61), S. 31-49.

Zanetic, A. (2005): A questão da segurança privada. Estudo do marco regulatório dos serviços particulares de segurança. Dissertação a obtenção do título de Mestre em Ciência Política. São Paulo. [Abrufbar unter: http://www.teses.usp.br/teses/disponiveis/8/8131/tde-14062007-154033/publico/dissertacao.pdf. Abrufbardatum: 31.03.2010].

Zanetic, A. (2009): Segurança privada: características do setor e impacto sobre o policiamento. In: Revista Brasileira de Segurança Pública 3 (4), S. 134-151.

Zanetic, A. (2010a): A relação entre as policias e a segurança privada nas práticas de prevenção e controle do crime: Impactos na Segurança Pública e Transformações Contemporâneas no Policiamento. São Paulo.

Zanetic, A. (2010b): A Segurança Privada no Brasil: alguns aspectos relativos às motivações, regulação e implicações sociais do setor. In: Revista Brasileira Adolescência e Conflitualidade 2010 (3), S. 51-70.

Zedner, L. (2009): Security. London.

Ziercke, J. (2007): Die Rolle der privaten Sicherheitsunternehmen in der künftigen Sicherheitsarchitektur in Deutschland. In: DSD - Der Sicherheitsdienst 2007 (3), S. 3-10.

Zurawski, N. (2007a)(Hg.): Surveillance Studies. Perspektiven eines Forschungsfeldes. Opladen, Farmington Hills.

Zurawski, N. (2007b): Einleitung: Surveillance Studies: Perspektiven eines Forschungsfelds. In: Zurawski, N. (Hg.): Surveillance Studies. Perspektiven eines Forschungsfeldes. Opladen, Farmington Hills, S. 7-24.

Zurawski, N. (2007c): Sicherheitsdiskurse. Angst, Kontrolle und Sicherheit in einer „gefährlichen" Welt. Frankfurt am Main, New York.

Zurawski, N. (2011)(Hg.): Überwachungspraxen – Praktiken der Überwachung: Analysen zum Verhältnis von Alltag, Technik und Kontrolle. Opladen.

Danksagung

Nicht nur die wartende Königin Penelope, sondern auch ich befand mich als suchender Autor für viele Jahre auf Reise. Die Reise führte mich an viele exotische wie auch alltägliche Orte, ließ mich unbekannte als auch vertraute Momente erleben und wurde schließlich zu meiner eigenen Erkenntnisreise des sicheren Unsicher-Seins. Denn die akademische und berufliche Erkenntnisreise einer Dissertation ist nicht zuletzt auch eine persönliche, und geprägt vom viel zitierten Wechselbad der Gefühle – den emotionalen Ambivalenzen zwischen Frustration und Freude oder Anspannung und Entspannung, die den Praktiken des Recherchierens, Lesens, Kontaktierens, Interviewens, Analysierens und vor allem Schreibens so eigen sind. Nicht selten waren die Praktiken der Promotion selbst verknüpft mit Phasen, Konstellationen oder Anordnungen des Unsicheren und Ungewissen. Die ungewisse Suche nach wissenschaftlichen Erkenntnissen und plausiblen Gewissheiten mit all ihren räumlich-situativen Facetten hätte ich allerdings nicht bestreiten können ohne die Bekanntschaft, Begleitung, Hilfe, Unterstützung, Freundschaft und Liebe zahlreicher, bedeutungsvoller Menschen an den verschiedenen Orten und Momenten der Erkenntnisreise. All denen möchte ich an dieser Stelle meinen tiefsten Dank aussprechen.

Zu allererst gilt der Dank meinem Doktorvater, Rainer Wehrhahn. Die vielen Jahre der Betreuung, Projektarbeit und Freundschaft in Kiel, São Paulo und anderswo waren geprägt von der geteilten Begeisterung für den lateinamerikanischen Raum und dem gemeinsamen Interesse an den vielseitigen Aspekten des Alltagslebens in der Stadt: Tanke wol!

Mein besonderer Dank gilt der Arbeitsgruppe Stadt- und Bevölkerungsgeographie und dem wissenschaftlich-freundschaftlichen Umfeld des zweiten und vierten Stocks des Geographischen Instituts in Kiel – allen voran meinen Praktiker-Mitstreitern Angelo Müller und Gunnar Maus für all die intensiven Jahre der gemeinsamen Erkenntnisreise. Ebenso gilt der Dank meinen Kollegen und Freunden Michael Helten, Verena Sandner Le Gall, Michael Lukas, Sylvie

Rham, Anna Lena Bercht, Sören Weißermel, Zine-Eddine Hathat, Fred Massmann, Jan Dohnke, Jesko Mühlenberend, Sergei Melcher, Tobi Laufenberg, Juli Kasten, Kaihuai Liao und unserer guten AG-Seele Monika Höller.

Bedanken möchte ich mich an dieser Stelle auch bei Florian Dünckmann und Holger Jahnke für die Begutachtung der Dissertation und für die anregenden, theoretischen und empirischen Diskussionen der letzten Jahre.

Darüberhinaus gilt mein besonderer Dank Ana Fani Alessandri Carlos, Heinz Dieter Heidemann und Sérgio Adas von der Universidade de São Paulo für die sehr persönliche, wissenschaftliche Betreuung während meiner verschiedenen Feldaufenthalte in Brasilien. Die mehrmonatigen Aufenthalte in der *cidade de muros* wären zugleich nicht halb so erleuchtend gewesen ohne all die geselligen Momenten mit meinen Paulista-Freunden, Douglas Lima, Sérgio Ribeiro, Paulina Pereira, Renato Estrada und Mateus Sampaio: Obrigadão! Zudem möchte ich mich auch bei den brasilianischen Austauschstudierenden in Kiel, Gustavo Arnauld und Rafaela Souza für die eine oder andere sprachliche Hilfestellung bedanken.

Mein aufrichtiger Dank gebührt aber im Speziellen den besonderen Menschen und Interviewpartnern in São Paulo, die ich zwischen 2010 und 2014 nicht nur kennen lernen durfte, sondern ohne deren Vertrauen, Aufgeschlossenheit und Interesse an meiner Suche nach dem sicheren Unsicher-Sein diese Arbeit nicht möglich gewesen wäre: Muito obrigado!

Für die Gespräche, Unterstützung, Freundschaften und vor allem für die profanen und doch so wichtigen Ablenkungen beim zähen Endspurt des Schreibejahrs in Kiel möchte ich mich bedanken bei unserer Düppel-Wrangel-Tangente, meiner Tanzpartnerin, Sebastian Ehret und Imme Lindemann und selbstverständlich meinen Handballern vom KTV!

Bedanken möchte ich mich insbesondere auch beim Deutschen Akademischen Austausch Dienst (DAAD) und der Deutschen Forschungsgemeinschaft (DFG) für die finanzielle Unterstützung in unterschiedlichen Phasen der Forschungsreise.

Schließlich gilt der tiefe Dank meiner Familie, allen voran meiner Mutter und meinem Vater, meinem Bruder, Ellie und der kleinen Ella Noelle, aber auch meinen beispiellosen Freunden fernab der „elfenbeinfarbenen" Schatzki-Welt und insbesondere einer einzigartigen Frau, Marta. Ich sage *einfach* Danke!

Euch allen vielen Dank, dass Ihr mich in all diesen intensiven Jahren begleitet, inspiriert, angefeuert und auf unterschiedlichste Weise darin unterstützt habt, mich auf diese ungewisse und schließlich so erfüllende Reise gemacht zu haben.

Madrid, April 2015.

Urban Studies

Marco Thomas Bosshard, Jan-Dirk Döhling,
Rebecca Janisch, Mona Motakef, Angelika Münter,
Alexander Pellnitz (Hg.)
Sehnsuchtsstädte
Auf der Suche nach lebenswerten
urbanen Räumen

2013, 286 Seiten, kart., zahlr. Abb., 29,99 €,
ISBN 978-3-8376-2429-8

Alain Bourdin, Frank Eckardt, Andrew Wood
Die ortlose Stadt
Über die Virtualisierung des Urbanen

2014, 200 Seiten, kart., zahlr. Abb., 25,99 €,
ISBN 978-3-8376-2746-6

Karsten Michael Drohsel
Das Erbe des Flanierens
Der Souveneur – ein handlungsbezogenes
Konzept für urbane Erinnerungsdiskurse

Oktober 2015, ca. 250 Seiten, kart., zahlr. Abb., 29,99 €,
ISBN 978-3-8376-3030-5

Leseproben, weitere Informationen und Bestellmöglichkeiten
finden Sie unter www.transcript-verlag.de

Urban Studies

Anne Huffschmid, Kathrin Wildner (Hg.)
Stadtforschung aus Lateinamerika
Neue urbane Szenarien: Öffentlichkeit – Territorialität – Imaginarios

2013, 464 Seiten, kart., 25,90 €,
ISBN 978-3-8376-2313-0

Andra Lichtenstein, Flavia Alice Mameli (Hg./eds.)
Gleisdreieck / Parklife Berlin

Juli 2015, 252 Seiten, kart., zahlr. z.T. farb. Abb., 34,99 €,
ISBN 978-3-8376-3041-1

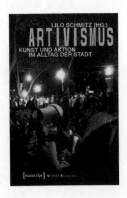

Lilo Schmitz (Hg.)
Artivismus
Kunst und Aktion im Alltag der Stadt

September 2015, ca. 200 Seiten, kart.,
zahlr. z.T. farb. Abb., ca. 24,99 €,
ISBN 978-3-8376-3035-0

**Leseproben, weitere Informationen und Bestellmöglichkeiten
finden Sie unter www.transcript-verlag.de**